洞头年鉴

2022 总第32卷

DONGTOU YEARBOOK

温州市洞头区委史志编纂委员会
温州市洞头区地方志研究室
编

方志出版社
Publishing House of Local Records

图书在版编目（CIP）数据

洞头年鉴 . 2022 / 温州市洞头区委史志编纂委员会，温州市洞头区地方志研究室编 .—北京：方志出版社，2022.12

ISBN 978-7-5144-5452-9

Ⅰ . ①洞… Ⅱ . ①温… ②温… Ⅲ . ①区（城市）—温州— 2022 —年鉴 Ⅳ . ① Z525.54

中国版本图书馆 CIP 数据核字 (2022) 第 243018 号

责任编辑：刘方圆
责任校对：刘玉霞
责任印制：梅中英
出 版 者：方志出版社
地　　址：北京市朝阳区潘家园东里 9 号（国家方志馆 4 层）
邮　　编：100021
网　　址：http://www.zgfzcb.cn
发　　行：方志出版社图书营销中心（010-67110500）
印　　刷：温州市北大方印务有限公司
开　　本：889 毫米 ×1194 毫米 1/16
印　　张：27.5
字　　数：987 千字
版　　次：2022 年 12 月第 1 版
印　　次：2022 年 12 月第 1 次印刷
定　　价：320.00 元

洞头区委史志编纂委员会

主　　任　林　铁

副 主 任　贾约拿

成　　员　方均坦　陈春飞　郭显玉　蔡志文　陈　刚　詹景伟　高海龙　邱亚顿　甘寒冬　童王平　庄峥嵘　张茂海　彭增炜　郭海辉　杨思腾　黄建敏　陈后安　郑元永　张　杰　陈永胜　林　敏　许生星

办公室主任　童王平

办公室副主任　曾焕定

《洞头年鉴》编辑部

筹　　划　童王平

主　　编　曾焕定

编　　辑　曾焕定　谢海燕　蔡丽诗　唐舒影

校　　对　谢海燕　蔡丽诗　唐舒影

编辑说明

一、《洞头年鉴（2022）》由中共温州市洞头区委、温州市洞头区人民政府主办，洞头区委史志编纂委员会、洞头区地方志研究室负责编纂。《洞头年鉴》于1991年起开始编纂，2015年起正式出版。本卷为第32卷。

二、《洞头年鉴（2022）》以马克思列宁主义、毛泽东思想、邓小平理论、“三个代表”重要思想、科学发展观、习近平新时代中国特色社会主义思想为指导，坚持辩证唯物主义和历史唯物主义的立场、观点和方法，实事求是记载2021年度洞头自然、政治、经济、文化、社会、生态环境等方面基本概貌和发展状况；以记述为主，务求真实性、实用性。

三、《洞头年鉴（2022）》记述时限为2021年1月1日至12月31日，个别资料时间有延溯。记述范围为2021年的洞头区境。其中，“特载”中的报告不受时间限制。

四、《洞头年鉴（2022）》采用分类编辑法，全书主体内容设栏目、分目、条目三个层次，共含32个栏目、232个分目、1307个条目。文中配图照146幅、表格68张。卷首设“特载”“专记”“大事记”“区情概览”等4个栏目，百科设“中共洞头区委”等26个栏目，卷尾设“附录”“索引”2个栏目，全书约98万字。

本卷年鉴框架结构设计基本延续上年，其中“人物”栏目改为“人物和荣誉”栏目。

五、本卷照片多为相关部门、单位提供，部分照片由区融媒体中心、摄影协会等提供，部分资料照片因历史等原因无法署名摄影者。

六、《洞头年鉴（2022）》采用记述体。文字、称谓、数字、纪年、标点符号等，均按国家有关规定书写。农田土地单位沿用“亩”。作者署名在条目文尾，一个分目下连续多个条目均为同一作者的，署名于最后条目文尾。

七、卷中行文中首次出现当地部门、单位均用全称，其他采用规范简称。文中未标明党派的“区委”均指“中共温州市洞头区委”，“党员”均为“中共党员”。

八、《洞头年鉴（2022）》各项资料均由洞头区各有关部门、单位提供，正式引用时以《2021年洞头区国民经济与社会发展统计公报》《洞头统计年鉴（2021）》为准。部分数据、表格，均在文尾注明引述来源。

洞头海岛荣誉

- 全国平安建设先进县
- 长安杯
- 平安中国建设示范县（市、区、旗）
- 全国妇女爱国主义教育基地
- 国家卫生县城
- 国家计划生育优质服务示范县
- 全国双拥模范县“三连冠”
- 国家级海洋公园
- 国家海洋生态文明建设示范区
- 国家生态文明建设示范区（国家生态县）
- 国家级生态保护与建设示范区
- 国家义务教育发展基本均衡县（市、区）
- 中国“十大美丽海岛”
- 国家AAAA旅游风景区
- 中国七夕文化之乡
- 中国诗歌之岛
- 中国羊栖菜之乡
- 中国紫菜之乡
- 中国生态大黄鱼之乡
- 全国海钓基地
- 中国十大摄影发烧风景区
- 中国最佳海岸摄影地
- 国家海洋牧场示范区
- 全国十大美丽国家海洋保护区
- 全国“两山”实践创新基地
- 国家海洋经济发展示范区
- 国家慢性病综合防控示范区
- 全国信访工作“三无”县（市、区）
- 中国（洞头）渔民画之乡
- 全国文旅融合特色创新示范区

- 浙江省重点风景名胜区
- 浙江省森林城市
- 浙江省园林城市
- 浙江省旅游发展十佳县（市、区）
- 浙江省最值得去的五十个景区之一
- 浙江省美丽乡村先进县
- 浙江省综治工作先进县（区）
- 浙江省文明县城
- 浙江省教育基本现代化县（区）
- 浙江省首批生态文明示范县（区）
- 浙江省美丽乡村示范县
- 浙江省全域旅游示范区
- 浙江省食品安全区
- 浙江省首批一星“平安金鼎”
- 浙江文化和旅游产业融合发展十佳县区
- 部省共建乡村振兴示范省先行创建单位

总　目

■ 党史学习教育

2021年，洞头区深入开展党史学习教育，按照“学史明理、学史增信、学史崇德、学史力行”要求，精心组织实施，深入挖掘本地红色资源，高标准、高质量开展党史学习教育各项任务，以保质保量的“规定动作”和具有海霞特色的“自选动作”，推动党史学习教育见行动出成效。

2021年3月15日，全区领导干部会议暨党史学习教育动员部署会召开　（区融媒体中心提供）

2021年4月15日至16日，区委理论学习中心组党史学习教育培训班举行　（区融媒体中心提供）

2021年4月8日，洞头区纪委组织“红色故事我来讲”宣讲团，深入学校、企业、农村、社区、机关开展巡回微宣讲，传承红色长征精神，传颂红色革命故事

（区纪委区监委提供）

2021年5月17日，洞头区大门镇中心卫生院联合大门镇甲山社区瑞鑫花苑小区“海霞红管家”启动红色银龄医疗服务站活动

（侯强强 摄）

2021年4月15日，洞头区旅发公司开展党史学习教育进景区活动

（区旅发公司提供）

■ 庆祝中国共产党成立100周年活动

2021年，洞头区深入挖掘红色资源，组织开展庆祝中国共产党成立100周年系列活动。

2021年7月1日晚，洞头区颁发“光荣在党50年”纪念章 （区融媒体中心提供）

2021年7月5日，“璀璨霞光红动温州”第二届海霞旅游节举行。图为首发团旅客体验洞头解放之路
（区文广旅体局提供）

2021年3月8日，“百年光辉岁月颂 海霞精神世代传”——温州市百千万巾帼大宣讲活动在洞头先锋女子民兵连海霞广场举行

（区融媒体中心提供）

2021年6月28日，全国“两优一先”表彰大会在北京召开，洞头先锋女子民兵连党支部获全国先进基层党组织称号。图为洞头先锋女子民兵连指导员杨燕辉参加全国“两优一先”表彰大会现场

（洞头先锋女子民兵连提供）

2021年7月20日，“寻访海霞足迹·打卡红色地标”洞头青年庆祝建党百年党史知识定向赛举行

（陈巧慧 摄）

洞头区新型冠状病毒肺炎疫苗接种和核酸检测

2021 年，洞头区按照“应接尽接、梯次推进、突出重点、保障安全”的原则，稳妥有序，分年龄分阶段，分步骤分批次实施全民新冠病毒疫苗接种工作。截至 12 月 31 日 24 时，洞头区合计接种新冠病毒疫苗 314923 剂次。开展多轮全员核酸采样监测。

2021年8月21日，洞头区开展第三轮新冠肺炎疫情防控应急演练
(区卫健局提供)

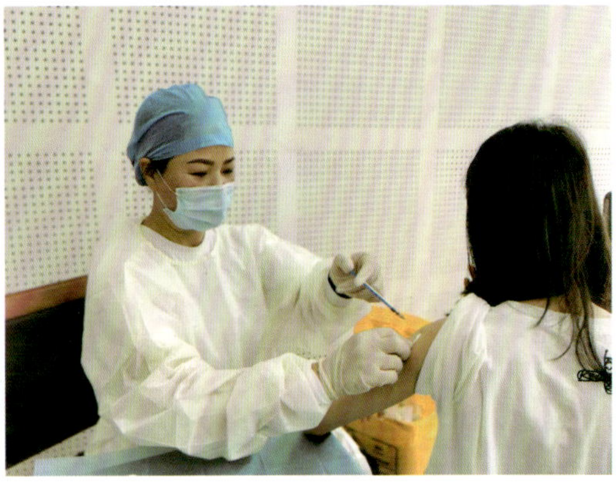

2021年4月7日，洞头区在仁济学院设置新冠疫苗临时接种点。图为医护人员为学院学生接种新冠疫苗

（区卫健局提供）

2021年9月16日，洞头区北岙街道在新城社区小广场举行核酸检测采样演练
（北岙街道提供）

2021年11月22日，洞头区海霞学院启用　　（陈智旭 摄）

2021年1月6日，鹿西综合交通码头启用　　（区融媒体中心提供）

2021年10月15日，S211安吉至洞头公路洞头霓屿至北岙段工程开工，图为大桥效果图　　（区交通局提供）

2021年12月19日，温州液化天然气项目TK04储气罐穹顶顶升仪式　　（中石化第十建设有限公司提供）

2021年11月3日0时30分，温州至马尼拉第二条外贸直达航线开通　（区融媒体中心提供）

2021年10月15日，第二届海峡两岸影像文化周·洞头半屏山专场活动暨2021双屏论坛启动仪式在洞头举行　（区委台办提供）

2021年11月28日，“红动我心诗画随行”2021“长三角一体化”旅游推广活动暨2021长三角千车万人畅游浙江自驾游系列活动在洞头启动

（区融媒体中心提供）

2021年5月20日，“为你心Dong爱无尽Tou”2021年中国·洞头首届婚旅节开幕式暨“中屿等到你”婚纱摄影基地启用仪式举行

（区融媒体中心提供）

2021年3月13日，第五届洞头大门海岛文化旅游节在大门镇岙底村开幕

（区融媒体中心提供）

2021年5月4日，第十一届洞头妈祖平安节在北岙街道东沙天后宫广场开幕
（区融媒体中心提供）

2021年5月4日，第十一届中国·洞头妈祖平安节在元觉分会场同步拉开序幕
（区融媒体中心提供）

2021年5月1日，第三届中国·洞头霓屿南山妈祖平安节举行
（区融媒体中心提供）

2021年5月1日晚，“燃情百岛海上花园”2021洞头焰火音乐盛宴暨东海首届烟花音乐节在韭菜岙沙滩举行（区融媒体中心提供）

2021年7月1日晚，洞头区举办“辉煌百年 红动百岛”庆祝中国共产党成立100周年“七一”表彰暨大合唱比赛（区文广旅体局提供）

2021年5月16日，温州2021嘉信游艇·瓯江杯帆船邀请赛在洞头举行　　（区融媒体中心提供）

2021年8月4日，洞头区第37届“海疆杯”篮球赛暨第八届“职工杯”篮球赛　　（区总工会提供）

2021年7月31日至8月1日，温州市首届沙滩风筝邀请赛在东屏街道半屏韭菜岙沙滩举行
（区文广旅体局提供）

2021年4月2日，洞头区第五届“工会杯”职工乒乓球赛举行
（区文广旅体局提供）

2021年10月31日，洞头区新时代美丽乡村杯羽毛球团体邀请赛举行
（区文广旅体局提供）

2021年7月30日，新城二期河道护岸工程通过竣工验收　（区城发公司提供）

2021年6月，鹿西黄鱼岛自主研发软体牧场　（鹿西乡提供）

2021年5月14日，温州海湾生态跨区域司法保护协作机制启动，并在洞头国际放生台开展三地六院增殖放流活动

（区融媒体中心提供）

2021年7月12日，2021年生态文明贵阳国际论坛在贵州省贵阳市开幕。图为区委书记林霞向全国推介海岛洞头的成功经验

（区融媒体中心提供）

2021年11月，温州蓝色海湾生态建设项目沙角岸线建设工程完工　　（戴安琪 摄）

目　录

特　载

专　记

大事记

区情概览

中共洞头区委

洞头区人民代表大会

洞头区人民政府

政协洞头区委员会

中共洞头区纪委洞头区监委

人民团体

法　治

军 事

农业　水利

海洋与渔业

经济管理

工业　信息化

交　通

城乡建设

商贸服务

旅游业

金融业

环境保护

教　育

科学技术

文 化

卫　生

体　育

居民生活

人物和荣誉

街道　乡镇

附　录

索　引

CONTENTS

Special Issue

Special Notes

Chronicle of Events

An overview of the district

The CPC Dongtou District Committee

Dongtou District People's Congress

The People's Government of DongTou District

Dongtou District Committee of CPPCC

CPC Dongtou District Commission for Discipline Inspection Dongtou District Supervisory Commission

People's Organizations

Legal System

Military

Agriculture and Hydraulic Engineering

Oceans and Fisheries

Economic Management

Industry and Informationization

Transportation

Town and Country Construction

Business Services

Tourism

Financial Industry

Environmental Protection

Education

Science and Technology

Culture

Sanitation

Sports

Residents Living

Figures and Honors

Street and Towns

Appendix

Index

特 载

中共温州市洞头区第二次代表大会报告（摘要）

大力弘扬海霞精神 加快发展海洋经济 创新书写建设共同富裕海上花园新篇章

郭云强

（2021年12月28日）

2021年12月28日，洞头区委书记郭云强在中共温州市洞头区第二次代表大会上作报告 （区融媒体中心提供）

一、过去五年的主要工作回顾

过去五年，是洞头撤县设区后具有里程碑意义的五年。面对严峻复杂的宏观环境、接踵而至的困难挑战，区委坚持以习近平新时代中国特色社会主义思想为指导，牢记中共中央总书记习近平“大力弘扬海霞精神”“加快发展海洋经济”“真正把洞头建设成为名副其实的海上花园”的殷殷嘱托，在省委、市委的坚强领导下，团结带领全区各级党组织和广大党员干部群众，不忘初心、牢记使命、务实苦干、勇毅奋进，一张蓝图绘到底，一以贯之抓落实，较好完成区第一次党代会确定的主要目标任务，经济社会各项事业迈上了新台阶，实现了全面建成小康社会的新跨越。

这五年，最令人振奋的是，我们聚力向海图强，成功获批建设国家海洋经济发展示范区，预计地区生产总值从79.4亿元增长到125亿元、年均增长8.1%；一般公共预算收入从6.5亿元增长到12.4亿元、年均增长13.8%，城乡居民人均可支配收入分别达到5.75万元和3.55万元，年均分别增长8.4%和9.4%，城乡收入比达1.62 ∶ 1，交出了经济建设高分报表。最令人鼓舞的是，我们始终践行初心使命，在思想上、政治上、行动上同以习近平为核心的党中央保持高度一致，始终注意加强和改进党的领导，始终保持与人民群众的血肉联系，实现了以优良党风政风涵养质朴清正的民风社风，众志成城建设海上花园，特别是面对突如其来的新冠肺炎疫情，全区党员干部群众倾力守护家园，交出了政治建设高分报表。最令人难忘的是，我们弘扬海霞精神，成功举办洞头先锋女子民兵连建连60周年系列活动，获习近平总书记亲切关怀勉励，省委赋予洞头“全面打造新时代民兵建设重要窗口”新使命，洞头先锋女子民兵连党支部被评为“全国先进基层党组织”，女子民兵连纪念馆获得“全国爱国主义教育示范基地”“全国妇女爱国主义教育基地”等国家级荣誉；海霞基地建成投用；感动中国的“兰小草”成为“五岛连桥”之后海霞精神的新注脚，交出了文化建设高分报表。最令人激动的是，我们守护平安底线，十二年接续奋斗，捧回全国平安建设最高荣誉“长安杯”，获中共中央总书记习近平亲切接见，全市唯一创成平安中国建设示范区，智慧治理工作得到中央政法委调研肯定，交出了社会建设高分报表。最令人自豪的是，我们坚持生态立区，成功获批建设全国“两山”实践创新基地，蓝色海湾整治工程两次入选全国试点，两度登上《焦点访谈》，亮相新中国成立70周年大型成就展，作为全国唯一县（市、区）参加自然资源部贵阳国际论坛作典型交流，交出了生态文明建设高分报表。

我们忠诚忠实，以信仰之魂，扛起了政令畅通的坚强担当。始终把政治建设放在首位，深入学习贯彻中共十九大和十九届历次全会精神，牢固树立“四个意识”、坚定“四个自信”，坚定不移做“两个确立”忠诚拥护者、“两个维护”示范引领者，确保洞头改革发展始终沿着正确政治方向阔步前进。坚持不懈用习近平新时代中国特色社会主义思想武装头脑、指导实践，落实区委常委会“第一议题”政治学习制度，高标准开展“不忘初心、牢记使命”主题教育和党史学习教育，认真组织学习中共中央总书记习近平“七一”重要讲话等系列重要讲话精神，党员干部理想信念、党性修养、宗旨意识普遍增强。坚决贯彻落实中共中央总书记习近平对浙江、温州、洞头重要指示精神，结合实际创造性开展工作，做到“总书记有号令、中央有部署、省市有要求、洞头见行动走在前”。

我们兴海强海，以实干之策，交出了赶超发展的精彩答卷。固定资产投资预计年均增长15.3%，累计推进重点项目225个，预计建成156个，完成总投资175亿元，PPP项目推广获国务院通报表彰。临港产业持续壮大，浙能、华港两大LNG工程开工建设，大小门石化产业基地通过浙江省化工园区合规园区认定，规上企业数量达35家，产值超亿元企业11家，诚意药业成为全省海洋生物医药第一股；状元岙港新增7条国际航线，国际邮轮港开港运行，港口集装箱吞吐量增长19倍。滨海旅游日渐兴盛，青山欢乐岛、梦幻海湾等30个重磅文旅项目开工建设，民宿发展、体旅融合做法成为全国典型，创成全省首批全域旅游示范区，获批半屏山海洋省级旅游度假区。现代渔业做优做强，创成国家级渔业健康养殖示范区和省级渔业转型发展先行区，建成海洋食品产业园，“两菜一鱼”全面迈入国字号行列，远洋捕捞实现全市零的突破。

我们精建精美，以工匠之心，描绘了欣欣向荣的城乡图景。坚持大干交通，开工建设228国道、325省道、211省道洞头段，投用330国道洞头段、大门大桥等对外大通道，贯通新垄隧道、大门环岛公路等内部大动脉，启用鹿西综合交通码头，获评省级“四好农村路”和美丽经济交通走廊示范区。坚持全域提升，实施花园洞头工程，花园村庄覆盖率近90%，建成省新时代美丽乡村44个、乡村振兴示范带10条，获评省美丽乡村示范区，入选部省共建乡村振兴示范省先行创建区、省十大海岛公园，创成全省首批生态文明建设示范区。“五水共治”成效显著，全面消除劣V类水体，获评全国节水型社会建设达标区。坚持新型城镇化建设，新城二期、状元南片、霓屿新区、大门新区建设全面升级，城乡危旧房全面清零，创成全省首批“无违建”区。

我们探索探路，以担当之为，走出了改革创新的宽阔道路。坚持以数字化改革为引领，打造“数智渔业”等一批多跨场景示范，老年食堂e食无忧等多个应用纳入浙里系列子场景。创新破解发展瓶颈，发布小型休闲船艇管理等“洞头标准”26项，盘活僵尸项目29个，成为全国唯一的渔船“电子证照”试点单位，“最多跑一次”改革获省政府督查激励，五年累计获批省部级试点37个。“两个健康”政策清单落地见效，社会投资量占有效投资比重从31%上升到75%。国企改革持续深化，实体化运作城发、旅发公司，成功发行首个企业债。基层减负全省探路引领，获中国城市治理创新优秀案例优胜奖。对台工作扎实推进，获批建设海峡两岸（温州）民营经济创新发展示范区重点平台、省对台交流基地、省级同心旅游特色小镇，连续三年荣获浙台经济社会融合发展突出贡献单位称号。

我们惠民安民，以为民之责，奏响了幸福民生的和美乐章。实现城乡医保、低保等36项民生保障同城同待遇，医疗、养老保险参保率分别为99.47%和98.29%。实施教育质量提升“扬帆行动”，创成温州首个省级教育基本现代化区，投用温州医科大学仁济学院、乐成寄宿中学等7所高品质校园，实现街道（乡镇）公办幼儿园全覆盖，教育现代化水平迈入全省第一方阵。健康洞头建设大步推进，人均预期寿命提升到81.9岁，慢病管理改革成果入选国家基层卫生综合改革实践典型案例，创成国家慢性病综合防控示范区，医共体改革获省政府督查激励。洞头连续四年登上央视，知名度和影响力全面提升。投用区文体中心、区文化馆，成功举办一系列品牌赛事活动，荣获中国诗歌之岛、中国摄影岛、中国渔民画之乡等金名片。创成省级无欠薪区、食品安全区。建成投用区殡仪服务中心，移风易俗入心走实。社会保持和谐稳定，实现省级“无信访积案区”三连创、省级平安区十六连创，蝉联全国信访“三无”区。

我们管党治党，以固本之严，涵养了风清气正的政治生态。切实加强区委和区委常委班子建设，坚决贯彻民主集中制，严格执行区委常委会等议事规则和决策程序。扎实推进中央和省委巡视反馈问题、“七张问题清单”整改、政法队伍教育整顿，政治生态更加清朗。高质量完成机构改革、村社规模优化调整和村社组织换届工作。创新抓人促事制度，出台科级干部全程积分考核、“办不了”报告质询、干部回炉等机制，推动干部能上能下。推进依法治区，持续开展“铁腕除弊、清风润商”护航专项行动，推行“综合查一次”“首错免罚”，营商环境大为改善。深化清廉洞头建设，反腐败斗争压倒性胜利不断巩固发展。高质量完成纪检监察体制改革，圆满完成一届区委巡察任务。加强民主政治建设，支持人大依法履职和政协参政议政，统战、人武、老干部、关心下一代等工作全面推进，工青妇等群团工作取得新成绩。

奋斗蕴含艰辛，经验弥足珍贵。五年来的发展历程启示我们：

党的领导是事业发展的最根本保证。五年来，我们始终坚持把抓好党建作为最大政绩，统筹推进党的各项建设，锻造出一支忠诚干净担当的过硬队伍，打赢了疫情防控、防汛防台等一场场硬仗，为全区经济社会发展提供了有力的政治保障。实践证明，只有坚持和加强党的全面领导，党政紧密团结，人大政协齐心协力，党员干部带头示范，全区上下才能政通人和、风正劲足、实干争先，我们的力量才会无坚不摧，我们的事业才会无往不胜。

锁定航向是实现目标的最大前提。五年来，我们紧扣建设名副其实的海上花园的目标不懈努力，一张蓝图绘到底，交出了一份厚重提气的高质量发展成绩单。实践证明，海上花园是指引洞头前进的正确航向，只有坚定不移地按照中共中央总书记习近平提出的“真正把洞头建设成为名副其实的海上花园”的指示精神，汇聚合力、精准发力、持续用力，洞头各项事业才能不断取得新突破、开辟新境界。

向海图强是赶超跨越的最优路径。五年来，我们重新认识海洋资源禀赋，海洋生态、港口岸线、空间腹地等优势不断显现，海洋经济支撑作用日益凸显。实践证明，立足海岛、面朝大海，才能乘风破浪、勇立潮头。只有强化海洋意识、开放意识，充分发挥海洋这一洞头最大的比较优势，经略海洋、陆海统筹，才能将独特的资源优势转化为发展优势，在新一轮区域竞争中脱颖而出。

招大引强是推动发展的最硬支撑。五年来，我们始终把招大引强作为高质量发展的重要抓手，坚持项目为王，紧盯龙头项目、产业项目、制造业项目，强引进、快推进，实现了百亿级项目的重大突破。实践证明，抓项目就是抓发展，谋项目就是谋未来。只有坚持“一切围着项目干、一切盯着项目转”，不断积蓄发展后劲、争创产业竞争优势，才能在后发赶超中实现崛起。

改革创新是奋战奋进的最强动力。五年来，我们坚持向改革要活力、向创新要动力，为高质量发展持续注入源头活水。无论是“洞头标准”改革，还是“僵尸项目”激活，无不体现着洞头勇于探索、敢于担当的改革智慧。实践证明，唯改革才有出路，唯创新才有未来。只有时刻保持改革创新的锐气，发扬“基层首创”精神，勇于破除体制机制障碍，为担当者担当、为负责者负责、为创新者壮胆，才能闯出一条赶超跨越的发展新路。

在肯定成绩的同时，我们也要清醒地看到：从现代产业体系构建看，标志性、引擎性项目增量不多，制造业创新驱动距离高质量发展要求还有差距；从城市发展能级看，城市建设仅仅开篇，品质化消费业态还不够丰富；从群众对美好生活期盼看，优质教育、医疗、养老供给水平不高，离岛群众“吃水难”问题尚未彻底解决，交通、供电、环保等基础设施建设还需加快，城乡收入尚处于低水平均衡，推动共同富裕任重道远；从干部队伍建设看，干部实现大变化的思想解放度和塑造变革力仍需加快提高，全面从严治党仍需持续加强。

二、今后五年工作的指导思想和奋斗目标

2003年，时任浙江省委书记的习近平在洞头调研期间明确提出，“真正把洞头建设成为名副其实的海上花园”“洞头要主动接轨好温州，发挥后发优势，适应温州国际性轻工城和大都市建设的需要，主动与中心城市建设的总体规划相衔接，努力把洞头建设成为‘温州的花园’和重要基地”等重要指示要求。中共中央总书记习近平的重要讲话和指示批示要求，是我们干好工作、识变应变的根本遵循。我们要深刻领会中共中央总书记习近平对洞头发展的科学指导，自觉运用其蕴含的立场观点方法，解决洞头未来五年发展中的一系列目标、路径问题。

今后五年洞头发展的指导思想是：高举中国特色社会主义伟大旗帜，坚持以习近平新时代中国特色社会主义思想为指导，认真贯彻党的十九大和十九届历次全会精神，弘扬伟大建党精神，全面落实中共中央总书记习近平关于浙江工作的重要指示批示精神，统筹推进“五位一体”总体布局、协调推进“四个全面”战略布局，坚持稳中求进工作总基调，完整、准确、全面贯彻新发展理念，主动服务和融入新发展格局，坚定扛起省委忠实践行“八八战略”、奋力打造“重要窗口”的政治使命，落实市委“续写创新史、走好共富路”的总体要求，坚持党的全面领导，以改革创新为根本动力，以推动高质量发展为主题，以深化供给侧结构性改革为主线，以满足人民日益增长的美好生活需要为根本目的，以产业聚变、城市蝶变、幸福跃变为阶段性战略重点，大力弘扬海霞精神，加快发展海洋经济，创新书写建设共同富裕海上花园新篇章。

根据上述指导思想和任务要求，今后五年洞头发展的主要目标是：综合实力实现更大跃升。到2026年，地区生产总值突破240亿元，成为温州市区经济发展最快区；一般公共预算收入突破22亿元，规上工业增加值突破16亿元，旅游产业增加值突破21亿元，固定资产投资突破80亿元，共同富裕的经济基础更加扎实。区域统筹实现更大作为。深度融入长三角一体化发展、粤闽浙沿海城市群，市区一体化、瓯洞一体化取得实质性进展，城市首位度和集聚辐射力大幅增强，全方位融入大都市区发展取得重大突破，浙南对外开放桥头堡、甬台温临港产业示范基地、温州都市区东拓主平台、国际旅游岛的四大定位更加彰显。城乡建设实现更大突破。以人为核心的新型城镇化提质推进，现代化基础设施体系加快构建，城市综合承载力全面提升，未来社区、未来乡村、未来景区逐步铺开，城乡风貌和谐统一，打造有颜值有气质有内涵的美丽城乡升级版。民生福祉实现更大增进。居民收入水平提升与经济发展保持同步，地区差距、城乡差距、收入差距逐步缩小，中等收入群体规模实现倍增。社会事业全面优质发展，公共文化服务体系和文化产业体系更加健全，民生质量明显改善，人民群众日益增长的美好生活需要得到更好满足。生态文明实现更大进步。高质量绿色发展格局全面构建，生态环保设施加快建设，优质生态产品供给丰富，蓝色海湾成为重要展示窗口，生态环境质量持续稳居全省前列，绿色发展方式在环境治理型基础上迭代为以“双碳”为核心的“生态经济化、经济生态化”模式。治理效能实现更大提升。治理体系和治理能力现代化不断推进，平安洞头、法治洞头、清廉洞头建设取得显著成效，常态化保持全省平安建设第一梯队，共建共治共享社会治理格局基本形成。本质安全水平全面提升，防范化解重大风险隐患体制机制更加健全，发展安全保障更加有力。

实现以上目标，必须牢牢遵循中共中央总书记习近平的殷殷嘱托，围绕精神富足与物质富裕同步推进，经济实力与城市形态同步跃升，更加贴近人民群众对美好生活的向往，聚焦产业聚变、城市蝶变、幸福跃变阶段性战略重点，推动跨越发展。

——要突出产业聚变，加快发展海洋经济。产业聚变是建设共同富裕海上花园的基础。要始终坚定海洋为本、实干为要，通过新旧产业集聚发展产生聚变式的乘数效应，为建设共同富裕海上花园增强做大蛋糕、持续发展的内驱动能。要坚定不移走海洋经济发展之路，系统迭代海洋强区和旅游兴区战略，在产业集聚发展中把量质并举、新旧并重、调转并行作为推进产业高质量发展的关键招法，努力走出洞头特色的海洋经济发展模式，成为温州海洋经济重要增长极。

——要突出城市蝶变，聚力建设滨海城市。城市蝶变是建设共同富裕海上花园的引擎。要始终坚定经营城市理念，通过实施精建精美实现城市蝶变，为建设共同富裕海上花园提供宜居宜业、活力涌动的滨海城市新场景。加快补齐水、电、路、气、港等重大基础设施短板，把提升城市发展能级、推动城市有机更新和提升城市幸福指数作为蝶变重点，扮靓城市名片，打造近悦远来、主客共享的“温州海上会客厅”。加快融入温州大都市区发展，提升承接大都市区辐射水平，不断提高城市竞争力吸引力。

——要突出幸福跃变，创新打造未来单元。幸福跃变是建设共同富裕海上花园的目标。要始终坚定以人民为中心的发展理念，人民群

众对美好生活的向往场景就是未来场景，通过打造未来单元实现幸福跃变，为建设共同富裕海上花园呈现富裕富足、和谐和睦的美好生活辨识度。要大力解决民生急难愁盼问题，实质推进“扩中提低兜底”工作，通过改革创新、政策引领，努力更好地分好蛋糕，打造未来社区和未来乡村为代表的共同富裕基本单元，让老百姓对幸福指数提升真切可感。

三、今后五年的主要工作和重点任务

（一）聚力产业高质量发展，加快构建海洋经济新体系

坚持陆海统筹、错位发展，做优一产、做强二产、做活三产，加快构建以温州海洋经济发展示范区为主平台、以培育壮大海洋新兴产业为核心的现代海洋产业集群。

1. 提升产业平台支撑能力。平台是产业集聚的主战场。要全力提升平台能级，依托中国（温州）华商华侨综合发展先行区、综合保税区、跨境电商综试区、自贸区联动创新区等国家级开放平台，积极承接国家和省市重大生产力布局、重大改革试点、区域协作联动等辐射效应，联动瓯江口合力打造温州海洋经济发展示范区，创成省级经开区。要加快完善平台基础，全面完成大小门临港石化产业区、温州港核心港区、海洋经济产业园、海洋食品产业园和国家渔港经济区等五大平台基础设施铺垫，补齐集疏运短板，重点加快状元岙港5、6号码头和大小门港区泊位建设，为平台发挥牵引带动作用夯实基础。要全面拓展平台空间，加快推进矿地综合开发利用和洞库资源开发项目，谋划“飞地模式”，在瓯江口浅滩二期和高能级城市开拓土地、楼宇等发展新空间。

2. 加快临港产业集群发展。顺应现代海洋产业发展新趋势，形成多元的产业集群。一是加快发展临港新材料产业，锚定临港产业岛定位，以小门岛为空间，以丙烷脱氢、石墨烯等项目为重点，落地百亿级单体临港新材料项目。二是加快发展海洋清洁能源产业，以滩涂光伏、LNG冷能、远海风电、潮汐能为重点，以全岛为空间，招引关联制造业项目。三是加快发展临港绿色制造产业，以碳汇资源和深水港为比较优势，以状元南片为空间，加大谋划力度，坚持“以岸线论英雄”，招引持续动能强劲的依港型依湾型大好高项目。四是加快发展海洋健康产业，加快鱼油等海洋生物活性物质提取研究和产业化应用，以诚意健康产业园和依山滨海石厝村落为空间，培育海洋生物医药产业和康养产业。五是加快发展海洋旅游业，锚定国际旅游岛定位，以北岙、东屏、鹿西等区块和大瞿、南策等岛屿为空间，培育度假休闲、海上运动、邮轮游艇、会议培训、禅修体验、婚纱摄影等产业。重点引进头部旅游企业，落地拳头型、引爆型项目，打造国民水上休闲运动中心，争创国家全域旅游示范区、国家级旅游度假区。六是加快发展现代渔业，以提升海水养殖机械化、现代化水平为主抓手，大力培育深远海、装配式、离岸式养殖，以霓屿海洋食品产业园为空间，延伸“两菜一鱼”等海洋水产品产业链，招引冷链、海产品精深加工企业，培育海洋食品产业。加大良种研究推广力度，推进海洋捕捞高质量发展。七是加快发展港航物流业，以状元岙港区为重点，发展港口物流、进口食品冷链物流、石化物流，配套发展港口管理服务和港航服务业。

3. 推进传统产业集聚升级。坚持增资扩产与技术改造并重，加快传统产业“腾笼换鸟、凤凰涅槃”。推动产业空间由粗放型开发转向集约型利用，通过产业招引、龙头升级、功能转变、搬迁入园、淘汰落后、整治提升、用地激活等七大行动，实现本岛工业用地空间优化重组、产业迭代升级，引导园区外观内涵与本岛精致精美生活区融合过渡。精准扶持建筑业多元发展，以新型建筑工业化带动建筑业全面转型升级。提升总部经济园，打造小微企业孵化园，深化领军名企领航、领头企业培育、小微企业孵化三大行动，推动产业发展由数量增长转向质量提升，促进产业向价值链中高端跃升。加快工业技改、机器换人、企业上云步伐，大力推进数字产业化和产业数字化，着力培育以传感器为主干的数字经济核心制造业。

4. 狠抓产业项目落地保障。坚持招大引强与激活民资并重，牢固树立“以项目看发展论英雄”的理念。坚持“要素跟着项目走”，推动土地、能耗、资金等资源要素向重大项目集中，对独特优势资源，保持招引重大项目的战略留白定力。把招商引资作为第一战术，锚定临港核心产业，聚焦珠三角、长三角、京津冀等地，通过产业链招商、专业化招商，着力引进一批链主型、龙头型、制造业型、高税源型产业项目，对主导产业进行强链补链延链，推动资源向项目聚焦、要素向项目聚拢、力量向项目聚合。弘扬企业家精神，增强市场主体信心，激发创新创业动力。深化要素市场化改革，打造营商环境最优区。围绕项目落地达产的全生命周期，政策、审批、服务、硬件、软件五力齐发，在洞头本岛和大门岛加快建设宜居宜业的商住空间，以更加优质暖心的公共服务、更加高效贴心的“两个健康”营商环境，让企业落地无忧。

（二）聚力城市高品质建设，加快构建滨海城市新场景

立足构建“海上花园诗意栖居”的滨海城市场景，以集聚人才青年、

服务常住居民为导向，以亲海望海、海天一色为辨识度，以配套完善能级提升为核心，努力把洞头打造成为温州拥江面海、生态宜居城市的展示窗口。

1. 坚持融入一体发展格局。强化区域协同，落实温州实施城市拥江面海发展战略，主动承接都市区辐射，争取纳入中心城市建设管理体系，做强海洋经济、滨海旅游等功能。强化融合发展，落实瓯洞一体化发展实施方案，加强规划共编、设施共建、平台共筑、产业共兴，深化招商、产业、人才、综保区等领域合作，理顺灵昆、昆鹏街道管理体制机制，加快实现社会治理协同化、政务服务一体化。强化基础互联，建成325省道、211省道洞头段、330国道延伸线疏港公路，争取甬台温高速复线洞头联络线、S1线延伸线等对外大通道，打造“三纵三横、三铁三港”的综合交通路网。按照“适度超前要求”，攻坚实施一批重大交通、能源、农田水利、生态环保、防灾减灾项目，建成陆域引供水第二通道等一批重大工程，联动推进新基建布局建设。

2. 坚持做优城市空间布局。树立跨岛统筹理念，坚持城市化和美丽城镇建设双轮驱动、协同发展，加速港产城融合发展，按照“一心两翼多组团”构建城市空间布局，强化环海西湖城市核心辐射功能，推进大门鹿西一体化，主攻六大组团建设。以新城片区、状元南片为空间范围，推进城市化建设，发展医养、康养、娱乐、休闲等产城融合形态，实现老城新城融合过渡，构建滨海城市场景；以霓屿新区片、同心小镇片、大门黄岙新区片、鹿西岛为空间范围，深化美丽城镇建设，依托各片区人口集聚潜能，打造以服务本地居民和外来从业者为主攻方向的美丽城镇新形态，实现城镇乡村融合过渡，构建滨海城镇场景。

3. 坚持做精城市功能品质。提升经营城市理念，高标准筛选经营城市合作伙伴，开展洞头滨海花园城市发展策略研究，一体推进以城市的定位、品牌、规划、设计、推广等为核心的城市营销。坚持城市品质引领，强化城市阳台、城市家具、城市绿地、城市文化的公共投入，完善城市功能、丰富城市业态、积聚城市人气。加强城市风貌整体性导控，坚持“多规合一”，充分展示全域优美的天际线、海岸线、山脊线，将文化融入城市建设的肌理，着力打造高品质、可阅读的滨海城市影像。激发城市发展活力，加快老城区有机更新，推动建筑和人口疏解，稳步开展老旧小区改造，有序布局教育医疗商贸等公共服务设施，推动人口向新城集聚。推动历史记忆街区打造为特色文旅街区，唤醒沉睡历史记忆的市场价值，形成具有海岛历史文化记忆的经典岛城。激活城市消费潜力，聚焦中心街改造、东沙中心渔港建设，打造高品质步行街、海岛风情文化街区，优化消费环境，培育旅游消费、夜间消费新热点。厘清城市管理机制，以数字化赋能城市精细化管理。

（三）聚力幸福高水平创造，加快构建美好生活新形态

践行以人民为中心的发展理念，对标打造民生“七优享”金名片，推进人的全生命周期公共服务优质共享，打造更多人民群众可触可感的美好生活场景。

1. 稳步推进未来单元建设。以未来社区理念引领城市建设，谋划建设具有海岛特色的未来社区，打造邻里、教育、服务等九大未来场景，以新建型和改造型为方向，形成社区中心、邻里中心两级架构，打造15分钟文化圈、运动圈、休闲圈。以未来乡村理念引领乡村振兴，强化农村风貌管控与农房建设管理，有序推进具有文化特质、影像特色的东海石厝保护、开发、利用。集成落地未来乡村“五化十场景”，建成一批彰显海岛味、未来感、高品质的未来乡村。坚持以产业振兴带动乡村振兴，推进科技强农、机械强农“双强”行动，健全“两进两回”长效机制，纵深推进村级集体经济提质增效行动，打造强村公司，促进村集体经济总量扩大、增收结构优化。深入挖掘海洋文化、闽瓯文化资源，构建“中国诗歌之岛”“中国渔民画之乡”“中国七夕文化之乡”“中国摄影岛”等文化品牌体系，打造一批特色文化标识，延续海岛文脉，彰显渔村特质。以未来景区理念引领全域提升，坚持全域景区化理念，重点推进望海楼、半屏山、仙叠岩和马岙潭四大核心景区改造提升，高水平全面建成海岛公园。锚定两岸同心岛定位，推进对台经贸文化交流合作，持续办好两岸半屏山系列交流活动，争创全省对台交流基地样板示范。

2. 突出“扩中提低兜底”。坚持分类施策，聚焦七类中等收入群体和三类低收入群体，构建群体结构数据库和公共政策工具箱，精准统筹制定普惠措施，加快形成以中等收入群体为主体的橄榄型社会。坚持就业优先，深化瓯洞两地劳务协作，不断强化二产和三产吸纳就业的稳定器和蓄水池作用，促进市场主体增量提质，创造更多就业岗位，努力实现更加充分、更高质量就业。发挥创业带动就业“倍增效应”，加快推进创业平台建设，大力支持青年人、在外乡贤等群体来洞创新创业，推动更多群体通过自身努力迈入中等收入群体行列。坚持政策兜底，落实“应保尽保”政策要求，聚焦“一老一小”“一病一残”等重点人群，强化关怀服务，加快构建以基本生活救助、专项社会救助、急难社会救助为主体，社

会力量参与为补充的分层分类救助制度体系，坚决兜住民生底线。

3. 坚持民生服务优先发展。加强优质教育供给，落实教育“双减”工作，稳步推进教育质量提升，深入实施教育扬帆行动，优化校网规划布局，打造一流师资队伍，缩小基础教育与先进地区差距，创成全国义务教育优质均衡发展区、全国学前教育普及普惠区。稳步推进产教深度融合，探索建立“订单制”培训模式，定向培养与产业发展所需的专业人才，发展海上运动等培训项目。加强优质医疗供给，锚定生命健康岛定位，全面推进健康洞头建设，深化医共体改革，依托“山海”合作工程，持续提升医疗服务水平，创成省级健康促进区，保障人群主要健康指标全面达到全市中上水平。优化区域医疗资源布局，加快推进区人民医院改扩建项目，合理布局基层医疗卫生服务设施，让百姓就近看得上病、把病看好。加强公共养老服务供给，深化省级康养体系建设试点，健全老年健康服务体系，投用温州市社会福利养老院、区级中心敬老院等项目，探索智慧养老服务模式，实现居家养老服务全覆盖。加强公共文化供给，大力建设城市书房、文化驿站、百姓书屋等公共文化空间，提升乡镇街道综合文化站、社区文化服务中心和农村文化礼堂等阵地，推动全民阅读活动、全民健身运动、全民科学素质行动。加强文化人才队伍建设，加大文艺创作扶持力度，推动文化与旅游、体育等深度融合发展。深化精神文明建设，扎实推进新时代文明实践中心建设，以基层群众的创造力不断激发文明实践的生命力。以培育和践行社会主义核心价值观为根本，推动家庭家教家风建设高质量发展。

4. 推动美丽环境持续做优。加强生态保护修复，加强山体、岛礁、花岗岩等生态环境资源保护，深化矿山生态环境修复整治，争取国家蓝湾三期和省级蓝湾项目落户，创建国家级生态文明建设示范区。推进环境系统治理，打好治水治气治海治土治废治塑攻坚战，加强海滨河等重点河道整治，创成全域“无废城市”，促进垃圾分类、“无违建”创建迭代升级。加快完善环保基础设施，建成城北、大小门岛和状元南片污水处理设施。拓宽“两山”转化路径，深入实施碳达峰碳中和总体方案，加快调整产业、能源、交通运输等结构，增强海洋生态系统碳汇、固碳能力，以海洋碳汇交易为抓手积极参与碳交易市场建设。完善生态产品价值实现机制，探索建立海洋版“两山银行”，加快海洋生态资源价值转化，推广社会资本参与海洋生态保护修复模式。

（四）聚力区域高效能治理，加快构建立体保障新格局

治理能力现代化是建设共同富裕海上花园的重要保障。要完善治理体系，强化改革创新、平安稳定、民主法治保障，以高效能治理确保战略重点稳步实施。

1. 强化改革创新保障。坚定不移把数字化改革作为全面深化改革总抓手，按照“顶层设计、增量开发、迭代升级”总体思路，打造更加丰富的五大综合应用场景，形成数智渔业、海域智管等一批具有洞头辨识度的标志性成果。推进“洞头标准”迭代升级，深化信用智治、海区使用管理试点等特色改革。深化海岛普惠金融改革，做大产业引导基金。深化国资国企改革，充分发挥城发、旅发等国资平台战略支撑作用，盘活国有资产、健全运营机制、提升经营能力。下大力气理顺大小门投资体制机制。锚定科技创新岛定位，完善海洋科技研发体系、转化体系、服务体系，建设温州海洋研究院等一批高能级海洋科创平台，把科研活力转化为生产力。激活海岛创新发展新动能，深化“才聚百岛、智汇洞头”等人才引育工程，构建全周期人才服务标准体系，全力打造人才生活最佳居住地。

2. 强化平安稳定保障。完善风险闭环管控大平安机制，一体推进政治、经济、社会、网络等领域安全，有效防范化解经济金融、房地产行业、政府隐性债务等领域风险。实施“县乡一体、条抓块统”改革，推动“152”体系与“141”体系融合贯通，加快构建整体智治格局。铁腕整治道路安全、海上安全、消防安全等风险隐患，实施平安贴星攻坚行动，争取再夺“长安杯”。扎实推进安全生产责任体系建设，坚决遏制重特大事故，不断提高本质安全水平。深化诉源治理，加强矛盾源头化解，提升信访工作质效，争创全国信访工作示范区。完善网络综合治理体系，构建健康清朗的网络生态。开展社会治安防控体系示范区创建，维护社会和谐稳定。全面提升防灾抗灾减灾水平，构建“大安全、大应急、大减灾”体系。依法加强宗教事务管理，确保宗教领域和谐稳定。毫不松懈抓好常态化疫情防控，提高应对突发公共卫生事件能力。

3. 强化民主法治保障。坚持党的领导、人民当家作主、依法治国相统一，发挥区委总揽全局、协调各方的领导核心作用，支持人大、政府、政协和监委、法院、检察院依法依章程履行职能，统筹人民武装、群团组织、民主党派等各方力量。与时俱进完善人民代表大会制度，不断丰富和发展人民代表大会制度在洞头的生动实践，积极打造践行全过程人民民主的区域样板。坚持和完善党领导的多党合作和政治协商制度，打造民主协商洞头特色品牌。学思践

悟习近平法治思想，高质量推进法治洞头建设，全面提升司法质效和公信力，构建“大综合一体化”行政执法体系，加快形成党建统领的“四治”融合基层治理体系。

四、全面加强党的领导，大力弘扬海霞精神，为赶考第二个百年奋斗目标提供坚强保障

（一）永葆听党指挥、对党忠诚的政治本色。对党忠诚，是共产党人首要的政治品质。要始终旗帜鲜明讲政治，坚持不懈用习近平新时代中国特色社会主义思想定向领航、指导实践，把“两个确立”作为最深刻的政治信念，把“两个维护”作为最坚定的政治立场，不断提高政治判断力、政治领悟力、政治执行力。严明政治纪律和政治规矩，严格落实民主集中制、新形势下党内政治生活若干准则、党的组织生活等制度，不断巩固党史学习教育成果，永葆共产党人政治本色。严格落实党委（党组）意识形态工作责任制，牢牢掌握意识形态工作领导权、话语权和主动权，持续巩固和壮大党的舆论阵地。健全党统揽全局、协调各方的制度体系，不断完善以“七张问题清单”为牵引的党建统领工作机制。

（二）大力弘扬爱岛尚武励志奉献的海霞精神。伟大的事业孕育伟大的精神，伟大的精神引领伟大的事业。要从百年党史中汲取奋进的智慧和力量，守好“红色根脉”，突出精神引领变革，创造性丰富伟大建党精神在洞头的生动实践，大力弘扬海霞精神。要持续擦亮“红色海霞”金名片，打造“一馆一院一营一路一园”，延伸红色海霞产业链，建设集民兵文化体验、海防旅游观光、军地融合产业于一体的红色阵地，全面打造新时代民兵建设重要窗口。要充分挖掘新时代海霞精神与时俱进的时代价值，用“爱岛”汇聚热爱家乡的内生动力，用“尚武”练就投身发展战场的过硬本领，用“励志”激发变不可能为可能的奋进斗志，用“奉献”彰显无私忘我的质朴情怀，让大力弘扬海霞精神成为洞头广大干部群众共同的价值取向、境界追求和自觉行为，为建设共同富裕海上花园注入自信自强、勤劳互助的磅礴动力。

（三）锻造引领发展、勇担重任的干部队伍。政治路线确定后，干部就是决定性因素。要牢固树立实干实绩、以事论人的选人用人导向，深化素质培养、知事识人、选拔任用、从严管理、正向激励“五大体系”建设。创新干部赋能模式，深化“学干一体、实战历练”，重塑“年轻干部到一线去、优秀干部从一线来”成长机制，构建横向衔接、纵向贯通的干部链式培养体系，推动干部强化生成性学习，激发创造性张力。聚焦“建设变革型组织，提高领导干部塑造变革能力”，全面优化领导班子整体结构功能，实现班子配备“四优四强”。大力实施清单化推进、擂台化比拼、数字化纪实等举措，深化干部能上能下等机制，系统构建干部“贡献度”“执行力”等评价系统，引导干部在比学赶超中，形成讲政治、有激情、干实事、敢担当、走前列的更强战力。

（四）筑牢坚强有力、全面过硬的基层堡垒。党的工作重心在基层，执政基础在基层，活力源泉在基层。要牢固树立大抓基层的鲜明导向，以“红色根脉强基工程”为总抓手，纵深推进“海霞红”全域建强行动，推动基层党组织全面进步、全面过硬。优化党员素质结构，健全完善“一肩挑”后组织架构、议事决策、激励保障等制度。强化党建引领基层治理，深入开展“红色细胞·入格联心”等行动，持续推进机关、企业、学校、“两新”组织等领域党的建设。围绕矛盾风险多发领域、新兴领域，推动党的领导在基层全覆盖、见实效。高质量开展“共享社·幸福里”创建，高标准打造“海霞红管家”“民宿党建”“海上党建”等一批蕴含洞头元素的党建品牌，推动党建资源转化为发展资源。深入实施基层党建助力共同富裕“十大行动”，打造基层党建助力共同富裕长效机制的洞头样板。

（五）涵养风清气正、积极向上的政治生态。全面从严治党是确保党和国家事业顺利发展的政治保障。要深刻把握新时代党风廉政建设规律，把“严”的主基调长期坚持下去，健全全面从严治党责任体系和工作机制，一体推进不敢腐、不能腐、不想腐。持续加强对“一把手”和领导班子监督。坚持不懈抓好中央八项规定及其实施细则精神落实，驰而不息纠“四风”树新风，持续纠治群众身边腐败和作风问题，不断厚植巩固党的执政根基。常态化开展政治巡察，及时发现和查究问题，更好发挥巡察“利剑”作用。纵深推进清廉洞头建设，持之以恒抓党风廉政建设和反腐败斗争，彰显全面从严治党新气象。

（六）培育唯实惟先、善作善成的团队文化。党政军民学，东西南北中，党是领导一切的。要充分发挥党委总揽全局、协调各方的领导核心作用，汇聚高质量发展强大合力。要实施“树立实干导向、基层导向、前列导向”系列组合拳，切实减轻基层负担，动员全区党员干部深入基层，到项目现场、田间地头把握实情、排忧解难。要牢固树立“争第一、创唯一、树品牌”的争先志气，全面对标比学先进地区发展理念，区内板块之间比发展、部门之间比服务、企业之间比贡献、干部之间比业绩，形成心齐、气顺、劲足、实干、争先的良好氛围。

中共洞头区委一届十次全体（扩大）会议报告（摘要）

聚力洞头之变 建设海上花园打造高质量发展建设共同富裕示范区海岛样板

林　霞

（2021年7月28日）

一、全面总结上半年工作，“十四五”发展实现精彩开局

2021年以来，全区上下牢记中共中央总书记习近平寄予洞头建设海上花园、发展海洋经济、弘扬海霞精神的殷殷嘱托，认真贯彻中央和省、市委的决策部署，围绕省委忠实践行“八八战略”、奋力打造“重要窗口”，落实市委锚定“五大新坐标”、开创“十个新局面”，聚焦十二项突破性大事，六五争先开新局、谋定后动强执行，“十四五”规划实现良好开局，交出了迎接建党100周年的高分报表。上半年11项主要经济指标排名全市前三，全区地区生产总值增长10.1%，一般公共预算收入增长22.5%，城乡居民人均可支配收入分别增长16.5%和16%。

（一）谋大招强积蓄发展新动能。坚持项目为王，举办全市“大抓项目、抓大项目”沙龙座谈会，项目招引经验获市委肯定。树立全员招商理念，建立健全招商“五个一”基础工作体系，上线招商云系统。突出依海型、依港型、依湾型产业大项目导向，加快盯引高性能可降解新材料一体化项目、海上风电、储油洞库、韵动海湾等重大项目，落地置信新天地项目，谋划5个“251”制造业项目，实现到位内资10.1亿元，新增总部回归税收1亿元。开展“圈句号”专项行动，加快推进华港LNG、温州LNG、梦幻海湾、星海湾等97个重点建设项目，诚意鱼油项目开工建设，固定资产投资增速达28.3%。建立常态化“向上对接”机制，争取上级各项补助资金6.83亿元，成功获批债券额度7亿元。

（二）产业转型迈出提速新步伐。加速推进国家海洋经济发展示范区45项年度任务，编制临港产业发展规划、生态海岸带建设规划，获批温州海洋经济发展示范区（温州综合保税区）高能级产业平台。状元岙港区新开通菲律宾外贸航线，集装箱吞吐量增长56.1%。出台促进消费升级三年行动，探索“喊你来开店”，限上批零住餐销售（营业）额增长81%。挂牌成立浙江大学温州研究院大黄鱼分院，国家级海洋牧场人工鱼礁项目通过竣工验收，荣获中国紫菜之乡、中国生态大黄鱼之乡国字号金名片，洞头渔港获评全国文明渔港。获批设立半屏山海洋省级旅游度假区，半屏旅游交通一体化正式启动，连续三年荣获浙台经济社会融合发展突出贡献单位，“双屏论坛”被国台办立项为2021年度对台交流重点项目。举办全国海钓邀请赛、帆船邀请赛、温台首届游艇产业发展交流会、首届婚旅节，引进首条国内沿海游轮旅游航线。荣获省旅游业“微改造、精提升”行动试点县和单项试点单位称号，“海霞故里寻踪·百岛洞头思源”入选2021中国美丽乡村休闲旅游精品线路。

2021年7月28日，区委一届十次全体（扩大）会议暨区政府第九次全体会议召开

（区融媒体中心提供）

（三）精建精美展现城乡新面貌。蓝色海湾整治经验走向全国，作为全国唯一的县（市、区）受邀参加生态文明贵阳国际论坛并作典型交流，再度登上央视《焦点访谈》。洞头岛群海域入选国家“美丽海湾”建设试点。深入实施山海“五彩”工程，荣获省级海岛公园建设年度考核优秀。持续开展水、电、路、市政建设四个三年行动，市区供水实现一体化，加快推进陆域引调水工程，投运110千伏深水输变电工程，建成城北水处理中心。

全力对接甬台温高速复线洞头联络线，211省道洞头段初步设计获批。挂牌成立乡村振兴局，开展北岙古渔村、东屏半屏同心2个市级未来乡村试点，新建续建乡村振兴示范带项目30个。加快推进老城有机更新，霓屿料场实现市场化运作。第二轮中央生态环保督察、“举一反三”突出问题整改有力推进，推动三地法检六院共建海湾生态司法保护协作共同体。

（四）惠民安民增添民生新福祉。开展闽瓯文化系统研究，开工东海贝雕艺术主题公园，创成国家级数字档案馆、省首批“满意图书馆”。深化教育“扬帆行动”，中高考成绩稳步提升，全国义务教育优质均衡发展区创建通过省级评估。与温医大附二院签订“山海”提升工程合作协议，启动新一轮紧密型合作办医机制，连续两年荣获健康浙江建设考核优秀。获评省级“四好农村路”示范区，沙岙隧道顺利贯通，基本实现水陆公交客运无缝衔接。推进青年洞头建设，申报国家“引才计划”1人、省“引才计划”5人，累计新引进大学生1304人，完成率居全市第一。深入实施“展翅行动”，累计培训各类技能人才1884人次。建立瓯洞一体化党政联席会议制度，昆鹏街道正式挂牌办公。

（五）数字赋能激发治理新效能。坚持以数字化改革为引领，区级门户建设实现市县贯通，推出“三张清单”S0版，获批省级试点5个、市级试点6个，海域矛盾纠纷化解多元机制纳入全省“揭榜挂帅”项目，形成16项数字化改革制度成果。深入推进重点领域改革，基层减负改革入围第二届中国城市治理创新案例，获批全国唯一的渔船证书“电子证照”改革试点。实施“平安护航建党百年”大会战，推进“遏重大”攻坚年行动和“8+3”安全生产专项整治，创新“信用+”社会治理机制，实现省级“无信访积案区”三连创、省级平安区十六连创，蝉联全国信访“三无”区。常态化加强疫情防控，加快新冠疫苗全程接种覆盖18周岁以上常住人口。

（六）从严治党彰显干事新气象。紧扣庆祝建党100周年主线，全面开展党史学习教育，精心组织“办实事、解难题、减负担”专题实践活动，开展“百年耀荣光、同心跟党走”统战人士思想引领系列活动、“七一”表彰、“辉煌百年·红动百岛”大合唱比赛，点燃全区上下一颗红心永向党的澎湃热情。举办“海霞精神”对话“红船精神”“大别山精神”等主题活动，洞头先锋女子民兵连党支部获评全国先进基层党组织、纪念馆入选全国妇女爱国主义教育基地和省级党员教育培训基地。全力打造“海霞红”党建品牌，高质量做好村社组织健康运行“后半篇文章”，加快推进基层党建“整体跃升、全域建强”，全区亿元以上企业、民办学校、规上工业企业实现党组织全覆盖。深入开展“六五争先·六比竞赛”，搭建“6+N”专班攻坚体系，累计推进210项工作，完成销号118项，“快节奏、不过夜、抓落实”的干部新气象蔚然成风。稳妥推进区乡领导班子换届，全面实施科级干部每月动态排名。深化清廉洞头建设，扎实推进中央巡视反馈问题、市委“七张问题清单”整改、政法队伍教育整顿，严肃查处一批违纪违法案件，共立案37件，党纪政务处分31人。落实省委巡视反馈问题整改主体责任，6次召开区委常委会会议专题研究，细化33项具体问题103条整改措施逐项抓落实，问题整改率达87.8%，利用“四种形态”处置36起51人。

二、跳出洞头看洞头，以“洞头之变”绘就共同富裕美好蓝图

（一）精准识变育新机，把握发展时代之变。迈上新的百年赶考之路和共同富裕新征程，摆在我们面前的，是百年未有之大变局带来的复杂环境，是明显增多的各类风险和困难。要精准识别“洞头之变”面临的“时与势、危与机”，掌握发展的主动权。纵观全球，既有中美战略竞争加剧、疫情全球蔓延等风险的严峻考验，也有新一轮科技革命和产业变革由孕育发展向形成高潮的历史机遇；放眼大局，我们既有长三角一体化发展、海洋强国、体育强国等国家战略机遇叠加的有利条件，也面临着实现“碳达峰碳中和”背景下绿色低碳转型的系统性变革；环视周边，我们既面临着区域竞争中“没有走在前列也是一种风险”的争先压力，也澎湃着“生态、生产、生活”三生迭代融合的内生动能。我们要深刻认识到，洞头仍处于大有可为的重要战略机遇期，在推进共同富裕的大背景下，一批发展不平衡不充分问题将逐步突破。我们要从立足新发展阶段、贯彻新发展理念、构建新发展格局、推动共同富裕的高度来观大势、识大局、抓大事，拓宽精准识变的视野，在变革的时代浪潮中赢得实现共同富裕的主动和先机。

（二）主动思变创新局，审视坐标方位之变。置身双循环新发展格局，只有找准我们的发展方位和赶超标杆，扛起我们的历史担当，才能按下共同富裕的“加速键”。要主动思考洞头发展的优势和定位，既要跳出洞头看洞头，更要“看得深”“把得准”，以“洞头之变”重新审视洞头的坐标方位。回顾过去，我们坚持打基础、优环境，为大发展铺垫和留白，积蓄了后发崛起的爆发力；审视当下，洞头不仅有宜居宜游的城市环境，也有动静切换的度假场景，“人无我有、人有我优、人优我特”的海岛景观价值、海洋资源价值、港口城市价值的稀缺性更加凸显；展望未来，随着温州城市向东面海发展和瓯洞一体化的推进，洞头与温州同城效应日益显现、与浙南闽北双向赋能日益增强，战略地位更加明显。要打破认知的桎梏，在坐标上从游客心中的“温州后花园”向温州滨海城市的“海上会客厅”转变，在角色上从“花园园丁”向“客厅主人”转变，主动对标厦门海上花园城，迭代城市、提升能级，加快向共同富裕美好社会迈进，为全国、全省、全市大局服务，成为共同富裕的重要展示窗口。

（三）顺势求变闯新路，迭代战略内涵之变。建设海上花园是洞头长远的奋斗目标，而“三区”战略作为通往目的地的“桥”和“船”，经过五年的探索和实践，其内涵已经发生了变化。要在推动“洞头之变”中，辩证思考“三区”战略的变与不变，探索共同富裕新路径。坚持生态立区，做好保护修复提升的原则没有变，但具体实践的理念在迭代。我们要把握基于自然的修复理念，坚持保护优先、自然恢复为主，不断走好人海和谐共生的可持续发展道路；要主动适应绿色低碳的发展要求，处理好绿色发展与“三生融合”的关系，迎接产业结构、生产方式、生活方式、空间格局的全方位变革；要拓宽“碧海蓝天也是金山银山”的实践路径，探索岸线等海洋资源生态价值实现机制，让“碧海蓝天”成为推进共同富裕的新动能。坚持旅游兴区，打造国际旅游岛的使命没有变，但旅游经济的模式和旅游城市的形态在迭代。我们要坚持在有限的海岛空间创造高价值，拥抱小众旅游时代，满足“吃住行游购娱”的个性化、多样化需求，打造高端民宿、邮轮游艇、帆船帆板、休闲海钓等一批中高端旅游产品，推动旅游产业链、价值链提升，让游客留下来、消费火起来；要对标海南国际旅游岛，用匠心做到极致，像打造艺术品一样精雕细琢、精心设计每一个城市细节，实现景在全域、美在全域、游在全域。坚持海洋强区，走高质量发展之路的主题没有变，但经略海洋的方式和方向在迭代。我们要增强海洋意识、沿海意识、开放意识，在海洋空间的利用开发上，从近海向远海拓展、从海面向海底延伸，对可开发海域分层分类精准储备，形成立体化开发格局；在项目招引的方向上，聚焦化工新材料、海上新能源、海洋新装备，遵循产业发展按需补缺的路径补链强链，培育优势突出、前景广阔的现代海洋产业体系。

（四）实干应变建新功，推动干部格局之变。眼界决定境界，格局造就未来。面对没有先例可循的海岛实践，不能墨守成规、按部就班；面对转瞬即逝的机遇窗口，不能瞻前顾后、安于现状；面对来之不易的营商环境，不能照本宣科、机械落实；面对不断涌现的新生事物，不能后知后觉、闭门造车，要以新一轮的思想大解放来迎接“洞头之变”，以工作大落实来加快“洞头之变”，抢占共同富裕的制胜先机。要从每一名党员干部的思想深处着手，打破惯性思维的束缚，敞开大海般的豪气、胸怀、境界，极目远眺、乘风破浪，始终把工作放到大局中去思考、定位、谋划，多打大算盘、算大账、算长远账，坚定塑造变革的决心；要从每一名党员干部的素质水平着手，主动由“适应变革”到“引领变革”，系统提升洞见力、先决力、整合力、耐压力、执行力、创新力、学习力、自我革新力，增强塑造变革的能力；要从每一名党员干部的精神状态着手，以“爱岛尚武·励志奉献”的海霞精神为引领，永葆“小岛创大业”的激情，以“关键少数”带动“绝大多数”，进而推动全社会的理念之变、风气之变，让推动“洞头之变”、迈向共同富裕成为全社会共同的担当和责任，让每一个洞头人与海岛的发展共荣共兴。

三、统筹抓好下半年工作，奋力推动洞头共同富裕之路高标起步

当前和今后一段时期，我们要锚定打造高质量发展建设共同富裕示范区海岛样板这一总体定位，目标上突出“七个海岛样板”，举措上推进“八大任务”，深入实施共同富裕“十大行动”，走出一条具有海岛特征、洞头特色的共同富裕新路子，为高质量建设海上花园、高水平推进社会主义现代化建设提供坚实保障。“十四五”时期是打造共同富裕示范区海岛样板的“第一程”。我们要紧扣区《实施方案》明确的目标任务，统筹推进下半年工作，不折不扣完成年度各项目标任务，推动高质量发展、现代化建设与共同富裕相互促进、螺旋上升，实现“十四五”开好局起好步。主要抓好八个方面工作：

（一）聚力区域协同，构建共同富裕全域大格局。瓯洞一体化是洞头走向共同富裕和城市化发展的关键路径，也是发展所需、民心所向。要积极承接国家重大区域发展战略、全省“四大”建设，融入温州大都市区发展，打造温州城市东拓主平台。一要推进区域融合发展一体布局。以“主人翁”的姿态做好瓯洞一体化实施方案编制，坚持规划“一张图”，优化构建“两核一极、一环联动、西扩东优”空间格局，推动产业、项目、人才、技术等核心资源互联互动，合力打造温州海洋经济发展示范区（温州综合保税区）高能级产业平台，积极争创省级经济开发区，拉开城市发展框架和格局。二要推进板块协调发展一体联动。大力推进“三横三纵、三铁三港”对外综合交通网络建设，开工211省道洞头段、陆域引调水工程、浙南水运中心。常态落实瓯洞一体化党政联席会议制度，加强教育、医疗和文体等公共服务对接，促进市政设施互联互通，合力推动解决一批重点难点问题。加快状元南片、霓屿新区、黄岙新区、新城片区、东沙片区、半屏片区等重点板块开发，推进大门、鹿西美丽城镇建设，抓好灵昆城中村改造提升，统筹推进老城有机更新、老旧小区改造，强化区域协同发展。三要推进共富基本单元一体建设。高标准推进未来乡村、未来社区、未来景区等共同富裕基本单元建设，五年建设未来乡村10个、年内建成3个，谋划打造未来社区，加快马岙潭等传统景区改造开发。推进石头房收储工作，有序开展搬迁村研究谋划启动，促进人口集聚、功能集聚、产业集聚。

（二）聚力海洋经济，筑牢共同富裕发展硬支撑。高质量发展海洋经济是洞头实现共同富裕的底座基石。要抢抓海洋强国、海洋强省战略机遇，积极融入新发展格局，推进海洋经济“一区五岛两示范”建设，主攻“两港两镇两区”开发，把经济总量做大、综合实力做强，夯实共同富裕经济基础。一要加快招商引资提升突破。充分发挥“1+3+N”招商机制，运用好招商云系统，拓展以商招商、基金招商、第三方招商等多元化方式，加快小门西片、状元南片、新城二期、相思岙等地块招商，重点盯引高性能可降解新材料一体化项目、储油洞库、银粉项目等，争取韵动海湾落地，力争全年落地1个百亿元项目、2个10亿元项目和8个亿元项目。二要加快产业转型提质增效。抓临港产业集群培育，树立“以岸线论英雄”理念，加快构建新材料、新装备、新能源产业集群。一体推进先进制造业培育和传统制造业升级，提升港航经济、渔港经济、总部经济发展水平，争取全年港口货物吞吐量突破1000万吨。抓滨海旅游特色发展，重点规划打造海上运动之都，签约建设全国海上国民休闲运动中心，壮大邮轮游艇、帆船帆板、远洋海钓、铁人三项等业态，大力发展“三杆经济”，开展游艇全产业链招商布局。深入实施旅游业“微改造、精提升”，丰富网红旅拍、婚纱摄影、时尚发布等新业态，保障年度文旅项目投资超过20亿元，争取国家全域旅游示范区纳入创建推荐名录。加速同心旅游小镇客厅建设运营，开工同心广场，办好“双屏论坛”。抓现代渔业高效发展，提升数字渔业、智慧海洋，大力发展深远海养殖、装备式养殖，建成投用霓屿紫菜产业园，推动“两菜一鱼”价值链提升，打造“从浪尖到舌尖”综合基地和区域营销品牌。三要加快项目建设提速争先。聚焦“大抓项目、抓大项目”，全力推进浙能、华港LNG两大百亿项目建设，快节奏推进97个重点建设项目,加快诚意鱼油、青山欢乐岛、梦幻海湾、珑头湾、星海湾等产业项目建设，投产开程混凝土、华顺燃料油、力强助焊剂等制造业项目，确保固定资产投资完成50亿元以上。四要加快区域消费提档升级。深化促进消费升级三年行动，打出强商、旺客、兴市等八大组合拳，以“喊你来开店”为突破口，吸引高品质、新业态商户入驻重点街区，投用森活之家项目，打响“品质洞头·放心消费”品牌，打造海岛消费高地。有序推进民宿迭代升级，建成金岙101一期等项目，打响伴·精选等东海石厝品牌。

（三）聚力改革先行，激发共同富裕创新动力源。数字化改革是推进现代化建设和共同富裕的重要牵引。要撬动共同富裕体制机制创新，率先形成与数字变革时代相适应的生产方式、生活方式、治理方式，争创数字化改革先行区。一要推动数字化改革走在前列。以“顶层设计、增量开发、迭代升级”为推进模式，全面落实“152”工作体系，动态迭代“三张清单”，建立完善赛马比拼、绩效评价等机制，打造“数据赋能海域矛盾纠纷化解多元化机制”“海域智管”“数智渔业”“‘渔小二’一网通”“社会救助尽职清单”等多跨场景，争取更多项目纳入省市最佳应用清单、获得改革突破奖，形成一批具有洞头辨识度的数字化改革成果。二要推动重大领域改革更加深入。主动探索共同富裕改革实践，积极争取全国性改革试点、探索示范任务，努力在海洋经济发展、新型城镇化、地方差异化标准等方面先行先试。统筹推进共同富裕体制机制、结构生财等11项重点改革项目，探索海域分层确权、透水建（构）筑物建设用海改革，积极对接新一轮市区财政体制调整。三要推动创新驱动更加强劲。推进高能级海洋创新平台建设，拓宽与科研院校“产学研用”合作路径，加快实体化运作浙江大学温州研究院大黄鱼分院，对接温州海洋研究院和国科大温州海洋科学院落户。推动海洋与渔业研究发展中心向科研机构转型发展，进一步创新人才引进、科研合作模式，为海洋经济发展插上科创的翅膀。深入实施科技企业“双倍增”“双迈进”计划，确保全年新认定高新技术企业2家、省科技型中小企业8家，新增规上企业10家、限上企业11家以上。迭代升级“才聚百岛”政策，加快推进“510计划”“三年百名”等行动，力争省“引才计划”实现零的突破，确保全年新引进大学生1600名以上。拓宽“人才码”服务场景，打造人才疗休养基地，营造“近者悦远者来”的人才生态。

（四）聚力居民增收，培育共同富裕致富增长点。提高人民收入水平、调整收入分配结构是推动共同富裕的基础内容。要实施居民收入倍增行动，加快“扩中”、全面“提低”，形成以中等收入群体为主体的橄榄型社会结构。一要创新拓宽居民增收渠道。完善创业带动就业、多渠道灵活就业的保障制度，优化就业补助政策体系，培育“自由职业”“零工经济”等新就业增长点，联动瓯江口片区拓展居民就业空间，充分激发大众创业万众创新活力，争取全年新增就业1680人以上、城镇登记失业率低于2.8%。落实市场主体挖潜拓市计划，推动中小微企业和个体工商户健康发展，争取全年市场主体达到1.265万户、企业占比保持在30%以上。深化区属国有企业改革，引导参与城市开发建设管理和旅游资源综合开发，提高企业治理能力和经营效率。二要扩大中等收入群体规模。建立健全扶持中等收入群体政策体系，拓宽城乡居民财产性收入渠道，激发技能人才、技术人员、小微创业者、高素质农民等重点群体增收潜力，让更多普通劳动者通过自身努力进入中等收入群体。三要加快推进强村富民步伐。实施先富带后富“三同步”行动，推动渔农业与休闲旅游、体育运动、健康养生、电子商务等深度融合，续建提升10条乡村振兴示范带，有序推进乡村振兴五星示范村创建，确保共同富裕路上一个不掉队，争取创成部省共建乡村振兴示范省先行区。

（五）聚力环境提升，描绘共同富裕生态新画卷。生态是共同富裕的亮丽底色。要深入践行“绿水青山就是金山银山”理念，高水平打造全国“两山”实践创新基地，展示美丽中国“洞头风景”。一要打好生态环境提升持久战。实施突出生态环境问题清零行动，狠抓第二轮中央生态环保督察“1+3+6”具体问题和“举一反三”任务整改。加快环保基础设施建设，推进市综合材料生态处置中心改扩建，抓好污水零直排二期建设，高质量推进省级“无废城市”创建。争创年度“无违建”创先争优示范区。二要探索碳达峰碳中和新实践。编制实施“6+1”领域碳达峰方案，联动推进建筑、交通、农业等领域绿色低碳发展，提高低碳产业增加值占比，促进经济社会发展向全面绿色低碳转型。抢抓全国碳排放权交易市场上线契机，引导发展滩涂光伏、海上风电等可再生能源项目，开展碳中和（海洋蓝碳）试点区建设，谋划低（零）碳岛创建。三要拓宽生态富民海岛特色路。深化海岛公园建设，统筹推进十大花园细胞工程，坚持见缝插花、见空插绿，加快入城口、主干道等重要节点绿化彩化、景观改造，推进蓝色海湾二期工程建设，进一步把生态“颜值”转化为经济“产值”。落实陆海GEP核算标准和应用体系，探索跨区域生态补偿机制，试点“海洋银行”，推动海洋资源保值增值、高效开发、红利释放，实现“存入”碧海蓝天，“取出”金山银山。

（六）聚力优质普惠，打造共同富裕民生金名片。建立健全高品质、均等化的公共服务供给体制，是共同富裕的保证，也是人民群众的期盼。要对标民生“七优享”金名片，迭代升级为民办实事长效机制，推进人的全生命周期公共服务优质共享，满足人民更高品质生活需要。一要打造“优育洞头”品牌。稳步推进学前教育规划布局优化，加快海悦城配套幼儿园建设，建成投用元觉幼儿园。二要打造“学在洞头”品牌。深入实施教育“扬帆行动”，加大名师名校长引育留力度，推动中高考质量持续提升，创成国家义务教育优质均衡发展区。谋划实验小学扩建和海霞中学迁建工程，年底建成职教中心迁建主体工程，投用元觉义校。三要打造“医养洞头”品牌。深化公立医院综合改革和医共体建设，加强与温医大附二院等合作办医，加快推进区人民医院改扩建工程，完善区乡村三级联动医疗服务体系，打造“两慢病”精细管理升级版。深化省级康养体系建设试点，加快精灵海岸魔法庄园、温州市社会福利养老院、区级中心敬老院建设。四要打造“青年洞头”品牌。开展县域共青团基层组织改革全国试点，出台青年洞头建设10条政策措施，常态实施“家燕归巢”行动，举办青年创新创业大赛，搭建青年创新创业联盟等青创平台，让青年与洞头共成长。五要打造“匠心洞头”品牌。持续实施“展翅行动”，狠抓“工匠人才”培育，加强旅游休闲、家政康养、企业蓝领、社会服务等人才培养，全年完成培育技能人才1300人以上。六要打造“安居洞头”品牌。坚持“房住不炒”定位，保持房地产市场平稳健康发展，有序推进安置房、保障性租赁住房建设，多渠道、多途径筹集公租房，建立健全住房保障体系，切实解决新市民、青年群体和低收入群体住房问题。七要打造“温暖洞头”品牌。健全新时代社会大救助体系，建立区级救助服务联合体，织牢老弱病残等特殊群体兜底保障网，加强困难退役军人帮扶援助。稳步提高低保标准，巩固医保脱贫攻坚成果，实现困难群体资助参保率和医疗救助政策落实率两个100%。大力发展现代慈善事业。全面做实基本医疗保险市级统筹。

（七）聚力文化引领，筑牢共同富裕精神新支柱。共同富裕是“五位一体”的全面富裕，必须更加注重精神文明、社会文明的统筹建设，坚持以海霞精神为引领，浓厚“爱岛尚武·励志奉献”的最美风尚，让更多人不断增强对城市的归属感和认同感，为洞头的发展骄傲和自豪。一要高标建设红色海霞阵地。

加快构建以海霞小镇为核心的红色旅游项目布局和产品体系，投用海霞学院等标志性工程，做精培训、研学、文创三大业态，做足“五个一”系列产品，全面打造新时代民兵建设重要窗口。二要打造闽瓯文化交融高地。深化文化洞头建设，实施闽瓯文化研究工程，开展洞头文史、历史编年纪事等15个课题立项研究，系统挖掘闽瓯文化、海洋文化、移民文化、考古文化等内涵价值，开展《浙江文史记忆丛书》（洞头卷）编撰，形成一批文化研究转化成果。出台促进文体旅产业融合发展新政，大力发展贝雕、海陶等文创产业，打响妈祖节、七夕节、放生节、禅武节等节庆品牌，擦亮“中国诗歌之岛”“中国渔民画之乡”等金名片，打造一批具有影响力的文化力作。三要构建现代公共文化体系。巩固国家公共文化服务体系示范区创建成果，争取亚洲螺钿文化研究中心落户，推动全民阅读活动、全民健身运动、全民科学素质行动，建好用好城市书房、百姓书屋、文化驿站等文化矩阵，更好地构筑人民群众的精神家园。四要深化全域文明创建实践。实施新时代文明生活行动，深化拓展新时代文明实践中心建设，让“礼让斑马线、聚餐用公筷、垃圾要分类、餐饮不浪费”成为自觉行动。深入开展爱国卫生运动，常态开展十大最脏系列考评，加大十大不文明行为整治。深化移风易俗改革，推进“青山白化”整治。

（八）聚力整体智治，夯实共同富裕治理基础桩。要更好统筹发展和安全、富民和安民，完善风险闭环管控的大平安机制，推进区域治理现代化精细化。一要推动平安建设迈向更高水平。坚定维护国家政治安全，常态化推进反恐防恐、扫黑除恶行动，保障国庆等重要节点大局平安稳定。深化“8+3”重点领域安全生产专项整治，全面防范化解涉海涉渔、信访积案、电信诈骗等风险隐患，坚决遏制发生重特大事故，争取平安考核重返省、市第一梯队，高分实现平安“十七连创”“金鼎贴星”，争创法治护安、全域平安示范样本。慎终如始守牢疫情防控底线，持续提升监测预警、精准处置等能力，根据省市要求完成新冠疫苗接种任务。深化“海霞红党建+社会治理”模式，全面推进“县乡一体、条抓块统”改革，提升“一中心四平台一网格”运行质效，用好“微网格”等机制载体，加强矛盾源头化解，力争赴省访全年下降20%。推进“海霞红”网络生态瞭望哨建设，提升舆情处置能力。依法加强宗教事务管理，确保宗教领域和谐稳定。二要推动法治建设迈向更高水平。争创全国法治政府建设示范区，开展“八五”普法，实施“大综合、一体化”综合行政执法改革，探索行政复议“零次跑”，推进行政诉讼“双下降”。树立“法治是最好的营商环境”理念，探索“综合查一次”改革、柔性执法2.0版，破解“科长经济”等顽疾。三要推动信用建设迈向更高水平。探索将人的信用行为数字化，构建以信用为核心的社会治理体系，深入实施信用建设“531X”工程，搭建“信用+社会治理”平台，出台“洞头信用N条”，促进“信用+”普惠金融、行政审批、司法诉讼等，推动全方位诚信、全数据入信、全社会用信。

四、党建领航促发展，以建设变革型组织、提高塑造变革能力奋进新百年新征程

（一）以政治建设为统领，永葆绝对忠诚的政治品格。深入学习贯彻中共中央总书记习近平“七一”重要讲话精神，引导党员干部增强“四个意识”、坚定“四个自信”、做到“两个维护”，不断提高政治判断力、政治领悟力、政治执行力。深入开展“四史”宣传教育，深化“办实事、解难题、减负担”专题实践活动，持续办好红色精神地标城市对话访谈活动，开展弘扬海霞精神巡讲，推动党史学习教育走深走实。全面落实意识形态工作责任制，用好党委（党组）理论学习中心组、百岛讲坛、“百千万”读书班和学习强国等载体平台，让党的理论教育和党性教育入心入脑，形成推动共同富裕的强大动力。高质量完成市委“七张问题清单”整改。巩固政法队伍教育整顿成果。发挥区委统揽全局、协调各方作用，全力支持人大、政府、政协和监委、法院、检察院依法依章程履行职能，充分发挥工商联、无党派人士参政议政作用，高质量推进群团工作和老干部工作。加强党管武装，大力推动国防动员和后备力量建设。

（二）以区乡换届为重点，锻造奋发有为的铁军队伍。高质量完成区乡领导班子集中换届，努力实现干部能力、队伍结构、班子功能、团队形象“四个重塑”，打造一支能力素质与打造共同富裕示范区海岛样板相适应的洞头铁军。实施“源头活水”计划，实行全区中层干部竞聘制度，优化年轻专业干部结构。探索数字化多跨场景的干部绩效考核体系，实施领导干部竞绩择才办法，推行“考绩择才”“赛场挑才”“专班选才”，拓宽干部“上”的渠道，让干部把自己交给工作，把成长进步交给组织。深化干部“回炉锻造”“红黄牌”管理，打通干部“下”的渠道，倒逼干部担当作为。坚持严管与厚爱结合、激励与约束并重，健全完善谈心谈话、容错免责、澄清保护等机制，常态化为干部送温暖、送关怀，推动“两个担当”良性互动。坚持换届与实干相统一，树立重实干重实绩的鲜明导向，让洞头干部“快节奏、不过夜、抓落实”新标签更加闪亮。

（三）以大抓基层为导向，筑牢坚强有力的战斗堡垒。全面启动“海霞红·全域强”三年行动，以高质量党建引领共同富裕。扎实做好村社组织换届“回头看”，大力推进村社组织“示范整固”行动，构建“兴村治社健康指数”赋分体系，实施年轻高学历村干部培养计划，打牢共同富裕组织基础。实施基层党建助力共同富裕“十大行动”，做强党建联盟全域联动，保持集体经济强劲发展势头，选树一批共同富裕基层党组织典型样板。深化两地双评议，全域推广海霞红管家，深入开展“党建+”垃圾分类，突出民宿党建、海上党建引领作用，升级“海上党建2.0”，完善“海霞·宿客汇”等民生服务载体，擦亮“海霞红”党建品牌。牢固树立“一切工作到支部”的导向，分领域建立党支部标准化规范化工作清单，积极做好新业态新就业群体党建工作，让每个基层党组织都成为坚强的战斗堡垒。

（四）以五廉共建为载体，巩固风清气正的政治生态。深入落实中央关于加强“一把手”和领导班子监督有关规定，层层压实全面从严治党主体责任，推动“四责协同”一体落实。从严从实抓好中央巡视反馈问题整改，高标准做好省委巡视整改“后半篇文章”，发挥巡视最大正面效应，不断提升巡视巡察上下联动质效。深化“智慧纪检监察”建设，迭代政治生态评估预警平台。出台监督保障共同富裕示范区建设具体办法，抓好漠视侵害群众利益问题专项治理，以严的纪律、好的作风促进执行。深入培育“清廉海霞”品牌，打造海岛清廉文化示范带升级版，不断提升“五廉共建”成果。坚定不移推进正风肃纪反腐，从严精准查处“四风”问题，加强对矿山资源、海洋渔业、财务资金等重点领域监管，一体推进不敢腐、不能腐、不想腐。

（五）以争先创优为动力，营造只争朝夕的干事场景。明日洞头的荣与光，取决于我们今日的思与行。面对共同富裕的历史机遇，我们要保持奋进者姿态、创造性张力、施工队精神，依托“六五争先·六比竞赛”“村社擂台·五四竞赛”等平台，发挥“五张清单”纲举目张作用，引导条条线线奋力开好局、起好步，激发全社会共建共治共享的积极性、主动性，让每个人都成为共同富裕的参与者、建设者、受益者，把精彩铺满共同富裕新征程。书写“洞头之变”的崭新篇章，需要全区党员干部群众心往一处想、劲往一处使，最大限度地汇聚深爱洞头、建设洞头、奉献洞头的磅礴伟力，始终保持创造新奇迹的精神状态，为洞头的发展而战，为洞头的荣誉而战，为洞头的明天而战。踏上新的赶考之路，前进道路上不会是一马平川，必须强化大考意识、攻坚意识，让人心思干、人心思进蔚然成风，做到定一件、干一件、成一件，交出一份不负时代、不负人民的优异答卷。

温州市洞头区人民政府工作报告

——在洞头区第十五届人民代表大会第一次会议上的报告（摘要）

何莉平

（2022年2月18日）

2022年2月18日，洞头区代区长何莉平作政府工作报告（区融媒体中心提供）

一、过去五年发展成绩和2021年工作回顾

过去五年，是洞头乘风破浪、砥砺奋进的五年，也是洞头华丽蜕变、令人自豪的五年。面对错综复杂的外部形势和新冠肺炎疫情考验，我们在市委、市政府和区委的坚强领导下，坚持以习近平新时代中国特色社会主义思想为指导，牢记中共中央总书记习近平“大力弘扬海霞精神”“加快发展海洋经济”“真正把洞头建设成为名副其实的海上花园”的殷殷嘱托，一张蓝图绘到底、一以贯之抓落实，较

好完成了区十四届人大历次会议确定的目标任务。到2021年，实现地区生产总值126.07亿元（含瓯江口区域），年均增长8.3%；一般公共预算收入12.41亿元，年均增长13.8%；城乡居民人均可支配收入达56775元、36009元，年均分别增长8.1%和9.7%，全区经济社会发展交出高分报表，实现全面建成小康社会的新跨越。

这五年，我们以海洋经济为依托，坚定不移优结构、稳增长，综合实力显著提升。获批建设国家级海洋经济发展示范区，海洋特色产业快速发展。坚持“项目为王”，累计推进重点项目225个，完成总投资175亿元，PPP项目推广获国务院通报表彰，获评全省有效投资先进区。渔业加快转型，远洋捕捞实现全市零的突破，创成国家级海洋牧场、渔业健康养殖示范区和省级渔业转型发展先行区。临港产业势头强劲，浙能、华港两大LNG百亿工程加快建设，大小门石化产业基地列入省级合规化工园，状元岙港新增7条国际航线，国际邮轮港开港运行，港口集装箱吞吐量突破50万标箱。海运业总运力连续11年保持全市第一。工业经济不断壮大，规上企业数量达42家，产值超亿元企业11家，诚意药业成为全省海洋生物医药第一股。建筑业总产值规模突破百亿元。旅游业蓬勃发展，青山欢乐岛、梦幻海湾等30个重磅文旅项目开工，新增“七彩洞头村”“中屿等到你”等一批网红打卡点，获批建设省十大海岛公园，获评全国文旅融合特色创新示范区，创成省首批全域旅游示范区，海岛民宿、体旅融合做法成为全国典型。成功举办女子民兵连建连60周年系列活动，海霞基地建成投用，“海霞文化”入选省首批文化标识培育项目，女子民兵连纪念馆入选全国红色旅游经典景区，获批全国爱国主义教育示范基地。

这五年，我们以海岛振兴为追求，坚定不移优环境、促融合，城乡面貌焕然一新。加快市区交通一体化，投用330国道、甬台温高速复线、南口大桥、大门大桥、S1轻轨线瓯江口段，开工228国道、325省道、211省道洞头段，融入大都市区发展格局初步形成。启用鹿西综合交通码头，畅通新垄隧道、霓新隧道、大门环岛公路等内循环，获评省级“四好农村路”和美丽经济交通走廊示范区。城市框架进一步拉开，新城二期、状元南片、霓屿新区、大门新区建设全面铺开，启动供水本岛扩容并向离岛延伸，实现电网220千伏电压等级飞跃。新时代美丽城镇建设扎实推进，启动灵昆全域整治，城乡危旧房全面清零，创成省首批“无违建”区，鹿西创成全国卫生乡，小城镇环境综合整治交出靓丽答卷。开展“五四竞赛”，历时三年让72个渔村变花园村庄，建成44个省新时代美丽乡村、10条乡村振兴示范带，获评省美丽乡村示范区，入选部省共建乡村振兴示范省先行创建区。蓝湾整治行动成为全国样板，两度登上《焦点访谈》，亮相新中国成立70周年成就展，受邀参加自然资源部贵阳国际论坛作典型交流。“五水共治”成效显著，全面消除劣V类水体，夺得治水大禹鼎，获评全国节水型社会建设达标区。蓝色经济绿色发展成为共识，入选“绿水青山就是金山银山”实践创新基地，创成省首批生态文明建设示范区。

这五年，我们以改革创新为手段，坚定不移优机制、强动能，发展活力竞相迸发。高质量完成新一轮政府机构改革，职能配置不断优化，昆鹏街道挂牌办公。全面推动“放管服”改革，“最多跑一次”获省政府督查激励，累计获批省部级改革试点37个。创新海岛特色综合改革，发布小型休闲船艇管理等26项“洞头标准”，破解了众多治理难题。基层减负取得实效，荣获中国城市治理创新优秀案例奖。“两个健康”117项政策清单落地见效，累计兑现政策、减税降负5.39亿元，国际大酒店、马岙潭度假区、大沙岙度假中心等29个历史遗留项目有效盘活。国企改革迈出新步伐，实体化运作城发、旅发公司，有效提升资金运作和管理能力，成功发行首个企业债。金融普惠改革不断深化，推出民宿贷、海洋碳汇贷、海霞诚信贷等创新产品，与财通证券开展全面战略合作。科技创新进步明显，建立2个院士专家工作站，新增8家国家高新技术企业、36家省市科技型企业，引进265名中高层次人才，1500余名大学生回乡就业创业。“双屏论坛”获国台办立项，获批建设省对台交流基地、同心旅游省级特色小镇，连续三年荣获浙台经济社会融合发展突出贡献位称号。

这五年，我们以人民至上为根本，坚定不移优供给、惠民生，幸福画卷绽放光彩。坚持以人民为中心的发展思想，每年财政民生支出占一般公共预算支出的70%以上。实施教育质量提升“扬帆行动”，推行集团化办学，投用温州医科大学滨海校区、实验小学等7所高品质校园，开办温州市乐成寄宿中学，实现街道（乡镇）公办幼儿园全覆盖，创成全市首个省级教育基本现代化区。健康洞头建设大步推进，新投用区中医院、鹿西卫生院、霓屿社区卫生服务中心，“医共体”改革获省政府督查激励，获批全国慢性病全程健康管理试点区，人均预期寿命提高到81.93岁。投用区文体中心，成功举办一系列品牌赛事活动，建设中国摄影岛，荣获中国诗歌之岛、中国渔民画之乡、全国铁三“重要贡献城市”称号。“兰小草”成为温州首位“感动中国”年度人物。社会保障进一步加强，城镇登记失业率控制在2%以内，新增就业7213人。城乡社保、医保等36项标准实现同城同待遇。创成省级无欠薪区、食品安全区。街镇居家养老服务中心实现全覆盖。脱贫攻坚圆满完成，与四川南部县携手奔小康，荣获全省东西部扶贫协作“组织工作奖”。投用区殡仪服务中心，推行集中办丧，移风易俗带动形成文明新风尚。社会保持和谐稳定，科学高效打赢疫情防控阻击战，实现省级平安区十六连创，夺得首批一星平安金鼎，全市唯一创成平安中国建设示范区，捧回全国社会治安综合治理最高奖项“长安杯”。

这五年，我们以务实高效为标准，坚定不移优作风、提效能，自身建设全面加强。坚持把党的政治建设放在首位，学懂弄通做实习近平新时代中国特色社会主义思想，高标准开展“不忘初心、牢记使命”主题教育和党史学习教育，党员干部理想信念、党性修养、宗旨意识普遍增强。实施政府“两强三提高”建设行动计划，实行重点工作清单式管理、“办不了质询”、科级干部全程积分考核等制度，开展“圈句号”专项行动，完成省委巡视反馈问题整改任务。圆满完成“七五”普法，实现政府部门法律顾问全覆盖，法治建设社会满意度排名全省前列。自觉接受人大、政协和社会各界监督，累计办复人大代表建议648件、政协委员提案580件。加强对重要领域、重点项目、重大资金的审计监督，累计完成审计项目81个，上缴财政资金1.03亿元。贯彻落实全面从严治党主体责任，“四风”突出问题得到有效遏制。坚持过“紧日子”，“三公”经费年均下降7.1%，年均压减一般性支出5.77%。

一年来，我们奋发有为、积极进取、再创佳绩，13项主要经济指标排名全市前三，其中一般公共预算收入、出口总额等5项指标增速全市第一，实现“十四五”规划良好开局。重点突出以下六项工作：

一是谋好蓄势赋能“主引擎”。制定海洋强区建设“156”计划，高标准编制临港产业发展规划，海洋经济发展示范区建设得到国家发改委和省政府肯定。锚定重点区块“谋大招强”，临港化工新材料项目招商进入快车道。上线招商云系统，实行招商项目全生命周期管理服务，累计招引亿元产业项目10个。33个项目纳入省市“十四五”重大项目库，固定资产投资同比增长30.1%，增速保持全市第一、全省前列。

二是打好产业转型“组合拳”。落实农业“双强”计划，推动紫菜现代产业园向海洋食品领域迈进，新增“中国紫菜之乡”“中国生态大黄鱼之乡”两张金名片。加快工业提质增效步伐，完成低效用地整治233亩，低效厂房整治5万平方米，数字经济综合发展水平跃升至全省第28名，科技创新指数位居全省第36名，区内企业首获“市长质量奖”。旅游业更加突显海洋特性，获批设立半屏山海洋省级旅游度假区，规划打造“海上运动之都”，国家水上国民休闲运动中心落户洞头。

三是绘好绿色发展“实景图”。海岛大花园加快建设，成功跻身省AAAA级景区城，东屏创成省AAAA级景区镇，大门创成美丽城镇省级样板，“海峡同心共富”入选省首批特色产业风貌区建设试点。乡村振兴迈上新台阶，获评省新时代美丽乡村示范区，“半屏同心”创成省首批未来乡村试点。生态建设成效显著，基本建成蓝湾整治二期项目，灵霓大堤实现“破堤通海”，清理整治近千亩养殖水域，完成东屏、霓屿养殖海区景观化改造，全省唯一入选生态环境部“美丽海湾”提名案例。

四是当好数字化改革“探路者”。坚持以数字化改革为牵引，以“152”体系架构为基础，深入谋划改革需求和场景应用，在推动质量变革、效率变革、动力变革等方面取得了重大进展。基本建成公共数据平台，实现省、市、区门户贯通，获批省级试点13个，形成制度成果19项、理论成果6项。仙叠岩—半屏山获评省级智慧景区，电动自行车智治系统获中央政法委肯定，老年食堂“e食无忧”入选省民政十大优秀应用，信用智治等13个场景上线试行，海洋灾害智防等6个应用纳入“浙里”系列子场景。

五是办好民生服务“关键事”。坚持民生为本，高质量完成63项省、市、区三级民生实事项目。围绕出行便利，建成鸽殿连接公路，开通大门微公交、五岛沿线夜间公交，增设一批站点、路灯、充电桩。围绕服务便民，面向瓯江口片区组建公共事务延伸管理服务中心，新增城市文化客厅3个，创成国家一级文化馆、国家级数字档案馆、省首批“满意图书馆”，启动“客货邮”破解鹿西快递难题，所有学校食堂和外卖餐饮均建成智能“阳光厨房”。围绕“双减”政策落地，实现全区义务教育学校课后托管全覆盖。围绕全民健康，深化与温附二医合作办医，建成区人民医院改扩建一期主体工程，全省首创医保线上购药模式。

六是守好安全稳定“责任田”。全力以赴打好疫情防控持久战，实体化运作“1办12组”，建立平战转换机制，累计精准流调38次，扩面检测核酸标本13.7万份，完成疫苗接种31.3万剂次，全区上下拧成一股绳，进一步筑牢人民健康安全防线。实施“平安护航建党百年”大会战，圆满完成重大活动维稳安保任务，4346个安全隐患实现清零。组建全省首支消防海上救援中队，应急救援能力有效提升。

与此同时，民宗、统计、侨务、外事、史志、气象、供销和关心下一代等工作取得新成绩，工青妇、文联、社科联、残联、工商联、红十字、慈善等事业加快发展。

二、新一届政府工作思路

根据区第二次党代会精神，今后五年政府工作的指导思想是：高举习近平新时代中国特色社会主义思想伟大旗帜，弘扬伟大建党精神，全面贯彻落实中共中央总书记习近平重要指示批示精神和中央、省市、区委决策部署，统筹推进“五位一体”总体布局，协调推进“四个全面”战略布局，立足新发展阶段，完整准确全面贯彻新发展理念，服务新发展格局，坚定融入温州拥江面海城市发展布局，以改革创新为根本动力，以推动高质量发展为主题，以深化供给侧结构性改革为主线，以满足人民日益增长的美好生活需要为根本目的，以产业聚变、城市蝶变、幸福跃变为阶段性战略重点，大力弘扬海霞精神，加快发展海洋经济，创新书写建设共同富裕海上花园新篇章。

根据上述指导思想，今后五年政府工作的主要目标和着力点是：

（一）致力于产业聚变，构建海洋经济跨越发展新格局。充分利用海洋资源优势，发挥海洋经济发展示范区平台作用，坚定向海图强的决心，坚持招大引强和内育增量并举，培育壮大现代海洋产业集群。放大“渔”的优势。重点围绕“两菜一鱼”，建立“三位一体”现代渔农业服务体系，以环渔港带和海洋食品产业园建设为核心，强化平台助力、科技赋能，优化提升苗种培育、养殖模式、加工销售、品牌运作等全链条服务能力，推进一、二、三产融合发展，创成国家级渔港经济区。放大“港”的优势。大力发展临港化工新材料产业，以大小门临港石化产业基地为核心，依托合规化工园建设，实施“千亩百亿”工程，形成具有国内竞争力的化工新材料制造基地，为温州制造强链补链。大力发展港口经济，全面提速状元岙港区二期开发，形成辐射东南亚、东北亚、中东地区的国际航线15条以上，集装箱吞吐量突破150万标箱。抢抓新一轮浙江自贸区扩容机遇，发展跨境电商、综合保税区。注重海洋经济产业园转型升级，提升园区服务功能，深化领军名企领航、领头企业培育、小微企业孵化三大行动，实现空间和产业布局的迭代升级。放大“景”的优势。锚定国际旅游岛定位，建设未来景区，重点引进头部旅游企业，投用青山欢乐岛、中普陀文化园等20个文旅项目，高质量建成海岛公园，打造国家水上国民休闲运动中心，不断丰富休闲度假、海上运动、海霞研学、婚纱摄影、禅修体验、会议培训等业态，推动旅游管理服务、产品开发和市场营销达到一定国际水平，创成国家级全域旅游示范区和旅游度假区，成为长三角休闲度假型海岛旅游目的地，旅游业增加值突破21亿元。放大“能”的优势。抢抓“双碳”背景下清洁能源发展机遇，整合海上风能和滩涂资源，发展风电、光伏和储能制造产业，建设百亿级投资的风电零碳产业园，打造全市风电制造和清洁能源输出中心。到2026年，地区生产总值突破240亿元（含瓯江口区域），一般公共预算收入突破22亿元，规上工业增加值突破16亿元，瓯洞一体化取得实质性进展，努力成为温州海洋经济重要增长极。

（二）致力于城市蝶变，焕发精致精美滨海城市新活力。进一步优化城市空间、提升城市气质，加强海岛风貌整体性导控，扮靓“海上会客厅”，彰显“海上花园诗意栖居”的滨海城市辨识度。推动交通水平大跃升。以构建“三纵三横、三铁三港”综合交通体系为目标，建成325省道、211省道洞头段、浙南水运中心等项目，启动211省道瓯江口段建设，谋划推进甬台温高速复线洞头联络线、S1线延伸线，本岛内循环更加畅通，岛际交通更加便捷，灵昆作为温州东部交通枢纽地位更加突显。推动城市能级大跃升。深度融入长三角一体化发展、粤闽浙沿海城市群，坚持城市化和美丽城镇建设双轮驱动，按照“一心两翼多组团”空间布局，加快构建现代化基础设施体系，加速港产城融合发展。新城片区以建设未来社区为引领，依托韵动海湾、梦幻海湾两大引擎性项目，集聚商气人气文气，培育壮大城市经济，放大环海西湖核心区辐射功能。建成霓屿新区，加快建设大门黄岙新区，推进大门鹿西一体化发展，创成一批美丽城镇样板，加快人口向新区集聚。完成灵昆全域整治，打造智造联动区、田园宜居城。推动风貌品质大跃升。加强山体、岛礁、花岗岩等生态环境资源保护，完成大门、霓屿矿山生态治理，持续做好海洋生态修复，争取国家蓝湾三期和省级蓝湾项目落户，打造全国美丽海湾样板。推进环境系统治理，建成城北、大小门岛和状元南片污水处理设施，加强海滨河等重点河道整治，促进垃圾分类、“无违建”创建迭代升级，统筹抓好治水治气治海治土治废治塑工作，创建国家级生态文明建设示范区。深入探索生态价值转换机制，“绿水青山就是金山银山”转化通道进一步拓宽。到2026年，常住人口城镇化率达到75%以上，全方位融入温州大都市区发展取得重大突破，城市吸引力和集聚力大幅增强。

（三）致力于幸福跃变，打造共同富裕海上花园新图景。坚持“做大蛋糕”和“分好蛋糕”相结合，以改革思维、创新意识夯实共富基础，探索共富机制，努力创造人民向往的生活。实施扩中提低促进行动。聚焦七类中等收入群体和三类低收入群体，优化收入分配结构，大力推进稳定就业、技能提升、减负减支、救助保障等政策举措，实现社保、医保、住房等保障体系更高水平运转，中等收入群体规模倍增。实施兴乡富民建设行动。以“三基三主”为引领，强化基础设施建设、基本公共服务供给和基层组织基础，做强乡村主导产业，彰显乡村主体风貌，挖掘乡村主题文化，推动“五化十场景”落地，建成10个新时代未来乡村。积极盘活石厝资源促共富，健全“两进两回”长效机制，探索农村宅基地“三权分置”有效实现形式，试行有偿退出、流转租赁、合作开发等模式，千方百计增加群众财产性收入。实施服务供给优化行动。对标公共服务优质共享先行示范，形成15分钟公共服务圈。集团化办学水平稳步提升，公办幼儿园在园幼儿覆盖率70%以上，中高考质量跻身全市中等水平，职业教育产教融合进一步加强，创成全国义务教育优质均衡发展区、学前教育普及普惠区。高水平办好区人民医院，依托温州医科大学滨海校区和诚意健康产业园，建立“产学研养”体系，构建生命健康产业生态圈，打造海岛医疗康养示范区。繁荣发展品质文化，打造一批特色文化标识，彰显海洋文化、闽瓯文化特质。完善支持生育养育配套政策，构建现代幸福养老服务体系，积极建设育儿、老年友好型社会。实施平安稳定护航行动。完善风险闭环管控大平安机制，加快构建整体智治格局，创成国家级社会治安防控体系建设示范区，各领域本质安全水平有效提升。到2026年，民生质量明显改善，现代化治理能力明显提升，形成一批省级共富试点成果，打造高质量发展建设共同富裕示范区海岛样板。

三、2022年主要工作安排

建议主要预期目标为：地区生产总值增长7%左右，一般公共预算收入增长10%，城乡居民人均可支配收入分别增长7.5%和8.5%，限上固定资产投资增长15%，研发投入强度达到2.1%，确保完成上级下达的能源和环境指标计划。为实现上述目标，我们将着力做好以下工作，打好六场关键战：

（一）全力以赴打好有效投资主动战

发挥投资“压舱石”作用，全速推进97个重点建设项目，新开工亿元项目12个以上，固定资产投资力争突破60亿元，在优结构的前提下保持高增长。

加快重点区块基础铺垫。完善大小门临港石化产业基地综合配套，紧盯温州LNG配套码头和保障通道工程建设，加快推进小门污水处理厂、防洪排涝工程，建成智慧化工园区一期项目。助推状元岙港区开发，开工5、6号泊位，谋划建设港区服务综合体、邮轮集卡服务之家。强化水电保障，开工本岛引供水第二通道和鹿西引水工程，加快青山岛供水管网建设，建成220千伏常青变、110千伏深水变等输送工程，完成本岛配电网改造升级。谋划提升海洋经济产业园基础配套设施，新建杨文环境综合处置中心，建成南塘新LNG气化站。

实施招大引强“第一战术”。深化招商项目全生命周期管理服务，做精做细招商地图和产业项目“一张图”，强化驻点招商、基金招商、以商招商，创新“飞机飞地飞楼”招商，千方百计招引临港新材料、新能源、海洋食品等链主型项目，争取签约落地百亿级项目。推进矿地综合利用和洞库资源开发，深化海上风电、滩涂光伏项目研究，明确资源收储与合作路径。滚动实施“三单六库”，全年落地亿元以上项目8个，实现到位资金20亿元。

全方位加强要素保障。抢抓政策窗口期，精准衔接省市扩大有效投资、减负强企等“五大政策包”和财政、资源、金融、能源“四张要素清单”，促使全要素直达最优项目。深化“拓空间强保障”专项行动，完成“批而未供”土地清理100亩，新增工业用地700亩以上。落实能源双控、能效标准与重大项目联动机制，全力争取重大项目能耗单列。做好专项债争取工作，力争突破10亿元。

（二）全力以赴打好产业转型升级战

深入实施海洋强区建设“156”计划，加快构建现代海洋产业体系，努力形成海洋经济发展新增长点。

加快发展现代渔农业。持续推进“减船转产”工作，不断做优捕捞业。引导科学养殖，加强“两菜”病害预防，开展大黄鱼声波养殖、“北参南养”试点，支持中华鲟苗种培育，鼓励“蟹公寓”养殖模式，拓展灵昆特色农作物种植。注重海产品精深加工，建成冷链物流中心主体工程，海洋食品产业园开园投产。深化“浪尖到舌尖”活动，建设渔农民网红带货培训基地，推进渔获物网上直销行动，拓展销售渠道。统筹渔港资源，提档升级中心渔港业态，开工“东沙不夜港”项目，联动珑头湾、浅水湾、星海湾等项目，培育渔旅融合新业态，争创国家级渔港经济区。

壮大发展临港工业。持续推进

浙能、华港LNG项目，争取招引临港化工新材料项目落地。助力企业技术改造、增资扩产，加快建设弘博工业气体等项目，建成温州交建工业化生产基地，实现诚意超级鱼油、中油石脑油项目试生产，小门B组团4家新增企业全面达产。聚焦海洋经济产业园提质增效，深入开展新一轮制造业“腾笼换鸟、凤凰涅槃”攻坚行动，淘汰落后产能企业29家以上，整治提升80家以上，盘活工业用地480亩。深入实施“小升规”“专精特新”、单项冠军和雄鹰企业培育计划，净增规上企业6家，规上工业亩均税收达到32万元。

提质发展滨海旅游业。以国家级全域旅游示范区创建为抓手，建成海岛公园，推进半屏山海洋旅游度假区和同心旅游特色小镇建设，争创全省大花园“耀眼明珠”，打造“诗画浙江·海上花园”示范样板。建成投用青山欢乐岛一期、金岙101项目，开工马岙潭度假区和大沙岙—仙叠岩景区提升工程，加快推进白鹭湾、精灵海岸等项目。加快海霞民兵小镇建设，做强海霞学院干部培训、青少年研学等业态。推进旅游业微改造、精提升，建成20个试点项目，提质元觉中屿旅游发展，打造鹿西“离岛慢城”品牌。做好民宿迭代升级文章，建成星级“海宿”15家。以加快建设国家水上国民休闲运动中心为牵引，大力发展海上休闲运动，办好温州长距离铁人三项世界杯赛、“绿水青山”海上挑战赛，启动燕子山水陆综合开发，持续对接游轮游艇、低空飞行经营项目，推动海上游、跳岛游。全年旅游业增加值达11亿元以上，过夜游客比重保持30%以上。

深化“两个健康”建设。全面梳理现行产业优惠政策，创新开展政策评估。落实新一轮减税降费系列政策，用“真金白银”激活市场主体，为企业减负2亿元以上。加大金融服务实体力度，新增企业中长期贷款5.5亿元，确保综合融资成本稳中有降。积极构建亲清政商关系，实行高频涉批重点项目挂钩联系机制，开展暖心助企服务，推广“综合查一次”模式，让无事不扰、难时出手成为常态，打造最优营商办事环境。

（三）全力以赴打好城市发展整体战

以“城市让生活更美好”的理念，推动城乡一体规划建设管理，注重现代化、包容性、高品质，实现近悦远来、主客共享。

注重区域协同发展。对接温州拥江面海发展战略，完成国土空间总体规划研究，推动老城新城、城镇乡村协调融合。拉开城市发展框架，加快建设211省道洞头段，依托瓯江口北口大桥，开通大门至本岛客运班线，推动大小门与状元岙两港联动、乐瓯洞三地协同。开工325省道大门岙底至长沙段、小长坑宏泰隧道，建成沙岙综合交通码头。加快市区一体化步伐，完善财政、城市管理体制，进一步融入温州都市区基础设施和公共服务网络。深化瓯洞联席会议制度，推动温州海洋经济发展示范区建设迈上新台阶。

强化城市建设管理。注重城市经营，突出规划引领，开展城市设计和发展策略研究。新城一期做好提升文章，实施地下管网及道路提升工程，基本建成名品广场项目，加快打造南洋—置信—人本小商圈，建设改造型未来社区。新城二期提速片区开发，建成海韵大道、仁济学院教师公寓，加速推进梦幻海湾项目，争取韵动海湾项目落地。加快老城区城市有机更新，精心做好北岙中心街改造提升，打造承载洞头历史文化记忆的特色旅游街区。完成新城花苑、望海山庄等老旧小区改造，梳理优化城市用气管网等设施。加快灵昆全域整治步伐，完成3个村拆迁清零。同心小镇围绕亮点打造，深化同心广场项目前期，提升中普陀周边环境，建成韭菜岙村旅融合项目。大门黄岙新区完成控规修编，全力推进市政配套、供水管网、排涝工程等项目，高标准建设长沙商务服务区、大门社会事务服务中心，启动朝阳社区改造。霓屿新区加快基础配套和服务设施提档升级，助推人口搬迁集聚。加强城市数字化精细化管理，以基层网格电子地图为基础，整合数字城管、应急指挥、网格治理、政务热线等管理服务职能，建立城市运行中心，努力实现一网统管、全域智治。

提升花园城市品质。实施城乡风貌整治提升行动，组建风貌管控专家团队，打造特色风貌样板区，展示全域优美的天际线、海岸线、山脊线。分步推进全岛绿化美化，提升入城口和关键节点形象，扮靓霓屿坝头至新城沿线景观，打造经典迎宾环线。加强渔港带建设，重点提升东沙—中心渔港环境，打造地标性景观。持续做好山水林田湖草生态修复，全面完成蓝湾二期项目，积极申报蓝湾三期，高水平建设省级美丽海湾试点。元觉、霓屿力争建成美丽城镇省级样板。抓好“六治”攻坚，开展中央、省级生态环保督察问题整改及“举一反三”清零行动，启动全域污水管网提升工程，完成77省道料场、观音礁废弃矿山生态治理。推进省级低碳试点建设，创成首批省级“无废城市”，争创国家级生态文明建设示范区。

（四）全力以赴打好动能跃迁攻坚战

坚持把改革开放创新作为洞头高质量发展的内核动力，全面深化各领域综合改革，再创体制机制新优势，持续激发发展活力。

推进数字化改革先行。统筹运

用数字化技术、数字化思维，充分发挥一体化智能化公共数据平台支撑作用，迭代升级数字政府等五大系统架构，推动“1512”体系全面贯通、集成突破，撬动各领域全方面制度重塑，推动全社会共享“数字红利”。深入谋划数字化改革项目，建成数智渔业、海洋灾害智防等场景应用，争创省市“最佳应用”，形成具有洞头辨识度的改革品牌。

深化重点领域改革。进一步理顺大小门岛开发体制机制，充分发挥区公共事务延伸管理服务中心作用，强化灵昆街道社会事务管理，探索昆鹏街道扁平化管理模式。推进“大综合一体化”行政执法改革，构建“综合执法+专业执法+联合执法”体系。持续抓好“洞头标准”改革，深化信用智治、海区使用管理等特色改革。实施要素市场化配置改革，推动要素向优势企业和重点领域倾斜。探索设立海洋版“两山银行”，把沙滩、岸线、滩涂等资源变为资产，释放共富潜力。深化国企国资改革，提升城发、旅发等平台经营能力。深化海岛金融普惠改革，发挥政府产业基金、共同富裕专项资金池作用，助力创业创新。

持续扩大开放合作。实施融入长三角一体化发展行动，深化与上海崇明岛、长兴海洋装备产业园区的战略合作。推进状元岙港口岸查验平台改扩建，提高肉类水果进口能力，助力温州打造浙南闽北赣东进口商品集散中心。积极参与温州“三综一联”国家级开放平台，实现港口货物吞吐量1000万吨、集装箱吞吐量55万标箱，争取进入浙江自贸区新一轮扩区实施范围。推进对台经贸文化交流合作，办好两岸半屏山系列交流活动，争创对台交流基地示范样板。

切实加强科技创新。落实科技创新首位战略，单设科技局，深入实施科技企业“双倍增”“双迈进”行动计划，引导规上企业研发投入增长20%以上，新增高新技术企业2家、省科技型企业6家以上。办好世界青年科学家峰会洞头会场活动。统筹建设温州海洋研究院与温州海洋科学院，打造高能级海洋科创平台，重点攻关“两菜一鱼”苗种选育、精深加工、海洋生态建设等领域“卡脖子”技术，推动海洋生物药用价值研究及成果有效转化。努力发展数字经济，积极招引软件和信息服务类企业，实现村村有5G网络。落实温州人才新政40条3.0版，持续实施人才引育工程和高校毕业生510行动，引导大学生回乡就业创业300人以上。

（五）全力以赴打好民生福祉守护战

着力保障和改善民生，深入推进“六个一批”民生实事，加强人的全生命周期公共服务优质共享，积极促进共同富裕。

扎实推进扩中提低。实施“扩中”“提低”专项行动，精准识别和摸清重点对象底数，健全扶持中等收入群体后备军发展的政策体系，做好拓渠道、优分配、激活力、减负担等工作。支持以创业带动就业，促进多渠道就业，全年新增城镇就业人数1300人以上。扩大技能培训、技能等级认定自主评价覆盖范围，新增技能人才1200人以上。以基本单元建设推进共富路径探索，发挥产业引导基金撬动作用，谋划实施村级集体产业项目30个以上，启动海霞、上下社、东岙、鹿西等一批未来乡村建设，打造5个依山滨海的石厝村落盘活样板。

完善社会保障体系。稳步推进城乡医保扩面提质，完善大病、慢性病医疗保险制度，进一步推广“温州益康保”。实施“医保纾困·携手共富”专项行动，打造社会救助服务联合体，改造无障碍公共场所10个。深化安置提速行动，建设保障性租赁住房300套，促进房地产市场健康发展。强化粮食安全保障，加强生活物资应急保供，多措并举稳物价，让居民“菜篮子”拎得更稳。

加强优质教育供给。提升教育现代化水平，开工大门中心幼儿园，谋划推进实验小学分校、海霞中学新校区建设，创成全国义务教育优质均衡发展区，争创全国学前教育普及普惠区。深入实施“扬帆行动”，加大名师名校长引育力度，全力提升教育质量，中考学业成绩争取达到全市平均水平，高考质量稳步提升。更加重视职业教育，投用职教中心二期新楼，推进职教中心与浙旅院中高职一体化办学。巩固扩大“双减”成果，提升课堂教学和课后服务水平，持续规范校外培训机构管理。

做好新时代文化建设。深入践行社会主义核心价值观，大力弘扬海霞精神，注重意识形态工作，举办“喜迎党的二十大”系列群众性文化活动。加快中普陀文化园建设，建成亚洲螺钿艺术博物馆。持续开展闽瓯文化研究，实施文艺精品创优行动，打响特色文化品牌。提高文化遗产保护传承力度，建成乡村博物馆3家、非遗百工坊2家。拓宽融媒体宣传渠道，大力传播洞头好声音。开展“迎亚运·讲文明·提品质”大会战，提升全民文明素养。

深化健康洞头建设。深入推进“医共体”改革，加快区人民医院改扩建，建成院前急救服务站。依托医疗卫生“山海”提升工程，持续推动省市优质医疗资源下沉。提升“两慢病”服务质效，全力创成省健康促进区。抓好“医保购药一件事”改革，实现药品一键购、直接达。持续加强0—3岁托育服务，新增托位数120个，推动三孩生育支持政策落地见效。开展“三免三惠”健康行动，全面优化城乡居民体检制度。加强心理健康服务，倡导全民健身。

提升养老服务能力。完善家庭养老支持政策，推行居家养老服务中心上门服务，探索设立家庭养老床位。建成养老服务驿站6家、智慧健康站3家，全面落实空巢、留守、失能老人为主要对象的居家社区探访关爱制度。优化老年食堂“e食无忧”应用，老年助餐服务村居覆盖率达75%以上。谋划中高端康养项目，推动部分旅游地产向康养产业转型。支持专业性养老机构建设，开工南霓湾康养中心，建成区中心敬老院，投用市社会福利养老院。开展爱老敬老活动，不断丰富老年人精神文化生活。

为民办实事是高质量发展建设共同富裕示范区的重要内容。我们着眼解决群众“急难愁盼”问题，按照群众提、代表定、政府办的理念，梳理形成了12件民生实事候选项目，提请本次大会票决。我们一定用心用情用力把事情办好，让全区人民有感觉、早受益、能满意。

（六）全力以赴打好平安稳定巩固战

坚持底线思维，牢牢把握“除险保安”根本任务，提升社会治理现代化能力，实现高质量发展和高水平安全的良性互动。

慎终如始抓好疫情防控。时刻保持“风险就在身边”的紧迫感，全面落实常态化疫情防控各项措施。对标完善“七大机制”，投用“村社战疫”数字化平台，突出平战结合、快响激活，加强“四队三单”规范建设，全面提升排查监测、流调溯源、应急处置等能力。加强集中隔离场所硬核防护，建成投用区级健康驿站。精准实行分级分类管控，切实守好港口、村社等“大中小”三道门，强化冷链物防、重点人员的全过程闭环管理，确保万无一失。

坚决防范化解各类风险。实施平安创建保障工程，开展平安金鼎贴星计划，确保省平安区“十七连创”。构建“前置警务”，建立联动安保机制，全力做好重大活动维稳安保工作。铁腕推进安全生产综合治理三年行动，聚焦道路交通、城镇燃气、危化品、工矿、消防等重点领域，开展大督查大检查大执法行动，全面排查整治风险隐患。推进渔船“千船示范、万船整治”工程，提高海上安全监管水平。迭代升级智慧应急“一张图”，推进实施海塘安澜工程，持续加强灾害防治。抓好省级食品安全示范区创建，打响“品质洞头·放心消费”品牌。

加强和创新基层治理。聚焦打造“海上枫桥”样板，高标准建设社会治理中心，加快基层治理“一张网”建设，优化三级矛盾调解架构，健全舆情应对智治体系，做到小事不出村、矛盾不上交。推进“八五”普法，实施法治乡村领航工程，实现村居“法律明白人”全覆盖。深化“五社联动”，助力“共享社·幸福里”建设，创成省级城乡社区治理和服务创新实验区。引导社会组织、社会力量入网入格，不断提升社会治理精细化水平。

推动军地融合深度发展。加强全民国防教育，构建国防动员体系，高质量完成征兵、人防、海防等任务。深入实施先锋女子民兵连五年建设规划，建好红色阵地，全力打造新时代民兵建设重要窗口。建设“荣军联盟”和“双拥商圈”，打造退役军人服务示范品牌，在全社会营造军民一家亲的良好氛围。

四、切实加强政府自身建设

我们将始终坚持党的全面领导，以“为民、务实、高效、担当”的作风，加快推进政府治理体系和治理能力现代化，努力建设人民满意的服务型政府。

旗帜鲜明讲政治，铸牢忠诚之魂。以更高站位推进政治建设，不断提高政治判断力、政治领悟力、政治执行力。始终以习近平新时代中国特色社会主义思想武装头脑，增强“四个意识”、坚定“四个自信”，忠诚拥护“两个确立”，坚决做到“两个维护”。注重生成性学习，提升统筹能力，坚决推动上级和区委决策部署高效落地。

依法行政固基石，勇担发展之责。严格执行重大行政决策法定程序，自觉运用法治思维和法治方式深化改革、推动发展。完善权力运行监督机制，依法接受人大监督，自觉接受政协民主监督，加强审计监督、司法监督、监察监督、统计监督、群众监督和舆论监督。坚持以百姓之心为心，树立“以实绩论英雄”的干事风向标，把一线工作法贯穿政府工作始终，打造一批可视化场景和标志性成果，真正把群众“盼的事”变成政府“干的事”。

整体智治提效能，把握变革之道。牢固树立全局观念，以“共富花园大赶考”为载体，抓好制度化专业学习、系统化基层减负、立体化走访联心、兵团化攻坚克难、阶段化分步推进、数字化改进流程、科学化目标考核等工作，推动建设变革型组织，激发全区党员干部塑造变革能力，营造“唯实惟先、善作善成”的团队文化。

克己奉公守规矩，大兴清廉之风。深化“清廉洞头”建设，严格落实政府系统全面从严治党主体责任和“一岗双责”，严格执行中央八项规定及其实施细则精神，坚决惩治腐败，持续优化作风，打造海晏河清政治生态。坚持政府带头过“紧日子”，让群众过“好日子”，严格控制和压减一般性支出，严控“三公”经费和日常公用经费，节俭办一切事务。

（年鉴编辑部）

专　记

洞头区党史学习教育

2021年3月15日，洞头区召开党史学习教育动员部署会，深入开展党史学习教育。全区各级党组织认真贯彻中共中央及省委、市委部署，按照“学史明理、学史增信、学史崇德、学史力行”要求，精心组织实施、有力有序推进，深入挖掘本地红色资源，高标准、高质量开展党史学习教育各项任务，以保质保量的“规定动作”和具有海霞特色的“自选动作”，推动党史学习教育见行动出成效。

一是用心“学党史”，知史爱党掀起新热潮。牢牢把握“学史明理”这个基本前提，发挥区委理论学习中心组成员“关键少数”作用，引导全区各级党委（党组）通过多种学习载体，深入开展专题学习，持续推动党史学习教育走深走实。突出创新载体集中学。举办党史学习教育培训班，区委理论学习中心组全体成员利用两天时间脱产学习，全流程体验“吃连队饭、穿民兵服、住海霞营、走解放路、过军事日”套餐。围绕“追溯百年”“不负百年”“起航百年”等主题，全域铺开“当代海霞精神大讨论”，组织开展重走“洞头解放之路”、观看《海霞》经典电影等活动，分层分类推动党员干部学习百年党史、海霞精神，接受党性洗礼。依托“海霞学社”，通过“专题读书班”领导带头学、“红心微讲堂”党员互动学、“干部轮训班”集中培训学等集中学习，力促党员干部学深悟透，不断提升领导干部党史学习教育成效。突出深入基层宣讲学。组建区委党史宣讲团、海霞宣讲团、少年宣讲团、专家宣讲团队伍120多人，培养200多名海霞讲解员，举办党史学习教育宣讲员培训会，全面开展党史宣讲。打造“红色海霞”“洞头解放史”等精品宣讲课程，开展基层文化礼堂、村居、校园党史学习教育专题巡讲活动500多场，提升广大群众学习党史主动性和积极性。海霞板凳宣讲、渔小二能量池入选市党史学习教育优秀案例。突出活动覆盖全员学。开展温州市庆祝中国共产党成立100周年图片巡回展，制作洞头篇章展示。举办党史知识竞赛，组建海霞队代表温州参加省党史知识大赛，获得赛事一等奖。开展“最美温州人时代楷模”等“最美”系列推选工作，以榜样凝聚向上力量。开展“跟着总书记学思维”、红色故事会等系列群众性宣教活动，在全区持续掀起党史学习教育热潮。

二是用功“悟思想”，政治铸魂得到新加强。围绕中共中央总书记习近平在党史学习教育动员大会和“七一”重要讲话精神、中共中央十九届六中全会精神，以及《习近平在浙江》《习近平科学的思维方法在浙江的探索与实践》内容，深入开展专题学习，实现全区全覆盖。引导全区广大党员干部深入学习习近平《论中国共产党历史》《中国共产党简史》等指定教材。先后召开区委常委会（扩大）会议、中心组专题学习会，举办专题党课、理论自学、研讨会、主题党日等，引导党员干部更加深刻地感悟新思想的真理力量和实践伟力，坚定不移沿着中共中央总书记习近平指引的方向奋勇前行。通过党史学习教育，全区广大党员干部进一步提高政治站位，站稳政治立场，不断提高政治判断力、政治领悟力、政治执行力，自觉坚定捍卫“两个确立”、坚决做到“两个维护”，更加深刻感悟中国共产党为什么“能”、马克思主义为什么“行”、中国特色社会主义为什么“好”，进一步增强历史自信和历史自觉。举办“海霞精神”对话“北大荒精神”等红色精神直播访谈，成立海霞精神研究工作室，撰写《读“懂”海霞精神》《海霞精神的时代内涵》等海霞相关理论文章350多篇，充分挖掘诠释“爱岛尚武励志奉献”新时代内涵，形成一批具有较大影响力的研究成果。

三是用情“办实事”，惠民利民取得新成果。坚持问题导向，紧扣群众心扉，通过问需问计问效，深入开展“三服务”，努力让群众感受到党史学习教育带来的获得感。搭建党建“连心桥”。建立海霞志愿服务总队，做优海霞志愿服务品牌，形成党员干部带头做志愿、社会组织专业做志愿的服务格局。创设大榕树下议事堂、海霞说事等平台，走入基层访民声，问计群众觅“良方”。推行“你点单、我派单，你有需求、我有专业”的志愿服务模式，持续畅通群众诉求表达渠道。全面推广下社“四五机制”治村经验，典型案例在全市基层党建工作会议上展播。开展“党旗飘扬、同心防疫”行动，党员干部下沉力量、扫楼排查人员5200多名，筑牢“微网格”安全防线1500多个。破解企业“紧箍咒”。精准深化“三服务”活动，启用“帮企云”问题在线化解平台，实现驻企服务“键对键”、干部承办“实名制”、问题化解“限时办”，系统化解决一批“老大难”问题。创新“企小二”“警管家”等服务，组建“红色助警团”，化解涉企矛盾纠纷100多个；落实“首次不罚”柔性执法政策，轻微违规企业免于处罚41家。积蓄惠民“能量池”。开通“一码扫”快速代办渠道，组建“红色代办”队伍100多支，让海岛群众享受“办事不出岛、一次不用跑”的实惠便利。开展技能人才“展翅行动”，推出“带岗培训”“订制培训”等举措，累计培育技能人才1390人。贴心推出“云上办事”模式，实施随迁子女教育补短提升工程，实现民办教育机构审批“零跑审批”，不断增强群众获得感和满意度。全区县处级领导开展“三服务”活动，化解问题580项。区直部门累计收集问题444项，已化解434项，化解率97.75%。

四是用力“开新局”，聚焦发展彰显新气象。把党史学习教育同推动高质量发展紧密结合，坚持“两手抓、两促进”，真正把学习成果转化为发展成效。学史聚力促共富。S211洞头段、区人民医院改扩建工程等一批打基础利长远的重大项目扎实推进，固定资产投资、一般公共预算收入等多项指标增速位居全市第一位，为扎实推动共同富裕夯实基础。区领导班子都要深刻把握“人人肩上有指标”要求，以上率下带领全区以开局即冲刺的干劲，努力做到以一隅之力为温州全局增光添彩。学史聚力促改革。坚持以数字化改革撬动各领域改革，取得省市数字化改革试点19个，基层减负改革获中国城市治理创新优秀案例奖，“电动自行车”智治系统获中央政法委肯定，海上综合智治入选省数字化改革重大应用成果，“e养食堂”应用亮相省数字化改革成果展。学史聚力促治理。平稳有序化解疫情防控、防汛防台、信访工作、安全生产等风险隐患，捧回全国平安建设最高荣誉“长安杯”，用干部的“辛苦指数”换来百姓的“幸福指数”。

（洞头年鉴编辑部）

洞头区创成平安中国建设示范县（区）

2021年12月15日，平安中国建设表彰大会在北京召开，会议隆重表彰平安中国建设先进集体、先进工作者和平安中国建设示范市、县。洞头区获“2017—2020年度平安中国建设示范县”荣誉称号，实现“平安中国建设示范县”三连冠，并首次捧得全国平安建设最高荣誉“长安杯”。2017年至2020年，洞头区以“金鼎贴星”为目标，创造性发展海上枫桥，全力打造平安建设海岛样板，连续16年获评省级平安县（区），连续三年实现省级“无信访积案区”目标，捧回全省首批一星平安金鼎，成功蝉联全国平安建设先进区，获省社会治安综合治理先进集体、国家级信访工作“三无县（市、区）”等称号。

一是突出机制建设，实施“凝聚力”工程。坚持落实稳定第一责任。把平安工作会议作为年初区级重点会议之一进行推进，通过年初部署会、季度分析会、年中推进会、年末攻坚会，破解制约平安建设的突出问题。区委常委会按需研究平安建设工作，重点领域分析研判创建重难点，紧紧把握工作主动权，守牢平安底线。坚持群众满意第一标准。坚持把平安列为最重要的民生问题，通过项目化运作，把关乎民利的基础设施、关乎民安的平安技防、关乎民享的公共服务建设纳入为民办实事工程，每年财政总支出的70%以上、新增财力的90%以上用于民生项目，水电路条件逐年改善，公共服务覆盖面逐年扩大，安全防控设施水平逐年提升。坚持常态督考第一机制。把平安实绩作为各级领导班子和干部年度考核的重要内容，紧盯平安考核指标不放松。定期落实动态考核、排名赋分、包案经营、模拟打分、实地督查、重点约谈等一系列举措，形成了深入抓平安建设的良好氛围，平安指数始终保持全省前列。

二是突出海区巡管，实施“优品牌”工程。针对海上休闲旅游管理盲区，出台《洞头区小型休闲船艇联合整治处置办法》《洞头区防台期间小型休闲船艇安全管理方案》等洞头标准，完成96艘小型休闲船艇和20艘登礁船的纳规管理，逐步打通“谁来管”“怎么管”“管得好”三个障碍环节。2018年以来，洞头区小型休闲船艇纳规管理率100%，重大事故零发生，相关做法得到省厅领导批示。开展“蓝色海湾整治”“海域非法养殖”专项监督，有效破解非法养殖、养民纠纷难题。率全国之先推出“渔小二”自助办证系统，让渔民捕捞作业办证只需“一件事”“零次跑”，经验做法在全省、全国复制推广。全力推进智慧海洋项目，运用北斗定位系统，建成集巡航、搜救、执法为一体的海事综合监管系统，通过短信群发、卫星电话、行驶轨迹、测量搜救等功能，实时接收区内渔船与休闲船只定位与求救等信息。引入物联网“以卡管船”，创新养殖海区“户籍式”、休闲船舶“旅馆式”管理，充分利用各大渔港、码头视频监控，全面掌握渔船进出港信息和码头动态，打造陆海联动平安海区。

三是突出立体管控，实施“筑平安”工程。把洞头五岛连桥片和大门鹿西片做成两个防控“口袋”，提升330国道和大门大桥两大闸门工程能级，扎紧“口袋”。把“口袋”内的每一个村社都打造成平安堡垒，全面创建“三无”村社、智慧安防小区和海霞标杆警务室。全区三分之一的村社创成“三无”村、已超额创成市区级善治村。全年继续保持命案、两抢零发，群众安全感满意度98.24%，高出全省平均水平。着力推进旅游、交通运输、综合执法等领域智慧项目，构建行业监管立体防控网。特别是智慧交通，全市率先试行电动车智能抓拍应用系统，首创推出智能交管夜间空挡补盲机制，实现电动车违法非现场实时精准抓拍，城区电动车遵章率90%以上，事故同比下降了20%。依托“大数据+”，打造海陆空联动的“天罗地网”，洞头智慧综治工作多次获中政委点赞。

四是突出多元调解，实施“顺民心”工程。高标准建成运行区级矛调中心，整合“十二中心”为“一中心”，变“专科受理”为“全科受理”，实行“1+5+12+N”运行模式，走访量同比下降52.78%、诉讼立案数同比下降12.5%。做特矛盾纠纷化解，深化警调、交调、诉调、访调等行业性调解组织，持续壮大完善区乡村和行业四级大调解组织网络，创新推出海霞调解菜单、海渔事纠纷联调“红色细胞”、巡回法庭等，引入ODR在线矛盾纠纷调解平台。积极探索政府主导、渔民自治的矛盾纠纷化解模式，首创全省第一家乡级海渔事调处中心，打造“渔小二”特色代办代跑，推广“船老大”调解模式，全方位构建“一个核心，内外兼顾”的海渔事调解模式。鹿西乡调委会荣获全国模范人民调解委员会称号。

五是突出数字赋能，实施“强治理”工程。创新基层“八治”体系，住宅小区现代化微治理改革获批省级社会治理服务创新示范区。全面优化提升全科网格建设，打造“驻村干部+村书记+网格员+社区民警+四平台入格员”5人驻网小组组团式服务，配强配齐1667名微格长，3000多名党员骨干、村（居）民代表、“两代表一委员”、热心群众、25名民（协）警、133名街道（乡镇）、职能部门人员挂钩网（微）格。全省首推“一网一图一码一库一队”的“五一”工作法，开发“洞头网格”系统，对重点行业实行三种形态、四种责任赋码管理，重点行业“五色管理”，初步实现“以智管格”“以码管业”，网格排查量同比上升50%，有效实现精密智控。深化数字赋能，结合“城市大脑”建设，推动大数据、人工智能、区块链、物联网、5G等现代科技与区域治理深度融合；推进“1+5+N”应用体系建设（1个智慧大脑、5个基础平台、“N”个智慧应用），打造智慧城市平台与智慧综治平台共建、共享、共用的运行新模式，不断增强区域社会治理的系统性、整体性、协同性。

（南琴慧）

洞头先锋女子民兵连党支部获评全国先进基层党组织

2021年6月28日，全国“两优一先”表彰大会在北京人民大会堂举行。洞头先锋女子民兵连党支部获全国先进基层党组织称号。

1960年6月，洞头北沙女子民兵连（后改为洞头先锋女子民兵连）成立；1978年，成立临时党支部；1995年，成立党支部。支部现有党员9人，其中正式党员7人、预备党员2人，是全国唯一一个实建实编的民兵基层党组织。连队先后获评全国和省“三八红旗集体”6次，获评原总部、军区、浙江省基层民兵工作先进单位11次，立集体一等功2次、二等功1次。

六十一年旗帜高扬，守岛爱党报国的海霞之魂代代相传。1960年4月，首任连长汪月霞作为海岛基层女民兵代表参加全国第一次民兵代表会议，国防部以毛泽东主席名义授枪。2010年，中共中央总书记习近平在连队建连50周年之际专门写来贺信；2020年6月，又转达对连队全体民兵的勉励。61年来，连队坚持把爱党报国作为最鲜明的主线，把连队打造成为引领后备力量建设的“重要窗口”，始终做到“思想不乱、队伍不散、训练不停、传统不丢、战旗不倒”。

每年新民兵入队，她们必定延承“五一”传统：围绕习近平主席贺信进行一次入队宣誓、观看一场《海霞》电影、学唱一首《渔家姑娘在海边》、参观一次连史馆、聆听一次老连长讲传统，激励一批批渔家姑娘成长为爱党、爱国、爱民、爱武、爱连的“五爱”女民兵。她们致力争当海霞传人，无论时代变迁、队员更替，“海霞”血液在每个人身上都永远流淌，“海霞精神”在一代代海霞人中都血脉相传。

千余名时代新人，持精武强能的海霞之剑砥砺向前。连队党支部始终把“姓军务本、练兵备战”作为坚定不移的使命，积极响应习近平主席大抓练兵备战的号召，着眼现代海防需求和海上战备形势，走“在营训、结对训、驻点训、联合训”的路子，每年开展集中训练不少于3个月，定期邀请部队特战骨干进行教学，常态与驻地特警进行对抗演练。近10年来，先后有30多人次在上级练兵比武中摘金夺银。连队“班用轻武器应用射击”与现役部队同台竞技，作为唯一民兵方阵参加纪念“郭兴福教学法”创立50周年汇报表演。紧跟全国民兵调整改革步伐，聚焦支援保障海上作战制定实施连队建设发展5年规划，逐步开展导航警戒雷达操作、战术电台抗干扰等信息化含量课目训练。协助公安开展夜间治安巡逻，和边防武警一起出海巡查，被誉为新时期的“海岛女卫士”。连队大学生比例81%，41%的官兵获得急救护理、消防救生、摩托艇和船员等职业技能等级证书。

数十载倾情服务，聚固我长城的海霞之光持久绽放。连队党支部始终把融合发展作为兴连源泉，围绕洞头建设“海上花园”目标，勇于担当抗台抢险、应急救援、森林灭火等急难险重任务，参与“平安海岛”“五水共治”“四边三化”和乡村振兴等重大行动，支持扶老、助残、救孤、济困为重点的社会慈善事业。充分发挥连队纪念馆三张国家级“金名片”的平台优势，成立“海霞党员志愿者服务队”“国防教育义务宣讲团”，探索“国防教育+军事体验”，推动国防宣传进校园、进社区、进村居、进企业。开展住海霞营、吃连队饭、穿迷彩服、过军事日、走解放路的红色之旅，连队人人都是国防知识的宣传员。组建海霞导游团在洞头红色旅游线路免费讲解，利用洞头海霞军事主题公园开设国防知识画廊、CS真人对抗赛等项目，每年接待游客10万余人次；运用各类媒介大讲“海霞”故事，多次在《中国国防报》头版头条刊登，100多篇文章在东部战区、中国民兵等公众号转发。抗击新冠肺炎疫情期间，她们主动进入50多个村居社区宣传摸排、劝导引导，每天持续工作16小时以上。自发成立“海霞文明新风宣传队”“海霞慈善义工队”“海霞妈妈志愿服务队”等10多支队伍，常年与群众进行结对帮扶，为130多名空巢老人和留守儿童送去“海霞温暖”。近10年，共组织参加各项志愿活动千余次，出动近万人次，2021年3月获评“全国巾帼文明岗”。

（洞头先锋女子民兵连）

洞头区数字化改革工作

2021年4月8日，洞头区召开全区数字化改革大会，部署推进数字化改革工作。“5+1”系统（平台）牵头单位组织实施、有序推进，高标准、高质量开展各项改革任务。全区各单位持之以恒推动数字化改革向广度和深度进军。形成老年食堂e食无忧、数智渔业等一批具有洞头辨识度的应用。

一、建立健全改革工作机制。坚持“一把手”领衔带头。区委、区政府主要领导坚持定期召开数字化改革领导小组会议、专题推进会，研究问题、督促进度、指导项目。累计召开各类会议28次，开展路演活动7次，听取汇报40多次。区各分管领导认真谋划项目、搭建场景、协调推进。累计召开各类协调会70多次，保证数字化改革实施。加强统筹协调。相关责任部门密切配合、同心协力召开数改推进会、专班例会74次、举办培训会9次、刊发简报信息53期，协助19个场景应用找准跑道。统筹做好应用项目管理，建立数字化改革项目“擂台比拼”“四个一批”项目清单管理和信息化项目建设管理、信息化项目运行维护等相关制度，形成数字化改革项目收集、审核、比拼、建设、运维等全周期管理办法。全年开展节点性督查工作2次，及时了解掌握各部门在“一把手”履职、重点项目推进、综合应用上线运行等方面的真实情况。完善改革激励机制。区委、区政府研究出台数字化改革激励办法，对取得“揭榜挂帅”项目单位，给予即时表彰，并优先安排项目资金。并在年度考核中予以双倍加分。对在省数字化改革例会作单独发言、入选省最佳应用清单、获省改革突破奖等项目，牵头单位年终考核相应增加不等倍数。对于做出重大贡献的干部，参照“专班选才”择优晋升或提拔。

二、推进应用开发建设。做好任务拆解。梳理核心业务349项，其中一级核心业务41项、二级核心业务106项、三级核心业务202项；拆解重大任务583项，其中一级重大任务36项、二级重大任务124项、三级重大任务423项。组织改革观察员活动、金点子征集等，向机关企事业、群众、基层采集问题，提出改革需求事项，召开改革观察员座谈会2次，发动三轮“金点子”征集，收集需求事项110个。开展项目研讨。召开专题研究、专项调研、头脑风暴40多次，谋划一批大视角、小切口、特色化的多跨协同应用场景。在向上对接争取方面，发动多轮意见征集，组织讨论省市“一本账”更新迭代项目，推进区级应用纳入省市“一本账”，共向上反馈意见41个。截至年底，纳入市“一本账”S0重大应用3个、子场景应用11个。重点谋划建设14个特色场景应用，同步形成制度成果19项、理论成果6项。“浙海安康”海洋灾害智防等6个应用纳入浙里系列子场景。其中，老年食堂“e食无忧”应用被省民政厅评为民政领域第一批优秀应用，并在《省数字化改革（工作动态）》亮相，获副省长批示推广。“渔业产业大脑（数智渔业）应用”获评市改革创新最佳实践提名案例，并在《浙江信息（增刊）》刊发。“电动自行车”智治系统获中央政法委、省公安厅充分肯定，并在《浙江政务信息》刊发。

三、强化实战实效。2021年底，承接省级重大应用77个、市级应用31个。制定数字化改革项目绩效评价办法，召开数字化改革项目评估会，邀请相关专家围绕需求重要性、场景集成、改革突破、建设规范、绩效显著性等五个维度，对信用智治（百家信）应用等14个多跨场景应用进行评估。常态化通报上线浙里办的应用活跃率，督促部门加强日常使用、宣传推广、整改提升。面向社会各界招募100多名改革体验员，针对“浙里民生关键小事智能速办”应用提出问题30多条。强化应用建设问题导向、效果导向，每月对接重点应用进展并定期通报形象进度，及时纠偏，共同推进项目达到实用管用好用。

“政治生态数智”应用通过不断完善优化政治生态评价指标体系，构建部门、街道（乡镇）、村居三级联动的评价机制，加强闭环管理，不断净化全域政治生态。截至年底，查纠各类问题123个，预警单位22家，问责党组织16个、领导干部23人。老年食堂“e食无忧”应用实现老年人便捷用餐、食堂长效运营，每天平均支撑老人用餐1100多人次。信用智治（百家信）应用发挥平台牵引作用，把隐患整治、道路安全（电动自行车管理）、司法诉讼等高频行为纳入管理，形成智能动态监测全区综合信用的治理模式。截至年底，海霞诚信贷惠及百姓3572户，涉及金额1.94亿元，兑现容缺受理、绿色通道等快速审批1268人次。

（林婷婷）

洞头区“村社吹哨、部门报到”活动

2021年，为落实“我为群众办实事、我为企业解难题、我为基层减负担”专题实践活动要求，完善“海岛振兴结对”工作机制，推进清廉机关、模范机关建设，洞头区开展“村社吹哨、部门报到”活动，构建“吹哨、甄别、应哨、评价”一体流程，实现部门资源向一线倾斜、工作在一线落实、作风在一线转变，全面构建增强组织建设、推动基层治理、助力乡村振兴、共建海上花园的长效联系服务机制。

一、组建联盟，深化共建合作。聚焦村社治理、民生实事痛点难点，采取“一对一”挂钩结对形式，通过签订“海岛振兴党建联盟”共驻共建协议书，深化机关单位党组织与村社党组织共建合作，推动开展联合主题党日、助企助工服务、送技术下乡、联席会议等，实现活动共办、资源共享、要事共商，推进治理力量向一线下沉。全区63家机关部门单位与84个村社党组织签订“海岛振兴党建联盟”共驻共建协议书，达成共建合作关系。

二、健全机制，加强实效运作。构建“村居（社区）上报—街道（乡镇）‘吹哨’—部门单位‘应哨’”运行流程，依托“帮农云”平台、日常走访巡查等渠道，广泛收集了解民生发展诉求和民众实际困难，以群众需求为导向，落实精准迅速响应。强化“部门+村社”“部门+部门”联动协作机制，实施工作进程“全过程跟踪”，部门单位按时向村居（社区）反馈工作进展，加强双方交流沟通，确保问题解决稳步推进。配齐党员干部力量，实行人员调配“总统筹”，针对村居（社区）反映的重难点问题，由街道（乡镇）甄别审核，沟通组织多部门协同处置，对照“问题清单”，逐一解决“销号”。全区累计1950名机关党员登记报到，帮助解决实事项目421件。

三、规范考评，强化结果运用。村社党组织于年底结合“反应力、执行力、影响力”等指标，围绕解决问题情况及共驻共建情况，对“报到”部门开展“一年一评价”。通过强化考评监督，检验“报到”服务工作实际成效，形成“吹哨报需—应哨实施—评价反馈”工作闭环，推动提高机关单位党组织服务品质。同时，把评价意见作为“最强支部·模范机关”建设考评依据。

依托“吹哨—报到”机制，立足实际需求，机关单位党组织服务力量逐步向重点攻坚、应急处置等多场景多领域渗透延伸，取得良好成效。如区委政法委根据结对村居需求，下村开展反诈知识宣讲、平安三率知识竞答等活动，助力推进村居平安乡村宣传带建设；防御台风期间，公安洞头分局第一时间响应街道村居防汛抗台“急哨”，安排党员应急小分队前往工地、景区等场所开展安全巡查，协助转移群众、物资等，迅速处理求助警情。

（叶丽丽）

洞头向海借力活用资源拓宽海岛共富路

2021年，洞头区围绕创新建设共同富裕海上花园目标，结合基层实践探索，以群众真实可感、增收致富为导向，引导基层在细分领域先行先试，打造一批小而精、富而美的共富典型，形成共富示范效应。全年农村居民人均可支配收入同比增长11.5%，城乡收入比缩小至1.58 ： 1。

一、聚焦特色产业富农，铺就资源盘活共富路。一是盘活石厝。探索石厝村落连片流转、整村开发、集体经营等模式，激活闲置农房631幢，盘活率超过25%。探索“自有房产、村民自营”“企业主导、村民入股”“自主开发、统一管理”“民资运作、统一经营”“国资收储、多元合作”5种开发模式，吸引青年、乡贤回乡创业。如，隔头民宿集聚区累计吸引300多人创业就业，洞头乡贤投入5000多万元创建“伴·精选”民宿，成为海宿标杆。发挥花岗等15个民宿村带富作用，实现岛民渔民在家门口赚钱。以东岙村为例，民宿从16家猛增至102家，户均年收入20万元，直接带动就业700多人，产生了“石屋变银屋”效应。二是盘活海域。释放“海上粮仓”新产能，打造总面积1160公顷的国家级海洋牧场示范区。推进大竹峙岛、白龙屿、半屏岛—南北策岛人工鱼礁区建设，规模达10.98万立方米。拓展升级传统深水网箱养殖方式，开展长期增殖放流，有效修复渔业资源，优化海域生态。成功引进“北参南养”项目，投入产出比超300%。三是盘活品牌。发挥“中国羊栖菜之乡”“中国紫菜之乡”金字招牌效应，依托“两菜”产业农合联，打造海洋产品全产业链品质闭环管理。开展品牌营销推广，举办“从浪尖到舌尖”等活动60多场，全面打响羊栖菜、紫菜“两菜”品牌知名度。

二、聚焦创业兴业富民，蹚出强村增收共富路。一是利用网红打卡地“以点带面”。打造中屿、韭菜岙沙滩、七彩洞头村等十大网红打卡地，借力旅游“微改造、精提升”试点，促进村集体和村民增收增富。比如，围绕元觉相思岙、中屿岛等爱情主题景观，吸引乡贤企业建设婚纱摄影基地，推动村企联合经营，2021年村集体经济经营性收入达210万元，同比增长93%。注册成立中屿旅游管理有限公司，投资100多万元改建村口荒地为智能停车场，民宿、餐饮等多种业态爆发增长，实现年综合收入超3000万元。二是利用文化夜市“星光引路”。打造特色文化夜市，充分衔接“白天看景”+“夜间消费”，重构“住民宿+赏海景+听涛声+看焰火”的海岛夜生活。深挖海岛文化IP，精心设计沙滩音乐、民俗演艺、渔港夜游等项目，推出海钓、摄影、骑行等休闲产品30多种，包装夜间灯光秀、月堤剧本杀等旅游线路10余条，引进深夜食堂等新兴业态8家，形成“一楼（望海楼）一山（半屏山）两港（中心渔港和东沙渔港）”15千米夜游文旅系列，提高“星光经济”效益。三是利用共富联盟“抱团发展”。霓屿街道发动10个村成立霓虹强村公司，投资2800万元建设育苗、养殖、加工一体的综合养殖基地，拓宽村集体增收渠道；投资新建紫菜研学基地等7个项目、涉及资金2500万元，直接为村集体增收近200万元。整合各村边角地、闲置劳动力，引入4家来料加工企业。2021年，村级集体总收入2074.25万元，同比增长67.2%，10个村集体收入均100万元，紫菜养民人均收入41786元，同比增长18.2%。新增就业岗位380个，67名原来无业的妇女实现在家门口就业。

三、聚焦要素配置改革，拓宽海岛创新共富路。一是针对劳动力要素实施劳务协作。建立瓯洞劳务协作常态化机制，借助微信公众号、招聘短视频及“乡村巡回招聘”等载体，引导霓屿街道居民“跨堤”就业，截至2021年在瓯江口企业就业的群众累计超500人。常态化开展就业岗位征集，强化供需对接、信息摸底，针对性加强就业适岗培训，打响“百岛工人”区域劳务品牌，提高从业人员收入水平。二是针对数据要素实施数智渔业。探索数字化海洋养殖新模式，投入资金1.875亿元发展渔业数字化产业。打造“中国生态大黄鱼之乡”标杆项目，“大黄鱼智能生态渔城研发及应用项目”获第六届浙江农民创富大赛唯一金奖。打造“数智渔业”应用场景，聚焦生产、加工、销售等环节，剖析全流程业务需求，打通涉海规划、水文气象等15个业务系统，推进海区慧管、养殖慧服、质量慧知、产销慧接。三是针对金融要素实施信用智治。开发面向本区户籍人口的“全民授信·海霞诚信贷”应用，将志愿服务、诚信自律等道德评价折算为信用积分，为守信者提供低利率、高额度的无抵押贷款服务。开发“百家信”信用智治服务平台，为信用良好的群众提供商品折扣和免费停车等优惠举措36项。推进海岛普惠金融改革“全民授信”“全企授信”，创新巾帼“共富贷”“海洋碳汇贷”等产品，用好金融力量助力共同富裕。

（陈坤杯）

大事记

1月

5日，温州市委常委、军分区司令员王辉，市政府副市长陈应许一行到洞头开展“三服务”活动。

6日，鹿西综合交通码头正式启用。

7日，温州市委常委、纪委书记、监委代主任张建明到洞头区调研，听取区委、区纪委落实“两个责任”情况汇报。

同日，洞头区人民政府与国网温州供电公司签订“十四五”时期战略合作框架协议。

7日至8日，洞头区新任村社团干部培训班举行，全区各街道(乡镇)、村社团组织负责人及两项计划志愿者近100人参加培训。

8日，洞头区召开新冠肺炎疫情防控工作部署会。会议传达省委常委会会议暨省新冠肺炎疫情防控工作领导小组会议精神，部署疫情防控工作。会前参加温州市委常委会会议暨市新冠肺炎疫情防控工作领导小组视频会议。

同日，区委书记王蛟虎主持召开区委编委会，审议《关于科学规范乡镇（街道）“属地管理”的实施意见》。

12日，洞头区获评2020年度全省深化“千万工程”建设新时代美丽乡村（农村人居环境提升）工作考核优秀县（市、区）。

13日,洞头区召开述政汇报会。6个街道（乡镇）和51家单位作现场汇报,13家单位参加书面测评。

14日，区委副书记、区长林霞带队到新城农贸市场、海湾一区、疾控中心等地开展疫情防控随机检查及智慧城市建设调研。

同日，洞头区绿波家庭农场负责人陈丹凤获评浙江省最美巾帼新农人。

18日，市委决定：提名黄伟为温州市洞头区副区长候选人，建议任温州市公安局洞头区分局局长。

同日，区委书记王蛟虎带队检查全区部分酒店、企业、农贸市场等相关场所防疫措施落实情况。

同日，洞头区重点人群开始接种新冠病毒疫苗。包括年龄在18周岁至59周岁与社会公众直接接触提供服务及与感染风险较高及环境直接接触的一线工作人员。

19日，洞头区工商联获2019—2020年度浙江省“五优”县级工商联称号。

25日，洞头区召开全区领导干部会议。会议传达学习中共中央总书记习近平在省部级主要领导干部学习贯彻中共十九届五中全会精神专题研讨班开班式上的重要讲话精神和在中共十九届中央纪委五次全会上的重要讲话精神等，并部署贯彻意见。

26日，洞头区7个街道(乡镇)均通过2017—2020年度省级“四提升四覆盖”全民健身工程建设街道（乡镇）评估。

28日，温州市人民政府副市长娄绍光率队到洞头调研农村疫情防控和渔船安全管理工作落实情况。

30日晚，洞头区领导干部会议召开。省委决定：林霞任中共温州市洞头区委书记；提名郭云强为温州市洞头区人民政府区长候选人。

31日，洞头区第十四届人大常委会举行第三十五次会议。任命郭云强为温州市洞头区人民政府副区长、代理区长职务；任命黄伟为温州市洞头区人民政府副区长、温州市公安局洞头区分局局长。

2月

1日，区委书记林霞率区四套

班子到洞头先锋女子民兵连看海霞、说海霞、谋海霞，开展重拾“初心”之旅。

同日，洞头区供电公司海霞供电所获评国网浙江省电力有限公司五星级乡镇供电所。

同日起，洞头区实行市、区供水一体化。

同日起，洞头区开展为期两个月的“双月双保”严管整治行动。

3日，经省人民政府批复，同意设立洞头半屏山海洋省级旅游度假区，为全市第3个省级旅游度假区。度假区位于北岙街道、东屏街道区域范围内，东至头龟东侧，南至南策岛网头礁南缘，西至拨浪鼓防浪堤西侧，北至北妈段北缘。总规划面积为22.16平方公里，其中陆域面积8.22平方公里、海域面积13.94平方公里。

5日，中国渔业协会授予洞头区“中国生态大黄鱼之乡”“中国紫菜之乡”称号。17日，举行“中国生态大黄鱼之乡”“中国紫菜之乡”授牌仪式。

同日，洞头区举行海岛振兴特色人才“扶工扶农”项目暨青年创业项目授牌仪式，为17个创业项目授牌并颁发资助金。

7日，区委书记林霞率队到大门镇调研温州中石油燃料沥青有限责任公司、中燃华电小门岛管理中心、浙能LNG项目现场及长沙社区等地企业生产运行及重点项目建设推进情况。

8日，洞头区委、区政府发文通报表彰2020年度海洋经济示范区建设50个先进集体和98名先进个人、绿化美化工作40个突出贡献集体和80名突出贡献个人、县域社会治理现代化工作突出贡献50个集体和100名个人。

9日，洞头区公安工作会议召开。

18日，区委书记林霞率队走访调研温州金源新材料科技有限公司、温州市东启汽车零部件制造有限公司、浙江迪特高强度螺栓有限公司、浙江方舟工程机械设备有限公司等企业开展“三服务”活动。

20日，区领导带头为全区科（局）领导干部上新年第一课，区委书记林霞作开班动员并开讲“第一课”。

22日至24日，洞头区政协八届五次会议在洞头剧院召开。应出席大会委员165名，实到委员153名。大会听取和审议区政协八届常委会工作报告和区政协八届四次会议以来提案工作情况，并通过相关决议。会议期间，收到委员提案121件。

23日至25日，洞头区第十四届人民代表大会第五次会议召开。大会应出席代表161名，实到154名。会议听取和审查区政府工作报告和区人大常委会工作报告等，并通过相关决议。大会选举郭云强为温州市洞头区人民政府区长、邱新楚为区人民法院院长。会议期间，收到代表建议110件。

25日，华峰集团董事局主席尤小平一行到洞头区考察交流华港LNG项目及临港产业发展等。

26日，区委理论学习中心组举行专题学习研讨会，再学习、再理解、再贯彻“中共中央总书记习近平在省部级主要领导干部学习贯彻中共十九届五中全会精神专题研讨班上的重要讲话精神”。

同日，区人大常委会主任叶海峰陪同全国人大代表滕宝贵一行开展全国“两会”会前视察调研活动。

3月

1日，洞头区“六五争先·六比竞赛”强执行开新局动员大会召开。会议深入贯彻落实中共十九届五中全会等会议精神。现场观看专题片《海上花园辉煌探索》，表彰先进，北岙街道、区发改局等单位作典型发言。会议通报近两年有关作风问题典型案例。

2日，法治日报社考察组一行到洞头考察海霞精神的传承与发展、海霞学院建设等工作。

2日至5日，洞头区老城区有机更新开发建设工作专班、状元岙港区开发建设工作专班、海霞小镇开发建设工作专班、同心旅游特色小镇开发建设工作专班、临港产业岛建设工作专班、生命健康岛建设工作专班和国际旅游岛建设工作专班分别召开会议研究部署工作。

3日，浙江省体育局局长郑瑶率队到洞头调研，实地察看望海楼、半屏山游步道、半屏韭菜岙运动休闲沙滩及洞头先锋女子民兵连纪念馆等地，听取中国洞头海上休闲运动中心、国际铁三运动小镇等项目情况介绍，探讨与交流洞头体育事业谋划等内容。

4日，浙江省委第六巡视组向温州市洞头区委反馈巡视情况。省委第六巡视组组长徐国平代表省委巡视组分别向洞头区委书记和领导班子反馈巡视情况，省委巡视工作领导小组办公室副主任王俊向区委书记林霞传达省委书记专题会议精神。温州市委副书记陈浩参加反馈会并提出抓好洞头区巡视整改工作要求。林霞主持领导班子反馈会议并作表态讲话。

5日，洞头区人大组织开展为期一个月的代表“进选区宣传月”活动。

同日，洞头区新时代文明实践中心揭牌。

8日，洞头区政法队伍教育整顿动员部署会议召开。区委书记、区委政法队伍教育整顿领导小组组长林霞作动员部署。

同日，“百年光辉岁月颂 海霞精神世代传”——温州市百千万巾帼大宣讲活动在洞头先锋女子民兵连海霞广场举行。

9日，洞头区第一届纪律检查委员会第七次全体（扩大）会议召开。会议学习传达中共十九届中央纪委五次全会精神等，听取审议并通过区委常委、区纪委书记、区监委主任梅山标代表区纪委常务委员会作《为高质量建设海上花园提供坚强纪律保证》工作报告。区委书记林霞出席会议并讲话，市纪委市监委第六监督检查室主任谷尚德到会指导。

同日，台盟浙江省委会副主委胡亚芳一行到洞头专题调研推动海岛地区共同富裕工作。

10日，浙江省委办公厅数字化改革专题调研组到洞头调研并召开座谈会，了解洞头区数字化改革推进情况。

11日，区政府第八次全体（扩大）会议暨廉政工作会议召开，学习贯彻中共十九届五中全会和省、市重要会议精神，全面落实区委一届九次全体会议、区“两会”和全区“六五争先·六比竞赛”强执行开新局大会精神，分解落实全年重点工作任务，部署加强政府自身建设等工作。区委副书记、区长郭云强出席会议并讲话。

同日，洞头区召开“庆百年华诞护宗教平安”安全工作专题会暨消防安全培训会，部署宗教领域安全工作。

12日，全区纪检监察系统召开深化“三比三创”护大局开新局大会暨“唯实惟先强队伍 善作善成强担当”主题教育实践活动、创建全国文明单位、开展党史学习教育活动动员部署会。

同日，湖南省政府副省长谢卫江到洞头考察调研全域旅游建设与景区运营管理及海岛民宿发展情况。

15日，洞头区领导干部会议暨党史学习教育动员部署会召开，学习传达贯彻全国“两会”精神、习近平总书记重要讲话精神和省委、市委领导干部会议精神。区委书记林霞主持会议，研究部署贯彻落实意见，要求在学史明理、学史增信、学史崇德、学史力行上走在前列、当好示范。

同日，霓屿西北面滨海红树林湿地生态建设工程（一期）项目开工建设。

16日，洞头区召开政法队伍教育整顿专题党课暨政治轮训班动员会。区委书记林霞上专题党课并作开班动员讲话。

17日，在温州参加“百家发布追寻奋斗百年路”主题报道活动启动仪式的百家政务发布负责人到洞头走访洞头先锋女子民兵连（海霞村）、望海楼、海上花园建设示范村（东岙村）等地开展集中采访。

18日，温州市委常委、温州军分区司令员王辉到洞头区调研洞头先锋女子民兵连建设情况，了解女子民兵连五年建设规划落实情况。

同日，洞头区委召开落实省委巡视组反馈意见整改工作动员部署会。区委书记林霞就抓好省委巡视整改工作作动员讲话，要求立行立改，确保整改任务落实到位。

同日，洞头区召开“争做新时代浙江组工人”主题实践活动动员部署会暨“五大行动”推进会。

18日至19日，温州市广电系统庆祝建党百年“海霞”采风行暨主题报道创新创优策划活动在洞头区举行。

19日，区委副书记、区长郭云强率队调研区大数据管理中心，研究数字化改革工作。

19日至20日，国家体育总局水上运动管理中心党委书记、主任李瑞林率队到洞头区调研水上运动发展情况。

22日，洞头区召开学习重温中共中央总书记习近平“发挥实质作用”重要批示精神10周年座谈会，推动两新领域整体建强、提档升级。

同日，区委理论学习中心组召开党史学习教育专题学习会。集体自学《论中国共产党历史》《毛泽东、邓小平、江泽民、胡锦涛关于中国共产党历史论述摘编》《中国共产党简史》《习近平新时代中国特色社会主义思想学习问答》及《习近平在浙江》采访实录等党史

2021年3月24日，省委常委、温州市委书记陈伟俊（前排右二）实地察看洞头区“两菜一鱼”产业发展情况 （区融媒体中心提供）

学习教育重要理论书籍。

同日，洞头区党史学习教育领导小组办公室联合开展“辉煌百年·红动百岛”第八届洞头区“十大最美杰出青年”寻访活动。

同日，鹿西乡海水淡化工程正式产水。

24日，省委常委、温州市委书记陈伟俊专题调研推动“大抓项目、抓大项目”工作。实地察看瓯江口产业集聚区百亿产业项目招引落地和洞头区“两菜一鱼”产业发展、蓝色海湾整治、文旅融合发展等情况。

同日，洞头区“兰小草”道德馆被认定为第二批温州市民营经济人士理想信念教育基地。

25日，区政协举行2021年首场“请你来协商”活动，由区委书记点题，围绕“优化营商环境，助力民营经济健康发展”开展专题协商议政。全年共开展“请你来协商”活动6次。

同日，浙江省首批县级行政区国控大气辐射环境监测站温州市洞头岛站正式投入使用，填补了洞头区辐射环境自动监测领域空白。

26日，区委、区政府通报表彰7个乡村振兴五星级示范村和最具人气奖、最具潜力奖、最佳拼搏奖、最佳风尚奖等4个单项荣誉村。

同日，洞头区连续三年获评“浙台经济社会融合发展突出贡献单位”。

29日，洞头区人民政府、温州医科大学附属第二医院和浙江省卫生健康委共同签订医疗卫生“山海”提升工程合作框架协议。

同日，瓯洞一体化党政联席会议第一次会议召开。洞头区、瓯江口相互汇报两地就重点产业、招商成果、便民服务等具体事项展开研究和讨论。

30日，区委党建工作会议暨区委党的群团工作会议召开。

31日，温州市洞头区马拉松协会成立。

4月

1日起，洞头区全面启动出生“一件事”线上申办。通过手机操作即可完成相关申报。

2日，洞头区第五届“工会杯”职工乒乓球混合团体赛在市教师教育院洞头分院开赛，全区共有20支代表队参加比赛。

4日至5日，中央台办交流局局长黄文涛一行到洞头调研对台交流工作，指导半屏山交流基地建设和重点交流活动。

7日，共青团宁夏自治区委书记王伟、共青团浙江省委副书记何黎斌一行到洞头调研。了解洞头历史文化与风情民俗、蓝色海湾整治及生态保护、文旅融合发展情况和女子连连队建设和团建工作。

8日，洞头区组织开展“8+3”重点领域安全生产专项整治，坚决打赢遏制重大生产安全事故攻坚战。

同日，区政府印发《温州市洞头区国民经济和社会发展第十四个五年规划和二〇三五年远景目标纲要》。

9日，洞头区召开政法队伍教育整顿查纠整改环节部署会，贯彻落实中央和省、市部署要求，研究部署工作。

12日，区委印发《洞头先锋女子民兵连五年建设规划》。

13日至30日，名家画洞头“海之歌”主题创作展在区文化馆举行，共展出12位艺术家的55幅作品。

14日，洞头区举行“辉煌百年·红动百岛”党史知识大赛。全区12支队伍36名选手参加，最终区直机关工委代表队获冠军。

15日，全国政协副主席、民革中央常务副主席郑建邦到洞头调研民革基层组织建设工作。

16日，区委理论学习中心组党史学习教育培训班在海霞营地举行。举行升旗仪式、重温入党誓词、重走洞头解放之路，并开展党性教育。区领导林霞、郭云强、吴志安等参加培训。

16日至21日，洞头区第九届精品微党课大赛暨青年理论宣讲大赛举行。

20日，洞头区发文进一步规范党员干部、公职人员操办婚嫁喜庆事宜。

21日，区委书记林霞一行到区农业农村局调研未来社区、未来乡村建设工作。

23日，区委副书记、区长郭云强率队督查省、市、区民生实事项目进展情况和海上安全生产工作。

25日，区委书记林霞主持召开区委法治洞头建设工作会议。

同日，洞头区第二座110千伏智能变电站——110千伏深水输变电站投运。

26日，“温州擂台·六比竞赛”2021年第一次县（市、区）、产业集聚区比看现场会和第一次全市乡镇（街道）党（工）委书记工作交流会召开，区委书记林霞在主会场作汇报，北岙街道党工委书记作工作交流发言。

27日，党史学习教育温州市委宣讲团报告会暨洞头区委理论学习中心组（扩大）学习会举行，市委党史研究室主任王文胜作题为《征途漫漫惟有奋斗》专题报告。

同日，洞头区青年联合会三届一次全体会议举行，选举产生区青年联合会第三届委员会主席、副主席、常务委员。

同日，温州市东启汽车零部件制造有限公司总装车间包装组获全国“工人先锋号”称号。

27日至28日，浙江省美丽城镇

办督导组一行到洞头区大门镇、鹿西乡调研美丽城镇建设推进情况。

28日，2021年洞头区村级集体经济发展工作问效会召开。

29日，浙江省妇女干部教育培训现场教学基地建设现场会在洞头区召开，洞头先锋女子民兵连纪念馆成为全省第十四个现场教学示范基地。

同日，区委、区政府授予朱扬华等10人第八届洞头区“十大最美杰出青年”称号。

同日，洞头区数字化改革项目“擂台比拼”活动在海霞红港举办，17家单位20个项目现场比拼。

同日，洞头区城市规划展示厅揭牌。

30日，温州市人大常委会副主任黄荣定率队到洞头区霓屿街道下社村、北岙街道三盘社区等地调研村社组织建设情况并召开交流座谈会。

同日，温州市人大常委会副主任徐育斐带队到洞头区督导梦幻海湾一期、青山岛等项目建设情况。

5月

1日，“温州—菲律宾”外贸集装箱航线实现首航。

同日起，调整全区参保单位“退休中人”养老保险待遇，职业年金不再由基本养老保险基金垫付。

3日，浙江省文化和旅游厅厅长褚子育率督查组在温州市委常委、宣传部部长胡剑谨等陪同下到洞头半屏山省级海洋旅游度假区、北岙街道隔头村、状元岙港区等地督查“五一”劳动节旅游市场秩序。

4日，第十一届中国·洞头妈祖平安节在北岙街道东沙村妈祖广场主会场和元觉街道沙角村妈祖宫广场分会场举行。中国侨联原副主席王成云、浙江省民宗委二级调研员郭家明、市台办主任苏爱萍、区领导郭云强等参加活动。

同日，全区首个妈祖文化公园——元觉妈祖文化公园揭牌开园。

6日，区委书记林霞带队到区公安分局开展党史学习教育“办实事、解难题、减负担”专题调研活动。

同日，洞头区召开数字化改革专题会议，听取党政机关整体智治、数字政府、数字经济、数字社会、数字法治等五大领域数字化改革应用场景建设推进情况，研究部署工作。

7日，党史学习教育温州市委第二巡回指导组进驻洞头，并听取区委书记林霞汇报洞头区党史学习教育开展情况。

同日，温州市猎豹民防应急救援大队·温州市洞头区猎豹应急救援服务中心获2020年度国家海上搜救奖励，为温州市唯一获此荣誉的单位。

8日，省第五巡察指导督导组组长朱飞一行赴洞头调研考察巡察成果高效运用工作，并召开省第五巡察指导督导组下沉洞头调研座谈会。

同日，洞头区首家民生药事服务站在洞头康民药品零售有限公司揭牌运行。

10日，区委书记林霞到区人民法院、区人民检察院开展党史学习教育“办实事、解难题、减负担”专题调研。

同日，区委副书记、区长郭云强到北岙街道进村入户开展“为民办实事解难题”调研。

11日至12日，温州市人大常委会副主任张洪国率队到洞头督促调研粮食安全执法检查及民生实事项目监督工作。

13日，温州市委副书记陈浩到洞头区调研数字化改革、未来乡村建设及平安洞头等工作。

同日，洞头区建设发展总部园揭牌。

14日，温州海湾生态跨区域司法保护协作机制启动，龙湾、洞头、乐清三地法院院长和检察院检察长签订《温州海湾生态跨区域司法保护协作机制协议书》，共同开展增殖放流和海上巡航活动。

14日至15日，玉环市委书记吴才平率玉环市党政代表团到洞头区考察交流。

14日至16日，2021嘉信游艇·瓯江杯帆船邀请赛在洞头区举办，浙江飞龙体育海通联队获冠军。

18日，中央网信办网络综合治理局局长张拥军一行到洞头区调研。

同日，共青团浙江省委副书记盛乐一行到洞头区调研，实地察看“希望工程”项目和“扬帆工程”青年创业扶持项目等情况。

19日，浙江省基层优秀医护表彰颁奖典礼在杭州举行，洞头区大门镇甲山村卫生室医生王玉萍获评浙江省百姓信赖的“优秀乡村医生”。

20日，首届“清廉海霞”文化节暨百岛清风之旅启动仪式在洞头先锋女子民兵连纪念馆广场举行。

同日，“为你心Dong 爱无尽Tou”2021年中国·洞头首届婚旅节举行，10对新人共同举办海岛集体婚礼。

20日至21日，浙江省政协副主席蔡秀军带队到洞头区开展“送体育下乡”活动。省体育局副局长张亚东，市政协副主席黄寿龙，区领导林霞、郭云强等参加活动。

21日，洞头区召开“海霞妈妈”警群防诈联盟成立暨“全社会反诈总动员”誓师大会。

23日，洞头、鹿城两地文联等单位联合举办的“辉煌百年琴动百岛”大型古琴雅集活动在望海楼景区举行。

24日，温州洞头、嘉兴南湖“海霞精神对话红船精神”双城直播访谈活动分别在洞头先锋女子民兵连纪念馆和嘉兴南湖革命纪念馆举行，活动围绕“守好红色根脉·解读红色密码”主题，分“忆历史”“话交融”“谈传承”三大篇章展开对话。

25日，洞头区建设平安洞头工作暨扫黑除恶专项斗争总结会召开。

同日，洞头区入选浙江省旅游业“微改造、精提升”行动试点县（区）。

26日，温州市委常委、军分区司令员王辉到洞头区调研未来乡村建设情况。

26日至28日，浙江省职工疗休养产品设计大赛在洞头举行，全省20支疗休养产品设计团队参加。

28日，洞头区“海霞”代表队获全省党史知识大赛一等奖。

31日，区府办印发《“中国摄影岛”建设实施方案》，启动“中国摄影岛”创建。

同日，洞头先锋女子民兵连纪念馆入选“建党百年红色旅游百条精品线路”——“水乡抗战·红色浙江”精品线路。

6月

3日，中国科学院大学温州研究院党委书记王小云带队到洞头区调研国家海洋经济发展示范区建设情况。

同日，洞头获评浙江省2020年度十大海岛公园建设工作优秀等级。

同日，东海贝雕艺术主题公园项目开工建设。

5日，泰顺县委书记林万乐率党政代表团到洞头开展重大项目建设、“蓝色海湾整治”及生态保护等考察和学习交流。

6日，洞头区入选浙江省“四好农村路”省级示范县（市、区）名单。

8日，温州市委常委、市纪委书记、监委主任张建明到洞头调研纪检监察工作。

同日，温州市政府副市长娄绍光到洞头区督导涉海涉渔“百日攻坚”行动落实情况。

同日，区委副书记、区长郭云强率队督查海峡云村金岙101、白鹭湾海渔文化旅游度假区、黄金海岸度假及住宅区、海霞红色基地建设项目、青山岛供电管网建设工程、温州蓝色海湾生态建设项目（蓝湾二期）等重点工程，协调解决工程建设问题。

9日，洞头“百岛讲坛”邀请温州市文史研究馆馆员洪振宁教授作《洞头的闽瓯文化试探》专题讲座。

11日，洞头区乡村振兴局挂牌成立。

12日，区委书记林霞带队到区人民医院、方舱临时疫苗接种点、北岙农贸市场等地调研疫情防控工作开展情况。

16日，温州市庆祝中国共产党成立100周年主题系列新闻发布会洞头专场在洞头先锋女子民兵连连部召开。区领导林霞、刘素婷和洞头先锋女子民兵连连长陈盈盈介绍有关情况，并回答记者提问。

同日，区人民政府与温州医科大学附属第二医院签订“山海”提升工程合作协议，启动新一轮紧密型合作办医机制。

17日，区委常委会（扩大）会议暨区委理论学习中心组共同富裕专题学习研讨会召开，深入学习中共中央总书记习近平关于共同富裕的重要论述精神，贯彻落实省委关于高质量发展建设共同富裕示范区的部署要求，并开展研讨。邀请浙江大学农业与生物技术学院教授沈伟桥作《均富示范区的浙江实践与创新》专题视频讲座。

同日，区委书记林霞会见绿地控股集团浙江事业部投资总监陈瑜一行并洽谈双方合作事宜。

18日，温州市政协副主席诸葛启钏到洞头区金岙民革之家开展“百名主席进百厅讲党史”活动。

19日，“海霞精神对话大别山精神”洞头区、六安市两地青少年共上一堂思政课活动举行。

22日，温州市人大常委会主任葛益平率队到洞头区半屏社区“半屏同心”未来乡村、隔头村“古渔村”乡村示范带调研农村人居环境提升及未来乡村建设情况。市人大常委会副主任任玉明等陪同调研。

同日，温州市委常委、温州军分区司令员王辉带队到洞头区开展“七一”慰问活动，并在洞头“百岛讲坛”进行党史学习教育专题授课。

同日，洞头区100名新发展党员在洞头先锋女子民兵连纪念馆前党旗广场集中举行宣誓活动，接受党性教育。

23日，洞头区举办2021年第一期“青年思享汇”活动，邀请各领域专业干部、一线攻坚干部等交流分享工作感悟和成长故事。

同日，洞头区“中国渔民画之乡”研学基地揭牌。

24日，洞头区举行首场区直部门、街道（乡镇）“六五争先·六比竞赛”活动。全区12个区直部门和6个街道（乡镇）“一把手”汇报重点工作完成情况、短板问题及攻坚措施，并现场接受测评。

28日，全国“两优一先”表彰大会在北京召开，洞头先锋女子民兵连党支部获全国先进基层党组织称号，党支部书记、洞头先锋女子民兵连指导员杨燕辉到北京领奖并受到国家领导人亲切接见。

同日，温州市人大常委会副

主任王蛟虎到大门镇开展调研活动，并为基层党员干部讲授党史专题课。

29 日，区委通报表彰先进基层党组织 20 个、优秀共产党员 50 名、优秀党务工作者 30 名，并授予“百岛先锋”称号。

30 日，区委召开农村工作暨实施海岛振兴战略领导小组会议、共同富裕动员会，研究部署高质量推进共同富裕、高标准打造未来乡村、高水平推进海岛振兴工作。

同日，洞头区举办“百岛讲坛”党史学习教育专题讲座暨“书记上党课”学习会，区委书记林霞以《从学党史中领悟坚持中国共产党领导的历史必然性》为题授课。

7月

1 日，庆祝中国共产党成立 100 周年大会在北京隆重举行，中共中央总书记、国家主席、中央军委主席习近平发表重要讲话。洞头区四套班子领导及广大干部群众通过视频会议、电视、网络等形式收看大会实况。

同日，浙江省庆祝中国共产党成立 100 周年大会在嘉兴市召开。区领导在洞头分会场参加会议。洞头溢香国际大酒店有限公司党支部书记、董事长杨森权获评“全省优秀党务工作者”。

同日晚，洞头区举办“辉煌百年红动百岛”庆祝中国共产党成立 100 周年“七一”表彰暨大合唱比赛。

2 日，全国妇女爱国主义教育基地揭牌仪式在洞头先锋女子民兵连纪念馆举行。区委书记林霞、市妇联主席吴晓娟为基地揭牌。

5 日，洞头区“璀璨霞光红动温州”第二届海霞旅游节举行。

同日，“双屏论坛”首度获国台办立项为 2021 年度对台交流重点项目。

6 日，大门镇元宝寨游创空间综合体（民宿度假村）开工奠基。

7 日，温州市政协副主席王丽峰率队专题调研洞头促进基础教育优质均衡发展和构建幸福养老服务体系工作。

8 日，自然资源部海洋减灾中心副主任陶荣幸率队到洞头考察海洋灾害防灾减灾工作情况。

9 日，温州市政府副市长娄绍光一行到洞头区督导涉海涉渔领域“遏重大”百日攻坚行动开展情况等有关内容。

同日，洞头区委举行学习贯彻习近平总书记在庆祝中国共产党成立 100 周年大会上的重要讲话精神专题读书会。专题读书会邀请洞头先锋女子民兵连指导员、党支部书记杨燕辉分享中共中央庆祝中国共产党成立 100 周年系列活动领奖观礼情况。

12 日，2021 年生态文明贵阳国际论坛在贵州省贵阳市开幕。洞头区作为蓝色海湾整治的全国典型出席会议，区委书记林霞向全国推介海岛洞头的成功经验。

13 日，温州市人大常委会副主任徐育斐带队到洞头区开展山水诗路建设调研活动。

18 日晚，央视《焦点访谈》栏目聚焦洞头蓝色海湾整治，向全国展示洞头修复海洋生态做出的努力与成果，分享蓝色海湾整治经验。

19 日，温州市第十七届运动会（青少年部）帆船帆板比赛落下帷幕。洞头区代表队获 3 枚金牌、3 枚银牌和 2 枚铜牌。

19 日至 20 日，省侨联机关全体党员干部到洞头开展“沿着红色之路学党史”活动。

21 日，区委、区政府印发《洞头区未来乡村建设实施方案》。

23 日，灵昆街道举行温州市房票首发仪式，印制温州“第一张房票”。

同日晚，市人大常委会副主任张洪国率指导组到洞头区指导防台防汛工作。

26 日，洞头区中心敬老院项目工程开工建设。该工程位于洞头区北岙街道迎宾路 13 号。

同日，洞头区城南路市政设施提升改造工程开工建设。

27 日，浙江省委组织部、省委两新工委确定百个省级数字赋能、集成服务示范党群服务中心，洞头区“南塘溢香”党群服务中心入选。

28 日，区委一届十次全体（扩大）会议暨区政府第九次全体会议召开，区委书记林霞代表区委常委会作工作报告，区委副书记、区长郭云强作工作部署。会议审议通过《洞头打造高质量发展建设共同富裕示范区海岛样板的实施方案（2021—2025 年）》。

29 日，洞头区机关党建“比学看”暨重点工作推进会召开。

29 日至 30 日，温州市第十七届运动会（青少年部）自行车赛在洞头区举办。

30 日，洞头区推动长江经济带发展领导小组成立，下设办公室（设在区发改局）。

7 月 31 日至 8 月 1 日，温州市首届沙滩风筝邀请赛在东屏街道半屏韭菜岙沙滩开赛。全省各地 11 支代表队 100 多名运动员参加比赛。

8月

2 日，区委书记林霞到诚意药业开展“三服务”活动，听取企业意见建议，帮助企业解决发展中遇到的问题。

5 日，洞头区企业联合会、企业家协会、工业经济联合会第四届第一次会员大会召开，选举产生新一届“三会”领导班子，浙江恒博电气制造有限公司董事长郑西平连任会长。

5日至6日，央视《国家记忆》讲述海霞故事，刊播记录《海防女民兵》第四集《海霞之歌》、第五集《洞头先锋》，聚焦全国民兵英雄汪玉霞守岛戍边的奋斗历程和洞头先锋女子民兵连军民联防的传奇故事，诠释海霞女民兵的新时代使命任务，全面展现“爱岛尚武、励志奉献”的海霞精神。

8日晚，洞头区第一届音乐歌手大赛总决赛以云直播的方式举行，12名选手参加总决赛，最终曾艺扬获大赛冠军。

10日，省生态绿道巡查组督查洞头生态海洋廊道建设情况。

11日，温州市政府副市长陈应许到洞头区状元岙港口，督查码头平台现场船岸界面管控工作、港口作业高风险人员集中住宿和封闭管理等情况。

同日，浙江省文旅厅、省教育厅、省妇联联合发布全省52个“红色根脉”打卡地，洞头先锋女子民兵连纪念馆上榜。

17日，区委书记林霞受邀参加“最是浙南红·同行共富路”走进发布厅2021年全媒体发布活动，通过温州市全媒体平台，分享洞头“海上花园”的共同富裕探索之路。

同日，区委副书记、区长郭云强率队督查环保整改事项落实情况。

18日至19日，“航”行浙里·两岸共拍秀——温州站活动在洞头区启动。两岸摄影爱好者行摄“海上花园”洞头，交流学习摄影技巧。

19日，洞头区“百岛讲坛”——“七一”重要讲话精神专题讲座，邀请温州市委党校蒋儒标作题为《赓续红色血脉　实现伟大梦想》的专题报告。

同日，洞头区与绿地控股集团浙江区域管理总部签订韵动海湾未来社区项目战略合作框架协议。

20日，洞头区召开乡村振兴五星级示范村现场竞选会。

同日，洞头区首家亿元体项目工会成立。

24日，区委、区政府印发《洞头区高水平深化文明城市建设三年行动方案（2021—2023年）》。

同日，省审计厅核查组到洞头察看海洋生态廊道整治修复项目工程建设情况。

同日，浙江省文旅厅公布“2021年度浙江省民间文化艺术之乡”名单，东屏街道民间文化项目“七夕民俗风情节”榜上有名。

24日至25日，浙江省党史学习教育第三巡回指导组副组长冯灿校带队督导洞头区党史学习教育工作。

25日，区委、区政府印发《温州市洞头区青年发展规划（2021—2025年）》。

同日，区委印发《洞头共青团基层组织改革综合试点实施方案》。

25日至27日，朱海平书法作品《自作文醉美家乡海上洞头》入展在萧山举行的“贺知章杯——永恒的乡愁”全国书法篆刻主题大展。

26日，洞头区政府与财通证券股份有限公司签订合作框架协议。

31日，洞头区档案馆创成国家级数字档案馆。

9月

1日，王恭顺任中共温州市洞头区人民检察院党组书记，提名为区检察长候选人；张攀提名为洞头区副区长人选。

同日，洞头区举办习近平总书记“七一”重要讲话精神学习专题党课暨“书记上党课”学习会。区委书记林霞授题为《从读懂“五个伟大”中汲取继往开来的奋进力量》党课。

同日，温州市党史学习教育第二巡回指导组到洞头区开展巡回指导。

3日至10日，“百年荣耀·潮涌瓯江”温州市庆祝中国共产党成立100周年图片展暨“辉煌百年红动百岛”洞头区庆祝中国共产党成立100周年图片展在新城广场举行。

8日，洞头区召开“辉煌百年红动百岛”理论研讨会暨“百岛智汇——人文社科”论坛。

9日，“不忘初心跟党走、砥砺前行护渔人”暨海上党建联盟签约仪式在洞头东沙红港党群服务中心举行，洞头、奉化、三门、瑞安等浙江沿海四地签订合作协议，共建“红色领航平安牧渔”党建品牌。

同日，温州市第八届道德模范名单公布，东屏街道大瞿岛乡村医生周明福获温州市诚实守信道德模范称号。

10日，“学在洞头”教育工作推进会暨洞头区庆祝第三十七个教师节大会召开。

同日，共青团温州市洞头区互联网行业工作委员会和共青团温州市洞头区快递物流行业工作委员会成立。

14日，区委书记林霞主持召开共同富裕和“扩中提低”研究会。会议审议共同富裕领导小组工作规则和四张清单事宜，及共同富裕考核办法和“扩中提低”政策措施。

同日，暨南大学文化遗产创意产业研究院院长、中央美术学院客座教授陈平到洞头区调研非遗文化及文创产品发展等情况。并围绕文化遗产的保护传承与乡村振兴为洞头“百岛讲坛”作专题讲座。

14日至15日，中央统战部副部长谭天星到洞头调研工作，参观望海楼、金岙同心村、洞头先锋女子民兵连纪念馆等地。

15日，温州市委副书记、市长姚高员到洞头区调研海洋经济发展。实地考察浙江诚意药业股份有限公司、中普陀文化园、隔头民宿集聚区等文旅融合项目。

16日，温州市委常委、温州军分区司令员王辉一行到洞头区检查疫情防控情况。

17日，区委书记林霞采取“四不两直”方式，深入酒店、学校、居民社区等地检查疫情防控措施落实情况。

18日至19日，温州市第十七届运动会定向比赛在洞头区举行，全市共10支代表队参加比赛。

23日，全国妇联副主席、书记处书记吴海鹰到洞头区考察全国妇女爱国主义教育基地洞头先锋女子民兵连纪念馆的建设情况。

同日，洞头区召开全国县域共青团基层组织改革暨“青年洞头”动员部署会。

同日晚，区委副书记、区长郭云强主持召开全区安全生产“百日攻坚”动员会暨“8+3”重点领域“遏重大”专项整治推进会。

27日晚，“党的女儿永远跟党走”全国妇女爱国主义教育基地示范活动在洞头先锋女子民兵连海霞广场举行。全国妇联副主席、书记处书记吴海鹰为洞头先锋女子民兵连纪念馆授牌“全国妇女爱国主义教育基地”，并颁发全国妇联巾帼志愿示范宣讲队证书。

28日，由区文联、区政协书画院主办，区书法工作者协会承办的“迎国庆颂党恩”雅韵堂藏历代书法墨迹展开展，画展持续到10月10日。

28日至29日，浙江省教育厅督导处二级巡视员、省督学王振斌率省督导复查专家组到洞头区督导全国义务教育优质均衡发展区复查工作。

30日，洞头海霞营地入选浙江省习近平新时代中国特色社会主义思想研究中心首批调研基地名单。

10月

1日，温州市帆船帆板运动协会第一届海划桨板趣味赛在半屏韭菜岙沙滩举行，全市38名选手参加比赛。

7日，“洞头紫菜”地理标志证明商标通过国家知识产权局商标局核准注册（注册号34895553，国际分类29），为洞头区再添一枚地理标志证明商标。

9日至12日，浙江省空手道锦标赛在金华市浦江县体育中心体育馆举行。洞头籍选手胡航鸣获丙组个人型冠军与丙组团体型冠军。

11日，全省十大海岛公园建设推进会在杭州召开，区委副书记、区长郭云强作题为《新海岛新业态新生活》的交流发言。

12日，浙江省以视频形式在杭州召开全省基层党建工作会议。东屏街道寮顶村党支部书记陈素娟获评浙江省“担当作为好支书”。

13日，南部县党政代表团一行赴洞头区考察。

同日，浙江理工大学马克思主义学院院长渠长根一行到洞头区调研海霞精神的创新发展情况。

14日，洞头、龙湾、乐清、玉环、温岭“五地法检十院”温州、台州海湾生态司法保护协作机制签约仪式在洞头举行。

15日，洞头区举行2021年“大干破难季”重点项目集中签约及开（竣）工仪式。重点项目集中签约及开竣工54个，总投资200亿元。其中，S211安吉至洞头公路洞头霓屿至北岙段工程正式开工，全长约5.05千米。

同日，第二届海峡两岸影像文化周·洞头半屏山专场活动暨2021双屏论坛在洞头开幕。活动包含“两岸半屏山青年影像文化沙龙”“两岸青年结对采风”“‘未来村庄’两岸青年创投沙龙”“温台合作项目分场对接”“半屏山影像文化烟花秀”“游艇跳岛游体验”等。区委书记林霞在“双屏论坛”作《蓝色海湾赋能，推“洞”共同富裕》主题发言。区委副书记、区长郭云强致欢迎辞。

同日，由浙江省政府办公厅、省委宣传部、省委网信办联合主办的“政务公开在行动——民生政策进万家”系列网络宣传活动走进洞头。

同日，温州市洞头区志愿服务联合会成立。

15日至16日，区委书记林霞率区党政代表团赴乐清市考察。

16日，清华大学新闻与传播学院师生一行到洞头参观考察，并开展新闻传播业务协作、实习基地业务实践、海岛学生联谊结对等领域探索校地合作。

同日，洞头区召开台胞台属联谊会第一届全体代表大会，选举产生新一届洞头区台胞台属联谊会理事会。

17日，生态环境部太湖东海局副局长金左文带队到洞头区现场核查美丽海湾优秀案例。实地考察望海楼、半屏64条间民宿一条街、同心小镇会客厅、半屏海洋生态廊道、韭菜岙沙滩、东沙渔港等地。

21日，区委书记林霞主持召开洞头区打造高质量发展建设共同富裕示范区海岛样板领导小组第一次会议。

同日，洞头区第七届“建功青年洞头·助力共同富裕”创新创业大赛决赛举行，全区17支团队参加，最终海岛民宿管理服务公司项目获冠军。

26日，省委常委、市委书记刘小涛到洞头区调研，实地察看霓屿街道、海霞小镇、韭菜岙沙滩、同心小镇会客厅等地，了解海洋经济发展、农村基层党建、红色基地建设、蓝湾整治及共同富裕等情况，并听取工作汇报。市领导王军、陈建明，区领导林霞、郭云强等陪同调研。

同日，洞头区选送的伴手礼码头哥黄鱼酥和东海贝雕黑漆螺钿城市文具获2021中国特色旅游商品大赛银奖。

同日，洞头区发出首张电动自行车“数字化车牌”。

28日，区委常委会暨办不了质询会召开。

同日，区委组织部公布2021年机关党建品牌评选结果，命名优秀机关党建品牌10个、培育型党建品牌10个。

29日，洞头区工商业联合会(总商会)第二次会员代表大会暨洞头区第三届民营企业家节庆祝大会召开，共117名会员代表参会。选举产生区工商联（总商会）第二届主席(会长)、常务副主席(副会长)、副主席、副会长、秘书长、常委(常务理事)等。浙江诚意药业股份有限公司总经理赵春建连任区工商联（总商会）第二届主席（会长）。

11月

1日，温州市洞头区海塘安澜千亿工程工作协调小组成立，下设办公室（设在区农业农村局）。

2日，浙江省关工委主任徐宏俊等一行到洞头区调研关心下一代工作及区关工委在党史学习教育、党建带关键、数字化改革情况、特色亮点品牌建设等相关工作。

3日，浙江省人大常委会委员、环资委主任委员林健东一行到洞头区开展执法检查。

同日，S211安吉至洞头公路洞头霓屿至北岙段工程和洞头区人民医院改扩建工程暨区公共卫生服务中心建设工程共两个项目入选2021年省重点建设项目增补名单。

3日0时30分，温州港状元岙至马尼拉第二条外贸直达航线正式开通。

4日，温州市人大常委会党组副书记、副主任任玉明带队赴大门镇调研。

4日至6日，区委书记林霞率队实地考察走访广州和深圳的企业。

9日，温州市政协主席陈作荣到洞头区霓屿紫菜产业园、温州华港液化天然气（LNG）储运调峰中心项目、东屏街道“民生议事堂”等地调研海洋经济发展情况和基层政协工作。

同日，温州市人大常委会副主任任玉明一行到洞头区调研2022年重大项目谋划和海产品精深加工促进共同富裕工作。

同日，洞头区霓屿紫菜现代园（田园综合体）完成竣工验收。

9日至11日，区委副书记、区长郭云强率队到宁波大榭开发区、北仑区、象山县和舟山定海区、岱山县进行招商和学习考察活动。

10日，温州市人大常委会副主任徐育斐到洞头区调研，了解青山欢乐岛、梦幻海湾等重点项目建设进程情况。

同日，温州市人大常委会副主任黄荣定一行到洞头区开展打造新能源产能中心和应用示范城市课题调研。

同日，第六届洞头区道德模范发布活动举行，12人获区道德模范称号。

11日，国家市场监督管理总局发布《关于授予北京市市场监管局机场分局等24家单位外商投资企业登记管理权的通知》，洞头区继瑞安市之后，成为温州市第二个获外商投资企业登记管理权限的县（市、区）。

同日，“温州擂台·六比竞赛”全市乡镇（街道）党（工）委书记工作交流会召开，洞头区元觉街道在会上作交流发言。

同日，温州市人大常委会副主任王蛟虎带队到洞头区调研海洋经济示范区建设工作。

同日，温州市文广旅局公布第六批温州市非遗传承基地、第四批温州市非遗体验基地及2021年度温州市优秀非遗体验基地名单，洞头区教育幼儿园海洋动物故事传承基地被列入第六批温州市非遗传承基地；洞头区东屏水族贝壳工作室“艺＋手作”体验基地被列入第四批温州市非遗体验基地；温州市洞头区东海贝雕艺术博物馆被列入2021年度温州市优秀非遗体验基地。

12日，洞头区“大综合一体化”改革启动。

17日，浙江省文联党组书记陈瑶率队到洞头区调研文联工作。

同日，温州市第五个“兰小草”爱心宣传日活动暨第七届最美洞头人颁奖典礼在洞头区举行。活动现场举行第七届最美洞头人暨2021年度“感动洞头”十大人物颁奖典礼。

18日，洞头籍科学家林海帆新当选中国科学院外籍院士。

同日，洞头区海洋生态廊道整治修复工程——南塘湾湿地公园项目竣工验收完成。

同日，元觉幼儿园开园揭牌。

19日，温州市政府副市长娄绍光到洞头区检查渔业船舶和民宿安全情况。

同日，洞头区召开学习贯彻中共十九届六中全会精神“六讲六做”大宣讲活动动员部署会。

22日，洞头区海霞学院启用。市委常委、温州军分区司令员王辉、区委书记林霞出席启用仪式并致辞，区委副书记、区长郭云强主持仪式。

同日，溢香应急救援队队长杨森权获“浙江省见义勇为先进人物”称号，并被省政府记一等功。

同日，浙江省文化和旅游厅公布第六批非物质文化遗产代表性传承人。东屏街道东岙村“七夕”成人节项目传承人洪求伟名列其中。

22日至23日，洞头区首期“‘三新’暨海洋经济‘双招双引’专题研修班”在海霞学院举行。

24日，2021海峡两岸（温州）民营经济创新发展示范区媒体采风行走进洞头。

同日，黄鱼岛海洋渔业集团有限公司总经理郑祥武入选“金牛奖”提名候选人。

25日，省委决定：郭云强任中共温州市洞头区委书记，免去林霞中共温州市洞头区委书记、常委、委员职务。

同日，市委决定：任命何莉平为中共温州市洞头区委副书记。

26日，区委书记郭云强率区四套班子领导调研洞头先锋女子民兵连，并开展党史学习教育，进一步弘扬海霞精神、砥砺初心使命。

同日，中国国民党革命委员会温州市洞头区第一次党员大会暨支部成立大会召开，选举产生民革洞头区支部第一届委员会。温州市政协副主席、民革温州市委会主委诸葛启钏等参加会议。

同日，浙江省深化“千万工程”建设新时代美丽乡村（提升农村人居环境）检查组到洞头区调研，并听取洞头区美丽乡村工作汇报。

同日，洞头区政务服务红色代办服务点及“跨省通办”点正式落户东屏街道后寮村。为温州市首个村级“跨省通办”点。

29日，温州市委常委、温州军分区司令员王辉到北岙街道三盘社区基层一线宣讲中共十九届六中全会精神。

同日，区十四届人大常委会召开第四十一次会议，决定接受郭云强辞去洞头区人民政府区长职务；任命何莉平为洞头区人民政府副区长，代理洞头区人民政府区长职务。

30日，温州市人大常委会副主任王蛟虎到洞头区调研人大换届选举工作。

12月

1日，洞头区通过省级食品安全示范区验收考评工作，成为温州首批创成省级食品安全示范区的县（市、区）之一。

2日，区委副书记、代区长何莉平赴大门镇调研，并开展中共十九届六中全会精神“六讲六做”大宣讲活动。

同日，区委、区政府印发《洞头区加快海洋经济发展建设海洋强区五年行动方案（2021—2025年）》。

同日晚，洞头区第三届海洋文化节暨洞头区第二届民星秀大赛在洞头剧院举行。

3日，洞头区举办“百岛讲坛”中共十九届六中全会精神学习会暨全区宣讲员培训会，邀请温州市委党校梁德君教授作《胸怀千秋伟业百年只是序章》专题报告。

6日，洞头区领导干部会议召开，学习传达省委十四届十次全体会议精神。区委书记郭云强主持并讲话，区委副书记、代区长何莉平传达省委全会精神。

同日，温州市快乐之本社工服务中心理事长林加帅获第十三届“中国青年志愿者优秀个人奖”，为全市唯一获此奖项的青年志愿者。

7日，区委、区政府转发《中共温州市洞头区委宣传部 温州市洞头区司法局关于在全区开展法治宣传教育的第八个五年规划（2021—2025）》。

10日，区委理论学习中心组举行专题研讨会，聚焦“深入学习贯彻中共十九届六中全会精神”主题集中交流研讨。

同日，人力资源和社会保障部公布第五批国家级充分就业社区名单，东屏街道东岙村入选，为温州市唯一入选社区。

12日，区领导分组率队到基层一线开展疫情防控督查工作，要求街道（乡镇）、各部门单位全面扎紧扎牢疫情防控网，切实保障人民群众的生命健康安全。

2021年11月17日，洞头区表彰第七届最美洞头人暨2021年度“感动洞头”十大人物（区融媒体中心提供）

同日，纪录片《新海霞》获第27届中国纪录片十佳短片。

15日，平安中国建设表彰大会在北京召开，洞头获“平安中国建设示范县”荣誉称号，并被授予“长安杯”，“长安杯”首次花落温州。区委书记郭云强到北京受奖并获中共中央总书记习近平接见。

16日，浙江省数字经济发展领导小组办公室公布《2021浙江省数字经济发展综合评价报告》，洞头区数字经济发展综合指数为84.4，排名全省第二十八位。

同日，洞头区为浙江捷来工程有限公司颁发营业执照，该执照是第一张在洞头区完成登记注册的外商投资企业营业执照。

17日，浙江省新时代美丽城镇工作2021年度考核验收结果公布，洞头区大门镇获评省级样板，鹿西乡为省级基本达标镇。

18日，东屏街道寮顶村民族村入围省级民族乡村共同富裕示范点。

19日晚，区委理论务虚会召开，贯彻落实中共十九届六中全会和中央经济工作会议精神。区委书记郭云强主持会议并讲话。区委副书记、代区长何莉平传达中央经济工作会议精神。

20日，洞头区、镇两级人大代表选举日。郭云强、何莉平等区四套班子领导，以普通选民身份参加选举投票。

同日，霓屿西北面滨海红树林湿地生态建设工程（二期）项目开工建设。

同日，城北污水处理厂竣工验收。

同日，洞头区新材料新能源重大项目指挥部成立。

21日，浙江中燃华电能源有限公司、浙江立鹏建设有限公司、温州市万年混凝土有限公司、浙江诚意药业股份有限公司等四家企业上榜2021温州市百强企业系列榜单。

同日，东屏街道东岙村入选2021年度温州市示范性民宿集聚村名单，为温州市唯一入选村庄。

22日，洞头区9家村社退役军人服务站获评2021年浙江省“新时代枫桥式退役军人服务中心（站）”。

23日，温州市委专项督查组到洞头区督查推进新时代产业工人改革工作。

24日，洞头区海洋生态廊道整治修复工程——铁炉头村东侧至沙岙村西侧生态廊道通过竣工验收。

28日，文化和旅游部公布第五次全国文化馆评估定级上等级名单，洞头区文化馆获评国家一级文化馆。

28日至30日，中国共产党温州市洞头区第二次代表大会在洞头剧院举行。应到代表215名，实到代表208名。区委书记郭云强代表区委一届委员会作题为《大力弘扬海霞精神 加快发展海洋经济 创新书写建设共同富裕海上花园新篇章》的工作报告；书面审查中共温州市洞头区第一届纪律检查委员会题为《聚焦示范引领 强化忠诚担当 为洞头创新书写建设共同富裕海上花园新篇章提供坚强纪律保障》的工作报告；通过相关决议。会议选举产生郭云强当选为新一届洞头区委书记，何莉平、林铁当选为区委副书记，林上达、戴冕、陈细团、郑锋利、吴肃锋、赵爽当选为区委常委。吴肃锋当选为新一届区纪委书记。选举产生出席中共温州市第十三次代表大会代表14名。

29日，浙江省科技厅发布2021年新认定省高新技术企业研究开发中心名单，温州金源新材料科技有限公司的“浙江省金源高性能有机颜料高新技术企业研究开发中心”名列其中。

30日，中共温州市洞头区第二届纪律检查委员会第一次全体会议召开。以无记名投票方式选举新一届区纪委常务委员会委员。

同日，洞头区创成浙江省AAAA级景区城。

同日，瓯江北口大桥主桥合龙。

同日，洞头仙叠岩至半屏山（同心小镇）景区入选浙江省智慧旅游景区名单。

31日，第二届区委常委会第一次会议召开，学习传达贯彻中共中央总书记习近平关于海洋强国重要论述综述，研究部署洞头区贯彻落实意见。

同日，洞头区创成首家四星级旅游饭店——温州香缇之岛酒店管理有限公司（温州灵昆国际大酒店）。

（年鉴编辑部）

2021年12月30日，瓯江北口大桥主桥合龙　　（灵昆街道提供）

区情概览

自然地理

【位置面积】洞头区第三次全国国土调查面积（包括瓯江口）272.95平方千米。全境位于北纬27°40′00″—28°5′00″，东经120°52′30″—121°30′00″之间，地处浙东南沿海瓯江出海口。南与瑞安市的北麂、北龙乡（大北列岛）隔海相望；西与龙湾永强相对；北望乐清、玉环两市。

【地形地貌】洞头区侵蚀丘陵地貌分布广泛，约占全区陆地面积的91%。其中高丘陵（海拔250米以上）主要分布于大门岛以及鹿西、霓屿、状元岙等岛的中部和洞头岛的西部，山坡较陡，一般坡度30°~40°，特别是边缘地带，常有大于40°的陡坡或陡崖出现；顶部较平缓，坡度一般15°~25°。最高山峰烟墩山位于大门岛，海拔391.8米。高丘陵以凸形坡及直线形坡为主，部分地段为复合形坡。低丘陵（海拔低于250米）主要分布于洞头岛、半屏岛、三盘岛、小门岛以及鹿西、霓屿、状元岙等岛边角部位，山顶部较平缓，坡度为10°~25°，山坡坡度25°~35°，局部坡麓地带有超过35°陡坡及陡崖。低丘陵的山坡地形以凸形坡和直线形坡为主，局部为阶梯状复合形坡。堆积地貌主要分布于大门岛、灵昆岛和洞头岛，分布零星。其中洪积平原零星分布于大岛屿的沟谷及山麓地带，上游坡度10°~15°，下游坡度3°~10°。海积平原主要分布于洞头岛、灵昆岛、大门岛及小门岛，在霓屿岛及半屏岛亦有小块分布，地势平坦。境内无大河发育，溪流多发源于山体中部，向四周呈辐射状独流入海，其特点是数量多、流域面积小，长度短，比降大，枯水期多断流。

【海洋生物资源】洞头海域渔业资源丰富，能捕捞的鱼类300多种，其中常见40多种。主要鱼类有小黄鱼、黄姑鱼、棘头梅童鱼、鲚鱼、鳓鱼、鮸鱼、鲳鱼、鲈鱼、魟鱼、黄鲫、龙头鱼、海鳗、带鱼、马鲛鱼、白姑鱼、石斑鱼、竹荚鱼、鲨鱼、鳎鱼、东方鲀、鲻鱼、鲥鱼、海鲫等。岩礁潮带生物159种，占总数

2021年紫菜养殖

的48.4%；泥质潮间带生物142种，占总数的44.1%；沙滩潮间带生物33种，占总数的10.2%。常见品种有：泥蚶、缢蛏、泥螺、彩虹明樱蛤、青蛤、疣荔枝螺、瘤荔枝螺、锯缘青蟹、龟足、藤壶、弹涂鱼、粗腿厚纹蟹、棒锥螺、棘刺牡蛎、艾氏活额寄居蟹、痕掌沙蟹、海蟑螂、厚壳贻贝、石花菜、海萝、鼠尾藻、孔石莼、紫海胆、瓦氏马尾藻、紫菜、羊栖菜等。浮游植物81种，以近岸广温广盐种为主；浮游动物78种（类）（不包括鱼卵仔鱼），以近海暖水类群和近海暖温带类群为主；底栖生物45种，以沿岸广温低盐种和近岸广温广盐种为主。

南北爿山省级海洋特别保护区珍稀鸟类51种，其中国家一级保护有黄嘴白鹭1种，国家二级保护有普通鵟、红隼、游隼和凤头鹰4种；省重点保护动物有中白鹭、夜鹭、棕背伯劳、红尾伯劳、褐翅燕鸥、大凤头燕鸥和黑枕黄鹂7种，历年繁殖期间高峰期，约有350只黄嘴白鹭、4000只黑尾鸥亲鸟筑巢、产卵。有维管植物67科、166属、199种，海域有游泳生物23种，其中鱼类14种，甲壳类9种。

【港口资源】洞头港口资源丰富，拥有状元岙、大小门岛等，可利用岸线近30千米，其中可建万吨级以上泊位的深水线15千米，可布置1万吨~20万吨级泊位90多个，是温州深水大港的重要港口。且水域条件、集疏运条件好，横穿洞头列岛中部的北水道是巨轮进出温州的咽喉，南面黑牛湾是瓯江口外靠近远洋航线的最大天然锚地。在建的状元岙港区共规划码头作业区4个，深水泊位25个，总长度7100米，设计年吞吐能力7000万吨，其中集装箱500万标箱。已建成7#、8#、9#泊位5万吨级（兼靠10万吨级）集装箱专用泊位。大小门岛港区划分为小门岛、大门东和大门西3个作业区，规划港口岸线14.6千米，可形成年通过能力1.15亿吨。建有亚洲最大的天然气液化储运基地。

【矿产资源】全区境内甲类矿产资源贫乏，已发现的矿产类型有花岗岩、建筑用凝灰岩、海砂、黏土以及矿泉水五种，矿床地40处。

花岗岩。主要有大门、青山岛、隔头、北策、牛鼻孔、大爬山、大瞿等岩体，岩性包括钾长花岗岩、花岗岩、辉绿岩等。花岗岩开采利用以大门钾长花岗岩为主，其次有隔头花岗岩、北策辉绿岩。大门钾长花岗岩可开采资源量约为3.18亿立方米，是理想的天然防酸、防腐石材；辉绿岩主要分布在北策岛中部，是理想的中档板材荒料基地；花岗岩主要分布在北岙街道隔头，估算资源量29.8万立方米。

建筑凝灰岩。区内建筑凝灰岩分布较广，产于上侏罗统火山碎屑岩中，主要住人岛均有分布，有青山岛、霓屿岛、沙岙屏、铁炉头、小三盘、北岙后石子矿，以及大门、霓屿、本岛等开采点。根据石料的块度大小不同，主要用于工民建、围垦、填海造地等。

海砂。区内海砂分布于大门岛南侧、西侧海域，其中南侧海域储量较大，距离乌仙头嘴约1500米，矿区沿东西向展布，面积约5.6平方千米，砂层有细粉砂、中细砂、淤泥混砂等，海砂矿物成分以长石为主，石英次之，砂层直接赋存表面，呈松散—稍密状，可采性较好，估算资源量1.2亿吨。

矿泉水。区内矿泉水点出露地层简单，矿点有5处，主要分布在大朴村、小朴村、大三盘下尾村及大门镇2处，日涌水量为10~22吨。经分析测定，各项指标均达到国家饮用天然矿泉水命名标准。

【旅游资源】洞头素有“百岛之县”“东海明珠”美称。洞头是全国唯一以区域冠名的国家AAAA级旅游景区、全国海钓基地、中国十大摄影发烧风景地、中国最佳海岸摄影地，是浙江省重点风景名胜区、浙江省最值得去的50个景区之一。

全区七大景区400多个景点，风光旖旎，山海兼胜，人文荟萃，气候宜人，富有“岛奇、礁美、滩佳、鱼鲜、生态优”的特色，融海上游览、海上运动、海上体验、海洋文化、渔乡风情于一体，与雁荡山、楠溪江构成温州“山—江—海”旅游金三角。

仙叠岩，位于洞头区城东南2.7

状元岙港区

千米处，景区巨石摩天，危石层叠，险峻多姿，蔚为奇观，是听涛、观海、赏石的绝佳去处。观音训狮、海天独径、祭海石猪、金鹰迎客、蛤蟆欲仙、仙童戴帽、十二生肖等景观栩栩如生、千姿百态。珍珠礁岩石错落有致，十八钓鱼台拾阶而起，可垂钓写生、捡螺拾贝。被誉为“中国岩雕第一人”的中国美院洪世清教授创作的30多处岩雕作品，加上名家书写的诗词作品摩崖，更增添赏石品画的雅趣。

仙叠岩

大沙岙海滨浴场，呈半环抱形，沙滩平坦开阔，沙质属铁板砂，细柔而不松软，走在上面犹如踏在地毯上，舒适惬意。这里是晒日光浴、游泳冲浪的好地方，还可进行沙滩排球、自行车赛，晚间可举行篝火晚会，放歌劲舞，尽情欢乐。沙滩四周奇礁兀立，有海豹回头、猛虎下岗、将军观天、龟石岩等景观。浴场边的南炮台山是东海海防要塞，可观鸥鸟、听松涛，一洗尘嚣，是赏海上日出的好去处。

半屏山景区，位于洞头区城南3千米处，民谣曰“半屏山，半屏山，一半在大陆，一半在台湾”，大陆半屏山即为此。景区东部沿岸断崖峭壁，犹如刀削斧劈，直立千仞。连绵数千米的海上天然岩雕长廊在全国堪称一绝，被誉为“神州海上第一屏”。有惟妙惟肖的迎风屏、赤象屏、鼓浪屏、孔雀屏、渔翁扬帆、黄金印、虾将岩、乌龙腾海等四屏十八景，荡舟观浪，听涛赏景，堪称奇绝。景区西部的大沙龙沙滩曲长宽阔，可捡螺、拾贝、戏耍、冲浪。

大瞿景区，位于洞头城区西南约9千米，与附近的双峰山、南摆屿、乌岛等组成岛礁景区，面积约6.05平方千米，有“七十二胜景”。岛上山奇石巧、林密花香，被誉为“海上绿洲”，岛东南部石景荟萃，有千奇百怪的“千佛山”、生动传神的大卫岩，以及百鱼图、石佛观海、仙童击鼓、大象吸水等景观。大瞿山顶有明末抗清名将郑成功练兵的校场遗址。位于大瞿岛东南方的双峰山、北摆山、南摆山为鸥鸟、鹭鸶等候鸟的聚集地。

竹屿景区，位于洞头城区东侧约6.5千米海域处，面临浩瀚东海，由大竹屿、小竹屿、虎头屿、北猫屿、笔架屿等数十座岛礁组成，景区面积约3.8平方千米。域内天蓝海碧，鸥鸟翔集。游人可观奇礁怪石，听海涛潮响，更能一览虎头屿国际灯塔雄姿。大竹屿有数千平方米的天然大草坪，被誉为东海第一大天然草坪，宜开展孤岛生存、探险野营、海上生态观光等活动。

大门景区，面积约4.5平方千

半屏山景区

米，以马岙潭度假区为核心，呈辐射状向大门岛东南延伸，包括石和尚、龟岩峰、舢舨岩、马岙潭沙滩、观音礁等十多个景点。这里候鸟翔集、沙滩平坦、山青水蓝、石奇滩佳，享有“温州夏威夷”美誉，是观看日出日落、避暑消夏、度假休闲，以及品尝生猛海鲜的好去处。

鹿西鸟岛，位于鹿西岛东北面，即北爿山屿、南爿山屿，合称南北鸟岛，岛上阳光充足，周边鱼类繁多，每年都有数以万计的海鸟在此安家筑巢，繁衍生息，形成极为罕见的鸟岛奇观。岛上鸟儿或戏波弄影，或恣意嬉戏，或翩翩起舞，鸟鸣处处，涛声阵阵，恰似一首和谐的百岛奏鸣曲，刹那间又万鸟齐飞，遮天蔽日，恢宏壮观，碧海蓝天，珍禽展翅，水波荡漾，构成一幅大自然的精美画卷。

洞头先锋女子民兵连纪念馆，2000年（建连40周年）时建造。初建于1976年，2010年、2015年、2020年三次修缮。展示了女子民兵连成长的不寻常历程。女子民兵连成立于20世纪60年代，是一支有着辉煌历史的连队，铸就了“爱岛尚武，励志奉献”的海霞精神，其事迹曾被写成长篇小说《海岛女民兵》，拍成电影《海霞》，载入《中国共产党历史》（第二卷）。为全国爱国主义教育示范基地、国家国防教育基地、全国红色旅游经典景区、全国妇女爱国主义教育基地、全省干部党性教育基地、省党史教育基地。

望海楼，始建于公元434年，距今已有1500多年历史。位于洞头本岛海拔227米的烟墩山，是洞头旅游标志性建筑。建有望海楼主楼、颜延之雕像、诗词碑廊、同辉亭、泓澄亭、心赏亭等景观。主楼设海洋民俗文化展厅和观景厅，是观赏百岛美景、领略渔村风情的窗口。楼内有启功、沈鹏、韩美林、

2021年，大竹屿草坪

李铎、朱关田等名家墨宝。作为洞头历史文化的窗口和百岛旅游第一景的望海楼，以其历史悠久、建筑雄伟、海洋民俗文化气息浓郁跻身国内名楼之列，被誉为“气吞吴越三千里，名贯东南第一楼”，2012年11月加入中国名楼协会。

海霞军事文化园，原海霞军事主题公园，是全国知名的以海防军事为教育背景的主题文化公园。地处洞头海霞村胜利岙岛，整体面积40万平方米。建有“海霞电影棚”“军事演练区”“华山险道”“丛林战道”“国防知识画廊”“军事器材展览室”“CS真人模拟对抗赛”等，还陈列着退役的战机、军舰、火炮，并有军事拓展等项目。海霞军事文化园以“传承红色海霞精神，勇担强军强民重任”为主旋律，军事体验和运动休闲为导向，涵盖户外山地拓展、高空玻璃栈道体验、海陆空装备实景展示互动、爱国主义研学教育、红色文化传承多种功能定位，是海岛运动休闲文化的首选地。获评国防教育训练基地、爱国主义教育基地，并入选省级著名海防红色旅游线路。

中普陀寺，是集佛陀教育、

2010年12月，望海楼雪景　　（叶凌志 摄）

文化旅游、慈善安养为一体的修炼经法圣地。寺院分弘法、修行及综合服务三个区，建筑整体格调体现唐代和明清建筑风格中的清、畅、哀、亮、微、妙、和、雅之韵，突出实用庄严。弘法区建有大雄宝殿、天王殿、钟楼、鼓楼、圆通殿、念佛堂、戒台、放生池等。大圆通殿内供奉着高9米、由13吨纯铜铸造而成的千手千眼观世音坐像，是众多普陀寺中之最。寺内观音圣像陈列馆收藏的观音佛像、图片、字画等，在各地观音寺院中最为丰富。

大龙山永福寺，是仿明清建筑风格的佛教寺院，是释迦牟尼佛之道场，有300多年历史。庄严肃穆的殿堂楼阁从翠山碧岭中拔地而起，325尊樟刻和石刻佛像、释迦牟尼佛和十八罗汉威仪端详，尽显海天佛国之风采，是领略海岛风光、感受佛教文化的绝佳去处。

白马古道，连接小朴村和望海楼，属于望海楼森林绿道的一部分，由清风围、托楼廊、涵秀台和木栈道组成，全长1300米。沿道上下间，浓荫遮蔽；廊台高低处，岛礁入眼，是登山健体、观涛览胜的首选地。小朴村建有白马寺，传承马灯民俗活动。过去村民外出，这里是通道之一。

中屿景区，距温州市区约60千米，距洞头城区约8千米。景区面积约0.68平方千米，主要包含"中屿等到你"婚纱摄影基地、妈祖主题公园、烟墩山森林公园、花岗渔村等景点。其中"中屿等到你"婚纱摄影基地坐落于中屿岛，又称"小洱海"，以石奇、礁美、洞幽而著称，坐拥洞头夏季最蓝的海域。

灵昆九村生态园，位于灵昆街道九村，占地面积13.33公顷。园区内分为科普教育区、亲子互动文化区、水上娱乐运动区、拓展培训区、林果采摘区、民俗文化区、欧陆风情街、野炊烧烤区、休闲垂钓区及3D油画区、真人CS区等20多个区域，可垂钓、采摘、划船、与小动物玩耍等。是一座以农业为主题的生态休闲园。

（年鉴编辑部）

气候气象

【概况】 洞头区属于亚热带海洋性季风气候区。冬无严寒，夏少酷暑，春季温暖，秋季干爽，四季分明；全年光照充足，雨水丰沛，温暖湿润。年平均气温18.2℃，最冷月（1月）平均气温8.3℃，最热月（8月）平均气温27.9℃，年极端最高气温34.9℃，出现在2011年8月和2017年9月，年极端最低气温-3.3℃，出现在2016年1月。年平均降水量1402.6毫米，年平均雨日190.6天，降水量年际差异显著，最大年降水量1913.1毫米，出现在2005年；最小年降水量785.8毫米，出现在2003年。全年降水量分布不均匀，6月最多，月降水量为196.5毫米；12月降水量最少，月降水量为58.8毫米。春夏之交进入梅雨期，出现连阴雨、气温高、雨势强、湿度大的梅雨天气，为期约1个月；5—9月是本地区主汛期，降水量为794.6毫米，占全年降水量57%，是全年主要降水期。年平均相对湿度80%，最小相对湿度1.3%。年均日照时数1849小时；年平均蒸发量1577.3毫米；年平均风速3.8米/秒，最多风向为北偏东北风。年雷暴日数21.1天；平均无霜期331天，最短无霜期281天，最长无霜期366天。主要气象灾害有热带气旋、暴雨、大雾、霾、干旱、大风、强对流天气（雷暴、冰雹、龙卷风）等。其中台风影响最早在5月，最迟在11月。台风影响盛期在7—9月，平均2.2个，占全年（2.7个）的

中普陀寺　（叶凌志 摄）

81.5%，其中8月最多，平均每年1.0个。

【气温】2021年，洞头区年平均气温19.3℃，较常年（18.2℃）偏高1.1℃，破建站以来历史记录；逐月平均气温均较常年偏高（仅11月弱偏低），其中2月偏高幅度最大，异常偏高3.8℃。全年极端最高温度为32.3℃，出现在8月8日；年极端最低气温-0.9℃，出现在1月9日。入春时间为1月22日，常年为3月5日；入夏时间为5月28日，常年为6月1日；入秋时间为10月19日，常年为10月13日；入冬时间为12月27日，常年为12月28日。

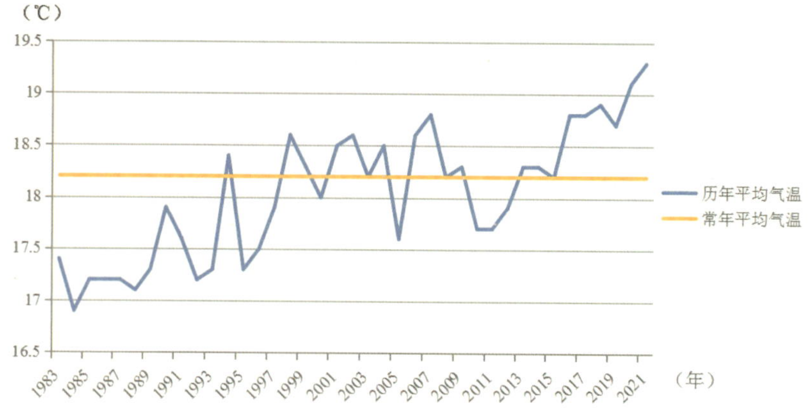

图1 1983—2021年洞头区历年平均气温演变图

【降水】2021年，洞头区降水总量1658.6毫米，较常年(1402.6毫米)偏多。全年各月份雨量分布极不均匀。首次10月降水量突破300毫米，较常年同期雨量异常偏多377%，为历史最高值。另有7个月月降水量较常年同期偏差在5成及以上，5月降水量较常年同期偏多8成，1月、7月及9月降水量较常年同期均偏少6成。降水日数201天，较常年（190.6天）略偏多。

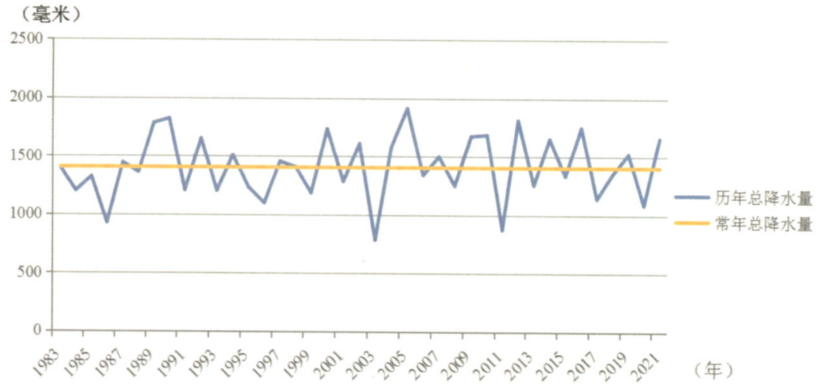

图2 1983—2021年洞头区历年总降水量演变图

【日照】2021年，洞头区总日照时数1580小时，较常年（1849小时）偏少269小时。全年仅1月份日照时数较常年同期偏多明显，超过5成，3—8月、10—11月均较常年同期偏少，其中7—8月合计日照时数较常年偏少188.7小时，春夏日照均有所不足。2020年秋冬旱情持续至2021年年初，随后旱涝转换，进入汛期后日照较常年明显减少。

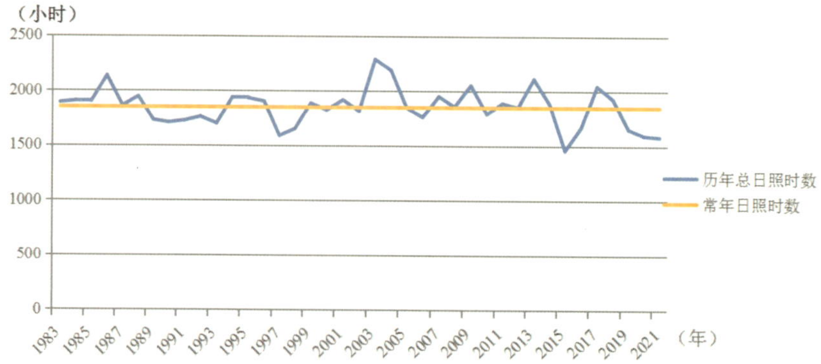

图3 1983—2021年洞头区历年总日照时数演变图

【蒸发】2021年，洞头区蒸发总量1013.9毫米，较常年（1577.3

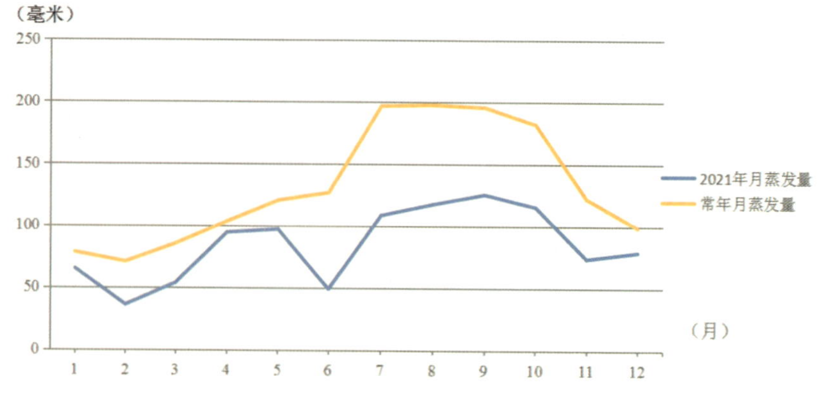

图4 洞头区2021年与常年月蒸发量对比图

毫米）偏少35.7%，全年月蒸发总量均较常年同期偏少。月蒸发量整体呈现先增后减趋势，7—10月蒸发量稳定在最高水平，与常年一致。6月蒸发量较5月有明显降低，与常年平稳增加趋势不同。

【梅雨】2021年，洞头区梅雨期为5月17日至7月5日，梅雨期降水量为420.4毫米，较常年(293.1毫米）偏多43.4%，梅雨特征不明显，分布呈西侧大、东侧小特点，共计经历5轮降雨集中期，分别是5月17至22日、6月4至5日、6月11日至14日、6月18至22日、6月28日至7月1日，梅汛期雨季强对流特征明显，雨强大。本次梅汛期雨季50天，较常年（30天左右）偏长。本次梅汛期无灾情。

【台风】2021年，台汛期为7月至10月，台风影响个数4个，较常年影响个数（2.7个）偏多，强度一般。受2109号台风“卢碧”外围气流和海上东风气流影响，8月5日夜里全区普降暴雨到大暴雨，8月5日18时至6日6时全区面雨量104.2毫米，洞头国家基本气象站126.2毫米，全区30个气象监测站中，大于150毫米站点有2个（分别为灵昆雁升183.7毫米，霓屿162.4毫米），大于100毫米的站点有17个，1小时最大雨强出现在8月6日1时灵昆雁升站（69.3毫米），过程单站最大降水量出现在灵昆雁升站（183.7毫米），洞头区发布暴雨红色预警。受2021年18号台风“圆规”外围和冷空气共同影响，全区出现暴雨到大暴雨和大风天气过程。10月11日20时至14日20时全区面雨量210.9毫米，洞头国家基本气象站231.4毫米，全区30个气象监测站中，大于250毫米站点有4个(大门287.2毫米、大门寨楼284.6毫米、青山269.9毫米、大门王宅259.4毫米），大于200毫米的站点有20个，所有站点降水量均大于150毫米。1小时最大雨强出现在10月13日0时元觉大笔架屿站（51.6毫米），过程单站最大降水量出现在大门站（287.2毫米）。10月11至12日沿海海面普遍出现9至11级大风，极大风出现在虎头屿11级（30.4米/秒）。全区出现11级风的站点有3个（分别为虎头屿30.4米/秒、东屏香花屿29.7米/秒、东屏南炮台29.4米/秒），10级风的站点有1个，9级风的站点有9个，8级风的站点有9个，7级风的站点有7个。

【霾】2021年，全区霾日数1天，较2020年（4天）显著偏少。全年共出现4天轻微霾，出现在12月，春、夏、秋季节均未出现霾天气，空气质量逐年呈转好态势。

（童颖睿）

历史人文

【区树区花】区树，台湾相思，别名相思树、相思子，属于含羞草科金合欢属，常绿乔木，高达15米，喜光，根深材韧，抗风力强，花期5月份，花色金黄，花串硕大、艳丽芬芳，花期长达两个月左右。对土壤要求不严，耐干旱贫瘠，病虫害少，萌芽力强，是生态绿化、四旁植树的好树种。原产台湾地区、福建、广东、海南皆有栽培，树姿具有南国风味，洞头区自19世纪80年代开始引种栽植，现已广泛分布于各乡镇岛屿。

台湾相思树

三角梅

区花，三角梅，别名叶子花、勒杜鹃，属紫茉莉科叶子花属，原产于南美巴西、秘鲁，其为热带植物，喜高温的气候环境，亦较耐干热，不耐寒冷，忌霜冻，对土壤肥力要求不高，树干多刺，常绿木质大藤本植物，枝条常呈拱形下垂，花多数为三朵聚生一处，花色多样，有淡红、大红、紫红、淡黄、乳白，一株多色，多用于庭园、宅旁。近年来洞头区在城市绿化美化中大量栽植。

2007年1月24日，洞头县第十一届人大常委会第三十三次会议决定：台湾相思树、三角梅为洞头县县树、县花。

【历史沿革】据九亩丘出土文物考证，早在3000多年前，洞头列岛就有人类活动。

春秋战国，为瓯越之地。秦，属闽中郡。

西汉始元二年（前85），属回浦县，隶属会稽郡。

东汉建武元年至三年间（25—27），改回浦县为章安县。永和三年(138)析章安县东瓯乡置永宁县，遂为永宁县地，仍隶属会稽郡。

三国时期，属吴国永宁县地。

太平二年（257），分会稽郡东部置临海郡，永宁县属之。

东晋太宁元年（323），分临海郡立永嘉郡，以永宁县为郡治。宁康二年(374)分永宁县置乐成县，今洞头区境遂为乐成县地。

隋开皇九年（589），改永宁县为永嘉县，隶处州，今洞头区境为永嘉县地。开皇十二年（592），改处州为括州。

唐武德五年（622），分括州置东嘉州，分永嘉县复置乐成县，今洞头区境又为乐成县地，隶东嘉州。武德七年（624），又撤乐成县并入永嘉县，今洞头区境地复为永嘉县地。贞观元年（627），废东嘉州，永嘉县隶括州。上元二年（675），分括州置温州，设州治于永嘉。载初元年（689），复置乐成县，隶温州，今洞头区境复为乐成县地。

五代十国时，乐成县属吴越国。后梁开平二年（908）改乐成为乐清，今洞头区境为乐清县地，仍属温州。南宋咸淳元年（1265）属瑞安府。元，属温州路。明，属温州府。

清雍正六年（1728），置玉环厅，隶温州府，今洞头区境划玉环厅第二十都。

民国元年（1912），改玉环厅为玉环县，隶瓯海道，今洞头区境为玉环县第四区。民国22年（1933），同属玉环第四区的灵昆岛改属永嘉县。民国25年（1936），洞头境为玉环县三盘区。

1949年10月8日，洞头境首次解放。

1952年1月15日，洞头全境最后解放，仍属玉环县。

1953年6月10日，中央人民政府批准洞头置县，隶浙江省温州地区专员公署。

1958年5月29日，国务院批准撤销洞头县建制，7月1日起，划归玉环县。

1959年1月7日，国务院决定撤销玉环县建制。4月1日，洞头划归温州市。

1964年10月31日，国务院批准恢复洞头县建制，隶温州地区专员公署。

1965年3月1日起，洞头县人民委员会正式对外办公。

1981年9月22日，温州地区和温州市合并，洞头改隶浙江省温州市。

2015年7月23日，国务院批准洞头撤销县建制，设为温州市洞头区，并将温州市龙湾区灵昆街道划归洞头区管辖。9月2日，温州市洞头区正式挂牌成立。

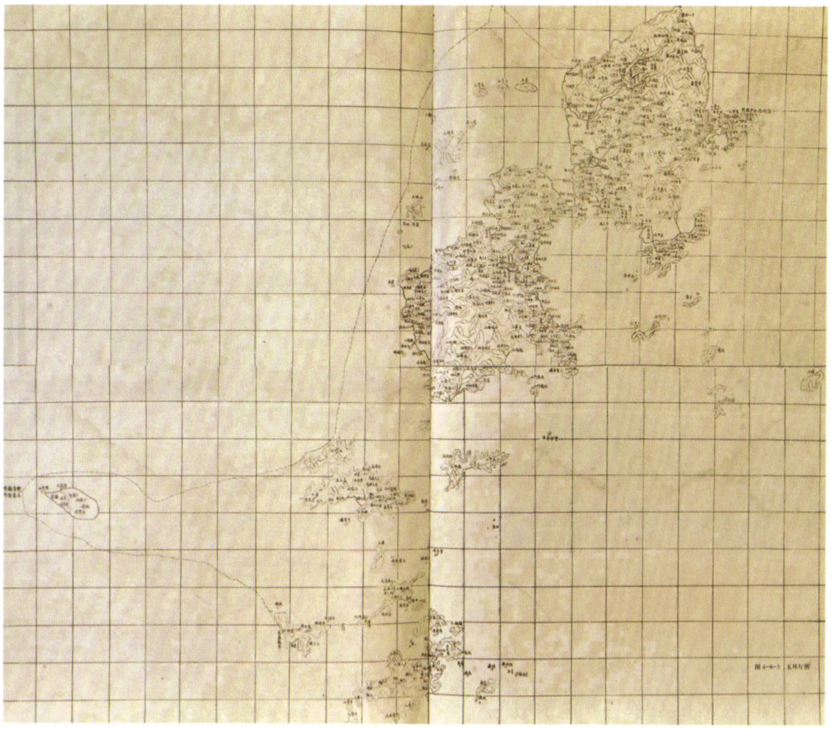

清光绪十九年（1893）玉环厅图

【行政区划】1953年7月，洞头置县后，下设3个区、1个镇、18个乡。此后，行政区划多次变更，至1990年底，全县设1个区、2个镇、11乡、90个建制村、10个居委会。

1991年3月18日，北岙镇下街居委会析为创新居委会和赴学居委会。

1992年4月3日，大门乡尾岙村更名为大门乡美岙村。同年5月18日，经浙江省民政厅批准，撤销大门区公所；将大门乡、浪潭乡并入黄岙镇，同时更名为大门镇。至此，洞头县辖2个镇、9个乡、90个建制村、11个居委会。

1994年1月25日，元觉乡状中、状南、状北3个村合并为状元村。元觉乡改设为7个建制村。同年7月30日，双朴乡增设双兴村，双朴乡改设为14个建制村。至此，全县建制村89个。

1995年2月23日，鹿西乡烟墩岗村撤销，并入鹿西村；鹿西乡改设为6个建制村。至此，全县建制村88个。

1996年8月17日，经浙江省民政厅批准，洞头乡改为建制镇，同时更名为东屏镇。至此，全县设3个镇、8个乡、88个建制村、11个居委会。

2001年11月16日，经浙江省人民政府批准：撤销双朴乡、三盘乡、北沙乡并入北岙镇；撤销半屏乡并入东屏镇；撤销霓南乡、霓北乡，合并为霓屿乡。至此，全县设3个镇、3个乡、88个建制村、11个居委会。

2002年4月30日，北岙镇的埭口村、苔岙村、双兴村撤销，合并为北岙镇城南社区居委会。至此，洞头县设3个镇、3个乡、85个建制村、12个居委会。同年11月2日，霓屿乡官财岙村改名为同兴村。

2003年4月29日，北岙镇的岭背、上街、新街、中街、后街、创新、赴学7个居委会撤销，重新调整组建为岭背、上新、城中、银海4个社区居委会。北岙镇改设为23个建制村、5个居委会。同时，东屏镇寮顶村更名为寮顶民族村。至此，全县设3个镇、3个乡、85个建制村、9个居委会。

2004年6月，大门镇沙岩居委会撤销。同年7月14日，北岙镇新城社区居委会成立。同年12月15日，东屏镇前坑寮村、惠头寮村合并，并更名为惠民村。至此，全县设3个镇、3个乡、84个建制村、9个居委会。

2005年3月1日，北岙镇桐桥村更名为海霞村。截至2005年底，全县设3个镇、3个乡、84个建制村、9个居委会。

2006年末，辖3个镇、3个乡：北岙镇、大门镇、东屏镇，元觉乡、霓屿乡、鹿西乡；84个行政村、7个社区、2个居民区（新增1个社区，减少1个居民区）。

2011年，经省政府批复：撤销北岙镇建制，在原北岙镇行政区域内设立北岙街道办事处；调整后，北岙街道办事处辖6个社区、23个行政村；街道办事处驻镇前街1号。撤销东屏镇建制，在原东屏镇行政区域内设立东屏街道办事处；调整后，东屏街道办事处辖16个行政村；街道办事处驻府前路51号。撤销元觉乡建制，在原元觉乡行政区域内设立元觉街道办事处；调整后，元觉街道办事处辖7个行政村；街道办事处驻繁府路15号。撤销霓屿乡建制，在原霓屿乡行政区域内设立霓屿街道办事处；调整后，霓屿街道办事处辖10个行政村；街道办事处驻滨海北路2号。调整后，洞头县辖北岙、东屏、元觉、霓屿4个街道办事处和大门镇、鹿西乡。

2015年7月23日，国务院正式批复同意撤销洞头县，设立温州市洞头区，将温州市龙湾区灵昆街道划归洞头区管辖。以原洞头县和龙湾区灵昆街道的行政区域为洞头区的行政区域。洞头区辖北岙、灵昆、东屏、元觉、霓屿5个街道，大门镇、鹿西乡。其中，灵昆街道辖9个行政村、4个社区。至此，全区辖93个行政村、7个社区。温州市洞头区人民政府驻北岙街道县前路12号。

2018年10月10日，区政府同意撤销北岙街道打水鞍村村民委员会建制，设立打水鞍社区居民委员会。至此，全区有8个社区，92个行政村，2个未改制居民区。

2019年4月，洞头区撤销北岙街道小朴村、风门村、九厅村建制，改设社区；撤销西山头村、大岙村、阜埠岙村、擂网岙村，下尾村建制，合并设立三盘社区。撤销大门镇甲山村、长沙村建制，改设社区；撤销沙岙村、枫树坑村建制，合并设立沙枫港村。撤销东屏街道洞头村、大瞿村、南策村建制，合并设立蓝港社区；撤销松柏园村、大北岙村、金岙村、外埕头村建制，合并设立半屏社区。至此，全区有74个行政村、16个城市社区、2个未改制居民区。

2020年12月30日，温州市政府批复同意在瓯江口产业集聚区范围内增设昆鹏街道。无下辖村居，办事处设在灵蓉街66号。至此，洞头区下辖北岙、灵昆、东屏、元觉、霓屿、昆鹏6个街道和大门1个镇、鹿西1个乡。

【方言】洞头区居民大多原是从闽浙沿海地区迁徙而来，故以操闽南话和温州话两种方言为主。洞头区居民方言使用的分布特点，大致为南片岛屿居民以说闽南话方言为主；西、北两片岛屿居民均说温州话方言；而中片岛屿居民两种方言交错夹杂。按行政区域分，北岙、东屏居民大多数说闽南话方言，灵昆、大门、鹿西居民均说温州话方言，而霓屿和元觉居民夹杂说闽南话方言、温州话方言。按常住人岛分，洞头岛、半屏岛、南策岛、大瞿岛、胜利岙岛、花岗岛、青山岛7个岛屿居民以说闽南话方言为主，灵昆岛、大门岛、鹿西岛、小门岛、大三盘岛、屿仔岛6个岛屿居民以说温州话方言为主，而霓屿岛、状元岙岛居民夹杂两种方言。闽南话方言使用范围约40平方千米，占全区陆地面积的30%左右，使用人口约占全区总人口的44%左右；而温州话方言使用范围约100平方千米，占全区陆域面积的70%，使用人口约占全区总人口的56%。

【历史文化】洞头列岛早在3000多年前即有人类活动，北岙街道风门村的九亩丘遗址和大门岛的岙底等处，曾出土新石器晚期的石斧、石刀及石矛。据相关志书记载，古时洞头岛被称为“中界山”，大门岛名为“青岙山”。南朝宋时，洞头隶属永嘉郡的永嘉县。公元423年，永嘉太守谢灵运卸任后由颜延之接替，乘船巡察到过大门岛，并在岛上筑“望海亭”以观海景，距今已有1580多年。唐代时洞头属乐成县。唐宝历元年（825），温州刺史张又新到洞头、大门等地，

颜延之塑像

寻望海亭遗址，触景生情，作诗两首。从颜延之建亭到张又新寻亭，其间378年，人去亭毁，只见灵海翠峰，积水沧浪，诗人无比感慨。《全唐诗》收有张又新诗作17首，写洞头的占2首。清朝也有诗人对洞头的描写。如诗人王步霄的《三盘颂》，就是对洞头百岛的赞美。

【名人诗词】

望海亭

［唐］张又新

灵海泓澄匝翠峰，昔贤心赏已成空。
今朝亭馆无遗制，积水沧浪一望中。

三盘颂

［清］王步霄

沧海几度变桑田，海外桃源别有天。
云满碧山花满谷，此间少住亦神仙。

海蜇诗

［清］王步霄

美利东南甲玉川，贩夫坐贾各争先。
南商云集帆樯满，泊遍秋江海蜇船。

三盘山

［清］吕荣

见说三盘峻，沧溟一览收；
却愁行处险，聊作望中游。
雪浪云边叠，烟霞日下浮；
地遥身未历，心为境勾留。

《渔船叹》

［清］玉环同知陆玉书

冲风冒雨趁来潮，猎食渔船拼力摇。
雾里帆樯云里棹，汗淋头面水淋腰。
直将生命争鱼虾，能耐饥寒度暮朝。
举网不空喧妇子，竟忘辛苦说逍遥。

《双昆》

［清］张振夔

群山叠嶂夹江流，潮势东来地欲浮。
人拟关梁开外市，天教砥柱奠中州。
明知沧影终如电，不信桑田已有畴。
共目恬波清似镜，萑苻时事碍行舟。

【民间歌谣】

洞头岛屿歌①

温州对出洞头山，百个岛屿好名声。
先出朝凤又朝龙，无故也出君王城。
也有铜盘鼠头凤，连出双凤无正宫。
有鞍无马难得跑，大鞍出跑小南宁。
大小民府无官做，冬瓜虽大不扒藤②。
北麂给贼先霸占，土地宫帝无显灵。
铜钟无锤敲不响，壳菜无肉空挂名。
牛皮做鼓敲无声，畚箕没耳挑难成。
大小街鱼没上市，大瞿校场没练兵。
东边也出一石佛，石佛拜海明又明。
大小中鱼得着水，一年四季无鱼腥。
巴仑无肉煮不熟，白鹭无翅难飞行。
判官无庙难下海，柴梳无篦难梳成。
连出三策无巡按，将军骑马步难行。
泽国江山一字水，双排丞相分两边。
四将盘花战一将，五将盘花一条龙。
也出东洋斧头屿，此斧出战不伤人。
斧头内面一竹屿，篾刀劈开作两爿。
竹屿内面笳箩屿，万船过此提不能。
笳箩屿内仙叠石，仙人叠石真出神。
铁桶江山永不变，回头一看是半屏。
若问此诗啥人作，洞头渔岙路蛮人③。

①闽南话方言歌谣，每句中都包含地名

②扒藤：抽藤

③路蛮人：周鸣岐，民间艺人，后被日寇杀害

大门山地名谣④

大门高，小门低，
横岐东南是鹿西。
黄大岙无风打大暴，
金鸡头金鸡不会叫。
浪潭岩头打大浪，
无风也会兴浪杠。
观音礁观音不上天，
沙岙凉床无人眠；
尾岙米桶吃不完，
豆腐岩豆腐卖不焉⑤。
老鼠尾老鼠躲岩边，
杨梅田唔有杨梅结。
洞桥头洞桥无人行，
唔有船儿渡人龙船坑。
百花庙龟岩对甲山，
小门山嘴大篓岩。
营盘基营盘不扎兵，
乌仙头仙人不上天。
大荆出王，小荆出将，
长沙山头出个石和尚，
兰湖洞背出个老幺娘。

④温州话方言歌谣，每句都含有地名

⑤焉：臭

人际社交⑥

一台戏大家唱，
一只船大家撑。
瞒天瞒地，
瞒不着隔壁邻舍。
千年亲戚，
万年厝边。
落难全靠亲兄弟，
驶船全靠四边风。
海水阔阔，
总有一日会流拢。
人靠嘴水，
船靠潮水。

唇和舌也会相碍。
亲兄弟，
明账目。

⑥闽南话方言

观象测潮[7]

初一十五，
吃饱下涂。
月上山，
潮涨滩；
月光正，
潮涨平。
春分、秋分，
日夜平分。
未吃端午粽，
破衣破袄不愿放。
初八廿三“半晡”平。
清明谷雨，
大小做母。
三月洋，
海水当眠床。
初三“帝”[8]，
“帝”到无水洗脚白。

⑦闽南话方言。
⑧“帝”：退潮。

【海岛习俗】温州（洞头）婚嫁习俗。洞头婚嫁礼仪随着社会的发展，人们生活水平的不断提高而发生着变化。旧时男女婚姻由“父母之命，媒妁之言”而定，从媒人上门说亲到结婚有很多礼节，共有十四个步骤：一是合婚，媒人说媒，测算男女双方的“生月”；二是定亲，择定吉日，男方准备“盘担”到女方家；三是送日，结婚前一个月，择取结婚佳期；四是纳彩，俗称“挑盘”，一般在结婚前1~3天进行；五是分汤圆，结婚前三天，新郎家挨家挨户分送汤圆；六是修面，通常在结婚前一天下午5~6时，为新娘开颜修面，俗称“摘面”；七是唱哭嫁歌，从新娘梳头开始，到跪拜祖宗牌位、辞别亲人、跨炉火、上花轿，一直到花轿上路一半止；八是娘舅礼，外甥结婚，娘舅送大礼；九是安床，迎娶前一晚，请两位属龙属虎的人到新房进行“安床”；十是迎娶；十一是新娘酒；十二是闹洞房与冬瓜诗，冬瓜诗是客人自由发挥的诗作，孩子们向新娘要糖果，俗称“讨冬瓜”；十三是“缘茶”与“拜公”，婚后第三天早晨，家人烧好“缘茶”，在厅桌摆上汤圆和糖果等，新娘新郎要祭拜祖宗，俗称“拜公”；十四是“三人返”，婚后第十四天早晨，女方家请新娘、新郎赴宴，也称“请女婿”或“回门”。

上梁。“上梁”是新宅落成的一个重要标志，“梁”是一根4米长的横木，用来连接房柱支撑屋顶，梁一上就意味着房子主体工程结束。过程虽简单，但对木匠师傅、新宅主人而言却是大事。对木匠师傅来说，中梁要计算准确，安放稳当。对主人家人而言，上梁意味着新房已建成，家宅平安，人财两旺。因此，上梁前必须选吉日良辰，“拜梁”抛红圆，梁上“钉八卦”、挂“五谷种”。安放“中梁”时，鞭炮一响木匠师傅的锤子随即敲响，主人在屋顶向四方抛红圆，口里念着吉祥语，这时新房四周大人和小孩开始抢红圆，场面十分热闹。上梁关系到房东一家人命运前程，寄托老百姓安居乐业美好愿望。

迎头鬃。“迎头鬃”大约始于清咸丰年间，其实质是对渔业生产先进的表彰仪式。“迎头鬃”活动在每年鱼汛结束时，评出海洋捕捞作业产量最高的渔船，被评上者称作“扛头鬃”。然后选定吉日举行“迎头鬃”仪式，届时，当地渔行主和乡绅们率领众人给“扛头鬃”渔船送去“头鬃旗”和“红包”，且端上用红布披盖着的大猪头，一路上敲锣打鼓燃放鞭炮，送到“扛头鬃”渔船老大家中。船老大会举办酒席宴请大家，席间交谈往年生产经验和新年生产打算。然后在船上祭拜海神，再把“头鬃旗”升到桅上。渔民们都把“扛头鬃”视为极高荣誉。

送顺风。洞头“送顺风”习俗，过去是给新下山（第一次去捕鱼生产）小伙子送纸篷包，内装红枣、桂圆、荔枝等。送顺风现已扩展到工厂、商店开张，姑娘出嫁，入学，参军等领域。传说财神赵公明运送银子，把船化成纸船，纸船恰巧被一小学童发现并拴住，不能航行。神仙托梦给学校先生，先生给学童送点礼品，放掉纸船，神仙驾船顺风顺水。“送顺风”习俗由此沿袭传承，给新入学的孩子送书包、文具盒、笔，给读大学、参军的人送脸盆或旅行袋，给出嫁姑娘添妆等。

海岛祝寿礼俗。为五十岁以上的老人过生日称为“做寿”，在洞头有两三百年的历史。旧时民间过生日有“度坎儿”说法，“坎儿”是指每个人在寿命上的关口。从五十岁起，每隔十年左右就有一个坎。在洞头，为老人做寿是家族中一件大事。祝寿中所有活动全都围绕着老人进行，如为其发送请帖、布置寿堂、举办寿宴、叩拜祝福等，或有请法师作敬，献三牲敬天公，请戏班唱祝寿戏餐。出嫁的女儿们要送上祝寿礼金，挑送礼盒笼，内侄送寿礼。祝寿时，寿星老坐厅堂正位，接受亲友和晚辈的祝福和叩拜，辈分不同，拜礼有别。来宾每人都向寿星老献一份祝寿礼金，仪式完毕，开始举行寿宴，回礼给左邻右舍和来贺寿的亲朋好友。

做祭。“做祭”是专门为去世的亲人而设的一种特别形式的民俗。最重要的一次是去世亲人的周年忌日，在其后每年祭日都要祭祀。每逢上辈人忌日，家里的儿子

“迎头鬃”习俗

或孙子要祭拜，已出嫁的姐妹或姑母一家要回家参与祭拜，即使因各种原因不能亲自前来，也要由家人作代表，带上冥币、纸制手提袋等。中午要在自己家中逝世亲人木主牌或祖宗炉前摆上菜肴，点烛拈香祭拜，以示不忘上辈人养育之恩与骨肉亲情，略表做晚辈孝顺之心及怀念之情。祭祀对象一般上溯三代。在洞头民间，各家各户不论家庭经济状况如何，上辈人的“祭”一定要做，否则视作不孝，会受到亲戚、邻居指责。

拜天公。农历正月初九“拜天公”是海岛居民新年伊始最隆重、最神圣的祭祀活动。据说这一天是天公诞辰，所谓“天公”，指玉皇大帝，也泛指居住在九重天上的天神。经考证始于明末清初，闽南、瓯越一带沿海移民择居洞头列岛时。一般在初八夜十二时过后，听到公鸡第一声报晓，各家各户当家人和参拜天公的家庭成员起床。大家穿戴整齐，洗脸净手后，打开大门，一家人十分虔诚地摆设“拜天公”的用具和供品。祭拜始，由当家人点亮大红蜡烛，点燃一大把香，分发给参拜的家庭各位成员，由当家人领头，一齐跪在地上，脸朝上天，参拜“天公”，祈求各自心愿或表示对天公的感恩。拜毕，把香插在香炉内，待香烛燃烧过半，开始烧化供奉“天公”用的神币大金和金元宝。烧化完毕，开始鸣鞭炮，宣告“拜天公”结束。“拜天公”有两种形式，一种是各家各户单独祭拜，一种是左邻右舍或姓氏宗族共同结合进行“团祭”（天公会）。

（年鉴编辑部）

【洞头特产】 洞头羊栖菜，俗名大麦菜，属褐藻门马尾藻科暖温带性海藻，生长在低潮带岩石上，多分布于沿海地区，其中浙江沿海最多。羊栖菜肉质肥厚多汁，营养丰富，既是食品，又是中药材，《名医别录》《本草纲要》都有以其入药的记载。据现代科学检测，羊栖菜含有丰富的钙及人体必需的矿物质、B族维生素、17种氨基酸等。欧美、日本等国家和地区称之为“现代饮食生活的理想食品”、长寿食品、当今最有食用价值的海洋藻类，是婴幼儿和老年人理想的天然佳品，有“海里人参”的美誉。洞头羊栖菜自1989年人工试养成功后，开始推广养殖，历经30多年发展，现已成为洞头区浅海藻类养殖主要品种之一。全区从事羊栖菜养殖有28个渔村、专业养民800多人，从事羊栖菜产品加工出口企业10家，羊栖菜食品加工企业9家，开发即食羊栖菜、羊栖菜茶、羊栖菜酱、羊栖菜饮料等系列产品10多个，2003年11月12日，洞头被中国优质农产品开发服务协会命名为“中国羊栖菜之乡”。

洞头紫菜，属红藻类，原野生于岩礁上。很早就被人们认识、利用。早在2000年前的汉代，就有关于紫菜食用记载；北宋年间，紫菜受到朝廷垂顾，成了进贡珍贵食品；明代李时珍《本草纲目》把紫菜入药，更是提高紫菜身价。当代医学科学揭示，紫菜营养丰富，含蛋白质、钙、铁、磷、锌等微量元素，有明显增强细胞免疫和体液免疫功能，可促进淋巴细胞转化，提高机体免疫力，所以适用于高血压、高胆固醇等心血管患者食用。用于甲状腺肿大、水肿、慢性支气管炎、咳嗽等病治疗。1968年，洞头紫菜试养成功，并在全县推广，50多年来，洞头紫菜已成为区域优势特色渔农产业，养殖规模、产量、产值均居全省前列。养殖模式也更多样化，包括滩涂毛竹插杆、深水彩播插杆、玻璃钢、全浮翻转式养殖技术等。洞头紫菜在实现规模化养殖的同时也加大产品深加工领域发展，专业化合作社和企业相继创办而成。2021年2月5日，中国渔业协会授予洞头区“中国紫菜之乡”称号。

鹿西大黄鱼，又名黄鱼、大黄花鱼，俗称黄瓜鱼，硬骨鱼纲，鲈形目，为传统“四大海产”（大黄鱼、小黄鱼、带鱼、乌贼）之一，是中国近海主要经济鱼类。中国沿海大黄鱼主要分布于黄海南部至台湾海峡北部，包括吕泗洋、岱衢洋、嵊山渔场、猫头洋、洞头洋、福建的官井洋直至闽江口海域及珠江口以西至琼州海峡南海区。鹿西大黄鱼养殖历史悠久。鹿西岛大山屿海区、仰天岙海区、北山后海区及白龙屿海区，水深10米至15米，无论是水质、水流、水温均适应养殖生态大黄鱼，自古就是东海大黄鱼栖息地，天然小鱼虾丰富、流急浪大，因而该地出产的黄鱼具有肉质呈蒜瓣状、色泽金黄、口感鲜美嫩滑等特点。鹿西是温州市菜篮子供应基地和洞头区渔业捕捞基地之一，鹿西岛海域是洞头渔业捕捞场地和野生大黄鱼传统产区，特别是五六十年代达到盛产高峰。随着钢质渔轮的发展，洞头渔场海洋生物资源日益枯竭，尤其是野生大黄鱼等名贵鱼种濒临绝种。2000年，浙江省提出依靠科技进步，发展海洋产业。2014年，浙江东一海洋经济发展有限公司开始在白龙屿养殖鹿西大黄鱼，养殖面积43.33公顷（650亩）。2016年，黄鱼岛海洋渔业有限公司引进抗风浪深水网箱44口，在鹿西岛东南方向7千米处大山屿和仰天岙海区开始养殖大黄鱼，养殖面积17.33公顷（260亩）。2017年，白龙屿生态海洋牧场被农业部授予“国家级海洋牧场示范区”称号。2018年，黄鱼岛海洋渔业有限公司被农业农村部、财政部联合授予“海水鱼产业技术体系示范基地”称号。2019年，黄鱼岛海洋渔业集团有限公司大黄鱼获得有机产品认证。2020年，浙江东一海洋集团有限公司大黄鱼获得有机产品认证。2021年6月，白龙屿大黄鱼被中国（福州）国际渔业博览会评为本届渔博会金奖产品。2021年2月5日，中国渔业协会授予洞头区“中国生态大黄鱼之乡”称号。

灵昆香瓜，又名甜瓜、白菊瓜、白啄瓜。是葫芦科黄瓜属一年生蔓性草本植物，叶呈心脏形。花单性，黄色，雌雄同株，或为两性花。瓜呈球、卵、椭圆或扁圆形，皮色黄、白、绿或杂有各种斑纹。原产热带，全国各地普遍栽培，为夏季的优良果品之一。灵昆岛属亚热带海洋性季风气候区，四季分明，冬暖夏凉，温暖湿润，雨量充沛，日照充足，土壤肥沃，适宜甜瓜生长。灵昆甜瓜为白皮甜瓜种，果皮脆薄、表面光滑、色泽白亮，平均果重300克，大果达500克，果肉香甜，回味爽口。

（刘冠竹）

【民族】洞头区以汉族为主，人口占98%以上。少数民族有回族、蒙古族、苗族、彝族、壮族、布依族、朝鲜族、满族、锡伯族、侗族、瑶族、白族、土家族、黎族、畲族、土族、布朗族等，其中回族人口占少数民族总人口的97%以上。

人口变迁

【概况】2021年底，洞头区户籍户数52142户，比上年增加382户；户籍总人口数153960人，比上年减少584人；平均每户2.95人，略低于上年，与全省持平。其中，男性78655人，比上年减少400人，占人口总数的51.09%；女性75305人，比上年减少184人，占人口总数的48.91%。男女性比例为104.45。全区城镇人口67658人，乡村人口86302人。

【年龄结构】 2021年，全区总人口中，17岁以下人口26231人，占总人口的17.04%，18~34岁人口28267人，占总人口的18.36%，

2021年洞头区户籍人口一览表

表1

地区别	总户数（户）	总人口（人）	出生率（‰）	自然增长率（‰）	其中			
					城镇人口（人）	农村人口（人）	男（人）	女（人）
全　区	52142	153960	5.89	−0.44	67658	86302	78655	75305
北岙街道	17705	48885	6.01	0.08	32459	16426	24787	24098
灵昆街道	5963	23413	7.00	1.02	6099	17314	11846	11549
东屏街道	7912	21231	4.52	−4.29	15575	5656	10726	10505
元觉街道	3634	10885	5.97	−0.28	5352	5533	5454	5431
霓屿街道	4723	14555	6.25	0.48	2238	12317	7445	7110
大门镇	9817	27023	5.88	−0.56	5858	21165	14115	12908
鹿西乡	2352	7891	4.44	0.38	0	7891	4230	3661

（区公安分局提供）

35~59岁人口68169人，占总人口的44.28%，60岁以上人口31298人，占总人口的20.32%。

【出生人口性别情况】 2021年，洞头区出生人口907人（男465人，女442人），比上年少出生312人（男少177人，女少135人），出生率5.89‰；新生儿男女性别比例为105.20。

【人口自然增长】 2021年，洞头区死亡975人（男564人，女411人），比上年多死亡32人（男少13人，女多45人），死亡率6.33‰，死亡人口男女性别比例为137.22；人口自然增长率0.44‰。出生率、自然增长率均低于上年，死亡率略高于2020年。

【人口迁移】 2021年，洞头区迁出人口734人，比上年多迁出56人，其中迁往外省302人，比上年多32人，迁出率4.77‰，比上年高0.18个千分点。迁入洞头区471人，比上年增加89人，其中从外省迁入302人，比上年增加57人，迁入率3.06‰，比上年上升0.39个千分点。

（柯文华）

2021年洞头区发展综述

【概况】 2021年，洞头区辖街道6个（其中灵昆街道和昆鹏街道属托管）、镇1个、乡1个，16个社区、2个居民区，74个行政村。户籍总人口15.4万人，人口自然增长率0.44‰。全年实现地区生产总值126.07亿元，比上年增长8.3%；全区人均地区生产总值81730元。

【经济建设】 2021年，洞头区实现农林牧渔业总产值141280万元，比上年增长7.9%。渔业产值136510万元，增长7.9%。规模以上工业增加值22.44亿元，比上年增长20.8%。其中，高新技术增加值、战略性新兴产业增加值、数字经济核心产业制造业增加值分别比上年增长22.8%、8.0%、125.1%；工业用电量1.73亿千瓦时，比上年增长4.6%，规上工业企业利润总额4.19亿元，比上年增长21.1%。全年限额以上固定资产投资比上年增长30.1%，其中民间投资（含房地产）增长6.3%。实现建筑业总产值93.77亿元，比上年下降10.8%。全年完成社会消费品零售总额42.83亿元，比上年增长18.6%。批零住餐实现销售总额261.87亿元，比上年增长44.3%，其中限上批零住餐销售额215.11亿元，增长48.0%。电子商务交易额6.7亿元，比上年下降2.7%。全年外贸进出口总额17.38亿元，比上年下降10.8%，其中自营出口额5.57亿元，增长41.2%。全年接待游客304.7万人次，比上年增长22.9%，实现旅游总收入35.7亿元，比上年增长39.9%。全区共有海运企业21家，总运力规模82万载重吨，持续11年居全市第一位。全社会货运量3400万吨，货物周转量311.54亿吨千米，港口货物吞吐量889万吨，全社会客运量865万人次。全年实现财政总收入26.38亿元，比上年增长16.2%，其中一般公共预算收入17.49亿元，增长37.0%。全年专利申请受理量294件，专利授权量397件，其中发明专利授权21件。鉴定科技成果10项，新增国家级高新技术企业10家，累计42家；新增省级科技型企业17家，累计134家。获批半屏山海洋省级旅游度假区，紫菜和生态大黄鱼获得国字号名片，华田特种钢、开程混凝土、诚意健康产业园等工业建设项目建成投产。

【政治建设】 2021年，洞头区常委会坚持把政治建设摆在首要位置，树牢“四个意识”、坚定“四个自信”、坚决做到“两个维护”，认真贯彻落实上级决策部署，全年区委常委会会议传达贯彻党中央和省市委决策部署议题111个。通过“百岛讲坛”、区委理论学习中心组等形式，开展中共十九届六中全会精神、数字化改革等专题学习24次。全面压实省委巡视整改责任，严格落实意识形态工作主体责任，实施“海霞红”网络生态瞭望哨工程，《人民日报》等央媒平台刊出洞头报道近100条次，网络空间和舆论环境更加风清气正。大力弘扬海霞精神，高标准开展庆祝中国共产党成立100周年系列活动和党史学习教育，“海霞精神”纳入浙江精神谱系。加快建设过硬连队，女子民兵连党支部获全国先进基层党组织称号，纪念馆获评全国党史学习教育基地、全国妇女爱国主义教育基地。区人大常委会修订规范性文件备案审查管理办法，落实规范性文件备案审查制度和程序，审查报备规范性文件16件。区政协依托“请你来协商”、民生议事堂等平台，聚焦营商环境优化、老城有机更新等中心工作，开展协商活动23场次，监督视察80多次。

全年县处级领导累计化解基层难题587个，区直部门累计化解问题337个。加快平安洞头建设，圆满完成“平安护航建党百年”大会战，4346个安全隐患实现清零，获全国平安建设最高荣誉“长安杯”。加快法治洞头建设，实现政府部门法律顾问全覆盖，圆满完成“七五”普法，法治建设社会满意度排名全省前列。完成区乡领导班子集中换届，推动班子配备“四优四强”。加强高素质专业化干部队伍建设，创新“专班化”培训，推行“调研式”挂职。紧盯“六五争先”“七张问题清单”等专班项目，制定科级干部每月动态排名管理办法，实施干部“竞绩择才”，推行动态考绩择才、赛场挑才、专班招才，深化干部“回炉锻造”“红黄牌”管理及“慵懒散慢”专项整治。落实关爱激励干部十二条措施，定期开展“干部关心关爱月”系列活动。扎实做好村社组织换届“后半篇文章”，用好“一擂台一指数一清单”，村社健康指数持续位居前列，创成7个市级党建示范村社，占比全市最高。压紧压实全面从严治党主体责任，深化构建“四责协同”机制，制定主体责任季度共性清单三大类28条，严格落实主体责任压力传导十条举措，区委常委会全年召开3次专题会议研究部署全面从严治党工作。先后安排两轮巡察“回头看”，对7家单位开展监督，反馈问题140个，整改率100%，建立健全制度133项。创新推进“五廉共建”，“海霞说事”平台实现区乡村三级贯通和村社全覆盖，基层减负案例获中国城市治理创新优秀案例优胜奖。综合运用监督执纪“四种形态”，全年党纪政务处分66人次。

2021年10月15日，第二届海峡两岸影像文化周·洞头半屏山摄影采风活动举行
（区委台办提供）

【文化建设】 2021年，洞头区拥有区图书馆、区文化馆、区非遗展览馆、区文体中心、洞头先锋女子民兵连纪念馆等一批文化场馆。建成瓯江口城市书房和快乐之本、月半湾民宿文化驿站2个。海霞小镇纳入传承发展浙江优秀传统文化行动计划项目，东屏街道（七夕民俗风情节）获评浙江省民间文化艺术之乡。洞头区花园里城市书房、市民活动中心城市书房获评5星城市书房，新灵景园城市书房获评4星城市书房，东屏城市书房获评3星城市书房。组织赛事活动500多场。举办第十一届中国·洞头妈祖平安节、第二届海峡两岸影像文化周·洞头半屏山专场活动，开展送文化下乡和文化进万家等文化惠民润心活动，送戏48场，送书1万多册，送讲座展览43场，文化走亲5场，文化驿站分享活动100多期。贝雕入选第三批浙江省非遗优秀旅游商品。创成东海贝雕艺术博物馆、中国海窑艺术中心、水族贝雕等非遗社区示范点3家。洪求伟获评第六批浙江省非遗传承人，侯仙琴等3人获评第五批温州市非遗传承人，洞头区民间文艺家协会获评市非遗传承团体。新增第三批区级非遗传承人15人。

全区共有文化馆1个，乡镇文化站7个，图书馆1个，总藏书44.2万册；艺术表演112场，艺术表演观众10.01万人次；拥有文化设施建筑面积3.23万平方米；国家级非物质文化遗产2个，省级非

洞头同心旅游小镇　　（陈益科 摄）

物质文化遗产12个，市级非物质文化遗产53个；省级文物保护单位3处，区级文物保护单位33处；拥有文化信息资源共享基层支中心1个，省文化强镇1个，市级文化强镇1个，省级文化示范村（社区）9个，市级文化示范村（社区）28个，区级文化示范村（社区）29个。

【社会建设】2021年，洞头区设立区瓯江口第一幼儿园、区瓯江口第二幼儿园。全区共有小学9所，招生1123人，在校生6543人；初中4所，招生785人，在校生2481人，初中入学率达100%；完全中学1所，招生697人，在校生2184人；中等职业教育学校（含技工学校）2所，招生409人，在校生1079人。义务教育中小学专任教师945人，中等职业教育学校（含技工学校）专任教师80人。全区共有幼儿园22所，其中省一级幼儿园4所，省二级幼儿园7所，省三级幼儿园11所；在园幼儿4134人，幼儿园专任教师311人。高标准落实“双减”工作，开展校外培训机构排摸和整治。与温州大学签订基础教育合作协议，合作建立“海霞名师工作室”。完成薄弱民办幼儿园整合撤并，洞头区元觉幼儿园新园揭牌投用，教育第三幼儿园创成省一级幼儿园。全区15所义务教育学校实现放学后托管服务全覆盖，10013名中小学学生参与率为91.85%，884名教师参与率为97.96%。海霞中学、实验小学、城关小学、灵昆第一小学等四所学校认定为浙江数字家长学校共建共享联盟校。洞头职教中心在各项专业、学科竞赛中获奖17项。高职单招单考录取率100%。

年末全区共有医疗卫生机构99个，其中医院3家，卫生院（社区卫生服务中心）7家，社区服务站17家，村卫生室29家，个体诊所医务室34家。卫生技术人员842人，其中执业（助理）医师382人，平均每千人拥有医生2.48人；注册护士302人。医疗机构年诊疗105.04万人次；医疗卫生机构床位数406张，平均每千人拥有床位2.64张。妇幼健康管理服务不断强化，实现连续16年孕产妇零死亡，产妇住院分娩比例达100%。5岁以下儿童死亡率1.56‰，婴儿死亡率1.56‰。新增3岁以下婴幼儿照护服务机构2家、村卫生室（社区卫生服务站）3家，完成规范化村卫生室（社区卫生服务站）建设33家。全年完成各阶段疫苗接种任务，合计接种新冠病毒疫苗314923剂次。推进公立医院改革和现代医院管理制度，推行医保总额预付、城乡居民基本医疗保险门诊费用实行按人头定额结算。持续优化与温医大附二医、温州市人民医院、温州市中医院合作办医。创建慢性病社区综合防治与试点。王玉萍、林海军、倪琴燕等3名医护人员分别获2021年浙江省“优秀乡村医生”“优秀家庭医生”“优秀社区护士”称号。健康浙江考核连续获优秀。

全年城镇新增就业1765人，下岗失业人员实现再就业120人。年末城镇登记失业人员362人，城镇登记失业率1.71%。举办大型专场招聘会5场，其中赴外招聘3场，开发公益性岗位22个，安置就业困难人员上岗84人。全年劳动合同签订率为98.54%，与上年持平。年末参加城镇企业养老保险人数40733人、基本医疗保险人数22084人、工伤保险人数41772人、失业保险人数15950人、城乡居民社会养老保险人数38247人、城乡居民医疗保险人数93246人。年末城镇最低生活保障人数34人，发放最低生活保障金38.7万元；年末农村最低生活保障人数1403人，发放最低生活保障金1242.74万元。农村特困人员供养人数135人，农村特困人员集中供养人数20人。共有居家养老服务照料中心64家；中心敬老院1家，民办养老机构7家，养老机构床位数602张。全年办理结婚登记792对，离婚登记263对。

【生态文明建设】2021年，洞头区坚持生态立区，始终践行“绿水青山就是金山银山”理念，推进各项创建指标与生态建设任务。制定贯彻落实中央生态环境保护督察反馈意见整改方案，完善生态环保督察考核机制。全年受理和处置信访投诉57件。实施“破堤通海”，破开灵霓大堤，恢复鲈鱼、凤尾鱼等洄游鱼类繁衍栖息地。打造“十里湿地”，种植千亩红树林、百亩柽柳林，形成全国唯一的“南红北柳”生态交错区。建设“生态海堤”，把15千米硬化海堤建设成滨海绿色生态走廊。联动洞头、龙湾、乐清三地法检两院，发布浙江省首个海湾生态司法保护协作机制，扩大海湾保护圈，形成温州海湾全流域、跨区域环境治理司法合力。海湾生态治理经验亮相生态文明贵阳国际论坛，改革经验入选《中国生态修复典型案例集》。获评2020年度全省海岛公园建设评估优秀等次。累计建成国家级生态街道（乡镇）5个，省级生态街道（乡镇）1个，市级生态村65个，生态村覆盖率95.0%；国家级绿色学校1家，省级绿色学校12家，市级绿色学校20家；省级绿色社区3个，市级绿色社区5个。全年空气质量有效监测天数343天，其中空气质量达优良的天数340天，环境空气质量优良率99.1%，$PM_{2.5}$年均浓度为18微克/立方米。

（年鉴编辑部）

中共洞头区委

概述

【概况】2021年，中共温州市洞头区委员会学习贯彻习近平新时代中国特色社会主义思想和习近平系列重要讲话精神，落实省委和市委全会精神。区委常委会始终牢记习近平总书记寄予洞头建设海上花园、发展海洋经济、弘扬海霞精神的殷殷嘱托，贯彻中央和省、市委决策部署，围绕省委忠实践行“八八战略”、奋力打造“重要窗口”，落实市委锚定“五大新坐标”、开创“十个新局面”，聚焦十二项突破性大事。全年实现地区生产总值126.07亿元（含瓯江口区域），同比增长8.3%；一般公共预算收入12.41亿元，增长13.8%；城乡居民人均可支配收入56775元和36009元，分别增长8.1%和9.7%，13项主要经济指标排名全市前三名，其中一般公共预算收入、出口总额等5项指标增速全市第一名。

【经济发展积蓄“新动能”】2021年，洞头区委坚持项目为王，举办全市“大抓项目、抓大项目”沙龙座谈会，项目招引经验获市委肯定。制定海洋强区建设“156”计划，编制临港产业发展规划、生态海岸带建设规划，获批温州海洋经济发展示范区（温州综合保税区）高能级产业平台。状元岙港区新开通菲律宾外贸航线，集装箱吞吐量增长56.1%。锚定重点区块“谋大招强”，临港化工新材料项目招商进入快车道，浙能、华港两大LNG工程开工建设，大小门石化产业基地通过省化工园区合规园区认定。上线招商云系统，实行招商项目全生命周期管理服务，累计招引亿元产业项目10个。纳入省、市“十四五”时期重大项目库项目33个，固定资产投资同比增长30.1%，增速保持全市第一名、全省前列。

【产业转型掌握“主动权”】2021年，洞头区委落实农业“双强”计划，推动紫菜现代产业园向海洋食品领域迈进，浙江大学温州研究院大黄鱼分院挂牌成立，国家级海洋牧场人工鱼礁项目通过竣工验收，新增“中国紫菜之乡”“中国生态大黄鱼之乡”两张金名片，洞头渔港获评全国文明渔港。加快工业提质增效步伐，完成低效用地整治15.53公顷，低效厂房整治5万平方米，数字经济综合发展水平跃升至全省第二十八名，科技创新指数位居全省第三十六名，区内企业首获“市长质量奖”。旅游业更加凸显海洋特性，规划打造“海上运动之都”，国家水上国民休闲运动中心落户洞头。举办全国海钓邀请赛、帆船邀请赛、温台首届游艇产业发展交流会、首届婚旅节，引进首条国内沿海游轮旅游航线。入选省旅游业“微改造、精提升”行动试点县和单项试点单位，“海霞故里寻踪·百岛洞头思源”获评中国美丽乡村休闲旅游精品线路。获批设立半屏山海洋省级旅游度假区，半屏山旅游交通一体化正式启动，连续三年获评浙台经济社会融合发展突出贡献单位，“双屏论坛”立项国台办2021年度对台交流重点项目。

【绿色发展绘好“实景图”】2021年，洞头区委加快建设海岛大花园，创成省AAAA级景区城，东屏街道创成省AAAA级景区镇，大门镇创成美丽城镇省级样板，“海峡同心共富”入选省首批特色产业风貌区建设试点。洞头岛群海域入选国家“美丽海湾”建设试点。深入实施山海“五彩”工程，获省级海岛公园建设年度考核优秀。乡村振兴迈上新台阶，获评省新时代美丽乡村示范区，“半屏同心”创成省首批未来乡村试点。加快推进老城有机更新，霓屿料场实现市场化运作。持续开展水、电、路、市政建设四个三年行动，市区供水实现一体化，加快推进陆域引调水工程，投运110千伏深水输变电工程，建成城北水处理中心。生态建设成效显著，基本建成蓝湾整治二期项目，灵霓大堤实现“破堤通海”，清理整治近千亩养殖水域，完成东屏、霓屿养殖海区景观化改造，全省唯一入选生态环境部“美丽海湾”提名案例。蓝色海湾整治经验走向全国，作为全国唯一的县（市、区）受邀参加生态文明贵阳国际论坛并作典型交流，再度登上央视《焦点访谈》。第二轮中央生态环保督察、“举一反三”突出问题整改有力推进，推动三地法检六院共建海湾生态司法保护协作共同体。

【社会治理激发“新效能”】2021年，洞头区委坚持以数字化改革为牵引，以“152”体系架构为基础，深入谋划改革需求和场景应用，在推动质量变革、效率变革、动力变革等方面取得重大进展。基本建成公共数据平台，实现省、市、区门户贯通，获批省级试点13个，形成制度成果19项、理论成果6项。仙叠岩至半屏山获评省级智慧景区，电动自行车智治系统获中央政法委肯定，老年食堂“e食无忧”入选省民政十大优秀应用，信用智治等13个场景上线试行，海洋灾害智防等6个应用被纳入“浙里”系列子场景。推进重点领域改革，基层减负改革入围第二届中国城市治理创新案例，获批全国唯一的渔船证书“电子证照”改革试点。实施“平安护航建党百年”大会战，推进“遏重大”攻坚年行动和“8+3”安全生产专项整治，创新“信用+”社会治理机制，实现省级“无信访积案区”三连创、省级平安区十六连创，蝉联全国信访“三无”区。

【民生服务办好“关键事”】2021年，洞头区委坚持民生为本，高质量完成省、市、区三级民生实事项目63项。建成鸽殿连接公路，开通大门微公交、五岛沿线夜间公交，获评省级“四好农村路”示范区，沙岙隧道贯通，基本实现水陆公交客运无缝衔接。组建瓯江口片区公共事务延伸管理服务中心，新增城市文化客厅3个，创成国家一级文化馆、国家级数字档案馆、省首批“满意图书馆”，启动“客货邮”破解鹿西快递难题，所有学校食堂和外卖餐饮均建成智能“阳光厨房”。围绕“双减”政策落地，深化教育“扬帆行动”，中高考成绩稳步提升，全国义务教育优质均衡发展区创建通过省级评估，实现全区义务教育学校课后托管全覆盖。深化与温附二医合作办医，建成区人民医院改扩建一期主体工程，全省首创医保线上购药模式，连续两年获健康浙江建设考核优秀。

【安全稳定守好“责任田”】2021年，洞头区委守护平安底线，捧回全国平安建设最高荣誉“长安杯”，全市唯一创成平安中国建设示范区，智慧治理工作得到中央政法委调研肯定。全力以赴打好疫情防控持久战，实体化运作“1办12组”，建立平战转换机制，累计精准流调38次，扩面检测核酸标本13.7万份，完成疫苗接种31.3万剂次，筑牢人民健康安全防线。实施“平安护航建党百年”大会战，完成重大活动维稳安保任务，4346个安全隐患实现清零。组建全省首支消防海上救援中队，应急救援能力有效提升。

【干事创新“新气象”彰显】2021年，洞头区委紧扣庆祝中国共产党成立100周年主线，全面开展党史学习教育，组织“办实事、解难题、减负担”专题实践活动，开展“百年耀荣光、同心跟党走”统战人士思想引领系列活动、“七一”表彰、“辉煌百年·红动百岛”大合唱比赛。举办“海霞精神”对话“红船精神”“大别山精神”等主题活动，洞头先锋女子民兵连党支部获评全国先进基层党组织，纪念馆入选全国妇女爱国主义教育基地和省级党员教育培训基地。全力打造“海霞红”党建品牌，高质量做好村社组织健康运行“后半篇文章”，推进基层党建“整体跃升、全域建强”，全区亿元以上企业、民办学校、规上工业企业实现党组织全覆盖。创新抓人促事制度，出台科级干部全程积分考核、“办不了”报告质询、干部回炉等机制，推动干部能上能下。推进依法治区，持续开展“铁腕除弊、清风润商”护航专项行动，推行“综合查一次”“首错免罚”。深化清廉洞头建设，扎实推进中央巡视反馈问题、市委“七张问题清单”整改、政法队伍教育整顿，严肃查处一批违纪违法案件。

（张玲玉）

全面深化改革

【概况】2021年，洞头区委召开深化改革委员会会议2次，研究审议改革工作10项。全年获省部级改革试点20项，其中部委试点2个。围绕“152”工作体系，重点谋划建设特色场景应用14个，同步形成制度成果19项、理论成果6项。获省市数字化改革试点19项，其中省级试点13个。“浙海安康”海洋灾害智防等6个应用被纳入“浙里”系列子场景。推进洞头标准改革，全年新增旅游新业态安全监管办法等“洞头标准”3项，迭代“侨家乐·海宿”等级划分与评定办法等“洞头标准”2项。启动“大综合一体化”行政执法改革，构建“综合执法＋专业执法＋联合执法”、街道（乡镇）“一支队伍管执法”工作体系。推进医共体模式下高血压、糖尿病“两慢病”全程健康管理和基层首诊改革，“两慢病”免费药品目录从“7+3”增补调整为“11+7”，并在全省加强高血压糖尿病全周期健康管理推进分级诊疗改革试点总结会上作典型经验介绍。创新拓展动产融资抵押登记海岛模式，发放动产抵押登记贷款340笔7054万元，全省首推“海洋碳汇贷”等抵押贷款，全市首推“两菜”“生猪活体”“民宿收益质押权贷款”。推动“最多跑一次”改革迭代升级，实现适宜在街道（乡镇）直接办理的“一件事”18个、提升原有便民利企“一件事”87个。推动智慧政务大厅建设，2.0事项“一网通办”率和大厅窗口2.0办件占比均在85%以上。建成红色代办示范点2个，其中全市首个村级“跨省通办点”1个。借力“全球通”，为海内外19个城市（联络点）在外洞头人提供服务141项。在全省一般企业投资项目审批“最多80天”基础上，推行“最多70天”改革，实现率为100%。深化“信易批”改革，在投资建设、商事登记和减证便民三大领域推出490个高频信易批事项清单，改革成效入选市两个健康典型案例。在全省率先实施“三地法检六院”海湾生态司法保护跨区域协作，并推广升级“五地法检十院”，形成温州海湾全流域、跨区域环境治理的司法合力。海湾生态治理经验亮相生态文明贵阳国际论坛，改革经验入选《中国生态修复典型案例集》。基层减负改革获“中国城市治理创新优秀案例奖”优胜奖。“基层政治生态数智”应用在《探路者》刊发。数智渔业综合应用获市改革创新最佳实践提名案例。

【**机构改革**】2021年11月24日，中共温州市洞头区委全面深化改革委员会办公室单独设立，对外加挂区最多跑一次改革办公室、区公共资源办牌子，归口管理为区政务服务中心。下设事业单位温州市洞头区改革研究促进中心。中共温州市洞头区委政策研究室及下属事业单位温州市洞头区政策咨询服务中心划转至区委办公室，挂区委政策研究室牌子。

【**数字化改革**】2021年，洞头区级数字化改革总门户及五大系统综合应用在温州数字化改革门户上线，实现省、市、县（区）三级任务贯通，五大系统门户共接入16个应用。老年食堂“e食无忧”应用被省民政厅评为民政领域第一批优秀应用，改革经验在《省数字化改革（工作动态）》亮相。渔业产业大脑（数智渔业）应用在《浙江信息（增刊）》刊发，两个项目在省数字化改革成果展、省数字化改革推进大会亮相。“电动自行车”智治系统获中央政法委、省公安厅充分肯定，并在《浙江政务信息》刊发。信用智治（百家信）服务应用获第三届“新华信用杯”全国优秀信用案例，纳入温州市十大信用应用重点场景建设。试点温州金融综合服务平台线下场景应用与推广，采用企业点单、银行抢单双模式，破解中小微企业“融资难、融资贵、融资慢”问题，合计撮合交易472笔，授信余额13亿元，缩短贷款时间2~3个工作日。打造“飞药系统”智慧购药平台，实现群众网上下单，医保结算，配送到家，全年完成医保药品派送1520单，交易金额10.1万元。“校园食品安全智治平台”“招商云系统”信息在温州改革公众号宣传，一批优秀应用在《光明日报》、《浙江日报》、“学习强国”等媒体报道。

【**基层治理改革**】2021年，洞头区深化“信用＋社会治理”改革，创新打造信用智治“百家信”场景应用，通过构建信用评价体系、搭建信用感知平台、丰富信用应用场景、完善信用管理机制，赋能解决非机动车管理、隐患整治等突出社会治理问题，并应用于金融、审批等领域。推出“极简审批”事项100个，累计为信用良好的个人提供容缺即办、绿色通道等极简办件服务5241次；海霞诚信贷已累计签约7549户、授信5.62亿元，累计用信4667户2.98亿元。住宅小区现代化微治理体系综合改革和创新海陆联动平安海区建设2个项目获评全市政法委系统“十大优秀项目”，元觉中屿开放景区共建共治共享综合治理模式获市委和市委政法委领导调研肯定。

【**微改革**】2021年，洞头区全面推进民生保障“10×N”集成式改革，深化十大领域改革举措31项。在幼有所育方面，新增托育机构2家、托位85个；婴幼儿健康管理率96.23%；在优军优抚方面，推出退役军人及优抚对象资金发放“一键达”项目15个；在公共场所服务大提升方面，推出“互联网＋护理”服务，推进全区医疗卫生检验检查数据共享、远程诊疗服务等；创新城市公共文化空间，吸纳社会力量参与公共文化服务，建成2家文化驿站。创成省级星级农村公厕5个，省级示范性农村公厕1个。开展“微改革 微创新”案例评选活动，评出创新建立刑事案件涉案财产执行一体化机制等“十佳案例”。实施社会救助事项一屏办理，把特困、低保、低边、临时救助等审核、审批事项归集在一个页面办理，低保、低边审批时长从原来的平均22天压缩到17天。

（林婷婷）

政策研究

【概况】2021年，洞头区打造高质量发展建设共同富裕示范区海岛样板，加快海洋经济发展建设海洋强区和未来乡村建设，推进数字化改革实施。中共温州市洞头区委政策研究室牵头完成《2020年度洞头区“八八战略”实施综合评估报告》《洞头区“扩中”“提低”专项行动方案》等区委重大文稿的起草工作。围绕街道托管、“两业融合”、未来乡村、共同富裕、居民消费支出等主题撰写课题8篇，刊发《洞头政研》11期，获区委区政府主要领导批示3次。8月，政研职能从区委改革办转隶到区委办，牵头完成调研业务、课题编发、财务交接、智库运转等工作，建立以专题调研报告、优秀案例摘编、近期政策选编构成的《洞头政研》研究体系。撰写《关于我区落实教育“双减”政策的建议和思考》《关于赴广东省招商学习考察的报告》等课题6篇，刊发《近期政策动态》《各地优秀案例》《“共同富裕 海上花园”特刊》10期，累计选录政策动态和各地优秀案例400多例，获区委区政府主要领导批示10次。开展2020—2021年度优秀调研成果和新型智库课题评选活动，评选区级优秀课题19篇，智库优秀课题30篇。编辑印发区第二次党代会简报18期。

（朱增奎）

【洞头打造高质量发展建设共同富裕示范区海岛样板】2021年7月28日，为深入学习贯彻习近平新时代中国特色社会主义思想和中共中央总书记习近平关于浙江工作的重要指示批示精神，全面贯彻落实《中共中央国务院关于支持浙江高质量发展建设共同富裕示范区的意见》《浙江高质量发展建设共同富裕示范区实施方案（2021—2025年）》《温州打造高质量发展建设共同富裕示范区市域样板行动方案（2021—2025年）》，打造高质量发展建设共同富裕示范区海岛样板，为高水平推进社会主义现代化建设、高质量建设海上花园提供坚实保障。区委、区政府制定《洞头打造高质量发展建设共同富裕示范区海岛样板实施方案（2021—2025年）》（洞委发〔2021〕28号）。主要任务是推进都市协同共建，强化共同富裕区域统筹，打造温州都市区东拓主平台，完善基础设施建设，推进瓯洞一体化发展，扩大对外开放；推动海洋经济共兴，夯实共同富裕物质基础，高质量建设国家海洋经济发展示范区，吸引高端要素集聚，促进消费提质扩容；推动居民收入共增，优化共同富裕群体结构，扩大中等收入群体规模，实现更加充分更高质量就业，落实生产要素参与分配机制和再分配机制；推动公共服务共享，丰富共同富裕服务供给，提高教育发展质量，提高公共医疗卫生服务水平，提高养老育幼服务水平，促进社保提质增效，建立新时代社会救助体系；推动乡村振兴共富，促进共同富裕全域协同，实施强村惠民计划，推进渔农业渔农村综合改革，推动文化文明共促，增强共同富裕文化支撑，构建公共文化服务体系，弘扬优秀传统文化；推进海洋生态共保，营造共同富裕宜居环境，抓好污染防治攻坚战，统筹海洋生态文明建设，推进花园细胞建设，推动社会和谐共治，促进共同富裕整体智治，深化平安洞头、法治洞头建设，健全党组织领导的“四治融合”城乡基层治理体系。实施融入都市区发展行动、临港产业攻坚行动、全域旅游提质行动、市场主体倍增行动、居民收入倍增行动、未来单元共建行动、海洋空间利用行动、先富带后富“三同步”行动、海霞精神传承行动、社会治理强基行动。目标全力打造融入都市区发展的海岛样板，打造海洋经济高质量发展的海岛样板，打造乡村振兴的海岛样板，打造公共服务均等化的海岛样板，打造多元文化融合的海岛样板，打造海洋生态文明建设的海岛样板，打造基层治理现代化的海岛样板。

【洞头区加快海洋经济发展建设海洋强区】2021年12月2日，为深入贯彻落实海洋强国、海洋强省、海洋强市战略部署，推动海洋经济高质量跨越式发展，建设海洋强区，区委区政府印发《洞头区加快海洋经济发展建设海洋强区五年行动方案（2021—2025年）》（洞委发〔2021〕33号）。功能定位是建设民营经济参与海洋经济发展示范区、生态海岛美丽湾区建设示范区、陆海统筹发展示范区、海洋新兴产业发展示范区、全域旅游发展示范区。重点任务是实施重大平台建设行动，建设大小门临港石化产业区（新材料产业园）、温州港核心港区、海洋经济产业园、海洋食品产业园、国家渔港经济区；实施临港产业培育行动，培育化工新材料产业、海洋清洁能源产业、海洋生物医药产业、游艇产业，发展海洋智能制造业，发展港航物流业，做优现代渔业；实施旅游产业提质行动，培育滨海运动产业，提升乡村休闲产业，开发海岛康养产业，提升海霞红色产业，培育海渔文创产业；实施绿色低碳发展行动，加大海洋生态保护修复力度，建设生态海岸带，探索碳达峰碳中和实现路径，加强陆海污染协同防治，提升海洋风险防范与灾害应对水平；实施海岛城市建设行动，加快瓯洞一体化融合发展、海岛基础设施建设、岛城亮点区块开发；实施科技兴海用海行动，建设海洋科创平台，培育科技型企业，推进产学研联合攻坚；实施海洋综合改革行动，实施海洋领域数字化改革，提升海洋空间资源治理水平，探索海洋富民发展模式，深化海洋金融发展；实施对外开放发展行动，推进长三角一体化发展合作，打造对接闽台桥头堡，加强对外经济贸易合作。发展目标是到2025年，初步建成海洋强区，海洋经济综合实力显著增强，全面实施海洋强区建设“156”计划，海洋产业增加值增速高于地区生产总值增速1个百分点以上，海洋生态文明建设走在前列，生态环境质量持续稳居全省前列；到2035年，基本建成海洋强区，海洋经济实力大幅跃升，海洋创新能力和开放合作能力显著提升，海洋综合管理高效，生态环境品质全国一流。

（张玲玉）

重要会议

【中共洞头区第二次代表大会】2021年12月28日至30日，中国共产党温州市洞头区第二次代表大会在洞头剧院举行。应到代表215名。大会的主题是：高举习近平新时代中国特色社会主义思想伟大旗帜，认真贯彻中共十九大和十九届历次全会精神，全面落实中央和省委、市委各项决策部署，大力弘扬海霞精神，加快发展海洋经济，创新书写建设共同富裕海上花园新篇章。会议听取和审议郭云强代表区委一届委员会所作题为《大力弘扬海霞精神 加快发展海洋经济 创新书写建设共同富裕海上花园新篇章》的报告；书面审查中共温州市洞头区第一届纪律检查委员会题为《聚焦示范引领 强化忠诚担当 为洞头创新书写建设共同富裕海上花园新篇章提供坚强纪律保障》的工作报告；会议通过相关决议。会议选举产生中共温州市洞头区第二届委员会和洞头区纪律检查委员会。大会选举产生中共温州市洞头区第二届委员会委员37人、候补委员7人，选举洞头区纪律检查委员会委员20人。选举产生出席中共温州市第十三次代表大会代表14名。

【区委全委会议】2021年，洞头区委一届全体（扩大）会议召开2次。

7月28日，区委一届十次全体（扩大）会议暨区政府第九次全体会议召开。会议总结上半年工作，部署下半年任务，动员上下接续奋斗新百年、砥砺前行新征程，不断解放思想、开拓视野，以“洞头之变”推动海上花园“发展之变”，凝聚建设共同富裕美好社会的强大动能。全会强调要以政治建设为统领，永葆绝对忠诚的政治品格；以区乡换届为重点，锻造奋发有为的铁军队伍；以大抓基层为导向，筑牢坚强有力的战斗堡垒；以五廉共建为载体，巩固风清气正的政治生态；以争先创优为动力，营造只争朝夕的干事场景。从理念方法、行动机制层面推动建设变革型组织，提高塑造变革能力，加快构建党建统领的整体智治体系，不断擦亮“海霞红”党建品牌，走好新时代“赶考路”，当好新时代“答卷人”。

2021年12月30日，中共洞头区委二届一次全体会议召开　　（区融媒体中心提供）

区委书记林霞代表区委常委会作工作报告，区委副书记、区长郭云强作工作部署。区领导吴志安、刘素婷、梅山标、戴冕、侯合海、邵建乐、陈细团等参加会议。

12月30日，区委二届一次全体会议召开。区委委员37人、候补委员7人出席会议，区纪委委员列席会议。全会选举产生中国共产党温州市洞头区第二届委员会常务委员会委员和书记、副书记。郭云强、何莉平、林铁、林上达、戴冕、陈细团、郑锋利、吴肃锋、赵爽当选为区委常委，郭云强当选为区委书记，何莉平、林铁为区委副书记。会议通过区纪委二届一次全会选举结果的报告；审议通过出席中共二十大和省第十五次党代会代表候选人推荐人选建议名单及《中国共产党温州市洞头区委员会工作规则》。

【区委常委会】2021年，区委常委会共举行常委会会议37次。会议具体情况如下：

1月7日，一届区委常委会举行第一百零六次区委常委会（扩大）会议。会议学习传达中共中央总书记习近平在中共中央政治局民主生活会上的重要讲话精神和在全国政协新年茶话会上的讲话精神；审议《洞头区社会治理指挥中心建设方案（送审稿）》《洞头区2021年重点建设项目计划（送审稿）》等；听取区人大办公室、区政协办公室关于洞头区“两会”筹备情况的汇报。会议还研究其他工作。

1月8日，一届区委常委会举行第一百零七次区委常委会（扩大）会议。会议传达省、市新冠肺炎疫情防控工作领导小组会议精神，研究部署冬春季疫情防控工作。

1月30日，一届区委常委会举行第一百零八次区委常委会（扩大）会议。会议学习传达中共中央总书记习近平在中央农村工作会议上的重要讲话精神和在十九届中央纪委五次全会上的重要讲话精神、全国安全生产电视电话会议精神，省委政法工作会议精神等，并研究部署下一步工作。审议《关于开展重大问题“七清行动”的工作方案（送审稿）》《洞头区国民经济和社会发展第十四个五年规划和二〇三五年远景目标纲要（送审稿）》《洞头区2020年国民经济和社会发展计划执行情况与2021年国民经济和社会发展计划（送审稿）》《区人大常务委员会工作报告（送审稿）》《区人民政府工作报告（送审稿）》《区政协常务委员会工作报告（送审稿）》《区人民法院工作报告（送审稿）》《区人民检察院工作报告（送审稿）》《洞头区2020年财政预算执行情况和2021年财政预算（草案）》。会议还研究其他工作。

2月8日，一届区委常委会举行第一百零九次区委常委会（扩大）会议。会议学习传达《中国共产党统一战线工作条例》和省、市会议精神，并研究部署下步工作。听取有关工作情况的汇报；研究成立洞头区海霞小镇工作小组事宜、2020年度区政府嘉奖、区委区政府表彰奖励和通报表扬项目、“海豚奖”“海龟奖”评选结果及《乡村振兴五星级示范村创建评定及奖励方案（送审稿）》。审议《全区三级干部大会方案（送审稿）》。会议还研究其他工作。

2月25日，一届区委常委会举行第一百一十次区委常委会（扩大）会议。会议重温中共中央总书记习近平“发挥实质作用”重要批示精神，学习传达省、市有关会议精神等，研究部署下一步工作。审议《“六五争先·六比竞赛”强执行开新局工作方案（送审稿）》《2021年洞头区“六五争先·六比竞赛”活动方案（送审稿）》《洞头区2021年重点工作七张清单实施方案（送审稿）》《关于开展“严整改、强执行、开新局”作风建设活动的实施方案（送审稿）》《关于激励干部“六五争先·六比竞赛”强执行开新局的实施意见（送审稿）》《关于打造“海霞红”党建品牌的实施方案（送审稿）》。会议还研究其他工作。

3月4日，一届区委常委会举行第一百一十一次区委常委会（扩大）会议。会议学习传达中共中央总书记习近平在全国脱贫攻坚总结表彰大会上的重要讲话精神和在全国党史学习教育动员大会上的重要讲话精神，学习贯彻全省党史学习教育动员部署会精神、全国政法队伍教育整顿动员部署会、全省政法队伍教育整顿动员部署会精神，并研究部署下一步工作。审议《洞头区政法队伍教育整顿实施方案（送审稿）》；学习传达省委第六巡视组巡视温州市洞头区情况反馈会精神，研究省委巡视反馈问题整改工作总体安排及任务分工有关事宜，明确选人用人、意识形态、巡察工作专项检查反馈意见整改责任分解有关事宜。会议还研究其他工作。

3月10日，一届区委常委会举行第一百一十二次区委常委会（扩大）会议。会议传达学习中共中央总书记习近平在中央党校（国家行政学院）中青年干部培训班开班仪式上的重要讲话精神，全国、全省、全市组织部长会议精神等，研究部署下一步工作。研究省委第六巡视组反馈意见整改工作事宜；审议《中共温州市洞头区委常委会2021年工作要点（送审稿）》。会议还研究其他工作。

4月13日，一届区委常委会举行第一百一十三次区委常委会（扩大）会议。会议传达学习全省党史和文献部门主要负责人会议精神及上级有关会议精神。审议《2021年度区直单位、街道（乡镇）绩效考核办法（送审稿）》《2021年督查工作管理办法（送审稿）》《第二轮中央生态环保督察举一反三突出生态环境问题清零行动方案（送审稿）》《2021年全区党委（党组）理论学习中心组学习意见（送审稿）》；听取“七张问题清单”整改落实工作进度汇报、全区党史学习教育工作汇报、2021年常态化疫情防控工作情况及新冠病毒疫苗接种情况汇报；研究同心广场建设工程设计招标相关事宜。会议还专题研究中央、省委巡视整改有关事宜和其他工作。

4月22日，一届区委常委会举行第一百一十四次区委常委会（扩大）会议。会议传达学习全市推进中央生态环保督察举一反三突出问题清零行动专题部署会议精神等，并研究部署下一步工作；听取2020年度科级领导干部全程积分考核情况的汇报，研究2020年度全区科级干部年度考核结果；听取关于调整群团组织兼职干部的汇报，及关于撤销中共共青团温州市洞头区委员会党组的汇报。会议专题研究全面从严治党工作和其他工作。

4月29日，一届区委常委会举行第一百一十五次区委常委会（扩大）会议。会议传达学习《关于嘉善县违规发放津补贴奖金问题的通报》文件精神；听取关于大视角下谋划打造的多跨协同应用场景情况的汇报；审议《洞头区机关事业单位工作人员转任（交流）办法（送审稿）》《洞头区科级领导干部全程积分考核办法（送审稿）》等。会议专题研究全面从严治党工作和其他工作。

5月12日，一届区委常委会举行第一百一十六次区委常委会（扩大）会议。会议传达学习全国、全省打防治理电信网络新型违法犯罪工作电视电话会议精神，构建“党建+信访”工作体系暨全省、全市信访重点工作推进会议精神，及《党委（党组）网络意识形态工作责任制实施细则》精神等，并研究部署下一步工作。会议听取省委巡视反馈意见整改落实情况以及选人用人、意识形态、巡察工作专项检查反馈意见整改落实情况汇报。会议还研究其他工作。

5月31日，一届区委常委会举行第一百一十七次区委常委会（扩大）会议。会议传达学习全国非公企业党组织“发挥实质作用”研讨会议精神，听取区“两新党建”工作开展情况，并研究部署下一步工作；传达学习全省碳达峰碳中和工作推进会议精神、建党百年安保重点任务交办视频会议精神、全省“遏重大”工作推进会暨进一步加强涉海涉渔领域风险隐患攻坚整治和安全生产风险普查部署会、全省安全生产大排查大整治专项行动部署会议精神，研究部署下一步工作。会议审议《洞头区2021年普通高中招生方案（送审稿）》《中共温州市洞头区委员会关于省委巡视组反馈意见整改进展情况的报告（送审稿）》《2021年领导干部“专班化”培训计划方案（送审稿）》；听取“七张问题清单”整改情况的汇报洞头区党史学习教育开展情况的汇报以及全国、省、市级“两优一先”推荐对象有关事宜的汇报。会议还研究其他工作。

6月17日，一届区委常委会举行第一百一十八次区委常委会（扩大）会议暨区委理论学习中心组共同富裕专题学习研讨会。深入学习中共中央总书记习近平关于共同富裕的重要论述精神，贯彻落实省委关于高质量发展建设共同富裕示范区建设的部署要求，对共同富裕这一历史命题开展互动研讨。

6月22日，一届区委常委会举行第一百一十九次区委常委会（扩大）会议。会议传达学习中共中央总书记习近平在中央政治局常委会会议审议《中国共产党机要密码工作条例》时发表的重要讲话精神及《中国共产党机要密码工作条例》精神，学习《中国共产党组织工作条例》精神，全国、全省、全市安全生产电视电话会议精神，并研究部署下一步工作；研究2020年度国有企业负责人业绩考核结果及运用有关事宜、区级“两优一先”推荐表彰有关事宜以及公务员职级晋升有关事宜。会议还研究其他工作。

7月2日，一届区委常委会举行第一百二十次区委常委会（扩大）会议。会议传达学习中共中央庆祝中国共产党成立100周年大会、浙江省庆祝中国共产党成立100周年大会精神等，并研究部署贯彻落实意见；审议《党员干部参与网络赌博问题专项整治方案（送审稿）》《洞头区委领导班子总结报告（送审稿）》；听取全区政法队伍教育整顿工作总结汇报。

7月6日，一届区委常委会举行第一百二十一次区委常委会（扩大）会议暨市委换届考察组入驻见面会。

7月16日，一届区委常委会举行第一百二十二次区委常委会（扩大）会议。会议传达学习市委十二届十二次全体（扩大）会议精神，并研究部署贯彻落实意见。会议还研究干部人事有关事宜。

7月21日，一届区委常委会举行第一百二十三次区委常委会（扩大）会议。会议传达学习中共中央总书记习近平在中央全面深化改革委员会第二十次会议上的强调讲话精神、郑栅洁省长在温州调研时的强调讲话精神和相关会议精神及《关于高质量全面落实意识形态工作责任制的意见》《关于当前我省意识形态领域形势的通报》《关于7起意识形态领域典型问题案例的通报》等文件精神，并研究部署下一步工作。会议审议《洞头区贯彻落实中央生态环境保护督察反馈意见整改方案（送审稿）》《2021年洞头区总部经济招商引资（税）工作激励办法（送审稿）》《洞头区领导干部竞绩择才办法（送审稿）》《洞头打造高质量发展建设共同富裕示范区海岛样板的实施方案（2021—2025年）（送审稿）》等。会议还研究其他工作。

7月26日，一届区委常委会举行第一百二十四次区委常委会（扩大）会议暨换届工作考察情况反馈会。

8月6日，一届区委常委会举行第一百二十五次区委常委会（扩大）会议。会议传达学习全国疫情防控工作电视电话会议精神，听取新冠肺炎疫情防控和疫苗接种工作的汇报，研究部署贯彻落实意见；传达学习全省组织系统学习中共中央总书记习近平“七一”重要讲话暨推进干部队伍干部工作系统性重塑建设变革型组织专题培训班讲话精神等，并研究部署下一步工作。听取有关工作的汇报；研究非税收结算户资金出借及东屿整村搬迁政策处理相关事宜、洞头区殡仪服务中心增设火化功能相关事宜；审议《区委一届十次全会工作要点清单（送审稿）》。会议还研究其他工作。

8月25日，一届区委常委会举行第一百二十六次区委常委会（扩大）会议。会议传达学习中央财经委员会第十次会议精神、全省数字化改革工作推进会精神、全省第二批政法队伍教育整顿动员部署会精神等，并研究部署下一步工作；听取有关工作汇报；审议《洞头区退渔渔民、“下征法”被征地农民存量指标参保工作建议方案（送审稿）》《洞头共青团基层组织改革综合试点实施方案（送审稿）》《洞头区青年发展“十四五”规划（2021—2025）（送审稿）》《关于组建区科技局筹备工作小组的建议（送审稿）》等。

9月23日，一届区委常委会举行第一百二十七次区委常委会（扩大）会议。会议传达学习中共中央总书记习近平在中央党校（国家行政学院）中青年干部培训班开班仪式上的重要讲话精神、中央民族工作会议精神、省委袁家军书记在温州调研重要讲话精神、刘小涛书记在重要涉稳信息周研判会上的讲话精神、习近平对档案工作的重要批示及省委有关领导批示精神，并研究部署下一步工作。会议研究疫情防控有关工作、仁济学院教师公寓项目剩余房源公开销售“一房一价”事宜、人大换届选举相关工作；听取全省文化工作会议精神落实情况及洞头闽瓯文化专班工作推进情况汇报、2017年以后洞头区网信工作情况专题汇报；审议《区工商联换届会议方案（送审稿）》。会议还研究其他工作。

10月20日，一届区委常委会举行第一百二十八次区委常委会（扩大）会议。会议传达学习全省能耗“双控”工作电视电话会议精神，听取全区能耗“双控”工作和有序用电工作开展情况汇报，研究部署贯彻落实意见。会议传达学习《中共中央关于加强新时代检察机关法律监督工作的意见》精神，并研究部署下一步工作；听取关于霓屿瓯飞料场多余石料市场化处置有关情况的汇报、关于区乡两级党代表选举及党代会筹备工作有关情况的汇报、关于成立民革洞头区支部委员会有关情况的汇报等；审议区委统战部关于《区工商联换届人事方案（送审稿）》。会议还研究其他工作。

10月27日，一届区委常委会举行第一百二十九次区委常委会（扩大）会议暨全区领导干部会议。会议传达市委书记刘小涛在洞头考察的基本情况、主要工作指示，并部署下一步工作。

10月28日，一届区委常委会举行第一百三十次区委常委会（扩大）会议暨“办不了”质询会诊会。会议听取关于石子岙料场挂牌事宜，关于青山岛供水管网、供电管网建设工程及小门西污水处理厂建设项目、温州液化天然气（LNG）保障通道项目、大门产业基地应急引水工程、小门岛石化产业基地市政配套防洪排涝工程，黄金海岸度假及住宅区项目以及白鹭湾海渔文化旅游度假区项目等事宜。

11月12日，一届区委常委会举行第一百三十一次区委常委会（扩大）会议。会议传达学习中共中央总书记习近平在中央人大工作会议上的讲话精神、中央教育工作领导小组专项工作电视电话会议精神和《关于市、县（市、区）党委落实巡察工作主体责任的实施意见》文件精神及中央巡视办专题调研市级巡察机构在上下联动中更好发挥作用试点工作座谈会、十九届中央第七轮巡视情况汇报会、十九届中央第八轮巡视工作动员部署会、十四届省委第十三轮巡视动员部署会、十二届市委第八轮巡察工作动员部署会等会议精神，并研究部署下一步工作。审议《关于区纪委区监委派驻机构设置及监督体制调整的工作方案（送审稿）》。会议还研究其他工作。

11月12日，一届区委常委会举行第一百三十二次区委常委会（扩大）会议。会议传达学习中共中央总书记习近平在中央人大工作会议上的讲话精神、中央教育工作领导小组专项工作电视电话会议精神、全省“县乡一体、条抓块统”改革会议精神、全省重复信访治理工作经验交流暨第二批事项集中交办视频会议精神和《关于市、县(市、区)党委落实巡察工作主体责任的实施意见》文件精神等，并研究部署下一步工作。会议听取区委统战部关于政协第九届温州市洞头区委员会规模调整有关事宜的汇报；审议《关于区纪委区监委派驻机构设置及监督体制调整的工作方案（送审稿）》。会议还研究其他工作。

11月25日，一届区委常委会举行第一百三十三次区委常委会（扩大）会议。会议学习贯彻市委常委、组织部部长杨胜杰在全区领导干部会议上的讲话精神，听取区人大、区政府、区政协主要领导交流发言，并研究部署下一步工作。会议还研究其他工作。

12月3日，一届区委常委会举行第一百三十四次区委常委会（扩大）会议。会议传达学习中共中央总书记习近平《坚定理想信念、补足精神之钙》《坚持用马克思主义及其中国化创新理论武装全党》重要文章精神和中共十九届六中全会精神、中央宣讲团报告会精神、省委十四届十次全体（扩大）会议精神、省民营经济领域践行“两个健康”助力高质量发展建设共同富裕示范区动员部署会精神、中央军委国防动员部首长在贯彻落实民兵建设“十四五”规划任务部署会上的讲话精神，并研究部署下一步工作。审议《洞头区公共事务延伸管理服务中心（洞头区政务服务中心瓯江口片区分中心）组建进驻工作方案（送审稿）》等。会议还研究其他工作。

12月6日，一届区委常委会举行第一百三十五次区委常委会（扩大）会议。会议传达学习省委常委、市委书记刘小涛在全市新一届县（市、区）领导班子人选集体谈话会上的讲话精神；审议《政协第九届温州市洞头区委员会换届人事工作方案（送审稿）》《区委提名区党代表候选人放选建议方案（送审稿）》《区党代表候选人初步人选建议名单（送审稿）》；研究部署洞头区“三大百日攻坚”行动等。会议还研究其他工作。

12月10日，一届区委常委会举行第一百三十六次区委常委会（扩大）会议。会议审议《出席温州市第十三次党代会代表候选人初步人选建议名单（送审稿）》。会议还研究人事有关事宜和其他工作。

12月10日，一届区委常委会举行第一百三十七次区委常委会（扩大）会议。会议审议《新一届区委委员、候补委员，区纪委委员候选人初步人选名单（送审稿）》。会议还研究其他工作。

12月12日，一届区委常委会举行第一百三十八次区委常委会（扩大）会议。会议传达学习中共中央总书记习近平在中共中央政治局第三十五次集体学习时的讲话精神，中央经济工作会议精神，全国宗教工作会议精神及省委书记袁家军在新一届县（市、区）党政正职集体谈话会上的讲话精神，并研究部署下一步工作。审议《新一届区委委员、候补委员和区纪委委员候选人预备人选建议名单(送审稿)》。会议还研究其他工作。

12月17日，一届区委常委会举行第一百三十九次区委常委会（扩大）会议。会议传达学习平安中国建设表彰大会精神、省委信访工作会议精神，并研究部署下一步工作。

12月20日，一届区委常委会举行第一百四十次区委常委会（扩大）会议。会议传达学习中共中央总书记习近平在第三次“一带一路”建设座谈会上的重要讲话精神和在中央全面深化改革委员会第二十二次和第二十三次会议上的重要讲话精神、在中国文联第十一次全国代表大会和中国作协第十次全国代表大会开幕会上的讲话精神及中央、省、市纪委常委会精神，并研究部署下一步工作；听取区人大常委会、区政府、区政协、区人民法院、区人民检察院党组落实全面从严治党主体责任情况报告，及区委领导班子成员落实“一岗双责”情况汇报。审议《关于加强对“一把手”和领导班子监督的“八张责任清单”的通知（送审稿）》《2021年度行风政风双评议结果（送审稿）》。会议还专题研究全面从严治党工作和其他工作。

12月23日，一届区委常委会举行第一百四十一次区委常委会（扩大）会议。会议传达学习中共中央总书记习近平关于粮食安全的重要论述、省委经济工作会议精神、全省“七张问题清单”应用贯通推进会精神、全市数字化改革现场观摩会精神等，并研究部署下一步工作。听取关于疫情防控有关工作情况的汇报等。审议《中共温州市洞头区委员会工作规则（送审稿）》《区第二次党代会大会议程(草案)及大会日程（草案）》《在中国共产党温州市洞头区第二次代表大会上的报告（送审稿）》《区纪委在中国共产党温州市洞头区第二次代表大会上的报告(送审稿)》《洞头区出席党的二十大和省第十五次党代会代表候选人初步人选推荐工作建议方案》。

12月31日，二届区委常委会举行第一次区委常委会（扩大）会议。会议传达学习中共中央总书记习近平关于海洋强国重要论述综述、《进一步加强新形势下值班工作的实施细则》精神、中央关于进一步加强2022年元旦春节期间新冠肺炎疫情防控和应急处置工作的会议纪要精神及有关通知要求，并研究部署下一步工作。审议《关于调整区委常委分工的通知（送审稿）》《关于区政府领导分工的通知（送审稿）》《新一届区政协委员建议名单（送审稿）》。听取区委办关于2022年春节前后重要会议活动预安排相关情况的汇报、新任“一把手”个人有关事项公开情况。会议还研究其他工作。

【全区领导干部会议】2021年1月25日，洞头区领导干部会议召开，学习传达中共中央总书记习近平在省部级主要领导干部学习贯彻中共十九届五中全会精神专题研讨班开班式上的重要讲话精神和在十九届中央纪委五次全会上的重要讲话精神及省委书记袁家军在温州调研时的讲话精神、市委书记陈伟俊在市委常委会会议上的讲话精神。会议要求抓好冬春季疫情防控工作、安全生产工作、民生服务保障、节前慰问工作、廉洁作风建设、重大会议筹备等。区委书记王蛟虎主持会议，并部署全区贯彻意见。区领导吴志安、刘素婷、梅山标、戴冕、侯合海、邵建乐、陈细团等四套班子领导，区人武部政委、区法院代院长、区检察院检察长；区政协秘书长，区人大常委会、区政协各委（室）主要负责人；区直属各单位、省市属有关单位主要负责人；街道（乡镇）党政主要负责人；区纪委各派驻机构负责人，区委巡察办主任、各巡察组组长等参加会议。

1月30日晚，洞头区召开全区领导干部会议，宣布省委关于区委、区政府主要领导的任职决定。省委决定林霞任中共温州市洞头区委书记；提名郭云强为温州市洞头区人民政府区长候选人。市委常委、组织部部长杨胜杰出席会议并讲话，市委组织部常务副部长滕荣权宣布省委决定。区委委员、候补委员；区人大常委会、区政府、区政协领导班子成员；区人武部政委、区法院代院长、区检察院检察长；区人大常委会、区政协各委（室）主要负责人；区直属各单位、省市属有关单位主要负责人；各街道（乡镇）党政主要负责人；区纪委班子成员，区委巡察组组长，区纪委区监委派驻机构纪检监察组组长；担任过区级领导职务的老干部参加会议。

6月11日，全区领导干部会议召开。区委书记林霞主持召开全区领导干部会议，第一时间传达学习省委十四届九次全体（扩大）会议精神，并部署全区贯彻落实意见。区领导郭云强、叶海峰、汪慧平、吴志安等参加会议。

7月6日，全区领导干部会议召开。区委书记林霞主持召开全体领导干部会议。会议主要任务是传达中央和省、市委有关县（市、区）领导班子换届政策，通报本次换届考察的主要任务，进一步统一思想、提高认识，确保换届考察工作顺利进行。市委换届考察工作组全体成员、区四套班子成员、“法检”两长、其他副县级干部、近5年担任过区级领导职务的老干部、各单位主要负责人等有关人员参加本次会议。

11月25日，全区领导干部会议召开。宣布省委关于区委、区政府主要领导的任职决定。省委决定郭云强任中共温州市洞头区委书记；提名何丽萍为温州市洞头区人民政府区长候选人。市委常委、组织部部长杨胜杰出席会议并讲话，市委组织部常务副部长滕荣权宣布省委决定。区委委员、候补委员；区人大常委会、区政府、区政协领导班子成员；区人武部政委、区法院院长、区检察院检察长；大门海洋经济示范区管委会主任；区人大常委会、区政协各委（室）主要负责人；区直属各单位、省市属有关单位主要负责人；各街道（乡镇）党政主要负责人；区纪委领导班子成员，区委巡察办主任；担任过区级领导职务的老干部参加会议。

12月6日，全区领导干部会议召开。会议学习传达省委十四届十次全体会议精神。区委书记郭云强主持并讲话，区委副书记、代区长何莉平传达省委全会精神。会议强调要在拥护“两个确立”上走在前、在守好“红色根脉”上走在前、在践行“八八战略”上走在前、自觉在推动“共同富裕”上走在前、自觉在加强“党建统领”上走在前。会议要求要把学习贯彻省委全会精神与统筹抓好当前工作结合起来，认真抓好“六讲六做”大宣讲、年终收官冲刺、数字化改革、第二次党代会筹备等工作。区四套班子领导，张孚标、张释忠、叶明久、郭杭峰，区人武部政委、区法院院长、区检察院代检察长，区直属各单位、省市属有关单位主要负责人，各街道（乡镇）党政主要负责人参加会议。

【洞头区“六五争先·六比竞赛”强执行开新局动员大会】2021年3月1日，洞头区“六五争先·六比竞赛”强执行开新局动员大会召开。会议深入贯彻落实中共十九届五中全会等会议精神，现场观看专题片《海上花园辉煌探索》，表彰先进，北岙街道、区发改局等单位作典型发言。会议通报近两年有关作风问题典型案例。区委书记林霞出席并讲话。强调要重点抓突出“政治引领”开新局，增强落实执行力；抢抓“六五争先”开新局，增强团队向心力；紧盯“巡视整改”开新局，增强治理协同力；弘扬“海霞精神”开新局，增强社会凝聚力；注重“制度激励”开新局，增强创业源动力；重塑“考核导向”开新局，增强争先牵引力；实施“六比竞赛”开新局，增强比拼竞争力。区四套班子领导，区人武部政委、区法院院长、区检察院检察长，温州医科大学仁济学院有关负责人，担任过区级领导职务的老干部，区政协秘书长，区人大、政协机关各委室负责人，区直属各单位班子成员、有关科室负责人、下属副科（局）级以上单位主要负责人，省市属各单位主要负责人；各街道（乡镇）班子成员、有关科室负责人，基层站所负责人、各村（居）主要负责人；区纪委区监委派驻纪检监察组组长，区委巡察办、各巡察组干部；重点工业企业、商贸企业、海运企业、建筑企业和房地产企业主要负责人；本地商会负责人；民宿业主代表、渔家乐业主代表、重点旅游企业、区相关旅游协会代表等；驻岛部队官兵代表；政风行风监督员代表；市民监督员代表；部分党代表、人大代表、政协委员；受表彰的各类先进代表参加会议。

【洞头区党史学习教育动员部署会】 2021年3月15日，全区领导干部会议暨党史学习教育动员部署会召开。会上，全国人大代表滕宝贵传达十三届全国人大四次会议精神，区政协主席汪慧平传达全国政协十三届四次会议精神，并学习传达贯彻中共中央总书记习近平重要讲话精神和省委、市委领导干部会议精神。研究部署贯彻落实意见。区委书记林霞主持会议。强调要扛起弘扬海霞精神的政治担当，切实增强党史学习教育的政治责任感和使命感；高标准高质量开展党史学习教育，以优异成绩向党的百年华诞献礼；强化组织保障，确保党史学习教育取得扎实成效。区四套班子领导，区人武部政委、区法院院长、区检察院检察长，温州医科大学仁济学院有关负责人，担任过县处级职务的老同志，全国人大代表，区政协秘书长，区人大常委会、区政协各委（室）主要负责人，区直属各单位、省市属有关单位主要负责人，各街道（乡镇）党政主要负责人，区委巡察办主任、区委巡察组组长，区纪委区监委各派驻纪检监察组负责人，区委党史学习教育及建党百年系列工作领导小组办公室成员参加会议。

【“学在洞头”教育工作推进会】 2021年9月10日，“学在洞头”教育工作推进会暨洞头区庆祝第三十七个教师节大会召开。大会表彰2020学年教学质量贡献奖代表、省市荣誉获得者及第四届“最美教师”。区政府与温州大学签订教育合作协议。区教育局、区财政局、霓屿街道作交流发言，优秀校长、教师代表作典型发言及经验介绍。区委书记林霞出席并讲话，要求要强化师德师风建设，不忘立德树人初心，树立教师队伍良好形象；要以更高的站位认清教育改革趋势，在落实“双减”政策中抢抓教育赶超发展新机遇；要打响“学在洞头”品牌，深化“扬帆行动”，切实扛起洞头教育高质量发展使命；要全面动员、齐心协力，共同助推形成“学在洞头”的生动局面。区领导叶海峰、汪慧平、吴志安、侯合海、邵建乐、叶锦丽等参加会议。会议以视频会议的形式召开，各校设置视频直播分会场，共计1200多人参加会议。

【全国县域共青团基层组织改革动员部署会】 2021年9月23日，洞头区召开全国县域共青团基层组织改革暨“青年洞头”动员部署会。会议传达团中央关于团改的最新指示精神，部署全国县域共青团基层组织改革、创建青年发展型城市工作，并听取各部门、街道代表围绕建设“青年洞头”、培育青年人才、打造青年发展型社区等主题表态发言及创业青年代表感悟分享。区委书记林霞出席会议并讲话，要求把握先行先试机遇，切实增强打造“青年洞头”的责任感和紧迫感；强化改革落地执行，努力交出洞头团改的“高分答卷”；拿出更多实招硬招，加快“青年洞头”取得实质性突破；全面压实各方责任，凝聚打造“青年洞头”的强大合力。强调要统一思想、凝聚共识，加快打造“青年洞头”，形成青年人才集聚洞头、建设洞头、发展洞头的生动局面。区领导吴志安、刘素婷、邵建乐、朱学进等参加会议。

（张玲玉）

综合党务

【概况】 2021年，中共温州市洞头区委员会办公室以全面提升九大服务能力为主抓手，创新“六个一”干部淬炼机制，围绕老城有机更新、先进制造业融合、教育“双减”、数字化转型、扩中提低等主题深入基层调研，形成资政期刊47期。大力弘扬海霞精神，组建“嗨跑吧”，赴苍南五岱山纪念馆、老虎山公园、海霞女子民兵连纪念馆、红色印记馆、寮顶坑道等红色教育基地，重走解放之路，实地践行初心使命。基层减负改革获“中国城市治理创新优秀案例奖”优胜奖。精细服务全国政协副主席等上级领导调研考察72场次，保障党代会等重要会议54场次，完成蓝湾整治等综合文稿334篇。牵头做好中央、省委巡视反馈问题整改，搭建瓯洞一体化党政联席平台。总结提炼蓝湾整治、石厝民宿、“长安杯”等成效，在《新闻联播》《焦点访谈》、贵阳国际论坛等平台向全国展示海上花园建设成果，《浙江信息》录用增长380%。服务区委主要领导到北上广深招大商引大资，对接巨正源、喜之郎等头部企业，牵头举办重点项目集中签约及开竣工仪式。累计开展三服务320多人次。联系爱心企业为东沙村10名困难学生资助3.5万元；协调帮助东沙村完成文化礼堂建设，完成村民配套服务中心项目历史遗留问题处置、验收及出租，增加村集体经营性收入15万元/年。疫情防控期间，密集服务东沙、后寮和打水鞍开展全员核酸检测。多次走访诚意药业，送政策、解难题，持续加快超级鱼油项目推动。深化绩效考核改革，召开5场质询会诊会，倒逼重点项目落实97个。牵头实施党政机关整体智治改革，重要窗口1绿2蓝省级展示，排名全市第一。

（陈志翔）

【目标督查】2021年，温州市洞头区委督查室围绕区委区政府中心工作、重点工作，制定并印发《2021年度督查管理办法》，健全“即收即办、限期反馈、一事一督、定期汇总、办结销号”督办机制，创新部门全程计分（预）加减分制，对督查事项开展全流程管理、全过程督查，全年累计办理领导批示252件，下发督办通知单32期，督办重要决策及重点工作事项662项，印发督查专报170期，督查通报68期。协调推进全区各项重点工作、中心工作的落实。紧抓中央巡视问题清单、《督查聚焦》曝光问题整改督办、市委书记刘小涛调研考察洞头重要交办事项等重要事项督办，以问题为导向，提升工作质效；紧跟“6+N”专班工作推进，督促评选出优秀项目41个，落实项目19个。运用区委常委会质询预警机制，倒逼“大干破难”推进事项101项；开展常委会“办不了”事项质询会，把脉质询重点滞后事项9个，由书记、区长开诊单、分管领导配药方，督办重点事项落实推进；以“七张问题清单”为引领，运用数字化改革新方式，抓好重点督查、巡视、环保、安全生产、审计、网络舆情、信访等七方面问题整改，全面督促清单问题化解，市对区“七张问题清单”项目共28项，需整改事项完成率100%。建立并完善过程督查与领导干部全程计分管理的紧密联系，在《洞头区科级领导干部全程积分考核办法》督考细则中，采用“过程预扣，年底清算”的计分办法，实现过程督考与结果挂钩，形成“干与不干、干多干少、干好干坏不一样”的激励导向，通过干部全程计分系统，向科级领导干部动态亮分，全年涉及领导个人加减分事项136项，涉及领导个人加减分1000多人次，并受理12名科级领导干部申述申请。

（周巧燕）

【绩效考核】2021年，温州市洞头区考核办创新实施“一综合+多维度”定档考核，即在综合考评确定的考核档次基础上执行加减考核倍数机制。围绕“谋大招强”“大干破难”“决胜冲刺”系列主题，举办“六比竞赛”“市对区考核分析会”等专题会议，实现市对区考核年度排名进步2位，高质量发展体系得分提升幅度居全市首位，获省级以上重大荣誉7项，向上争取资金要素16项。评定出优秀单位42家、良好单位25家、合格单位3家，考绩奖最高最低相差80%，创历史新高。推动党史学习教育为民办实事活动和三服务活动走深走实，典型案例获省、市录用8篇，全区社会公众满意度连续3年提升，“基层减负改革实现效能乘法”项目获北京大学城市治理研究院发起的2021年度中国城市治理创新优胜奖。

（宋铁蛋）

【保密工作】2021年，温州市洞头区国家保密局创新实施“1234”保密工作法，全面推行“四全周期”保密管理模式，保密工作继续走在全市前列。狠抓保密工作责任制落实，常态化开展保密“两识”教育和日常督指导。组织开展全区保密教育专题教育大会3场和大型保密图片展1场，受教育人数1000多人。在全区80多个LED屏、54个公交站牌滚动播放保密宣传视频。密集开展保密专题培训和微信钉钉、互联网失泄密专项整治，督查整治重点单位失泄密隐患90多处，实现全区零泄密。抓好定密、涉密人员网络保密管理。审核修订《定密事项一览表》47份，共计条目410条。梳理55家单位涉密人员信息，每周登录“056平台”实时监督，重点提醒做好工作秘密管理。管好涉密载体、保密要害部位、涉密计算机、涉密项目等“四个重点密源”。高质高效完成912工程年度任务，率先在全市实行单轨制，完成内外网终端信创任务，在线率、活跃率稳居全市前3。做好重大会议活动保障、涉密文件收发办理，均实现零延误、零差错。

（丁国欣）

2021年洞头区委及其办公室制发的重要文件选目一览表

表2

序号	文号	文件名称
1	洞委发〔2021〕1号	关于2020年度行风政风双评议结果的通报
2	洞委发〔2021〕11号	关于2021年度落实全面从严治党主体责任工作考核结果的通报

续表2

序号	文号	文件名称
3	洞委发〔2021〕14号	关于表彰2020年度海洋经济示范区建设先进集体和先进个人的通报
4	洞委发〔2021〕15号	关于表扬洞头区绿化美化突出贡献集体和个人的通报
5	洞委发〔2021〕16号	关于表扬2020年度在全区县域社会治理现代化工作中作出突出贡献集体和个人的通报
6	洞委发〔2021〕18号	关于2020年度乡村振兴五星级示范村创建评定结果的通报
7	洞委发〔2021〕19号	关于印发《洞头先锋女子民兵连五年建设规划（2021—2025年）》的通知
8	洞委发〔2021〕21号	关于印发《2021年度区直单位、街道（乡镇）绩效考核办法》的通知
9	洞委发〔2021〕26号	中共温州市洞头区委员会关于十四届省委第十一轮巡视整改进展情况的通报
10	洞委发〔2021〕28号	洞头打造高质量发展建设共同富裕示范区海岛样板的实施方案（2021—2025年）
11	洞委发〔2021〕29号	关于印发《洞头共青团基层组织改革综合试点实施方案》的通知
12	洞委发〔2021〕30号	关于印发《温州市洞头区青年发展规划（2021—2025年）》的通知
13	洞委发〔2021〕33号	关于印发《洞头区加快海洋经济发展建设海洋强区五年行动方案（2021—2025年）》的通知
14	洞委发〔2021〕35号	关于在全区开展法治宣传教育的第八个五年规划（2021—2025）的通知
15	洞委发〔2021〕38号	关于印发加强对“一把手”和领导班子监督“八张责任清单”的通知
16	洞委发〔2021〕39号	中国共产党温州市洞头区委员会工作规则
17	洞委办发〔2021〕2号	关于印发《2021年洞头区“六五争先·六比竞赛”活动方案》的通知
18	洞委办发〔2021〕4号	关于印发《2021年“严整改、强执行、促发展”作风建设活动实施方案》的通知
19	洞委办发〔2021〕5号	关于印发《关于激励干部“六五争先·六比竞赛”强执行开新局的实施方案》的通知
20	洞委办发〔2021〕6号	关于开展“五廉共建”行动高质量匹配“海上花园”建设的意见
21	洞委办发〔2021〕7号	关于印发《关于打造“海霞红”党建品牌的实施方案》的通知
22	洞委办发〔2021〕8号	关于印发《洞头区2021年重点工作七张清单实施方案》的通知
23	洞委办发〔2021〕9号	关于调整区领导挂钩联系制度的通知
24	洞委办发〔2021〕14号	关于印发《中共温州市洞头区委、温州市洞头区人民政府、政协温州市洞头区委员会2021年度“请你来协商”工作计划》的通知
25	洞委办发〔2021〕18号	关于全面组织开展“8+3”重点领域安全生产专项整治 坚决打赢遏制重大生产事故攻坚战的通知
26	洞委办发〔2021〕19号	关于印发《关于全面加强基层档案工作 推进数字化改革的实施意见》的通知
27	洞委办发〔2021〕20号	关于印发《洞头区2021年度督查工作管理办法》的通知
28	洞委办发〔2021〕22号	关于开展2021年度行风政风双评议活动的通知
29	洞委办发〔2021〕23号	关于印发《洞头区科级领导干部全程积分考核办法》的通知
30	洞委办发〔2021〕24号	关于印发《2021年度全面从严治党主体责任落实暨清廉洞头建设情况考核办法》的通知
31	洞委办发〔2021〕26号	关于印发《2021年党风廉政建设和反腐败工作组织领导与责任分工》的通知
32	洞委办发〔2021〕28号	关于印发《2021年法治洞头建设工作要点》的通知
33	洞委办发〔2021〕31号	关于建立区四套班子领导党史学习教育“办实事、解难题、减负担”活动工作机制的通知
34	洞委办发〔2021〕33号	关于进一步开展庆祝中国共产党成立100周年“七一”系列主题活动的工作计划
35	洞委办发〔2021〕35号	关于印发《洞头区“七张问题清单”督查工作机制》的通知
36	洞委办发〔2021〕36号	关于印发《洞头区未来乡村建设实施方案》的通知
37	洞委办发〔2021〕37号	关于印发《洞头闽瓯文化研究工程实施方案》的通知
38	洞委办发〔2021〕38号	关于印发《2021年温州市洞头区领导干部竞绩择才办法》的通知
39	洞委办发〔2021〕41号	关于印发《区委一届十次全会暨区政府第九次全体会议工作要点任务分解》的通知
40	洞委办发〔2021〕42号	关于印发《洞头区高水平深化文明城市建设三年行动方案（2021—2023年）》的通知

续表2

序号	文号	文件名称
41	洞委办发〔2021〕44号	关于印发贯彻落实《浙江省加强新时代爱国主义教育实施意见》任务分解清单的通知
42	洞委办发〔2021〕49号	关于加快推进新时代文化洞头建设的实施方案

（区委办公室提供）

组织

【概况】2021年底，洞头区有基层党组织520个，党员7533名。其中，党委26个，党总支26个、党支部468个；非公有制经济单位党委1个、党总支2个、党支部37个、联合支部45个，企业党员692名。全区党员中，女性党员2386名、少数民族202名；45岁及以下3101名，大专及以上4077名。全年发展党员350人，其中女性党员142人，占40.6%；年龄在35岁以下的党员198人，占56.6%；具有大专以上文化程度的187人，占53.4%。

中共温州市洞头区委组织部制定出台《关于打造“海霞红”党建品牌的实施方案》，全面加强基层、机关、“两新”等领域党组织建设。制定科级干部每月动态排名管理办法，出台领导干部日常要点报告、任职回避等制度。开展因私出国境等专项整治。持续推进村级集体经济发展，全年村级开竣工项目42个，投资额22.5亿元。在上半年疫情影响和下半年经营性收入指标增加的双重压力下，逐月通报全区村级集体经济情况，倒逼责任落实。全年村级集体经济总收入15798.35万元，同比增长12.8%，经营性收入8506.28万元，同比增长17.7%。

全年新录用公务员23名，新选调应届优秀大学毕业生5名。截至年底，全区公务员1042名，参照公务员法管理机关事业单位工作人员154名。全年综合管理类公务员职级晋升174人次，公安执法勤务类职级62人次，法检类11人次。

【“海霞红”党建品牌建设】2021年2月25日，为落实中央和省委、市委、区委关于加强基层党建工作各项决策部署，及《温州市践行新时代党的组织路线三年行动计划（2021—2023年）》，打造具有洞头辨识度的“海霞红”党建品牌，洞头区制定《关于打造“海霞红”党建品牌的实施方案》，主要措施是强化新时代村社组织健康运行，开展新一轮村级集体经济巩固提升计划，党建引领垃圾分类新风尚，开展机关党建质量提升年行动，创新重大项目党组织覆盖，强化两新党建“发挥实质作用”，深耕细作“海上党建”，做实“民宿党建”服务全域旅游，打响女干部教育培训品牌。完善量质并举的党员发展机制、三级联动的责任落实机制、多方联动的监督考核机制等机制保障。全面加强基层、机关、“两新”等领域党组织建设，发展党员350名，同比增长52%。入选全国先进基层党组织1个。全面推行“兴村治社健康指数”，实施村干部学历提升和后备干部选育工程，搭建“村社擂台·五四竞赛”比拼平台，常态化开展“最美最脏村部”集中晾晒。坚持“项目为王”，持续深化“兴村六法”，开展“金融强村”行动，激活“山上、平原、海上”等三大银行。发布《“红色领航新风尚、垃圾分类带头行”致全区广大党员的一封倡议书》，把“垃圾分类”工作纳入机关党建“两地双评议”积分项目。完善“海霞·宿客汇”等民生服务载体，形成“闭环式文旅商圈”。拓展海上党建“4+1”组织构架体系，与宁波、台州等组建跨区域海上党建联盟。打造两新党建“双强”高地，完成“双覆盖百日攻坚”，组建两新组织联合党支部67个，覆盖比例从1∶12.7下降到1∶4.6，打造两新党建示范点市级4个、区级5个。开展“双强红领”考评，全区共有二级双强红领1名，三级双强红领3名，四级双强红领10名，五级双强红领12名。

【基层党建助力共同富裕“十大行动”】2021年9月7日，为落实中央和省委、市委、区委关于高质量发展推动共同富裕建设的部署要求，发挥基层党建在推进共同富裕中的引领作用，根据《中共温州市委组织部印发〈关于基层党建助力共同富裕“八大行动”的实施方案〉的通知》，区委组织部印发《关于基层党建助力共同富裕“十大行动”的实施方案》，主要措施是实施“固本强基建强堡垒”“党建联盟全域联动”“抱团增收强村富民”“红色创业项目培育”“引贤回归聚力发展”“党建引领全域旅游”“双强赋能迭代创优”“双新建强有效覆盖”“领雁队伍赋能提升”“擂台比拼共富争先”等十大行动。主要目标是发展新型集体经济，发挥党建联盟的组织优势，力争达到党建统领共同富裕的工作格局初步形成，党员干部推动共同富裕的先锋本色充分彰显，集体经济助力共同富裕的方法路径持续拓宽，低收入群体实现共同富裕的内生动力全面激发，社会各界参与共同富裕的资源力量不断汇聚的工作目标。

【洞头区科级领导干部数字化动态考核实施】2021 年 11 月 22 日，为落实省、市数字化改革相关精神，以干部考核数字化应用作为改革切口，打造数字化、可视化、一体化的科级干部每月动态排名应用场景，完善全程动态积分考核，激励干部干事创业激情，区委组织部联合区委改革办制定《洞头区科级领导干部数字化动态考核实施方案》。科级干部每月动态排名应用场景主要框架为“124”：“1”即干部考核数据驾驶舱，负责干部考核数据集的综合分析；“2”即管理、服务双端口，管理端主要为考核单位负责的干部考核数据日常管理（电脑端口），服务端主要为科级干部查看自身动态考核、进行申述等；“4”即基础管理、每月动态排名、年终考核、综合考核四大功能模块。

【洞头区国家工作人员因私出国（境）管理办法】2021 年 4 月 26 日，为进一步规范国家工作人员因私出国（境）管理，根据有关文件精神，区委组织部联合区纪委、区监委制定《洞头区国家工作人员因私出国（境）管理办法》。该办法包括总则、适用范围、登记备案、证件管理、因私出国（境）审批、查核处置、附则等 7 章 27 条。建立健全非区管干部因私出国境组织部门备案、部门定期自查、事后报告和核查等机制。办法即日起施行。

【洞头区“党建联盟·全域联动”行动】2021 年 8 月 25 日，为深入贯彻温州市委组织部关于全面推行“党建联盟·组团发展”筑牢共同富裕组织基础的实施方案等文件精神，发挥基层党组织在建设共同富裕示范区中的政治优势、组织优势、制度优势，筑牢共同富裕的组织基础，区委组织部印发《洞头区“党建联盟·全域联动”行动方案》。联盟模式包含农村党建联盟、城市党建联盟、两新党建联盟、产业党建联盟、村政党建联盟、项目党建联盟、基层治理联盟、新业态和新就业群体党建联盟。主要任务是党员人才共管、区域发展共谋、联盟活动共办、阵地共建共享。探索党建联盟运行制度机制，建立党建联盟指导制、联席会议共商制、联盟责任清单制、绩效质量考评制、联盟运行保障制。截至年底，区共建立党建联盟 26 个，覆盖党员 5800 多人、党组织 525 个；开展活动 110 多次，实施项目 40 多个。

2021年 6月23日—7月5日，猎豹应急救援服务中心联合党支部开展“庆华诞、办实事、保安全”巡逻活动　（大门镇提供）

【两新组织党建建设】2021 年，洞头区围绕打造党建强、发展强“双强”示范新高地，开展两新组织“覆盖攻坚”，组建两新组织联合党支部 67 个，洞头上市企业 1 家、亿元以上企业 14 家、规上工业企业 30 家全部实现党组织 100% 覆盖；其他领域中，民办学校、快递行业企业实现党组织 100% 覆盖。提升两新党组织书记、企业出资人、党员队伍素质，推行“双强红领”认证体系，深化党建指导师制度，培育专家型两新组织党务人才，高标准落实 10 条激励举措，实现“申评全覆盖”。建设两新党建特色品牌，凝聚两新组织党群共识，把党组织优势转换为企业竞争动能。推进“一企一品·一社一韵”品牌化建设，全年确定打造区级两新党建示范点 11 个，培育区级两新党建示范品牌 11 个，其中包括申报创建市级党建示范点 4 个；突出洞头民宿特色产业发展优势，谋划打造市级党建示范带 1 条；依托南塘工业区企业集聚效应，打造市级党建示范集群 1 个。

【干部队伍系统管理】2021 年，洞头区围绕建设变革型组织、提升塑造变革能力，打造忠诚干净担当的高素质专业化干部队伍，系统把握干部队伍建设规律、成长规律和工作规律，主动识变求变应变，积极探寻干部队伍干部工作“新蓝海”，迭代升级干部工作体制机制、方法路径，实现提高、超越、进阶。制定科级干部动态排名管理办法，紧盯“两港两镇两区五岛”“七张清单”等考核项目，实行动态考核排名，推动选人用人透明化。树立

“以结果论英雄、凭实绩用干部”导向，实施干部“绩擢法”，推行动态考绩择才、年终赛场挑才、重点项目挂牌招才，从表现突出的干部中提拔使用、晋升职级，拓宽干部“上”的渠道。综合运用科级干部动态排名、全程积分考核结果，深化干部“回炉锻造”和红黄牌管理，打通干部“下”的渠道。优化考核办法，开展全员绩效考核，形成干部比选赶超的浓厚氛围。全年提任干部41人，其中提任正科长级10人、进一步使用10人、副科长级14人、区管股级7人；调整交流干部51人次，其中正科26人次，副科25人次；消化超配干部4名。

【干部培训教育】2021年，洞头区围绕提升干部“八个力”开展领导干部精准赋能行动，培育选拔优秀年轻干部，完善股级干部预审制，创新“专班化”培训。搭建“青年思享汇”平台，通过干部自我展示、专家领导上课培训，提升干部能力水平。紧扣共同富裕、数字化改革、海岛振兴、科技创新等中心工作和重点任务，开办“干部素能提升班”，提升干部助力共同富裕示范区建设能力。打响海霞女干部教育品牌，构建特色课程体系，洞头先锋女子连纪念馆获评全国妇女爱国主义教育基地。加强干部管理监督，开展因私出国出境等专项整治，制定因私出国境管理办法，建立定期自查、备案管理等机制；出台领导干部日常要点报告、任职回避等制度，全面加强日常监督。全年累计举办培训班次53期，培训学员2200多人次。

2021年9月7日，洞头区青年思享汇课堂举办（区委组织部提供）

【人才招引】2021年，洞头区突出招引高校毕业生，实施“510计划”，发挥企业引才用才主体作用，常态组织赴丽水学院、兰州理工大学等“全国巡回引才活动”。建立丽水学院等高校人才工作联络站。实施“家燕归巢”行动，组织大学生回乡看发展变化，引导洞头籍学子回乡就业创业；全年新引进大学生1968人，其中硕士65人，博士3人。推进技能人才展翅行动，加强旅游海钓、家政康养、民宿管家等应用型人才培养，全年新培育技能人才1791人。

【村（社区）组织运行管理】2021年，洞头区紧抓运行规范、阵地规范、行为规范，扎实做好村社组织健康运行。围绕“事前参与、事中决策、事后监督”全流程，打造“海霞说事”，深化“四会五议”，创设“阳光村社”“码上公开”智慧管理平台，全流程规范议事监督。明确“一套人员亮相、三张工作清单、一句‘两个分量’、一张‘码上公开’、一份民情地图”等“五个一”阵地建设可视化标准，实现全区所有村社覆盖标准化。创成东屏街道寮顶村和霓屿街道下社村等健康运行市级示范村社2个。围绕“比规范运行、比集体创收、比民生服务、比品牌创建”等“四个比拼”，通过“定期查、月度晒、季度比”，倒逼村社干部全方位干事履职。每月亮晒“最美村部”和“最脏村部”，全方位激励干事创业。建立“健康运行指数”动态监测管理机制，科学划设政治清单、干事清单和“一票否决”清单等三张清单，采取日常督查、党群访谈、入户去电、实绩核查等形式，村社干部通过“红黄牌”规范干部行为。

【洞头区“村社擂台·五四竞赛”比拼活动】2021年，为进一步深化巩固村社组织换届成效，抓深做实村社组织健康运行，提高村社组织的凝聚力、号召力、战斗力，推动新一届村社干部比拼干事常态化，形成勇争先、强执行、开新局的浓厚工作氛围。洞头区组织开展“村社擂台·五四竞赛”比拼活动，以“比担当、看执行，比规范、看形象，比业绩、看进位”为主要内容，比拼主体为全区83个村（社区）及其两委主职干部。定期比拼，实行区和街道（乡镇）两级分级分类比拼；确定主题，重点围绕党委政府中心工作、重大项目落地、急难险重任务以及村社组织“健康运行十条”、践行“两个分量有多重”专题教育、发展村级集体经济、推动乡村振兴等方面等内容；亮晒指标，结合打擂主题、中心工作、基层党建等内容，明确系列可量化、能评价、易操作的项目作为常态亮晒指标，采取会议通报、书面亮晒、媒体展示等方式；量化考评，开展测评赋分和排名；挂旗督改，按一定比例对所辖村社实行“红旗先进、黄旗后进”挂旗督改；集中展示，通过挂图亮绩等形式进行集中展示。全年共开展“村社擂台·五四竞赛”比拼活动2次，共有17名村社书记做交流发言。

（朱淑贞）

宣传

【**概况**】2021年，中共温州市洞头区委宣传部深入学习贯彻习近平新时代中国特色社会主义思想，推进区委理论学习中心组、百岛云讲坛等学习载体，指导全区读书班活动开展，开展意识形态、党史学习教育等重点专题学习月活动，开展基层宣讲1000多场。举办海霞讲解员培训班、红色海霞研学活动、红色故事赛等活动。制作展播“海霞故事”“党史微口述”“青年宣讲员讲党史”等优秀宣讲视频20个。弘扬“五岛连桥”“兰小草”“海霞精神”，开展“海霞精神巡讲”活动360多场，举办“海霞精神对话红船精神”双城直播访谈等活动。洞头先锋女子民兵连纪念馆获评全国党史学习教育基地、全国妇女爱国主义教育基地，成为浙江省习近平新时代中国特色社会主义思想研究中心首批调研基地。

【**思想理论宣传教育**】2021年，洞头区推进区委理论学习中心组、百岛讲坛、“百千万”教育读书班、百岛云讲坛等学习载体，指导全区读书班活动，开展全国“两会”、省委全会精神、海霞精神、微党课等相关重大理论主题的基层宣讲1000多场，实现机关、村居、企业、学校、社区、军营、网络等“七进”全覆盖。举办海霞讲解员培训班、红色海霞研学活动、红色故事赛等活动，策划“弘扬海霞精神十二个一”工程。指导和组织理论社科专家对“海霞精神”开展理论阐释。举办洞头区微党课大赛活动，开展“我最喜欢的习总书记的一句话”宣讲教育活动，制作展播“海霞故事”“党史微口述”“青年宣讲员讲党史”等优秀宣讲视频20个。推出“百岛云讲坛”学习平台，推出学习课程5期。吸纳党外人员参加“学习强国”平台学习，强化平台运用推广。优化海霞青年宣讲团，打造海霞宣讲品牌，开展海岛渔船“青年聊”、田间地头“青年唠”、红色军营“青年说”等系列宣讲活动，其中洞头特色板凳宣讲法入选市宣讲典型案例。

2021年5月24日，温州洞头、嘉兴南湖“海霞精神对话红船精神”双城直接访谈活动开展
（区委宣传部提供）

【**重大主题宣传**】2021年，洞头区组织开展中国共产党成立100周年重大主题、党史学习教育、共同富裕等主题宣传。全年上级媒体刊（播）发新闻报道11917篇（条）。其中，《人民日报》刊出洞头8次、新华社各平台刊出洞头44次，中央电视台播报“洞头”40条次，蓝色海湾整治经验再次亮相《新闻联播》和《焦点访谈》。海峡两岸影像文化周·洞头半屏山专场暨2021双屏论坛，获《人民日报》（海外版）和《台湾新生报》等两岸媒体刊发专题报道。

【**主流舆论传播**】2021年，区委宣传部完善新闻发言人制度建设，组织开展科级干部媒介素养暨新闻发言人培训，提升领导干部媒介素养。落实新闻发布制度，全年在市政府新闻办平台召开洞头专场发布会2场，在区政府新闻办平台召开专场新闻发布会11场。用好新媒体传播渠道，策划推出系列洞头主题报道，在“洞头宣传”政务抖音推出元旦第一缕曙光、海霞军营开放日探营、女民兵出队仪式等直播活动和创意短视频摄制推送。发布权威的防疫知识和防控指引，滚动播发公益广告。举办“党辉耀百岛e路海霞红”洞头区第七届网络文化节，创新开展“海霞精神”对话“红船精神”“大别山精神”两场直播活动，点击量1200万次，实

2021年3月16日，洞头区召开党史学习教育领导小组第一次会议
（区委宣传部提供）

现红色家谱全网传播。全新推出融媒时评栏目，开展“洞察”时政评论拉练挑战赛。成立区互联网发展促进会，建成同心e站网络文化家园。牵头负责互联网企业、外卖行业党建工作，整合力量做好网约车司机党建工作。

【宣传阵地建设】 2021年，区委宣传部借助户外LED大屏、道路灯杆广告箱、乡镇街道电子屏等公益广告平台，开展两个健康、健康洞头、电信防诈、扫黑除恶、全域旅游、疫情防控、平安建设等专项工作的社会宣传活动。探索委托社会资本出资建设运维道路广告灯箱，建成霞光大道（区消防救援大队至三盘大桥桥头处）、连城大道（区府广场与中心街交叉处至城关车站）、环岛公路部分路段（蓝港社区至国际放生台）等3路段广告灯箱160个（320面）。

【网络舆情工作】 2021年，区委宣传部严格落实7×24小时值班制度，对各网络平台密切开展网上巡查，做好网络舆情监测和应急处置工作。坚决打赢“护航百年网络空间保卫战”，专题召开网上舆论引导专项小组会议，组建护航百年网络工作专班。

【文化阵地和项目建设】 2021年，洞头区文化产业发展工作领导小组成立，综合指导、协调、推动文化产业重大项目、重点领域和文化园区（街区）等建设，全年新增规上文化企业2家。助推项目建设，东海贝雕艺术博物馆、青山欢乐岛、海霞小镇等一批文旅项目建设。举办2021年中国·洞头首届婚旅节，成立洞头区婚旅服务中心、“中屿等到你”婚纱摄影基地等。研究出台《温州市洞头区闽瓯文化研究工程实施方案》，围绕移民、海防、渔业发展、方言文化、饮食文化、洞头籍名人等专题开展系统研究。

2021年洞头百岛讲坛一览表

表3

序号	时间	主题	授课老师
1	3月15日	党史学习教育	省委党校副教授吴国干
2	5月14日	游艇产业发展	雅生活集团海南区域游艇会总经理上官镔
3	6月9日	洞头闽瓯文化	温州市文史研究馆馆员、市社科联原副主席洪振宁
4	6月22日	党史学习教育	市委常委、温州军分区司令员王辉
5	6月30日	党史学习教育	洞头区委书记林霞
6	7月21日	党风廉政	市纪委常委、市监委委员徐建敏
7	8月19日	“七一”重要讲话精神	市“七一”重要讲话精神专题宣讲团成员、市委党校原副校长蒋儒标
8	9月14日	文化遗产的保护传承与乡村振兴	暨南大学文化遗产创意产业研究院院长、教授、博士生导师、中央美术学院客座教授陈平
9	10月13日	国防安全	温州市委常委、军分区司令王辉
10	10月18日	依法行政	温州市中级人民法院副院长林越坚
11	12月3日	党的十九届六中全会精神解读	温州市委党校教授梁德君

（区委宣传部提供）

组织专家考察洞头，开展文化交流，举办闽瓯文化研究学术讨论会、百岛讲坛—闽瓯文化专题讲座，并设立“品读闽瓯”微信公众号，定期发布并更新研究成果。组织开展“我们的中国梦、文化进万家”、文化礼堂“春福六送”、“文联百村文艺志愿服务团”等系列文化惠民活动50多场。推出线上文化大餐，包括云课堂、云舞台、云展览、云赏析等内容。原创作品歌曲《繁华如初》、广场舞《喜悦渔鼓》、舞蹈《我们的直播间》、小品《需要》等一批作品先后参加省、市舞蹈音乐大赛。

（潘晓莉）

统一战线

【概况】2021年，中共温州市洞头区委统战部组织开展统战人士“百年耀荣光、同心跟党走”主题教育活动，举办共植同心林、红色同心寻、同心话家乡等活动7场次，开展“统战部长上党课”等集中学习3场次，打造党外知识分子思想教育基地1处。召开民革温州市洞头区第一届党员大会暨成立大会。洞头区首个分众统战团体“海洋艺术人士联谊会”和“溢香救援队海霞中队”成立，实践创新基地数量增至3处。

举办第三届民营企业家节系列活动，选树优秀民营企业家8人。推进亲清助企合作，召开政企恳谈会4期，收集解决企业生产问题和建议84个，启动民营经济综合评价13批次共280人次。搭建助企人才服务平台和企业闲置产能互济平台，收集在外青年回乡就业意向22条，为企业闲置产能供需双方提供对接服务15次。全年收到各类捐款200多万元。宗教场所发现并整改平安隐患问题80多处，办理行政执法案件16起。建成省级法治教育宣传基地4处，开展各类法治宣传进场所56场。举办“民间民俗·多彩浙江”第十一届妈祖平安节，承办全省汉传佛教仪规培训班，开展全市佛教教职人员培训等活动，完成民间信仰活动场所“一场所一景观一故事”提升建设3处。举办“双屏论坛”活动、第二届海峡两岸影像文化周·洞头半屏山专场、“航行浙里 两岸共拍秀”活动以及妈祖、七夕等民俗文化交流，累计接待两岸嘉宾33批次827人次。创新摄制《台青看洞头》系列宣传短视频，累计播放量突破40万次。全年累计开展诉求征集160次，服务台胞台企134人次，协助解决企业生产问题52个。完善“全球通”实体平台建设，推广“全球通”移动版，累计办理涉侨事务7件。走访侨属侨眷近400户次。聘任16位温州籍侨领担任首批“国际旅游岛海外宣传大使”，接待侨胞参观考察126人次。

【国际旅游岛海外宣传大使聘任】2021年4月28日，洞头区为向世界发出洞头声音，聘任16名温州各地的侨领为首批国际旅游岛海外宣传大使，助推实现洞头旅游国际化。16位大使分别为荷兰旅荷华侨总会常务副会长戴文胜、美国纽约温州商会会长夏胜权、法国华侨华会副主席陈成龙、加拿大温州商会会长李朝晖、土耳其华商总会常务副会长秘书长周钱众、德国文成同乡会会长王永近、迪拜温州商会副会长叶晓燕、奥地利温州总商会常务副会长李晓霞、匈牙利温州商会执行会长缪光华、德国瑞安同乡总会会长胡宗存、乌干达温州商会副会长陈旭红、西班牙温州总商会监事长林绍敏、罗马尼亚天使基金会会长戴沿胜、美国洛杉矶温州同乡会执行会长林奉伟、法国法华工商联合会执行会长梁丽华、中印经济文化交流中心主任孙建强。

【第十一届中国·洞头妈祖平安节】2021年5月4日（农历三月廿三），时值妈祖1061周年诞辰，第十一届中国·洞头妈祖平安节[妈祖，又名林默、林默娘，宋太祖建隆元年（960）生于福建莆田湄洲岛。因经常救助遇难渔民，深受沿海人民敬爱，宋太宗雍熙四年（987）因救助海难而献身。湄洲渔民为纪念这位好姑娘，在岛上建庙并奉为海神，被敕封为“天妃”“天后”并被立祠奉祀，因闽浙沿海、台湾、港澳等信众的传承而名扬四海。

2021年4月28日，洞头区聘任16名来自温州各地的侨领为首批国际旅游岛海外宣传大使

（区委统战部提供）

2021年10月19日，全市党外知识分子“同心跟党走 · 迈向新征程”爱国奋斗报告会在洞头举行（区委统战部提供）

2011年5月23日，妈祖祭典（洞头妈祖祭典）被列入第三批国家级非物质文化遗产扩展项目名录，序号484，项目编号X-36在北岙街道东沙村妈祖宫主会场和元觉街道沙角村分会场举行，为“民间民俗·多彩浙江”优秀传统文化系列活动之一，主题是“同谒妈祖·共享平安、多彩洞头 · 立夏养心”。活动主要包含开幕式、祈福大典、妈祖巡安、海上巡安、品平安宴、云祈福等。祈福大典洞头渔民代表与台湾信众按照妈祖圣像出宫、颂读祭文、拜天、拜海、拜妈祖等古老方式，祈求风调雨顺、四海安宁。活动现场设置祈福墙、许愿树、特色文创展区、渔民画展、妈祖传说故事展示等。中国侨联原副主席王成云，浙江省民宗委二级调研员郭家明，市台办主任苏爱萍，区领导郭云强、戴冕、陈后春、叶锦丽、张释忠及海峡两岸游客等参加。活动由浙江省民族宗教事务委员会、浙江省文化和旅游厅、浙江省文物局指导，洞头区人民政府主办，温州市民族宗教事务局、温州市文化广电旅游局协办，中华妈祖文化交流协会支持，区委统战部（民宗局）、区农业农村局、区文广旅体局、北岙街道办事处、元觉街道办事处、区妈祖文化交流协会承办。

【全市党外知识分子报告会在洞头举行】 2021年10月19日，由温州市委统战部主办、洞头区委统战部承办的爱国奋斗报告会在洞头举行。全市党外知识分子以“同心跟党走 · 迈向新征程”为统一主题，以“自己讲、讲自己”的方式，在12个县（市、区）开展爱国奋斗主题宣讲活动的基础上，推荐优秀宣讲人15人，参加全市党外知识分子爱国奋斗报告会，讲述党外知识分子“听党话、跟党走”、爱国奋斗立岗建功的故事。市委统战部副部长朱大志，市知联会会长班子、理事、各县市区及浙南产业区知联会代表120多人参加报告会。

【民革温州市洞头区支部成立】 2021年11月26日，中国国民党革命委员会温州市洞头区第一次党员大会暨支部成立大会召开。会议宣读了民革温州市委会关于成立洞头区支部的批复文件，为洞头区首个民主党派基层组织，并举行授牌授印仪式。会议通过《民革洞头区支部第一次党员大会选举办法》《中国国民党革命委员会温州市洞头区支部委员会成立大会会议议程》，选举产生民革洞头区支部第一届委员会，张辉星当选支部主委，苏央央、陈灿渊当选支部委员。市政协副主席、民革温州市委会主委诸葛启钏，区领导郭云强、汪慧平、戴冕及区有关部门负责人，街道（乡镇）统战委员，工商联、知联会、新联会、台联会等负责人和民革兄弟组织代表参加会议。

【林海帆当选中科院外籍院士】 2021年11月18日，中国科学院、工程院公布2021年院士增选当选名单。洞头籍科学家林海帆新当选2021年中国科学院外籍院士，专业为干细胞与再生医学。林海帆，温州洞头人，曾就读洞头北岙小学、北岙中学、洞头第一中学，1978年考上复旦大学生化系，1983年赴美国康奈尔大学攻读博士学位。现任国际干细胞研究学会（ISSCR）董事、中国国家干细胞研究指导协调委员会成员与科技部干细胞研究国家重大科研计划专家组成员，上海科技大学生命科学与技术学院创始院长与特聘教授，清华大学讲席教授，复旦大学顾问教授，温州市政府引才顾问。

（陈昱晓）

机构编制管理

【概况】 2021年，洞头区制定《洞头区级机构编制执行情况和使用效益评估实施方案》《关于进一步加强机构编制监督检查工作的通知》《洞头区机构编制合规性审查实施细则》《洞头区医疗卫生领域事业单位公益指数发布与运用办法》，印发《关于推进事业单位章程制定工作的通知》。推进职责体系建设，监管事项认领9794项，认领率100%。一体化推进瓯洞管理体制，完成重点领域的公共事务管理向瓯江口片区延伸 18 个。构建机构编制监督检查“1+X”制度体系，开展区级党委部门（含大党组融合式管理单位）机构编制执行情况和使用效益评估，建立洞头事业编制银行，全年共核准行政事业用编 315 名、周转事业编制 33 名。创新公办幼儿园教师雇员制管理，探索实施公办幼儿园多元化办园模式。强化对事业单位事中事后监管，完成章程制定和法人新设登记、变更、注销事业单位各 40 家及全区事业单位法人年度报告公示工作 123 家，开展事业单位法人公示信息“双随机、一公开”抽查工作。

【管理职责体系建设】 2021 年，洞头区构建覆盖省、市、区、乡四级的监管事项清单体系，全面梳理全区监管事项清单，推进监管事项集中认领工作，全区相关部门共认领监管事项 9794 项，其中行政检查事项 4088 项，行政处罚事项 5706 项，实现应领事项认领率 100%，推动全区职责体系建设覆盖到位。编制公布街道（乡镇）属地管理事项责任清单 75 项，超省定 10%，明晰牵头部门对街道（乡镇）“属地管理”事项承担“兜底”责任，街道（乡镇）落实协同责任，实现权责、监管、属地管理“三张清单”线上数字化应用。

【机构体制优化】 2021 年，洞头区优化调整机构体制机制，一体化推进瓯洞管理体制，印发昆鹏街道“三定”和延伸瓯江口区覆盖管理机构编制设置方案，组建洞头区公共事务延伸管理服务中心，延伸管理事项涵盖文化广电旅游文物、体育、卫生健康、教育、民政、劳动监察、农业农村和消防等重点领域 18 个，涉及联合派驻直接管理部门 10 个和非派驻直接管理部门 8 个。优化区委政研室、区委改革办、区科技局等机构设置，设立区委社会建设委员会并落实合署办公，完成区乡村振兴局、综合行政执法指导办公室等机构挂牌。理顺机关和事业单位之间的管理归口、职责分工和责任边界，把区海洋与渔业发展研究中心由归口区农业农村局管理调整为归口区科技局管理，区科协由归口区经信局管理调整为区科技局管理，实行大党组融合管理，党政机构履职更加协同高效。推进“大综合一体化”综合执法改革，实施“1+8+1”执法架构，推动街道（乡镇）“一支队伍管执法”综合执法工作。

2021年12月24日，中共温州市洞头区委社会建设委员会揭牌 （陈杰民 摄）

【机构编制监督管理】 2021 年，洞头区印发《关于建立洞头事业编制银行的通知》，实施事业编制周转管理，建立洞头事业编制银行，盘活用好编制存量，全年共核准行政事业编制用编 315 名，编外用工 118 名，周转事业编制 33 名。出台《洞头区级机构编制执行情况和使用效益评估实施方案》，完成全区党委部门 12 家和由大党组融合管理的正科事业单位 1 家、群团组织的综合评估 5 家、机构改革后新设立机构运行评估 2 家。实施公办幼儿园教师雇员制管理，探索实施公办幼儿园多元化办园模式，成立区瓯江口第一幼儿园、区瓯江口第二幼儿园为区教育局下属股级公益一类事业单位，采用公办民营模式。构建机构编制监管制度体系，印发《关于进一步加强机构编制监督检查工作的通知》《洞头区机构编制合规性审查实施细则》等，形成机构编制全方位监督检查“1+X”制度体系。全面开展机构编制核查工作，统筹推进机构编制重要事项报告、机构编制统计年报、实名制数据质量压力测试等工作，清理规范机关编制数与领导职数“倒挂”等问题。完成全区行政事业单位（不含部门下设机构）的机构编制数据集成管理 290 家。全年共核准国有企业员工用编 13 名、编外人员用编 13 名，周转国有企业员工编制 3 名；首次集中统一规范开展国有企业机构编制统计年报，涉及全区国有企业 13 家。

【事业单位登记管理】 2021 年，洞头区出台《洞头区医疗卫生领域事业单位公益指数发布与运用办法》，试行医疗卫生领域事业单位公益指标体系建设，全市率先在区人民医院试点，涵盖街镇卫生服务机构，建立公益指数“数据库”。加强事业单位事中事后监管，印发《关于推进事业单位章程制定工作的通知》，开展事业单位章程制定工作，完成教育、卫生健康、文化等3个部门所属40家事业单位章程制定、核准备案工作，推动事业单位权责更明晰、分工更精细、机制更健全、履职更高效。实施事业单位登记管理“告知承诺”机制，推进事业单位法人信息公开，组织开展事业单位法人公示信息“双随机、一公开”抽查工作，全面核查机构改革后事业单位法人登记信息，全年办理法人设立登记3家、变更登记35家、注销登记2家，完成全区事业单位法人年度报告公示工作123家，公示率100%。

（陈美美）

对台事务

【概况】2021年，洞头区贯彻落实习近平总书记关于对台工作重要论述精神，发挥海峡两岸（温州）民营经济创新发展示范区重点平台和浙江省对台交流基地优势，推进两岸同心岛建设。双屏论坛被列入国台办年度对台交流重点项目，全国政协副主席、民革中央常务副主席，中央统战部副部长，国台办交流局局长等领导到洞头调研指导。洞头区委连续三年获评浙台经济社会融合发展突出贡献单位。

中共温州市洞头区委台湾工作办公室协办第二届海峡两岸影像文化周·洞头半屏山专场活动，配套举办两岸摄影展、文化沙龙、结对采风等系列活动。组织开展“妈祖平安节”民俗体验、“同心端午邻里节”、“两岸青年同心过七夕”、“‘航’行浙里·两岸共拍秀”洞头站等系列历史人文活动，累计接待山东、金华、衢州、宁波、丽水等地台办及台盟浙江省委、“广州杭州台生看温州”参访团、“航行浙里·两岸共拍秀”采风团等两岸嘉宾到洞头调研考察交流33批次827人次。“以台引台”摄制《台青看洞头》系列视频，拓展线上交流，人民网、抖音等平台总点击量超40万次。洞头半屏山新闻首度亮相中国台湾网头版头条，《人民日报》（海外版）、中新网等两岸28家媒体刊播。协助举办温州首届帆船邀请赛、首届温台游艇产业发展交流会。促成浙南水运中心·燕子山游艇产业综合体、大健康营养食品产品研发等一批涉台项目签约。

【深化“台事通”改革】2021年，洞头区落实台胞服务专员、台事预约全程代办、定期征求意见等制度，线上线下提供重大疾病临时救助、企业工商年检、驾驶证换领、疫苗接种等涉台服务。完善台胞之家、台青公寓等青创配套设施。引导辖区行业领军企业参与台青创业就业实习工作，全年收集上报就业岗位70个，实习岗位28个。全年累计开展诉求征集160次，服务台胞台企134人次，协助解决企业生产问题52个。

【首届温台游艇产业发展交流会】2021年5月16日，首届温台游艇产业发展交流会在洞头举行，海峡两岸近50位游艇产业相关企业精英、行业专家参加。会议围绕“温州游艇产业发展的机遇与挑战”和“台资游艇企业的发展经验交流”两大议题展开交流对话，介绍了中国游艇产业发展趋势、温州游艇产业发展机遇、洞头海洋经济发展等内容。同步举行2021年嘉信游艇·瓯江杯帆船邀请赛。会议由温州市半屏山两岸旅游经贸文化发展促进会、双屏智库研究会、深圳市海之蓝游艇服务有限公司主办。

【温台两地现代海水养殖云交流活动】2021年6月16日，温州和台湾两地现代海水养殖云交流活动在洞头区台胞之家举办，主题是“创新科技 展望未来”，交流活动以线上线下相结合的方式举行，两岸专家学者、企业和社区代表共同探讨洞头与金门在深海养殖技术的合作应用，共筑海洋水产养殖新业态。现场举行“双屏论坛智库研究会现代渔农业发展办公室”揭牌仪式，台资企业清大庶安（上海）海洋科技有限公司与温州市洞头半屏文旅发展有限公司签署合作意向，双方约定将在海洋工程、水产养殖、农副产品加工、生态旅游开发项目和人才交流培训等方面加强合作。双屏论坛智库研究会特聘专家、清华

2021年5月16日，首届温台游艇产业发展交流会在洞头举办（区委台办提供）

大学土木水利学院副教授张崇厚作《新一代人工岛技术在“半屏海上田园”深海养殖牧场的应用》专题演讲。活动由双屏论坛智库研究会、台湾金马地区两岸交流协会主办，温州市半屏山两岸旅游经贸文化发展促进会、温州沐泽源文化旅游发展有限公司协办。

【“航”行浙里·两岸共拍秀温州站活动】 2021年8月18日至19日，由浙江省台办举办的“航”行浙里·两岸共拍秀温州站活动在洞头举行，10多名台湾青年“拜师”媒体、高校和行业协会的摄影大咖，通过互动讲解、分组结对和外出采风等方式，学习无人机航拍、手机摄影和摄像技术。活动中，摄影家们和中国台湾学生共同到七彩洞头村、半屏山、金岙同心村及东海贝雕博物馆采风和拍摄。区领导郭云强、戴冕参加开幕式。活动由浙江省人民政府台湾事务办公室、中国新闻社浙江分社指导，西湖国际影像联盟，温州市人民政府台湾事务办公室，洞头区委、区人民政府主办。

【第二届海峡两岸影像文化周·洞头半屏山专场活动】 2021年10月14日至15日，以“两岸共拍 浙里最美”“聚焦融合发展，推‘洞’共同富裕”为主题的第二届海峡两岸影像文化周·洞头半屏山专场活动暨2021双屏论坛在洞头举行。两岸文艺界、企业界、专家学者、台胞台商台青台属代表等150多位嘉宾参加，共同交流两岸影像文化的精准聚焦和两岸半屏山闽南文化，推动两岸融合发展。现场进行“‘航’行浙里·两岸共拍秀”活动优秀作品颁奖及开展仪式，展出两岸30位摄影名师的经典摄影作品和《八百里瓯江》《两岸半屏山》钢笔画。区委书记林霞以“海洋”为主题，围绕海岸生态修复、游艇产业发展、海洋医药研究等内容作专题发言。活动开展“两岸半屏山青年影像文化沙龙”“两岸青年结对采风”“‘未来村庄’两岸青年创投沙龙”“温台合作项目分场对接”“半屏山影像文化烟花秀”“游艇跳岛游体验”等系列配套活动。浙江省台办副主任章启忠、温州市政协副主席诸葛启钏、温州市台办主任苏爱萍、区领导林霞、郭云强及台湾旺旺集团副董事长周锡玮等嘉宾出席活动。活动由国台办、浙江省台办指导，温州市台办，洞头区委、区人民政府主办，洞头区台办、区文联承办。

【洞头区台胞台属联谊会第一届全体代表大会召开】 2021年10月16日，洞头区台胞台属联谊会第一届全体代表大会召开。会议听取并审议洞头县台胞台属联谊会第三届理事会工作报告，审议通过《洞头区台胞台属联谊会章程（草案）》《洞头区台胞台属联谊会选举办法（草案）》，选举产生新一届洞头区台胞台属联谊会理事会，郑西平当选为会长。大会还聘请潘一新、林振勇作为洞头区台胞台属联谊会第一届理事会顾问。

（罗丽丽）

区直机关党建

【概况】 2021年底，中共温州市洞头区委直属机关工作委员会服务管理党组织242个，下辖机关党组织129个、事业党组织53个、国企党组织15个、企业党组织13个、社会组织党组织26个，民办非企业党组织6个。其中，机关党委10个、机关党总支9个、机关党支部110个；事业党委1个、事业党总支1个、事业党支部51个；国企党委3个、国企党支部12个；企业党委1个、企业党总支1个、企业党支部11个；社会组织党委1个、社会组织党总支1个、社会组织党支部24个；民办非企业党支部6个。区直机关共有党员2877名，其中预备党员134名。全年发展机关党员134名，35周岁以下93名，本科以上学历126名，“两新”组织10名。

区委机关工委聚焦“红色根脉强基工程”，推进“清廉机关、模范机关”建设。全年推选民主评议优秀党员582名，慰问患病党员、困难党员和老党员180多人，发放慰问金20多万元。组织开展机关党员党性教育轮训班4期，安排参加集中轮训机关党员280多名。并开展对各机关党组织党员轮训计划执行情况常态化督导。“村社吹哨、部门报到”“书记领办项目”“项目党建联盟”等特色做法多次在省级以上媒体刊发。“党建联盟 全域联动”获市级“书记办实事”活动优秀项目一等奖。

【区直“清廉机关”建设】 2021年3月17日，为加快打造与“海上花园”建设相匹配的清廉温州示范区，更深层次、更高质量推进“十四五”时期清廉洞头建设，区委直属机关工委制定《关于深化清廉机关建设的实施方案》，开展“清廉机关”建设。建设内容为保障护航中心大局、营造优良政治风气、加强主体责任落实、纵深推进机关党建、强化清廉文化建设。目标是至2025年实现星级清廉机关建设全覆盖，建成三星级清廉机关（清廉站所）50%，四星级清廉机关（清廉站所）30%，五星级清廉机关（清廉站所）10%。原则上采取“年初申报、年中监测、年底验收、逐年晋升”方式进行评选。截至年底，建成星级清廉机关24个。

【“村社吹哨、部门报到”活动】2021年，为落实“我为群众办实事、我为企业解难题、我为基层减负担”专题实践活动要求，完善“海岛振兴结对”工作机制，推进清廉机关、模范机关建设，洞头区开展“村社吹哨、部门报到”活动，构建“吹哨、甄别、应哨、评价”一体流程。采取“一对一”挂钩结对形式，通过签订“海岛振兴党建联盟”共驻共建协议书，推动开展联合主题党日、助企助工服务、送技术下乡、联席会议等，实现活动共办、资源共享、要事共商。全区63家机关部门单位与84个村社党组织签订“海岛振兴党建联盟”共驻共建协议书，达成共建合作关系。构建“村居（社区）上报—街道（乡镇）‘吹哨’—部门单位‘应哨’”运行流程，依托“帮农云”平台、日常走访巡查等渠道，收集了解民生发展诉求和民众实际困难。强化“部门+村社”“部门+部门”联动协作机制。全区累计1950名机关党员登记报到，帮助解决实事项目421件。通过强化考评监督，检验“报到”服务工作实际成效，形成“吹哨报需—应哨实施—评价反馈”工作闭环，推动提高机关单位党组织服务品质。

【“最强支部·模范机关”建设】2021年，为扎实、规范、高效推进“最强支部·模范机关”建设活动，推动全区机关党的建设实现“整体建强、全域提升”，区委直属机关工委聚焦“双建争先”工程，深化模范机关考核评估体系，围绕政治建设、组织队伍、服务业绩、作风纪律、制度文化、组织实施等内容，通过攻擂争先、交流比拼方式，选树模范机关、培育最强支部。全年累计创成区级最强支部21个、区级模范机关9个、市级模范机关1个。

【党务干部队伍建设】2021年，为建设政治强、业务精、作风好的党务干部队伍，推动机关党建工作高质量发展，根据《中国共产党章程》《中国共产党党和国家机关基层组织工作条例》等相关规定及新时代机关党的建设有关要求，区委直属机关工委制定《加强区直机关党务干部队伍建设的“十条”举措（试行）》。

实施党务干部“十条”举措，健全党务干部培养选拔、教育培训、管理监督和激励保障制度体系。试行“提名过堂”制，把党务干部调整与领导干部调配、股级干部提任等统筹结合，推动“年轻科级干部任支部书记、35岁以下委员、本科学历委员、优秀中层干部委员”等指标动态维持在50%以上。

【“书记领办项目”实施】2021年，为充分发挥机关党组织在推动全区重点工作和部门业务工作中的领先破难、示范带动作用，实现机关党建与业务工作深度融合、互促共赢，全面提升机关党建质量，区委直属机关工委开展“书记领办项目”活动。围绕“党建+”项目，由机关党组织书记各自领办一项重点任务，通过比学交流、成果展示、评价验收等方式，推动领办项目落地落实。全区共立项重点项目48个，“党建联盟 全域联动”获市级“书记办实事”活动优秀项目一等奖。

【组建“项目党建联盟”】2021年，区委机关工委以项目协同推进机制为抓手，围绕全区社会投资类重点项目与服务部门单位、所在街道（乡镇）、村社组建“项目党建联盟”，完善信息联通、制度联建、资源联享、活动联办工作机制，组建首批拓展型党支部4个，遴选首批结对共建重点项目12个。“项目党建联盟”被列为“党支部（党小组）建在项目上”优秀实干案例。

（叶丽丽）

群众信访

【概况】2021年，洞头区委常委会学习研究信访工作会议4次，召开信访专题工作会议3次。探索“党建+信访”工作体系，发挥区乡信访工作联席会议作用，实现各级“两会”等重点时段“零非访、零滋事、零事故”，省级“无信访积案区”实现四连创。洞头区继续保留2020年度信访工作“三无”县（市、区、旗）资格。全年受理群众信、访、网、电5872件，同比上升16.2%。其中，来信78件，同比下降9.3%；来访76批109人次，同比批次下降15.55%，人次下降12.8%；来电4150件，同比上升17.63%；网上投诉1568件，同比上升16.23%。重复信访占比28.28%。全年区级领导接待来访群众10批14人次，占本级走访批次总量的13.51%。全年发生越级上访10批10人次，其中到市级上访5批5人次，同比批次下降68.75%、人次下降70.58%；到省级上访3批3人次，同比批次、人次下降50%；进京2批2人次，同比批次、人次持平。全年无发生进京扰序信访事件。

【信访机制建设】2021年，洞头区出台《洞头区基层信访工作联席会议工作规则》《洞头区强化村（社区）信访工作实施细则》，全区各街道（乡镇）成立基层信访工作联席会议，形成“区乡一体、条抓块统”的信访工作模式。建立巡察与信访协调联动机制，贯通巡察监督与信访监督，共享共用信息、资源、手段和监督成果。

【信访积案化解】2021年，洞头区继续开展“无信访积案区”创建活动，组织开展集中治理重复信访事项专项行动、疑难复杂信访问题“大起底、大化解、大规范”专项行动等，梳理疑难复杂信访问题45个，逐案落实区级领导包案，分两批集中交办。实施“包案+专班”联合攻坚、“政法+公检法”联合会审、“督考+纪检”联合督办的三联工作机制，全年召开专题研判会、专案研究会、群众见面会30多次，累计化解重点信访事项40件，其中国家级重复信访事项8件、省级重复信访事项10件、市级涉征地拆迁信访4件、市领导受信1件、区本级积案17件。

【初信初访管理】2021年，洞头区健全完善初次信访事项办理工作规则，全程跟踪初次信访事项受理、办理、反馈等环节，做到“一日一提醒、一周一督办、一月一通报”，常态开展初次信访事项办理情况回访调查，每季度组织办理质量评审、终结事项“回头看”，实行“效能指数”监督通报机制。全年初次信、访、网化解率分别为100%、100%、97.61%，按期受理率、按期办结率、回访核实率均达100%。信访部门满意度为98.64%，责任部门满意度为97.22%；政务热线办理“效能指数”排名全市前列。

（林玉燕）

史志编研

【概况】2021年，中共温州市洞头区委党史研究室（温州市洞头区地方志研究室）围绕主责主业，服务党史学习教育，完成庆祝建党百年重点项目和重大任务，推进党史编研和年鉴编纂工作，发挥史志部门“存史、资政、育人”职能。继续推进洞头党史三卷编写工作，编辑《中共洞头县委文件文献选编（2009—2010年）》《中共洞头县委历次全体（扩大）会议重要文献选编（1983—2015年）》《洞头政府工作报告文献汇编（1983—2015年）》等重要文献选编。继续核实补充《中共洞头历史大事记（2003—2020）》。整理编辑完成《解放洞头口述史》。《洞头年鉴（2021）》出版发行。联合开展“百年潮涌”大型图片洞头篇章图片展活动。运用多种载体服务建党百年党史学习教育和庆祝建党百年系列活动。借助微信公众号、移动短信等载体，推出“洞头记忆”短信内容，推送“党史周刊”栏目。开展文化礼堂史志书籍赠送活动。《洞头年鉴（2020）》获评2021年度浙江省精品年鉴。

【《洞头年鉴（2021）》出版】2021年12月，《洞头年鉴（2021）》（总第三十一卷）出版发行。该书由区委、区政府主办，区地方志研究室编纂，方志出版社公开出版。全书实事求是记载2020年度洞头自然、政治、经济、文化、社会等方面基本概貌和发展状况；记述2020年洞头大事、要事、特事、新事，反映各行各业的新变化、新经验、新探索。共设32个栏目，242个分目，1335个条目，文中配照片（图标）223幅、表格59张。卷首设“特载”“专辑”“大事记”“区情概览”等4个栏目，百科设“中共洞头区委”等26个栏目，卷尾设“附录”“索引”2个栏目，约96万字。

【建党百年党史学习教育】2021年，区史志研究室编辑“百年潮涌”大型图片展温州市洞头区域的展览内容，整理出300多张珍贵图片反映洞头政治、经济、社会、文化、生态环境和生活等各个领域的发展变化。图片展由“革命烽火红旗插上观潮山”“筚路蓝缕栉风沐雨兴大业”“日新月异经济实现新跨越”等九个篇章组成，共有64个展架。联合区委宣传部、区文广旅体局、区机关工委、区海霞学院等部门开展庆祝中国共产党成立100周年党史讲座、中国共产党成立100周年党史知识有奖竞答等活动。联合区总工会、东屏街道举办“我心向党庆百年，海霞女工展风采”洞头区非公企业女职工花园村庄趣味定向活动和“寻找党史印记知识竞答”活动。收集全区“辉煌百年·红动百岛”党史知识大赛准备党史知识题库。联合举办“辉煌百年·红动百岛”征文比赛活动，评出获奖征文26篇。配合区委宣传部完成两轮全面建成小康社会大事记材料收集整理。配合开展温州市“以史为鉴、开创未来——‘红色文物党史故事’庆祝建党百年暨学习贯彻‘七一’重要讲话精神大型全媒体采访活动”、“决心书”故事，并在学习强国刊出。上报“洞天福地海霞故里”稿件在学习强国——“浙里有志”刊出。整理编辑上报区党史学习教育办6篇红色故事。

【史志宣传教育】2021年，区史志研究室借助微信公众号、移动短信等载体，每周推出“洞头记忆”短信内容，全年累计发送15.56万条。全年累计推送“洞头传媒”微信公众号54期；洞头记忆微信公众号发布“党史周刊”栏目28期、档案红色故事10期，展示洞头党史大事，展现党的奋斗历程。利用“每周班前一刻钟”、党史微讲堂“我带大家一起学”等形式，组织开展党史知识学习40多场次。全年开展史志书籍赠书活动，计956本。

【《中共洞头县委文件选编》发行】2021年5月，区史志研究室完成《中共洞头县委文件文献选编（2009—2010年）》编印。本文献选编为第八辑，时间跨度从2009年1月至2010年12月；收录县委、县政府主要文件，以及上级有关洞头的指示、批复与下级报告、请示等文件，共47.7万字。该书的编印为广大党员干部和文史爱好者了解、研究这一时期的洞头历史、更好地开展各项工作提供资料支撑，具有较高的史料价值，为编写地方党史提供直观的基础素材。

【洞头县政府工作报告文献选编】 2021年8月，区史志研究室完成《洞头县政府工作报告文献选编（1983—2015年）》的编印。收录从1983年4月1日洞头县第五届人民代表大会第一次会议至2015年3月18日洞头县第十三届人民代表大会第四次会议期间的政府工作报告文献33个46万余字。该文献记录洞头改革开放以来的发展、变化、飞越、辉煌。有利于各部门借鉴成功经验，传承洞头精神，进行科学决策。也为社会各界认识洞头、研究洞头、建设洞头提供参考和帮助。

【洞头县委历次全体（扩大）会议重要文献选编】 2021年9月，区史志研究室完成《中共洞头县委历次全体（扩大）会议重要文献选编（1979—2015年）》的编印。本书收录从1979年6月23日中共洞头县委二届一次会议至2015年2月2日中共洞头县委十届八次全体（扩大）会期间的重要文献45个58万余字。该文献使读者能对各次洞头县委全体（扩大)会议有一个比较完整的了解，从中感受历届洞头县委立党为公、执政为民的根本理念，感受洞头县各级党政组织在前进的道路上勇于实践探索的创新精神和广大党员干部求真务实、埋头苦干的优良作风。

【《解放洞头口述史》】 2021年12月，《解放洞头口述史》完成编印。为纪念洞头解放70周年，洞头区史志研究室提前谋划，翻阅书籍、追寻史料，把数次解放洞头的史实进行新一轮的梳理和编辑，重现当年战士们英雄奋战的牺牲精神，经受血与火战斗洗礼的场景展现在洞头人民面前。《解放洞头口述史》《洞头史志（总第13期）》刊物的专刊，分概述、战役篇、英雄篇和附录（烈士名录）四个篇章，共6万余字。该书既是对英雄们的缅怀，又为本土爱国主义教育提供读本。

【《洞头年鉴（2020）》获评省精品年鉴】 2021年12月，省地方志办公室公布2021年度浙江省精品年鉴评选结果，《洞头年鉴（2020）》等12部年鉴入选。《洞头年鉴（2020）》（总第30卷）由区委、区政府主办，区地方志研究室编纂，方志出版社公开出版。全书全面、系统、实事求是记述2019年洞头大事、要事、特事、新事，反映各行各业新变化、新经验、新探索。共31个栏目251个分目1286个条目，文中配照片（图标）270幅、表格68张。全书设“特载”“专辑”栏目，卷首设大事记、区情概览等4个栏目，百科设中共洞头区委等25个栏目，卷尾设附录、索引2个栏目，计100万字。

（谢海燕）

老干部管理

【概况】 2021年，洞头区有离休干部9人，平均年龄92.7岁。其中，居住本地5人，安置和居住在异地4人；机关6人、事业1人、企业2人；享受副处级待遇6人，享受正科级待遇3人。中共党员6人。副处级以上退休干部16人。

组织老干部参加区级重大会议和意见征求12场，提出意见建议80多条。围绕“乡村振兴”“垃圾分类”“疫情防控”等重点工作，组织县处级老干部、支部书记开展“我看建党百年新成就”走看促活动5次。督促全区各单位落实“六个一”制度，明确退休干部所在单位和相关部门职责，落实关爱举措，全区共举办荣退仪式20多场次，让退休干部接受思想政治再教育，始终牢记党员身份，始终保持初心本色。

【离退休干部党组织建设】 2021年，全区有单独设立的离退休干部党支部25家，100%创成市级“五好”星级支部。通过打造离退休“党建联盟”助推离退休党建，探索理论联学、资源联享、活动联办、队伍联建破解支部党员人数少、学习活跃度不高、学习形式单一等问题，促进主题活动焕发异彩、关爱渠道不断拓展、建言献策促进大发展。“红色基因永相传 海霞精神伴我行”主题党日活动案例获全省主题党日案例评比三等奖。开展为在党50周年“最美老党员”摄影活动，增添老党员荣誉感、获得感、自豪感。按照离退休干部党支部书记(由退休人员担任的）每人每月200元的标准，下拨工作补贴4.76万元。

【离退休干部服务】 2021年，洞头区全面落实老干部两项待遇，邀请老干部参加重要会议和重大活动。提升老干部生活待遇，完善服务保障。开展“四季·慰问+”服务增强老干部幸福感。立足“+”元素，开展春节慰问、夏日送清凉、“金秋”庆重阳节、“暖冬”困难帮扶，四季不间断慰问活动，全年开展老干部慰问共计111人次，发放慰问金共计8.62万元。组织县处级离退休干部体检18人次，为老干部提供送医送药上门服务10人次，生活服务31人次。

【老干部服务中心】 2021年，完成老干部服务中心楼道、教室、活动室、办公室等区域修缮。举办离退休老干部“庆重阳”趣味运动会。组织引导老干部参与“基层治理”“垃圾分类”“疫情防控”“庆祝中国共产党成立100周年”等宣传活动4次，参与600多人次，受益群众2500多人。组织老干部参加全市“风华百年·银耀同行”庆祝中国共产党成立100周年文艺演出活动。银海社区获市级“银尚乐活”称号，黄忠波获市级“银尚之家”称号，陈钦旋、叶元才获市级“银尚达人”称号；洞头区老干部书画摄影团队、乒乓球团队、台球团队等三支队伍获市级老干部“五优”团队称号。

【老干部大学】2021年，洞头区老干部大学共开设歌咏、戏曲、器乐、时装、太极拳、太极剑、交谊舞、乒乓球、烹饪、朗诵、智能手机等课程11门，学员237人。首次开设歌咏班2个，分为基础班和提升班。借力市老干部“流动红色能源站”平台资源，开展以“大力发扬党的光荣传统和优良作风”为专题的讲座。围绕“银龄跨越数字鸿沟”“老年人健康与常见病预防”“老年人如何防范网络诈骗”等主题，以讲座的形式为学员传授手机操作知识，普及卫生健康和防诈常识。开展“我为老干部代言”专题活动，组织太极拳班进村开展志愿服务、朗诵班进城市书房开展朗诵比赛。按照市委老干部局“一地一特色”选送游学路线要求，推出“海霞故里促学修心怡天年”游学路线，供全市各地老干部大学开展游学活动。

（洪丽欢）

档案管理

【概况】2021年，温州市洞头区档案馆坚持党建引领，围绕区委、区政府中心工作，服务党史学习教育、政府数字化改革等工作。实施珍贵档案“回家”工程，共回归洞头置县之前档案765件，其中民国时期档案407件。抢救修复洞头先锋女子民兵连纪念馆实物档案83件，征集民间红色实物档案36件。全年完成79家单位14504卷92833件档案的接收工作，其中涉及退休职工档案、土地确权档案等民生档案19类11149卷49530件。全面开通“机关查档直通车”，实现跨部门、跨场景联动及查档“一件事”办理。主动融入党政机关整体智治数字化改革应用场景，为全区46个实施单位97个重点工程开通档案资料管理模块，实现对工程项目动态监管，确保项目档案数据完整。全覆盖协助指导各村开展村社换届、扶贫档案、疫情档案、区划调整档案规范整理。对全区53个新建、续建、竣工验收三类政府投资重点建设项目，开展档案数字化和归档管理指导，创设归档模板，指导项目建设及时归档。推出以“档案话百年”为主题的新修订《中华人民共和国档案法》宣传暨“百年党史忆初心”党史知识竞赛、新修订档案法“五进”宣传等国际档案日系列宣传活动。区档案馆获评“国家级数字档案馆”，创成市级爱国主义教育基地、市级社科教育普及基地，“闪光兰台”获评区级优秀党建品牌。

【获评国家级数字档案馆】2021年1月4日至5日，洞头区档案馆接受国家级数字档案馆现场测评。专家组同意洞头区数字档案馆系统以“国家级数字档案馆”报请国家档案局审批。8月31日，获评国家级数字档案馆。洞头区高度重视档案工作，投入5900万元用于建设档案馆新馆，内设查阅大厅、数字化加工室、档案登记备份中心及大数据中心等功能用房，符合档案馆“五位一体”功能要求，具备档案安全保障能力和公共服务能力。区委、区政府先后投入2000多万元，提升档案馆数字化建设水平，创新开展“兜底式”民生档案整理，农村基层档案数字化率100%；全面开展区馆藏档案扫描清查，实现馆藏档案数字化率100%，档案管理数字化、网络化、智能化不断提升。

【档案数字化改革】2021年，洞头区出台《关于全面加强基层档案工作 推进数字化改革的实施意见》，加强档案资源体系和档案公共服务建设，在全区村居（社区）规范化数字档案室建设的基础上，实现区、乡、村三级民生档案资源共享、远程利用协同服务，完成71家单位共建共享平台数据同步工作，实现馆室数字档案资源无缝对接，开通“机关查档直通车”。创新开展“兜底式”档案整理，联合区财政局制定出台《关于开展民生档案“兜底式”整理工作的指导意见》，全面摸清全区所有机关、事业单位室藏档案情况，推进基层历史积存档案规范化、数字化整理、归档，基层档案数字化率90%。出台《洞头区档案接收进馆标准》，实行纸质档案和数字档案进馆一一核对的“全检”模式，从源头上保障档案资源安全。开展涵盖文书档案、民生档案、业务档案、照片、音视频、磁带、字画、印章档案等8个批次的馆藏档案数字化加工和清查，实现卷内目录和归档文件目录100%电子化上传至馆藏查档系统。截至年底，该系统共有各类案卷内目录818427条，归档文件目录320682条，共计1139109条目录，馆藏档案数字化率100%。

【档案管理与执法】2021年，区档案馆推动“最多跑一次”改革，归集“最多跑一次”电子档案47214件，统建平台归档率为

99%。梳理完善权力事项库，认领公共服务事项14项，完善政务服务事项办事指南，实现事项网办率100%。推进“互联网+监管”工作，开展双随机掌上执法，实现机关事业单位、重点工程及档案工作服务部门全覆盖，掌上执法率、任务完成率均100%。高标准推进档案“双化”创建，完成14家单位同步“规范化档案室”及“省级规范化数字档案室”建设，完成行政村（社区）规范化档案室建设20个。推行“村档区代管”试点工作，完成档案进馆14个村4892卷。联合督查考核，把档案管理工作纳入全区年度督查考核项目，并作为创建星级清廉细胞、清廉村居的个性监测指标，推动基层档案规范化发展。完成8类15.8万条民生档案数据库升级，便捷民生查档。建立街道乡镇重点建设政策处理档案信息资源平台，为全区46个实施单位的97个重点工程开通档案资料上传、管理模块，动态管理项目进展时间节点，确保项目建设档案数据完整。

【档案便民化服务】 2021年，区档案馆完善服务大厅功能布局和各项办事流程，大力推行“网上查档”“掌上查档”“异地查档、跨馆服务”等查档方式，推广查档触摸式一体机、瓯e办等载体，并为残疾人和特殊需求人员提供绿色通道、查档预约、函件寄送等人性化服务。开发建设档案信息资源共建共享平台，纳入全区200多家立档单位，实现档案收集、管理、检索、移交、网上年检、共享利用、监督指导、统计等一体功能，实现群众网上查档不出户、平台查档不出村、部门查档“零跑”、档案办理“最多跑一地”。推进档案服务农村基层社会治理试点工作，建立村级重大决策、重要工程、财务管理等11类68小项的村级小微权力清单档案管理，实现村级档案“权力项目化”“归档清单化”“保管期限化”。主动上门服务，加强民营企业档案、重点工程档案、社区档案、新农村建设档案和新兴领域档案工作。

【档案安全网构建】 2021年，区档案馆制定《机房巡检制度》《机房设备运行维护管理制度》《数据保密与备份管理制度》，对机房、库房出入、安全防范、卫生、运行操作、温湿度控制等各方面内容做出明确规定和要求。建立涵盖机房、设备、人员、数字资源等一系列信息管理制度，坚持每年开展信息安全应急演练与风险评估。累计投入2000多万元，完善升级基础硬件、系统软件，强化档案信息安全基础设施建设。通过验收并投入使用国家B级标准机房，配有14台服务器、3套磁盘阵列以及相关防火墙、入侵检查、漏洞扫描、安全审计等安全设备，机房各类存储容量总量达500TB以上，能保证未来10年以上数字化档案进馆的需要。投入机房核心设备运维100多万元，开展网络安全等级保护，对机房重要服务器和存储实行在线数据备份和离线备份。

【党史宣教基地建设】 2021年，区档案馆（区史志研究室）借助馆室资源平台，打造“三厅三廊一平台”（“三厅”：城市规划展示厅、党史教育基地、洞头印迹陈列室；“三廊”：记忆洞头、走进档案、辉煌百年 红动百岛；“一平台”：数字化互动党建学习平台），以数字化互动技术融入基层党建工作中，设置百年党史重大事件电子书、中国共产党洞头光辉历程、党史知识互动、洞头社会事业发展成就以及洞头记忆专栏等五个方面的内容，为百年党史学习提供创新手段，发挥资政育人作用。通过图文、视频、实物结合等形式，为干部群众接受党史学习教育、爱国主义教育、了解洞头发展历史提供平台。推行“四字”学习模式、预约点单式服务等，分别获区总工会、区团委、区妇联的“职工党史教育基地”“大学生思政教育基地”“巾帼红色教育基地”称号；创成温州市社会科学普及基地和温州市爱国主义教育基地。

【《砥砺奋进的五年》画册编印】 2021年11月，区档案馆回顾总结洞头区第一次党代会以来区委的主要工作，编印《砥砺奋进的五年》画册。该画册以时间为序，图文记录洞头区第一次党代会的重要工作、重要活动和重大事件，展示全区五年来在政治、经济、文化、社会、生态文明等领域取得的辉煌成就。该画册分引—魂之所系 纲之所在、变—事不凝滞 理贵变通、新—维实维新 通达天下、活—昆鹏展翅 扶摇直上四个篇章，收录图片323张。

（陈素芳）

精神文明建设

【概况】 2021年，洞头区制定出台《洞头区高水平深化文明城市建设三年行动方案》，实施八大工程，提升城市文明程度。实施“最脏”系列考评和文明城市建设“八大环境”考评。推进移风易俗深度改革，试点建设二垄顶和盘龙公墓。实现新时代文明实践中心、所站全覆盖。温州市洞头区精神文明指导中心组织开展各类社会实践活动100多场。开展万朵鲜花送雷锋活动，为全区110名“身边好人”送上鲜花与祝福。成立洞头区好人工作室。组建洞头区身边好人志愿服务队。推出《文明主播话百岛》《微述身边好人》《海霞少年话海霞》等栏目。在全市率先建成东屏、霓屿两家乡村“复兴少年宫”，打造了梦想秀工厂、十村风情馆、非遗学堂室等“复兴少年宫”阵地。全年获评各级“好人”14人。开展“守初心担使命 身边好人筑百岛”主题宣讲活动50多场。

【文明城市建设】 2021年，洞头区制定出台《洞头区高水平深化文明城市建设三年行动方案》，实施核心价值引领、文明素养提升、道德品牌塑造、人居环境优化、城市秩序提升、移风易俗深化、文化繁荣发展、文明细胞聚力等八大工程。把全国文明城市巩固工作纳入区直部门和街道乡镇绩效考核。组织开展“随手做志愿 共创文明城市”主题实践活动，区主要领导带头参与文明创建，全区累计参与5000多人次。开展洞头区市民最反感的“十大不文明行为”网络评议活动，累计线上参与人流量2.5万人次。通过路段包干、优化设施布局等十大措施，深度推进烟头不落地。累计上街上路捡烟头2000多人次，发送温馨提醒短信10万余条。通过区领导带头督查，科室分组分片包干督查形成多层次全方位督查体系。累计督查交办整改问题200多个。5月，通过国家卫生城市国家暗访组评估。

【公民思想道德建设】 2021年，洞头区启动“守初心担使命 身边好人筑百岛”主题宣讲活动，结合道德模范基层巡讲，组建“海霞红”宣讲小分队、“好厝边”宣讲小分队等6支队伍，通过“文艺+宣传+故事”形式，部门、村社点单方式，开展“五进”宣讲活动50多场。开展各类先进典型集中宣传报道，洞头发布播出身边好人、道德模范事迹20期，区融媒体中心《百姓茶坊》栏目推出“好人365”专栏，天目新闻《浙里好人 德润之江》栏目播出洞头好人事迹6期。开展第六届洞头区道德模范评选活动，获评表彰典型人物12名。把推荐“身边好人”活动作为评议单位精神文明建设工作的重要内容，坚持每月开展“洞头好人”寻访推荐，全年获评各类“好人”14人，其中“中国好人”1人、“浙江好人”2人、“温州好人”11人。周明福获评第八届温州市道德模范。

【移风易俗深度改革】 2021年，洞头区移风易俗工作纳入区督考办法，包含婚宴、餐饮文明指数测评和民俗习惯等三项内容。严格党员干部、公职人员操办婚嫁喜庆事宜，建立婚宴月报告制度，截至年底，共报备124起。实施“反对浪费”“公筷公勺”餐饮文明指数测评，全区近1000家酒店饭店、单位食堂、餐饮店全部纳入测评，发放宣传帖（牌）2.3万份，组织工作专班，每月开展测评，每月通报，累计组织专班督考6次，发现问题170多处，并督促责任单位整改到位。探索公墓管理提升新路子，试点建设二垄顶和盘龙公墓，安装无死角监控、设置宣传栏、提高保洁频率等。

【群众性文明创建】 2021年，洞头区新创成浙江省文明村（单位）5个、市级文明（示范）村镇7个、文明单位、社区类文明单位16个，区级最后两个村命名后，在全市率先实现农村全域文明。截至年底，全区拥有全国文明村4个，占全市全国文明村的18.2%，数量和占比名列全市第一；省级和市级以上文明村占比分别为16.92%和69.23%，均名列全市第一；创新集中评审方式+实地测评，高效率完成温州市前15批文明村镇、前18批文明单位复评工作。新一轮培育全国文明村4个、单位（含社区类）3个、浙江省文明村镇7个、单位（含社区类）5个。

【未成年人思想道德建设】 2021年，洞头区“春泥计划”服务中心与区新时代文明实践中心阵地融合，全年共开展各类课程80多节，惠及全区未成年人1600多人次。推出“春泥巴士”专班，由区交运海霞志愿服务分队负责“春泥计划”服务中心学员的活动接送工作，为偏远村居孩童、困难学生和新居民孩子伸出关爱之手。联合区教育局成立洞头区小桔灯“春泥计划”导师团，由全区各中小学幼儿园112位老师组成导师团，为区“春泥计划”服务中心、“春泥计划”实施村（社区）、少年宫提供更多专业性、特色性、知识性、趣味性的课程服务。开启“党建+春泥”模式，开展以“匠心镌刻百年 童心筑梦未来”为主题的“春泥计划”系列活动，开展“红色百年行·永远跟党走”洞头区“扣好人生第一粒扣子”主题教育等社会实践活动。围绕“海霞精神”“兰小草精神”，巧设各类未成年人活动载体，开展“海霞少年”培根行动；组织海霞少年成长记系列研学活动；组织海霞少年宣讲团开展海霞故事线上+线下宣讲活动；创新推出“兰小草”精品公益课堂，编写出版《兰草留香》兰小草道德教育读本。联动区法院、气象局等6家单位打造“小度来普法”“气象小花园”等“春泥第二学堂”。由区法院、气象局、国网供电、非遗项目体验基地打造的第二学堂被评为温州市未成年人思想道德建设优秀阵地。

（林永新）

海霞学院

【概况】 2021年，温州市洞头区海霞学院启用，组织开展海霞精神

“六进”宣讲36场，推出“海霞身影”系列报道8期，持续开展海霞讲解员培训。完善学院课程体系，开发《习近平总书记与洞头》《走好两条路，再创新辉煌》等理论新课程12个和无线电测向、BB弹射击等研学新课程5个。海霞基地成为浙江省习近平新时代中国特色社会主义思想研究中心首批调研基地。编制《海霞小镇总体规划及景观设计》，推进海霞基地建设，牵头完成厨房、软装、污水管网等基础工程及光电射击馆、巾帼她力量展厅、文创品展销厅等配套工程，海霞基地落成启用。

【产业拓展】2021年，海霞学院开拓市场，实现省外市场大突破，同中国宝武钢铁集团签订长期战略合作协议，并承接中国宝武钢铁集团两期中青干部培训。贯彻落实省委“打造全省女干部进修培训基地”的点题，加入闽浙赣红色教育培训联盟，承办省妇干校、市委组织部等单位委托女干部培训10期。延伸海霞文化产业链，开发海霞精神永恒笔、海霞徽章等3大类28项文创产品。全年累计开展青少年研学16期，干部培训106期，实现收入608万元，同比增长140%。

【海霞学院建成投用】2021年11月22日，温州市洞头区海霞学院落成启用。海霞学院于2020年7月13日开工建设，工程占地面积1.93万平方米，建筑面积2.6万平方米，总投资约2亿元，主要建筑包括爱岛楼、尚武楼、励志楼、奉献楼，包含房间112个、教室15间、会议室12间、400人报告厅1个、自助餐厅2个、中餐包厢6个、风雨操场1个。涵盖培训、研学、军事体验、素质拓展等设施，可容纳1000多名学员培训。该工程由区旅发公司负责建设，中国美术学院风景建筑设计研究总院有限公司设计，浙江恒富泰康建设有限公司施工，天津华北工程管理有限公司监理。温州市委常委、温州军分区司令员王辉，区领导林霞、郭云强及区直属各单位、各街道（乡镇）主要负责人，洞头先锋女子民兵连骨干排成员，海霞学院干部职工等参加落成仪式。仪式后首期举行为期两天的洞头区“三新”暨海洋经济“双招双引”专题研修班培训。

【浙江省妇女干部教育培训现场教学基地建设培训班】2021年4月28日至29日，浙江省妇女干部教育培训现场教学基地建设培训班在洞头区海霞学院举行。浙江省妇女干部学校与洞头区海霞学院签订战略合作协议，宣布洞头先锋女子民兵连纪念馆为全省第十四个浙江省妇女干部教育培训现场教学基地。洞头区妇联与建德市妇联分别就“激扬新时代‘海霞精神’，全力打造女干部培训基地”与“弘扬‘千鹤妇女精神’，引领红色教育培训产业品牌化发展”作典型交流发言。邀请中国作家协会会员、洞头区党史学习教育宣讲专家团成员邱国鹰作《海霞精神的铸造与弘扬》专题授课，并参观洞头先锋女子民兵连纪念馆。浙江省妇女干部学校党委书记、校长陈步云，洞头区委副书记吴志安，温州市妇联副主席项缪，省妇女干部教育培训现场教学基地所在县（市、区）妇联分管领导，基地负责人和省妇干校党员参加。

【海霞小镇总体规划及景观设计编制】2021年3月，海霞小镇开发建设工作专班讨论研究温州市洞头区海霞小镇总体规划及景观设计编制工作。该规划以习近平总书记对洞头先锋女子民兵连的勉励语和贺信精神及省委对洞头海霞精神指示要求，弘扬海霞精神，全面打造新时代民兵建设重要窗口为主要目标和任务。整合北沙片区7个行政村（社）的历史文化优势和山、海、港、礁等自然资源，规划面积约10平方千米，计划总投资20亿元，逐步建设一个集民兵文化体验、海防旅游观光、军地融合产业于一体的红色旅游小镇。作为海霞小镇建设核心区的海霞村，利用独特的石头房优势，打造“海霞青年营”、海霞军事主题公园、军事主题餐厅、军事衍生品概念店以及红色书吧等为一体的红色旅游业态。建设一批以红色文化为主题的酒店、旅游综合体、民宿、游客中心等设施。形成“一馆一院一营一路一园”布局。重点打造中国民兵博览园、海霞军地融合文创园，按照“一个核心、两翼驱动、四大工程、五条线路、七村联动”和红色、绿色、蓝色旅游有机结合的原则进行布局，同时提出“全域海霞”的概念。

【女子民兵连纪念馆数字化改造项目】2021年8月，洞头先锋女子民兵连纪念馆数字化改造项目启动。该纪念馆作为首批国家国防教育基地、全国爱国主义教育示范基地和全国妇女爱国主义教育示范基地，是洞头重要红色阵地。纪念馆数字化改造项目包含智慧导览、扫码讲解、VR展示等多项功能，提供线上全方位全景式的深度参观体验。建设资金30万元，由浙江喻晓网络科技有限公司施工。

（林韦钰）

洞头区人民代表大会

概述

【概况】2021年，温州市洞头区人大常委会召开常委会会议9次、主任会议18次，听取和审议专项报告39个，作出审议意见13个、决议决定30个。区人大常委会修订规范性文件备案审查管理办法，落实规范性文件备案审查制度和程序，审查报备规范性文件16件。修订区人大常委会讨论决定重大事项规定，制定出台政府重大投资项目监督办法，建立“一府一委两院”联系制度，作出《关于促进和保障高质量发展建设共同富裕示范区海岛样板的决定》。围绕垃圾分类、国企改革、教育高质量发展、养老服务召开专题询问会4场。开展大小门专班工作，累计推动解决各类难题49个。完成区、镇人大换届选举。

【人大代表履职】2021年，洞头区共有区级以上代表176人，其中全国人大代表1名，省人大代表2名，市人大代表17名，区人大代表156人。区人大常委会发挥人大代表同人民群众的“桥梁纽带”作用，开展代表进选区宣传月活动，收集社情民意和意见建议，收集群众困难问题80多件，代表参与覆盖面80%以上，非职务代表口头或书面提交履职报告率100%。开展区人大常委会联系专门委员会、工作委员会督办代表建议工作，详列重点建议、重点跟踪建议、其余代表建议督办三张清单强化督办。发动各级人大代表参与区政府发布年度民生实事项目征集，深入基层收集民生问题，汇总交区政府参考。组织代表到湖州参加培训和考察学习。完善列席常委会会议的代表座谈机制，组织代表参加人大常委会开展的调研视察、主题监督等活动。

（邱瑞菁）

【议案建议督办】2021年，洞头区十四届人大五次会议期间，收到代表建议、批评和意见110件，闭会期间5件，经大会授权，第三十六次人大常委会审议，将115件代表建议交区“一府一委两院”有关部门办理。把吴金寿代表提出的《关于在殡仪馆附近择地建立火化炉的建议》（60号）和曾焕明代表领衔提出的《关于加快完善殡仪服务配套设施的建议》（103号）合并成《关于加快殡葬改革基础设施建设的建议》作为第1号重点建议，林银凤代表领衔提出的《关于

洞头区第十届人民代表大会五次会议代表重点建议目录一览表

表4

序号	案由	领衔人	联系领导	主办单位	会办单位
1	关于加快殡葬改革基础设施建设的建议（60号、103号）	吴金寿 曾焕明	郭云强	区民政局	区委政法委、区发改局、生态环境分局、北岙街道
2	关于加快破解海岛群众“吃水难”问题的建议（21号、111号）	林银凤 颜贤权	郭云强	区农业农村局	区财政局、区综合执法局、洞头水务公司、大门镇

（区人大常委会办公室提供）

加大大门镇应急抗旱资金投入和完善的建议》（21号）和颜贤权代表领衔提出的《关于加快破解海岛群众“吃水难”问题的建议》（111号）合并成《关于加快破解海岛群众“吃水难”问题的建议》作为第2号重点建议。交区政府分管副区长牵头办理、区人大常委会分管副主任牵头督办。截至9月30日，代表建议全部办理完毕并答复代表。代表建议所提问题已解决或基本解决73件（A类），占总数63.5%，较上年下降1.8%；正在解决或列入规划逐步解决34件（B类），占总数29.6%，较上年下降1%；因条件限制暂时无法解决，留待研究8件（C类），占总数6.9%，较上年提高2.8%。向领衔代表发放代表建议反馈表115份，征求代表对建议办理的满意度情况。代表对承办结果表示满意99件，占总数的86.1%，较上年提高1.4%；基本满意15件，占总数的13.0%，较上年下降2.3%；不满意1件，占总数的0.9%。

（林星港）

重要会议

【区十四届人民代表大会第五次会议】 2021年2月23日至25日，区第十四届人民代表大会第五次会议在北岙召开。大会应出席代表161人，列席人员80人。会议听取和审查区政府代区长郭云强所作的洞头区人民政府工作报告、区人大常委会主任叶海峰所作的洞头区人大常委会工作报告、区法院代院长邱新楚所作的洞头区人民法院工作报告、区检察院检察长胡刚所作的洞头区人民检察院工作报告；审查批准洞头区国民经济和社会发展第十四个五年规划和二〇三五年远景目标纲要、洞头区2020年国民经济和社会发展计划执行情况及2021年国民经济和社会发展计划草案的报告，批准洞头区2021年国民经济和社会发展计划；审查批准洞头区2020年预算执行情况及2021年预算草案的报告，批准洞头区2021年预算；审查洞头区2020年民生实事项目完成情况，决定洞头区2021年民生实事项目；会议以无记名投票方式选举郭云强为区政府区长、邱新楚为区法院院长。会议期间，共收到代表提出的建议、批评和意见110件。

【区人大常委会会议】 2021年，区人大常委会召开常委会会议9次。会议具体情况如下：

1月18日，区第十四届人大常委会第三十四次会议召开。会议审议并表决通过温州市第十三届人民代表大会代表调整事项。

1月31日，区第十四届人大常委会第三十五次会议召开。会议审议并表决通过温州市第十三届人民代表大会代表调整事项；审议通过关于召开洞头区第十四届人民代表大会第五次会议的决定和区人大常委会工作报告稿；听取和审议区政府关于“十三五”规划纲要执行情况、“十四五”规划和二〇三五年远景目标纲要草案编制情况的报告，关于洞头区2020年国民经济和社会发展计划执行情况与2021年国民经济和社会发展计划草案的

2021年2月23日至25日，洞头区第十四届人民代表大会第五次会议召开　（区融媒体中心提供）

报告，关于洞头区2020年预算执行情况和2021年预算草案的报告，关于2021年洞头区民生实事候选项目情况的报告；审议通过区第十四届人民代表大会第五次会议主席团和秘书长等建议名单；审议决定区第十四届人民代表大会第五次会议列席人员名单；初审区第十四届人大财政经济委员会关于洞头区2020年预算执行情况和2021年预算草案的审查结果报告；初审2021年政府民生实事项目代表票决办法（草案）；审议并表决通过有关人事任免事项。

3月26日，区第十四届人大常委会第三十六次会议召开。会议听取和审议区政府关于贯彻落实2020年环境状况和环境保护目标完成情况的报告、区政府关于区人大常委会2020年作出的有关审议意见（国有资产管理、《中华人民共和国传染病防治法》执法检查和公共卫生应急体系建设、矛盾纠纷调处化解“最多跑一地”、“两菜一鱼”发展、殡葬改革和丧葬礼俗活动规范、重大招商项目落地推进）落实情况的报告并开展满意度测评；听取和审议北岙、灵昆、东屏、元觉、霓屿等五个街道人大工委关于2020年工作完成情况和2021年工作计划的报告；审议区十四届人大五次会议代表建议；审议通过《洞头区人民代表大会常务委员会讨论决定重大事项的规定（修订稿）》《洞头区人民代表大会常务委员会关于政府重大投资建设项目监督办法》；审议并表决通过代表辞职事项。

5月20日，区第十四届人大常委会第三十七次会议召开。会议听取和审议区政府关于《浙江省民营企业发展促进条例》实施情况的报告、关于安全生产工作和应急管理体系建设情况的报告、关于2020年法治政府建设及区政府组成部门主要负责人依法履职情况的报告；听取和审议区政府关于洞头区两家功能性公司运营情况审议意见落实情况的报告并开展满意度测评；审议通过《洞头区人民代表大会常务委员会规范性文件备案审查办法（修订稿）》；审议并表决通过代表辞职事项。

6月4日，区第十四届人大常委会第三十八次会议召开。会议听取和审议区政府关于提请审议2021年东屿村整村搬迁政策处理支出预算调整方案的议案；审议并表决通过有关人事任免事项。

8月3日，区第十四届人大常委会第三十九次会议召开。会议听取和审议区政府关于2021年上半年洞头区经济社会发展情况和下半年政府工作的报告、关于2021年上半年国民经济和社会发展计划执行及重大投资建设项目实施情况的报告、关于2021年上半年预算执行情况的报告、关于2020年预算执行及其他财政收支情况的审计工作报告、关于全区国有资产管理情况的报告、关于全区国有自然资源管理情况的报告、关于提请审议洞头区2021年地方政府债务限额及预算调整的议案；听取和审议区政府关于2020年决算的报告，审查批准2020年区级决算；听取区法院关于2021年上半年工作情况的报告，区检察院关于2021年上半年工作情况的报告；审议并表决通过有关人事任免事项。

9月30日，区第十四届人大常委会第四十次会议召开。会议听取和审议区监委关于整治群众身边不正之风和腐败问题工作情况的报告和区政府关于教育高质量发展工作情况的报告、关于《温州市物业管理条例》实施情况的报告、关于落实《洞头区全面实施预算绩效管理三年行动计划（2019—2021年）》工作情况的报告、关于“七五”普法工作情况和“八五”普法工作安排的报告；听取全区选举产生的部分市人大代表履职情况的报告；审议并表决通过区、乡两级人民代表大会换届选举有关决定，《洞头区人大常委会关于促进和保障高质量发展建设共同富裕示范区海岛样板的决定》；审议并表决通过有关人事任免事项。

11月29日，区第十四届人大常委会第四十一次会议召开。会议听取和审议区政府关于陆域引调水工程进展情况的报告、关于养老体系建设情况的报告、关于2021年民生实事项目进展情况的报告、关于代表建议办理情况的报告、关于2020年预算执行及其他财政收支情况的审计报告整改意见落实情况的报告、关于提请审议2021年区财政预算调整方案的议案；审议并表决通过有关人事任免事项。

12月13日，区第十四届人大常委会第四十一次会议召开。会议审议并表决通过区人大常委会关于调整洞头区选举委员会组成人员的决定以及有关人事任免事项。

（邱瑞菁）

监督工作

【概况】2021年，洞头区人大常委会推进诉源治理工作提出意见建议，助推矛盾纠纷调处化解“最多跑一地”改革。加强对整治群众身边不正之风和腐败问题工作和法院、检察院工作监督力度及“两院”公正司法、推进“两院”队伍建设和三名检察官履职工作监督。开展贯彻实施《浙江省民营企业发展促进条例》情况执法检查和洞头区重大项目和重点工程督查视察活动。审查预算草案和预算报告，提出预算审查结果报告。监督深化国企改革、财政资金使用绩效、科技创新、教育高质量发展、文旅融合、生态环境保护、建筑业发展情况、生活垃圾分类工作进展情况和“两菜一鱼”品牌建设、陆域引调水工程进展情况、创业就业与人才保障、安全生产工作和应急管理体系建设情况、洞头先锋女子民兵连建设情况等工作。

【法治政府工作监督】2021年3月，区人大常委会制定《关于听取和审议法治政府建设情况报告的实施方案》，通过走访调研，掌握法治政府建设进展、成效和问题。5月，区人大常委会听取和审议区政府关于法治政府建设情况的报告和区人大常委会任命的19名区政府组成部门主要负责人的依法履职情况报告，以无记名投票方式对政府组成部门主要负责人依法履职情况开展测评，向社会公布测评结果。印发审议意见，要求区政府及其组成部门提高制度供给质量和效率、完善综合行政执法改革和监管制度、严格规范公正文明执法，形成全社会关心支持和参与法治政府建设的良好氛围。

【诉源治理工作监督】2021年6月，为总结提升新时代“枫桥经验”，加强矛盾纠纷源头预防、前端化解、关口把控，区人大常委会走访调研区法院、区矛调中心，召开主任会议对推进诉源治理工作提出意见建议，要求区法院坚持贯彻习近平总书记关于“坚持把非诉讼纠纷解决机制挺在前面”的重要论述，理顺诉源治理体制机制，深化基层基础，创新工作理念，开展“无讼”村居（社区）建设，探索建立“无讼”村洞头标准，推进智慧法院建设，增强配合协调，形成工作合力，助推矛盾纠纷调处化解“最多跑一地”改革。

【整治群众身边不正之风和腐败问题工作监督】2021年7月，区人大常委会按照省委和区委部署，根据《关于听取和审议区监委整治群众身边不正之风和腐败问题工作情况报告的实施方案》要求，采取集中座谈和个别交流、明察和暗访相结合的方式，重点了解部门单位行风建设、农村“三资”管理、社区（村）基层减负以及群众身边“四风”问题等内容。区人大常委会领导班子带队调研，走访涉及部门、乡镇、村居、企业等20多家，一线工作人员200多人次。9月，常委会听取和审议区监委专项工作报告，梳理提炼调研建议和审议内容，按照“跳一跳够得着”的思路制定审议意见交付区监委，试点工作得到市人大肯定。

【检察官履职评议】2021年，区人大常委会把“两官”履职评议作为监督“两院”公正司法、推进“两院”队伍建设的重要载体。按照履职评议方案要求，成立履职评议工作组，抽查调阅参加评议的3名检察官近三年个人办理的案卷，与检察官相关人员进行个别谈话，并走访有关单位，开展多形式的意见征求。专委会专题听取区检察院工作情况及3名检察官履职报告，对检察院及被评议的检察官工作提出意见要求，督促整改落实。

【警务辅助人员管理情况监督】2021年，区人大常委会关注警务辅助人员管理，实地走访公安洞头分局、部分派出所，暗访警务值勤情况，并召开有关单位和人大代表座谈会，了解全区警务辅助人员现状，针对警务辅助人员素质参差不齐、队伍不稳定、活力不足等问题，要求公安分局做好“进口”文章，夯实人员素质基础，强化教育管理，提高队伍能力水平，优化勤务保障，确保队伍基本稳定，畅通人员“出口”，保持队伍活力。

【国民经济与社会发展计划执行情况监督】2021年年初，区人大常委会组织开展系列调研，对上年度国民经济和社会发展计划执行中存在的困难和问题分析原因，并提出建议和意见，为区人大常委会审议、人民代表大会审查批准国民经济和社会发展计划草案提供参考。听取区发改局关于上半年国民经济和社会发展计划执行情况的报告，督促区发改局修改完善报告，为常委会审议做好准备。在常委会上听取和审议区政府关于2021年上半年洞头区经济社会发展情况和下半年政府工作的报告，审议区政府关于2021年上半年国民经济和社会发展计划执行及重大投资建设项目实施情况的报告，针对洞头区实体经济水平有待提升、经济结构有待优化、优质公共服务供给有待加强等问题，提出完善体制机制、创新产业发展、增进民生福祉、提升服务质效等意见和建议。

【经济运行情况监督】2021年，区人大常委会关注全区经济运行形势，组织经济职能部门和单位召开经济形势分析会，围绕上半年计划指标和投资完成情况、重点工程完成情况，了解市场主体、税收收入、信贷运行情况，分析洞头区经济运行情况，研判经济社会发展态势，对存在的主要问题及其原因作深刻剖析，提出要关注洞头的经济结构，思考新经济与传统经济如何共存，紧盯全年目标任务，盯重点找差距，盯基础设施建设，盯重点项目建设等对策和建议。

【省民营企业发展促进条例实施情况执法检查】2021年3月至4月，为促进洞头区政府及相关部门依法行政，保护企业合法权益，推动地方民营经济高质量发展，区人大常委会对洞头区贯彻实施《浙江省民营企业发展促进条例》情况开展执法检查。实地走访洞头区部分民营企业，与企业深入交流，听取企业意见和建议。召开区有关部门汇报会，赴区工商联走访调研并召开行业协会、民营企业家代表座谈会，进人大代表联络站，听取人大代表、企业代表和街道的意见和建议，向民营企业发放设置有十大类30个子项目的电子问卷调查表。针对执法检查中发现的问题，提出五条建议，推动区政府在高起点谋划推动民营经济新发展，合力推进条例落实等。

【重点项目建设监督】2021年，区人大常委会为推进洞头重点项目建设，促进洞头经济平稳健康较快发展，发挥人大代表在“围绕中心、服务大局”中的参政议政作用，组织区人大代表对洞头区重大项目和重点工程开展督查视察活动，听取有关负责人关于重大项目和重点工程建设进展情况的汇报，探讨建设过程中存在的困难和问题，就如何加快施工进度、规范工程建设管理、加强质量监督等提出意见和建议。关注PPP项目进展完成情况，主任会议听取相关工作情况报告，针对洞头区PPP项目存在前期谋划不深、部门配合不强、机制有待健全等问题，提出要进一步明确项目范围，加强合同管理和项目管理，统筹资金安排，明确运维机制，形成合力等意见和建议。

【预算审查监督】2021年，区人大常委会听取区财政局关于上一年预算执行和当年预算安排的汇报，提出当年预算安排有关意见和建议，督促区财政局改进完善预算报告，力求报告更加直观、细化、易读、易懂，为人大代表审查预算打好基础。在人民代表大会期间，结合各代表团的审查意见，对预算草案和预算报告进行进一步审查，向大会主席团提出预算审查结果报告。对区财政局提出的当年区财政预算调整方案进行初审，提交人大常委会审议表决。严格控制部门项目支出规模、严格审核项目成熟度、严格控制一般性支出，全区132家预算单位项目预算与2021年比较，减少0.52亿元，下降8.9%。调研街道预算工作开展情况，针对街道预算工作还存在预算编制比较粗放，预算不准确，预算约束不够，事权和财权不统一，预算方式雷同，部门预算、街道预算审查监督氛围尚未形成、审查监督力量和能力普遍欠缺等问题提出意见建议。

【决算审查和审计监督】2021年，区人大常委会按照中央有关“加强对政府全口径预算决算的审查和监督”要求，组织专业人员审查上年度的决算情况部门3个，重点审查专项资金管理使用及其绩效情况。在区人大常委会审查批准区本级财政决算前，对2021年上半年预算执行情况报告、2020年决算报告进行审查，形成审查结果报告提交常委会供审议参考。与审计部门沟通交流，初审审计部门关于2020年预算执行及其他财政收支情况的审计工作报告，对区政府落实区人大常委会提出的关于财政决算同级审工作情况审议意见的情况进行跟踪监督，对审计查出问题整改意见落实情况开展督查，促进审计问题得到有效整改落实。

【国有资产管理监督】2021年，区人大常委会根据中央和省委、市委关于建立政府向本级人大常委会报告国有资产管理情况制度的有关文件要求，听取和审议全区国有资产管理情况综合报告，以及全区国有自然资源管理情况专项报告。结合洞头实际，全区国有自然资源管理情况重点围绕海洋资源保护和开发利用开展调研。针对行政事业性国有资产管理制度落实和闲置资产监管不够到位，国有企业市场化经营能力亟待提高，债务风险仍需防范化解，海洋资源的保护有待进一步深化，自然资源的集约利用水平有待提升，海洋经济发展方式粗放、产业层次不高，海域资源价值难以体现等问题，提出要切实落实国有资产管理主体责任，做好深化国企改革后半篇文章，坚持海洋资源保护和利用并重，加快谋划海洋资源变资产的有效途径，推动海洋资源高效利用等意见和建议。

【国有企业改革工作监督】2021年，区人大常委会把深化国企改革作为近两年监督工作的重要议题，充分发挥人大的监督职能作用。5月，区人大常委会专门就城发、旅发两家功能性公司运营情况的审议意见听取和审议区政府落实情况报告，并对区政府落实审议意见的情况进行满意度测评。鉴于人大常委会组成人员对深化国企改革这项议题测评结果满意度不高。8月，区人大常委会组织召开深化国企改革专题询问会，就深化国企改革工作有关问题，由人大常委会委员、人大代表与区政府及有关部门负责人进行面对面交流。询问会后，就专题询问中所涉及的有关内容进行跟踪问效，助推区属国有企业改革工作。

【财政资金使用绩效监督】2021年，区人大常委会加强政府债务限额与新增专项债使用的审查监督，要求区政府做好存量债务转换工作，制定科学的管理办法，建立严格的债务管理体系，积极消化政府存量债务，确保洞头区政府性债务规模合理、风险可控、使用规范。对《洞头区落实全面实施预算绩效管理三年行动计划（2019—2021年）》落实情况开展调研，针对洞头区在推进财政资金预算绩效管理过程中需要重视和改进的问题提出培育预算绩效管理社会氛围、切实推进预算绩效管理工作、加强预算绩效评价结果运用等意见建议，并列出15条重点监督清单交区政府及相关部门研究办理。制定实施政府重大投资建设项目监督办法，初审政府重大投资建设项目年度计划征求意见稿，促进政府投资更加合理有效。

【科技创新工作监督】2021年5月，区人大常委会组成调查视察组调查研究区经信局、区科协等职能部门和青山岛等重点企业，详细了解洞头区科技创新工作。在区人大常委会第六十九次主任会议上听取区政府关于科技创新工作报告。提出恢复设立科技局、锚定优势产业精准发力、健全完善科技创新工作体系、凝聚社会共识合力推动科技创新工作等意见建议供区委区政府决策参考，助推洞头区创新驱动发展。

【教育高质量发展工作监督】2021年8月，区人大常委会组成调查视察组对洞头区教育高质量发展工作情况进行调查视察。调查视察组专题调研区教育局、北岙街道、大门镇、灵昆街道、鹿西乡等街道（乡镇），听取区教育局关于教育高质量发展工作情况的工作汇报，实地察看洞头一中、洞头二中、海霞中学、温州乐城寄宿中学、灵南小学、大门镇小等学校，并召开街道（乡镇）分管领导、部分学校校长、骨干教师座谈会。通过专题视察、教师访谈、座谈交流等方式，全面了解洞头区教育高质量发展中存在的困难和问题。9月，区第十四届人大常委会第四十次会议听取和审议区政府关于教育高质量发展工作情况的报告。会议针对洞头区在校网布局、教师队伍建设，教学质量提升等方面存在的问题和短板提出意见建议。区人大常委会召开教育高质量发展专题询问会，与会代表就当前社会对现代教育的现实需求，洞头区教育存在的短板等问题向区政府对有关部门提出询问，助推教育“扬帆行动”破浪前行。

【文旅融合工作监督】2021年10月，区人大常委会组成调查视察组深入区文广旅体局和下属单位开展调查研究，详细了解洞头区文旅融合工作。在区人大常委会第七十七次主任会议上听取区政府关于文旅融合工作报告。会议针对洞头区在文旅融合工作存在的体系不全、深度不够、保障不力等问题，提出深入研究闽瓯文化，打造文化交融高地；聚焦海洋文化，做好融合文章；强化政策支持，推动文旅产业发展等意见建议供区委区政府决策参考，进一步推动洞头区旅游“活”起来、文化“火”起来、产业“强”起来，高水平打造闽瓯文化交融高地、高质量助推共同富裕海岛示范区建设。

【生态环境保护工作监督】2021年3月，区人大常委会组成调查视察组重点围绕中央环保督察反馈意见及全区年度环境任务、民众关注热点等，深入街道、部门开展调查研究。区人大常委会第三十六次会上听取区政府关于2020年洞头区环境状况和环境保护目标完成情况工作报告，并提出压实责任链条、强化生态问题整改、加大环保宣传力度等意见建议供区政府研究处理，推进生态环境质量持续改善。

【建筑业发展情况监督】2021年6月中旬，区人大常委会成立调研组，实地走访并组织住建局、属地街道、建筑协会等召开座谈会，听取企业诉求建议，全面了解掌握行业发展形势及面临的突出问题。区第十四届人民代表大会常务委员会第七十一次主任会议听取区政府关于建筑业发展情况的报告，调研组就前期调研发现向区政府提出防风险、促转型、营环境等建议共谋发展举措，推动完善行业管理办法。

【生活垃圾分类工作进展情况监督】2021年4月中旬，区人大常委会围绕上年度垃圾分类审议意见“后半篇文章”落实情况对垃圾分类专项工作组织召开专题询问会，并对8个应询单位开展满意度测评。根据各方意见建议提出垃圾分类习惯养成、配套制度支撑、硬件设施保障、资源化利用体系、源头治理措施等问题，梳理形成督导清单任务40条。常委会领导多轮实地督查、座谈，指导农村、建成区物业垃圾分类提升示范工作，推进垃圾分类工作这项民生“关键小事”落实。

【“两菜一鱼”品牌建设工作监督】2021年7月，区人大常委会成立调研组，开展“两菜一鱼”品牌建设情况专题调研，到霓屿紫菜现代园、蟹公寓及新型养殖建设项目、紫菜烘干厂等重点项目进行现场视察，详细了解各重点项目建设进展、养殖情况等；到区农业农村局、区供销合作社等部门调研“两菜一鱼”品牌建设情况，听取“两菜一鱼”品牌建设专题汇报。主任会议专题听取区政府汇报，提出要立足品牌强农，从四个方面入手推进“两菜一鱼”品牌建设。

【陆域引调水工程进展情况监督】2021年7月至11月，区人大常委会组织调研组，对洞头区陆域引调水工程情况开展调研。调研组组织召开相关部门座谈会，到区引调水办、温州市自来水有限公司洞头分公司实地调研，听取有关单位的情况汇报并深入交流。11月29日，在第四十一次常委会上听取和审议区政府关于陆域引调水工程情况的报告，并向区政府提出坚持多方联动配合、做好工程建设规划、确保工程建设质量、科学合理确定水价等建议。

【创业就业与人才保障工作监督】2021年8月，区人大常委会制定调研方案，组织相关人大代表开展会前调研视察，召开相关部门、人大代表、百名人才代表调研座谈会，深入了解、掌握相关情况，初步形成调研意见和建议。8月24日，在区人大常委会第七十四次主任会议上专题听取创业就业与人才保障工作情况，形成专项监督意见报告。

【安全生产工作和应急管理体系建设情况监督】2021年3月下旬至5月上旬，区人大常委会成立调研组，对洞头区安全生产工作和应急管理体系建设情况开展调研。实地调研部分乡镇街道，实地视察部分村社、企业和社会救援组织的应急管理建设情况，暗访部分企业和建筑工地的安全生产情况，召开应急管理局等相关区级部门参加的座谈会，听取安全生产工作和应急管理体系建设情况的汇报，形成调查报告。6月4日，区十四届人大常委会第三十八次会议听取和审议区政府关于安全生产工作和应急管理体系建设情况的报告，并形成审议意见，提交区政府研究落实。

（邱瑞菁　林星港　吕秀萍　吴作能　陈礼鹏　甘海宇）

专委会工作

【概况】2021年，区人大及其常委会组织区人大各专门委员会行使职权，依法加强监督，开展调研、视察和检查活动，督办议案和代表意见、建议等，为代表知情知政、参政议政、履行职责创造条件。各专门委员会开展对区检察院部分检察官的履职评议，推动警务辅助人员管理和洞头先锋女子民兵连建设，助推经济社会健康发展。

【区人大监察和法制司法委员会】2021年，区人大监察和法制司法委员会弘扬宪法精神，落实规范性文件备案审查，开展对区检察院部分检察官履职评议等工作。督促“七五”普法决议实施，作出“八五”普法决议，加强民法典普法宣传，推动全社会形成遵法、学法、守法、用法氛围。落实人大任命干部任前法律考试、宪法宣誓等制度。协助开展《浙江省动物防疫条例（修订草案）》《浙江省综合行政执法条例（草案）》《浙江省快递业促进条例（草案）》《温州市销售燃放烟花爆竹管理规定（草案）》《温州市居家养老服务条例（草案修改稿）》等法规草案的立法调研和立法后评估等工作，组织召开各层次调研座谈会，汇集基层社情民意，及时梳理意见建议向省、市人大反馈。重新修订备案审查办法，明确审查职责、落实工作责任，扩大备案审查范围，把区法院、区检察院制定的规范性文件纳入报备范围。全年共对16件规范性文件备案审查。

【区人大财政经济委员会】2021年，区人大财政经济委员会开展2020年度部分部门预算单位决算审查，听取和审议区2020年决算报告和2020年预算执行及其他财政收支情况的审计工作报告。组织发改、经信、交运等经济职能部门和单位召开经济形势分析会，关注疫情后工业、商贸经济、港口物流、旅游业相关行业变化情况，研判经济社会发展态势。加强审查区法院、区发改局、区公安分局交警大队等部门专项资金管理使用及其绩效情况。采取专家审查、专委审查、部门预算听证等措施，对全区132家预算单位申报的2022年项目预算进行全面审查，严格控制部门项目支出规模、严格审核项目成熟度、严格控制一般性支出，合计压减132家预算单位申报的项目预算2.8亿元。

【区人大社会建设委员会】2021年，区人大社会建设委员会围绕保障改善民生、加强社会治理，听取区政府关于洞头先锋女子民兵连建设情况的报告等，为推动洞头社会发展和民生改善做出贡献。7月中旬，组织社会建设专委对洞头先锋女子民兵连建设情况进行调研。先后走访调查区海霞学院、区先锋女子民兵连纪念馆，专题听取区政府关于洞头先锋女子民兵连的建设专项工作汇报，形成工作调研报告。区十四届人大社会建设委员会第四次全体会议听取区政府关于洞头先锋女子民兵连建设的工作情况报告，并形成四个方面的监督意见，提交区政府研究落实。

（邱瑞菁　吴作能）

决定任免

【概况】2021年，洞头区第十四届人民代表大会第五次会议选举2人次；洞头区第十四届人民代表大会常务委员会任命24人次，免职18人次，决定相关人事事项16人次。

温州市洞头区第十四届人民代表大会第五次会议选举：

郭云强为温州市洞头区人民政府区长；

邱新楚为温州市洞头区人民法院院长。

温州市洞头区第十四届人民代表大会常务委员会决定任命：

郭云强为温州市洞头区人民政府副区长；

黄伟为温州市洞头区人民政府副区长、温州市公安局洞头区分局局长；

张攀为温州市洞头区人民政府副区长；

何莉平为温州市洞头区人民政府副区长；

郑锋利为温州市洞头区人民政府副区长；

贾约拿为温州市洞头区人民政府副区长；

肖晓锵为温州市洞头区人民政府副区长；

郭海辉为温州市洞头区教育局局长；

褚志攀为温州市洞头区交通运输局局长。

任命：

郑建林为温州市洞头区人大常委会教科文卫体工作委员会主任；

柯位宪为温州市洞头区人大常委会社会建设工作委员会主任；

许声维为温州市洞头区人大常委会昆鹏街道工作委员会主任；

叶生杰为温州市洞头区人大常委会元觉街道工作委员会主任；

王志敏为温州市洞头区人大常委会霓屿街道工作委员会副主任；

吴肃锋为温州市洞头区监察委员会副主任；

刘建国为温州市洞头区人民法院审判员、审判委员会委员、副院长；

蔡志海为温州市洞头区人民法院灵昆人民法庭副庭长；

董文锐为温州市洞头区人民法院民事审判庭庭长；

陈璐为温州市洞头区人民法院民事审判庭副庭长；

庄晓勤为温州市洞头区人民法院立案庭（诉讼服务中心）副庭长；

许轶为温州市洞头区人民法院审判员；

柯昌荣为温州市洞头区人民法院审判员、行政审判庭（综合审判庭）副庭长；

王恭顺为温州市洞头区人民检察院检察员、检察委员会委员、副检察长；

周雯雯为温州市洞头区人民检察院检察员、检察委员会委员、副检察长。

决定免去：

赵均宙的温州市洞头区人民政府副区长、温州市公安局洞头区分局局长职务；

朱学进的温州市洞头区人民政府副区长职务；

陈永胜的温州市洞头区教育局局长职务；

柯位宪的温州市洞头区交通运输局局长职务。

免去：

张瑞静的温州市洞头区人大常委会教科文卫体工作委员会主任职务；

郑建林的温州市洞头区人大常委会社会建设工作委员会主任职务；

朱顺义的温州市洞头区人大常委会财政经济工作委员会主任职务；

许环的温州市洞头区人大常委会办公室副主任职务；

石耀光的温州市洞头区人大常委会元觉街道工作委员会主任职务；

徐志光的温州市洞头区监察委员会副主任职务；

吴兴国的温州市洞头区人民法院副院长、审判委员会委员职务；

倪海平的温州市洞头区人民法院刑事审判庭庭长职务；

林忠诚的温州市洞头区人民法院立案庭（诉讼服务中心）庭长职务；

蔡志海的温州市洞头区人民法院民事审判庭庭长职务；

叶政茂的温州市洞头区人民法院刑事审判庭副庭长职务；

董文锐的温州市洞头区人民法院民事审判庭副庭长职务；

朱建忠的温州市洞头区人民检察院副检察长、检察委员会委员职务；

曹雅倩的温州市洞头区人民检察院检察员职务。

决定接受：

林霞辞去温州市洞头区人民政府区长职务的请求；

张瑞静辞去温州市洞头区第十四届人民代表大会常务委员会委员职务的请求；

郑建林辞去温州市洞头区第十四届人民代表大会社会建设委员会副主任委员职务的请求；

石耀光辞去温州市洞头区第十四届人民代表大会监察和法制司法委员会委员职务的请求；

胡刚辞去温州市洞头区人民检察院检察长、检察委员会委员、检察员职务的请求；

陈建海辞去温州市洞头区第十四届人民代表大会常务委员会委员职务的请求；

朱顺义辞去温州市洞头区第十四届人民代表大会财政经济委员会副主任委员职务的请求；

郭云强辞去温州市洞头区人民政府区长职务的请求；

叶明理辞去温州市洞头区第十四届人民代表大会财政经济委员会主任委员、温州市洞头区第十四届人民代表大会常务委员会副主任等职务的请求；

梅山标辞去温州市洞头区监察委员会主任职务的请求；

叶海峰辞去温州市洞头区第十四届人民代表大会常务委员会主任职务的请求；

报区人民代表大会备案。

决定：

副区长郭云强代理温州市洞头区人民政府区长职务；

温州市洞头区人民检察院副检察长王恭顺代理温州市洞头区人民检察院检察长职务，报市人民检察院和市人民代表大会常务委员会备案；

副区长何莉平代理温州市洞头区人民政府区长职务；

温州市洞头区监察委员会副主任吴肃锋代理温州市洞头区监察委员会主任职务。

推选：区第十四届人大常委会副主任张孚标代理区第十四届人大常委会主任职务。

（邱瑞菁）

洞头区人民政府

概述

【概况】2021年，温州市洞头区人民政府制定海洋强区建设“156”计划，固定资产投资同比增长30.1%，增速保持全市第一名、全省前列。新增“中国紫菜之乡”“中国生态大黄鱼之乡”两张金名片，科技创新指数位居全省第三十六名，获批设立半屏山海洋省级旅游度假区。数字化改革获批省级试点13个。完成63项省、市、区三级民生实事项目。疫情防控完成疫苗接种31.3万剂次（卫生数据31.49万剂次）。全年实现地区生产总值126.07亿元，同比增长8.3%；一般公共预算收入12.41亿元，增长23.9%；城乡居民人均可支配收入达56775元、36009元，分别增长8.6%和9.7%。13项主要经济指标排名全市前三名，其中一般公共预算收入、出口总额等5项指标增速全市第一名。

【谋好蓄势赋能“主引擎”】2021年，洞头区制定海洋强区建设“156”计划，高标准编制临港产业发展规划，海洋经济发展示范区建设得到国家发改委和省政府肯定。锚定重点区块“谋大招强”，临港化工新材料项目招商进入快车道。招商云系统上线，实行招商项目全生命周期管理服务，累计招引亿元产业项目10个。纳入省、市“十四五”重大项目库项目33个，固定资产投资同比增长30.1%，增速保持全市第一名、全省前列。

【打好产业转型“组合拳”】2021年，洞头区落实农业“双强”计划，推动紫菜现代产业园向海洋食品领域迈进，新增“中国紫菜之乡”“中国生态大黄鱼之乡”两张金名片。加快工业提质增效步伐，完成低效用地整治15.53公顷，低效厂房整治5万平方米，数字经济综合发展水平跃升至全省第二十八名，科技创新指数位居全省第三十六名，区内企业首获“市长质量奖”。旅游业更加凸显海洋特性，获批设立半屏山海洋省级旅游度假区，规划打造“海上运动之都”，国家水上国民休闲运动中心落户洞头。

【绘好绿色发展“实景图”】2021年，洞头区加快建设海岛大花园，成功跻身省AAAA级景区城，东屏创成省AAAA级景区镇，大门创成美丽城镇省级样板，“海峡同心共富”入选省首批特色产业风貌区建设试点。乡村振兴迈上新台阶，获评省新时代美丽乡村示范区，“半屏同心”创成省首批未来乡村试点。生态建设成效显著，基本建成蓝湾整治二期项目，灵霓大堤实现“破堤通海”，清理整治近千亩养殖水域，完成东屏、霓屿养殖海区景观化改造，全省唯一入选生态环境部“美丽海湾”提名案例。

【当好数字化改革“探路者”】2021年，洞头区坚持以数字化改革为牵引，以“152”体系架构为基础，深入谋划改革需求和场景应用，在推动质量变革、效率变革、动力变革等方面取得重大进展。基本建成公共数据平台，实现省、市、区门户贯通，获批省级试点13个，形成制度成果19项、理论成果6项。仙叠岩—半屏山获评省级智慧景区，电动自行车智治系统获中央政法委肯定，老年食堂“e食无忧”入选省民政十大优秀应用，信用智治等场景上线试行13个，海洋灾害智防等应用纳入“浙里”系列子场景6个。

【办好民生服务“关键事”】2021年，洞头区坚持民生为本，高质量完成省、市、区三级民生实事项目63项。围绕出行便利，建成鸽殿连接公路，开通大门微公交、五岛沿线夜间公交，增设一批站点、路灯、充电桩。围绕服务便民，面向瓯江口片区组建公共事务延伸管理服务中心，新增城市文化客厅3个，创成国家一级文化馆、国家级数字档案馆、省首批“满意图书馆”，启动“客货邮”破解鹿西快递难题，所有学校食堂和外卖餐饮均建成智能“阳光厨房”。围绕“双减”政策落地，实现全区义务教育学校课后托管全覆盖。围绕全民健康，深化与温附二医合作办医，建成区人民医院改扩建一期主体工程，全省首创医保线上购药模式。

【守好安全稳定“责任田”】2021年，洞头区全力以赴打好疫情防控持久战，实体化运作“1办12组”，建立平战转换机制，累计精准流调38次，扩面检测核酸标本13.7万份，完成疫苗接种31.3万剂次（卫生数据31.49万剂次），全区上下拧成一股绳，进一步筑牢人民健康安全防线。实施“平安护航建党百年”大会战，完成重大活动维稳安保任务，4346个安全隐患实现清零。组建全省首支消防海上救援中队，应急救援能力有效提升。

（林逾静）

重要会议

【区政府第八次全体（扩大）会议暨廉政工作会议】2021年3月11日，区政府第八次全体（扩大）会议暨廉政工作会议召开。会议学习贯彻中共十九届五中全会和省、市重要会议精神，全面落实区委一届九次全体会议、区“两会”和全区“六五争先·六比竞赛”强执行开新局大会精神，分解落实全年重点工作任务，部署加强政府自身建设等工作。会上交办《政府工作报告重点工作和民生实事项目》《洞头区2021年重点工作七张清单》任务，区财政局、区卫生健康局、区司法局、大门镇及区民政局作交流发言。会议强调要以“干在实处”实现“走在前列”的“抢前争先”意识，以讲政治、讲学习、讲效率、讲团结、讲作风的工作方法和工作态度，推进各项工作不折不扣、有效落实，推动洞头发展实现新突破。区委副书记、区长郭云强出席会议并讲话，区领导刘素婷、叶锦丽、张方任、林上达、朱学进、黄伟等参加会议。

【区政府常务会议】2021年，区政府召开常务会议13次。

1月19日，区长林霞在区政府第一会议室主持召开区政府第四十三次常务会议。会议听取洞头区扫黑除恶专项斗争2020年重点工作完成情况汇报并学习习近平法治思想相关内容。讨论研究并原则同意《2021年政府工作报告》《2021年民生实事候选项目》《洞头区国民经济和社会发展第十四个五年规划和二〇三五年远景目标纲要》《关于洞头区2020年国民经济和社会发展计划执行情况与2021年国民经济和社会发展计划草案的报告》《关于洞头区2020年预算执行情况和2021年预算草案的报告》《洞头区机动车停放服务收费管理实施方案》《洞头区房屋建筑和市政基础设施工程评定分离定标工作指导意见（试行）》《洞头区房屋建筑和市政基础设施工程项目定标监督管理办法（试行）》《洞头区2020年法治政府建设工作报告》和2021年重点建设项目计划等。

3月15日，区长郭云强在区政府第一会议室主持召开区政府第四十四次常务会议。会议专题学习2018年以来洞头区行政诉讼败诉案件分析报告。会议讨论研究并原则同意《关于支持培育社会应急救援力量发展的“十条”意见》《洞头区气象灾害应急准备认证工作管理办法》《洞头区政府2021年度重大行政决策目录》《洞头区第二轮中央生态环保督察举一反三突出生态环境问题清零行动方案》。会议讨论研究同心广场建设工程设计招标等事宜。

4月20日，区长郭云强在区政府第一会议室主持召开区政府第四十五次常务会议。会议专题学习《中华人民共和国统计法》《统计法实施条例》等。会议讨论研究新冠病毒疫苗接种和《关于全面组织开展“8+3”重点领域安全生产专项整治坚决打赢遏制重大生产安全事故攻坚战的通知》《关于调整设立温州市洞头区安全生产委员会及其专业委员会的通知》《洞头区半屏旅游景区一体化实施方案》等方案及洞头区城市更新及风貌改造试点工程设计招标事宜。

5月24日，区长郭云强在区政府第一会议室主持召开区政府第四十六次常务会议。会议专题学习《中华人民共和国建筑法》。会议讨论研究《洞头区测绘与设计事业单位改革历史遗留问题处置方案》《洞头区2021年普通高中招生方案》《洞头区未来乡村建设实施方案》《洞头区国际旅游岛五年行动计划》《洞头区公益性骨灰存放处建设管理办法》《洞头区救急难基金会资金使用管理办法》《2021年洞头区总部经济招商引资（税）工作激励办法》和温州医科大学仁济学院教师公寓建设项目等事宜。

6月17日，区长郭云强在区政府第一会议室主持召开区政府第四十七次常务会议。会议专题学习《中华人民共和国固体废物污染环境防治法》和“无废城市建设”。会议讨论研究《洞头区贯彻落实中央生态环境保护督察反馈意见整改方案》《洞头区北岙街道老城有机更新项目涉及房屋协议搬迁补偿实施方案》《关于继续实施惠企政策 促进经济稳中求进的若干意见》《关于进一步促进总部经济发展的若干意见（2021 修订）》《洞头区推进 3 岁以下婴幼儿照护服务发展实施方案》和推进洞头区遗体火化工作等事宜。

7 月 16 日，区长郭云强在区政府第一会议室主持召开区政府第四十八次常务会议。讨论研究《洞头区重点工程征（占）用农村集体土地特殊情况政策处理实施细则》《洞头区养殖海区（含滩涂）终止养殖补偿标准》《洞头区旅游业“微改造、精提升”三年行动计划（2021—2023 年）》《关于促进文化体育旅游产业融合发展的若干政策意见》《洞头区闽瓯文化研究工程实施方案》《关于推进健康洞头行动的实施意见》《瓯飞工程料场建设霓屿第二批搬迁房屋补偿与安置办法》《洞头区党政机关信息化项目建设管理办法（试行）》及区“十四五”重点专项规划等事宜。

8 月 6 日，区长郭云强在区政府第一会议室主持召开区政府第四十九次常务会议。会议传达学习全省城乡风貌整治提升暨未来社区建设工作现场会精神。听取省、市、区民生实事项目推进情况及存在问题的汇报，讨论研究仁济学院教师公寓剩余房源处置事宜及《洞头区改革创新公办幼儿园雇员制教师管理实施办法》《洞头区鼓励和支持金融业发展改革与创新促进地方经济发展业绩考核办法》《洞头区产业政策奖补资金兑现不受总量控制清单》《洞头建设“国家海上国民休闲运动中心”战略合作框架协议》《招商局维京游轮有限公司游轮“招商伊敦”访问洞头项目战略合作框架协议》《洞头区韵动海湾未来社区项目战略合作框架协议》《洞头区融入温州市气象防灾减灾示范区建设的实施意见》和区殡仪服务中心增设火化功能等事宜。

8 月 11 日，区长郭云强在区政府第一会议室主持召开区政府第五十次常务会议。会议听取全区安全生产工作情况通报。会议讨论研究《洞头区旅游业发展“十四五”规划》《洞头区综合交通运输发展“十四五”规划》《洞头区生态环境保护“十四五”规划》《洞头区教育高层次人才“引、育、留”实施办法》和洞头区财政专户财政资金清理、洞头区政府产业基金、退渔渔民、洞头嘉业水产有限公司地块（洞政集建〔96〕字第 017 号）历史遗留问题处置等事宜。

9 月 6 日，区长郭云强在区政府第一会议室主持召开区政府第五十一次常务会议。会议专题学习《中华人民共和国行政处罚法》。会议讨论研究《2020 年度洞头区工业企业“亩均论英雄”综合评价结果》《浙江温州海洋经济发展示范区（温州综保区、开发区）整合设立工作方案》《关于建立高频涉批重点项目服务责任挂钩机制的通知》《洞头区声环境功能区划分方案（修编）》《洞头区环境空气质量功能区划分方案（修编）》《关于进一步完善经营性用地出让联席会议制度的通知》和区政府与温州大学建立教育合作机制、仁济学院教师公寓项目剩余房源公开销售“一房一价”、洞头区财政专户财政资金清理、长沙安置房遗留事项的相关事宜、《洞头区人民政府和温州海关深化战略合作促进开放型经济高质量发展备忘录》相关事宜。

10 月 9 日，区长郭云强在区政府第一会议室主持召开区政府第五十二次常务会议。会议专题学习《中华人民共和国土地管理法》。会议讨论研究《关于调整洞头偏远地区差旅费报销标准的通知》《关于进一步提高和完善村（社区）干部待遇的通知》《洞头区长坑水库饮用水水源保护区划分调整方案》和 2022 年度洞头区城乡居民医疗保险筹资标准有关事宜，国润公司景区门票收入分成、温州市阿波罗商务酒店有限公司司法清算及相关历史遗留问题处置事宜，在电力生产综合楼配建大型会议室，地下停车场等设施的方案，洞头区冷链物流中心招商运营公开招投标、霓屿瓯飞料场多余石料市场化处置等事宜。

11 月 4 日，区长郭云强在区政府第一会议室主持召开区政府第五十三次常务会议。会议专题学习《医疗保障基金使用监督管理条例》。会议讨论研究《洞头区海塘安澜千亿工程建设规划（2020—2030 年）》《洞头区区级行政事业单位公款竞争性存放管理办法》《洞头区妇女发展“十四五”规划》《洞头区儿童发展“十四五”规划》《关于“青年洞头”建设的十条优惠政策》《高能级创新平台“温州海洋研究院”筹建方案》和洞头区陆域引调水工程（一期）建设合作、洞头城区停车特许经营权 TOT 项目实施事宜、洞头区原机关事业单位统筹试点制度参保人员养老保险、调整洞头区城乡居民基本养老保险基础养老金标准事宜、人才房年度配售房源筹集等事宜。

11 月 17 日，区长郭云强在区政府第一会议室主持召开区政府第五十四次常务会议。会议讨论研究《洞头区公共事务延伸管理服务中心（洞头区政务服务中心瓯江口分中心）组建进驻工作方案》《洞头区教育事业发展“十四五”规划》《洞头区旅游新业态安全监管办法》《洞头区旅游新业态项目多部门全过程联合监管实施办法》《关于玻璃栈桥等9类旅游新业态项目安全管理规范（试行）》《洞头区海岛公园建设规划》《洞头区常态化疫情防控突发疫情区级指挥长制度》《加快海洋经济发展建设海洋强区五年行动方案（2021—2025年）》《洞头区工业经济高质量发展暨新一轮制造业“腾笼换鸟、凤凰涅槃”攻坚行动实施方案（2021—2023）》《洞头区招商引资项目全生命周期管理服务实施办法》《“迎亚运·讲文明·提品质”300天大会战实施方案》《洞头区“大综合一体化”行政执法改革方案》和洞头区市区统筹招生政策事宜、海洋专项督察整改工作、安全生产情况汇报、2021年食品安全情况汇报、青山欢乐岛项目相关规费缓缴事宜。会议听取近期区人大常委会对区政府相关工作的审议意见。

12月31日，代区长何莉平在区政府第一会议室主持召开区政府第五十五次常务会议。会议学习传达《国办督查室关于河北省霸州市出现大面积大规模乱收费乱罚款乱摊派问题的督查情况通报》《中华人民共和国住房和城乡建设部关于广州市大规模迁移砍伐城市树木有关问题的通报》《国务院办公厅关于部分债务沉重地区违规兴建楼堂馆所问题的通报》《近期全市党委政府系统应急值守和信息报送工作情况的通报》《近期疫情防控问题通报》等相关文件精神和市委常委、常务副市长杨胜杰在全市综合口领导干部履职能力提升培训会上的讲话精神。会议听取近期疫情防控工作、节前安全生产检查情况。会议讨论研究《关于进一步完善洞头区社会救助管理工作的通知》《关于加强洞头区国有企业投资计划管理的意见》《支持洞头区勇当高质量发展建设共同富裕示范表率专项合作框架协议》。会议讨论研究星贝海藻食品有限公司地块收储、洞头区海岛振兴引导资金有效期延期及更名事宜。

【全区安全生产和消防工作会议】 2021年3月3日，洞头区安全生产和消防工作会议暨第一季度安全生产和消防工作例会召开。会议总结回顾上年度全区安全生产和消防工作情况，研究部署全区安全生产和消防重点工作任务。会议传达区委书记关于安全生产工作的重要批示精神，通报上年度安全生产和消防工作情况及安全生产和消防工作目标管理责任制考核情况。会议指出，要全面推进安全生产“2611”工程，大力推进6项机制建设，开展“8+3”重点领域专项整治。要切实承担安全监管责任，依法监管合法企业和许可项目，加大“打非治违”力度。要依法依规严管严抓，重点落实企业安全生产责任，规范各项岗位安全责任制、安全生产操作规程，严厉打击违法违规行为。要紧抓安全生产，做到“安全责任、安全管理、安全投入、安全培训、应急救援”五到位，坚决防止和减少安全事故发生。区领导刘素婷、张方任、朱学进等参加会议。

【全区安全生产“百日攻坚”动员会】 2021年9月23日，区委副书记、区长郭云强主持召开全区安全生产“百日攻坚”动员会暨“8+3”重点领域“遏重大”专项整治推进会。会议听取1—8月安全生产形势情况汇报，分析安全生产典型案例、研究“百日攻坚”行动方案、传达安全生产相关会议和文件精神。听取区文旅体、教育、卫生、交通运输、建设施工等领域安全生产工作情况。会议强调，要坚持问题导向，以最清醒的状态破解重难点；要坚持目标导向，以最有力的措施推动问题整改；要坚持效果导向，以最坚决的态度扛起责任担当。区领导刘素婷、叶锦丽、张方任、林上达、朱学进、黄伟等参加会议。

【全区疫情防控工作会议】 2021年10月23日，全区疫情防控工作会议召开。会议听取各街道(乡镇)、相关部门疫情防控落实情况汇报，部署当前疫情防控工作重点。区委副书记、区长郭云强指出，要时刻绷紧疫情防控这根弦，全面紧起来、动起来、严起来，做好疫情常态化防控工作，把各项措施落细、落实、落到位。强调要严格落实“四方责任”，激活应急体系，做到每日研判会商。要发挥基层网格作用，从严从速对重点人员开展“洗楼式”大排查，做到横向到边、纵向到底，不漏一人。要充分发挥哨点作用，严格管理好重点场所疫情防控。严格按照要求做好隔离点以及居家健康观察等人员管控，发挥药店、诊所、医院哨点作用，做好重点人员固定核酸检测和抽样核酸检测工作；重点场所要严格落实测温、戴口罩、二码联查等防控措施。要严格把关会议活动等集聚性活动。按照全市要求，原则上不举办大型会议活动，确需举办的一律审查审批。要加快推进疫苗接种。各街道（乡镇）要尽快完成两针剂接种扫尾工作，推进第三针剂疫苗接种工作。做好复盘、总结经验以及应急物资准备工作，确保疫情防控有序开展。要切实加强疫情防控宣传督查，确保各项措施落实到位。区领导刘素婷、叶锦丽参加会议。

（黄　影）

民生实事项目

【概况】2021年，洞头区十四届人大五次会议通过票决产生民生实事项目10件。内容涉及文化教育、医疗卫生、应急救援、交通出行、公共设施等。区政府把民生实

2021年8月30日，洞头区七壹教育集团举行揭牌仪式　　（区教育局提供）

事项目作为回应群众关切、保障民生需求、提升群众获得感和幸福感的重要抓手，按照年度任务，精心组织，扎实推进。截至年底，全年10项民生实事全部落实，投入资金5804.17万元。

【新城农贸市场整体改造】2021年10月1日，洞头区整体改造新城农贸市场，总投资2000万元。新城农贸市场社区森活之家综合体建成并对外试营业，借助森马农业供应链体系，以基地货源直供方式推出平价菜品，通过森活之家小程序，增强商户线上销售能力，并签约国潮工风、青藏优品伴手礼等品牌。

【重点人群结直肠癌筛查和流感疫苗免费接种】2021年，洞头区实施重点人群结直肠癌筛查和流感疫苗免费接种，总投资33.62万元。完成50周岁至74周岁重点人群结直肠癌初筛4041人，肠镜检查350例；完成70周岁以上本地户籍老年人流感疫苗免费接种3592剂次。

【民办幼儿园整合提升】2021年，洞头区整合提升民办幼儿园，总投资150万元。撤并北岙街道城关中心幼儿园、智多星幼儿园，整合成城关中心幼儿园，于9月1日开园招生，共招生110人。新园址位于北岙街道车站路98号（原区道路运输管理局办公用房），因存在安全隐患，对其中一幢旧楼进行拆除并重建，完成建设并进场装修。撤并灵昆街道乐岛、爱儿等7所低小散幼儿园，整合成洞头区七壹教育集团，下设实佳、乐岛和沙塘等3个园区，9月1日开园投用。

【劳动力技能提升培养】2021年，洞头区提升培养劳动力技能，总投资220.21万元。围绕旅游休闲、家政康养、乡村发展、社会服务、企业蓝领等五大领域开展调酒师、母婴护理、农村电商带头人、企业班组长及物业管家等培训59期，累计培训各类就业技能人才2910人次，征集发布就业岗位2490个。

【近岸海域救援能力提升】2021年7月，洞头区提升近岸海域救援能力，总投资700万元。完成全省首支消防海上救援中队组建，以政府雇员方式组建5人的近岸海域救援专业队伍，配备船艇1艘、救援摩托艇2艘、水上遥控救生器2个等专业救援设备。在国际放生台、东岙码头等开放式景区、沙滩、码头等重点部位设置应急救生设施200套和户外应急救援箱柜20套，临海临崖等重点地段设置电子围栏16处。

【重要节点路段安装路灯】2021年，洞头区加强重要节点路段路灯安装，投资679.82万元。安装路灯402盏，涉及道路为实验中学—海滨路与环岛公路交接处道路、东屏街道大山—东岙顶段道路、寮顶东—垄头—大龙岭段道路、小长坑—沙岙自然村段道路、白迭—殡仪馆段道路、海霞村—胜利岙段道路等6个路段。

【建设新能源汽车及电动车充电设施】2021年，洞头区加强新能源汽车及电动车充电设施建设，总投资342.04万元。完成建设海悦城钰园小区公共停车位充电桩44个、海港花苑小区公共停车位充电桩7个，合计安装充电桩51个，项目投资约93.15万元。建成洞头客运站、风门村停车场、沙角村停车场、活水潭村停车场充电站点，新增公共快速充电桩22台，项目投资244.24万元。新增住宅小区电动车充电设施30组，分别在海悦城璟园、皇家花园、金源花园、银城花苑、金海花苑、金典时代、碧海云天、蓝港花苑、小朴花苑等小区，项目投资4.65万元。

【改善公共交通设施】2021年，洞头区改善公共交通设施，总投资1252.48万元。改造提升北岙街道光明巷停车场，新建公共停车位100个，项目投资631万元。更新并投用公交车14辆，项目投资407.48万元。完成红绿灯路口互联互通11个，改造提升全区现有路口红绿灯灯控设施34处和卡口视频监控系统25处，新建路面违停抓拍点位3个和电子警察4个，设备均上线运行，项目投资214万元。

【偏远村居消防配套设施建设】2021年，洞头区加强偏远村居消防配套设施建设，总投资156万元。完成东屏街道金岙村、大北岙村、松柏园村，大门镇沙枫港村、杨梅田村、观音礁村（南塘自然村、观郑家底自然村）、寨楼村、美岙村，霓屿街道长坑垅村、郎等村、下郎村以及鹿西乡等14个村居建设消防水池及配套消防管网。

【学校教室安装空调】2021年，洞头区加强公办学校中高考标准化考场建设，并完成电力扩容工程和新风系统等相关配套工程，总投资为270万元。共建成公办学校中高考标准化考场空调安装教室99个，其中职教中心25个、海霞中学19个、实验中学24个、洞头二中14个、灵昆中学17个。

（陈 锋）

重点工程建设

【概况】2021年，洞头区建立重点工程“每周一联系、每半月一现场、每月一分析”工作机制。开展高频涉批项目挂钩服务和重点建设项目标准化管理制程。全年重点建设项目97个，其中新开工建设项目24个，建成项目36个。完成投资508135万元，为年度计划的101.2%。区本级财政投资项目完成投资141879万元，为年度计划的76.6%，其中PPP项目共完成投资44004万元，为年度计划的123.9%。非区本级财政投资项目完成投资366256万元，为年度计划的115.6%。按辖区街道（乡镇）划分：大门镇（30个）共完成投资208623万元，为年度计划的140.9%；元觉街道（13个）共完成投资72472万元，为年度计划的111%；北岙街道（32个）共完成投资134274万元，为年度计划的85%；霓屿街道（9个）共完成投资47275万元，为年度计划的77.5%；东屏街道（11个）共完成投资44484万元，为年度计划的64.1%；鹿西乡（2个）共完成投资1007万元，为年度计划的55.9%。

【重点工程新开工项目】2021年，洞头区新开工建设项目24个，分别为大门镇马观线公路美岙至仁前途路段改造提升工程、2021年电网建设配套管沟工程、2021年配电网新建与改造工程、海霞学院基础设施提升及配套工程、洞头区老旧小区改造提升工程、海洋生物医药制造项目（年产1000吨超级鱼油EPA及中药项目）、大沙岙仙叠岩景区旅游提升工程、大门配水主干管网改造提升工程、小门岛石化产业基地市政配套工程—防洪排涝工程、东屏街道岙仔村旧村改造B地块项目、老城区停车场项目、城南路市政设施提升改造工程、农村公路改造提升工程（三期）、S211省道洞头霓屿至北岙段工程、洞头区城市更新及风貌改造试点工程、渔业产业数字化发展项目、洞头区冷链物流中心建设项目、全域地下排水管网建设工程、青山岛供水管网建设工程、大小门临港石化产业区合规园区建设工程、大门黄岙新区新型城镇化市政基础配套工程、东海贝雕艺术主题公园、大门镇黄岙片区排涝工程、温州LNG保障通道。

【重点工程建成项目】2021年，洞头区重点工程建成项目36个，主要有长沙安置房一期工程（II标）、大门镇消防站建设工程、大门配水管网工程、大门镇农村饮用水水质及供水能力提升工程、大门镇马观线公路美岙至仁前途路段改造提升工程、东港休闲中心建设工程、小门综合供能服务站、2021年电网建设配套管沟工程、330国道延伸线疏港公路建设工程、陆域引水第一通道二期工程、北岙街道鸽尾礁至大王殿连接公路建设工程、温州市社会福利养老院建设工程、海峡云村金岙101工程、2021年配电网新建与改造工程、浙江优瑞欣化学有限公司厂房建设工程、海霞红色基地建设项目、智慧城市运营项目、海霞学院基础设施提升及配套工程、温州市综合材料生态处置中心1万吨/年医废改扩建项目、城北污水处理厂一期建设工程、华田特种钢项目、中普陀宗教旅游文化园、农业综合开发现代园（紫菜现代园）、浙江方舟工程机械设备有限公司南塘生产基地、霓屿紫菜现代园（田园综合体）、元觉义校迁建工程、110千伏深水输变电项目、同心旅游小镇整体风貌改造项目、元觉幼儿园工程、华顺燃料油项目、相思岙料场边坡治理工程、大门镇污水处理厂提升改造工程、新城一期第四期02—01地块安置房工程、大门旅游停车场建设项目、“年产4000吨精密电子装联用助焊剂、1500吨精密电子清洗剂及年产1500吨胶粘剂、三防漆建设项目”、洞头区老旧小区改造提升工程。

【重点工程红灯警告项目】2021年，洞头区重点工程累计投资完成率低于65%，严重滞后或节点任务未完成项目9个，分别为洞头三盘产权式酒店项目、黄金海岸度假及住宅区、韭菜岙村旅融合项目、大门镇黄岙片区排涝工程、温州液化

2021年洞头区重点工程完成情况一览表

表5　　　　单位：万元

序号	项目名称	年度计划投资额	年度完成投资额	完成情况
1	长沙安置房一期工程（II标）	2500	2654	建成
2	大门镇消防站建设工程	600	659	建成
3	大门配水管网工程	2000	1945	建成
4	大门镇农村饮用水水质及供水能力提升工程	300	504	建成
5	大门镇马观线公路美岙至仁前途路段改造提升工程	1300	1605	建成
6	东港休闲中心建设工程	10000	7087	建成
7	小门综合供能服务站	6000	6975	建成
8	2021年电网建设配套管沟工程	1000	565	建成
9	330国道延伸线疏港公路建设工程	1500	1662	建成
10	陆域引水第一通道二期工程	2000	930	建成
11	北岙街道鸽尾礁至大王殿连接公路建设工程	1000	1106	建成
12	温州市社会福利养老院建设工程	2500	2772	建成
13	海峡云村金岙101工程	3000	1622	建成
14	2021年配电网新建与改造工程	1000	787	建成
15	浙江优瑞欣化学有限公司厂房建设工程	2000	1151	建成
16	海霞红色基地建设项目	13000	14901	建成
17	智慧城市运营项目	1000	1437	建成
18	海霞学院基础设施提升及配套工程	1800	1425	建成
19	温州市综合材料生态处置中心1万吨/年医废改扩建项目	6000	5524	建成
20	城北污水处理厂一期建设工程	3000	3316	建成
21	华田特种钢项目	5000	6026	建成
22	中普陀宗教旅游文化园	10000	6721	建成
23	农业综合开发现代园（紫菜现代园）	2500	1621	建成
24	浙江方舟工程机械设备有限公司南塘生产基地	2000	1862	建成
25	霓屿紫菜现代园（田园综合体）	5000	11321	建成
26	元觉义校迁建工程	3000	8473	建成
27	110千伏深水输变电项目	3600	3622	建成
28	同心旅游小镇整体风貌改造项目	2200	2084	建成
29	元觉幼儿园工程	600	1801	建成
30	华顺燃料油项目	2500	1667	建成
31	相思岙料场边坡治理工程	1100	1182	建成
32	大门镇污水处理厂提升改造工程	850	1201	建成
33	新城一期第四期02-01地块安置房工程	2500	768	建成
34	大门旅游停车场建设项目	500	595	建成

续表5

序号	项目名称	年度计划投资额	年度完成投资额	完成情况
35	年产4000吨精密电子装联用助焊剂、1500吨精密电子清洗剂及1500吨电子胶黏剂、三防漆建设项目	2000	880	建成
36	洞头区老旧小区改造提升工程	300	201	建成
37	浙能液化天然气（LNG）接收站项目	73000	155361	LNG储罐工程施工
38	海洋生物医药制造项目（年产1000吨超级鱼油EPA及中药项目）	5000	9333	开工建设、进行主体施工
39	温州市青山欢乐岛项目（青山国家海洋公园）	4000	7413	一期基本建成
40	洞头新城一期01-10地块建设工程项目（名品广场）	5000	8852	主体建设
41	大沙岙仙叠岩景区旅游提升工程	2000	3055	开工建设
42	大门配水主干管网改造提升工程	1000	1523	完成仁前途至美岙段管网建设
43	小门岛石化产业基地市政配套工程—防洪排涝工程	2000	3020	主体建设
44	东屏街道岙仔村旧村改造B地块项目	10000	13584	主体建设
45	洞头区中心敬老院	800	1106	基本建成
46	老城区停车场项目	500	639	开工建设
47	南塘新液化天然气（LNG）气化站工程项目	1200	1529	主体工程完工
48	城南路市政设施提升改造工程	2000	2439	基本完成路面施工，进行路灯亮化等配套施工
49	污水零直排建设工程	600	708	二期：完成东屏片重点旅游商业集聚点管网改造，开展南塘、杨文工业园区排查和整治
50	职教中心迁建二期工程	2600	2949	主体建设
51	元觉街道旧村搬迁安置房工程(元觉一期安置房)	5500	6156	主体结顶
52	农村公路改造提升工程（三期）	700	779	开工建设
53	新城二期市政道路工程	7000	7645	完成海韵大道道路建设
54	洞头区人民医院改扩建工程暨区公共卫生服务中心建设工程	10000	10903	桩基、地下室施工
55	珑头湾旅游度假小镇	5500	5612	婚庆酒店主体建设
56	211省道洞头霓屿至北岙段工程	4000	4250	开工建设
57	大门岙底至沙岙隧道及接线工程	3000	3187	主体工程完工
58	新城一期03-01-2地块项目（人才公寓）	4000	4199	主体建设
59	状元南片市政道路工程	8000	8163	进行路面及人行道施工
60	洞头区城市更新及风貌改造试点工程	2000	2016	主体建设
61	渔业产业数字化发展项目	1000	1007	开工建设
62	状元岛河道水系治理工程	3000	3010	主要为景观部分，绿化种植等
63	温州华港液化天然气（LNG）储运调峰中心项目	30000	30074	主体建设
64	沙岙综合交通码头及接线工程	2200	2204	建成码头主体
65	“梦幻海湾”项目	18000	18023	酒店主体及配套附属施工

续表5

序号	项目名称	年度计划投资额	年度完成投资额	完成情况
66	温州交通城建工业化生产基地	12000	11833	营盘基厂区建成；仁前途厂区施工
67	大门产业基地应急引水工程	4000	3754	管道施工、配水站施工
68	洞头区冷链物流中心建设项目	6000	2747	主体建设
69	青山岛供电管网建设工程	500	351	一回路建成，二回路前期论证
70	仁济学院教师公寓	15000	10194	主体完工，配套附属施工
71	温州蓝色海湾生态建设项目（蓝湾二期）	20000	11431	部分子项目建成
72	全域地下排水管网建设工程	1000	0	中心街段开工建设
73	青山岛供水管网建设工程	3500	0	基本建成
74	大小门临港石化产业区合规园区建设工程	1000	0	部分子项目开工建设
75	浙南水运中心码头工程	1200	0	进行码头部分方案设计
76	小门岛石化产业基地市政配套工程—温州市小门西污水处理厂及污水泵站工程	8000	0	完成污水处理厂地块石料处置并进场施工
77	小门岛石化产业基地市政配套工程—市政路网工程			
78	大门黄岙新区新型城镇化市政基础配套工程（暂名）	1000	0	方案设计
79	马岙潭度假村	2000	0	方案设计
80	精灵海岸养生庄园项目	16000	12203	完成主体工程建设和部分配套附属工程
81	东海贝雕艺术主题公园	1200	902	主体建设
82	洞头三盘产权式酒店项目	10000	5936	主体完工，配套附属施工
83	黄金海岸度假及住宅区	30000	17318	主体建设
84	韭菜岙村旅融合项目	1000	570	主体建成
85	大门镇黄岙片区排涝工程	3500	1282	完成堤塘河河道综合整治
86	温州液化天然气（LNG）保障通道	3500	1099	道路主体施工
87	小门液化天然气（LNG）项目110千伏供电线路工程	800	0	方案设计
88	白鹭湾海渔文化旅游度假区	15000	1124	停车场主体结构结项
89	洞头区同心广场建设工程	15000	0	暂缓实施
90	大小门石化产业生活商务配套服务区	1000	0	进行方案设计
91	霓屿南北公路改造提升工程	1500	0	暂缓实施
92	小门岛LNG专用道路工程	1000	0	暂缓实施
93	鹿西乡综合交通码头配套设施工程	800	0	暂缓实施
94	星空之城项目	4000	0	暂缓实施
95	浙石油温州储能中心（浙石油温州油库及配套码头项目）	2500	0	暂缓实施
96	海悦城配套幼儿园	700	0	暂缓实施
97	三盘融合发展服务中心	600	0	暂缓实施

（区发改局提供）

天然气（LNG）保障通道、小门液化天然气（LNG）项目110千伏供电线路工程、白鹭湾海渔文化旅游度假区、洞头区同心广场建设工程、大小门石化产业生活商务配套服务区。

【重点工程黄灯预警项目】2021年，洞头区重点工程累计投资完成率在65%~85%之间，相对滞后项目2个，分别为精灵海岸养生庄园项目、东海贝雕艺术主题公园。

【重点工程白名单项目】2021年，洞头区重点工程白名单项目7个，分别为三盘融合发展服务中心、海悦城配套幼儿园、浙石油温州储能中心（浙石油温州油库及配套码头项目）、小门岛LNG专用道路工程、霓屿南北公路改造提升工程、鹿西乡综合交通码头配套设施工程、星空之城项目。

（张 遥）

招商引资

【概况】2021年，洞头区实现到位内资24亿元，完成率126%。总部引税项目4个，单体制造业项目落地3个，招引落地亿元以上产业项目8个，招引世界“500强”项目1个，总部回归税收新增1.6亿元，实现高新技术产业利用外资10万美元。新招引的制造业、海运业、商贸业等税源生财型项目占比80%，较上年提高17.5%，文旅业、渔农业等项目下降17.5%。招商云系统上线，联动审批和产业部门开展项目联动评估。编制第一批“招商地图库”，包括小门西A地块、状元南片、旅游板块、现代服务业、生命健康产业和新兴产业等六张招商地图。制定《洞头区招商引资项目全生命周期管理服务实施方案》，全年累计入企服务60多次，协调解决问题40多个，接洽客商百余批次，实地考察760多人次。

2021年11月22日，洞头区首期“三新”暨海洋经济“双招双引”专题研修班开班

（区投资促进服务中心提供）

【招商机制建设】2021年，温州市洞头区投资促进服务中心建立项目全流程闭环机制，加快招商引资项目落地。通过建立完善招商引资项目全流程闭环机制，规范工作流程，明确各相关部门在项目洽谈、签约、落地等各环节中的工作职责，解决招商引资项目从信息获取、洽谈对接、引进落地到建成投产等过程中遇到的各类要素瓶颈问题，推动签约项目早落地、早开工、早投产，提高招商引资合同履约率、资金到位率和项目开工率。建立“1+3+6+N”机制，形成“投促+驻点+专班+全员”组织体系。建立全生命周期服务机制，解决盲目招商或只招不管等问题。创新实施云招商、基金招商、以商招商，探索驻点招商、“飞地”招商等新路径。联合区委组织部举办“双招双引”专题培训班，全区180名县处级、科局级领导干部参加培训。

【招商云系统上线】2021年，洞头区招商云系统上线。该系统把招商项目用项目地图、实景VR视频等形式向投资客商和创业者进行直观展示，实现云端实景考察。系统共有四大板块，包含“云洞头”，主要介绍洞头基本概况、发展历程、资源优势、风景美食、民俗文化、新闻动态等内容；“云招商”，涵盖已落地重大招引项目、营商环境、产业规划以及招商政策等内容；“云地图”，主要通过项目地图、VR视频等形式全方位展示洞头重点招商引资推介项目；“云名片”，通过宣传视频、风景城市照，展现洞头的秀丽风景，利用电子名片功能为当地投资促进部门与企业互动交流、洽谈合作项目提供便利。

（叶纯莹）

综合政务

【概况】2021年，温州市洞头区人民政府办公室起草修改850多篇文稿，保障上级领导来访活动和重大会议425次，全员参与共同富裕主题调研月活动，形成12篇高质量调研文章，《居民区企业分析及建议》等4篇课题获区主要领导批示。上报省、市信息229篇，完成国办和省、市约稿97篇，省、市领导批示 13 篇。其中《洞头区“五化五示范”燃动海洋引擎 全力打造国家海洋经济示范区》一文获常务副省长陈金彪的批示，《洞头区深耕海岛公园建设打造“新海岛、新业态、新生活”》获副省长成岳冲批示。全年召开各类专题协调会议 856 次，出具专题会议纪要、交办单 163 个，协调解决一大批建设难题和历史遗留问题。牵头数字政府领域应用，推进“利民补助一键达”，完成议题管理、督查亮灯、调研专题库等系统建设，协助有关部门实施省、市项目试点，配合做好“数智渔业”“防台指令一屏锁定”“岛游通”等项目建设。协调推进打私工作，查处无合法来源证明成品油经营案件 1 起，查获成品油 127.33 吨。

【政务公开】2021 年，区政府门户网站发布政务信息 7467 条，发布区政府、区政府办公室、区级部门和街道（乡镇）制定的行政规范性文件 273 件。设立重大决策专栏，下设重大行政决策、决策预公开、意见采纳及反馈情况等栏目。建立“十四五”规划专题，集中公开《洞头区国民经济和社会发展第十四个五年规划和2035年远景目标纲要》等相关“十四五”规划信息。主动向社会公布政府工作报告、民生实事项目内容和执行情况。开设政府绩效工作专栏，按季度发布政府工作报告重点工作清单落实情况。做好疫情防控相关信息公开，在疫情防控专栏常态化发布全国新型冠状病毒肺炎疫情最新情况和科普知识。设立区网络问政平台和浙江政务服务网统一咨询投诉举报平台，全年共计接收办件 3421 件，问题处置率及群众满意率均达 100%。依托区建议提案办理系统，同步公开 115 件人大代表建议和 106 件政协委员提案内容和办理结果。全区各行政机关全年累计受理政府信息公开申请 44 件，其中区政府本级 5 件，区各部门和各街道（乡镇）39 件。信息公开答复无被提起行政复议和行政诉讼。建立完善政务新媒体运行制度和管理机制，全区 15 个政务新媒体责任单位 33 个账号共发布 745 条信息。完善内部考核，把政务公开工作纳入洞头区年度督查工作管理办法，明确绩效目标、分值权重、督查方式等。对政务公开目录编制、政务服务事项网上办理、网上执法等工作开展专项督查，全年发布政务督查通报 3 期，整改通知书 11 期。

【提案议案办理情况】2021 年，区政府将十四届人大五次会议交办的代表建议 115 件（重点件 2 件）交由 42 个单位具体承办，所有代表建议均在规定时间内办结，办复率为 100%。其中，代表建议所提问题已经解决或基本解决的73件，占 63.5%；正在解决或列入规划逐步解决的 34 件，占 29.6%；因条件限制暂时无法解决，留待以后研究的 8 件，占 6.9%。向领衔代表发放代表建议反馈表 115 份，代表对承办结果表示满意的 100 件，占 87%；表示基本满意的 15 件，占 13%。把区政协八届五次会议交

2021年区政府及办公室重要文件选目一览表

表6

序号	文号	标题
1	洞政发〔2021〕2号	关于对洞头先锋女子民兵连给予嘉奖的决定
2	洞政发〔2021〕9号	关于印发温州市洞头区国民经济和社会发展第十四个五年规划和二〇三五年远景目标纲要的通知
3	洞政发〔2021〕10号	关于印发《洞头国际旅游岛建设五年行动计划（2021—2025）》的通知
4	洞政发〔2021〕12号	关于推进健康洞头行动的实施意见
5	洞政发〔2021〕19号	关于印发温州市洞头区妇女发展“十四五”规划和儿童发展“十四五”规划的通知
6	洞政办发〔2021〕2号	关于印发《洞头区机动车停放服务收费管理实施方案》的通知
7	洞政办发〔2021〕3号	关于建立区政府落实区人大常委会审议意见的通知
8	洞政办发〔2021〕10号	关于印发《支持培育社会应急救援力量发展的“十条”意见》的通知
9	洞政办发〔2021〕13号	关于开展洞头区平安交通建设年活动的通知
10	洞政办发〔2021〕17号	关于印发《“中国摄影岛”建设实施方案》的通知
11	洞政办发〔2021〕18号	关于印发《洞头区促进消费升级三年行动方案（2021—2023年）》的通知
12	洞政办发〔2021〕21号	关于继续实施惠企政策 促进经济稳中求进的若干意见

续表6

序号	文号	标题
13	洞政办发〔2021〕23号	关于印发《洞头区推进3岁以下婴幼儿照护服务发展的实施方案》的通知
14	洞政办发〔2021〕24号	关于印发温州市洞头区突发公共卫生事件应急预案、突发急性呼吸道传染病事件应急预案的通知
15	洞政办发〔2021〕26号	关于印发《洞头区城镇燃气突发事件应急预案》的通知
16	洞政办发〔2021〕27号	关于印发《“奋斗60天，挂牌督战八大领域”专项行动方案》的通知
17	洞政办发〔2021〕29号	关于印发《洞头区旅游业“微改造、精提升”三年行动计划》（2021—2023年）的通知
18	洞政办发〔2021〕30号	关于印发《关于促进文化体育旅游产业融合发展的若干政策意见》的通知
19	洞政办发〔2021〕31号	关于印发《温州市洞头区社会综合治理“十四五”规划》的通知
20	洞政办发〔2021〕34号	关于印发《温州市洞头区卫生健康事业发展“十四五”规划》的通知
21	洞政办发〔2021〕36号	关于印发《温州市洞头区改革创新公办幼儿园雇员制教师管理实施方案》的通知
22	洞政办发〔2021〕37号	关于印发《洞头区助推温州市创建全国版权示范城市实施方案》的通知
23	洞政办发〔2021〕38号	洞头区融入温州市气象防灾减灾示范区建设的实施意见
24	洞政办发〔2021〕40号	关于印发《温州市洞头区教育高层次人才“引、育、留”实施办法》的通知
25	洞政办发〔2021〕41号	关于印发《瓯洞金融融合发展工作方案》的通知
26	洞政办发〔2021〕43号	关于印发《温州市洞头区水安全保障“十四五”规划》的通知
27	洞政办发〔2021〕44号	关于印发《温州市洞头区生态环境保护“十四五”规划》的通知
28	洞政办发〔2021〕48号	关于印发《洞头区化工行业安全发展规划（2021—2025）》的通知
29	洞政办发〔2021〕50号	关于印发《进一步加快建设坚强电网助推打造共同富裕示范区海岛样板的实施方案》的通知
30	洞政办发〔2021〕51号	关于印发《温州市洞头区商贸发展“十四五”规划》的通知
31	洞政办发〔2021〕52号	关于印发《温州市洞头区工业、信息化和科技发展“十四五”规划》的通知
32	洞政办发〔2021〕53号	关于建立健全洞头区环境污染问题发现和处置机制的实施意见
33	洞政办发〔2021〕54号	关于印发《温州市洞头区海洋专项督察整改工作方案》的通知
34	洞政办发〔2021〕55号	关于加强金融支持绿色低碳经济发展工作的通知
35	洞政办发〔2021〕56号	关于印发《关于“青年洞头”建设的十条优惠政策》的通知
36	洞政办发〔2021〕61号	关于印发《温州市洞头区城乡风貌整治提升行动实施方案》的通知
37	洞政办发〔2021〕62号	关于印发《洞头区工业经济高质量发展暨新一轮制造业“腾笼换鸟、凤凰涅槃”攻坚行动实施方案（2021—2023）》的通知
38	洞政办发〔2021〕63号	关于印发《洞头区重特大道路交通事故应急预案》的通知
39	洞政办发〔2021〕65号	关于印发《温州市洞头区教育事业发展“十四五”规划》的通知
40	洞政办发〔2021〕67号	关于印发《温州市洞头区旅游业发展“十四五”规划》的通知
41	洞政办发〔2021〕68号	转发《温州市人民政府办公室关于温州市支持企业留员工稳岗位促生产全力抓好“开门红”的十条措施》的通知
42	洞政办发明电〔2021〕2号	关于印发《洞头区水路经营领域安全专项治理行动方案》的通知
43	洞政办发明电〔2021〕3号	关于印发《洞头区公路路域环境专项整治行动实施方案》的通知
45	洞政办发明电〔2021〕4号	关于印发2021年全区道路交通“双月双保”严管整治工作方案的通知

（区政府办公室提供）

办的106件提案（其中重点提案3件）交由42个单位具体承办，所有提案均在规定时间内办结，办复率为100%。其中，提案所提问题已解决或建议被采纳的67件，占63.2%；正在解决或列入计划解决的29件，占27.4%；提案所提问题因目前条件限制暂时无法解决的10件，占9.4%。

【政务督查】 2021年，区政府创新开设"直击现场，'洞'悉一线"督查栏目，建成投用智慧督查系统，督促高质量完成省、市、区民生实事63项，开展现场督查19次200个点位以上，发布政务督查专报66期。继续深化"项目盯"工作，协调解决项目遇到的各类问题58个。全年召开各类专题协调会议635个，出具交办单113张。

【电子政务】 2021年，洞头区建设政务外网态势感知平台，开展政务外网非法外联监测，全年未发生重大网络运行故障与网络安全事故。部署政务数据管理平台，建立数据目录373个、入库数据446.9万余条，上线数据防泄漏、数据脱敏、数据加密平台，保障数据安全。完成政务信息公开站点及门户网站适老化改造。

（颜 泉）

【外事工作】 2021年，洞头区完善外事工作审批流程，开展人员因公出国线上审批工作。借助市外办"四海同心、领保同行"活动，密切联系美国纽约洞头领保站、几内亚浙江同乡会温州领保站和街道（乡镇）基层领保处，对接美国纽约洞头领保站关于商会负责人换届选举事宜。10月25日，联系市外办与当事人家属，协助在柬埔寨身故人员林某某亲属与当地使馆取得联系，妥善处理遗体善后事宜。12月6日，组织区委统战部、区公安分局等相关部门及属地街道，对本区在刚果民主共和国遭不明身份武装分子袭击人员基本情况进行排摸，做好其家属的安抚与维稳工作，3名在刚果民主共和国遭绑洞头籍人员经外交协调后全部安全释放。

（郭广俊）

应急管理

【概况】 2021年，洞头区出台《支持培育社会应急救援力量发展的"十条"意见》，社会应急救援队伍可获资金补助近100万元，社会应急救援队参与处置应急联动救援64起。近岸水域救援能力提升项目列入区民生实事，组建消防海上救援中队，采购救援装备。编制修订地震等应急预案操作手册，提升预案可操作性，全区开展防汛防台、森林防火、危化品等各类演练113次。签订森林防灭火责任书，在清明、国庆等重点时段，组织护林员开展巡查宣传，通过巡逻车不间断循环播放禁火通告，发送手机提醒短信14万余条、悬挂防灭火宣传横幅110多条、发放宣传资料6000多份。组织防御"烟花""灿都"等台风和寒潮，岛际调水应对大门、鹿西旱情约25万吨。

【应急综合治理提升】 2021年，洞头区开发海上综合智管平台，纳入省"浙里安全"海上精密智控跑道和市"一本账"S0，开发洞头特色子场景，其中临水临涯事故救援防范应用列入浙里应急救援子场景。依托平台，探索建立区海上联合指挥中心，融合AIS（船舶自动识别系统）、北斗、光电雷达等监测设施，重塑海上指挥+处置体系，受时任省政府常务副省长陈金彪、时任副省长朱从玖批示肯定，刊登于《浙江应急管理》杂志第三十五期，获评温州应急管理数字化改革优秀场景（第二名）。推进防台指令一屏锁定平台建设，拆解部门和街道（乡镇）任务，发挥平台情指信息枢纽、风险监测预警、救援指挥调配等作用，推进防汛防台智管体系向村、社区延伸。

【防汛抗旱防台】 2021年，洞头区梳理制定防汛防台抢险救灾能力提升重点任务清单措施50条，红黄绿三色图督办，任务均按期清零。调整防汛防台行政责任人821人，完成全区6个街道（乡镇）83个村（社区）防汛防台形势图更新填报。按照"1+7"应急物资储备体系从区级中心库调拨到各分库的物资，各街道（乡镇）、村（社区）按照标准储存各类应急物资16343件，村居实现"三大件""四小件"全覆盖。下发各类防御通知、公众预警176次，短信推送60多万条，防御"烟花""灿都""卢碧""圆规"等台风。寒潮期间，落实编织袋4.5万条、融雪剂2吨、民用水表2000只、棉被300多件及各类专业车辆18台等设备物资，确保防寒工作落实到位。

【全民安全素养提升】 2021年，洞头区结合第二十个安全生产月主题，开展安全杯三人篮球赛、安全生产万里行环城跑、主播走一线、专家带员工"找安全隐患"、全民话安全等系列活动。全年发放宣传资料3万余份、宣传品1500份、宣传横幅标语100条。组织百万员工大培训，线上通过数2665人，线下通过数2317人，通过总人数2653人，完成率252.7%。宣传贯彻《浙江省防汛防台抗旱条例》《中华人民共和国安全生产法》累计152次，参与6980人次。开设"洞头应急"抖音号，运用"洞头应急管理"微信公众号，推送应急管理普法知识、应急避险和安全常

2021年11月22日，杨森权被省委、省政府授予“浙江省见义勇为先进人物”称号
（区应急管理局提供）

识等，全年累计制作推送微信推文388条，制作发布抖音宣传视频29期，视频最高播放量208万次。

【猎豹应急救援服务中心获奖励】2021年5月7日，由中国海上搜救中心、交通运输部海事局等单位联合主办的2020年度海（水）上搜救突出贡献社会力量颁奖仪式举行，全国18家单位获奖，其中浙江省5家，温州市猎豹民防应急救援大队（温州市洞头区猎豹应急救援服务中心）获奖，为温州市唯一获此荣誉的组织。洞头区猎豹民防应急救援队成立于2019年9月，累计参与全区各种救援1015次，抢救遇险人员305人。队伍在处置海上救援、森林救灾、抗险救灾到疫情防控等紧急事件，始终以“执行不讲人情，服从没有借口”为救援原则，迎危而上，成为洞头区应急救援的辅助力量和重要补充。

【杨森权获“浙江省见义勇为先进人物”称号】2021年11月22日，是浙江省第六个“见义勇为宣传日”，为大力弘扬社会正气，倡导见义勇为行为，激励广大人民群众与违法犯罪行为作斗争，积极参与抢险救灾，浙江省见义勇为先进人物记功奖励暨见义勇为工作会议在省人民大会堂举行，洞头溢香社会应急救援队队长杨森权获“浙江省见义勇为先进人物”称号，记一等功。2020年9月1日傍晚，台风“美莎克”袭击洞头，大浪把岸边礁石上的人卷入海中，洞头溢香应急公益救援队队长杨森权带领3名队员第一时间赶赴事发海域施救。在狂风巨浪中，杨森权与队员们竭尽全力，两次入海把3名落海者救上船。杨森权与他组建的溢香应急救援队多次在危难时刻挺身而出，用行动传递了正能量。

（叶卓然）

【应急物资储备】2021年，区发改局作为应急物资储备职能部门，组织实施全区重要储备物资和应急储备物资的收储、轮换和日常管理，落实有关动用计划和指令。负责对管理的政府储备、企业储备以及储备政策落实情况进行监督检查。库房实行“1+7”仓房储备模式，全区库房逾800平方米，应急物资储

2021年洞头区社会应急救援队伍一览表

表7

名称	救援内容
温州市洞头区溢香应急救援队	城市搜救、山地救援、近礁救援等领域
温州市洞头区猎豹应急救援服务中心	城市搜救、山地救援、近礁救援等领域
温州市洞头区雄鹰航空应急救援队	空中搜救、森林防火、医疗救助等
温州市洞头区海安海上应急救援队	10海里近海应急搜救等
温州市洞头区红十字蓝港水上应急救援队	海上救援、海上巡逻等
温州市洞头区心理援助服务队	灾后心理咨询、心理援助等
温州市洞头区后寮村森林义务消防队	森林防灭火、防汛防台等应急抢险工作等
浙江利东洞头应急救援队	道路清障、消防和森林防火的应急用水保障等
温州市洞头区鹿栖应急救援队	抢险救灾、森林防火、防汛防台、应急维稳等综合性救援
温州市洞头区元心应急救援队	抢险救灾、森林防火、防汛防台、应急维稳等综合性救援

（区应急管理局提供）

备以生活救助保障类物资和救灾现场保障物资为主，主要品种有应急生活包、帐篷、棉被、草席、雨衣、雨鞋、手电筒、电风扇等，全年投入20万元补充和更新应急救灾物资。全年调拨物资10批次，物资金额近8万元。建立协议动态储备和相邻区（县）储备合作机制，全区动态储备冻猪肉20吨。

（洪 星）

【消防救援】 2021年，洞头区组建瓯江口昆鹏消防救援站和灵昆街道政府专职消防队。争取建设经费700万元，采购救援船舶、摩托艇等各类水域救援装备近200件，组建全省首支近海消防救援队伍，开展为期七天的水域培训，取得近海救援Offshore Rescue证书10人、无人机操作证书3人、应急管理部消防救援局水域救援技术教练员证书1人、游艇证书2人，确保相应岗位持证上岗率100%。温州市洞头区消防救援大队开展作战训练安全大讨论活动3次，分析典型灾害案例25个。开展专题战评总结5次、简要战评12次，整改安全隐患39处。全年接警出动316次，出动车辆403辆次，出动人员2524人次，抢救被困人员7人，疏散被困人员16人，保护财产价值2237万余元，未发生亡人火灾。修订完善灭火救援数字化预案，共组织实战演练108家次，单位熟悉159家次，多部门联合演练3次。聘请地方资深“船老大”定期指导船舶驾驶和应急处置技术，联合辖区民间救援力量定期联勤联动联训。定期检查指导全区乡镇专职消防队、村志愿队及微型消防站等队伍75支。

【消防安全隐患整治】 2021年，区消防救援大队围绕消防安全专项整治三年行动，推进“平安护航建党百年”消防安保、“遏重大”攻坚战、电动自行车和推进生命通道等专项整治。实行“日周月季”工作模式（每日督查、每周督办、每月通报、每季度排名），持续开展“四不两直”式常态化督导，共抽查单位2110家，联合区平安办、安委办每月开展安全形势和重点工作“双预警”督查通报，下发督办单52份、通报12期，督办整改隐患372处，完成市级2家重大隐患单位挂牌整改。全区19个住宅小区均安装远程监控系统并接入消防管控“秒响应”平台，对纳入市民生实事项目的20栋存在火灾隐患的高层建筑完成整改销案；出台《瓯江口新区灵昆街道服装加工企业消防安全整治工作方案》，完成服装企业整治258家，与区交警大队共同建立执法信息共享联动机制，联合区发改局、区公安分局出台《洞头区电动自行车消防违法记分应用规则》。全年共检查社会单位1694家、督改隐患1301处、下发责令改正通知书1099份，“三停”11家、查封6家、处罚142起。

2021年9月16日，洞头区消防救援大队组织近海岸水域救援训练 （汪 湛 摄）

【消防安全宣传】 2021年，区消防救援大队联合区民宗局创建宗教场所省级“百优争创”优秀单位；联合区供电部门对电动车火灾隐患曝光，筑牢小区电瓶车充电安全“防火墙”，在中央电视台新闻综合频道、学习强国、《浙江日报》、浙江新闻客户端等媒体报道；党史学习教育成效在人民日报（人民号）和新华社客户端刊登3次，《中国应急管理报》刊登1次，总队钱潮正能量刊登1次，《洞头新闻报》整版刊登1次，制发简报3篇；协助支队举办“铸忠诚、重力行、保平安”党史学习教育文艺汇报会。

（李冠振）

信用体系建设

【概况】 2021年，根据《温州市区域信用建设评价报告》，洞头区综合信用指数为84.53，居全市12个县（市、区）总体信用排名第一位。温州市洞头区信用洞头建设领导小组办公室印发《洞头区第二十个“8·8”诚信日暨社会信用体系建设示范城市巩固提升行动方案》，联合制定《洞头区信用智治综合改革（百家信）实施方案》，以数字化改革为契机，突出信用赋能社会治理，构建数据归集、综合评价、场景应用、监测预警为一体的信用智治架构。推进洞头区信用体系建设继续深化完善。建成信用信息洞头子平台，归集信用信息42.08万条。组织“8·8”诚信日活动。新增单位信用村（居）3个。“百家信”应用获评第三届“新华信用杯”全国优秀信用案例，并被纳入温州市十大信用应用重点场景建设。

【信用智治综合改革】2021年10月21日，为完善诚信建设长效机制，健全覆盖全社会的征信体系，加强失信惩戒，洞头区组织开展信用智治综合改革，制定《洞头区信用智治综合改革（百家信）实施方案》。主要内容包含做好个人信用画像，明确信用评价对象，创新信用评价体系，强化信用信息归集；搭建信用感知平台，共享上级信用建设成果，联动区级社会治理系统，接入基层自治积分数据，实现个人信用信息可查；丰富信用运用场景，普惠金融领域，行政审批领域，个人生活领域；完善信用管理机制，建立指标动态调整机制，实行计分周期管理机制，建立指标穿透机制、异议申诉机制。目标是运用数字化集成、场景化应用方式，提升社会主体“知信、立信、守信、用信”意识，形成自治、德治、法治、智治相融的数智社会精细治理新模式。

【“信易+”应用领域覆盖面拓展】2021年，区信用办与洞头金海岸开元度假村大酒店开展合作，对瓯江分700分以上旅客提供免押金入住服务。拓展“信易批”应用服务事项领域，打造极简审批应用。联合区金融工作服务中心、区农商行等单位推出“全民授信·海霞诚信贷”应用，为守信者提供利率低、额度高的普惠金融贷款服务。全年“海霞诚信贷”累计授信7549户，累计授信额度5.62亿元，累计用信4667户，累计用信额度2.98亿元。

【信用主体监督管理】2021年，区信用办联合人行洞头支行、区农业农村局开展“三信”评定工作，北岙街道海霞村、北岙街道鸽尾礁村、鹿西乡扎不断村通过信用村（居）评定。开展严重失信主体专项整治。对温州市祥达物流有限公司开展专项约谈，宣讲失信行为负面影响，并引导企业签订守信承诺书、主动完成信用信息修复工作。对相关行业主管部门发送监管提示函，督促相关部门对失信企业开展重点监管。联合区公安分局、区综合行政执法局、区市场监督管理局对符合修复条件的3家企业开展信用修复，解决企业在招投标审查中失信被拒的问题，发挥信用修复引导作用。

【洞头区第二十个“8·8”诚信日系列活动】2021年8月8日，为进一步深化全国首批社会信用体系建设示范城市建设成果，深入实施省信用“531X”工程，大力弘扬诚信传统美德，引导政府部门、市场主体和社会公众共同参与“信用洞头”建设，洞头区开展第二十个“8·8”诚信日主题活动。活动主题是“海霞故乡，百岛共信”。活动内容包含召开“8·8”诚信日工作部署会和开展诚信评选和治理活动、诚信主题宣传活动、“信用洞头”建设问卷调查，举办诚信点亮洞头系列活动。活动期内，深入居民小区开展诚信宣传累计发放诚信宣传单、诚信倡导书500多份；深入民营企业开展“树诚信典型，建清廉民企（商会）”宣传活动，共发放诚信倡导书及宣传品1000多份，接待企业员工500人次，100多人在诚信签名墙上签名；在政务服务中心、南洋国际酒店等6家单位的外部显示屏上发布诚信宣传标语。

（邵柏达）

行政审批与公共资源交易

【概况】2021年，温州市洞头区政务服务中心共受理各类审批事项211047件，办结208970件，办结率99.02%，完成公共资源交易项目186宗，交易金额64.50亿元。其中，工程项目招标53宗，交易金额9.25亿元，节约资金1.11亿元，节约率10.71%；政府采购项目125个，中标金额1.74亿元，节约金额2340.04万元，节约率11.87%。土地交易4宗，成交金额9591万元，溢价率0，产权交易4宗，成交金额52.56亿元，溢价率4.8%。

【政务服务改革】2021年，区政务服务中心升级“信易批”改革，探索“极简审批”模式，通过把信用信息查询嵌入区政务服务中心取号系统和统一收件系统，实现改革红利“一号兑现”，改革成效入选市“两个健康”典型案例，在市数字化改革专栏宣传刊登。推进单体制造业项目审批承诺制改革，创新拿地即开工、承诺即许可等审批模式，新赋码一般企业投资项目“最多80天”、小型企业投资项目“最多45天”实现率均100%。推动智慧政务大厅建设，全面提升政务服务2.0，并延伸下放至乡镇（街道）政务服务平台，实现区级、乡级、村级代办模式，2.0事项“一网通办”率和大厅窗口2.0办件占比均在85%以上，街道（乡镇）2.0窗口实现全覆盖。

【政务便利服务】2021年，区政务服务中心打造“红色代办”品牌，推出红色代办“一键通”项目，组建“跑小二”“渔小二”等红色代办队伍，推行“一册通”和“不见面代办”一键点餐，全年累计代办项目8个，组团上门解决问题30多个，服务群众7251人次。打通区域办事界限，优化“跨省通办”，与四川中江、乐至等多地达成合作协议，建成全市首个村级“跨省通办点”；推进“政银合作”，全区农商行各网点可办事项417个，形成15分钟办事圈；连通“跨国可办”，为海内外19个城市（联络点）在外洞头人提供服务141项。推行服务“不打烊”模式，开通帮办代办“绿色通道”，设置特色专窗，提升政务服务大厅服务质效。推进“五大提升工程”，实现街道（乡镇）政务服务中心达标率100%，村社代办服务点全覆盖。

【政务环境规范化建设】2021年，区政务服务中心建立健全“好差评”机制，加强正风肃纪督查工作，收集群众线下投诉和“好差评”系统评价意见，开展电话回访，年回访量608人次，好评率99.67%。全年“好差评”平台主动评价数85048条，好评率99.99%。建立负面样本框收集制度，收集不满意办件样本框，对“不满意件”及时回访、分析解决，提升营商环境调查和“最多跑一次”满意度调查样本框收集准确性，全年累计收集处理疑似不满意样本13件，处理结果均获群众满意。上线区级公共资源交易平台监管平台，调整区级招标采购限额文件，完善远程异地评标机制，着力应对“熟面孔”“本地圈”等人为干扰，从源头上预防腐败行为。

【公共资源交易数字化】2021年，区政务服务中心全面促进公共资源交易数字化，推进招投标“一件事”改革，完成“不见面”平台建设，“不见面”开标除设计、EPC（工程总承包）等特殊项目外实现全覆盖。在全市率先建成小额工程电子化交易平台，可多项目同时开标，最快15分钟完成开标。推行电子保函替代保证金，提高保函替代现金比例，实现多种方式缴纳投标保证金，释放沉淀资金6.57亿元，减轻企业现金流压力。探索远程异地评标模式，对接省内外多个城市，与南通、金华等地实现跨省联动。开展标后履约督查，专项检查项目45个，形成整改意见183条，停工整改，全部整改回复到位。加强政府采购网上商品价格监测，委托“政采云”巡检6251起（家）供应商的2402个商品，保障供应商商品价格的合理性，确保政府采购领域规模采购的价格优势。

2021年11月26日，洞头区政务服务红色代办服务点及“跨省通办”点正式落户东屏街道后寮村（区融媒体中心提供）

【全市首个村级“跨省通办点”建成】2021年11月26日，洞头区政务服务红色代办服务点及“跨省通办”点正式落户东屏街道后寮村，为温州市首个村级“跨省通办”点。依托“跨省通办”等服务平台，后寮村可为四川省中江县市民提供学历公证，学位公证，机动车驾驶证公证，失业登记，社会保险个人权益记录单查询打印（养老保险，工伤保险，失业保险等），企业职工基本养老保险关系转移接续，城乡居民基本养老保险关系转移接续，机关事业单位基本养老保险关系转移接续（含职业年金），退役军人养老保险关系转移接续（军地养老保险关系转移接续申请），领取养老金人员待遇资格认证，养老保险供养亲属领取待遇资格认证，电子社会保障卡申领，就业创业证查询，核验、申领、内资企业及分支机构变更登记，内资企业及分支机构注销登记，个体工商户设立登记，个体工商户变更登记，个体工商户注销登记、营业执照遗失补领、换发，医保电子凭证申领等事项代办服务20项。

（苏姗姗）

机关事务管理

【概况】2021年，温州市洞头区机关事务管理中心完成公务接待260批次，各类会务保障3000多场次，公务出行6000多次，行车72万千米，保障职工用餐28万人次。实行公房动态管理，建立公房数据库，开展公房巡查25次，督促完成整改10处。梳理公车产权

2021年12月，洞头区机关事务管理中心与国网（温州）综合能源服务有限公司签订洞头区行政服务中心能源托管合同能源管理项目合同书　（黄昭团 摄）

数据193辆，解决公车历史遗留产权问题14辆，完成公车指标审核25批次，街道（乡镇）公车纳入全省“一张网”平台管理。推进节能工作，创成节约型机关9家、垃圾分类示范单位25家，无废机关3家。协调开展公共机构屋顶光伏建设，涉及单位13家。实施行政服务中心合同能源托管，为全市首家。召开公务接待培训会，印发温州首个地方标准《公务接待工作指南》，推出与非遗贝雕相结合的席签底座。完成全国妇女爱国主义教育基地示范活动、“双屏”论坛、换届考察、区党代会等重大会议活动后勤保障工作。持续开展食堂活动，向机关干部发起为环卫工人筹集冬日3个月“待用早餐”公益活动，利用食堂平台采购扶贫物资，助力苍南番茄、大门土豆、霓屿海鸭蛋等农特产品销售。严格落实制止餐饮浪费工作，围绕政府“过紧日子”的要求，采取“套餐服务”“光盘打卡”等项目，提供一次性可降解打包袋（盒），引导就餐者打包剩菜剩饭。持续开展“文明餐桌”示范食堂活动，行政食堂成为区文明示范食堂样板。细化机关大院建设，把牢人员入口关、餐饮安全关、会务保障关、场地消杀关。完成尼珂波咖啡进驻行政中心、食堂推出生日长寿面、减脂餐等关键十小事。

【全市首家政府机关能源托管项目实施】2021年12月3日，区机关事务管理中心与国网（温州）综合能源服务有限公司签约能源托管合同能源管理项目，为全市行政区划内首家政府机关能源托管项目。能源托管作为一种全新的市场化节能服务机制，旨在减少政府投资、降低行政运行成本、提高能源利用效率、助力“双碳”目标实现等。托管期间，国网（温州）综合能源有限公司为区行政服务中心提供冷、热、电控制，能源系统软硬件设施安装及运维、能源系统及用能设备节能改造、能源运行及设备资产可靠性分析、用能咨询、搭建交流平台等个性化服务。项目总金额700多万元，托管年限8年，年节能率5%以上。

【特色接待服务品牌标准化建设】2021年，为促进机关后勤服务管理科学化、规范化、标准化，提高机关公务接待服务水平，洞头区加强公务接待标准化建设，组织召开讨论会，印发温州首个地方标准《公务接待工作指南（参考内容）》，细化接待程序，详解接待工作流程和接待标准，为全区党政机关接待工作提供参考。《指南》包含总则、运行、公务接待管理、检查评定、绩效评价、持续改进等内容。并召开全区党政机关公务接待培训会，提高接待人员专业技能水平。围绕食、宿、研在《温州机关事务》杂志专版介绍洞头公务接待经验。

【能耗“双控”专项行动】2021年9月至12月，根据《洞头区严格落实2021年能耗“双控”目标任务攻坚实施方案》部署，实施公共领域节能。重点抓好机关事业单位、医院、教育等公共机构的节能降耗工作，开展办公节约用电和室内空调温度检查。区机关事务管理中心印发《关于加强用电管理的通知》《关于进一步加强公共机构节能降耗工作的通知》等文件，联合开展能耗“双控”专项行动，细化工作目标，成立工作专班和督查组，强化日常监督检查，精准管控，牵头召开工作推进会议4次，开展督查20多次。

【公共机构屋顶光伏建设】2021年，区机关事务管理中心协调区城发公司开展公共机构屋顶光伏建设，确定首批投入建设单位13家。12月，新城农贸市场完成建设，铺设面积约1033平方米，铺设光伏板492块。采用“自发自用、余电上网”运营模式，预计年发电量约34.8万千瓦时，折合每年可节约标准煤104.1吨，减少排放烟尘0.04吨、二氧化碳330吨、二氧化硫0.21吨、氮氧化物0.16吨。由区城市发展有限公司负责建设。

（汪娟娟　苏智娴）

政协洞头区委员会

概述

【概况】2021年，温州市洞头区政治协商委员会选派12名机关党员干部进村入企担任党建指导师，推动政协“大党建”向机关“小党建”延伸。开展中共党员委员与党外委员共联共学活动，用好委员工作室等履职平台，全年共组织集中学习31场次，交流研讨19场次。紧扣区“十四五”规划编制、建设共同富裕海岛样板等大事要事，谋划实施重点履职任务27项。依托“请你来协商”、民生议事堂等平台开展协商活动23场次，监督视察80多次，政协专报向区委、区政府报送履职建议15篇，获主要领导批示交办10件。优化提案质量及提案办理质量双向评议工作，实行“提、办、督”各环节联动协同，推动履职成果转化落实。

（武晓峰）

【助力海岛基层治理政协模式构建】2021年，洞头区政协深化委员“三访三助”聚力行动，建立“基层吹哨、政协报到”工作机制，构建“界别组+专委会+联络组”联动履职模式，推动政协履职向基层延伸。通过组织建设、履职触角、工作重心“三下沉”，推动政协履职与基层治理有效融合，促进协商议事从“有形覆盖”到“有效覆盖”转变，实现“党政对政协履职满意、群众对问题解决满意、委员对作用发挥满意”的协商民主建设目标。

【“百名主席进百厅讲党史”活动】2021年6月18日，“百名主席进百厅讲党史”活动走进两岸同心政协委员会客厅。区政协主席汪慧平以《中国共产党的成立是开天辟地的大事变》为主题开展专题讲座；温州市政协副主席、民革温州市委会主委诸葛启钏为现场民革党员作题为《学习民革党史 做好民革党员》的讲座。市政协副秘书长(兼)、民革市委会专职副主委兼秘书长、两岸同心政协委员会客厅牵头委员陈慕林主持活动，温州市和洞头区部分政协委员、委员会客厅成员以及民革党员代表参加活动。

【提案工作】2021年，洞头区政协八届五次会议以来共提交提案121件，立案106件，分别交42个单位具体承办。所有提案均在规定时间内办结，提案成果得到较好运用，许多意见建议体现在区委、区政府相关政策、发展规划和部门工作中。提案所提问题已解决或建议获采纳的67件，占63.2%；正在解决或列入计划解决的29件，占27.4%；提案所提问题因目前条件限制暂时无法解决，留待以后研究的10件，占9.4%。

（张华丽）

重要会议

【政协第八届温州市洞头区委员会第五次会议】2021年2月22日至24日，中国人民政治协商会议第八届洞头区委员会第五次会议在洞头剧院召开，参加委员153名，列席60名。会议审议通过汪慧平主席代表政协第八届洞头区委员会常务委员会所作的工作报告和张释忠副主席代表政协第八届洞头区委员会常务委员会所作的八届四次会议以来提案工作情况的报告；会议审议通过政协第八届洞头区委员会第五次会议决议和政协第八届洞头区委员会第五次会议提案审查情况的报告。9名委员作大会发言。会议提交提案121件，审查立案107件，其中集体提案 19 件。

【区政协常委会会议】2021 年，区政协召开常委会会议 6 次。

2 月 5 日，区政协召开八届二十五次常委会会议。会议听取区发改局关于区“十四五”规划纲要编制情况的汇报，与会政协委员就“十四五”规划纲要作表态发言，并围绕全区渔农业发展、道路交通建设、海洋文化传播、港口建设发展、教育规划等内容建言献策；会议审议通过《关于召开中国人民政治协商会议第八届洞头区委员会第五次会议的决定》。会议还审议研究区政协八届五次会议相关事宜等。

2 月 23 日，区政协召开八届二十六次常委会会议。会议审议通过区政协八届五次会议决议（草案）和提案审查情况的报告（草案）；听取各组对区政协工作报告、提案工作报告，区政府工作报告等各项报告讨论情况的汇报。

3 月 12 日，区政协召开八届二十七次常委会会议。会议传达政协第十三届全国委员会第四次会议精神；审议通过政协第八届洞头区委员会常务委员会 2021 年工作要点、政协第八届洞头区委员会 2021 年度“请你来协商”工作计划、区政协八届五次会议重点提案和对口提案、政协第八届洞头区委员会各专门委员会、联络组组成人员调整名单和各专门委员会（办公室）对口联系党政部门名单。

7 月 21 日，区政协召开八届二十八次常委会会议。会议传达学习中共中央庆祝中国共产党成立 100 周年大会等有关会议精神；听取区政府关于洞头区基础教育质量提升“扬帆行动”开展情况的通报；听取区住建局、区农业农村局关于“产权式酒店发展与规范”“紫菜现代产业园发展”协商成果落地转化情况的通报；审议通过有关人事事项。

11 月 5 日，区政协召开八届二十九次常委会会议。会议听取全区重点项目建设推进情况、滨海旅游业发展情况、“两个健康”创建工作开展情况和 2021 年度提案办理情况等通报；审议通过有关人事事项。

11 月 23 日，区政协召开八届三十次常委会会议。会议听取区政府关于商圈经济发展情况通报；听取区委宣传部关于文化润心行动实施情况通报；表彰 2021 年度区政协优秀理论文章；开展政协提案双向评议和政协常委述职；审议通过有关人事任免事宜。

（戴冰凌）

协商议政

【概况】2021 年，洞头区政协常委会推进“请你来协商”品牌建设，确保协商活动“专”出特色、“专”出质量。全年共开展专题“请你来协商”6 场，民生议事堂 2 场，“百岛连心桥 · 委员有话说”、提案办理协商等协商活动 17 场，报送协商意见建议专报 12 期，其中获区主要领导批示并交办 10 期。

【优化营商环境协商】2021 年 3 月 25 日，洞头区政协举行年度首场“请你来协商”活动。区委书记林霞与政协委员共同为营商环境“把脉”“问诊”。会上，9 名政协委员、企业代表结合洞头营商环境存在的问题，面对面展开协商，与会职能部门负责人现场进行详实地解答，并提出解决问题的路径和方向。协商会由区政协主席汪慧平主持。

【民族特色村发展协商推进】2021 年 5 月 13 日，洞头区政协以“民族特色村发展”为主题举行“请你来协商”专题协商议政会，推进“我为群众办实事”实践活动。与会人员实地参观寮顶村网红点、特色民宿、葡萄园、军旅文化园等地。随后，在军旅文化园的军事坑道里举行“请你来协商”活动。会上，6 位委员与 11 个职能部门围绕村级基础设施建设、产业发展、交通道路等方面开展协商讨论。区政协主席汪慧平等参加。

【老城有机更新加快推进协商】2021 年 7 月 2 日，洞头区政协“请你来协商”活动聚焦老城有机更新，区长郭云强与政协委员面对面开展专题协商议政。7 名政协委员和居民代表结合调研情况和所见所思，围绕中心街基础设施改造、建筑风貌定位、业态布局、施工注意事项等积极建言献策。针对政协委员和社区代表的意见建议，区经信局、区住建局、区综合执法局、区自然资源和规划分局、城发公司等 10 家单位负责人逐一作出回应。区政协主席汪慧平主持会议。

【海洋生态环境保护协商】2021 年 8 月 17 日，以“海洋生态环境保护”为主题的“请你来协商”专题协商议政会在洞头区政府第三会议室举行。区政府副区长朱学进及相关部门负责人与委员们面对面协商交流，推进海洋生态环境保护工作，助力洞头海洋经济发展出谋划策。针对委员们的建议意见，与会职能部门负责人分别就各自的工作职责作出回应，并提出解决问题的路径和方向，进一步促进海洋生态环境保护后续工作落实。

【民俗文化发展与传承协商】2021 年 9 月 18 日，洞头区政协在政协书画院召开“请你来协商”活动。与会政协委员结合前期调研和深入思考，围绕民俗文化保护、传承人培育、产业发展等方面，提出许多切实可行的意见建议。与会部门负责人针对委员们的意见建议，提出解决问题的路径和方向。区政协主席汪慧平主持会议并讲话。

【发展总部经济协商】2021 年 11 月 17 日，以“发展总部经济 助力乡村振兴”为主题的专题协商议政会在区政协书画院举行。区政府副区长林上达及相关部门负责人与委员们面对面协商交流，助力乡村振兴出谋划策。委员们从不同角度就洞头区总部经济发展中存在的政策吸引力不强、招商渠道较为单一、招引落地企业质量不高、招商氛围不够浓厚等问题提出意见建议。与会职能部门负责人诚恳回应，表示将认真吸纳协商意见，进一步抓好各项工作落实。

（张华丽）

民主监督

【概况】2021 年，洞头区政协常委会组织开展“深入推进美丽大花园建设 努力打造美丽中国先行示范区”三级联动专项集体民主监督和紫菜现代产业园、“蟹公寓”项目等协商式监督。组织开展“百岛连心桥·委员有话说”活动，全年共录播 6 期专辑，提出意见建议 93 条。

【“百岛连心桥·委员有话说”活动】2021 年，洞头区政协完善“百岛连心桥·委员有话说”活动，聚焦营商环境优化、民族特色村发展、渔业数字化改革、加快人口集聚、发展休闲观光农业、提升提案工作水平等一批民生实事话题，邀请委员、相关部门和市民代表面对面、零距离开展协商探讨，分析“病灶”，提出意见建议。全年共录播 6 期专辑，提出意见建议 93 条，实现民主监督与舆论监督有效融合。聚焦渔业数字化改革，与市政协《政情民意中间站》合作录制监督访谈节目，推动洞头区渔业审批“一网通办”提质增效。

【三级联动专项集体民主监督】2021 年，区政协成立专项集体民主监督组，开展“深入推进美丽大花园建设 努力打造美丽中国先行示范区”三级联动专项集体民主监督，实地察看 77 省道延伸线龙湾至洞头疏港公路生态环境治理工程和灵霓大堤霓屿侧破堤通海工程，认真研究、分类、梳理调研中发现的问题，列出问题清单，提出建设性意见，为助力海上花园建设积极贡献政协力量。

【协商式监督】2021 年，区政协根据年度工作安排，组织开展紫菜现代产业园、“蟹公寓”项目等协商式监督，先后察看霓屿紫菜现代产业园、霓屿下社忠斌水产养殖专业合作社蟹公寓、浙江东奥水产养殖有限公司蟹公寓、温州市洞头侯三虎水产养殖专业合作社蟹公寓等企业，详细了解产业园和蟹公寓的设计规划、工程建设进度以及当前遇到的困难和问题，帮助企业对接相关部门协调解决有关问题，为洞头区打造海岛振兴全国样板营造氛围、助推落实。

（戴冰凌）

专委会工作

【概况】2021 年，区政协创新开展提案质量和提案办理质量“双向评议”活动，推动提案工作由“一次性办理”变为“跟踪式办理”。各专委会把助力高质量建设海上花园作为服务中心大局的履职重心，持续调研、接力建言，围绕“十四五”规划编制、共同富裕示范区建设、蓝色海湾整治等重点工作开展民主监督 30 多次，紧扣社会基层治理等方面开展“三访三助”活动 70 多次，推动政协履职与社会治理、服务民生有效融合。聚焦老城有机更新、营商环境优化、社会治理现代化等领域，开展专题协商 6 次。

【提案委员会】2021 年，区政协提案委员会召开提案委全体会议，初审委员提交的 121 件提案，立案 106 件，确定年度重点提案 3 件、对口提案 5 件、优秀提案 6 件。依托街道（乡镇）联络组，做好民生议事堂的组织协调工作 2 场。全年上报社情民意信息 20 多条，获市政协采用 8 条，其中市委书记批示 2 条、省政协采用 1 条。

【经济委员会】2021 年，区政协经济委员会组织开展“请你来协商”活动，联合区融媒体中心就优化营商环境话题开展“百岛连心桥·委员有话说”节目录制。撰写《关于洞头游艇产业发展的建议》《加快港产城融合发展，推进游艇休闲岛建设》等调研报告，对洞头区海洋经济、产业发展、城市建设等提出科学建议。开展“三访三助”活动，排摸区内企业存在的问题 10 多个，协商化解 6 个，重点助力解决九一重工“久拖不决”的企业厂房建设开、竣工违约的罚金缴纳、工程验收、产权证办理和温州星贝海藻食品有限公司的厂房搬迁入园政策处理方案等问题。

【农业和农村委员会】2021 年，区政协农业和农村委员会开展 1 场“请你来协商”活动，并形成协商专报。策划以“观光农业发展”为主题的“百岛连心桥·委员有话说”电视访谈节目。指导东屏街道政协联络组开展“请你来协商·民生议事堂”活动。组织委员开展海洋生态环境保护、总部经济发展、蟹公寓产业发展、农村大龄青年婚育状况、海上休闲运动发展、收费停车场管理、城市人口集聚、观光农业发展等主题视察调研，并形成《关于我区海上休闲运动发展的思考》《蟹公寓产业发展调研报告》《农村大龄青年婚育状况调研报告》等调研报告。

【城乡建设和资源环境委员会】2021年，区政协城乡建设和资源环境委员会开展以“请你来协商·海洋生态环境保护”为主题的“请你来协商”活动，并形成协商专报。开展以“发展观光农业”为主题的“百岛连心桥·委员有话说”节目录制工作。印发区政协《关于围绕深入推进美丽大花园建设，努力打造美丽中国先行示范区，开展专项集体民主监督的实施方案》，实地调研视察77省道延伸线龙湾至洞头疏港公路生态环境治理、灵霓大堤霓屿侧破堤通海等工程。指导北岙街道政协联络组开展以“收费停车场后续管理”为主题的“请你来协商民生议事堂”活动。

【科技教育卫生体育和文化文史学习委员会】2021年，区政协科技教育卫生体育和文化文史学习委员会开展以“老城有机更新”为主题“请你来协商”活动。向北岙街道大长坑村文化礼堂赠送文化书籍及文史资料。组织省政协委员、体育冠军及各体育项目教练员和运动员到洞头区开展“送体育下乡”活动。利用政协书画院载体，联合“迎新春走基层送温暖”、海岸线诗歌沙龙、“最美家庭”活动，举办“同心向党·礼赞百年”庆祝建党百年华诞主题书法展，开展“百岛毓秀·壮美篇章”主题书画展暨“创境”黄明东书画作品展和“迎国庆·颂党恩”——雅韵堂藏历代书法墨迹展洞头渔民画大展等活动。

【社会法制民族宗教和港澳台侨外事委员会】2021年，区政协社会法制民族宗教和港澳台侨外事委员开展“请你来协商”活动，专题报告获区委书记和区长批示及肯定。围绕民族特色村发展主题，录播“百岛连心桥·委员有话说”。组织界别委员开展平安宗教场所创建、中普陀文化园、白鹭湾海渔度假区、金岙101等重点项目建设视察工作10多次。开展“三访三助”活动，帮助协调解决五岛沿线群众夜间出行难、侨胞侨属疫苗短缺急需协调接种、生病困难群众、宗教场所建设等问题12个。撰写《加大我区基层宗教团体建设，夯实宗教管理基层基础》和《探索推进“民生议事堂”平台建设研究》调研报告。

（叶夏东）

政协委员工作

【概况】2021年，洞头区政协围绕“渔小二”开启洞头渔业数字化专题，组织与市政协《政情民意中间站》合作录制民主监督访谈节目。围绕“民俗文化发展与传承”主题，组织开展“请你来协商”活动，形成《关于我区民俗文化发展与传承的协商建议》。聚焦健康养老主题，调研形成《关于推进洞头康养产业发展的建议》。系统谋划数字政协建设工作，形成《洞头区数字政协建设方案》。持续开展“三访三助”聚力行动，创新“界别组+专委会+联络组”联动履职。牵头组织开展《百岛连心桥·委员有话说》媒体访谈栏目，聚焦优化营商环境、老城有机更新、民族特色村发展等内容制作6期节目。组织开展委员服务基层活动39场。

【委员履职服务管理】2021年，区政协完善界别组和委员履职量化考核办法等制度，对委员履职情况实行“全程积分制”管理，推进委员履职管理工作制度化、规范化建设。举办委员履职能力提升培训班，开展“委员讲坛”等活动，邀请专家学者讲授中国共产党党史、数字化改革、共同富裕等专题内容，增强委员参政议政能力。组织开展“委员活动日”活动，通过邀请区长通报当前全区经济社会发展情况等，让委员更好地知情明政。落实界别组、委员评先评优工作，推出委员风采宣传专栏，激发履职新动能。做好政协换届委员人选推荐工作，强化委员队伍建设。

【书香政协创建】2021年，区政协制定出台《关于加强和改进委员学习工作的意见》《关于开展“学思笃行·书香政协”读书活动的实施方案》，通过建立“1+6+X”读书群、加强读书阵地建设、打造机关文化讲堂、开展理论研究、组织文史研讨等形式，组织委员开展专题读书交流活动。162名委员共发表读书心得体会3981则，投稿征文42篇，撰写政协理论文章11篇，其中，主题征文分获市级一、二、三等奖等4篇，获市级荣誉表彰理论文章8篇，并获全市政协理论研究组织奖。

【政协委员履职能力专题培训】2021年5月17日，洞头区政协委员履职能力提升专题培训班在贵州省政协干部培训中心开班。培训为期五天，培训内容包含“大道之行，天下归心——学习五中全会和两会精神，做好政协各项工作”“加强党史学习教育，弘扬伟大长征精神”等，现场教学实地调研息烽集中营、遵义会议会址、国家大数据（贵州）综合试验区展示中心等地。

（郭佩佩）

中共洞头区纪委 洞头区监委

概述

【概况】2021年，洞头区委坚持以习近平新时代中国特色社会主义思想为指导，坚定扛起全面从严治党主体责任。全年区委常委会专题研究党风廉政建设工作10次、巡察工作8次。中共温州市洞头区纪律检查委员会、温州市洞头区监察委员会紧跟全面从严治党、党风廉政建设和反腐败斗争新形势新要求，推进纪法贯通、法法衔接，完善案件线索“定期研判、集体会商”、线索处置“提级审核、专门把关”等制度。举办首届“清廉海霞文化节”，全市首创清廉单元星级评定标准，完善清廉评价指数。深化纪检监察领域数字化改革，完成政治生态数智平台迭代升级。服务保障区委巡视整改“一方案四清单”落实，推进两轮巡察“回头看”，一届区委巡察收官。完成区乡纪委换届、省垂直单位派驻机构改革，创新“一肩挑”提级监督。党史学习教育解决群众“急难愁盼”问题101个，创成省级文明单位。全年立案57件，党纪政务处分66人，其中科级干部11人；留置4人，移送审查起诉7人。全年立案数、结案数和处分人数分别同比增长24%、82%和78%。查处群众身边腐败问题40起51人，破坏营商环境问题18起18人。

【容错纠错机制落实】2021年3月31日，为落实区委“严整改、强执行、开新局”作风建设总体部署，激励广大干部担当作为，区纪委、区监委联合区委组织部印发《关于进一步落实容错纠错机制的通知》，实行一般事项党委决定、复杂事项政府纪要、多头事项协调处置、普遍事项洞头标准、重大事项集体决策等五级负责制，优化流程，提高效率。完善事后监管，加强主动适用。推进“五级容错、事后监管”在基层的探索，深化容错纠错机制在社会救助、校外研学等领域实践运用。全年给予容错备案事项12件，其中涉及区重大项目6件。

【纪检监察机关与审计机关协作配合细则实施】2021年2月1日，为进一步加强纪检监察机关与审计部门的协作配合，根据上级有关规定，区纪委联合区审计局制定《洞头区进一步加强纪检监察机关与审计机关协作配合的实施细则》。细则明确纪检监察机关与审计机关协作范围、牵头责任部门和协作配合机制，要求双方在信息互通、线索移送、重要事项办理等方面加强协作配合。自细则施行以来，全年共移送问题线索7件，其中立案4件，党纪政务处分4人次，运用第一种形态处理3人次。

【洞头区落实全面从严治党主体责任评议办法试行】2021年4月30日，为坚持和加强党的全面领导，增强全区各单位党委（党组）主要负责人管党治党意识、压实管党治党责任，健全完善“四责协同”联动机制，根据《党风廉政建设党委（党组）主体责任和纪委（纪检组）监督责任清单》（浙委办发〔2016〕39号）要求，区纪委制定《洞头区落实全面从严治党主体责任评议办法（试行）》。该办法包含适用对象、时间和评议内容，按照制定方案、会前准备、听取汇报、现场评议、反馈意见等程序。即日起实行，试行期一年。2021年，共听取6个街道（乡镇）和6个重点部门“一把手”落实主体责任和个人廉洁自律情况报告，反馈整改意见

2021年5月20日，洞头区首届"清廉海霞"文化节暨百岛清风之旅启动仪式举行　（区融媒体中心提供）

12份，同步督促乡镇街道、职能部门对41个村社和36家下属单位党组织进行主体责任评议，实现工作部署、目标实施、履责监督全程闭环。

【首届"清廉海霞"文化节】 2021年5月20日，洞头区首届"清廉海霞"文化节暨百岛清风之旅启动仪式在洞头先锋女子民兵连纪念馆广场举行。活动现场设置"书画绘清廉"和"技艺展清廉"两大清廉文创作品展区，全面展示与洞头海岛本土文化相结合的清廉书画、清廉贝雕、清廉海陶、清廉蟹壳画、清廉一桌餐等系列清廉文化作品。观看"清廉海霞 廉接你我"宣传片，并为8位"清风使者"佩戴绶带颁发聘书。区委常委、区纪委书记、区监委主任梅山标共同为"清风大巴"揭牌，洞头区"清风之旅"专线正式开通。区纪委、区监委与区海霞学院签署廉政教育战略合作协议。市纪委常委张宏等参加活动。

重要会议

【洞头区第二届纪律检查委员会第一次全体会议】 2021年12月30日，中共温州市洞头区第二届纪律检查委员会第一次全体会议举行。会议表决通过《中国共产党温州市洞头区第二届纪律检查委员会第一次全体会议选举办法》和监票人名单，以无记名投票的方式选举产生新一届区纪委常委和新一届区纪委书记、副书记，吴肃锋、叶先锋、郭陆军、黄鹏林、陈冬梅当选为新一届区纪委常务委员会委员，吴肃锋当选为书记，叶先锋、郭陆军为副书记，并提请中共温州市洞头区第二届委员会第一次全体会议通过。区纪委委员20名参加会议。

【洞头区纪委一届七次全会】 2021年3月9日，中共洞头区第一届纪律检查委员会第七次全体（扩大）会议召开。会议传达中央纪委和省纪委、市纪委全会精神，总结上年度纪检监察工作，部署工作任务。听取区委常委、区纪委书记、区监委主任梅山标代表区纪委常委会作题为《着眼护大局 着力开新局 为高质量建设海上花园提供坚强纪律保证》的工作报告。全会要求做强政治监督、做严基层监督、做实巡视巡察、做特五廉共建、做深标本兼治、做好队伍建设。区委书记林霞出席会议并讲话，区领导郭云强、叶海峰、汪慧平、吴志安等出席会议。

【省委第六巡视组巡视情况反馈会】 2021年3月4日，省委第六巡视组向洞头区委反馈巡视情况。省委第六巡视组组长徐国平代表省委巡视组分别向洞头区委书记和领导班子反馈巡视情况，省委巡视工作领导小组办公室副主任王俊向区委书记林霞传达省委书记专题会议精神。温州市委副书记陈浩参加反馈会并就做好洞头区巡视整改工作提出要求。区委书记林霞主持领导班子反馈会议并作表态讲话。省委第六巡视组副组长章伟、叶鹰及有关成员，省纪委省监委、省委组织部、省委宣传部、省委巡视办相关处室人员，洞头区四套班子领导，法检两长及其他县处级领导出席会议，区委委员、候补委员，区级机关各部门及各街道（乡镇）党政主要负责人，区人大常委会、区政协各委办主要负责人，区直属企事业单位主要负责人，区纪委区监委和区委组织部班子成员，区委巡察办主任和巡察组组长，正县处级离退休老干部和2016年以来退休（退居二线）的副县处级老干部，温州市级以上"两代表—委员”代表等列席会议。

【一届区委第十轮巡察动员部署会】 2021年8月26日，洞头区召开一届区委第十轮巡察动员部署会。会议深入学习贯彻习近平总书记关于巡视巡察工作的重要论述精神，全面落实党中央和省市区委关于巡察工作的新部署新要求，对区委第十轮巡察工作进行动员、部署和安排。会议要求，坚持政治定位，提升巡察监督的准度，发挥巡察护航中心作用、巡察桥梁纽带作用、巡察以巡促治作用；坚持紧盯“关键少数”和管好“绝大多数”并重、规范操作和改进方式方法并重、问题导向与实事求是并重、联动协作与条线工作并重。坚持善作善成，做到责任落实到岗到位、履行职责规矩规范、纪律作风更严更实。区委常委、组织部部长、区委巡察工作领导小组副组长邵建乐传达区委书记专题会议精神并宣布第十轮巡察任务分工；区委常委、区纪委书记、区监委主任、区委巡察工作领导小组组长梅山标作动员讲话。

【洞头区“五廉共建”推进会】 2021年8月5日，洞头区“五廉共建”推进会召开。会议全面总结洞头区前阶段“五廉共建”成效和经验，部署巩固和扩大深化“五廉共建”工作，加快“清廉洞头”建设步伐。区委机关工委、区教育局作为牵头单位代表，区交通运输局、区医疗保障洞头分局作为创建单位代表，分享创建经验和特色做法。会议要求，要重新审视清廉单位建设时间表和路线图，分层分批分类打造一批可看、可学、可复制、可推广的示范样板，把开展漠视侵害群众利益问题专项治理作为“五廉共建”的重中之重，切实解决一批基层、企业和群众最“怨”、最“难”、最“盼”的事。区委常委、区纪委书记、区监委主任梅山标参加会议。会前，与会人员观摩区交通运输局、医疗保障洞头分局清廉机关建设。

（金 泉）

2021年8月5日，洞头区“五廉共建”推进会召开　（区纪委 区监委提供）

党风廉政建设

【概况】 2021年，洞头区纪委、区监委围绕全面从严治党、推动基层治理现代化的新形势新要求，制定《2021年度全面从严治党主体责任落实暨清廉洞头建设情况考核办法》《加强对“一把手”和领导班子监督八张责任清单》，出台《关于开展“五廉共建”行动高质量匹配“海上花园”建设的意见》《全面实施清风护雁十项举措 加快推进清廉村居建设实施方案》，创设清廉单元星级创建模式。推进“最多访一次”、无检举控告村居建设。全年开展廉政宣讲、警示教育等活动200多场次，拍摄警示教育片2部，组织旁听庭审4期，开展干部谈心提醒3000多人次，发放纪检监察建议书8份，督促落实整改意见20条，建立健全制度7项。

【全面从严治党主体责任考核】 2021年，为进一步强化各级党组织管党治党政治责任，推动清廉洞头和政治生态建设各项工作任务落到实处，根据中央、省委、市委和区委全面从严治党主体责任工作有关部署要求，区纪委、区监委围绕党委（党组）及领导班子成员落实全面从严治党主体责任和“清廉洞头”建设情况等全面从严治党工作“正面清单”“负面清单”和特色亮点工作评价，通过实行全程纪实管理和日常监督检查、特色亮点工作比拼。考核结果按照“优秀、合格、不合格”三个档次进行定档。6个街道(乡镇)确定3个优秀单位，61家区直属和省市属有关单位确定18个优秀单位。总分低于80分或政治生态评估受到红色预警的为不合格。11月15日至30日，组织开展落实全面从严治党主体责任“勇争先、比亮点、创品牌”活动。活动内容包含开展创先争优、举行亮点比拼、展示特色品牌。

【洞头区开展“五廉共建”行动】 2021年2月26日，为加快打造与“海上花园”建设相匹配的清廉温州示范区，推进“十四五”时期清廉洞头建设，根据省、市工作部署，制定《关于开展“五廉共建”行动高质量匹配“海上花园”建设的意见》，在全区范围内开展“五廉共建”行动。建设内容包含建设政治清明、作风清正的“清廉机关之窗”，建设村务清爽、干群清和的“清廉村居之窗”，建设校风清纯、学风清新的“清廉学校之窗”，建设院风清净、医风清洁的“清廉医院之窗”，建设企风清朗、政商亲清的“清廉企业之窗”。实施范围为全区党政机关、村（社区）、学校、医院、企业（含国企、民企，下同）及其下属单位、基层站所。按照建设清廉指数，采取“年初申报、年中监测、年底验收、逐年晋升”方式进行评选。全年创建星级清廉单元83家。

【“清廉村居”建设】 2021年4月8日，为进一步推进“十四五”时期清廉洞头建设，根据区委关于开展“五廉共建”行动的总体工作部署，区纪委联合区民政局、区农业农村局制定《深入开展“清廉村居”建设的实施方案》，推进“清廉村居之窗”建设。建设内容包含推动“四责协同”向基层延伸，全面推行“六清单一流程”，严格落实村级小微权力26条，推动村社小微权力规范运行。紧盯困难群众救助、脱贫攻坚、教育医疗、移风易俗、食品药品安全等领域。全年建设三星级“清廉村居”20个，为小三盘村、九仙村、大王殿村、双垅村、城南社区、杨梅田村、兰湖洞居、长沙社区、大溪居、乌仙头村、西浪村、后坑村、中仑村、垅头村、状元村、活水潭村、正岙村、同兴村、郎等村、鹿西村；四星级“清廉村居”8个，为大长坑村、海霞村、朝阳社区、大荆村、惠民村、沙岗村、花岗村、上社村；五星级“清廉村居”4个，为三盘社区、东岙顶村、下社村、东臼村。

【巡察版“海霞说事”】 2021年，洞头区委巡察办把“海霞”红色元素充分融入巡察成果运用，通过“海霞说事”平台，把巡察成果质效评判权交给群众，形成一套“可评价、可量化、可问责”的巡察成果运用评估体系。依托“说事、议事、办事、评事”于一体的“海霞说事”清廉村居平台，召开巡察整改群众现场评议会，街道（乡镇）分管领导、村居负责人向群众分别汇报巡察反馈问题的整改落实情况，由村居党员、乡贤理事会、村里威望老者、村监会成员及监察联络站等组成的群众代表对巡察整改落实情况进行公开质询、现场提问，并对巡察成效进行现场无记名投票，整改质效不高的，对相关责任人进行严肃追责。全年在霓屿、北岙、大门等地举办“海霞说事”巡察整改群众现场评议会8场，相关创新做法刊登在“学习强国”App平台。

【警示教育月活动】 2021年5月，为深入贯彻落实全面从严治党要求，进一步推进巡视巡察整改工作落到实处，引导党员干部强化政治意识、规矩意识、法纪意识、廉洁意识，让党员干部知敬畏、存戒惧、守底线，洞头区集中开展“严纪律 正作风 树形象”警示教育月活动。召开一次警示教育会议，组织一次警示教育参观活动，开展一堂党风廉政专题课、一次全覆盖“云上廉考”、一次“立家规·传家训·正家风”活动、一次清廉文化建设活动、一次全面“自查自纠”活动。组织党员干部全覆盖观看《赌失初心终成空》警示教育片，围绕“讲政治、明规矩、存戒惧、作表率”主题发言。其间，累计开展党风廉政宣讲等活动200多场次，拍摄警示教育片2部，组织旁听庭审4期，谈心提醒2994人次，组织1113名中层以上干部参加“云上廉考”，做深做实警示教育文章。

【党风廉政专题“百岛讲坛”】 2021年7月21日，党风廉政专题“百岛讲坛”讲座暨警示教育大会在温州市教师教育院洞头分院四楼报告厅举行。邀请市纪委常委、市监委委员徐建敏作题为《强化政治监督规范权力运行建设清廉温州》的专题辅导，内容从政治监督、以人民为中心、公权力、政治生态、作风建设五个方面切入，用数据和案例深刻阐释全面从严治党、党风

2021年7月21日，洞头区召开“百岛讲坛”党风廉政专题讲座暨警示教育大会
（区纪委 区监委提供）

廉政建设和反腐败斗争的现实背景、丰富内涵和具体要求。区四套班子领导，区人武部政委、区法院院长、区检察院检察长，各街道（乡镇）、区直属各单位、省市属有关单位领导干部、区海霞宣讲团成员、区纪委区监委全体干部等200多人参加。

（吴世娟）

纪律检查

【概况】2021年，区纪委、区监委开展政法队伍教育整顿专项工作，制定《护航助力营商环境优化提升十项举措》，紧盯政商交往、拆迁拆违领域腐败、漠视侵害群众利益、党员干部酒驾醉驾及其背后“四风”问题等贪腐风险点，组织开展系列专项整治工作，建设“最多访一次”品牌。加强疫情防控纪律督查，开展“严整改、强执行、开新局”作风建设。协同推进政法队伍教育整顿工作，成立专班，开展政法干警主动向组织说明问题自查自纠活动，专项教育整顿期间，共收到问题线索19条，立案6件，处分6人，第一种形态处理10人。全年累计处置问题线索122件，立案57件，党纪政务处分66人，其中科级干部11人，留置4人，移送审查起诉7人，适用“四种形态”125人，查处黄某某等人贪污受贿案，为国家挽回经济损失1000多万元，连续7年无赴省进京访发生。

【洞头区作风建设活动】2021年2月26日，为贯彻落实全面从严治党要求，推进省委巡视反馈严改实改，弘扬“干劲、冲劲、拼劲、韧劲”作风，洞头区开展“严整改、强执行、开新局”作风建设活动，包含思想政治大教育行动，开展政治教育、廉政教育、德行教育；巡视问题大整改行动，压实整改责任，强化整改措施，注重整改实效；重点项目大推进行动，推进“重大决策部署执行难”“重点工作见效慢”“重点建设项目推进慢”“招商引资项目落地难”“重点建设项目审批慢”“招投标市场规范难”等问题解决；基层领域大治理行动，规范村社健康运行，实施基层微腐败治理，提升基层智治水平，巩固提升基层减负增效治理成效；服务效能大提升行动，促进干部担当作为，全面优化营商环境，深化行风政风双评议。建立联席会议协商机制、绩效考核评价机制、追责问责机制、容错免责机制。全年查处不担当不作为问题43起62人，澄清正名6人，容错备案12个事项，其中区级重大项目6个。

【护航营商环境优化提升十项举措】2021年3月29日，为深入贯彻落实党中央关于优化营商环境的决策部署，促进民营经济高质量发展，区纪委、区监委出台《护航助力营商环境优化提升十项举措》，打造“不诉不查”涉企执法环境，健全完善亲清政商关系“三张清单”、“涉企免罚清单”制度、“涉企审批事项”联动督查机制、监督服务三项制度、检查督办三项机制、责任追究三项机制、容错免责机制，建立涉企案件规范审慎查办机制、涉企执法“综合查一次”工作机制。围绕营商环境决策部署推进慢、涉企违规行政执法、涉企优惠政策落地“中梗阻”、涉企审批服务慢、政商交往“亲而不清”“清而不亲”等问题开展专项督查。截至年底，10家涉企执法部门完善“免罚清单”343项，涉企执法备案260次，压减涉企执法行为50%以上。开展柔性执法186项；对109家企业开展“综合查一次”，检查数量减少一半以上；查处破坏营商环境问题18起18人，党纪政务处分9人，通报和诫勉处理9人。

【行风政风双评议活动】2021年，为紧扣区委“六五争先”工作导向以及“一平台、两样板、五个岛”工作主题主线，进一步深化“最多跑一次”改革，提升全区机关中层科室和基层站所办事效率和服务质量，区纪委组织开展行风政风双评议活动。评议内容包含落实中心工作情况、优化办事服务情况、正确履行职责情况、严守纪律法律情况；参评对象为区级机关部门、学校、国有企事业单位和行业服务机构的

2021年8月13日，漠视侵害群众利益问题专项工作推进会召开

（区纪委 区监委提供）

所有中层科室和所属基层站所，分综合管理类、执法监督类、基础服务类、行业企业类、审批服务类、基层站所类、教育机构类等七大类。通过服务对象满意度评价、主管部门评价、人大代表评价、政协委员评价、投诉举报和监督检查评价，确定综合评定。全区288个中层科室和基层站所参加评议，评出满意中层科室（基层站所）16个，不满意中层科室（基层站所）8个。

【漠视侵害群众利益问题专项治理】2021年，洞头区纪委、区监委制定《关于开展漠视侵害群众利益问题专项治理工作的通知》，围绕群众“急难愁盼”问题，推进漠视侵害群众利益问题专项治理工作。明确15个专项整治项目和工作责任清单，通过区级主要媒体公开治理项目、牵头单位及受理投诉举报电话，定期向社会公布整改成效。创新“自查自纠＋网格化排查＋联组协查”三查联动监督模式，延伸监督触角。督促区发改局、区民政局等14家职能部门全面开展专项自查，共查纠重点工程项目管理不到位、惠民殡葬受益面不广、村级财务管理不规范等问题108个。落实“1+X”督查机制，联合职能部门成立协作督查组，对专项整治工作进度情况、薄弱环节跟进督查，查纠各类问题44个，批评教育帮助和处理16人。对专项整治中发现的漠视侵害群众利益及腐败问题线索，因制度执行不严、监督履责不力而造成不良影响的，对相关当事人和责任领导予以“一案双查”，查处群众身边腐败问题40起51人。

【违反廉洁从政从业规范问题专项整治】2021年11月，洞头区纪委、区监委在全区开展领导干部违反廉洁从政从业规范问题专项整治工作。通过单位党委（党组）动员部署会、专题学习会等形式，领导干部违反廉洁从政从业规范问题专项整治工作宣传率和知晓率为100%。梳理违规经商办企业或从事其他营利性活动，不当政商和社会交往行为，离职或者退（离）休后在规定期限内从事相关活动，配偶、子女及其配偶违规从事可能影响公正执行公务的活动，其他亲属及特定关系人违规从事可能影响公正执行公务的活动等五方面行为规范问题30条，要求领导干部学习相关政策规定，逐条逐项对标开展自查，并对自查结果的真实性和完整性作出承诺。全区领导干部开展自查484名，并作出“零违规”承诺。结合领导干部个人有关事项报告工作，对重点区域、重点人、重要岗位的廉洁从政从业行为，按10%比例进行重点抽查，从抽查核实情况看，未发现违规行为。

【拆迁拆违领域腐败问题专项治理】2021年，洞头区纪委、区监委全面梳理权力清单、问题清单、责任清单和整改清单，共梳理出6个环节廉政风险点13条。对2018年以来受理的拆迁拆违领域腐败问题线索进行“大起底”，对已了结的问题线索及时开展“回头看”，均处理到位。专项治理期间，共开展监督检查41次，开展教育警示4批次，发现问题5个，立案处理干部6人，其中党纪政务处分5人，正在处理1人，移送司法4人，诫勉谈话1人。

【疫情防控督查】2021年，区纪委、区监委成立疫情防控专项督查工作领导小组，建立“1+3+6”疫情防控督查专班，全覆盖开展督查工作。出台《关于进一步严明疫情防控工作纪律的通知》，明确“五个必须”“五个严禁”等纪律要求。全年开展疫情防控督查6000多家次，发现并督促整改相关问题1317个，问责追责53人次。

【党员干部酒驾醉驾及其背后四风问题专项整治】2021年11月至12月底，区纪委、区监委根据省、市关于开展党员干部、公职人员酒驾醉驾及其背后“四风”问题专项治理工作部署，结合清廉洞头建设总体要求，在全区范围内组织开展党员干部、公职人员酒驾醉驾及其背后“四风”问题专项治理，围绕案件查处、问题回溯、制度执行和责

2021年12月3日，区纪委、区监委开展党员干部、公职人员酒驾醉驾专项治理行动

（区纪委 区监委提供）

任落实等四大重点，深挖其背后是否存在违规接受宴请、公款吃喝等“四风”问题，做到发现一起、查处一起，并对典型案例进行点名道姓通报曝光。专项治理期间，做到教育与宣传全覆盖，共开展教育与自查9341人，其中自查“零违规”9327人，自查发现问题人数14人。对发现涉及党员干部和公职人员酒驾醉驾、违规吃喝等违纪违法问题的，告知其所在单位党组织，情节严重的一律“先停职、后核查、再处理”。

【机关作风集中整顿活动】 2021年10月20日至11月20日，区纪委在全区开展机关作风集中整顿活动，对象包括全区各机关、企事业单位、乡镇街道。重点聚焦贯彻落实、纪律作风、制度执行等方面，旨在解决站位不高、作风漂浮、纪律松弛、制度空转、漠视群众等5个方面问题。全区63个单位通过自查自纠，共排查出作风建设方面的问题53个，建章立制11个，问责干部22人。

（林小乂）

监督巡察

【概况】 2021年，温州市洞头区委巡察工作领导小组办公室坚持“以巡促治”理念，实现“整改、评估、治理”全链条延伸、系统化发展。紧扣巡察整改管理全程闭环“六大环节”链条，完善“区级领导牵头抓、被巡单位具体改、纪检组织日常督、职能部门联动促、巡察机构跟进查”五方整改推动机制。以“海霞说事”促巡察整改精准评估。打造“霓有话说”“渔你同行”等街道（乡镇）特色子品牌，开展巡察整改群众现场评议会5场，巡察整改群众满意度99.9%。优化“三单”工作法，以“巡察抄告”推动未巡先改、“巡察建议”推动条线整治、“巡察交办”推动专项治理，抄送“三单”10份，推动开展因私出国出境管理、涉企执法等全区范围的专项整治2个。全年累计督促被巡察党组织运用第一种形态问责213人，健全制度32项，推动解决生态补偿资金多年未发等民生实事27件，一届区委巡察反馈问题整改率、移交问题线索办结率均为100%。

【省委巡视专项检查整改工作】 2021年，洞头区委落实省委巡视整改、省委巡视专项检查整改。制定巡视整改方案，出台巡视整改工作责任追究办法，督查走访责任单位44家（次），运用“四种形态”处置36起51人，其中立案8起8人，通过省委巡视整改检查验收，提前实现涉纪信访办结率、涉纪整改率、整改问责率“三个100%”。抓好省委巡视专项检查反馈的4个方面12个问题整改工作，落实整改举措48项，问题整改率100%，区委办、区委组织部等7家单位指导全区40家被巡察单位开展整改质效自查。安排两轮巡察“回头看”，对7家单位开展监督，反馈问题140个，推动第一种形态问责干部157人次，建立健全制度133项。全年移交问题线索22件，立案14人，党纪政务处分12人次。

【换届纪律监督】 2021年，区纪委、区监委发挥监督保障执行作用，印发《关于进一步严肃换届纪律要求的通知》，要求各单位组织学习干部选拔任用、换届选举政策法规和“十严禁”换届纪律要求，督促单位主要负责人与重要岗位人员开展谈心谈话；制定《加强换届纪律监督工作方案》《县乡换届风气督查工作方案》，把换届纪律执行情况纳入正风肃纪督查重点内容，成立专项督导组，开展机关作风集中督查整顿活动，并推行提任干部资格条件常态化联审制度。建立违反换届纪律信访快查快办机制，组建换届风气社会观察员队伍，通过“12380”“12388”举报平台，专门登记、快速查办反映违反换届纪律问题。全年牵头组织全区所有部门单位班子、干部观看警示教育片60多场次，累计教育宣传3500多人次，发放换届纪律“十严禁”手册及换届纪律提醒卡1500多份，开展领导干部严肃换届纪律谈心谈话370多人次，联审干部200名；开展各单位执行换届工作政策法规、严肃换届纪律情况监督检查3轮次，督查、检查反馈问题5个，印发督查通报1期，警示谈话4人。

【单位“一把手”监督】 2021年，区纪委、区监委抓住领导干部这个“关键少数”，推动构建多层次协同格局。按照《中共中央关于加强对“一把手”和领导班子监督的意见》“五个强化”政治要求，制定《加强对“一把手”和领导班子监督的“八张责任清单”》，形成党委（党组）主体责任、“一把手”第一责任、领导班子“一岗双责”、纪检监察机关监督责任、其他党的工作机关职能监督的“责任共同体”。建立从区委书记到基层党组织的三级全覆盖谈话机制，构建分层分级分责责任链条。出台主体责任评议办法，分层级听取6个镇街、41个村社和6个重点部门、36家下属单位“一把手”落实主体责任和个人廉洁自律情况报告。深化主体责任“三向抄告”机制，共发送问题抄告单49份、廉情抄告单7份。把“一把手”深化担当做表率、落实“三重一大”、个人廉洁自律等内容纳入政治生态评估量化指标中，形成50个具体评价采集点，系统全面分析“一把手”个人“五维”等内容，形成“政治体检单”，打造“一把手”立体化监督体系。出台《领导干部履行全面从严治党“一岗双责”问责办法》，抓实责任分解、责任考核、责任追究三个环节。全年问责不正确履职15人，通报党组织6个。

【基层治理工作监督管理】2021年，洞头区纪委、区监委运用新时代“枫桥经验”“后陈经验”，把监督融入基层治理，围绕基层社会治理、村级微权力等重点环节，出台《进一步加强村（社区）两委干部监督管理的实施办法》，构建“抓人促事、规范用权、一体联动”监督体系；在规范运行小微权力26条基础上，实行村（社）干部廉政档案管理机制。出台《关于对村（社）“关键人”和“重点事”开展提级监督的意见》，建立定期接访、列席组织生活会、上廉政党课、听取述职述廉报告等“五个一”监督机制。全年走访提级监督村（社）群众89户，督促问题整改13个，受理信访举报件15件。借助海霞说事、基层小微权力“一网监督”、阳光村社等智慧监督平台，全过程“云端监督”各村（社区）党组织小微权力。全年平台共办理回复民生小事67件，群众满意度96.8%，查处群众身边腐败问题40起51人。

【巡察整改“332”体系】2021年，洞头区委巡察办总结“全程闭环”管理制度，搭建巡察整改“332”体系，即边巡边改、集中整改、持续督改3个阶段，五方共促、以巡促治、质效评估3大机制和线上线下双通道同步会审。坚持即知即改问题必须立行立改，集中反馈问题必须3个月内限期整改，持续督改问题必须每月一报一会商，实现一届区委巡察反馈的1657个问题整改率100%。完善“区级领导牵头抓、被巡单位具体改、纪检组织日常督、职能部门联动促、巡察机构跟进查”等五方整改推动机制。落实《关于市、县（市、区）党委落实巡察工作主体责任的实施意见》。坚持“三单”管理“以巡促治”机制，实现职能部门联通，全年促成因私出国（境）管理、营商环境执法问题等全区性专项治理2个，推动诫勉谈话、警示谈话和通报批评15人次。坚持“一轮一回访”“百分制量化”质效评估机制。

【第九轮巡察工作】2021年4月1日至5月31日，洞头区委开展第九轮巡察工作。区委巡察组对区公安分局及下属派出所、区生态环境分局、区供销社、大门镇等单位党组织开展巡察“回头看”。本轮围绕“两个维护”根本任务，对标中共中央总书记习近平关于巡视工作重要论述和巡视指导督导反馈意见及省委对巡视巡察工作新要求，围绕被巡察党组织所承担的职责使命，牢牢把握“三个聚焦”监督重点，检查被巡察党组织统筹推动疫情防控和经济社会发展、落实“十四五”规划、政法队伍教育整顿、供销系统重点整治等中央重大决策和省委、市委部署落实情况，了解巡视整改、“六五争先·六比竞赛”等工作推进情况和实际成效。7月12日召开区委书记专题会议听取巡察工作情况汇报，8月中旬完成对大门镇、公安分局、生态环境分局、供销社等4家单位党组织的巡察反馈，反馈问题90个，推动被巡察单位制定整改举措380项，运用第一种形态问责干部93人次，建立健全制度88项。

2021年8月26日，洞头区召开一届区委第十轮巡察动员部署会
（区纪委区监委提供）

【第十轮巡察工作】2021年9月1日至30日，洞头区委开展第十轮巡察工作。区委巡察组对区发改局、区经信局、区住建局等3个党组织开展巡察“回头看”，巡察以“三个聚焦”监督清单为重点，围绕被巡察党组织职责使命，重点查找被巡察党组织在落实党史学习教育、疫情防控、“十四五”规划、数字化改革、省委巡视整改等中央重大决策和省市区委部署上存在的责任问题、作风问题等。11月8日召开区委书记专题会议听取巡察工作情况汇报，11月中旬完成区发改局、区经信局、区住建局等3个党组织的巡察反馈，反馈问题47个，推动被巡察单位运用第一种形态问责干部64人次，建立健全制度45项。

（张文杰）

人民团体

总工会

【概况】2021年，温州市洞头区总工会第八届委员会有两委委员（工会委员会委员和经审委委员）29人。截至年底，全区有基层工会271家，其中行业工会15家、机关事业单位工会99家、街道（乡镇）总工会6家、社区工会18家、企业工会133家，有工会会员17297人。实施“体系化引领·洞工大比拼”主题竞赛，推进思想政治引领、服务中心发展，加强维权帮扶。举办乒乓球赛、艺术节等文体活动12项。创成温州伴、玖栖民宿等市级职工疗休养基地42家。推出“庆祝建党百年 慰问百业职工”等活动，全年帮扶困难职工近2000人，发放物资28万元。开展书法、艾灸、游泳、手机摄影等涵盖生活、艺术、文体三大类公益课80多堂。温州市东启汽车零部件制造有限公司总装车间包装组获评全国工人先锋号，浙江恒博电气有限公司技术部经理陈珊娜获评“温州工匠”。

【基层工会组织建设】2021年，洞头区新建基层工会16家、新业态企业工会2家和亿元体工会3家，发展新就业形态劳动者会员494人。以职工之家、工人先锋号等评先创优工作为载体，加强基层工会规范化建设，推进东启汽车零部件制造有限公司包装组、融媒体中心网络新媒体部评先创优活动。核查全区工会实名制管理数据库，删减关停企业和重复数据，保障工会实名制数据库数据有效率100%。

【产业工人队伍改革】2021年，洞头区总工会围绕提升产业工人待遇、健全人才培养机制、拓宽职业发展空间等，推动产业工人队伍改革政策衔接落地，推送获评“温州工匠”和全国工人先锋号，助力金源新材料公司打通产业工人“技能提升和薪酬提高”双通道。深化重点工程立功竞赛、职业技能竞赛和技能培训，全年举办岗位练兵、技能培训、技能竞赛5场，培训职工800人次，31名职工实现“学历与能力”双提升，开展心理健康服务10场。

【职工疗（休）养管理】2021年，洞头区总工会借助优质民宿资源，抢占疗休养市场，先后创成温州伴、玖栖民宿等市级职工疗（休）养基地42家，位居全市第二。首次承办全省疗休养产品设计大赛，协办长三角温州洞头专场疗（休）养推介会，向上海、江苏等职工群体实地推介洞头。与龙湾等兄弟县（市、区）工会合作开展山海区域疗（休）养职工互送，宣传推介洞头疗（休）养基地和鹿西等离岛特色疗（休）养线路产品。线上试水“工惠购”平台，线下打造开元展示销售点，带动至朴海陶等100个特色产品融入疗（休）养伴手礼平台。全年累计接待区外疗(休)养职工1.4万人，达成营收额997万元。

【职工宣传活动】2021年，洞头区总工会组织成立乡村振兴队、为民服务队、企业矛调队等劳模服务队，开展“劳模身边无违章、无事故”、健康讲座等志愿活动，发挥劳模工匠队伍在技术攻坚、安全生产、志愿服务等领域的示范带头作用。以“劳动创造幸福”为主题，开展劳模工匠风采展，劳模“故事汇”宣传，发动各级劳模工匠和职工讲劳动故事、发扬劳动精神，营造劳动最光荣、劳动最崇高、劳动最伟大、劳动最美丽的社会风尚。党史学习教育基层主题活动50多场。微信公众号联动抖音、微信视频号等自媒体平台，刊出工会普惠、法律宣传、公益讲座等新闻宣传150期。

【职工维权帮扶服务】2021年，洞头区总工会围绕需求"四季全时""献礼建党百年、关爱百业职工"系列活动，慰问各行各业优秀职工近2000人次，职工医疗互助保障累计保障职工3.93万人次，发放医疗补助107.26万元，其中单例最高补助金5.5万元。创新实施"一窗受理"机制，为职工群众提供法律援助、临时救助、职工参保等"一站式"服务。健全劳动争议预警制度，探索实行劳动争议预警网格化管理，发挥企业工会、社区和人社等部门的联动优势，及时掌握职工队伍稳定情况，提前掌握劳动关系风险预警信息，加快劳动纠纷响应速度。构建职工参与社会治理"1+3"民主协商机制，试点企业稳步运行"职通心声"议事平台，浙江迪特高强度螺栓有限公司通过议事平台协商解决职工趣味运动会、职工互助保障参保经费、购置夏季轻便安全帽等与职工切身利益相关事宜。

【洞头企业车间包装组获评全国工人先锋号】2021年4月27日，2021年庆祝"五一"国际劳动节暨"建功'十四五'、奋进新征程"主题劳动和技能竞赛动员大会在北京举行，共表彰全国五一劳动奖状获得者397个、全国五一劳动奖章获得者1197个、全国工人先锋号1297个。洞头区温州市东启汽车零部件制造有限公司总装车间包装组获评全国工人先锋号，为温州市唯一进京受表彰代表。该公司总装车间包装组是公司产品上市前的最后一道关口。包装班组重视车间文化建设和安全生产管理，始终坚持质量、安全、现场管理、培训相结合的管理体系，开展各类安全生产活动，以人为本、立足岗位、严细管理，以优良的班组作风赢得公司称赞。疫情期间，面对超过往常1.5倍的任务量，班组全体成员加班加点，按期保质保量完成任务。包装组多次获评公司先进班组，曾获评温州市工人先锋号和浙江省工人先锋号。

(许洛桁)

共青团

【概况】2021年，洞头区共有基层团委13个，团工委8个，团总支12个，团支部322个，青年团员5113个，发展新团员185人。全区少先队员7377名，少先队辅导员221名，少先队组织1082个，其中少先队大队部18个，中队203个，小队861个，少先队组织建队率100%。

共青团温州市洞头区委员会完成全国县域共青团基层组织改革试点工作任务的92%，相关经验做法在《中国共青团》刊发。推进"青年洞头"建设，出台《关于"青年洞头"建设的十条优惠政策》。连续七年举办青年创新创业大赛，组建青创联盟，创成省级示范性"青创农场"2家。设立青年创业担保基金。举办各类青年论坛、沙龙、推介会，梳理创业难题70多条，破解创业瓶颈50多个，参与互动交流1000多人次。实施大学生"家燕归巢·助力振兴"行动，选派"大学生兴村助力员"，培养乡村振兴骨干力量。举办"家燕归巢·智汇百岛"洞头籍学子家乡行活动，引导30名返乡学子参观九亩丘海创园东海贝雕艺术博物馆、瓯江口新区规划展示馆。推出"青言轻语"2期，获区主要领导批示。联合区文明办、区融媒体中心、区慈善总会开展"万朵鲜花送雷锋"主题活动。

【共青团基层组织改革综合试点】2021年8月25日，为高标准、高质量地完成洞头区县域共青团基层组织改革全国试点有关工作，推动洞头团的基层组织发挥政治功能、实现整体活跃，制定《洞头共青团基层组织改革综合试点实施方案》（洞委发〔2021〕29号）。改革举措包含改革团的工作力量选用机制，拓宽团的工作骨干来源渠道，建立工作目标责任制；改革组织设置和运行机制，健全县域团的组织体系，推进资源配置方式社会化；改革团员发展和教育管理机制，严格入团标准和程序，改进团员政治教育和实践育人机制，改革团的激励和团员先进性评价机制；推动完善地方党的领导机制和支持保障，推动增强基层党建带团建实效，强化区域团教协作机制，改进团的领导管理机制。成立试点工作领导小组，建立领导小组联席会议，召开改革部署会。改革工作相关经验做法在《中国共青团》刊发。

【洞头区青年发展"十四五"规划】2021年8月25日，区委、区政府印发《温州市洞头区青年发展规划（2021—2025年）》，重点做好青年思想政治引领、青年教育、青年健康、青年婚恋与家庭、青年就业创业、青年文化、青年社会融入与社会参与、青年两岸融合交流、维护青少年合法权益、预防青少年违法犯罪等十大项目。总体目标是：至2025年，实现净增青年常住人口1.5万人，青年人口占常住人口比例提高到33%，洞头人口结构得到优化。高标准构建青年思想引导体系、青年发展政策体系、青年综合服务体系、青年建功支持体系，打造和支撑青年发展环境体系，构建青少年成长健康生态、青年人才

2021年1月29日，“才聚百岛·智汇洞头”新青年研学之旅活动举办

（陈巧慧 摄）

创业建功优质业态、青年社会权益保障和实现良性状态。

【青年创新创业】2021年8月，洞头区出台《关于“青年洞头”建设的十条优惠政策》，内容包括支持青年创新创业、支持青年安家落户、支持青年素质提升、加强青年综合服务保障等四大方面10条内容。推进“青年洞头·青春启航”计划，推出青春合伙人工作机制，举办第七届青年创新创业大赛，推介“青年洞头”青创项目13个，培育新农人16人，扶持26名创业青年申请省“扬帆工程”无息资助资金共计200万元，《创业“青”骑兵扎根海岛》等在《浙江日报》刊发。实施技能人才“展翅行动”工程，根据企业需求，开展“订单式”“对接式”“储备式”培训。邀请区委书记参加“青年洞头·青年说”主题沙龙活动，与高温青年、“三年百名”人才代表围绕洞头业态布局、城市IP打造、人才创业创新等方面工作面对面交流。

【青年人才服务】2021年，团区委以“我为青年办实事”行动为主抓手，注重“中国亲青恋之岛”等品牌项目打造，建立交友基地、婚纱摄影基地、新婚蜜月基地和亲子互动基地等四大活动基地，重点针对企业技能型人才、高层次人才等群体，开展“亲青恋”联谊交友活动8场次，累计参与单身男女青年300多人。谋划“青年未来社区”，打造“青年驿站”，构筑“创业圈+就业圈+学习圈+朋友圈+生活圈”五位一体服务模式，向符合条件的创业青年提供“零成本拎包入驻”服务。推进“家燕归巢·智汇百岛”行动，为洞头籍大学生提供实习实践岗位200多个。开展“家燕归巢”大学生助力共同富裕社会实践活动，8支实践队共100多人走进基层，累计开展活动100多场，惠及群众6000多人。

【青年志愿服务】2021年，洞头区青年志愿者开展助力疫情防控、基层治理、海岛共富等志愿服务1200多场次，服务时长19万小时。疫情期间，发出倡议书5次，组建团青突击队、心理疏导志愿服务队、帮跑代买服务队等青年队伍8支，组织开展“洗楼”排查、防疫知识宣传、守护银龄等行动。依托“百家社团进乡村”“爱心卡车暖百岛”“乡村公益特派员”“青春助力中高考”等载体，引导志愿组织主动参与“五水共治”“花园村庄”“垃圾分类”“最多跑一次”“平安志愿者进街镇”等工作，发挥志愿服务在文明城市创建、平安洞头建设、公共民生服务和服务重大活动、重要会议和大型文体赛事等领域中的作用。

【青少年关爱服务】2021年，团区委深化“红领巾海霞红色研学”活动，打造省红领巾学院洞头分院、海霞研旅基地，发布青少年海霞红色研学线路3条，组织开展“建党百年少年行，烽火四起话海防”“品海岛特色文化，访家乡红色印记”“弘扬红船精神 传承红色基因”等研学活动11场，参与学生2500多人次，引领青少年向上向善发展。开展“童心向党·礼赞百年”少先队入队仪式、“致敬建党百年·传承红色经典”中学少先队队课展示活动和“青春向党·百年辉煌”离队入团仪式等系列活动，构造梯队式少先队员党史学习教育新模式。持续开展希望工程“助学、助医、助困、圆梦”四大行动，通过政、社、企三方联动模式，募集青少年关爱扶贫资金与成长资金12万元，资助学生80人。设立红领巾公益“立鹏建设”希望工程爱心资金，企业捐资24万元。根据青年所需所急发布“亲青筹”项目10个，帮助因病致困青少年筹集爱心善款近30万元。开展重点青少年走访慰问408人次，结对帮扶率100%。开展各类减压讲座、心理团辅10场，参与学生3000多人。

【洞头青年庆祝建党百年党史知识定向赛】2021年7月20日，洞头区开展以“寻访海霞足迹·打卡红色地标”为主题的洞头青年庆祝建党百年党史知识定向赛活动，全区机关单位、社会组织及青年联合会共11支队伍44人参加红色定向赛，活动设置红色打卡地标5个，在奔跑中体验“沉浸式”红色之旅。活动由区党史学习教育领导小组办公室、团区委、区青联主办，区档案馆、区政务服务中心、区市民活动中心协办。启动仪式上，举行海霞青年说讲师团授旗和海霞青年说讲师聘任仪式，通过青年讲师培养和“点单派单”讲授形式，丰富党史学习教育内涵，带领青年深入学习党的理论、党的故事。

【基层团干部素养提升培训班】 2021年8月3日至6日，团区委基层团干部素质提升培训班在丽水学院举行，全区各街道（乡镇）、区直属各单位团组织、各中学、新村社团组织负责人及两项计划志愿者40多人参加。培训邀请知名教授对团干部作《数字经济引领高质量绿色发展》《中共中央总书记习近平关于青年工作重要论述综述》《党风廉政教育和〈中华人民共和国公职人员政务处分法〉解读》《县域电商公共服务体系建设》等专题讲座。参观丽水市乡村振兴示范点、魔幻菇林等现场教学点。

（陈巧慧）

妇女联合会

【概况】 2021年，洞头区有街道（乡镇）妇联6个（不包括灵昆、昆鹏街道）、妇工委1个、单位妇委会23个、行政村（居委会）妇联67个、社区妇联16个。有街道（乡镇）妇联主席6名（不包括灵昆、昆鹏街道），副主席16名，执委98名（含主席副主席），机关企事业单位妇工委、妇委会主任24名。

2021年5月，洞头区举办“妈妈的味道”美食嘉年华活动　（区妇联提供）

温州市洞头区妇女联合会编制发布《洞头区妇女发展“十四五”规划（2021—2025年）》《洞头区儿童发展“十四五”规划（2021—2025年）》。组织开展“巾帼心向党·书写新担当”行动，举办全区基层妇联干部培训班，指导基层妇联大学习大轮训。探索“妇联+”运作模式，推出基层妇联组织挑战项目领办，推动“家庭文明”阵地建设项目、“数字赋能”基层治理项目等项目落地6个。启动“花园庭院微改造”项目，开展美丽庭院养护专题培训5场，组织专家团入户指导，编制庭院创建指导电子书、开展全区“庭院家家秀”大比拼，创评省、市级美丽庭院15户。创成全市首个全国妇女爱国主义教育基地，承办全国妇女爱国主义教育基地示范活动。创成全国巾帼文明岗1个、省级儿童之家1个、省级婚姻家庭纠纷化解品牌工作室1个，获评省级好家庭4户，相关工作刊登国家级媒体22次。获评2021年市级年度考核优秀单位。

【洞头区妇女发展“十四五”规划】 2021年11月22日，根据《温州市妇女发展规划（2021—2025年）》和《洞头区国民经济和社会发展第十四个五年规划和二〇三五年远景目标纲要》的总体要求，区政府印发《温州市洞头区妇女发展“十四五”规划（2021—2025年）》。发展领域的目标和措施包含妇女与家庭建设、健康、教育、经济、参与决策管理、社会保障、法律保护、环境等。重点实事项目包含女性“两癌”防治关爱、家庭养老照护服务、妇女创业就业能力提升、妇幼健康服务效能提升、家政服务业提质扩容建设等。至2025年，洞头妇女发展综合水平始终保持全市前列，妇女群众获得感、幸福感、安全感进一步提升。

【洞头区儿童发展“十四五”规划】 2021年11月22日，根据《温州市儿童发展规划（2021—2025年）》和《洞头区国民经济和社会发展第十四个五年规划和二〇三五年远景目标纲要》总体要求，区政府印发《温州市洞头区儿童发展“十四五”规划（2021—2025年）》。发展领域的目标措施包括儿童与家庭、健康、安全、教育、福利、法律保护、社会环境。重点实事项目包含推进0—3岁婴幼儿照护服务、“智安校园”建设、推进示范型“儿童之家”建设、推进儿童青少年心理健康服务、推进困境儿童关爱帮扶等。至2025年，洞头儿童发展综合水平始终保持全市前列，儿童获得感、幸福感和安全感进一步提升。

【全国妇女爱国主义教育基地示范活动】2021年9月27日，“党的女儿 永远跟党走”全国妇女爱国主义教育基地示范活动在温州市洞头先锋女子民兵连海霞广场举行。全国妇联副主席、书记处书记吴海鹰为洞头先锋女子民兵连纪念馆授牌“全国妇女爱国主义教育基地”，为温州市首获该命名，浙江省共3家，全国36家。活动整体演出以讲述和对话等方式串联起初心如磐、使命如虹、英勇如钢、人民如山四个篇章，并举行全国妇联巾帼志愿示范宣讲队证书颁发仪式。全国妇联宣传部副部长綦淑娟，中国妇女儿童博物馆常务副馆长寇虎平，省妇联主席王文娟，省妇联副主席陆英，市委副书记、市长姚高员，市委常委、温州军分区司令员王辉，副市长陈应许，市政府秘书长陈俊，市妇联主席吴晓娟，区领导林霞、郭云强、叶海峰、汪慧平、吴志安等及18个省妇联和30个基地负责人参加活动。活动由全国妇联宣传部、浙江省妇联主办，温州市委宣传部、温州市妇联、洞头区委承办。

【妇女思想宣传教育】2021年，洞头区开展“百年光辉岁月颂 海霞精神世代传”全市百千万巾帼大宣讲，构建“巾帼宣教以讲带学、红色基地以行践学、明史增信以忆促学、亲子课程以研助学”四学模式，组建海霞宣讲团进村社、进企业“六进”宣讲，推出“海霞唱红歌 党旗添光彩”特色活动，带领广大妇女及家庭共学党史、共话担当。发起“我是海霞，我为海上花园助力”引领活动，宣传海霞式最美典型，引导公交、救援等4支海霞女子特色服务队参与岗位建功。省妇干校现场教学基地落户海霞学院，承接省妇干校全省教学基地建设现场会；引进周边县（市、区）女干部培训6个班次。

【家庭文化教育】2021年，洞头区以“注重家庭家教家风”为主题，举办第六届家庭文化节，深化最美家庭、绿色家庭等寻访活动，获评市级以上各类家庭27户。完善最美家庭“双联盟”机制，落实礼遇关爱商家30多户。拍摄最美家庭故事，制作“家风故事分享汇”线上专栏，推出红色亲子阅读季、文明新风进家庭、家庭助廉系列活动。推行家教服务“一件事”改革，以“润家”家庭教育创新行动计划、婚姻家庭公益课堂为抓手，调整家庭教育讲师团成员，探索打造北岙街道海湾三区等家教服务“一件事”改革试点3个，开展家庭教育公益学堂、“校长（园长、名师）家教服务基层行”、浙江省家庭家教家风基层巡讲、家长成长小组等活动22场，推出“新春童声故事会”“趣味亲子家教云课堂”等线上课堂21期。

【巾帼创业创新】2021年5月，洞头区举办“妈妈的味道”美食嘉年华活动，创新“一街镇一特色”美食推介、民俗小吃厨娘秀、“红色亲子厨艺秀”、“主题IP创业集市”、“廉家烧”等载体，制作微视频推介“妈妈的味道”本地美食，活动营收超20万元，带动更多妇女从家庭“小灶台”走向乡村振兴“大舞台”。开展“我为妇女群众办实事”实践活动，为创业女性解决研学基地申请、好家庭信用贷咨询、农特产品销售等问题，助力销售农特产品近20万元，发放好家庭信用贷、小额贴息共计108万元。配合区人才技能“展翅行动”，组织各街道（乡镇）妇联主席、村（社区）女书记、创业女性、区职教中心电商班学生开展直播实务技能等专题培训，围绕如何打造品牌爆款、如何开展直播带货、如何构建流量矩阵等内容，以案例讲解、互动演练等方式进行教学。组织“从浪尖到舌尖”“洞头鲜·半边天”“海霞当主播 美食云推介”直播活动，推介洞头特色好产品，近10万人次参与，引导创业女性主动融入数字经济2.0时代。

【基层妇联关爱服务】2021年，区妇联举办基层妇联干部培训班，创新基层妇联挑战项目领办，指导大学习大轮训，提升干部履职能力。持续深化基层妇联“四必访”工作，深入基层排摸妇女家庭情况，生成家庭“五色图”数据库，注册“五色家庭”2020户，收集并解决妇女群众急难愁盼问题122件。依托“芳邻守望”公益计划，链接社会资金18万元；开展“芳邻相伴”“芳邻相助”“芳邻相悦”系列活动，发挥留守妇女关爱帮扶留守儿童、老人的主力军作用。

【温州市百千万巾帼大宣讲活动在洞头举行】2021年3月8日，“百年光辉岁月颂 海霞精神世代传”温州市百千万巾帼大宣讲活动在洞头先锋女子民兵连海霞广场举行。活动分上、下两场进行，上半场有《海霞唱红歌 党旗添光彩》主题VCR展播、《芳华绽百岛 献礼一百年》诗歌朗诵、温州市“百千万巾帼大宣讲”活动宣讲团及海霞特色服务队授旗仪式、《百年光辉岁月颂 海霞精神世代传》主题宣讲、出征仪式五个议程；下半场开展《党的光辉历程》党史学习、参观纪念馆和主题体验等活动，体验活动设置巧叠军被、一击即中、齐书海霞、同织红星、海霞印记以及知识竞答6个环节。活动由温州市妇联、洞头区委主办，洞头区委办、区人武部、区委组织部、区委宣传部、区妇联、区融媒体中心、区海霞学院、区退役军人事务局等单位承办，洞头农商银行协办。洞头区委书记林霞，温州市妇联党组书记、主席吴晓娟，温州市妇联副主席项缪等领导出席活动，各县（市、区）妇联副主席、洞头区各级妇联干部及海霞特色队伍代表等参加活动。

（陈 颖）

【妇女儿童权益保障】2021年，区妇联联合10个部门出台《洞头区反家庭暴力服务联盟工作方案》，完善预防、制止、救助、帮扶一体化反家庭暴力工作体系。联合教育局出台《洞头区推行女童保护"一校一讲师"制度实施方案》，加强中小学（幼儿园）预防性侵害宣传教育覆盖面，提高未成年人自我保护意识和能力。两年完成三年市定指标婚姻家庭辅导员培训计划，实现村（社区）婚姻家庭辅导员全覆盖。落实婚姻家庭调解员进驻"浙里办"平台6名，完善"她管家"调解室线下阵地建设，调处化解家事矛盾180多起。全年区妇联接访16件（含"12338"热线），ODR（在线消费纠纷解决办法）线下调解1起。公安"110"家暴警情24起，开具告诫书7起，法院开具人身保护令1起，司法妇女法援37起（其中为受暴妇女提供法援4起），儿童法援13起。实施贫困母亲两癌救助项目，为483名贫困（含低保）妇女购买健康险。帮扶困境妇儿495名。

【平安家庭宣传教育】2021年，区妇联持续开展平安家庭创建活动，深化"建设法治中国·巾帼在行动"活动。结合"三八"维权周、禁毒宣传月、反家暴周等节点，邀请专家律师开展民法典婚姻家庭法律知识讲座进村社、进家庭活动，组织志愿者开展健步走及入户普法宣传。联动区法院开展"小度普法"街头互动婚姻家庭法制宣传，增强妇女儿童依法维护自身权益的意识和能力。利用互联网和新媒体平台开展法治宣传教育，推出"平安家庭宣传季""法润巾帼 平安我家"系列普法专栏，拍摄推送《刷单的诱惑》等反诈主题普法微课视频5期，完善线上普法及维权咨询服务。全年共分发宣传品、宣传资料2万余份，开展女童保护、民法典、反家暴、心理健康等线下讲座25场。

（叶双双）

科学技术协会

【概况】2021年，温州市洞头区科学技术协会所属区级学（协）会9个，街道（乡镇）科协6个。科技志愿服务信息平台注册科普志愿队伍7支，注册科技志愿者84名。建有院士工作站2家，新增博士创新站2家。4个青科会洞头项目成果落地转化率100%。组织科技工作者开展学术交流、建言献策活动。举办"科技活动周""全国科普日""青少年科技创新大赛"等科普品牌活动，开展社区益民行动、科技惠农帮扶、青少年科教等科学实践活动。举办校园特色科技载体11场次。组织参加省、市级培训5期21人次。洞头北岙蓝家花圃多肉文化园获评温州市农村科普基地，洞头蓝色海湾科普体验馆获评市级青少年最喜爱的科普教育基地。

【全民科学素质行动】2021年2月，洞头区科协组织开展"新年留洞头，科普过大年"活动，发放科普教育基地游览门票200张，赠送科普图书600册。9月，举办全国科普日活动，主要推进羊栖菜产业发展专场系列活动。发动街道（乡镇）科协、学（协）会和纲要组成单位结合科技活动周、全国科普日、"5·30"科技工作者日等品牌活动，举办金融诈骗防范、应急科普、健康宣教、义诊服务、青少年科普等志愿服务35场。

【科普信息化】2021年，洞头区科协在《温州科普》电视栏目上制

2021年10月28日，洞头区航模科技运动会　　（区科协提供）

作并播发电视微科普视频245个，其中，本地制作科普短片50期；向公务员、科技工作者群体推送手机科普短信9期1.7万人次；举办洞头区“银龄跨越数字鸿沟”科普专项行动，设立教学点11个，为老年人智能手机操作技能普及培训1053人次。

【科技惠农服务】 2021年，洞头区科协牵线中山大学和浙江万里学院专家团队与企业达成高价值水产养殖合作意向协议2个。组织博士后工作站博士专家开展羊栖菜产业创新发展主题报告。邀请科技职院、温州大学教授为半屏社区、后寮村解决种植品种单一、产业生产效率低问题；组织农技人员参加省、市级科普惠农带头人科学素质提升班、实用技术培训班等合计5期21人次。

【科技学会服务】 2021年，洞头区科协发动科技社团联合开展科普宣传活动。区护理学会举行庆祝“5·12”国际护士节系列活动，开展护理学术交流、技能大比武，到4个社区卫生院开展两慢病健康宣教等义诊下乡行。区渔民与羊栖菜协会携手企业与养民代表签订羊栖菜供销合作框架协议，开展羊栖菜产业创新发展报告。区老科协深入偏远海岛渔村，开展科普保健讲座及义诊3场，义诊280人。开展科普宣传及调研课题交流。

【青少年科教活动】 2021年，洞头区举办少年科技匠人培育、创客研学夏令营、中科院老科学家科普报告会、科学文化图书进校园等校园特色科技载体11场次，吸引学生参与体验科技活动。科普助力教育“双减”区科协与区微动力志愿者中心、区图书馆签订合作协议书。通过合作、资源共享，落实国家“双减”政策，为青少年提供特色活动套餐和科普书籍资源。洞头区红苗成长科吧推出“小小科学家培育”行动计划科学探究课程10期。推动霓屿义校打造少年航校示范基地，举办航模科技运动会。

【青少年科技节】 2021年11月，洞头区科协联合教育局开展洞头区青少年科技节活动，共评选出一等奖18名、二等奖31名、三等奖61名。其中，论坛版块比赛一等奖3名、二等奖4名、三等奖7名；赛事版块比赛一等奖15名、二等奖27名、三等奖54名，评出优秀指导师19名。

【青少年科技创新大赛】 2021年11月，洞头区科协联合教育局开展青少年科技创新大赛，包含科技创新项目竞赛活动（包括创造发明、科幻画、科学论文等竞赛）和科技实践活动、科学幻想绘画等展示活动，评出科技创新项目小学组一等奖6名、二等奖10名、三等奖22名，中学组一等奖2名、二等奖3名、三等奖6名；科技实践活动小学组一等奖1名、二等奖2名、三等奖4名，中学组一等奖1名、二等奖1名、三等奖1名；科学幻想绘画作品小学组一等奖6名、二等奖9名、三等奖22名，初中组一等奖2名、二等奖3名、三等奖6名；科技辅导员论文一等奖2名，二等奖3名，三等奖7名；优秀指导师17名。参加温州市第三十六届青少年科技创新大赛，获科技发明二等奖2名；科技辅导员创新成果竞赛项目二等奖2名，三等奖1名；科学幻想绘画一等奖2名，二等奖3名，三等奖2名；科技论文二等奖1名，三等奖2名。参加温州市中小学信息技术创作大赛，获少儿编程创意编程年级组三等奖2名。

（刘良伟）

归国华侨联合会

【概况】 2021年，洞头区有华人华侨733人（不含灵昆）、留学生146人，共计879人；有街道（乡镇）基层侨联组织6个，村社侨联24个。温州市洞头区归国华侨联合会建立华侨乡贤数据库，聘请16位温州籍侨领为洞头区国际旅游岛海外宣传大使。组织开展疫情防输入“一周一排查”工作，建立健全境外到洞头人员信息库，全年劝导拟回国人员50多人，跟踪服务华人华侨35人。接种疫苗大排查接受咨询180多人次，为68名华侨开通绿色通道接种疫苗。

【基层阵地建设】 2021年，洞头区北岙城南社区侨联和东屏半屏社区侨联成立。启动正岙“侨胞之家”和霓屿布袋岙“侨胞之家”创建工作。推进基层侨联组织统一社会信用代码赋码工作，助力基层侨联组织办好“专属身份证”。每年向基层侨联组织拨付经费，提升阵地建设等。组织开展“童心向党”红色夏令营活动，“健康伴侨行”侨界老人体检活动，“辉煌百年·侨心向党”侨界座谈会等活动。

【“全球通”服务】 2021年，区侨联依托“温州政务通”平台，开通“全球通”移动手机版，解决海外侨胞通过“全球通”平台办事难问题，协调公安、不动产、社保等13个部门，入驻平台事项72个。全年办理华侨子女中高考加分4件，归侨证1件，侨眷身份认定4件，办理海外侨胞户籍、公证、车辆年检事项7件。

【暖侨爱侨服务】 2021年，区侨联开展“侨联代您看家人”大走访活动，以基层讲法、基层联谊、基层走访、基层服务系列活动为载体，累计走访238户，帮助华侨解决实际困难11个，基本实现全覆盖。借助春节、“六一”、中秋等节庆，走访慰问全区重点华人华侨、贫困归侨侨眷、留学生家属等132户。

【侨联联络联谊】2021年，加强同温州华侨总商会、世界温州人海外侨团及灵昆华侨，特别是新生代青年对象的联络联谊工作，以浙统云数字化改革为抓手，建立华侨乡贤数据库，共补充完善华侨、留学生的信息资料768人。聘请16位温州籍侨领为“国际旅游岛海外宣传大使”，宣传洞头国际旅游岛发展动态。以中国（温州）华商华侨综合发展先行区建设为契机，深化“温籍侨领洞头行”招商品牌，共接待侨胞参观考察126人次。

（陈昱晓）

工商业联合会

【概况】2021年，温州市洞头区工商业联合会所辖街道（乡镇）商会7个，即北岙商会、灵昆商会、大门商会、东屏商会、元觉商会、霓屿商会、鹿西商会；行业商会1个，即电器商会；联合性协会2个，即企业联合会、新生代企业家联谊会；联系异地商会9个，即上海商会、杭州商会、乐清商会、贵州商会、北京商会、四川商会、西安商会、广州商会、银川商会；执委56名。区工商联获2020—2021年度全国“五好”县级工商联、2019—2020年度省级“五优”县级工商联、温州市2021年度民营经济示范城市创建（民营经济高质量发展）先进集体等荣誉。

区工商联立足中国共产党成立100周年重大节点，推进党史教育，推出专题党课、党史学习专栏、重走解放路、唱红歌、参观红色阵地等活动。组织企业家代表列席区委全委会等重要会议26人次，推荐政协经济界委员初步人选68人，开展民营经济人士综合评价280人次。组织企业家参与百会万企评部门活动550人次。开展洞头区第三届民营企业家节系列活动。新生代企业家到部门挂职3人，参加2021温州市年轻一代民营企业家理想信念教育主题研修班2人，参加市委党校城区青年班学习1人。兰小草道德馆入选温州市民营经济人士理想信念教育基地。举办洞商学堂4期，参训人员达230多人次。

联合区总工会开展省外职工留洞过年系列活动，鼓励会员企业出台留洞鼓励措施；举办“展翅行动”企业班组长培训班。联合区司法局成立工商联系统商协会人民调解委员会，聘请6名企业家代表为人民调解员；4家律所与区工商联所属商协会签订协议书，“律所联商会”全覆盖战略合作全面启动。联合区法院成立共享法庭工商联站，聘请5名特邀调解员。联合区政务服务中心成立“学党史 办实事”洞头区党员助企志愿服务队。联合人行洞头支行举办洞头区“百地千名行长进民企送服务”启动仪式，由全区8家金融机构为区企业提供更加便捷的金融服务。签订区“工商联+农商行”金融助力民营经济发展战略合作协议，为全区企业提供更多金融助力。全年召开政企恳谈会4场，收集企业问题10条，涉企政策建议15条，现场为企业解决问题7个。

实施“四大员一热线”异地商会温馨老家服务机制，签约45名保健志愿者结对190名在外洞商在洞长辈，开展保健员上门体检服务工作电话回访151人次。开发温馨老家云服务平台，推出“码上服务”。“一中心双平台”建设，建成区建设行业协会商会发展服务综合体，建立在洞翻译人才平台和企业闲置资产产能互济平台。召开区工商联第二次会员代表大会，选举产生新一届领导班子。制定出台《洞头区工商联所属商协会星级评定办法》，引导商会建设规范化，指导所属商协会换届；组建商会联合党支部，完成区工商联所属商协会党建全覆盖。

【党史学习教育】2021年，区工商联开设“洞商永远跟党走”企业家党史学习教育微信专栏，推出“党史共览”“国士共赏”“红歌共唱”“学思践悟”四部分内容，推送34期136篇文章，浏览量超3500人次；开展“百年风华 砥砺奋进”民营企业家唱红歌活动，郑西平、林海萍演唱的红歌《不忘初心》荣获温州市工商联系统一等奖；邀请市委党校副教授郑智成主讲《中国共产党百年光辉历程》专题党课。召开主席例会专题学习中共中央总书记习近平“七一”重要讲话精神、中共中央总书记习近平关于新时代民营经济统战工作的重要指示批示精神和关于促进“两个健康”的重要论述精神等。商协会组织会员赴洞头先锋女子民兵连纪念馆、永嘉红十三军教育基地、平阳省一大会址、嘉兴南湖等地开展百年华诞理想信念教育活动，全年共计16场次500多人次。

【清廉民企创建】2021年，区工商联制定《清廉民企建设清廉指数》，联合纪委下发《关于深入开展“清廉民企”建设的实施方案》，组建由六部门组成的清廉民企建设领导小组，结合诚信日主题，举办“树诚信典型，建清廉民企（商会）”宣传活动3场次，发放诚信倡议书及宣传品1000多份。开展清廉民企创建互看互学活动，帮助建设单位明确方向和工作重点。创成三星级“清廉民企”6个，四星级“清廉民企”2个。

【一中心双平台】2021年，区工商联创新开展“一中心双平台工作”（建设行业协会商会发展服务综合体、在洞翻译人才平台和企业闲置资产产能互济平台），指导建设行业协会建立商会发展服务综合体。开展在洞翻译人才大排摸，现有翻译人才库包括有外语专业背景、翻译经历及外语爱好人员116人。启动企业闲置资产排摸工作，收集可用于出租出售的闲置厂房19项，发布第一批闲置产能目录清单，浏览量近400次，接受信息咨询20多次，为供需双方提供信息对接服务10多次，促成部分企业出租闲置厂房。启动在外洞头籍青年人才排摸前期准备工作，发出《致洞头籍在外青年人才的一封信》和《关于征集洞头籍在外青年人才信息的公告》，浏览量逾1300人次，收集在外青年回乡就业意向22条。

【第三届民营企业家节】2021年10月29日，洞头区召开第三届民营企业家节庆祝大会暨优秀民营企业家表彰会议。区委副书记、区长郭云强，市工商联党组成员、副主席陆千帆出席会议并讲话。会议表彰王海松、李斌、邵晓忠、林志杰、赵春建、徐守斌、黄东海、黄朝辉等8位优秀民营企业家。11月1日和2日，洞头在分会场参加2021中国（温州）新时代“两个健康”论坛和全省民营经济领域践行“两个健康”助力高质量发展建设共同富裕示范区动员部署会。11月12日，举办洞头区“续写创新史、同走共富路”民营经济人士重走解放路军事日主题活动，区工商联执委、区优秀民营企业家、区政协经济界委员、区商协会会长、秘书长等50多人参加活动。

【洞头区工商联第二次会员代表大会】2021年10月29日，洞头区工商业联合会（总商会）第二次会员代表大会召开。正式代表、列席代表以及特邀嘉宾共200多人参会。区委副书记、区长郭云强，市工商联党组成员、副主席陆千帆，区领导叶海峰、汪慧平、戴冕、林上达等出席会议。区妇联主席季晓翰代表群团组织致贺词。大会审议并通过区工商联第一届执委会五年工作报告——《凝聚洞商力量共建海上花园 勇担发展责任同走共富之路 为高水平开启洞头全面建设社会主义现代化新征程贡献力量》。大会审议并通过区工商联第一届执委会财务收支报告。成立洞头区工商联咨询委员会。大会选举并产生区工商联（总商会）第二届执行委员会和领导班子，选举产生区工商联（总商会）第二届监事会，浙江诚意药业股份有限公司总经理赵春建连任区工商联主席、总商会会长。区工商联率先在全市完成工商联换届。

（庄婷婷）

2021年10月29日，洞头区召开第三届民营企业家节庆祝大会暨优秀民营企业家表彰会议。图为受表彰的优秀民营企业家　　（区工商业联合会提供）

文学艺术联合会

【概况】2021年底，温州市洞头区文学艺术联合会有所属文艺协会11家，即作家协会、书法工作者协会、摄影家协会、美术家协会、音乐工作者协会、舞蹈家协会、民间文艺家协会、诗歌协会、诗词协会、戏曲家协会、朗诵协会。余退加入中国作家协会，叶申仕、青岩加入省作协，陈晓微、汪莉莎加入浙江省音乐家协会，郭海群、宋继东、曾国团加入省摄影家协会，庄丽琴加入省舞蹈家协会，郑根霖、王卫东加入省民间文艺家协会。全区有各级会员641人（含区级会员），其中国家级22人，省级98人，市级198人。全年编辑《百岛》刊物4期。制定出台《“中国摄影岛”建设实施方案》。打造“中国诗歌之岛”展示区，办好“海岸线诗歌”公众号网刊。出版首届中国（洞头）渔民画大展画册。举办“辉煌百年 红动百岛”2021洞头区渔民画主题作品创作展和“辉煌百年红动百岛”星空朗读会。组织“文联百村文艺志愿服务团”走进乡村、企业，并撰写相关文艺作品。开办“海霞小作家班”公益课堂。完成“蓝土地文库第八辑”青年作家文库编撰，《洞头海洋民俗

2021年6月23日，“中国渔民画之乡”研学基地揭牌　　（区文联提供）

仪式音乐集》和纪实文学《小镇梦寻》出版。

【“中国摄影岛”文化工程建设启动】 2021年，洞头区制定出台《“中国摄影岛”建设实施方案》，启动“中国摄影岛”文化工程建设，召开“中国摄影岛”新闻发布会，发布“中国摄影岛”十佳摄影旅游专线和“百岛百佳摄影点”，制作“中国摄影岛”文创产品，启动“海上花园·百岛洞头”中国岛屿摄影大展，面向全国征集优秀入展作品100幅。启动“行摄百岛”系列活动，招募首批中国摄影岛海报人物和优秀摄影师。配合举办第二届海峡两岸影像文化周，承办子活动“两岸半屏山青年影像文化沙龙”及青年影像采风活动。每日编发“早安洞头”图片，并在“学习强国”等平台刊出。联合举办“摄影导服”首期培训50多名。

【“中国诗歌之岛”文艺IP金名片建设】 2021年，洞头区策划提升“中国诗歌之岛”工程项目，打造“中国诗歌之岛”展示区，在“花岗渔村”建设专题“诗歌墙”，展示“驻岛诗人”“文艺岛民”等诗歌作品。举办中国诗歌之岛“为你读诗”“名家讲坛”等系列活动，与“为你诵读”等热门App合作，“现代诵读艺术洞头实践基地”落地。继续办好“海岸线诗歌”公众号网刊，常态举办“海岸线诗歌沙龙”。

【中国（洞头）渔民画之乡建设】 2021年，洞头区做好首届中国（洞头）渔民画大展后续工作，由江苏凤凰文艺出版社正式出版《首届中国（洞头）渔民画大展作品》画册。举办中国（洞头）渔民画之乡·小代言人活动选拔赛，展示渔民画相关服饰、背包、雨伞等文创品，产生渔民画小代言人6名。打造中国（洞头）渔民画之乡研学基地挂牌，引进陈钦缎、林彬等渔民画导师，探索市场化引导学生开展渔民画研学。强化学术及专业指导，邀请著名画家陈钦权担任导师，开展“美术专题培训班”，提升本地画家绘画水平。举办“辉煌百年 红动百岛”2021洞头区渔民画主题作品创作展，大赛共收到投稿作品65件，评出学术提名作品5件，入选作品25件。

【文艺助力“海上花园”建设】 2021年，区文联与“浙江之声”合作，在望海楼景区联合举办“辉煌百年 红动百岛”星空朗读会，并在“浙江之声”视频号等平台直播，原创歌曲《望海楼》MV同时发布。联合举办“同心向党 礼赞百年”区政协庆祝建党百年华诞主题书法展，展出作品40多幅。组织“文联百村文艺志愿服务团”到瓯江口、青山岛、海窑中心等地撰写相关散文、诗歌、诗词。继续开办“海霞小作家班”公益课堂。联合鹿城区文联、洞头区台办、温州市音协在望海楼举办“辉煌百年·琴动百岛”大型古琴雅集活动。与温州市音乐家协会古琴学会共同举办古琴公益培训班。在区政协书画院举办“百岛毓秀 壮美篇章”暨黄明东主题书画作品展，共展出书法作品30多件。《百岛》杂志刊发“辉煌百年·文动百岛”专辑。

【文艺活动与创作】 2021年，区文联常态化引导各文艺家协会通过会员日、培训课、文艺沙龙等形式提高会员参与度、文艺水平，书法家协会每周举办书法雅集，诗歌协会每月举办“海岸线诗歌沙龙”，区舞蹈家协会每月5日举办“一起来舞”会员日活动。推进“蓝土地文库第八辑”青年作家文库编撰工作。张海军编撰的《洞头海洋民俗仪式音乐集》由经济日报出版社出版。施立松的纪实文学《小镇梦寻》由团结出版社出版。朱海平书法作品入展“贺知章杯——永恒的乡愁”全国书法篆刻主题大展，书法家王晓光的书法作品入选“子陵杯”浙江省书法大赛，青年诗人北鱼入选十月杂志社第十一届“十月诗会”。

【中国（洞头）渔民画之乡研学基地挂牌】 2021年6月23日，“中国渔民画之乡”研学基地揭牌。该基地位于洞头区东屏街道蓝港花苑温州市洞头嘉媛文化旅游发展有限公司。旨在开展“中国渔民画之乡”公益体验活动。聘请6位本土画家为“渔民画研学基地”导师，定期邀请导师为游客及渔民画爱好者授课，通过集合文艺力量、产业力量，丰富文创产品，促进“文旅融合”。

【歌曲《望海楼》出品】 2021年10月22日，由洞头区文联出品的古风歌曲《望海楼》出品，作词施立松，作曲小飞，演唱王天，由洞头区融媒体中心拍摄。该作品富含中国传统文化特色，展现“气吞吴越三千里，名贯东南第一楼”的沧桑和柔情。歌曲在腾讯视频、哔哩哔哩、QQ音乐、酷狗音乐、抖音、全民K歌等各大网络平台上线。

（施立松）

2021年洞头区部分市级以上文艺作品发表及获奖情况表

表8

艺术门类	作者（获奖者）	作品名称	发表或获奖情况	主办单位
文学	施立松	《又入人间世》	《散文》	百花文艺出版社
	施立松	《月半湾里枕涛眠》	《人民日报》	人民日报社
	施立松	《一笑妆成伴白头》	《读书文摘》	经典文学读书文摘杂志社
	施立松	《唐诗里的斑竹村》	《新民晚报》	新民晚报社
	施立松	《海洵》	《江南诗》	《江南》杂志社
	施立松	《墨鱼饼》	《金秋》	陕西省金秋杂志社
	施立松	《安康熄火汤》	《金秋》	陕西省金秋杂志社
	施立松	《温州的矮人松糕》	《金秋》	陕西省金秋杂志社
	施立松	《蒋鉴：一个女人的抗战》	《钱塘江文化》	浙江省钱塘江文化研究会
	施立松	《源于山林更深处》	《北海日报》	北海日报社
	曹高宇	《芳草帖》等7首	《江南诗》	浙江省作家协会、江南杂志社
	曹高宇	当代汉诗的零写作	《星星诗刊（理论版）》	四川省作家协会
	林春芬	《南风知我意》	《江南视野》	浙江省当代社会发展研究院
	林振文	《泰顺乡村变迁记》	《浙江诗联》	浙江省诗词与楹联学会
	林振文	《鹧鸪天·洞头女子民兵连》	《浙江诗联》	浙江省诗词与楹联学会
	谢健健	谢健健的诗	《青年文学》	共青团中央
	谢健健	丽江，水乡谣	《十月》第三节爱在丽江·中国七夕情诗会接力赛特刊	北京出版集团
	谢健健	《城南大道900号》	《中国青年作家报》	共青团中央
	谢健健	《忐忑》外一首	《星星》	四川省作家协会
	谢健健	《草海，吸风鹰》外一首	《扬子江诗刊》	江苏省作家协会
	谢健健	《无尽的雨》组诗	《江南诗》	浙江省作家协会
	谢健健	《浙东，俯仰可得的诗意》组诗	《江南诗》	浙江省作家协会
	谢健健	《小满即景》	《上海诗人》	上海市作家协会
	谢健健	《雨中求学记》组诗	《青海湖》	青海省文学艺术界联合会
	谢健健	《悬棺猜想》组诗	《椰城》	海口市文学艺术界联合会
	谢健健	《失踪手电》	《散文诗》	湖南省益阳市委宣传部
	谢健健	《雾中长跑》组诗	《雪莲》	西宁市文学艺术界联合会

续表8

艺术门类	作者（获奖者）	作品名称	发表或获奖情况	主办单位
文学	谢健健	《岩缝》	《厦门文学》	厦门市委宣传部
	谢健健	《雨的变奏曲》组诗	《青岛文学》	青岛市文学艺术界联合会
	谢健健	《那年看雪》	《嘉应文学》	梅州市文学艺术界联合会
	谢健健	《记瓯江边骑行》	《温州晚报》	中共温州市委
	谢健健	《浙东，俯仰可得的诗意》	浙东唐诗之路诗画大赛三等奖	浙江省委宣传部
	谢健健	《西塘，光阴谣》	恋恋西塘第五届全球诗歌征文大赛优秀奖	星星诗刊杂志社
	叶申仕	《当我发表了一首诗》	《诗刊》	中国作家协会
	叶申仕	《人间退潮》	《浙江作家》	浙江省作家协会
	叶申仕	《陵园索引（外一首）》	《扬子江诗刊》	江苏省作家协会
	叶申仕	《大佛》	《上海诗人》	上海文艺出版社
	叶申仕	《南方孤岛（外一首）》	《文学港》	宁波市文联
	叶申仕	《保险与星空（组诗）》	《诗潮》	沈阳市文联
	叶申仕	《少年的日晷（外一首）》	《十月少年文学》	北京出版集团有限责任公司
	叶申仕	《党旗（外一首）》	《延河》	陕西省文联
	叶申仕	《少年的日晷》	《读者（校园版）》	读者出版传媒股份有限公司
	叶申仕	《党旗（组诗）》	《时代文学》	山东省文联
	叶申仕	《海海人生（组诗）》	《潮声》	汕头融媒集团
	叶申仕	唯有两个诗人漫步夏日海滩（组诗）	第十一届“岱山杯”全国海洋文学大赛优秀奖	中国散文学会
	叶英儿	《英华夜谈》	团结出版社出版	团结出版社
	叶英儿	《醉花阴·冬至》	《浙江诗联选粹》	浙江省诗词楹联学会
	叶英儿	《采桑子·泰顺行》	《浙江诗联》	浙江省诗词楹联学会
	叶英儿	渔家傲·瓯江诗路泰顺文化带采风	《浙江诗联》	浙江省诗词楹联学会
书法	王晓光	行书条幅·咏剡唐诗九首	参加“问庭金道——浙江省行书百家作品展”	浙江省书协
	王晓光	行书横幅	入展陆维钊奖——浙江省第九届中青年书法篆刻展	浙江省书协
	王晓光	行书条幅 习近平《之江新语》节选	入展艺心向党——浙江书法篆刻刻字700家主题创作大展	浙江省书协
	王晓光	行书条幅	入展笔墨颂清风——“子陵杯”浙江省书法大赛	浙江省书协
	张元丰	硬笔作品	庆祝中国共产党成立100周年“雁荡山铁皮石魁杯”首届全国大书法作品展览入选	中国硬笔书法协会
	朱海平	书法	入展“贺知章杯——永恒的乡愁全国书法篆刻主题大展”	浙江省书法家协会
	朱海平	书法	入展“陆维钊奖——浙江省第九届中青年书法篆刻展”	浙江省书法家协会
	朱海平	书法	入展“第四届董子杯全国书法大展”	河北省书法家协会

续表8

艺术门类	作者（获奖者）	作品名称	发表或获奖情况	主办单位
摄影	叶凌志	《百岛行摄》	入展首届微视频大展	中国摄影家协会
	罗小安	《网红点》	浙江省第七届群星视觉艺术大展	浙江省文化馆
	罗小安	《网红点》	温州市第八届视觉艺术大展	温州市委、温州市人民政府
	金如龙	《生活的压力》	浙江省第七届群星视觉艺术大展	浙江省文化馆
	金如龙	《生活的压力》	温州市第八届视觉艺术大展	温州市委、温州市人民政府
朗诵	周羿言	《龟岩的传说》	浙江省第四届“少年非遗说”讲述大赛优秀奖	浙江省文化和旅游厅
	周羿言	《一块奶酪》	浙江省首届课文朗诵大赛三等奖	浙江省朗诵协会
	周羿言	《今年我十岁 您一百岁》	2021年第三季中国蓝朗诵盛典特金奖	浙江广播电视集团
	叶钰熙	《血色黄昏》	2021年第三季中国蓝朗诵获少儿A组特金奖	浙江电视台
	叶钰熙	《雪孩子》	浙江省中小学生课文朗诵温州决赛小学低年级组金奖	浙江省朗诵协会
	张钰含	《蚶子的血为什么是鲜红色的》	浙江省第四届“少年非遗说”讲述大赛优秀奖	浙江省文化和旅游厅
	张钰含	《灰雀》	浙江省首届课文朗诵大赛温州决赛金奖	浙江省朗诵协会
	张钰含	《我的心愿》	2021年第三季中国蓝朗诵盛典金奖	浙江广播电视集团
	郑　丽	《讲好新时代海霞故事 唱响新时代海霞之歌》	“守好红色根脉 书写青春忠诚”浙江省群文系统微宣讲大赛二等奖	浙江省文化馆
美术	邱克峰	《光辉历程——从石库门到天安门》(长卷)	《美术报》	美术报
	詹海萍	《同心向党》	入选“衢州有礼·运动柯城” 浙江省农民画作品展	浙江省美术家协会
	叶爱珠	《满载而归》	“衢州有礼·运动柯城” 浙江省农民画作品展优秀学术提名奖	浙江省美术家协会
	林美君	《红旗下的新渔村》	入选“衢州有礼·运动柯城” 浙江省农民画作品展	浙江省美术家协会
	叶宇彤	《渔归粽飘香》	入选“衢州有礼·运动柯城” 浙江省农民画作品展	浙江省美术家协会
	陈钦煅	《渔家节日》	入选“衢州有礼·运动柯城” 浙江省农民画作品展	浙江省美术家协会
	吴秀云	《红海滩人家致富忙》	入选“衢州有礼·运动柯城” 浙江省农民画作品展	浙江省美术家协会
	吴秀云	《渔妇迎郎渔满仓奔小康》	入选2022长三角现代民间绘画交流展	浙江省文化馆
	罗纯香	《琴歌鱼跃》	入选2022长三角现代民间绘画交流展	浙江省文化馆
音乐	郑　丽	《繁华如初》	第七届温州艺术节暨第九届市民文化节获温州市第十八届音乐五道街（原创音乐）铜奖	市委、市人民政府

（区文联提供）

残疾人联合会

【概况】2021年，洞头区新增办证残疾人260人、死亡注销125人。全区共有持证残疾人4337名，其中肢体残疾2122人、言语残疾92人、听力残疾560人、视力残疾311人、多重残疾230人、精神残疾545人、智力残疾477人。全年财政保障和改善全区残疾人民生资金1293万元。全区3167名残疾人享受“两项补贴”716.17万元，覆盖率100%。发放“一户多残”补贴299户17.88万元，179名因病残疾人享受特殊医疗救助，救助资金59.15万元，81人获残疾人意外伤害保险理赔。建立大学生助残实践基地，共服务各类残疾人200多人次。残疾人艺术团开展基层艺术巡演5场次。残疾人组织开展互助和志愿帮扶服务300多次，参加志愿服务人数50多人次。社会各界积极开展“残健共融·益起行”助残行动、“守望星空”关爱自闭症儿童项目等助残服务，受益人数1400多人次，9个机关党支部与“残疾之家”等残疾人服务机构开展结对共建。12月底，残疾人“两项补贴”工作移至区民政局组织实施。大门镇东屿村获评第四批“浙江省无障碍社区”，区残联获评浙江省“十三五”期间残疾人工作成绩突出先进集体。

【残联一届主席团四次会议】2021年10月21日，温州市洞头区残疾人联合会第一届主席团四次会议召开，大会应到委员31名，实到25名。会议采取举手表决方式，选举陈丽芬为洞头区残联一届主席团副主席、执行理事会理事长，选举叶枫为执行理事会副理事长（挂职）。会议同意叶生杰辞去区残联主席团副主席、执行理事会理事长，周彬辞去执行理事会副理事长（挂职）职务。

【残疾人基本公共服务】2021年，洞头区为32名残疾儿童提供基本康复服务，发放康复补贴50.74万元。提供辅助器具适配服务残疾人59名、免费服药服务精神残疾人345名、康复体育进家庭服务残疾人50户，残疾人基本康复服务率和辅具适配服务率均100%，残疾人精准康复服务率99.59%。2048名重度残疾人和精神、智力残疾人享受居家和集中托养服务，托养服务率99.9%。3096名持证残疾人得到家庭医生签约服务，签约率71.3%，其中精神、截瘫、残疾儿童等三类人员签约服务率均100%。为城区18名重度残疾人实施爱心助残服务，疫情管控期间为6名对象实施临时托管。

【洞头区第三次助残月活动】2021年5月16日，是第三十一次全国助残日，主题为“巩固残疾人脱贫成果，提高残疾人生活质量”。区残联开展“与爱同行 助力海上花园”、助力打赢残疾人脱贫攻坚战、助力办好残疾人民生实事、助力残疾人疫情防控工作等四大系列11小项助残月活动。其间，组织开展残疾人机构职业技能比赛活动，组队参加温州市残疾人职业技能比赛活动，为精神障碍患者免费发放精障治疗药品，组织视力障碍和听力障碍人士开展无障碍观影活动；全区残疾人专门协会残疾人代表75名参加2021年“全国助残日”暨“与爱同行·助力海上花园”活动，6家“残疾人之家”的残疾人开展2021年“全国助残日”系列活动；“星梦家园”特殊儿童开展无障碍观影活动、“看红色电影·迎建党百年”电影进残疾人之家、“声音点亮光影及让爱不留盲区”无障碍观影等11场活动，惠及残疾人450人次。

【残疾人服务能力提升工程】2021年，洞头区制定《温州市洞头区2021—2022年残疾人服务能力提升工程实施方案》，经省财政、省残联初审、现场陈述，洞头区入围2021—2022年残疾人服务能力提高工程，并获省财政专项资金1200万元。该资金主要用于公办残疾人之家建设、洞头区残疾儿童康教综合服务中心建设、北岙街道残疾人之家无障碍改造、公办残疾人托养机构、鹿西残疾人之家建设等。霓屿卫生院（老院区）改造残疾人之家、公办残疾人托养中心、特殊儿童康教综合服务中心等残疾人服务设施开工建设。

【残疾人设施建设】2021年，洞头区完成省级民生实事项目提升建设残疾人之家1家。灵昆街道残疾人之家从2星级残疾人之家改造提升至3星级残疾人之家，北岙街道、东屏街道、霓屿街道等3家“残疾人之家”接受市残联委托第三方进行星级复评，完成市级改造提升，其中北岙街道获评4星级“残疾人之家”，东屏街道、霓屿街道获评3星级“残疾人之家”。市级民生实事残疾儿童抢救性康复完成32人，完成任务数的355%。小三盘村创成省级“无障碍社区”，东屿村完成省级“无障碍社区”检查验收。建成乡镇“残疾人之家”6家和残疾人辅助性就业帮扶机构1家。

【残疾人服务网格化建设】2021年，洞头区实现“区、乡镇（街道）、村”三级残疾人管理服务网络全覆盖，全区7个街道（乡镇）建立残联组织，村（社区）残协建立率和专职委员配备率100%，全市首个由残联主管的专职助残社工机构和洞头区“与爱同行”残疾人志愿服务队成立，联合开展志愿巡回服务126人次。推进残疾人信息动态更新工作，更新4342名残疾人基础数据库。

【残疾人脱贫攻坚】 2021年，洞头区全面落实促进残疾人就业贷款贴息、兑现企业超比例安置奖励政策、一次性补助、种殖养殖大户补助等相关优惠政策，全区1296名残疾人实现就业，有就业能力和就业需求的残疾人就业率96%，其中按比例安排残疾人就业90人，98名残疾人享受自主就业职工养老保险补贴。全面落实残疾人学生及贫困残疾人家庭子女助学，共有137名获助学补助40.75万元，其中学前至高中残疾儿童助学救助比例为97%。联合开展“慈善暖居”助残活动，共为100多名残疾人发放价值8万元的物资物品。广泛开展助残济困慰问，共为300人次困难残疾人发放慰问金15万元。

（陈时秒）

社会科学联合会

【概况】 2021年，洞头区有省级社科基地2家，即洞头先锋女子民兵连纪念馆、望海楼；新增市级社科基地1家，即洞头区档案馆；累计创成市级社科基地7家，类型包括历史古迹、纪念馆、博物馆和文化礼堂。实施闽瓯文化研究工程，组织开展社科论坛、讲座、社科普及周系列活动、社科论文征集评选活动、演讲比赛活动。拍摄望海楼、洞头先锋女子民兵连纪念馆专题片，利用洞头社科网多角度展示省级社科基地社科普及效能，提升洞头社科基地知名度。3月，撰写脚本，组织拍摄洞头区先锋女子民兵连等红色基地宣传视频，让更多人走进红色科普基地。组织开展市级社科基地申报和复评工作。

【社科理论研究】 2021年4月，洞头区举办“辉煌百年 红动百岛”征文比赛，征集党史理论文章80多篇，优秀论文形成汇编，推进党史学习教育走深走实。6月，开展《洞头的闽瓯文化试探》专题讲座，邀请市文史专家讲述洞头文史发展地位及文化研究发展方向，科学梳理洞头历史文化脉络。

【社科普及周系列活动】 2021年5月，洞头区举办2021年社科普及周启动仪式暨“我心向党 工人力量”主题演讲比赛。5月至6月，开展“筚路蓝缕 逐梦前行”洞头党史事件图文展，精选建党百年来洞头发生的30件重大历史事件，在各中小学、社科基地巡回展出，并通过洞头社科网展播。9月，开展“我为群众办实事”专题实践活动，拍摄洞头“智慧食堂”惠民政策短视频，上线洞头传媒、洞头社科网等平台传播，普及民生政策。

【闽瓯文化研究工程】 2021年8月，洞头区实施闽瓯文化研究工程，印发《洞头区闽瓯文化研究工程实施方案》，配套出台《洞头区闽瓯文化研究工程管理办法》《关于落实〈闽瓯文化研究工程“九个一”任务分解表〉的通知》《闽瓯文化研究工程稿酬管理办法（试行）》，召开专题研究会，落实闽瓯文化研究工作。申报确定研究课题14个，推进研究成果转化落地。组织编印《浙江文史记忆丛书（洞头卷）》材料汇编2本及《洞头文史成果选》。收集洞头相关文史文章60多篇，文史书籍20多本。编印《东海撷珠——洞头闽瓯文化研究资料汇编》2本。开设“品读闽瓯”公众号，定期发布洞头文史文章，传播闽瓯文化。

【“品读闽瓯”公众号】 2021年9月，温州市洞头区社会科学界联合会建立“品读闽瓯”公众微信发布平台，召开“品读闽瓯”征稿会对接专家约稿，定期发布洞头文史内容，洞头社科网增设“品读闽瓯”专栏同步更新公众号内容，在多平台传播闽瓯文化研究成果。截至年底，“品读闽瓯”总阅读量超过1万人次。

2021年5月，洞头区举办2021年社科普及周启动仪式　（区社科联提供）

【“百岛智汇——人文社科”论坛】2021年9月8日，洞头区举办“辉煌百年 红动百岛”理论研讨会暨“百岛智汇——人文社科”论坛，邀请区内外社科学者、行业专家和部门代表40多人参加。论坛探讨建党百年洞头经济社会发展取得的各方面成就，总结经验，深化对建党百年洞头所处历史方位的认识，为海上花园“发展之变”提出有现实意义的意见建议。《百岛智汇——共话新时代的“洞头变革”》在环球网、中国日报网、中国经济导报等媒体刊登。

（钊筱晗）

红十字会

【概况】截至2021年底，全区共有街道（乡镇）红十字会7个，学校基层红十字会17个，医疗系统基层红十字会11个，社区、企业、两新组织等其他基层红十字会4个，村居红十字小组92个，注册红十字志愿者314个，登记会员1520人。洞头区红十字会联合区发改部门出台《温州市洞头区红十字事业发展“十四五”规划》。制定《关于开展红十字博爱家园建设工作实施方案》，推进红十字博爱家园建设。印发《洞头区红十字会监事会工作规则（试行）》。4月，召开洞头区红十字会第三届理事会第三次（扩大）会议。年度新增应急救护培训普及6535人次，新增普及率4.23%，完成“健康浙江”建设考核指标的114%。公共场所AED配置8台，新增配置率为0.52台/万人，完成“健康浙江”建设考核指标260%。培训救护员624人次，完成市下达目标任务的100.97%。采集造血干细胞21例，完成中华骨髓库志愿捐献者招募任务的140%，新增人体器官捐献登记107例。累计接受社会捐赠款物30.40万元，其中接收防控疫情专项捐赠物资累计19.65万元。开展红十字文化传播、应急救护、三献知识宣传、人道救助、养老服务等各类志愿服务活动80多次，服务群众超过7000人次。区红十字会获评市2021年度红十字综合工作优秀单位，区红十字海霞应急救援队获评“传承弘扬温州人精神突出贡献集体”。

【红十字基层组织建设】2021年，洞头区红十字会召开基层建设推进会，指导各基层红十字会完成换届、机构调整和会员招募工作。完成7个街道（乡镇）、区人民医院（医共体管理服务中心）和92个社区（村）红十字组织调整、建立和报备工作，会员人数增至1520人，比上年底增长436.78%，成人会员会费收缴2780元。

【红十字人道救助】截至2021年，已连续开展“博家送万家”活动10年，走访新居民、外卖快递小哥以及留守老人，分批分段入户慰问贫困学生、困难户、环卫工人，面对面送上慰问金、“博爱”温暖包及御寒物资等，春节、清明节等传统节日走访慰问捐献者家庭。全年慰问款物17.45万元，覆盖人群1132人。构建网络捐赠平台，开通“数字红会”、支付宝和腾讯公益网络募捐渠道，首次开通腾讯公益“博爱一元捐”公益项目，上线首日就募集资金近2000元。全年通过各渠道接受募捐款物30.4万元。

【应急救护培训】2021年，洞头区红十字开展应急救护培训51场次，完成普及培训6535人次，培训持证红十字救护员624人次，培训覆盖社区、农村、学校、企业、机关，自救互救知识和技能得到普及。举办高校急救知识技能大赛，增强在校大学生的应急意识和防范意识。开展大沙岙、栈道景区红十字服务站点对点培训，推进景区常态化应急救护服务保障覆盖。推动人群密集公共场所AED（心脏除颤仪）设置，协助布点单位开展AED操作培训，募捐并投放AED5台。

【红十字阵地建设】2021年，洞头区推进红十字博爱家园规范化、标准化建设。以半屏山民宿为依托，建立首个博爱驿站；新建大沙岙栈道景区服务站；联合区机关事业管理中心推进健康角进机关公共会议室；完善红十字心理工作室、区人民医院应急救护培训基地。全年新建博爱家园4家、博爱驿站1个和红十字服务站1个。

【红十字志愿服务】2021年9月，首支区级红十字无偿献血志愿服务队成立，开展无偿献血、造血干细胞和器官（遗体、组织）捐献知识普及。指导博爱家园成立红十字志愿服务队，以区级红十字组织为主干，带动“N”个博爱家园为社区（村）工作服务。在“5·8”世界红十字日、全国防灾减灾日、世界急救日、中国共产党成立100周年、国际减灾日等重大节日和重要节点组织开展系列活动。实施“红十字点亮”系列志愿服务活动，丰富“红十字点亮村居”“红十字点亮夕阳”等品牌内涵，全年开展红十字文化传播、应急救护、三献知识宣传、人道救助、养老服务等各类志愿服务活动80多次，服务群众超过7000人次。

（蔡淑娟）

法　治

政法委与综治

【概况】2021年，洞头区全面深入贯彻习近平法治思想，坚持全面依法治区，探索海上枫桥新经验，创成省级法治浙江（法治政府）建设优秀单位，实现“省平安区”十六连创，获评全国平安建设最高荣誉“长安杯”。构建社会治安防控体系，开展“重点领域大暗访”“交通道路双月双保”及“8+3”安全整治等专项行动，全年问题整改率99%，持续保持全年命案、两抢零发生。探索数据赋能海域矛盾纠纷化解多元机制，构建电动车综合治理智治体系、海上综合智管平台等智慧管控模式，实现电动车事故同比下降24%，在全省率先构建实施刑财执行一体化机制。全年完成各级“两会”、建党百年、党代会等重大维稳安保40项。深化法治护航“两个健康”，开展涉企案件“挂牌”清理，推进慎捕慎诉等12项法治护航举措，审结涉企纠纷663件，为72家企业执行到位资金5257万元。推行“五地法检十院”跨域协作机制，推广“海岛律管家”模式，打造“船老大金牌调解”2.0版，全区调处成功率100%。深化员额法官联系乡镇工作机制，建成“共享法庭”33个，聚焦群众关注的重点领域办理行政公益诉讼31件，蓝色海湾公益诉讼获上级点赞。创新行政争议全生命周期管理，行政争议案件同比下降25.6%，败诉率为零。推广“霓有话说”等百姓议事载体，市级以上民主法治村创建率达74%。创新“海霞说法”“兰小草法律门诊”等多样化服务载体，全年服务各类咨询主体5000多次。深化“海上枫桥”洞头模式，创新实施“信用+社会治理”、海上智管平台等十大治理创新项目，住宅小区现代化微治理体系综合改革和创新海陆联动平安海区建设获评全市政法委系统“十大优秀项目”，中屿开放景区共建共治共享综合治理模式获市领导调研肯定。洞头区委政法委获评温州市域治理现代化先进集体、市级文明单位等。

【平安洞头建设】2021年，洞头区以“金鼎贴星”为目标，全力打造全国平安建设海岛样板，统筹推进“南北匣门”卡控，“海霞妈妈”联防联控、全域网格化智控、治安面阵地管控，继续保持全年命案、两抢零发生，刑事立案同比下降7.6%。开展“交通道路双月双保”等系列整治行动，迭代构建电动车综合治理智治体系，道路交通亡人事故较三年平均下降30%，电动车事故同比下降约24%，交通满意率全市第一。统筹推进“遏重大”暨“8+3”安全生产专项整治，开展安全夜查和问题隐患“回头看”，推进安全生产“百日攻坚”行动，全区6处市级挂牌重大隐患全部完成整治，61处区级挂牌重大隐患全部整改销号。开展“查隐患补短板”“重点领域大暗访”，全面推进隐患清零、闭环管控机制建立，全年问题整改率达99%以上。建设平安海区大数据指挥中心，搭建“海防视频监控中心+X”综合监管平台，实现船舶可视化、点对点监管，全年搜救成功率保持在90%以上，水上重大事故零发生。年度平安考核全省第二名、全市第一名，群众安全感排名全市第一名，平安指数排全省前列。

【“长安杯”首次花落洞头】2021年12月15日，平安中国建设表彰大会在北京召开，洞头区连

“长安杯” （区委政法委提供）

续第三次获评“平安中国建设示范县”，并捧回“长安杯”，“长安杯”首次花落温州。洞头区委书记郭云强到北京受奖并获中共中央总书记习近平会见。洞头区委、区政府坚持把平安建设作为海上花园建设的基础工程，推进区域治理体系和治理能力现代化，增强人民群众的获得感、幸福感、安全感，探索海上枫桥新经验，打造全国平安建设海岛样板。全区三分之一村社创成“三无”村、超额创成市区级善治村16个，建成智慧安防小区15个，安装雪亮工程视频监控，实现监控高清率、覆盖率、接入率三个100%。全年继续保持命案、两抢零发生，群众安全感满意度98.24%，位居全省前列。区级矛调中心建成运行，4年信访走访量下降50%以上、诉讼立案数下降12%以上。创新推出海霞调解菜单、海渔事纠纷联调“红色细胞”、巡回法庭等，引入在线矛盾纠纷（ODR）多元调解平台。首创全省第一家乡级海渔事调处中心，打造“渔小二”代办代跑，推广“船老大”调解模式，近4年矛盾纠纷调处年均成功率99%。连续16年获评省级平安区，夺全省首批一星平安金鼎，获评省级食品安全区、省级无欠薪区、省级平安渔业示范县，连续3年获评省级“无信访积案区”，创成全国无邪教创建示范区。

【省“平安区”十六连创】2021年3月30日，在全省建设平安浙江工作暨扫黑除恶专项斗争总结表彰会议上，省委、省政府对2020年度全省平安建设和扫黑除恶专项斗争先进进行表彰，洞头区连续16年获省“平安区”称号。自浙江省委作出建设“平安浙江”重大决策以来，洞头区立足海岛实际，十六年一以贯之深化“平安洞头”建设，深入实施平安贴星计划，创新推出“查隐患补短板专项行动”基层治理“五一工作法”等做法，开展平安创建“双月攻坚”、消防安全“百日攻坚”、安全生产“全领域大检查”等行动，实现“零命案”“零两抢案件”“电动车事故零亡人”“火灾事故零亡人”，成功实现省平安区“十六连创”。

【政法队伍整顿】2021年，根据中央、省、市部署，洞头区推进政法队伍教育整顿工作，开展“专题式”党史学习教育、“集中式”政治教育、“案例式”警示教育、“身边式”英模教育，选树全区政法英模10名，各类经验做法获中央、省、市级媒体采用刊发102篇，洞头打造“新时代海霞式政法铁军”做法得到省委第三驻点指导组调研肯定并纳入向中央督导组汇报内容。有序推进查纠整改，全力开展顽瘴痼疾专项整治，全覆盖开展全区干警谈心谈话、自查报告填写，处理违纪违法政法干警16人（其中党纪政纪处分6人、第一种形态处理10人）。强化重点案件评查，自评案件455件，整改率100%。深化成果转化，建立机制制度102个，全区政法系统累计推出“我为群众办实事”项目139项，解决群众难题180个。

【数字法治改革】2021年，洞头区推进数字法治改革工作。制定出台《洞头区数字法治系统建设方案》，配套完善《认罪认罚从宽制度数字化工作实施意见（试行）》等制度10多项。承接省、市多个模块项目试点，完成智慧综合服务管理平台、检察院公益诉讼平台、公益诉讼取证平台等一批本地应用开发建设。探索数据赋能海域矛盾纠纷化解多元机制，推出海域行政执法协同等平台场景应用，获省级试点项目3个，市级试点项目1个，专项补助资金200万元。在全省率先构建实施刑财执行一体化机制，拓展“电动自行车”智治系统、“百岛信”、临水临崖风险预警平台、诉源治理“一庭一码一天平”等本地特色场景应用，其中“电动自行车”智治系统获国家省市级领导调研肯定并在全市典型推广，截至年底，全区电动车交通事故数量同比下降22.5%。

【基层治理创新项目】2021年，洞头区基层治理创新项目显成效，住宅小区现代化微治理体系综合改革和创新海陆联动平安海区建设2个项目获评全市政法系统“十大优秀项目”，元觉中屿开放景区共建共治共享综合治理模式获市委原副书记陈浩调研肯定。创新推出“五个一”（一网、一库、一图、一码、一队）工作法，在全区形成132个大网格、1667个微网格的治理立体网，实现“以智管格”“以码管房”“以房管人”，网格治理经受住了疫情防控的高标准检验。

（金晴）

法治政府建设

【概况】2021年，洞头区围绕《法治政府建设实施纲要（2021—2025年）》任务目标，深入学习贯彻习近平法治思想，高质量推进法治洞头建设。召开区委依法治区委员会会议、区委法治洞头建设工作会议、全区法治政府建设推进会议和府院联席会议，制发《2021年度法治洞头（法治政府）建设工作要点》和《2021年度法治洞头（法治政府）建设考核细则》，严格执行《洞头区法治政府建设与责任落实督察工作方案》。推进综合行政执法改革，执法协定签订和监管事项认领100%。推行行政执法“三项制度”，探索推进街道（乡镇）和海洋“一支队伍管执法”，实现行政执法掌上办案率100%、统一行政处罚办案平台应用率55.8%。严格落实重大行政决策、规范性文件、重大行政合同合法性审查100%覆盖机制。全面推进行政争议实质化解工作，“双下降”成效位居全市前列。拟定“八五”普法规划草案，做优做强“小海霞”普法品牌，市级以上民主法治村创建率为74%。发挥“基层治理四平台”作用，推进社会治理方式优化、体制完善、能力提升，法治建设群众满意度全市靠前。获评2021年度法治浙江（法治政府）建设优秀单位，连续两年获法治温州建设考评优秀等次。

【习近平法治思想学习】2021年，洞头区印发《关于深入学习宣传贯彻习近平法治思想的通知》，要求抓好学习教育、抓好宣传阐释、抓好贯彻落实。区委把习近平法治思想作为区委理论学习中心组的重要内容，纳入党员领导干部学习培训的必修课，区委、区政府召开专题学习会2次，领导干部开展学习心得交流会35场，各部门依托主题党日、机关学习日等载体开展学习会48场。

【法治化营商环境】2021年，洞头区出台《关于进一步深化“工商联＋司法审判”护航民营经济健康发展的实施意见》，为72家企业执行到位资金5256.99万元。巩固“无证明区”建设成果，深化行政审批告知承诺制度，发布2021年版告知承诺事项清单127项，规范“综合查一次”压减行政检查数量56.1%，洞头国际大酒店重整、蓝色海湾公益诉讼入选《“两个健康”温州印象——典型案例》。创新建设信用智治（百家信）应用服务平台，搭建“极简办件”“海霞诚信贷”等应用子场景，全年录入及发布失信被执行人名单4283人次，提供“极简办件”服务1961次，“海霞诚信贷”用信4667户2.98亿元。

【大综合一体化改革】2021年，洞头区推进大综合一体化改革，全面完成监管事项认领26个部门9794项，实现应领事项认领率100%。温州市洞头区综合行政执法指导办公室挂牌成立，制定洞头区“大综合一体化”行政执法改革方案并组建专班，探索推进乡镇“一支队伍管执法”，执法事项划转协定签订率100%。创新“培训＋督考＋函告”模式，全年行政执法考试合格率大幅提升17%；优化行政执法案卷集中评查，评查卷宗134份，通报案件问题88条，制发执法监督通知书14份；推广行政执法监督信息系统，探索构建海上综合执法协同平台，推进执法监督效能升级。

【行政权力监督体系建设】2021年，洞头区出台《“6+1”顽瘴痼疾专项整治方案》等制度文件，开展教育整顿，完善政治监督，深入开展举报线索核查、涉黑恶案件倒查、刑事诉讼涉案财物专项治理等行动，推进重点案件自查自评，自评自查93件问题案件、问题117条，并整改到位。深化法检监督，建立公检法“三长”联席会议机制，聚焦生态环境和资源保护、食品安全、国有财产保护等重点领域共办理行政公益诉讼31件，健全司法建议、检察监督工作制度，全年收到司法建议10件、检察建议4件，答复率100%。构筑跨地域行政案件协调机制，推进异地行政争议实质化解，压实行政复议受理前受理后双调解。全年行政争议同比下降30.64%，行政争议调撤率同比上升9%，行政复议案件同比增长29.4%，复议纠错率上升30.7%，一审行政诉讼案件零败诉，“双下降”成效位居全市前列。

【行政规范性文件管理】2021年，洞头区落实重大行政决策、规范性文件、重大行政合同合法性审查100%覆盖机制，推进地方性政策规范，区政府及其办公室制发行政规范性文件13件，清理历年行政规范性文件140件，各级政府法律顾问参与行政事务230多次。

【行政复议诉讼】2021年，洞头区开展行政复议“以案治本”专项行动，实施复议前调解工作机制，全区行政复议调撤率为42.1%，行政复议纠错率为30.7%。完善行政争议全生命周期管理，联合行政诉讼异地管辖法院建立行政争议化解工作机制，行政机关出庭应诉率保持100%。全年区一审行政诉讼案件“零败诉”，“双下降”成效位居全市前列。

【基层治理法治化】2021年，洞头区建立平安海区指挥中心，推广

"霓有话说"等百姓议事载体，畅通问题沟通渠道，出台海区矛盾信访代跑制度，打造"船老大金牌调解"升级版，实现多元治理、陆海联动。深化员额法官联系街道（乡镇）工作机制，民事调撤率72.18%、民事调解率55.78%，均位列全市第一；按照"十分钟交通圈"布局累计建成"共享法庭"33个，实现街道（乡镇）全覆盖。总结提炼"345"调解工作法和"吹哨报到"调解模式，推进基层矛盾就地化解。启动"八五"普法，推进基层法治化综合改革试点，基层合法性审查"形效双覆盖"，市级以上民主法治村创建率达74%。

（叶珺）

公安

【概况】 2021年，温州市公安局洞头区分局围绕"建党百年"安保、平安"金鼎加星"核心目标，开展队伍教育整顿，抓好战疫情、防风险、保安全、护稳定各项工作，平安考核公安口同类地区第一、群众总体安全感全市第一、公安执法质量全市第一，并连续14年蝉联省优。全年无发生重大案事件。全年破获各类刑事案件110起，破获传统侵财案件27起，破案率42.1%，抓获犯罪嫌疑人31人。围绕建党百年、中共十九届六中全会等系列重大安保维稳任务，运转"一办八专班"安保维稳机制，组织开展"护航2021""钱潮"等系列专项行动，全年启动社会治安防控等级响应94天，启动安保维稳指挥情报机制78天，核查落地涉邪教线索13人次，取缔基督教非法活动1起、驱散聚集点4处，下发反恐整改通知书9期，妥善处置聚集事件6起，不稳定因素11起。推进"雪亮工程"建设，投入资金50多万元，新增人脸识别设备28台，车辆卡口22个，非机动车抓拍卡口18个。全年刊登《人民日报》、央视网、中国警察网等媒体146篇，其中国家级22篇，省级媒体29篇。短视频《岛年》获全省公安机关警营"家"文化短视频大赛二等奖。获全市公安机关平安建设工作成绩突出集体称号和抗击新冠肺炎疫情集体三等功。分局指挥中心、大门派出所被市公安系统记集体三等功，交警大队党支部获评温州市抗击新冠肺炎疫情先进集体、温州市先进基层党组织；刑侦大队被评为全市公安机关打击电信网络诈骗犯罪专项行动成绩突出集体；法制预审大队被评为全市公安机关全警实战大练兵工作成绩突出集体；东屏派出所被评为全市公安系统"枫桥式公安派出所"、社区警务工作全市第二批"枫桥式公安派出所"和全市公安机关执法规范化建设工作成绩突出集体。

【扫黑除恶】 2021年，洞头区共打处涉黑恶九类案件嫌疑人员50人，移诉涉恶势力犯罪团伙成员8人，判决13人（8人为跨年案件）。主动参加中央扫黑办督办"5·20"裸聊敲诈专案，抓获境外回流嫌疑人员13人，完成市局下达的护航2号、护航3号任务目标，护航2号、护航3号扫黑综合绩效位列同类地区第一位。

【刑事案件侦办】 2021年，洞头区公安分局共侦破各类刑事案件110起，刑拘109人。其中，本地侵财刑事案件51起，侵财对象刑拘31人，侵财对象移诉29人，两抢案件零发案，命案零发案，抓获各类逃犯25人。

【电信网络新型违法犯罪打击治理】 2021年，洞头区公安分局共破获电信网络诈骗28起，抓获犯罪嫌疑人82人，追赃返损75万元，同比分别上升233%、155%、65%。其中，打掉贩卡团伙1个、本地跑分窝点1个。重点开展专案攻坚，完成省厅比武诈骗案件侦破和3起案损50万元以上省督案件侦破工作。推进"断卡"行动，整治"两卡"违法犯罪。严格落实新办"两卡"人员事前承诺告知制度，深化涉诈"两卡"人员线索核查打击，利用大数据资源优势，开展落地核查和定点清除，堵截电诈资金通道，全年核查打击"两卡"线索47条，核查率100%，惩戒"两卡"人员110人。依托市局东风预警平台，省、部反诈平台预警信息，提升点对点的精准诈骗预警和反制能力，配套成立反诈劝阻队伍7支，全天候24小时实施线上线下预警劝阻，累计对3万余人开展精准劝阻，见面宣传劝阻6000多人，累计劝阻案件13起，劝阻金额48万余元。

（倪建新）

【侵犯公民个人信息案件侦办】 2021年7月底，洞头区公安分局网安大队发现网上出售含洞头籍公民个人信息的线索。经侦查，于8月2日至6日在江西省南昌市红谷滩区捣毁一专业从事出售公民个人信息获利的公司运营化犯罪团伙窝点，共抓获犯罪嫌疑人27名，查获公民个人信息3.9亿多条，作案手机、电脑等电子设备50多件，追缴犯罪所得362万元。10月，把27名犯罪嫌疑人移送检察院审查起诉；12月，洞头区人民法院判处5名主要犯罪嫌疑人3~5年有期徒刑；其他22名犯罪嫌疑人在审查起诉阶段。

（林维敏）

【民间金融风险处置】 2021年，洞头区持续开展打击"呈会"等涉众型经济犯罪，全年共立案侦查非法吸收公众存款案件（呈会）6起，刑事拘留6人，取保候审2人，逮捕7人，移诉8人，已被判刑7人。涉案金额7653.55万元，涉及人数420人，挽回经济损失1858.94万元。继续开展民间金融风险处置打击工作，全年共接待涉会人员2994人次，受理投诉件459件，涉及被投诉对象232人，涉及资金5047.7万元。调解826件，其中成功调解278件，签订书面协议176份，口头协议171份，涉及金额2123.7万元，追偿资金入户440多万元，分配清偿资金1320多万元。

【特大骗取出口退税案侦办】 2021年，洞头区公安分局侦办"3·17"特大骗取出口退税案件，该案涉案金额4.9亿余元，涉及税额5400多万元，追回赃款1300多万元，涉及企业30多家、犯罪嫌疑人40多人。

（吴素存）

【数字化改革省级试点】 2021年，洞头区公安分局争取"五地市户籍通办"和人员流动精密智控——关系聚类分析应用2个省级数字化改革项目落户洞头，其中人员流动精密智控——关系聚类分析应用获省公安厅优秀试点单位。自主研发"电动自行车"智治系统，包含人车关联、报废预警、在线学习考试、网格员上门教育、脱保管理、"百岛信"管理、购车黑名单和行业自律管理八大场景应用。牵头推进全区公共视频监控建设一体化改革，补盲新增视频监控、卡口抓拍、人脸识别等感知终端30个，实现辖区重点公共区域19个、重点行业视频监控82个全覆盖。

【"最多跑一次"改革】 2021年，洞头区公安分局持续擦亮海岛综合型"审批超市"品牌，实现温州、嘉兴、湖州、金华、衢州区域内户籍业务跨地市异地通受、通办35项。构建15分钟办事圈，实现离岛不出岛、家门口办成事。全年共办理各项业务20932件，容缺办理656件，节假日办理128件，办结率99.2%，"一窗通办"9729件，办结率98.71%。优化"上门+服务"服务，乘车到上海崇明岛为9名残疾人上门办证，累计行程1190千米。

【公安系统审批服务】 2021年，区公安分局办理各类审批申请30174件，App、政务网等线上收件21052件；累计上门办证、送证16件；非工作日累计办证135件，办理涉企审批415件。全年共发放居民身份证6651张，其中省外身份证397张。办理临时身份证1357张。受理中国公民普通护照28人次，内地居民往来中国香港和澳门通行证256人次，大陆居民往来中国台湾通行证2人次。

【疫情防控协查】 2021年，洞头区公安分局应对国内疫情突发形势，加强工作总结复盘，深化"公安防疫大脑"专班运作机制，落实"三队三清单"管控服务职责，配套组建流调溯源组、管控服务组、区域协查组三个专班，确定三名局领导指挥，全年落地核查新冠肺炎病毒密接、次密接2829人，区域协查9664人，从严从快查办涉疫案件2起。

【互联网监管】 2021年，洞头区公安分局借助"互联网+监管"平台，推进以"双随机、一公开"、信用监管为基础的新型监管机制。全年掌上执法开通率100%，掌上执法激活率100%，监管事项入驻率100%，开展执法检查299次，掌上执法率100%。

（王增环　叶　柯　叶礼君　许海剑）

【道路交通管理】 2021年，洞头区公安分局围绕平安洞头建设，持续推进危爆物品闭环监管，健全完善瓯洞道路交通综合治理协作机制，深入开展交通"双月双保"严管整治等系列行动，创新启用330国道大中型货车专用通行车道，统筹运用"智管+自管+严管"三位一体监管模式，破解大中型货车管理难题。实施旅游旺季及重大节假日道路交通"三色预警"机制，实行半屏交通"一体化"管理，建成旅游交管服务站，启动南塘集散中心。全年共立案交通事故49起，死亡7人，受伤62人，直接经济损失12.27万余元；简易程序处理3272起，其中轻微受伤550起，道路交通亡人事故较前三年平均数下降30%，文明交通环境明显提升。截至年底，全区机动车保有量31555辆，其中汽车25418辆、摩托车5908辆、其他车辆229辆；全年累计办理机动车上牌1178辆，其中汽车243辆、摩托车935辆，电动自行车上牌2720辆；驾驶人保有量29028人，新增驾驶人1636人。

【交通违法查处】 2021年，洞头公安分局交警大队以"一创一治"和危化品"铁拳整治""逢五"统一行动等整治行动为抓手，开展各类统一行动100多次，严厉查处无证驾驶、酒后驾驶等严重交通违法行为和摩托车、电动车超载、不戴头盔等显见性交通违法行为。全年共查处各类交通违法86968起，同比上升35%，其中现场查处42692起、非现场44276起，查处酒驾（含醉驾）364起，同比持平。

【交通安全隐患整治】 2021年，洞头公安分局交警大队紧盯事故预防"红线"，保驾护航"生命线"，通过加强源头管控、隐患排查整治、路面严管严查等措施，辖区道路交通安全形势持续平稳。全年累计排查整治各类道路交通隐患点段109处，整治率97.2%。助推霓屿街道投入70多万元增设灵霓堤坝防护栏，防止下海作业人员穿越堤坝发生交通事故，提前完成市级隐患销号。

【电动车治理】2021年，洞头区公安分局交警大队推进数字化改革，建设电动车智治应用系统，设立八大应用场景，取得“一降三升”成效。与2018年相比，2021年电动车事故下降81.82%，实现城区电动车常态守法率95%以上。群众对交通安全感满意度测评达到96.33%，位列全市第一位。电动车智治工作经验获上级领导肯定和批示。浙江政务信息专刊刊登，《人民公安报》《浙江法制报》《探路者》均报道。

【交通“共管共治”管理机制】2021年，洞头区公安分局交警发动社会力量参与交通管理，党员干部参加交通管理纳入“党员两地双评议”积分事项，组建机关党员、快递（外卖）行业自律协会、“护校队”、“警保联动”、渣土车自律协会等队伍13支，组织发动志愿者参与交通管理4000多人次。把60周岁老年人纳入“网格”管理，劝导患病驾驶群体注销驾证，赠送“共享头盔”进校园，开展校园交通守法率大比拼（PK）活动，形成“党政主导、部门联动、社会参与、企业自律”的交通管理新格局。

【交通安全宣传】2021年，洞头区公安分局交警大队结合“百万警进千万家”活动，深入辖区农村、企业、学校、工地，开展交通安全宣传和教育。全年共制作宣传单5万余份，“五进”（进社区、进农村、进学校、进家庭、进单位）宣传600多批次，教育受众4万余人次。运用新闻网站、电视台等新闻媒体曝光交通违法典型案例，发布曝光信息47期；利用微信、微博、抖音等新媒体宣传交通安全577次。全年刊发市级以上媒体报道62篇，其中国家级媒体2篇、省级媒体4篇。

（翁定福）

【海防工作】2021年，洞头区公安分局海防大队开展港口巡查136次，岙口巡查123次，码头巡查168次，临时停靠点巡查98次，查验人员876人次，查验船舶439艘次，发放各类宣传材料500多份。联合区海事处、农业农村局、交通运输局、市场监管局等部门，开展海上小型休闲船艇专项整治、反走私专项巡查、进口冷链食品专项检查等联合执法行动20多次，查处无证驾驶机动船舶案件12起，行政拘留14人。

（吴林飞）

【森林公安工作】2021年，洞头区公安森林警察大队组织开展“剑锋”系列和“昆仑2021”等打击食品、药品、生态环境、知识产权、伪劣商品及野生动物等民生领域犯罪专项行动。全年立案19起，其中刑事案件18起，移诉23人，行政处罚1人。破获“12·26”销售假冒伪劣商品案、鸿鹏汽配制造有限公司假冒注册商标案等案件。

（周灵琴）

【社会风险防控】2021年，洞头区公安分局开展涉稳风险和不安定因素排查，以传统人力+智慧科技开展全要素管控，严厉打击各类违法犯罪活动。全区无发生有较大影响的涉稳案事件。成立海霞妈妈“警群反诈联盟”，召开“全社会反诈总动员”千人誓师大会。成立“溢香警企共建”海上救援、消防救援、平安巡防等警企共建队伍5支，建设广泛紧密的警企共同体。全年建成智慧安防小区25个，其中标准型15个、基础型10个。全年出动警力985人次，完成“燃情百岛·海上花园”2021洞头烟火音乐盛宴活动、中国·洞头第十一届妈祖平安节、“辉煌百年·红动百岛”洞头区庆祝中国共产党成立100周年“七一”表彰暨大合唱比赛、“诗画海岛·锦绣大门”烟花美食音乐嘉年华、温州市第十七届运动会（青少年部）自行车赛、温州市首届沙滩风筝邀请赛等重大安保任务21项。

创建“智安校园”统建平台，28所中小学校幼儿园建设“智慧护学岗”，依托“智慧内保”平台，借助“智慧护学岗”钉钉小程序，融合教育、公安、学校保安、家长志愿者、社会志愿者等五方防控力量，搭建“力量防控、数据融合、圈层防护”的智慧化校园安全管理体系。

（庄明东　叶飞华）

检察

【概况】2021年，温州市洞头区人民检察院依法严惩各类刑事犯罪，共受理提请逮捕案件136件179人，批准逮捕89件108人。受理移送审查起诉案件296件615人，提起公诉137件203人。依法不批捕71人，不起诉118人。组织开展羁押必要性审查专项活动，变更强制措施3人。探索公开听证工作“四大检察”领域全覆盖，全年公开听证案件12件。推进认罪认罚从宽制度“可用尽用”，认罪认罚案件适用率94.5%。举办检察开放日、公开宣告等活动3场，邀

2021年10月14日，洞头、龙湾、乐清、玉环、温岭检法五地十院在温州洞头签署共建“温台海湾生态跨区域司法保护协作机制”　　（区检察院提供）

请人大代表、政协委员、人民监督员等社会各界人士参与、监督检察工作64人次。区检察院、区法院牵头联合龙湾、乐清三地法检，以公益诉讼为切入点，在全省率先建立温州海湾跨区域环境治理工作机制。10月，台州市温岭、玉环两地法检成为协作机制成员单位。

【“三大攻坚战”服务保障】 2021年，区检察院聚焦重大风险防范化解，严厉打击电信诈骗、网络赌博等经济犯罪，提起公诉15人，依法对林某等10人涉案金额4000多万元开设赌场罪快捕快诉。全年发放司法救助金11.6万元。与挂钩村居开展“村社吹哨、部门报到”活动，持续开展走访帮扶、疫情联合防控等活动。依法打击破坏环境资源犯罪，受理非法捕捞、非法采矿等案件12件27人，审查起诉7件16人，作相对不诉5件12人。办理生态环境领域公益诉讼案件21件，开展海湾保护区生态环境保护专项监督，通过监督促进生态修复。

【民营经济服务保障】 2021年，区检察院深化与区工商联日常协作机制。成立法律服务团，提供点单式服务。举办“服务保障民营经济发展”检察开放日活动。受理审查逮捕6件7人，起诉4件5人。对涉嫌犯罪的民企及负责人慎捕慎诉，依法不捕14人，不诉57人。全年办理涉案金额过亿元的涉税专案，对16家企业及17名企业负责人做依法相对不起诉，减少企业影响。

【刑事诉讼监督】 2021年，区检察院监督立案9人，监督立案案件判处有期徒刑一年以上3人，监督撤案5人。对侦查活动违法提出书面纠正7件次，发出侦查活动监督通知书10件次，提出口头纠正25件次。开展社区矫正监督、“减假暂”监督、交付执行监督等，实施刑罚执行监督18件，发出纠正违法通知书3份。召开全市首例暂予监外执行公开听证。依法办理利用影响力受贿案件，涉及正处级1人。办理涉案资金4000多万元的“3·17”涉税专案。获评全市刑事执行检察精品案例1件。

【民事行政监督】 2021年，区检察院深化虚假诉讼专项监督，提出再审检察建议1件，再审后改判5件。开展民事审判与执行活动监督82件。针对行政审判裁判结果、法律适用及行政审判程序等方面开展监督。开展行政非诉执行监督，全面审查近5年“欠薪”行政处罚及土地行政处罚案件。推进行政争议实质性化解，促成大门寨楼3位矿山企业主撤回行政起诉。获评全市民事检察精品案例1件。

【公益诉讼监督】 2021年，区检察院发挥公益诉讼检察职能，办理行政公益诉讼31件；办理民事公益诉讼4件，督促收回采矿权出让、追缴生态损害赔偿金等300多万元。开展“守护美丽河湖”专项监督活动，联合开展护河巡滩活动。延伸湾滩保护监督，办理水源地保护、医疗诊所排水等行政公益诉讼7件。开展“守护红色文化史迹”公益诉讼行动，推动革命烈士纪念馆建设。开展“安全生产领域”专项监督行动，消除烟花爆竹安全隐患。

【未成年人司法保护】 2021年，区检察院零容忍打击侵害未成年人犯罪，受理移送起诉未成年犯罪嫌疑人6人，决定起诉1人。对未成年人犯罪情节轻微并有悔罪表现的，不起诉3人，附条件不起诉2人。联合相关部门制定《关于落实未成年人社区矫正特别规定的意见》，打造“社会爱护、检察院观护、社工组织帮护、家庭监护”四位一体帮教模式，推动差异化教育矫治。落实“一号检察建议”，通过法治进校园等途径，提高未成年人自我保护意识。建立教职员工准入前科查询制度，构筑“防火墙”。提前介入某校在职教师猥亵未成年女学生案，并引导侦查取证。全年救助未成年被害人9人，发放救助金额5.3万元。开展法治进校园活动48场。一篇文章在最高人民检察院官网“未成年人检察”栏目发表，一名民警获评第三届浙江省检察机关未成年人检察业务竞赛“业务能手”。

【数字检察改革】2021年，区检察院聚焦基层应用场景创新。牵头制定《认罪认罚从宽制度数字化工作实施意见》，进一步规划共建认罪认罚可视化，通过政法一体化文件共享平台，实时查阅认罪认罚可视化记录118人。创新研发“公益诉讼智慧取证”App，相继在公共交通安全、生态环境保护、未检公益诉讼等领域中开展适用，使用智慧系统取证13次，成案率100%。推进远程庭审系统迭代升级建设，实现庭审证据展示数字化、可视化。运用“数智案管”系统实时跟进数据瑕疵核查、修正、存疑反馈，纠正数据30多件。通过浙江检察应用程序，依法保障律师执业权利，接待律师阅卷80多人次。全面深化机关内部最多跑一次改革，受理综合评价联合审查等事项2000多次，100%实现非涉密事项“网上办”“掌上办”。

【政法队伍教育整顿】2021年2月下旬开始，区检察院开展为期4个月的政法队伍教育整顿，开展自查35项，抓好顽瘴痼疾专项整治工作。通过全面自查排查筛查汇总小微问题138个，细化专项整治方案、建立问题整改清单，建章立制26个。严格执行“三个规定”报告制度，记录上报插手干预司法办案等情形83件。自觉接受纪检监察监督，支持配合驻院纪检监察组监督执纪。

（郑诗璇）

法院

【概况】2021年，温州市洞头区人民法院共受理各类案件3717件，结案3653件，同比分别上升5.63%和0.52%。院庭长办结案件1687件，占全院结案数的46.18%，其中入额院领导办结案件284件，属重大疑难复杂案件65件。员额法官人均结案183件。新收刑事案件141件，审结133件，判处罪犯190人，其中判处3年以上有期徒刑35人；新收各类民商事案件1937件，审结1940件，服判息诉率91.82%；新收行政诉讼案件187件，审结121件；新收执行案件1405件，执结1411件，执行到位金额1.36亿元。审查非诉执行案件21件，裁定准予执行13件，审查阶段促成行政相对人自动履行4件。

区法院制定发布《洞头区集体土地征收与补偿工作指引》，出台服务洞头打造高质量发展建设共同富裕示范区海岛样板司法保障意见“十力”举措，联合区工商联签署《关于进一步深化“工商联+司法审判”护航民营经济健康发展的实施意见》。建成“十分钟交通圈”共享法庭33个。在全省率先构建刑财执行政法一体化机制，联合五地“法检十院”共建温台海湾生态司法保护协作机制。自主研发并上线“洞头法院诉讼信用赋分系统”，推进不动产司法处置“一件事”改革，实现不动产查控“一次不用跑”。全年自制反电诈、行政处罚、家庭教育等主题普法短视频18期，人均开展疫情防控、法治宣传等志愿服务23小时，开设暑期法治课堂3期，获评温州市未成年人思想道德建设优秀阵地。全年化解国家级信访件3件、省级信访件1件，累计接待涉法涉诉信访群众20多人次，帮助协调解决实际问题10多个。开展上门立案、送法入企、普法宣传等50多场次。结合政法队伍教育整顿和区委巡察整改落实等自查重点案件53件，排查“减假暂”案件117件，全面整治顽瘴痼疾6类，运用第一种形态处理民警17人次，联合区纪委开展旁听庭审警示教育300多人次。

【刑事案件审判】2021年，洞头区新收刑事案件141件，审结133件，判处罪犯190人，其中判处3年以上有期徒刑35人。审结故意伤害、“两抢一盗”“黄赌毒”等犯罪案件39件59人；审结集资诈骗、非法吸收公众存款等涉众型经济犯罪案件9件9人，涉案金额1.05亿元。全市首例袭警案办案效果获副省长、省公安厅厅长批示肯定。妥善审理温州市司法局原党委书记、局长利用影响力受贿案及原浙江渔业船舶检验局温州检验处处长受贿案等职务犯罪案件4件。

【民商案件审判】2021年，洞头区新收各类民商事案件1937件，审结1940件，服判息诉率91.82%。审结所有权纠纷、人身损害赔偿等侵权纠纷案件90件；审结民间借贷、金融借款合同纠纷案件565件；审结买卖合同纠纷案件163件；审结房屋买卖等涉不动产案件25件；审结劳动争议案件13件。

【行政诉讼审判】2021年，洞头区新收行政诉讼案件187件，审结121件。深化府院良性互动，召开府院联席会议，发布行政审判白皮书。制定发布《洞头区集体土地征收与补偿工作指引》。全年向行政机关发出败诉风险预警40件。联合洞头、平阳、永嘉三地司法局建立异地行政争议双边化解机制。全年协调化解40%的行政争议，推动全区行政诉讼案件收案数同比下降46.8%，全区行政机关作为被告的行政案件败诉率为零。全年向党政机关和有关单位发出司法建议15件。

【审判案件执行】2021年，洞头区新收执行案件1405件，执结1411件，执行到位金额1.36亿元。全院审结涉企纠纷1043件，为102家企业执行到位7598.97万元。组织开展打击拒执专项行动，移送涉嫌拒执犯罪12件14人，追究刑事责任2件2人，受理拒执自诉案件1件1人。出台促进当事人自动履行助力社会诚信体系建设的实施意见，对符合条件的17家企业和211名个人暂停适用信用惩戒。推进不动产司法处置“一件事”改革，实现不动产查控“一次不用跑”。截至年底，共发起联合审查50件，拍卖成交不动产18件。

【全省海湾生态跨区域司法保护协作机制】2021年5月，洞头法院牵头联合温州市龙湾、洞头、乐清三地法院、检察院共同签订《温州海湾生态跨区域司法保护协作机制协议书》，为首个环温州湾、乐清湾的陆海联动生态司法保护机制。该协作机制重点对温州湾、乐清湾、洞头列岛、沿海地带的堤岸防护及岸线资源占用、非法围垦、非法捕捞、非法采砂、海上污染、海上非法作业等可能存在的破坏生态环境资源的现象进行联防联治。建立类案统一裁判机制，统一司法尺度与证据认定标准。突出工作平台共建、办案协作共赢、多元共治共享、办案社会效果。10月，台州市温岭、玉环两地法院、检察院签约加入成为协作机制成员单位。聘请高校、科学研究院、环保等单位，分别在生命与环境科学、海洋生态、环境资源法学、环境损害鉴定等领域专家学者，为“五地法检十院”办理环境资源案件提供智力和技术支持。

【刑财执行政法一体化机制构建】2021年5月14日，洞头法院牵头联合区公安分局、区检察院、区司法局、洞头海警站、瓯江口公安分局等部门出台《刑事判决涉财产部分执行一体化实施细则》及工作指引，在全省率先构建刑财执行政法一体化机制。截至年底，机制实施以来，嫌疑人在侦查阶段主动申报财产54件113人次，对涉案财物采取查控措施65件188人次，经督促成功退赃、退赔案件72件242人次，审后社区矫正环节督促履行131人次。

2021年5月14日，龙湾、洞头、乐清三地法检联合在洞头国际放生台举办全省首个海湾生态跨区域司法保护协作机制启动仪式　　（曾琳玉　摄）

【全市首例袭警案】2021年3月16日，区法院公开开庭审理全市首例袭警案，并当庭以袭警罪判处被告人彭某有期徒刑7个月。法院审理认为，辅警陈某某在民警带领下实施执法行为，应视同正在依法执行职务的民警。被告人彭某暴力袭击正在依法执行职务的辅警，构成袭警罪。被告人彭某曾因酒后驾驶被处罚，仍不思悔改，又酒后驾驶，且在袭警中造成被害人轻微伤的后果，予以酌情从重处罚。彭某到案后如实供述自己的犯罪行为，并自愿认罪认罚，予以从轻处罚。

【全区首例失信被执行人信用修复案例】2021年8月25日，失信被执行人张某与洞头农商银行签订化解协议。张某原是洞头某公司法定代表人，于1999年向洞头农商银行申请70万元贷款用于生产经营，后因经营不善未能如期偿还，被列入失信被执行人。得知区法院与洞头农商银行正推广自动履行“正向激励＋信用修复”机制，主动履行能够进行分期还款，并享受减免复利和罚息、停计息费、信用修复等红利政策。张某主动提出要将历时20多年的债务进行清偿。

【侵犯公民个人信息罪案件审结】2021年12月16日，区法院公开开庭审理并当庭宣判一起侵犯公民个人信息罪案件，以侵犯公民个人信息罪分别判处5名被告人有期徒刑三年，缓刑四年至有期徒刑四年二个月不等，判处罚金5万元至15万元不等，并要求各被告人共同退出全部违法所得。该团伙销售公民个人信息违法所得共计1050多万元。查获被告人张某使用的笔记本电脑和U盘内非法获取公民个人信息2.55亿余条，其中涉及侵犯洞头籍公民个人信息5人。

（林慧慧）

司法行政

【概况】2021年，温州市洞头区司法局积极履行推进全面依法治区、统筹法治政府建设、完善公共法律服务体系建设、严格规范刑事执行等职责。全面优化公共法律服务供给，基层站点法律智能机配备率为71.3%。推进市场主体法律服务全覆盖，实现商协会律所结对率100%，法律顾问配备率100%。增设微动力法律援助工作站、劳动仲裁法律援助工作站、退役军人法律援助工作站，推行法律援助申请“网上办”“指尖办”，公共法律服务深度融入基层、群众并向新业态群体拓展。全年接待来访群众5018人次，受理法律援助和法律帮助案件478件，同比增长46%，帮助受援人挽回经济损失650多万元。开展“法雨春风”社会矛盾纠纷清源和矛盾纠纷化解“解民忧”专项行动。全年受理矛盾纠纷2065件，结案率100%，涉及金额1.8亿元。贯彻实施《中华人民共和国社区矫正法》，推进“智慧矫正中心”创建，完成春节、各级“两会”、端午节等重点节庆、会议社区矫正维稳安保工作。开展“法雨春风·我为群众办实事”五大专项法律服务活动、“让群众打得起‘官司’”爱民实践活动，全年开展服务活动53场次，服务基层群众7500多人次。区司法局获评温州市民营经济示范城市创建（民营经济高质量发展）先进集体。

【司法队伍教育整顿】2021年3月至7月，区司法局按照区委和区委教育整顿办的部署，制定《洞头区司法局顽瘴痼疾整治方案》，细化阶段任务清单，推进问题查纠整改。组建教育整顿工作领导小组和综合协调、顽瘴痼疾整治、线索工作、材料宣传等4个专班工作组，制定完善规范干部管理、加强执法执纪等长效制度机制共18个。建立律师行业教育整治专项工作组，推进律师行业专项治理、社区矫正重点案件评查等专项整治行动。组织全员三轮填报个人事项自查报告表，干警填报率100%，自查问题率97.4%，自查上报问题72条。开展各类党风廉政学习教育19次，接受教育的干部职工600多人次。重点案件自查评查83件，评查查出瑕疵案件3件，瑕疵数4个，瑕疵率3.6%。接受龙湾区司法局的重点案件交叉检查，评查13个案件，查出瑕疵案件1件，瑕疵数1个。无相关涉法涉诉案件。

【法治建设“领头雁”工程】2021年，区司法局实施法治建设“领头雁”工程，压实压紧法治建设责任。印发《洞头区领导干部法治素养提升行动工作方案》，推动落实六方面重点工作15项。探索建立领导干部法治素养评价体系，从学法、考法、用法、遵纪守法、述法、法审、法宣、复议、应诉、信访等十个方面构建评价模型，确保“关键少数”法治“领飞”。全年开展法治建设第一责任人履职情况等专项督察6次，组织领导干部参加法律知识考试380多人次，各级党政机关领导班子开展集体学法536次。

【法律援助服务】2021年，区司法局创新推广“海岛律管家”法律服务模式，构建团队化、片区化法律服务保障。依托街道（乡镇）公共法律服务站，开展法律咨询、律师调解、援助代办和法治宣传工作，保障群众公共法律服务需求全覆盖。推广法律服务“智慧码”，通过前端识别、引导流转、派发办理，实现群众“扫码”下单，事项专人专办。根据老年群体、低知识群体、困难群体的需求，推行律师每周街道（乡镇）值班日、法律事务进村代跑岗、“兰小草”法律送诊上门等服务载体。全年线上线下接待来访群众5018多人次。增设微动力法律援助工作站和劳动仲裁法律援助工作站，推进法律援助向低收入、外来务工、困难群体覆盖。推行法律援助申请“网上办”“指尖办”，借助公共法律服务网络平台，引导申请人通过一体机、“浙里办”App、政务服务网2.0等渠道申请法律援助，全年受理法律援助案件220件，受理认罪认罚法律帮助233件。

【人民调解“双提升”工程】2021年，区司法局实施调解员“培优育新”和调解室“品牌引领”双提升工程，发挥“船老大”“海霞妈妈”等调解力量辐射带动作用，建立商协会、两岸同心、乡贤等品牌调解工作室5个。补充完善“以奖代补”机制，建立人民调解员薪酬待遇与等级评定相挂钩的激励机制，开展“法雨春风”社会矛盾纠纷清源和矛盾纠纷化解“解民忧”专项行动，推进基层矛盾基层解决。全年调处矛盾纠纷2065件，调处成功率100%，涉及金额1.8亿元。

【“精准矫正”体系建设】2021年，区司法局完善“精准执法”机制，推进政法一体化协同办案，实现执法案件全线网上流转，单轨制协同率100%。构建“精准监管”模式，加强智慧矫正建设，实现自助矫正终端全覆盖、信息采集全自动。打造“精准教育”家园，开展“四学一做”修心主题教育，培育社区矫正“中途义工”志愿服务和未成年人观护帮教服务社会化精品项目。提升“精准帮扶”实效，破解涉海涉渔矫正对象海上作业外出审批难题，办理外出审批33批次。

（叶珺）

军　事

国防后备力量建设

【概况】2021年，洞头区把武装工作纳入区直单位考评，形成齐抓武装工作的良好局面。洞头区人民武装部（以下简称区人武部）深入学习贯彻习近平新时代中国特色社会主义思想和习近平强军思想，贯彻落实军委国防动员部和省军区、温州军分区党委决策部署，坚持强化首位抓思想引领、核心抓“双应”能力、标准抓基础落实、制度抓教育管理、作风抓廉政建设，加快打造新时代民兵建设“重要窗口”，提升民兵队伍建设水平，军地双拥共建纽带作用突出，严格落实制度守牢安全底线。集中组织部首长机关带战备值班分队和洞头先锋女子民兵连开训动员。召开区人武部党委扩大会议部署军事工作开展工作述职。在全市党管武装工作考评中获第三名。

【全区党管武装工作会议】2021年5月20日，洞头区党管武装工作会议召开。会议学习传达军委国动部《关于深化民兵调整改革检查考评情况通报》，回顾总结党管武装工作，部署相关任务。会议为街道（乡镇）党工委（党委）书记颁发政治教导员聘书。区委书记林霞强调，做好党管武装工作，要坚持举旗铸魂，压紧压实强武兴武政治责任，切实把牢政治方向，学深悟透理论，强化制度落实。要聚焦主责主业，全力抓好国防动员各项准备，建强后备力量，抓实军事训练，做好兵员征集。要奋力争先创优，扛起打造窗口示范使命担当。女子民兵连建设要争先出彩，海上民兵建设要发挥实效，应急民兵建设要强化联动。要弘扬海霞精神，打造彰显洞头风采亮丽名片，把红色基因传承好，红色阵地整合好，红色产业发展好。要聚焦基层基础，全面夯实党管武装力量根基，大抓基层武装建设以及专武队伍打造，努力开创武装工作和国防动员工作新局面，为建设海上花园贡献更大力量。区人武部部长陈细团、国动委成员单位主要负责人、各镇（乡）党委书记、专武干部参加会议。

【民兵整组】2021年，洞头区以海上力量和应急队伍建设为重点，完成基干民兵队伍三大类（应急、专业、特殊）整组任务。在基干民兵队伍中预建基层党支部，健全民兵基层组织；按照“一队多专、一队多装、一队多用”要求，加强区民兵应急分队建设，提高应对突发事件的能力。加强应急连队伍力量编组，重点抓好区应急连、各街道（乡镇）应急排的应急民兵分队建设，购买应急器材装备，完善库室建设。大门、东屏、霓屿武装部均被评为“五星”基层人武部。结合整组点验、集中训练、比武考核等重要时机场合，组织民兵使命任务教育、形势教育、军委主席负责制教育，提高民兵思想认识水平。

【征兵工作】2021年，洞头区征兵工作做到早筹划、早宣传、早展开、早协调，筹划部署工作任务。组织基层人武部开展征兵宣传，通过传统手段及网络媒体、微信公众号平台等新方式，对广大适龄青年及其家长宣讲国家、区政府出台的征兵优惠政策。其中，北岙街道到仁济学院摆展板、发册子、及时解答学生提出的问题。组织新兵出征“状元礼”活动，在《国防报》刊发；组织“炼兵”活动，在《温州都市报》报道。按照“选好兵、无退兵、零违纪”年度征兵目标，完成征集新兵任务，获评省军区“征兵工作先进单位”。

【民兵演训】2021年1月，区人武部组织全区专武干部集中强化训练一周，组织女子民兵连赴温州警校开展军事课目封闭式强化训练。5月至8月，完成民兵干部、民兵教练员、基干民兵训练任务。8月至9月，承训7所学校学生；11月，组织海上民兵力量骨干、带船干部、船老大等人员进行为期6天的集训，提高海上动员骨干力量的基本素质。参加省、市两级民兵大比武，3人在比武中取得好成绩，并在军分区组织的实弹射击考核中取得第一名。

【民兵抗险救灾】2021年，区人武部完善抢险救灾军地协同机制、响应机制和各类预案，调整指挥编组，补充物资器材，抓实民兵应急分队抢险救灾训练，防抗台风“烟花”。组织辖区民兵参与抢险救灾、扶贫帮困、红色旅游、植树造林和卫生城市创建等活动。女子民兵连配合街道（乡镇）及村社，巡查东岙沙滩临海临崖区域，劝导疏散围观群众。全年出动民兵多次参与人员转移、设施加固、道路清障等任务。

国防教育

【概况】2021年，洞头区开展丰富活动提升国防教育质效。开展国防教育专题“百岛讲坛”。发挥洞头先锋女子民兵连纪念馆国防教育基地优势，女民兵指导游客等开展升旗、花枪、拳术等课目强化训练，组织“军营开放日”活动10期，累计接待游客20多万人次，讲解1632批次，带训2万余人次。公布“八一光荣榜”，创办展示“军人荣誉墙”，宣扬洞头籍优秀军人。开展国防教育日进机关、学校、群众等国防教育活动。

【国防教育宣传活动】2021年9月，全国第二十一个全民国防教育日和浙江省第十个国防教育宣传周，洞头区开展国防知识展板巡展、征兵传单发放、国防教育授课等活动，联合区教育局在全区中小学开展“我心中的强军梦”主题征文比赛，共征集文章200多篇，评选优秀作品90篇。

【百岛讲坛国防教育专题】2021年10月13日，洞头区百岛讲坛国防教育专题在洞头教师教育院四楼报告厅举行，邀请温州市委常委、温州军分区司令员进行《习近平强军思想及内涵解读》专题授课。讲座以翔实的案例、详细的数据，从党在新时代的强军目标、新时代军事战略方针、新时代政治建军方略和练兵备战、改革强军、科技强军、人才强军、依法治军等八个方面解读。围绕习近平强军思想蕴含的科学立场与观点方法，提出“勇于担当、服务政治、问题导向、居安思危、求真务实、昂扬精神”等七点工作启示，为全面系统掌握习近平强军思想，深刻领悟强国梦、强军梦的精神内涵，拓展思维视野，提供实践参考。区领导林霞、叶海峰、吴志安等100多人参加。

【首期国防教育研学实践营活动】2021年10月28日至29日，洞头区半屏山学生综合实践学校联合海霞中学举办首期国防教育研学实践营活动，海霞中学240多名师生参加。参训学生按照教官要求，训练仪容仪表、队列动作、“军体拳”，并开展队列展示、军体拳、军歌嘹唱等汇报表演。活动旨在促使学生弘扬海霞精神、培育红色基因、根植家国情怀，通过实践育人赋能促进教育教学质量提升。

武警工作

【概况】2021年，武警温州支队洞头中队围绕新时代强军目标，贯彻落实《军队基层建设纲要》精神，以练兵备战为中心，打牢训练实战化标准，提高完成抢险救灾等各项任务能力。联合北岙街道上新社区和退役军人事务局多次开展军民共建活动。协助公安特警展开联警武装巡逻。中队6人获嘉奖。

【思想政治工作】2021年，武警温州支队洞头中队开展“传承红色基因，担当强军重任”主题教育、“建党100周年”主题教育、“兵哥说党史”、“五不一有”及读书成才活动。在总队“一队一品”文化节目竞赛获第一名。

【军事训练】2021年，武警温州支队洞头中队严格落实习近平主席题词精神，大抓实战化军事训练，建立军事训练量化评比制度，把军事训练成绩作为个人成长进步“硬条件”。中队在支队组织的勤训轮换和群众性练兵比武活动中均排名第二。

（康祥辉）

洞头先锋女子民兵连建设

【概况】2021年，洞头区制定《洞头先锋女子民兵连五年建设规划》。举办“海霞精神”对话“红船精神”“大别山精神”等主题活动，撰写《读懂海霞精神》，海霞精神正式纳入浙江精神谱系。持续扩充红色海霞阵地，创新海霞基地办学模式，开发六大类100多项培训课程，承办各类培训班160多期。组织观看影片《守岛人》《长津湖》《我和我的祖国》，邀请“老海霞”讲连史，开展“缅怀革命先烈 弘扬爱国精神”等活动。参加“百龙庆百年”市龙舟文化活动、市“五四”青年节主题团日活动、市“百千万巾帼大宣讲”活动、市青年理论宣讲大赛暨微型党课大赛、区微党课比赛等。全年发展预备党员3名，预备党员转正2名。与浙江省射击射箭自行车运动管理中心、温州金属行业协会2家党组织达成结对共建合作。女子民兵连组织开展国防教育进校园活动，承接温州市内8所学校军训任务，参与学生4136人次。海霞培训中心训练160班次，培训人数6172人次。连队获评“全国巾帼文明岗”“全区县域社会治理突出贡献集体”，洞头先锋女子民兵连党支部获全国先进基层党组织称号，洞头先锋女子民兵连纪念馆获评全国党史学习教育基地、全国妇女爱国主义教育基地，海霞营地入选浙江省习近平新时代中国特色社会主义思想研究中心首批调研基地。

2021年10月，“读懂浙江红色精神谱系”丛书出版　（谢海燕 摄）

【洞头先锋女子民兵连五年建设规划】 2021年4月12日，为把洞头先锋女子民兵连全面打造成为新时代民兵基层建设“重要窗口”，洞头区制定《洞头先锋女子民兵连五年建设规划（2021—2025年）》。规划明确主要任务是在弘扬传统、铸魂育人中提升忠诚力，在履行使命、练兵备战中提升战斗力，在建强阵地、强化保障中提升创新力，在编强组织、建强堡垒中提升凝聚力，在优化队伍、厚实人才中提升新活力，在服务社会、融合发展中提升感召力，在典型引领、培育特色中提升影响力，在产业培育、服务经济中提升竞争力。规划分为健全领导、完善机制，建强队伍、夯实基础，全面推进、塑造品牌，固化成果、展示窗口等实施步骤，目标是着力把女子民兵连打造成为一支“忠诚忠魂、精干精锐、能战胜战、为民惠民”的过硬连队，一支“战时应战、急时应急、平时服务”的先锋队伍，一支“实体化、常态化、窗口化”的模范单位，全面扛起打造新时代民兵基层建设“重要窗口”的重任。

【海霞精神被纳入浙江红色精神谱系】 2021年，“爱岛尚武、励志奉献”的海霞精神被纳入浙江红色精神谱系。海霞精神是洞头先锋女子民兵连一代代海霞女民兵在发展和实践中形成的，凝聚着毛泽东、邓小平、习近平等几代党和国家领导人对洞头先锋女子民兵连的殷切期望，蕴含着以汪月霞为代表的几代海岛女民兵的奉献和传承。连队事迹被写成长篇小说《海岛女民兵》、拍成电影《海霞》、载入《当代中国》丛书。获评原总参总政“全国民兵预备役部队基层工作先进单位”，先后6次被全国妇联和省妇联评为“三八红旗集体”，11次获评军委总部、原南京军区和省军区“基层民兵工作先进单位”，2次荣获集体一等功。洞头先锋女子民兵连纪念馆获评国家国防教育示范基地、全国爱国主义教育示范基地、国家红色旅游经典景区、全国党史学习教育基地、全国妇女爱国主义教育基地、浙江省干部党性教育基地，入选“水乡抗战·红色浙江”精品线路。2021年6月，洞头先锋女子民兵连党支部获评全国先进基层党组织。洞头区深挖海霞红色资源，全域铺开“当代海霞精神大讨论”，打造海霞红色精品课程，举办“海霞精神”对话“红船精神”“大别山精神”双城直播访谈活动，推出海霞红色研学精品线路3条，《读“懂”海霞精神》出版发行。

【队伍建设】 2021年，洞头区召开书记、区长专题武装工作现场办公会议，研究明确女子民兵连职能定位、提高普通女民兵薪酬待遇、落实新招录事业人员挂职锻炼规定、做好普通女民兵出路保障、完善女民兵福利优待政策、调整女子民兵连党支部隶属、女民兵招录等事宜。落实发放海霞民兵证、“海霞民兵之家”光荣牌，拓展技能培训菜单，落实子女优先入学、绿色就医通道、工会福利保障、创业就业补贴等福利优待政策。

【军事训练】2021年，洞头先锋女子民兵连掀起“新理念、新技术、新知识”大培训大学习行动，连队干部骨干100%达到“四会教练员”标准、40%以上达到“优秀四会教练员”标准，训练课目整体达到优良水平。选派4名女民兵参加温州军分区组织的民兵教练员比武，取得优异成绩。按要求科学制定训练计划，坚持考训结合，抓短板抓弱项，巩固射击、捕俘刀、捕俘拳等传统课目，学习升旗、拳术、防身术、班队列、花枪等全新课目，先后在温州警校、海霞营地组织开展强化训练，集训时间超3个月。组织参与无人机驾驶培训，推动连队信息化水平持续升级。

【海霞精神弘扬】2021年，洞头先锋女子民兵连组织参与“党的女儿 永远跟党走”全国妇女爱国主义教育基地示范活动、省军区庆祝中国共产党成立100周年文艺演出、省青少年庆祝中国共产党成立100周年主题团日活动、“海霞精神”对话“红船精神”双城访谈活动、“海霞精神”对话“大别山精神”温州六安两地青少年共上一堂思政课活动。参与《中国文艺》向经典致敬、《国家记忆》《党的女儿》《她的一天》《海霞九号》《百家发布追寻奋斗百年路》及《海防女民兵之海霞之歌》等节目专题拍摄报道；主动拍摄老连队的故事、入党宣誓接力、擦亮胸前党徽、敬礼五星红旗等系列微视频。

【女民兵志愿服务】2021年，女子民兵连坚持发扬拥军优属光荣传统，与火箭军部队开展“迎佳节、暖海岛、军民情、一家亲”拥军优属迎新春活动，为驻岛部队包饺子、送温暖；参与全市消防系统组织的“党史学习教育汇报会”活动。开展“我为群众办实事”实践活动，为群众排忧解难，组织“腊八系百姓，热粥暖人心”主题活动，分发腊八粥近1000份。开展“3·5”学雷锋志愿服务活动，联合区妇联开展老民兵慰问活动。

【“海霞精神”对话“红船精神”】2021年5月24日，温州洞头、嘉兴南湖“海霞精神”对话“红船精神”双城直播访谈活动举行。地点分别安排在洞头先锋女子民兵连纪念馆和嘉兴南湖革命纪念馆。两地嘉宾通过直播连线，围绕“守好红色根脉·解读红色密码”这一主题，分“忆历史”“话交融”“谈传承”三大篇章展开对话，共同探究“海霞精神”与"红船精神"之间相通的基因和精神密码。超20万人次在线观看。活动由中共温州市洞头区委、中共温州市委网信办主办，中共洞头区委宣传部（网信办）、中共嘉兴市南湖区委宣传部、温州日报报业集团温州新闻网、嘉兴日报报业传媒集团读嘉运营中心联合承办。

【“海霞精神”对话“大别山精神”】2021年6月19日，“海霞精神”对话“大别山精神”温州与六安两地青少年共上一堂思政课活动于洞头和六安同步举行。双城课堂分别安排在洞头先锋女子民兵连纪念馆和大别山革命纪念馆。活动现场，两地80名青少年学生代表及双城广大青少年线上线下一同聆听“海霞”与“大别山”的革命故事，深入学“四史”精神，传承红色初心。实时直播在线收看23万人次。活动由中共温州市洞头区委、中共温州市委网信办指导，中共温州市洞头区委宣传部（网信办）、温州日报报业集团、皖西日报社、中共六安市金安区委宣传部主办，温州新闻网、六安新闻网、掌上六安承办。

【获评全国先进基层党组织】2021年6月28日，全国“两优一先”表彰大会在北京召开，洞头先锋女子民兵连党支部获全国先进基层党组织称号，党支部书记、洞头先锋女子民兵连指导员杨燕辉到北京领奖并受到国家领导人接见。洞头先锋女子民兵连党支部接力传承“海霞精神”，围绕习近平主席贺信开展入队宣誓、观看电影《海霞》、听老连长讲作为新兵“入连队第一件事”，激励一批又一批渔家姑娘成长为爱党、爱国、爱民、爱武、爱连的“五爱”女民兵，铸

2021年6月28日，洞头先锋女子民兵连党支部被中共中央评为全国先进基层党组织
（洞头先锋女子民兵连提供）

就“爱岛尚武、励志奉献”的“海霞精神”。每年开展不少于3个月的集中训练。近十年来，先后36次参加应急救援、海上演练、重大比武活动，有30多人次在上级组织的练兵比武中摘金夺银，41%的官兵获急救护理、消防救生、摩托艇和船员等职业技能等级证书。在抗击新冠肺炎疫情中，主动请缨，先后进入50多个村居社区宣传摸排、劝导引导，每天持续工作16小时以上，为温州地区打赢疫情防控战做出重要贡献。

（郑德须）

人民防空

【概况】2021年，温州市洞头区人民防空办公室（以下简称区人防办）落实《洞头区人民防空工程管理办法》《洞头区人民防空工程建设使用与产权登记实施细则》。出台人防工程产权制度改革方案，全面开展人防易地建设费专项督查，加强人防工程平时维护管理，推进人防宣传纵深发展，组织开展“5·12”防灾减灾日和“9·18”全民国防教育日宣传活动，利用两处闲置防空坑道，融合海霞精神，打造为海霞人防培训基地和人防宣教基地，《中国人民防空杂志》《中国国防报》和浙江在线等多家媒体报道。获评2020年度全市人民防空工作先进单位。

【人防工程监管及审批】2021年，区人防办组织洞头区新增人防结建工程通过竣工验收，推进在建人防工程。按照“最多跑一次”要求，人防窗口18个审批事项均纳入“最多跑一次”目录，事项名称、事项编码等要素均与省办下发指导目录保持一致。依托“一张网”，深化互联互通，通过浙江政务服务网进行网上预审，压缩审批时限，提高审批效能。通过上门代办服务，提高审批服务效能和审批满意度。

【易地建设费自查】2021年，洞头区开展人防工程结建申报和人防易地建设费自查工作，依法收取人防易地建设费，按规定完成收取2020年人防易地建设费，上缴省人防办。送达人防易地建设费追缴通知书2份。

【人防应急防护能力提升】2021年，区人防办开展人防工程巡检，并委托专业机构进行全面检测，加强防空地下室维护管理工作，确保防空地下室“平时好用，战时管用”。全年开展巡检80多次，发出整改通知书2份，联合区综合执法局开展现场执法，对破坏人防工程墙体行为进行立案处罚。完善防空警报管理，加强人防疏散体系建设，建立全区综合应急疏散场所、应急救援物资储备库管理制度，规范日常管理。加强警报器管理，对全区防灾警报器进行全面检查，对存在问题的及时做好维修工作，确保重要防灾、防空警报试鸣活动鸣响率100%。规范建设人防指挥体系，落实人防指挥部平时组织开展人防战备工作的职责，建立报告制度、会议制度、演练与培训制度等工作机制。组织开展“5·12”防灾减灾日应急疏散安全演练活动，全区11家单位200多名机关干部职工参加演练。发动全区幼儿园、中小学等开展逃生避灾演习活动。

【洞头人防宣教基地对外开放】2021年5月，区人防办按照“大力推进人防建设平战结合”要求，打造洞头区人防教育培训基地和宣教基地。宣教基地内设置“榜样力量”“红色影院”“共和国领袖与人防”等区域，展示防灾避灾知识、洞头历史等人防科普和红色元素。7月15日，洞头人防宣教基地对外开放。

【推进民兵整组点验】2021年，温州率先开展人防专业队伍与民兵专业力量统一编兵整组国家试点建设，洞头区借鉴基干民兵训练经验，创新开展人防专业队伍训练，把浙江海霞军旅基地、海霞军事主题公园选为训练基地，组织人防专业队伍在民兵训练基地开展集中训练，邀请海霞女子民兵连女民兵参加训练活动。

【人防宣传教育】2021年，区人防办围绕“3·1”国际民防日、“5·12”防灾减灾日和“9·18”全民国防教育日等重要节点，开展人民防空宣传教育活动，利用线上媒体宣传与线下实体活动相结合的方式，通过中小学生参观人防指挥所、机关主题党日进人防坑道、校园演练、主题宣传展览等组织人民防控宣传教育。截至年底，上报人防信息累计48条，其中国家级采用5条、省级采用18条、市级采用31条。

（胡汶宇）

退役军人事务服务

【概况】2021年，温州市洞头区退役军人事务局（以下简称区退役军人事务局）编制《洞头区退役军人事业发展“十四五”规划》，建立区、街、村三级法律服务模式，法律服务工作站实现街道（乡镇）全覆盖。创成国家和省级退役军人服务站45个。成立退役军人就业创业孵化基地和网络电商实训基地，举办退役军人招聘会、培训会等活动。开展困难退役军人走访关爱活动，推出医疗康养、公积金建缴等优待服务项目。与驻岛部队签订互提需求、互办实事“双向清单”，全年互办实事121件。“荣军联盟”吸纳单位100家。

【双拥工作】2021年，区退役军人事务局与部队签订互提需求、互办实事“双向清单”，全年办理解决部队饮用水问题等实事75件；部队承担地方抗台防汛、疫情防控、应急抢险等各类急难险重任务，办理实事46件。吸纳企业、金融机构、个体商户等100多家单位加入“荣军联盟”，在新城社区打造“拥军商圈”，提供通信话费优惠、高额低息贷款、商品服务折扣等优惠。组织开展“万朵鲜花送雷锋”千里行活动，到山东、上海、江苏等地走访慰问解放洞头牺牲烈士遗属、早期驻洞头军官子女等23人。开展“清明祭英烈”“烈士纪念日”等纪念活动，举办“庆八一”双拥文艺晚会，选树表彰“最美退役军人”“最美拥军人物”等先进典型13人。

【阵地建设】 2021年，区退役军人事务局推进基层服务站点建设，创成国家级“示范型退役军人服务站”、省级“新时代枫桥式退役军人服务站”共45个，打造“一站一品”特色站点。推行街道（乡镇）退役军人服务站“轮值站长”制度，成立“百岛老兵”志愿者联盟，定期开展退役军人和其他优抚对象走访慰问、关爱服务。建立区、街、村三级法律服务模式，与街道（乡镇）司法所签订法律服务备忘录，成立街道（乡镇）法律服务工作站。

【就业创业指导帮扶】 2021年，区退役军人事务局与南塘“众创空间”军创企业合作，成立退役军人就业创业孵化基地3家和网络电商实训基地1家，提供场地资金补助、“拥军贷”等优惠。邀请12家企业加盟温州市“永不落幕”线上招聘活动，举办乡村巡回“微招聘”“情暖七月”专场招聘会等活动，为退役军人提供优质就业岗位。举办退役军人就业培训12场，提供无人机驾驶等高精尖培训项目。帮助退役军人实现就业，联合区人才公司合作开发公益性岗位7个。

2021年11月4日，洞头区在南洋国际会议厅举行荣军联盟“双拥商圈”签约仪式
（区退役军人局提供）

【困难群体关爱救助】 2021年，区退役军人事务局开展“建党百年共同富裕关爱行”活动，发动社会组织、爱心企业开展走访帮扶。成立洞头首家退役军人康养基地，在全省率先为低保低边和60周岁以上退役军人提供免费体检。推出退役军人公积金建缴优惠项目，退役军人最高可贷50万元，享受机关事业单位干部职工待遇。化解退役军人诉求问题3起。

【“多元帮扶”体系构建】 2021年，洞头区成立退役军人就业创业孵化基地3家和网络电商实训基地1家，新增退役军人担任就业创业导师，举办军创企业代表座谈会2场，培育孵化退役军人创业团队3支；构建“线上+线下”联动的就业创业帮扶体系，邀请企业加盟温州市“永不落幕”线上招聘活动12家，举办乡村巡回微招聘、“情暖七月”退役军人专场招聘会、就业创业精准帮扶洽谈等活动。全年组织退役军人专家培训12场，共为退役军人提供岗位1000多个，帮助退役军人实现就业。

【“最美退役军人”系列评选活动】 2021年6月25日，区退役军人事务局联合区委宣传部、区人武部开展洞头区“最美退役军人”系列评选活动。通过组织发动、宣传报道、推荐审核、发布公告、巡回报告、学习实践等步骤。采用属地择优推荐、区级综合审定等办法，最终评出最美退役军人9人、最美拥军人物4人、最美军嫂1人、优秀退役军人服务站站长7人、先进退役军人服务站6家、最美拥军社会组织4家、最美拥军企业6家。

（叶明磊）

农业　水利

农业

【概况】2021年，洞头区制定《洞头区全面深化农村“三位一体”综合合作改革实施方案》《洞头区农村乱占耕地建房问题专项整治三年行动方案》《洞头区重点工程征（占）用农村集体土地特殊类型政策处理实施细则》。组织开展“五四竞赛”现场观摩活动、山海“五彩”工程和农村人居环境提升观摩比拼。开展乡村振兴五星级示范村创建评定，推进乡村振兴五星示范村创建和乡村振兴项目库建设。持续推进农业绿色发展示范创建，实施“肥药两制”改革试点工作，开展农产品质量追溯体系提升建设。全年农业产值2574万元，增长17.8%。完成粮食播种面积约761.67公顷（11425.1亩），同比减少0.36%；总产量2692.9吨，同比增长5.7%。全区村集体经济总收入1.58亿元，同比增长12.98%，实现村集体经济总收入25万元/年以上和经营性收入20万元/年以上村全覆盖。新增区级渔农业龙头企业1家（浙江码头哥食品股份有限公司）。

【粮食生产】2021年，洞头区粮食作物播种面积762公顷，同比下降0.26%；粮食作物中谷物播种面积48公顷，下降21.48%，番薯播种面积389公顷，增长6.33%，马铃薯播种面积191公顷，增长10.81%。

【农经管理】2021年7月，温州市洞头区农业农村局完成财务审计村级集体经济36个村居。完成村级工程专项审计6个村。推进省农村集体经济数字管理系统应用工作，实现财务模块上线村社覆盖率100%。加强农村集体“三资”日常监督管理，协同推进“清廉村居”建设工作。开展年度家庭农场申报和监测工作。盘活农房147幢，涉及面积31144.39平方米。

【农业机械】2021年，区农业农村局通过组织驾驶员学习有关法律法规知识，在平安农机示范乡镇、村居设立固定安全宣传窗，在交通繁忙地段和公路两旁悬挂宣传横幅、张贴宣传标语等，全年开展安全学习活动2次，悬挂宣传横幅4条，发放宣传资料200多份，发送农民信箱信息100多条。组织开展农机安全专项整治活动，联合交警出动开展检查16次，检查人数60人次，检查车辆12辆次，扣留违规上路拖拉机4台，强制报废4台。全区未发生农机事故，农机事故四项指标同比下降100%，纯农田拖拉机年度检验率为100%。全年发放中央农机购置补贴资金1.22万元，受益农户14户，补贴机具14台，主要以微型耕作机械为主。

（林　培）

【农村“三位一体”综合合作改革实施】2021年12月17日，为系统提升、全域拓展农村“三位一体”综合合作改革实效，根据温州市农村合作综合改革经验推广要求，在规范提升合作组织，培育壮大合作主体，改造优化合作体系，打造海岛合作样板，建立完善的生产合作、供销合作、信用合作“三位一体”的农村合作经济体系，区改革办、区农业农村局、区供销合作社联合制定《洞头区全面深化农村“三位一体”综合合作改革实施方案》。主要工作任务与举措包括打造“三位一体”产业园工程，在提升海岛样板体系化上做示范，加快“三位一体”现代产业园和示范乡镇建设，加大海岛特色“三位一体”改革理论研究；推进合作组织规范化工程，在提升功能一体化上做示范，规范提升农合联组织，完善农合联服务功能；推进合作主体培育壮大工程，在提升经营组织化水平上做示范，培育示范性农业经营主体，培育示范性基层供销合作组织；全面推进合作体系改造工程，在提升服务现代化上做示范，提升现代农业社会化服务体系，改造提升农产品现代流通服务体系，改造提升农村现代金融服务体系，改造提升数字化服务体系。目标是到2023年底，全域结合洞头海岛特色，全面深化“三位一体”改革，按照“打造一个‘三位一体’海岛改革样板、完善一套为农服务机制、开展一系列为农服务活动、建成N个为农服务示范点”目标要求，形成独具海岛特色、窗口效应、示范作用的洞头“三位一体”改革标志性成果。

【重点工程征（占）用农村集体土地特殊类型政策处理细则实施】 2021年7月29日，根据《温州市市区征收农民集体所有土地管理办法》（温政7号令），为进一步规范全区重点工程建设中征（占）用农村集体所有土地政策处理工作行为，洞头区重点工程建设总指挥部制定《洞头区重点工程征（占）用农村集体土地特殊类型政策处理实施细则》。该细则规定各建设单位在征地遇到地类性质认定有异议情况时，由街道（乡镇）提供证据，区重点办牵头会同建设单位、区财政局、区自然资源规划分局及所在街道（乡镇）调查确认补偿；各建设单位在管道工程、线性绿化工程等特殊用地工程施工时，对农村集体土地的用地补偿可以参照正式征地标准给予补偿；项目所在地乡镇街道要做好政策处理资料的整理和保管工作。细则自发布之日起开始执行。

【农业绿色发展示范创建】 2021年，洞头区根据《浙江省农业厅关于印发浙江省农业绿色发展试点先行区三年行动计划（2018—2020）的通知》及区创建省级农业绿色发展先行区的总体要求，完成绿色项目验收2个，落实补助资金417万元；在建项目4个。

【“肥药两制”改革试点】 2021年，洞头区根据省、市考核工作要求，组织开展区“肥药两制”主体培育培训工作，各街道（乡镇）及局机关40多人参加培训。深入农业绿色项目及“肥药两制”主体，督促并指导绿色项目实施和“肥药两制”工作开展，走访“肥药两制”主体30家，签订主体“肥药两制”承诺书。省级“肥药两制”主体录入7家、市级23家。完成种植业主体“肥药两制”创建3家，生态渔场省级健康示范场创建3家，培育工作2家。开展畜牧业主体“两化”创建工作1家。

【农产品质量追溯体系提升建设】 2021年，温州市洞头区农业农村局完成农产品例行检测400个批次（其中水产品180个批次、畜产品20个批次，果蔬类200个批次），其中监督抽检200个批次，不合格2个，合格率99%。市级送检例行检测26批次、不合格1批次，合格率96.15%；市级监督抽检28批次，不合格1批次，合格率96.43%；省级例行监测54个批次，其中不合格1个批次，合格率98.15%；开展蔬菜常规快速检测4082批次，其中不合格7个批次，合格率为99.83%；全区未发生重大农产品质量安全事故。全年实施农业主体食用农产品合格证制度14家，主体浙农码赋码量3690个，规模主体覆盖率100%。

乡村振兴战略实施

【概况】 2021年，洞头区制定《洞头区未来乡村建设实施方案》《洞头区2021年乡村振兴五星级示范村创建工作实施方案》。组织开展“村社擂台·五四竞赛”比拼活动，建设未来乡村3个，提升乡村振兴示范带10条，创建五星级示范村3个。实施“两进两回”行动，引导科技进乡村、资金进乡村，吸引社会资本45亿元。乡村旅游经营性收入2.1亿元，村集体经营性收入8500万元、增幅18%，村集体经济总收入连续5年增幅超25%，农村居民人均可支配收入增长9%，城乡收入比达1.6 ∶ 1。全区乡村振兴总投资16亿元。6月，洞头区乡村振兴局挂牌成立。

【洞头区未来乡村建设实施方案】 2021年7月21日，为深入实施乡村振兴战略，更好地实现从美丽生态到美丽经济、美丽生活的精彩蝶变，推进共同富裕示范建设，根据《关于开展未来乡村建设的实施意见》（温委办发〔2021〕11号）精神，区委办、区府办制定《洞头区未来乡村建设实施方案》。建设内容以打造“五化十场景”为主要内容，开展“美丽经济、生态宜居、文化风貌、‘四治融合’、幸福生活”一体化建设，发展美丽经济，提升生态宜居，注重文化风貌，致力“四治融合”，实现幸福生活。规划布局以“9+1”（“9”为北岙街道海霞小镇、北岙街道古渔村、北岙街道梦幻海湾、大门镇蓝色乡愁、大门镇临港星光、东屏街道半屏同心、东屏街道东岙湾区、元觉街道浪漫港湾和霓屿街道紫菜新田园9个村域型未来乡村，“1”为鹿西乡全辖区镇域型未来乡村）格局形式推

2021年1月，海霞村获评浙江省美丽宜居示范村　（区融媒体中心提供）

进未来乡村建设。至2021年底，建成北岙街道古渔村、东屏街道半屏同心、东岙湾区3个村域型未来乡村；2022年底，建成大门镇临港星光村域型未来乡村和鹿西乡镇域型未来乡村；2023年底，建成大门镇蓝色乡愁、霓屿街道紫菜新田园2个村域型未来乡村；2024年底，建成北岙街道海霞小镇、元觉浪漫港湾2个村域型未来乡村；2025年，建成北岙街道梦幻海湾村域型未来乡村。

【乡村振兴五星级示范村创建评定】 2021年3月26日，区委、区政府按照“产业兴旺、生态宜居、乡风文明、治理有效、生活富裕”总要求，推进示范带（村）项目、节点建设、人居环境、村庄治理以及宣传发动等工作，评定2020年度乡村振兴五星级示范村创建结果。五星级示范村为霓屿街道下社村、鹿西乡鹿西村、东屏街道东岙顶片区、北岙街道海霞村、北岙街道隔头白迭片区、大门镇仁前途村、东屏街道寮顶村。单项奖最具人气奖为元觉街道花岗沙角片区，最具潜力奖为元觉街道小北岙村，最佳拼搏奖为东屏街道半屏社区，最佳风尚奖为大门镇大荆村。

【乡村振兴五星级示范村创建】 2021年7月2日，为深入贯彻实施乡村振兴战略，高水平建设海上花园，进一步发挥乡村振兴示范村典型带动作用，洞头区实施海岛振兴战略领导小组制定《洞头区2021年乡村振兴五星级示范村创建工作实施方案》，推进具备较好的创建基础、具有浓厚的创建氛围、具有明确的建设项目的村居乡村振兴五星级示范村创建，根据建设理念、发展方向、产业打造、配套项目、资金拼盘等，打造5个乡村振兴五星级示范村，为全区着力推进共同富裕，打造乡村振兴海岛样板提供典型现实样板和模式。获得由洞头区委、区政府授予的“乡村振五星级示范村”荣誉称号，并获资金奖励。截至年底，通过乡村振兴五星级示范创建村现场竞选会，培育洞头片区、沙角村等11个五星级示范创建村。其中，东屏蓝港社区洞头片、半屏社区、元觉沙角村获评2021年度乡村振兴五星级示范村。

【洞头区未来乡村建设】 2021年，洞头区制定《洞头区未来乡村建设实施方案》，推进项目建设66个，投资2.16亿元。打造北岙“古渔村”、东屏“半屏同心”、“东岙湾区”未来乡村试点村3个。其中，东屏“半屏同心”未来乡村创成市级未来乡村试点，产业模式入选全市未来乡村建设十大典型案例。

【乡村振兴示范带项目建设】 2021年，洞头区续建1条示范带，完成项目投资1.64亿元，投资完成率118.55%；提升7条示范带，建成标识标牌19个，提升标志性产业类项目13个，进行商业类合作开发14个。

农业执法

【概况】 2021年，洞头区农业农村局开展农资打假、农业投入品监督抽检、农产品质量安全、动物卫生监督和畜禽无害化处理等行动。开展绿剑集中执法行动3次，累计出动执法人员517人次，检查生产经营主体347个次。完成农业生产投入品抽样50个，查处各类一般程序违法案件24起、简易案件6起，共计罚没款2.1万元。回收处置农药包装废弃物0.65吨，超额完成省、市下达任务，完成率138.3%。累计处理养殖环节病死猪295头，协助无害化处置扑杀流浪犬1885头。完成农产品例行检测400个批次，其中水产品180个批次、畜产品20个批次、果蔬类200个批次，监督抽检200个批次，合格率99%。市级送检例行检测26批次、合格率96.15 %；市级监督抽检28批次，合格率96.43%；省级例行监测54个批次，合格率98.15%；开展蔬菜常规快速检测4082批次，合格率为99.83%。全区未发生重大农产品质量安全事故。

【农村乱占耕地建房问题专项整治三年行动】 2021年1月15日，按照党中央、国务院和省委、省政府，市委、市政府部署要求，根据《农村乱占耕地建房专项整治行动部际协调机制办公室关于印发农村乱占耕地建房问题摸排工作方案的通知》《中共浙江省委办公厅 浙江省人民政府关于印发浙江省农村乱占耕地建房问题专项整治三年行动方案》，区委办、区府办制定《洞头区农村乱占耕地建房问题专项整治三年行动方案》。工作任务是全面精准摸排，开展专项整治，合理疏导保障。分为摸排调研阶段、集中处置阶段、重点整治阶段、长效监管阶段。对未能及时整改到位的问题实行挂账监督，明确责任主体、处置措施、处置时限，督促整改到位，限期销号。力争经过三年专项整治，建立全区农村乱占耕地建房问题工作台账；依法依规、分步分类开展问题处置，力争农村乱占耕地建房存量问题清零。

【专项执法行动】2021 年，区农业农村局组织开展食品安全“利剑”系列专项执法和违法违规调运生猪百日攻坚等行动。监督抽样生产经营主体农产品安全工作 42 家，完成畜产品抽样 15 批次，蔬菜、水果产品抽样 138 批次。

【农机安全监管】2021 年，区农业农村部门联合交警部门推进变拖整治。累计开展联合上路检查 16 次，扣留违规上路拖拉机 4 台，强制报废 4 台。

（林 培 朱明义）

农村扶贫

【概况】2021 年，洞头区通过浙江省低收入农户帮促数字化应用幸福清单板块和“洞头区共同富裕小康码”，整合 21 个成员单位政府补助数据。其中，省级补助数据集成 24 项，区级补助数据集成 10 项，掌握低收入农户政府补助金额 2204.04 万元，人均补助金额 11350 元。完成年度增收及消除农村年家庭人均收入 9000 元以下现象。

【结对帮扶】2021 年，洞头区认定低收入农户人数从 2039 人减少为 1924 人，全年“脱低”51 户 115 人，全区低收入农户最低保障标准 886 元 / 人 · 年。持续落实“一户一策一干部”帮扶机制，结对干部每月一走访、一更新、一统计，实时掌握、汇总农户诉求和困难，协助解决实际困难。全年结对干部累计走访 6237 次。

【政策帮促增收】2021 年，洞头区稳定帮扶政策，确保“两不愁三保障”问题即时清零。全年发放教育相关补助资金 53.46 万元，受益农户 300 人；全面落实医疗救助政策，在城乡基本医疗保险、大病保险的基础上，为低收入农户投保“益康宝”补充保险，补助金额 36.7 万元，受益农户 2039 人。

（朱晓卉）

美丽乡村建设

【概况】2021 年，洞头区入选全省首批美丽乡村标杆县（后命名变更为新时代美丽乡村示范县）创建，并率先在全市通过省级验收。创成美丽乡村特色精品村 3 个，新时代美丽乡村达标村 21 个，高标准农村生活垃圾分类示范村 1 个，省级示范性农村公厕 1 个，省级星级农村公厕 4 个。连续 4 年获评省新时代美丽乡村优胜区。

【洞头区花园村庄人居环境督考办法试行】2021 年 7 月 20 日，为进一步优化提升花园村庄农村人居环境，督促指导村居完善强化长效管理，实现公共卫生保洁好、生活垃圾分类好、绿化美化养护好、基础设施维护好、公共服务运行好的目标，洞头区实施海岛振兴战略领导小组办公室制定《洞头区花园村庄人居环境督考办法（试行）》。督考对象为全区所有行政村和部分社区。主要督查考核村社环境卫生、农村生活垃圾分类、公共绿化、公共设施、美丽田园和长效管理管护机制等内容的落实和完成情况。督考工作由区农业农村局牵头负责，由区委组织部、区精神文明建设指导中心、区综合执法局组成督考小组共同参与。实行每月督查、每季考核、年终评档。督考评选主要内容包含督考小组常规检查、其他各界监督、评选比拼。根据督考小组现场检查和市“两最三比”情况，每月通报考评及“双最”评比结果，每季度通报所有村社考核排名情况。全年 6 个街道（乡镇）65 个行政村参加评选。其中，霓屿街道获评第一季度市级最干净乡镇，鹿西乡获评第二季度市级最干净乡镇。区级评选两最村居，全年共评选考核优秀村居 35 个次，考核进步村居 20 个次，下发奖励资金 235 万元。

【获评新时代美丽乡村示范县】2021 年 12 月 25 日，浙江省“千村示范、万村整治”工作协调小组办公室公布 2021 年度全省深化“千万工程”建设新时代美丽乡村（农村人居环境提升）工作优胜县（市、区）名单，全省 6 个县（市、区）入选，洞头区名列其中。洞头区深化“千万工程”，综合开发“渔、港、景、涂、能”资源，因地制宜推进美丽乡村建设，创建优化人居环境，打造全省新时代美丽乡村标杆县，对照《浙江省新时代美丽乡村标杆县评价办法》开展相关创建活动，率先成为 11 个第一批获评省级新时代美丽乡村示范县之一。

先后获国家海洋生态文明建设示范区、国家生态保护与建设示范区、“绿水青山就是金山银山”实践创新基地等20多张国字号金名片。持续开展“宜居最美庭院”和“人居环境最干净、最脏村”等“十大最脏”系列评选曝光行动。

【农村环境整治】2021年，洞头区推进新时代美丽乡村建设，提升人居环境，发动全社会共同参与渔村环境“微植入、微改造”活动。重点围绕渔村主干道、村民服务中心、休闲广场等人流核心区，保留渔村原有肌理与海岛风貌，挖掘潜在文化资源，全域覆盖、点面结合、推进“微植入、微改造”行动，投入资金543万元，祛疤添彩节点230个，其中包括精品改造点21个，实现渔村从美化环境向精建精美升级。开展人居环境专项督查，督促村居环境持续提升，霓屿街道获评市最干净街道荣誉。新建公厕12座。

【寮顶村获评美丽乡村特色精品村】2021年12月25日，浙江省“千村示范、万村整治”工作协调小组办公室公布2021年度浙江省美丽乡村特色精品村名单，全省335个村入选，洞头区东屏街道寮顶村获评浙江省美丽乡村特色精品村。寮顶村紧抓新时代村社组织“健康运行十条”，找准民族村庄高质量发展新赛道，践行“三回、三心、三园”发展思路，以发展“绿色生态、红色军旅、多彩民族”的美丽经济为基，打好“回族文化、回忆军旅、回报桑梓”三张特色牌，努力打造少数民族特色村寨样板，走出了一条助力乡村振兴的路子。

【石子岙村获评美丽乡村特色精品村】2021年12月25日，浙江省“千村示范、万村整治”工作协调小组办公室公布2021年度浙江省美丽乡村特色精品村名单，全省335个村入选，霓屿街道石子岙村获评浙江省美丽乡村特色精品村。石子岙村优化环境，持续推进“花园村庄”提升行动。利用林地流转、近海海域和滩涂对外出租、投资强村公司等举措，年底经营性收入36万余元。

【鹿西村获评美丽乡村特色精品村】2021年12月25日，浙江省“千村示范、万村整治”工作协调小组办公室公布2021年度浙江省美丽乡村特色精品村名单，全省335个村入选，鹿西乡鹿西村获评浙江省美丽乡村特色精品村。鹿西村推进无蚊村建设，开展渔业配套设施改善工程、入村口景观提升、卖相堂登山道路建设、外山头片区宜居配套公园等各项基础设施建设。落地大黄鱼岛养殖企业2家，解决就业劳动力300多人，人均年收入达8.5万元。2020年，鹿西入岛游客达12万人，旅游综合配套收入达3000多万元。村集体经营性收入102万元。

（叶海函）

2021年12月，寮顶村获评浙江省美丽乡村特色精品村　（区农业农村局提供）

畜牧业

【概况】2021年，洞头区牧业产值1885万元，同比增长9.2%。鼓励引进发展农牧结合、文牧结合等适度规模畜禽养殖，完成牧场改造提升建设、重大动物疫病防控等各项工作。走访指导养殖户30多户，协助指导养殖场改善养殖环境、改进养殖技术、加强疫病防控管理。开展非洲猪瘟和新冠肺炎防控工作。做好疫情期间畜牧业补助工作，共计发放养殖补助10.34万元。

【畜牧生产】截至2021年底，全区有生猪养殖场1家，生猪年出栏数0.41万头，期末存栏数0.19万头，猪肉产量334吨；蛋鸡养殖场（户）10个，年出栏数4万羽，期末存栏数1.6万羽，鸡蛋产量198吨；肉鸡养殖场（户）7个，肉鸡年出栏数1.8万羽，期末存栏数1万羽，鸡肉产量22吨；蛋鸭养殖场2个，年出栏1.5万羽，期末存栏1.55万羽，鸭蛋产量196吨。

【动物防疫】2021年，洞头区完成春季、秋季2次动物疫苗集中免疫和夏季、冬季动物疫苗补免工作。做好动物疫病防控应急储备、线上演练工作。开展乡村兽医、防疫人员、农户专业技术培训1次。落实养殖场非洲猪瘟和新冠肺炎疫情常态化防控工作。完成疫情期间畜牧业助企补助工作，共计发放养殖补助10.34万元。完成省、市各项动物流行病学监测工作。

【陈丹凤获评省百名最美巾帼新农人】2021年1月14日，浙江省妇联、省农业农村厅联合公布“浙江省百名最美巾帼新农人名单”，洞头霓屿绿波家庭农场负责人陈丹凤入选。陈丹凤，女，1981年9月出生，洞头区政协常委、洞头区妇联兼职副主席、洞头区百岛特色渔农产业协会会长。她在洞头海岛从事土鸡养殖11年，坚持走可持续发展的农业之路，运用生态循环技术实现生态种养结合，坚定目标走绿色健康的农业生产之路，得到省、市相关部门和区主管部门的肯定。她的养殖基地先后被列为“浙江省现代农业科技示范基地”“2015年省级现代生态循环农业示范主体”和“省级示范性家庭农场”。

（余泓源）

水利

【概况】2021年，洞头区制定《洞头区水安全保障“十四五”规划》《洞头区水资源节约保护与开发利用规划》《洞头区陆域引调水工程项目建议书》，开展可研报告编制及勘察设计和涉海前期专项报告的编制工作。确定龙湾段、瓯江口段和海上路由工程实施方案。大门产业基地应急引水工程完工，已完成投资1.56亿元。海塘安澜千亿工程完成“一县一方案”报批，实现投资8100万元，改造海塘11.57千米。南塘湾创成省级美丽河湖，北岙街道被评为年度温州市“水美乡镇”。温州市洞头区海塘安澜千亿工程工作协调小组成立。截至年底，洞头区建有小（2）型水库6座及重点山塘18座，总库容277万立方米。建有大小河道（沟）66条57.5千米，排涝水闸15座，其中中型水闸1座，排涝泵站3座，基本满足各片区排涝需求。建有20年一遇以上标准海塘8处15.52千米，城南片、杨文片和新城区等重要片区基本达到50年一遇防洪标准。

【洞头区水安全保障“十四五”规划】2021年9月8日，区府办印发《温州市洞头区水安全保障“十四五”规划》，实施内容包含完善防洪排涝御潮体系，建设高标准的防洪保安网，实施平原排涝工程、海塘安澜工程；构建水资源保障体系，打造高保障的水资源配置网，实施水源联网联调工程、农村饮用水水质提升工程；构建水生态保障体系，建设高品质的幸福河湖网，实施河湖生态修复工程、幸福河湖工程，打造高品质水文化，开展水生态空间划定与保护；构建智慧管理体系，建设高效能的智慧水利网，完善水利基础信息透彻感知体系，探索推进水利工程智能化改造，开展智慧水利信息平台建设；构建治水管水体系，建设高水平的水利监管网，改革创新水市场，探索水务一体化改革，深化水利建设投融资体制改革，探索利用市场机制加强洪水风险管理，深化水利工程建设体制改革，推进水利工程管理“三化”改革，健全水利监管体系，加强水利科技创新。目标是到2025年，构建“平安、健康、富民、和谐”的现代化“洞头水网”。基本实现人民群众饮水放心、用水便捷、亲水宜居、洪旱无虞，基本建成与新时代高质量发展相适应的水安全保障体系。至2035年，建成与洞头经济社会高质量发展和生态文明建设要求相适应、全市领先的水旱灾害防御、水资源保障、水生态保护、智慧水利和涉水事务监管五大体系，建成“洞头水网”。

【水利设施建设】2021年，洞头区水利工程投资2.4亿元，完成洞头区主城区海塘生态提升工程、洞头区大门镇农村饮用水水质及供水能力提升工程、洞头区大门配水管网工程、洞头区大门镇黄岙片区（河道、水闸、田园道路）台毁应急重建工程、洞头相思岙水土治理工程。洞头区陆域引调水工程、蓝色海湾生态示范项目灵霓大堤霓屿侧破堤通海工程、洞头区大门镇黄岙片区排涝工程、洞头小门岛石化产业基地市政配套工程——防洪排涝工程等建设按计划有序推进。完成大门镇黄岙片区（河道、水闸、田园道路）台毁应急重建工程，洞头新城二期河道护岸工程和洞头环岛西片围涂工程竣工验收。

【新城二期河道护岸工程竣工】2021年7月30日，洞头区新城二期河道护岸工程通过竣工验收。该工程于2014年9月15日开工建设，完成新城区二期围区内河道（海景河、海滨河、新西河、大朴溪）建设，主要解决新城一期、二期防洪排涝问题，工程概算31214.68万元。工程由洞头城市发展有限公司实施建设，中船第九设计研究院工程有限公司设计，浙江省第一水电建设集团股份有限公司施工，中水淮河规划设计研究有限公司监理。

【环岛西片围涂工程竣工】2021年7月30日，洞头区环岛西片围涂工程通过竣工验收。该工程于2013年3月10日开工建设，建设任务是围涂造地，增加陆域土地面

2021年洞头区重要水域名录（河道、水库、饮用水水源保护区）一览表

表9

序号	名称	流域/水	地形地貌	水域面积（平方千米）	主要功能	备注
1	海滨河	独流入海小水系	滨海岛屿	0.3526	行洪排涝	县级河道
2	南塘河			0.1786	行洪排涝	县级河道
3	围垦内河			0.2307	行洪排涝	乡级河道
4	围垦内湖			0.1713	行洪排涝	乡级河道
5	长坑水库			61.6	防洪、供水	小（2）型
6	南山水库			17.7	供水	小（2）型
7	枫树坑水库			57.4	供水	小（2）型
8	龙潭坑水库			47.3	防洪、供水	小（2）型
9	风门水库			17.5	防洪、供水	小（2）型
10	杨梅田水库			13.2	供水、灌溉	小（2）型

（区农业农村局提供）

积，近期用作水产养殖。工程为Ⅲ等工程，主要建筑物海堤、水闸等为3级建筑物，次要建筑物引水渠道为4级建筑物，临时建筑物施工道路为5级建筑物，工程围涂面积229.33公顷（3440亩），工程概算57069.42万元。工程由洞头水利发展有限公司实施建设，浙江广川工程咨询有限公司设计，浙江省第一水电建设集团股份有限公司施工，浙江广川工程项目管理有限公司监理。

【陆域引调水工程一期初步设计编制】 2021年，根据《浙江省水安全保障“十四五”规划》《温州市水安全保障“十四五”规划》，洞头区陆域引调水工程纳入规划，总投资约7.2亿元。其中陆域引调水工程一期包括温州至洞头陆域引供水第二通道工程洞头段（管线）及鹿西乡引供水工程（管线+鹿西加压泵站）。核定工程总概算为4.2亿元，输水管道长28.9千米，其中温州至洞头陆域引供水第二通道工程洞头段线路总长19.661千米，管径为直径1000毫米，鹿西乡引供水工程线路总长8.243千米，管径为直径300毫米。

【洞头区南塘湾创成省级美丽河湖】 2021年12月30日，省水利厅、省美丽浙江建设领导小组河长制办公室发文公布全省2021年度“美丽河湖”评选结果，全省共127条（个）河湖获评省级“美丽河湖”，洞头区南塘湾名列其中。根据《浙江省美丽河湖建设验收管理办法及评价标准》，洞头区南塘湾经区级自评、市级验收、省级复核和公示，最终入选浙江省省级美丽河湖。洞头区南塘湾位于南塘围垦区，南塘湾提升工程于2018年9月开工建设，2021年8月完工，工程投资约3900万元，廊亭264平方米。

【北岙街道获评温州市“水美乡镇”】 2021年10月20日，根据《温州市“水美乡镇”建设评价指南（试行）》，经专家组实地核查和评审，洞头区北岙街道获评温州市“水美乡镇”。北岙街道实施截污控污、水系连通、清淤疏浚、岸坡整治等工程建设，加强河湖生态保护修复。因地制宜建设滨水绿道，设置亲水便民、休憩健身、景观小品、水文化展示点，建成一条安全流畅、水清景美、人水和谐、可赏可游的家乡河风情线。此外，通过组织河湖观光、农家体验、体育健身等活动，吸引游客，带动河流沿线历史文化街区、古村落、美丽乡村等旅游开发。新城二期河道景观打造“民俗文化健身主题、海洋动物主题、民俗文化活动主题、生态科普主题、樱花主题、帆海主题”等主题景观节点，把海洋文化、渔民文化与美丽河湖有机融合。南塘湾河道沿岸设有临时廊道、休闲座椅、观景平台等景观文化小品等。

南塘湾河　　（区农业农村局）

水政管理

【概况】2021年，洞头区启动洞头水文化“一带一馆一镇”项目建设，大门节水小镇完成工程量60%，区水文化馆启动招标，编制海塘（围垦）文化示范带方案。完成生产建设项目水土保持方案审批及备案登记25件，水土保持设施验收报备6件，取水许可审批6件，及时对接税务机关有关水土保持补偿费信息，督促建设单位及时缴纳。按时上报2021年度水土保持目标责任制考核成果。利用“世界水日”与“中国水周”，在长坑水库等地开展饮水思源宣传。委托第三方机构协助开展水土保持监督检查34次。完成全区农田灌溉水有效利用系数测算分析工作，灌溉水有效利用系数为0.6062。全区农村供水水质合格率96%以上。

【洞头职教中心获评国家级水效领跑者公共机构】2021年8月16日，国家机关事务管理局、国家发展改革委、水利部联合发布“公共机构水效领跑者（2021—2023年）”名单，全国168家机构入选，洞头职教中心名列其中，为温州市唯一一家入选机构。该校建立健全节水管理制度，每年制定节水工作实施方案，明确节水目标，细化落实各项节能管理和改造工作。加强能源资源管理制度的建设，规范日常节能管理和操作规程，制定系列用能设施操作规程和规章制度。学生宿舍生活热水改造为全部由空气能热水机组供应。把开水器内的隔夜开水和师生的茶叶水进行回收，用于校园保洁或是绿化灌溉；利用校区地形高差，集蓄雨水用于绿化浇灌；为节约水源，提高效率，在草坪上安装高效节水灌溉喷头。学校涉水设备全部采用节水器具，并对办公大楼、宿舍、食堂进行分级分区安装计量水表。全校节水型器具普及率达到100%，一级计量率达到100%，二级计量率达到98.85%。通过公共机构能源资源消费统计软件登记并及时上报用水量，科学做好用水量分析，及时发现异常用水情况并处置。

【节水新细胞培育】2021年12月22日，为深入实施国家节水行动，加快推进全省节水“六大工程”建设，根据《浙江省水利厅等七部门关于开展节水标杆引领行动的通知》（浙水资〔2020〕15号）和《浙江省水利厅等12部门关于印发〈浙江省节水行动2021年度实施计划〉的通知》（浙节水办〔2021〕6号）要求，省水利厅、省经信厅、省教育厅、省建设厅、省文化和旅游厅、省机关事务局、省节水办组织开展2021年度重点用水领域节水标杆引领行动，遴选出469个具备引领示范和典型带动效应的节水标杆单位，温州市洞头区第二中学创成省级节水标杆校园，金海湾家园、海悦城嘉园创成省级节水标杆小区，温州中石油燃料沥青有限责任公司创成省级节水标杆企业。“浙江省节水标杆单位”称号自发布之日起有效期为3年。

【洞头区治水重点任务专项督查】2021年，区政府督查室就全区治水重点任务落实情况开展专项督查。督办任务31项，完成25项，终（中）止督办3项，逾期3项。逾期事项有布袋岙片区污水进厂处理水量、水质监测比对和埭口河“橡胶坝”泵站正常运维及东沙、双垄等污水提升泵站移交、运维。

（郭敏）

海洋与渔业

概述

【概况】2021 年，洞头区渔业产量 18.5 万吨，同比增长 6.14%，实现渔业产值 19.27 亿元，同比增长 14.73%。其中：捕捞产量 13.38 万吨，捕捞产值 9.37 亿元。实现养殖产量 3.41 万吨，产值 8.44 亿元。全区有渔业船舶 1264 艘，其中，捕捞渔船 430 艘，总功率 48899.78 千瓦，养殖船 758 艘。全区养殖面积约 3673.33 公顷（5.51 万亩），渔业从业人员 7874 人。作业类型包括拖网、张网、刺网、灯围和沿岸小作业等，作业海域主要集中在温台渔场和洞头近岸区域。洞头国家级海洋牧场通过验收，获评紫菜和生态大黄鱼国字号金名片，"渔小二"审批改革被列入"一本账"S0 并在全国复制推广，率先实现渔民异地办证。承担全国渔船证书、船员证书两项电子证照试点，参与国务院渔业捕捞许可证电子证照标准制定。

【渔船电子交易平台"丰收海商通"】2021 年，洞头区依托 2018 年"海上宽带"项目成果，在全省率先成功研发渔船电子交易平台"丰收海商通"海上电商支付结算平台。该平台是浙江省首个在太平洋海域通过卫星宽带完成渔获物全程交易的信息平台，截至年底，交易金额累计超 5.6 亿元。

【数智渔业平台建立】2021 年 9 月 17 日，洞头区完成数智渔业应用招投标工作，项目中标金额 846.59 万元，中标单位是中国电信温州分公司。协同农业农村、交通、气象、金融机构等 14 个部门，以"两菜一鱼"为切入点，构建 1 个数据仓、1 张智管图、海区慧管、养殖慧服、质量慧知、产销慧接等 4 个应用场景体系、N 个场景应用的"1+1+4+N"渔业产业架构体系。通过数字化渔场养殖、全要素一图展示、精细化监管服务、闭环式流通管理，加快数字赋能渔业全产业链，促进渔业增效、渔村增富、渔民增收。

【"渔小二"审批改革被列入"一本账"S0】2021 年 8 月 27 日，洞头区"渔小二"审批改革被列入"一本账"S0。洞头区于 2020 年完成浙江省省级渔业行政许可改革试点工作，渔民只需线下跑一地一次就能办成事，部分事项实现"零次跑"，提交办事材料减少近 60%，年办事费用支出减少近 30 万元。全省全面推广复制洞头经验建设"渔小二"系统，除舟山外均上线运用。浙江省农业农村厅把"渔小二"系统建设列入"浙江一打三整治"工作考核加分项。

【渔业增殖放流实施】2021 年，洞头区投入资金 215 万元，在洞头南策岛周边海域、护城河、水库等区域投放日本对虾、黑鲷、大黄鱼等各类海水苗种 11761.296 万尾。其中，日本对虾 10164.6 万尾、黑鲷 288.99 万尾、大黄鱼 169.38 万尾，曼氏无针乌贼 1071.33 万粒，斑鲦 31.786 万尾，梭鱼 25.07 万尾，鲻鱼 10.14 万尾。

【渔业服务】2021 年，温州市洞头区农业农村局落实完成 2020 年度涉渔资金产业政策资金兑现 260.95 万元，完成 2019 年度渔业油价补贴发放工作，共补贴海洋捕捞船只数 228 艘，补贴金额 1920.66 万元。

（郭计超）

海水养殖

【概况】 2021年，洞头区海水养殖总面积3673公顷（5.51万亩），比上年增加1258.8亩，同比增长2.34%。海水养殖总产量34128.8吨，比上年增加63.7吨，同比增长0.19%。实现养殖产量3.41万吨，产值8.44亿元。其中：全区紫菜养殖面积2066.67公顷（3.1万亩），产值3.75亿元；羊栖菜养殖面积993.33公顷（1.49万亩），产值1.45亿元；大黄鱼养殖面积95.8公顷（1437亩），产量1500.8吨，产值1.71亿元。在养品种13个，主要是浅海、滩涂、围塘养殖，其中紫菜、羊栖菜养殖面积约占海水养殖总面积的83%。形成以羊栖菜、紫菜、黄鱼养殖为主体，以浅海其他品种、滩涂贝类等为补充的生产格局。

【洞头区养殖海区（含滩涂）终止养殖补偿方案】 2021年7月30日，为进一步规范全区养殖海区（含滩涂）终止养殖补偿政策处理工作，洞头区重点工程建设总指挥部印发《洞头区养殖海区（含滩涂）终止养殖补偿方案》。补偿对象为因省、市、区重点工程建设原因，已与各街道（乡镇）农发公司签订养殖租赁协议，并录入洞头区养殖海区一张图管理系统，需要依法提前终止的养殖户。补偿标准包含折旧后的工具补偿费标准，苗种、人工及投入品、一次性生产收益标准，养殖辅助船只回收补偿标准，定置网业补偿标准，紫菜育苗室、苗用沉淀池、紫菜棚补偿标准等。补偿程序按照签订的养殖海区租赁协议约定，经现场调查复核公示无异议后，签订回收补偿协议，经洞头区重点工程建设总指挥部审核后予以补偿。方案自发布之日起执行。原签订的仍按原协议执行。

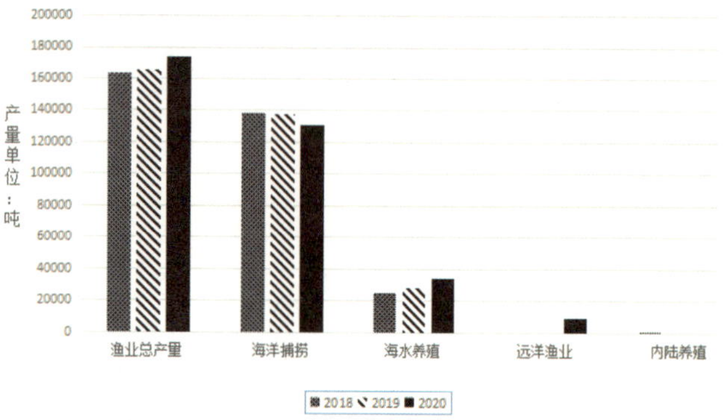

图5 2019—2021年洞头区水产品总量对比图

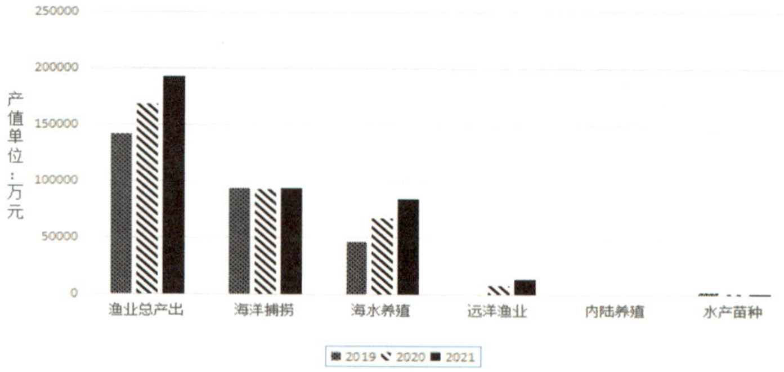

图6 2019—2021年洞头区渔业总产出对比图

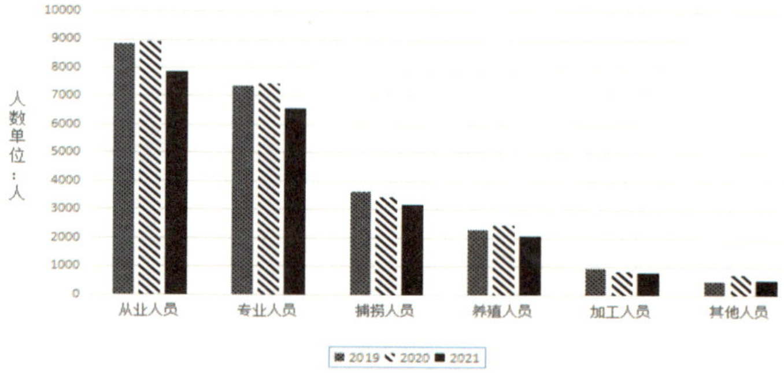

图7 2019—2021年洞头区渔业劳动力结构变动情况图

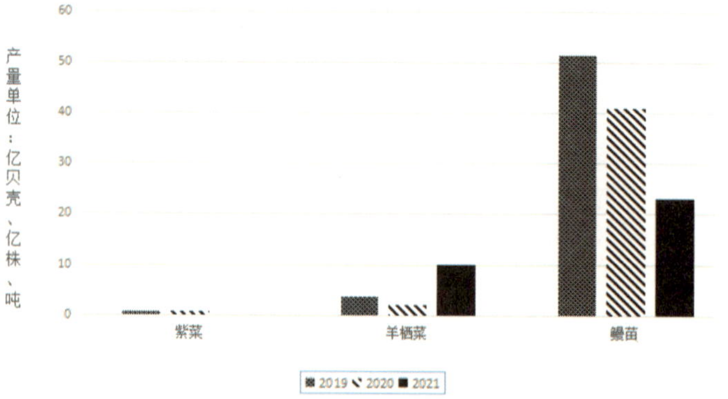

图8 2019—2021年洞头区苗种生产对比图

2020—2021年洞头区海洋捕捞产量结构情况表

表10 单位：吨

内容			2020年	2021年	同比趋势
一、海洋捕捞总产量	合计		131265.21	133837.18	1.96%↑
	1.鱼类	小计	121395.87	124700.47	2.72%↑
		海鳗	2415.7	2788.1	15.42%↑
		鳓鱼	917.6	1106.9	20.63%↑
		鳀鱼	15659.62	14564.2	7%↓
		远东拟沙丁鱼	7983.5	4505	43.57%↓
		鲱鱼	0	0	0
		石斑鱼	0	0	0
		鲷	51	61	19.61%↑
		蓝圆鲹	569	380	33.22%↓
		白姑鱼	194	5918	2950.51%↑
		黄姑鱼	265	277	4.53%↑
		鮸鱼	29	1094	3672.41%↑
		大黄鱼	49.2	0	0↓
		小黄鱼	1370.8	1073.9	21.66%↓
		梅鱼	3145.4	3511.32	11.63%↑
		方头鱼	0	0	0
		带鱼	12582.2	11776.62	6.4%↓
		金线鱼	53	52	1.89%↓
		梭鱼	55	69	25.45%↑
		鲐鱼	4021	5056.4	25.75%↑
		鲳鱼	5059.5	4842.1	4.3%↓
		马面鱼	2618.8	1298.7	50.41%↓
		马鲛鱼	8167.55	5766.12	29.4%↓
		鲻鱼	120	118	1.67%↓
		龙头鱼	8976.75	8159.91	9.1%↓
		金枪鱼	0	0	0
		竹荚鱼	2782	200	92.81%↓
	2.虾类	小计	1577.9	1990.92	26.17%↑
		毛虾	435.5	386.3	11.3%↓
		对虾	726.4	494.2	31.97%↓
		鹰爪虾	79.25	124.85	57.54%↑
		虾姑	181.75	653.52	259.57%↑
	3.蟹类	小计	1368.2	1557.02	13.8%↑
		梭子蟹	743.8	920.02	23.69%↑
		青蟹	58.4	9	84.59%↓
	4.贝类		159.6	0	0%↓
	5.头足类	小计	5787.54	5537.77	4.32%↓
		乌贼	1919.36	2360.71	22.99%↑
		鱿鱼	3584.93	2918.26	18.6%↓
		章鱼	217.25	247.8	14.06%↑
	6.其他		976.1	51	94.78%↓

续表10

内容		2020年	2021年	同比趋势
二、海洋捕捞分作业产量	合计	131265.21	133837.18	1.96%↑
	1.拖网	101292.69	100782.8	0.5%↓
	2.围网	420	635	51.19 %↑
	3.刺网	13491.12	16314.58	20.93%↑
	4.张网	15821.7	16009.8	1.19%↑
	5.其他	239.7	95	60.37%↓

（区农业农村局提供）

【鹿港抗风浪深水网箱大黄鱼离岸养殖项目完成验收】2021年11月，鹿港抗风浪深水网箱大黄鱼离岸养殖项目完成验收。该项目位于洞头区鹿西乡鹿西岛西北侧海域，以抗风浪深水网箱建设为主，总支出1181.4万元。项目根据海域各项指标要求，筛选合适养殖区域并进行科学规划，测算大黄鱼养殖规格的筛选和养殖容量，科学合理利用养殖海域，针对当地水文特点对引进网箱进行改造和优化、增强透放性和稳定性。通过安装智能监控设备，对养殖区域进行水质监测和水下监视，及时了解水下养殖动态并建立一套科学的《大黄鱼抗风浪深水网箱大黄鱼离岸养殖技术规程》。该项目旨在改善海洋生态环境，发展生态型渔业和海洋经济鱼类资源恢复，通过集约化、环保型渔业发展，尤其是科学投饵、减少养殖对环境的自身污染，保持海域水质的优质化和清洁度，改善海洋水环境质量。项目责任单位是区农业农村局，实施单位是温州鹿港海洋渔业有限公司。

【蟹公寓养殖模式推广】2021年，全区建有蟹公寓7家，其中霓屿3家，大门3家，元觉1家。青蟹传统池塘散养和水泥池遮盖养殖均造成较高比例的死伤损耗。“蟹公寓”实现了立体养殖，养殖设备为货架式排列，为每一只青蟹提供单独养殖盒，与传统模式相比，避免相互攻击和残杀，提升培育成活率，可有效抵御台风、暴雨等天然灾害，并根据摄食情况增减饲料，生长速度比传统模式快，且培育红膏蟹和软壳蟹更具优势。蟹公寓养殖模式具有成本低、操作易、产量高、资源省、养殖水质可控、病害可控、成活率高等优点，是一种高效、高产、集约化的工厂化养殖模式，根据市场需求，一年四季都能供应水产品。截至年底，全区养殖面积达1.73公顷（26亩），产量26吨，产值7.9万元。

【获评中国紫菜之乡】2021年2月5日，中国渔业协会授予洞头区“中国紫菜之乡”称号。洞头紫菜产业基础雄厚，经济和社会效益显著。洞头紫菜养殖已有40多年历史，截至年底，养殖面积2066.67公顷，产量3471吨，年产值约3.75亿元，从事养殖劳动力近5000人，拥有多家紫菜养殖与加工的品牌企业，“洞头紫菜”获批国家地理标

2021年2月，温州市洞头区获评中国紫菜之乡　（区农业农村局提供）

志保护产品，洞头紫菜现代产业园（一期）是浙江省特色农产品优势区。洞头紫菜品质优良，驰名中外，在紫菜市场营销、文化挖掘、精深加工、园区建设、模式示范、生产管理等方面具有独特的优势。

【获评中国生态大黄鱼之乡】2021年2月5日，中国渔业协会授予洞头区“中国生态大黄鱼之乡”称号。洞头海域生态环境优良，天然饵料丰富，历史是上大黄鱼天然产卵场，生态大黄鱼养殖优势明显。截至年底，洞头生态大黄鱼养殖面积95.8公顷，产量1500.8吨，产值1.71亿元，生态大黄鱼主产区鹿西乡村民人均可支配收入2.45万元，就业人数500多人。

水产品流通加工

【概况】2021年，洞头区有水产品加工企业13家，主要从事藻类加工和鱼类综合加工，水产品加工能力13985吨/年，水产加工品总量4820吨。水产冷库16座，冻结能力1520吨/日，冷藏能力5231吨/次，制冰能力555吨/日。全区有休闲渔业运行主体15个，从业人员155人，休闲渔船25艘，全年共接待游客9.52万人，实现经营收入1403.16万元。

【鸿海水产冷藏保险设施建设】2021年7月，鸿海水产冷藏保险设施开工建设。该项目位于北岙街道城西路483号，建设内容包含办公楼1幢，多层水产品加工和冷藏库1幢，购置制冷系统的自动控制螺杆机组2套及低压循环桶、制冷自动门、蒸发式冷凝器等配套设施，最终建成库存8000吨的-25℃冷藏库3间，一次性速冻50吨的-45℃速冻室2间。项目责任单位是区农业农村局。

【紫菜、羊栖菜深加工产品开发】2021年，洞头区多家食品加工企业注重羊栖菜、紫菜开发，推出拌饭海苔、米裹海苔、羊栖菜饮料等特色产品，改变渔农产品精深加工能力不足、羊栖菜国内产品缺乏、依赖出口的现状。

（郭计超）

2020—2021年洞头区海水养殖面积产量结构情况表

表11

内容				2020年	2021年	同比趋势
海水养殖分品种产量、产值、面积	合计		吨	34065.1	34128.8	0.19%↑
			万元	66791.45	84355.7	26.3%↑
			亩	53849.5	55108.3	2.34%↑
	鱼类	小计	吨	4627	2675	42.19%↓
			万元	13594.58	21697.6	59.6%↑
			亩	2440	1808	25.9%↓
		鲈鱼	吨	1270.81	268.2	78.9%↓
			万元	1211.09	1868	54.24%↑
			亩	234	72	69.23%↓
		石斑鱼	吨	0	0	0
			万元	0	0	0
			亩	0	0	0
		美国红鱼	吨	1317.45	612.9	53.48%↓
			万元	2137.5	1371.5	35.84%↓
			亩	445	116	73.93%↓
		鲷鱼	吨	158	110.8	29.87%↓
			万元	397.49	776.6	95.38%↑
			亩	170	70	58.82%↓
		大黄鱼	吨	1007.74	1500.8	48.93%↑
			万元	8745	17056.5	95.04%↑
			亩	1368	1437	5.04%↑

续表11

内容				2020年	2021年	同比趋势
海水养殖分品种产量、产值、面积	鱼类	鮸状黄姑鱼	吨	0	0	0
			万元	0	0	0
			亩	0	0	0
		鮸鱼	吨	864	172.3	80.06%↓
			万元	1092.49	605	44.62%↓
			亩	195	85	56.41%↓
	虾类	小计	吨	251.6	236.3	6.08%↓
			万元	1127.1	1026	8.97%↓
			亩	302	302	0%
		南美白对虾	吨	180.6	166.8	7.64%↓
			万元	783.6	669.5	14.56%↓
			亩	285	285	0%
	蟹类	小计	吨	13	40	207.69%↑
			万元	140.6	709.1	404.34%↑
			亩	27	26	3.7%↓
		梭子蟹	吨	13	0	0%↓
			万元	140.6	0	0↓
			亩	27	0	0↓
		青蟹	吨	0	40	↑
			万元	0	709.1	↑
			亩	0	26	↑
	贝类	小计	吨	4782	6152	28.65%↑
			万元	7388.95	8634.1	16.85%↑
			亩	5608.5	6601.5	17.7%↑
		泥蚶	吨	472	285	39.62%↓
			万元	1352.1	951.6	29.62%↓
			亩	966	866	10.35%↓
		贻贝	吨	50	0	0↓
			万元	30	0	0↓
			亩	22.5	0	0↓
		蛏子	吨	3793	4487	18.3%↑
			万元	5750.85	6365.5	10.69%↑
			亩	4425	5275	19.21%↑
	藻类	小计	吨	24391.5	25025.5	2.6%↑
			万元	44540.22	52288.9	17.4%↑
			亩	45472	46370.8	1.98%↑
		紫菜	吨	4777	3471	27.34%↓
			万元	31706.3	37484	18.22%↑
			亩	30870	30970	0.32%↑
		羊栖菜	吨	19208.5	21048.5	9.58%↑
			万元	12520.72	14504.4	15.84%↑
			亩	13960	14889.8	6.66%↑
		海带	吨	406	506	24.63%↑
			万元	313.2	300.5	4.05%↓
			亩	498	511	2.61%↑

续表11

内容				2020年	2021年	同比趋势
海水养殖分品种产量、产值、面积	其他类	小计	吨	0	0	0
			万元	0	0	0
			亩	0	0	0
		海参	吨	0	0	0
			万元	0	0	0
			亩	0	0	0
海水养殖分水域产量、产值、面积	海水养殖类型	小计	吨	34065.1	34128.8	0.19%↑
			万元	66791.45	84355.7	26.3%↑
			亩	53849.5	55108.3	2.34%↑
		海上养殖	吨	29565.5	28624	3.18%↓
			万元	58618.3	75293	28.45%↑
			亩	48114.5	48519.3	0.84%↑
		滩涂养殖	吨	3571	5325.8	49.14%↑
			万元	5227	7902.7	51.19%↑
			亩	3968	6536	64.72%↑
		其他	吨	928.6	179	80.72%↓
			万元	2946.15	1160	60.63%↓
			亩	1767	53	97%↓
	海水主要养殖方式	小计	吨	34065.1	34128.8	0.19%↑
			万元	66791.45	84355.7	26.3%↑
			亩	52739.5	55108.3	4.49↑
		池塘	吨	928.6	1166.8	25.65%↑
			万元	2946.15	2669.7	9.38%↓
			亩	1767	1767	0%
		普通网箱	吨	3241	1616.5	50.12%↓
			万元	5726.78	8043.1	40.45%↑
			口	12005	2230	81.42%↓
		深水网箱	吨	503	1080	114.71%↑
			万元	7106	13821	94.5%↑
			立方米	2576600	2768609	7.45%↑
		筏式	吨	25348.5	25025.5	1.27%↓
			万元	45505.52	52288.9	14.91%↑
			亩	44403.5	46370.8	4.43%↑
		吊笼	吨	473	902	90.7%↑
			万元	280	1140	307.14%↑
			亩	200	360.5	80.25%↑
		底播	吨	3571	4310	20.7%↑
			万元	5227	5914	13.14%↑
			亩	3968	4818	21.42%↑

（区农业农村局提供）

渔港建设与管理

【概况】2021年，洞头区渔业部门联合海警、北岙街道、东屏街道等单位建立涉港部门联勤联动机制，开展渔港区域卫生环境和秩序整治、渔船防台防汛等工作。常态化组织开展鹿西港、东沙港、中心渔港废油回收，累计回收清运废油53.719吨。全年开展物业化巡查650多次，清理垃圾44.3吨。洞头渔港获评全国文明渔港。

【渔港物业化管理】2021年11月，洞头中心渔港和东沙渔港实施新一轮渔港物业化管理，由温州富邦环境工程有限公司中标。渔港物业采用“1+1+1”模式，洞头中心渔港和东沙渔港安排渔港管理人员及保洁人员开展巡查管理，包含作业码头、海岸沿线等重要场所秩序巡查维护及渔港码头、海岸线、海面卫生保洁，在人员集聚场所放置垃圾桶，保证码头及沿岸卫生整洁。

【渔港废油水回收常态化管理】2021年，洞头区农业农村局与温州盛舟船舶洗舱服务有限公司继续签订废油水回收协议，负责洞头中心渔港、东沙渔港和鹿西渔港废油水回收工作，新增渔用码头废油回收点和鹿港船厂回收点，加强废油水回收。温州盛舟船舶洗舱服务有限公司安排人员定点回收渔港废油水，并由专车运往有资质的处理公司进行处理。

【洞头渔港获评全国文明渔港】2021年5月24日，农业农村部印发通知，公布2020年度“平安渔业”创建结果，洞头区洞头渔港等6座渔港获评全国文明渔港。“平安渔业”创建活动是经全国评比达标表彰工作协调小组办公室批准，由农业农村部组织开展，各级基层政府和渔业渔政部门广泛参与，反映渔业安全生产管理水平和管理成效的创建活动。2009年，农业农村部共开展5个批次的“平安渔业”创建活动。洞头渔港属于最高等级的国家级中心渔港，为国家级海洋捕捞渔获物定点上岸渔港。该渔港于2005年11月开建，2017年1月竣工，港区有效掩护面积达到3.9平方千米，拥有总长627米渔船泊位17个。渔港主管部门组织渔民党员参与东沙红港海上党群服务中心开展的各类活动，宣传党的路线方针政策，发挥党组织的政治功能，增强广大渔民对党的认同感和归属感。建立渔业安全检查制度，进出港管理办法，船舶残油、油污水接收方案和应急预案，推行港长制度，保证海上生产作业安全。

海洋渔业执法管理

【概况】2021年，洞头区实施海上抢险救灾行动4起，救助8人，救助总航时15.5小时。全年办理渔业处罚案件171起，罚款49.76万元，司法移送6起20人，没收违禁渔获物1371.8千克，海上查获并拆解“三无”渔船88艘，协助街道（乡镇）拆解“三无”渔船70艘，清理违规违禁网具2397顶（件）。全年开展重点养殖海区整治10次，清理养殖户30户，清理养殖面积约60.83公顷（912.5亩）。

【洞头区海洋综合行政执法改革】2021年12月6日，为深入推进“大综合一体化”综合行政执法改革，进一步理顺涉海行政执法体制机制，全面有效构建海洋综合治理格局，优化海上行政执法监督体系，区改革办、区委政法委、区委编办、区司法局、区农业农村局联合印发《洞头区海洋综合行政执法改革方案》。改革举措包含梳理“一张清单”，明确执法事项、监管边界、裁量基准；重构“一支队伍”，明确海洋综合行政执法机构设置，探索监管“综合查一次”，探索跨执法领域证据互认；搭建“一个平台”，构建“海上综合查一次”应用、“海上执法全流程监督”应用、“涉海行政决策辅助”应用；健全“一套机制”，建立协调议事机制，健全行刑衔接机制，建立责任追究机制，建立执法保障机制。目标是整合海洋行政执法事项和资源，逐步完善机构调整、职权界分、队伍建设和机制保障，实现海上一支队伍管执法，构建涉海行政执法全流程监督体系，促进涉海执法标准化、规范化建设，使海域治理效能大幅提高。

【伏休期渔船管理】自2021年5月1日开始，东海海域进入一年一度全面伏休期，洞头区加强伏休渔船管理，落实伏休首报、异地休渔、异地修船和移泊报告四项制度，逐一落实船位动态监管责任人，建立渔船管控数据库。全区554艘渔船，累计本区到异地休渔渔船91艘，省内市外渔船到洞头区休渔23艘。

【渔船安全生产管理】2021年，洞头区组织开展渔船隐患专项整治及风险普查行动。重点排查整治渔业船舶通导设备配备、超载搭客、超抗风力、超航区作业、船员配备不齐等行为，实行顶格处理。全面风险普查辖区中大型海洋捕捞渔船、辅助船和老旧渔船，掌握渔船使用情况、安全风险等相关信息。重点核查10人以上、休闲渔船和挂靠三类渔船，逐艘统计、登船检查，及时更新信息。全年查处休闲渔船违规案件5起。开展市内异地挂靠渔船排查整治和渔业专项无线电整治，完成现存101艘异地挂靠渔船整治任务。全年发现并整改安全隐患213处，办理安全类案件73起。全面核查渔船AIS（船舶自动识别系统）设备、应急示位标的九位码、北斗终端的ID号使用情况，对不按规定安装、使用安全救助信息系统终端设备的责令限期改正，全年查处渔船违规配备通导设备案件11起。

【“清网”行动】2021年，洞头区成立滩涂护渔队、海上护渔队，加强对灵霓大堤、深门大桥、大门大桥等沿线集中清理，开展“清网”行动13次，出动船艇13艘次、执法人员330人次，累计清理违规违禁网具2397顶。

【渔业海上疫情防控】2021年，洞头区海洋渔业执法大队结合“铁拳”专项执法行动，开展海陆联动疫情防控巡查，加大对海上及进出港渔船检查力度。驱离福建籍渔船8艘。加大对休闲渔船公司防疫工作落实情况检查，组织执法人员对游客身份、健康码、行程码进行核实并测量体温，查看海上防疫物资配备及游客登船登记表登记情况。

【初级水产品监管】2021年，洞头区建立专业养殖企业（合作社）17家（含4家大黄鱼养殖企业）清单，及时掌握养殖场所动态。全年开展执法检查38次，检查生产经营企业（合作社）89家次，出动执法人员221人次，发放宣传资料113份。查处蛏苗养殖户把危害人体健康物质用于农产品生产案件1起。

【渔业执法获评全国先进集体】2021年12月28日，农业农村部通报表扬“中国渔政亮剑2021”系列专项执法行动中成绩突出的140个集体和230名个人。洞头区海洋与渔业执法大队获评“中国渔政亮剑2021”系列专项执法行动成绩突出集体。洞头区海洋与渔业执法大队构筑渔船安全、海上疫情防控、渔业资源保护三道防线，强化海陆联动、部门配合机制，严厉打击非法捕捞行为，确保洞头海区安全稳定。累计开展执法行动553次，出动执法人员3623人次，检查渔船793艘次，办理案件171起，罚款金额49.76万元，司法移送6起20人，查没违禁渔获物1371.8公斤，清理“地笼网”“滩涂串网”违规违禁网具2397顶，海上查获并拆解“三无”渔船88艘，协助街道（乡镇）拆解“三无”渔船70艘。

（林佳惠）

渔业科技

【概况】2021年，洞头区组织海水养殖培训5次，参加培训养殖企业和养殖户200人次。走访养殖户50户，发放水生动物防疫和用药科普宣传资料120本，推广坛紫菜深水插杆养殖、全浮式养殖各200公顷，坛紫菜新品种“浙东一号”2400亩，主推技术到位率100%。数智渔业应用被纳入省渔业产业大脑试点，并在全省数字化改革成果展上展示，典型经验在浙江信息专报刊登。

【羊栖菜新品系开发】2021年，洞头区开发纯化羊栖菜优良品系3个，纯化山东镆铘岛、广东南澳岛和温州南麂岛野生苗品系3个，纯化鼠尾藻1种，累计推广羊栖菜优良杂交品系附苗帘苗种2300多片，累计种植约66.67公顷（海虹入侵受灾，部分苗种受损）。全年参加大门镇与鹿西乡、东屏街道羊栖菜养殖技术讲座2场，累计培训养民150多人次。

【渔业科研】2021年，洞头区渔业系统公开发表科技论文6篇，其中SCI收录期刊论文3篇，SCCD收录期刊论文3篇，授权国家发明专利2件，维护有效发明专利9件；撰写与发布企业标准9项；公开出版专著2部，国际命名羊栖菜学名5个品系。完成区重大渔农业科技项目年度研究内容和经济指标，有效执行国家重点研发计划“蓝色粮仓”科技项目客座研究员（温州大学）年度各项任务。

（林振士）

渔船检验与监管

【概况】2021年，洞头全区拥有渔业船舶总量1264艘，其中捕捞渔船430艘、渔业辅助船76艘。养殖渔船758艘。区交通局做好渔业船舶的法定检验和监督、渔业船舶设计修造质量监督、渔业船舶检修检测服务机构管理等。全年配合开展涉海涉渔领域“异地挂靠”渔船专项整治、“遏重大”百日攻坚、船舶修造行业整治等各类专项整治行动。全年完成渔业船舶检验535艘，检验覆盖率100%，渔船本质提升131处。开展全国渔船证书“一网通办”和渔船“电子证照”试点，参与国务院渔业捕捞许可证电子证照标准制定。

【渔船“电子证照”试点】2021年3月5日，洞头区成为全国渔船“电子证照”试点单位。按照国务院渔船证书“电子证照”标准要求以及试点工作要求，率先在洞头区范围内推广应用渔船证书“电子证照”，并探索海洋渔船电子证照技术标准研究，结合此次试点目标，研究海洋船舶的其他电子证照标准。同时结合“渔船电子证照国家标准”和全国渔船动态管理系统要求，对“渔小二”系统进行升级改造，适用于接收、呈现和利用海洋渔船电子证照数据，实现海洋渔船综合信息查询和电子证照检索、获取、验证。

【渔船监管】2021年，区委办、区府办印发《关于全面组织开展“8+3”重点领域安全生产专项整治 坚决打赢遏制重大生产安全事故攻坚战的通知》，区交通局配合开展“8+3”重点领域安全生产专项整治。重点排查涉氨冷藏、证业不符、老旧渔船等安全隐患。加强对各类渔船通导、救生、消防、号灯等安全设备的隐患排查。“异地挂靠”转入渔船勘验25艘，协助区农业农村局完成渔船风险普查203艘。

（唐孟勋）

2019—2021年洞头区渔业船舶变动情况表

表12

内容					2019年	2020年	2021年	同比趋势
机动渔船	合计			艘	1345	1350	1264	0.64%↓
				总吨位	37799.4	40232.1	39288.1	2.35%↓
				千瓦	69670.18	76197.55	76403.03	0.27%↑
	生产渔船	小计		艘	1300	1305	1188	8.97%↓
				总吨位	31624.4	33908.1	29362.1	13.41%↓
				千瓦	56421.88	61992.25	56338.13	9.12%↓
		捕捞渔船（按功率分）	小计	艘	543	547	430	21.39%↓
				总吨位	30864	33147	28601	13.72%↓
				千瓦	48994.56	54553.9	48899.78	10.36%↓
			441千瓦以上	0	0	0		
			184—440千瓦	艘	141	138	123	10.87%↓
				总吨位	27552	29663	25895	12.70%↓
				千瓦	40898	42250	37480	11.29%↓
			44—183千瓦	艘	16	82	89	8.54%↑
				总吨位	838	1384	1387	0.22%↑
				千瓦	1619.4	6344.6	6741.2	6.25%↑
			43千瓦以下	艘	386	327	218	33.33%↓
				总吨位	2474	2100	1319	37.19%↓
				千瓦	6477.16	5959.3	4678.58	21.49%↓
		养殖船		艘	757	758	758	0
				总吨位	762.9	761.1	761.1	0
				千瓦	7424.32	7438.35	7438.35	0
	辅助渔船			艘	45	45	76	68.89%↑
				总吨位	6175	6324	9926	56.96%↑
				千瓦	13248.3	14205.3	20064.9	41.25%↑

（区交通运输局提供）

经济管理

区域经济运行与发展

【概况】2021年，洞头区统筹推进疫情防控和经济社会发展，实现地区生产总值126.07亿元，同比增长8.3%。城乡居民人均可支配收入分别为56775元和36009元，同比分别增长8.6%和11.5%；财政总收入19.41亿元，同比增长25.8%，其中一般公共预算收入12.41亿元，同比增长23.9%；城镇登记失业率1.71%。全年渔业总产量18.49万吨，同比增长6.1%；渔业总产值19.27亿元，同比增长14.7%。捕捞业产量15.08万吨，同比增长7.6%。国内捕捞保持稳定，实现产量13.38万吨，同比增长2.0%；远洋捕捞高速增长，实现产量1.7万吨，同比增长89.7%。养殖业实现产量3.41万吨，同比增长0.2%。国家级海洋牧场通过部级验收，投放人工鱼礁3.6万立方米，累计放流1.17亿单位。霓屿紫菜田园综合体通过市级验收，农业综合开发现代园完成基础建设。紫菜和生态大黄鱼获国字号名片，创成省级水产健康养殖示范场4家、市级标准化示范基地2家，通过“瓯越鲜风”品牌授权示范基地3家。全年规上工业总产值67.02亿元，同比增长26.4%；机械汽配、电子电器等五大行业产值57.04亿元，同比增长39.9%。华田特种钢、开程混凝土等工建项目建成投产。完成低效厂房整治5万平方米。全年共招引建筑业企业60家，建筑业税收收入6.7亿元，总部经济招商引税完成1.1亿元。建筑业总产值93.77亿元，同比下降10.8%，其中省内建筑业总产值79.05亿元，同比下降11.4%。全年水路货运周转量306.88亿吨千米，同比增长18%；公路货运周转量4.16亿吨千米，同比增长20%；集装箱吞吐量49.66万标箱，同比增长19.3%。全年社会消费品零售总额42.83亿元，同比增长6.1%。限上批发业同比增长47.9%，限上住宿业同比增长58.3%，限上餐饮业受疫情等因素影响增速放缓，同比增长14.1%。

（俞 漪）

【洞头区国民经济和社会发展“十四五”规划纲要】2021年4月8日，区政府印发《温州市洞头区国民经济和社会发展第十四个五年规划和二〇三五年远景目标纲要》。该规划总目标是“真正把洞头建设成为名副其实的海上花园”，主战略是“生态立区、旅游兴区、海洋强区”，主抓手是“一平台、两样板、五个岛”，继续弘扬好海霞精神，推进区域治理现代化精细化，高质量建设海上花园，高水平开启洞头全面建设社会主义现代化新征程。主要任务和举措是开创瓯洞一体化融合发展新格局，全面建成国家海洋经济发展示范区，协同共建浙南对外开放桥头堡，共筑共兴甬台温临港产业示范基地，打造温州大都市区东拓主平台；构建海洋经济高质量发展体系，建设滨海型国际旅游岛，做强现代化临港产业岛，打造康养式生命健康岛，建设应用型科技创新岛，共筑融合型两岸同心岛；打造双循环新格局重要节点，畅通市场和要素循环，拓展有效投资空间，全面激发消费活力，构建对外开放新格局；建设温州大都市区活力岛城，推进海上花园空间治理现代化，构建“一心两翼五平台”空间格局，深入实施以人为核心的新型城镇化；打造“两山”实践和乡村振兴两大全国海岛样板，打造良好生态环境底色，全面构建绿色发展体系，发展壮大乡村经济，加快建设未来乡村；建设现代化海岛基础设施，构建陆海联动综合交通体系，推进能源和水利体系现代化，提升市政公用设施现代化水平，建立现代化新型基础设施体系；深化海岛特色改革，打造营商环境最优区，加快推进市场化改革，激活各类市场主体活力；打造人人向往的幸福城区，推进教育现代化，深化健康洞头建设，优化人口集聚与服务，提升社会保障水平，推动市民更高质量就业增收，推进青年洞头建设；打造独具闽瓯特色的文化高地，全面提高社会文明程度，建设新时代重要文化高地，完善公共文体服务体系，打造新时代民兵建设重要窗口；争创全国平安建设“长安杯”，完善社会治理体系，提升法治智治水平，落实平安洞头建设；强化规划实施保障，坚持党的核心领导，推进清廉洞头建设，发挥规划战略导向，健全实施评估机制，完善地方财税体系，强化舆论宣传引导。按照“五位一体”导向，系统开展海上花园建设，力争至2025年，海上花园综合发展指数评价80分以上，创成一批海上花园标志性成果，综合发展水平向较好实现海上花园阶段迈进。地区生产总值、一般公共预算收入、规上工业增加值、旅游产业增加值、集装箱吞吐量等5个主要经济指标实现倍增。

【海洋经济发展】2021年，洞头区主动融入海洋强国、海洋强省、海洋强市战略，全面深化国家海洋经济发展示范区建设，印发实施年度重点工作任务清单，承接市下达任务（指标）46项，梳理区攻坚任务45项，谋划年度亮点项目“六个有”（有可介绍的标杆型海洋经济企业、有可展示的海洋重大功能性项目、有可参观的海洋科技创新平台、有可运作的海洋科技产业转换成果、有高品质的城市服务功能、有可推广的改革创新经验）18个，编制临港产业发展规划、海洋强区建设五年行动方案，在民资参投、生态保护等方面先行探路，并与瓯江口联手编制海经示范区实施方案。全年获省海洋（湾区）经济发展资金补助10707万元。全年实现地区生产总值126.07亿元，年均增长8.3%。加强重大项目招引，以“六五争先·六比竞赛”活动为载体，搭建“6+N”专班攻坚体系，主攻“两港两镇两区”重点任务。聚焦新材料、新能源、新装备等方向，重点攻坚小门西片、状元南片等亮点区块。全年招引亿元以上产业项目10个。争取9个项目被纳入省海洋经济发展“十四五”重大建设项目库。市海洋经济重大项目涉及洞头的28个项目全年累计完成投资342517万元，完成计划投资额的114%。海洋特色产业发展进一步提质，推进状元岙港区规划布局、温州综保区分区谋划、港区矿区空间利用等工作，建成华

2021年洞头区“十四五”发展规划纲要与专项规划制定情况一览表

表13

序号	规划名称	编制单位	完成出台情况
1	洞头区国民经济和社会发展“十四五”规划纲要	区发改局	洞政发〔2021〕9号
2	洞头区旅游业发展“十四五”规划	区文广旅体局	洞政办发〔2021〕67号
3	洞头区工业、信息化和科技发展“十四五”规划	区经信局	洞政办发〔2021〕52号
4	洞头区商贸发展“十四五”规划	区经信局	洞政办发〔2021〕51号
5	洞头区海洋空间发展利用“十四五”规划	资规分局	完成评审
6	洞头区生态环境保护“十四五”规划	生态环境分局	洞政办发〔2021〕44号
7	洞头区综合交通运输发展“十四五”规划	区交运局	洞政函〔2021〕32号
8	洞头区电网发展“十四五”规划	国网洞头供电公司	洞政办发〔2022〕14号
9	洞头区水利发展“十四五”规划	区农业农村局	洞政办发〔2021〕43号
10	洞头区社会综合治理“十四五”规划	区委政法委	洞政办发〔2021〕31号
11	洞头区教育事业发展“十四五”规划	区教育局	洞政办发〔2021〕65号
12	洞头区卫生健康事业发展“十四五”规划	区卫生健康局	洞政办发〔2021〕34号
13	洞头区住房保障“十四五”规划	区住建局	编制中
14	洞头区妇女儿童发展“十四五”规划	区妇联	洞政发〔2021〕19号

（区发改局提供）

2021年洞头区国民经济和社会发展目标完成情况一览表

表 14

指标名称			单位	2021年计划目标	2021年完成情况	
					绝对值	增速（%）
约束性指标	1.单位GDP能源消耗降低		%	完成上级下达任务		
	2.单位GDP二氧化碳排放量降低		%			
	3.主要污染物排放量降低	化学需氧量	吨			
		氨氮	吨			
		氮氧化物	吨			
		挥发性有机物	吨			
预期性指标	4.城镇登记失业率		%	≤2.8	1.71	
	5.城镇新增就业人数		人	1000	1765	
	6.地区生产总值		亿元	8%左右	126.07	8.3%
	其中：第一产业增加值		亿元	5%	7.21	4.6%
	第二产业增加值		亿元	12%	51.17	8.2%
	规上工业增加值		亿元	25%	22.44	20.8%
	第三产业增加值		亿元	7%	67.69	8.7%
	7.固定资产投资		%	20%	—	30.1%
	8.社会消费品零售总额		亿元	5%	42.83	18.6%
	9.一般公共预算收入		亿元	15%	12.41	23.9%
	10.城镇常住居民人均可支配收入		元	8%	56775	8.6%
	11.农村常住居民人均可支配收入		元	9%	36009	11.5%
	12.R&D经费支出占GDP比重		%	1.8	2.08	—

说明：1.地区生产总值及其结构是全区口径，绝对值按现价计算，增幅按可比价计算；R&D经费支出占GDP比重采用全区口径。2.其他指标采用原洞头口径

（区发改局提供）

峰化工码头，投用港区拆装箱仓库和8#预留堆场，投建华顺海运79900、45700DWT两艘散货船。传统海洋特色产业提质升级，新增“中国紫菜之乡”“中国生态大黄鱼之乡”两张金名片，挂牌浙江大学温州大黄鱼研究院，搭建从“舌尖到浪尖”运营平台，新增创成省级水产健康养殖示范场4家。获批设立半屏山省级海洋旅游度假区，全年海洋旅游总收入35.7亿元。深化美丽洞头“绿色创建”，推进省级山水林田湖草修复试点工作。入选全省首批美丽海湾建设试点，入围全国优秀案例八强。集中攻坚数智渔业、百岛信等项目，获批省级试点13个。成为全国渔船证书电子证照试点单位，率先在全省实现渔民异地办证；组织“数智渔业”项目建设，成为农业农村数字化“一地创新全省共享”先行先试单位。探索海岛生态型“透水式”建设用海试点，制定环岛西片“透水式”构筑物旅游娱乐用海改革工作方案。

【涉海地区生态系统生产总值核算应用试点】 2021年8月26日，省发展改革委印发《关于开展涉海地区生态系统生产总值（GEP）核算应用试点工作的通知》，洞头区列入省发改委涉海地区生态系统生产总值(GEP)核算应用试点。生态系统生产总值（GEP）是指一定区域生态系统为人类福祉和经济社会可持续发展提供的最终产品与服务价值的总和，包含生态系统产品价值、生态调节服务价值和生态文化服务价值三方面，是评估区域生态产品经济价值的重要指标。浙江省于2020年10月发布全国首部省级《生态系统生产总值（GEP）核算技术规范——陆域生态系统》，而涉海地区GEP核算还是空白。洞头区作为试点县之一，率先探索涉海地区GEP核算工作，是推进海岛生态产品价值实现和生态补偿机制建立，进一步加快洞头海上花园建设的有力举措，是践行中共中央、国务院提出的探索完善具有浙江特点的生态系统生产总值(GEP)核算应

用体系的先行示范。试点工作将完成洞头区2019年和2020年陆域和海岸带GEP核算成果，并编制未来三年县域生态产品价值实现工作方案。

【获省海洋（湾区）经济发展资金补助】 2021年12月14日，市发改委、市财政局联合下发《关于下达温州市本级2021年度省海洋(湾区)经济发展资金补助计划的通知》，下达专项资金补助项目共6个，补助资金共计8229万元。其中，洞头区获补助项目为S211安吉至洞头公路洞头霓屿至北岙段工程，补助资金1074万元。该项目总投资206877.93万元，路线全长约5.05千米。项目建设对优化洞头区域路网布局，完善状元岙港区集疏体系，开发旅游资源，促进区域经济社会发展具有重要意义。

【9个项目被纳入省海洋经济发展项目库】 2021年，洞头区9个项目被纳入《浙江省海洋经济发展"十四五"重大建设项目库》，即安吉至洞头公路霓屿至北岙段工程（S211）、温州LNG接收站项目外输管道、温州液化天然气（LNG）项目、温州华港液化天然气（LNG）储运调峰中心项目罐区项目、浙江诚意药业股份有限公司海洋生物医药制造项目、洞头区同心广场建设工程、黄金海岸度假区、温州星空之城·星空岛旅游开发项目、温州蓝色海湾生态建设项目。

【价格管理】 2021年，温州市洞头区发展和改革局出台大龙岭公益性公墓收费政策，开展各项重要商品价格监测，关注监测商品的价格异常上涨。按照省、市监测报告制度对粮食、食用油、肉蛋菜、液化气、钢筋、水泥等重要商品价格实行每月10日和20日采价两报制度。规范定调价程序，全年开展成本监审项目1项，成本调查2项，引入第三方机构进行成本审核。依法办理价格认定案件46件，及时对委托单位的符合认定案件做出结论，为司法机关定性处理提供法律依据，认定金额24万元。

（陈凯 蔡丽娟）

【对口支援协作】 2021年，洞头区落实市对口工作年度任务，联动瑞安市共同完成乡村振兴工作任务。全年发动社会各界力量开展捐款捐物，累计金额106万元，企业参与南部县乡村振兴帮扶工作7家。完成市对口办下达任务指标，企业结对数和社会捐赠款物数两个指标完成率分别为117%和106%。

（何晓玲）

2021年洞头区车渡航线票价情况一览表

表15

项目	票价(元)				备　注
	元觉—大门	元觉—鹿西	大门—鹿西	鹿西—小门	
客渡	20	30	15	20	公交IC卡优惠30%
货物	8	8	8	8	每100千克
自行车	5	8	6	8	—
摩托车	10	15	13	—	二轮
小型拖拉机	70	105	88	—	—
三轮机动车	40	60	50	—	—
轿车	100	150	125	—	包括吉普车
客车	120	180	150	—	6~15座
客车	130	195	163	—	16~20座
客车	180	270	225	—	20座以上
货车	100	150	125	—	1吨以下（含）；1吨以上的每增加1吨增收50元，不足1吨按1吨计算
特种车辆	600	900	750	—	—

说明：1.票价内均含3%旅客保险费；2.票价优惠政策、行李携带和托运等事项按交通运输部《水路旅客运输规则》和《国内水路货物运输规则》有关规定执行

（区发改局提供）

固定资产投资

【概况】2021年，洞头区完成固定资产投资58.4亿元，同比增长30.1%，连续两年增速位居全市第一位。成立投资专班，优化项目推进服务，采取“突出问题导向、强化目标管理、确保项目闭环”的链条式推进项目建设。抓好省市县长项目推进，霓屿紫菜现代园（田园综合体）建成投产，推进温州市青山欢乐岛项目（青山国家海洋公园）、温州交通城建工业化生产基地等6个项目，谋划博汇新材料项目、星空之城等2个项目前期工作。开展优质审批服务，继续推进企业投资核准备案“最多跑一次”，简化完善审批程序。全年受理企业投资项目核准10个，企业投资项目备案85个，政府投资项目审批27个，概算审查项目6个，核减概算投资0.68亿元。全年共安排97个实施类重点建设项目，年度计划投资50.21亿元，实际完成投资50.81亿元，为年度计划的101.2%。

【限额以上固定资产投资】2021年，洞头区完成固定资产投资58.4亿元，同比增长30.1%。其中，建安投资增长25.8%，民间投资（含房地产）增长6.3%，交通投资增长94.7%，高新技术产业投资增长45.5%，生态环保、城市更新和水利设施投资下降11.5%，制造业投资下降22.4%。全区新增落地省市县长工程1个，建成省市县长工程1个。

【政府重大投资建设项目监督办法】2021年3月26日，为加强对政府重大投资项目的审查监督，规范投资行为，根据有关法律、法规，洞头区第十四届人民代表大会常务委员会第三十六次会议通过《洞头区人民代表大会常务委员会关于政府重大投资建设项目监督办法》。该办法所指的政府重大投资建设项目为投资额在5000万元及以上的政府投资以及区属国有企业投资建设的基础设施类、公益类和公共服务类等项目；区人大常委会认为需要重点监督的其他重大建设项目。区政府应当合理确定政府投资规模，建立健全政府重大投资建设项目的决策机制和资金管理机制。编制政府重大投资建设项目年度计划，接受区人大及其常委会的监督。办法自通过之日起施行。

（苏 翔）

财 政

【概况】2021年，洞头区财政总收入15.69亿元，同比增长30.6%；一般公共预算收入10.28亿元，同比增长23.27%。招引财通证券落户洞头。谋划专项债、一般债项目共20个，争取债券资金8.95亿元。完成筹融资26.84亿元，海上花园S211等项目先后获国开行、农发行授信并批复。探索停车位TOT经营权等多方式化债，完成隐债化解15.12亿元，为年度任务数的113%。全年一般公共预算支出33.35亿元，同比增长5.4%，其中民生支出24.05亿元，占一般预算支出的72%。兑现各类涉企优惠政策资金1.55亿元。提前完成两直资金拨付及使用，执行率100%。预算管理一体化改革、“浙里报”、利民补助“一键达”等入围省、市数字化改革推广运用试点单位。重点工程预（决）算“圈句号”行动累计审核271个项目17.45亿元，节省资金1.05亿元。开展预算资金绩效项目评价126个1.28亿元，下达整改意见书126份，节约财政资金4775万元。

【财政收入管理】2021年，洞头区财政总收入15.69亿元，同比增长30.6%。其中，一般公共预算收入10.28亿元，同比增长31.27%，占财政总收入的65.7%；上划中央税种收入5.41亿元，同比增长29.3%。税收收入4.88亿元，同比增长20%，占一般公共预算收入的47.38%。全年一般公共预算收入中，三大主体税种合计入库3.51亿元，同比增长15.4%。增值税入库25961万元，同比增长17%；企业所得税入库7955万元，同比增长64.3%（增长原因主要是立鹏建设上年同期因疫情影响收入基数较低）；个人所得税入库1233万元，同比下降64%（减收原因主要是上年同期受总部招引企业股东申报缴纳历年分红个人所得税2061万元的一次性因素影响）。其他税种入库13658万元，同比增长33.6%。其中资源税入库1978万元，同比增长10.6%；城市维护建设税入库2973万元，同比增长51.5%；印花税、车船税和耕地占用税分别入库1160万元、1705万元、671万元，分别增长80.6%、99.1%、112.11%。非税收入5.4亿元。重点做好霓屿料场及大小门LNG项目石料处置、教育费附加及残保金等专项收入、公检法及市场监管罚没款征收调控工作。全年共获中央、省、市各类资金7.93亿元，预计体制结算后补助资金14.73亿元；争取地方政府债券8.95亿元。

【财政支出管理】2021年，全区一般公共预算支出33.35亿元，同比增长5.4%，完成全年调整预算的99.9%。其中，民生支出24.05亿元，占一般公共预算支出的72.1%。全年教育支出4.67亿元，增长4.9%。强化教育资源共建共享，确保全区教育高质量均衡发展。落实教师工资增资政策，实现全区教师平均工资超过公务员1925元/年。全年社会保障和就业支出2.94

2021年洞头区一般公共预算收入执行情况一览表

表16

项　目	2020年执行数（万元）	2021年预算数（万元）	2021年执行数（万元）	2021年执行数（全口径）（万元）	预算完成率（%）	同比上年增减（%）
一、一般公共预算本级收入	78307	120700	102795	124111	102.83	31.27
（一）税收收入	40672	66400	48807	68265	102.81	20
增值税	22185	32294	25961	34504	106.84	17.02
企业所得税	4842	8578	7955	10148	118.30	64.29
个人所得税	3424	1670	1233	1541	92.28	-63.98
资源税	1789	3750	1978	2473	65.95	10.59
城市维护建设税	1963	6063	2973	5448	89.86	51.45
房产税	781	1374	845	1375	100.07	8.2
印花税	642	1728	1160	1681	97.28	80.63
城镇土地使用税	1069	1363	1033	1425	104.55	-3.41
土地增值税	2652	3898	3281	4101	105.21	23.7
车船税	856	2080	1705	2132	102.50	99.07
耕地占用税	316	677	671	671	99.11	112.11
契税	0	2910	0	2750	94.50	—
环境保护税	11	15	8	10	66.67	-28.51
其他税收收入	142	0	4	6	—	-97.18
（二）非税收入	37635	54300	53988	55846	102.85	43.45
专项收入	7078	5200	3689	5548	106.69	-47.88
其中：教育费附加收入	1023	2370	1415	2531	106.79	38.31
其他专项收入	6055	2830	2274	3017	106.61	-62.44
行政事业性收费收入	909	1620	1618	1617	99.81	78.05
罚没收入	7939	7500	7323	7323	97.64	-7.76
国有资本经营收入	198	0	0	0	—	0
国有资源（资产）有偿使用收入	20170	38700	40212	40212	103.91	99.37
政府住房基金收入	188	480	476	476	99.17	153.19
其他收入	1153	800	670	670	83.75	-41.89
二、上划中央收入	41820	64666	54065	69941	108.16	29.28
企业所得税60%	7263	12867	11933	15222	118.30	64.3
个人所得税60%	5135	2505	1849	2311	92.26	-63.99
国内增值税	22185	32294	25961	34504	106.84	17.02
国内消费税	7237	17000	14323	17904	105.32	97.92
三、财政总收入	120127	185366	156860	194052	104.69	30.58

说明：1.2021年起洞头区执行市区财政体制，市级收入及市区共享收入20%部分上划市级。2020年、2021年执行数已按新体制测算。2.2021年预算数为新体制前全口径预算数，单列2021年执行数（全口径），以作对比　　（区财政局提供）

洞头区2021年一般公共预算支出执行情况一览表

表 17

项　目	2020年执行数（万元）	2021年预算数（万元）	2021年执行数（万元）	预算完成率（%）	同比上年增减（%）
本级支出	316436	333850	333460	99.88	5.38
（一）201一般公共服务支出	42823	40107	39758	99.13	-7.16
（二）203国防支出	793	684	533	77.92	-32.79
（三）204公共安全支出	18600	16882	18808	111.41	1.12
（四）205教育支出	44546	47204	46748	99.03	4.94
（五）206科学技术支出	8365	9620	9683	100.65	15.76
（六）207文化旅游体育与传媒支出	6838	7099	7345	103.47	7.41
（七）208社会保障和就业支出	31767	29617	29364	99.15	-7.56
（八）210卫生健康支出	30750	32095	32199	100.32	4.71
（九）211节能环保支出	5037	7083	7772	109.73	54.3
（十）212城乡社区支出	48397	64534	54946	85.14	13.53
（十一）213农林水支出	26024	17633	27761	157.44	6.67
（十二）214交通运输支出	14808	15885	14806	93.21	-0.01
（十三）215资源勘探信息等支出	6976	7094	7359	103.74	5.49
（十四）216商业服务业等支出	474	449	459	102.23	-3.16
（十五）217金融支出	109	127	127	100	16.51
（十六）220自然资源海洋气象等支出	12646	18575	15765	84.87	24.66
（十七）221住房保障支出	4271	5303	5846	110.24	36.88
（十八）222粮油物资储备支出	1409	602	600	99.67	-57.42
（十九）224灾害防治及应急管理支出	2868	2857	2811	98.39	-1.99
（二十）229其他支出	55	0	0	—	—
（二十一）227预备费	0	0	0	—	—
（二十二）232债务付息支出	8819	10400	10740	103.27	21.78
（二十三）233债务发行费用支出	61	0	30	—	—

（区财政局提供）

亿元，落实基本养老保险及机关事业养老保险补助支出1.09亿元，落实被征地农民生活保障金和社保风险金3728万元，夯实各项社会保障资金中长期支付能力。全年卫生健康支出3.22亿元，增长4.7%。落实基本医疗保险基金的补助责任支出1.06亿元；下达防疫资金2445万元，保障常态化疫情防控、疫苗接种等领域资金需求。整合资金6.27亿元用于城乡社区基础设施建设，推进美岙隧道、半屏山沿海海岸慢道、新城二期市政道路、美丽城镇建设。启动黄鱼岛深远海牧渔产业示范基地建设等项目，推进全区渔业产业数字化发展示范建设。统筹1.85亿元用于未来乡村、乡村产业示范等项目实施，助力海岛共同富裕示范区建设。提前完成两直资金（直达市县基层，直接惠企利民的财政资金）拨付及使用，执行率100%。全年累计兑现各类涉企优惠政策资金1.55亿元。

【财政体制改革】2021年，温州市洞头区财政局开展预算管理一体化改革，完善预算项目库全生命周期管理，入选省级预算管理一体化试点。加强财政结转结余资金管理，全年盘活存量资金4.47亿元。推进“乡镇公共财政服务平台+一卡通”建设，上线“利民补助一键达”平台，全年累计发放惠民惠农补贴资金8416万元，受益人数24350人。上线医疗票据电子化服务，实现全区电子票据改革全覆盖，全年累计生成电子票据57万份，开票金额36.41亿元。探索建立政府产业基金、国有资源运营管理，全年处置资产56宗，盘活资金2457万元。聚焦国企八大领域重点突出问题，深入开展专项整治行动，完成三大类10个方面的问题整改提升。开展进部门、进企业、进村居“三进”活动，累计开展“办实事、解难题、减负担”专题实践活动187场次，落实解决问题清单150件，惠及群众2000多人次。

【**投融资体制改革**】2021年，洞头区筹融资到位资金26.84亿元，完成年度任务的113.8%，政府投资项目支出11.5亿元，保障重大项目建设资金需求。谋划专项债、一般债项目共20个，争取债券资金8.95亿元。拓宽筹融资新渠道，城发公司“洞头区共同富裕建设工程（一期）”30个工作日获批省农发行“改善农村人居环境项目”授信10亿元、旅发公司“S211工程”获批国开行授信8亿元。实施防范化解地方政府隐性风险专项行动，落实隐债化解“两个清零”工作要求，探索停车位TOT经营权等多方式化债，全年化解隐债15.12亿元，完成年度任务数的113.3%。

【**财政监督管理**】2021年，区财政局深化预算绩效管理改革，率先在全市推出《绩效管理意见书》制度，全年共下达《绩效管理意见书》126份，节约财政资金4775万元；开展事前绩效目标评审、事中跟踪监控及事后绩效评价，全年完成财政抽评项目111个，重点评价项目3个，整体评价单位1家，涉及资金1.28亿元。完成“三算”（预算、结算、决算）审核项目274个，审核金额17.48亿元，审定金额16.43亿元，节约资金1.05亿元，净核减率6.1%。建立网上超市价格巡检机制，全年共开展巡检12次，处理违规网超供应商26家。完善国库集中支付动态监控，累计核实违规单位70家，纠正违规资金195笔922万元，纠正率100%。出台《洞头区行政事业单位公款竞争性存放管理办法》，完善公款存放管理制度。

（林颖颖）

税务

【**概况**】2021年，国家税务总局温州市洞头区税务局累计组织入库各项税费收入24.32亿元，同比增收7.61亿元，增长45.54%。其中，组织入库税收收入13.55亿元，同比增收2.85亿元，增长26.64%；社保费收入7.23亿元，同比增收1.65亿元，增长29.57%；其他非税收入3.54亿元，同比增收3.12亿元，增长742.86%。办理全市首笔燃料油出口退税业务。建立建筑劳务企业虚开发票风险防控模型建设工作。开展建筑行业特点调查、易发涉税风险点分析、风险指标设置及模型框架搭建等。通过分析税收动态运行情况，预判区经济发展和地方财政收入发展趋势，从税收的专业角度为地方政府建言献策，全年累计撰写相关分析20多篇。

【**税收征管**】2021年，区税务局协调贯彻落实《欠税情况清缴实施方案》，结合“数字管税工程”目标要求，提升税收治理能力和治理水平；实施欠税分类管理、综合施策，压缩陈欠、严控新欠，降低执法风险。推进社会保险和非税收入征缴，通过“流动银行服务车”等上门服务，提升两费征缴率，征缴进度为100%，高于全省平均水平，列全省第一名。制定《住宿（民宿）业税收征管管理办法》，拓宽涉税数据信息获取渠道，与公安等部门共享涉税数据，实现餐饮业、住宿业精细化管理。通过涉税数据共享，把公安部门提供的入住数据套入模型，根据模型计算结果进行逐户分析，保障税款应收尽收。

【**减税降费**】2021年，区税务局落实减税降费政策，引导区1157户制造业中小微企业享受阶段性税费缓缴政策红利。引导企业加大研发力度，研发费用加计扣除近1亿元，同比增长60.13%。办理全市首笔燃料油出口退税业务。

【**办税服务**】2021年，区税务局对外通过申报提醒、加强申报操作培训、畅通征纳沟通渠道等措施，提升纳税人业务水平，缩短申报时长；对内通过建立业务例会及专项工作群，缩短新办企业套餐、发票申请、各类退税、注销清税等业务办理时长；拓展网上办税。建立办税数据“每日分析”制度，每日分析高峰窗口业务原因，采取减少窗口数量，增加导税员和网上受理人员的数量等措施，网上办税率提升至98.09%，排名全市第二名；巩固“海岛自助办税服务圈”创新成果，全年累计办理业务15000多次，服务超9000人次，减轻办税成本。

2021年洞头区税费收入执行情况一览表

表 18　　　　　　　　　　　　　　　　　　　　　　　　　　单位：万元

项　　目	2021年入库数（万元）	2020年同期入库数（万元）	同比增收额（万元）	同比增幅（%）
税务部门组织的收入	243212	167103	76109	45.55
一、税收收入合计	135520	107040	28480	26.61
中央级	68472	50226	18246	36.33
地方级	67048	56814	10234	18.01
其中：省级	−6965	−3780	−3185	84.26
其中：不含免抵调库	135399	106915	28484	26.64
其中：不含车购税	134992	106391	28601	26.88
1.增值税	65553	49907	15646	31.35
(1)免抵调库收入	120	125	−5	−4
(2)不含免抵调库收入	65433	49782	15651	31.44
2.消费税	17903	9046	8857	97.91
3.企业所得税	24883	14924	9959	66.73
4.个人所得税	3881	10744	−6863	−63.88
5.车辆购置税	527	649	−122	−18.8
6.营业税	11	354	−343	−96.89
7.环境保护税	13	16	−3	−18.75
8.契耕两税	3421	7283	−3862	−53.03
(1)契税	2750	6967	−4217	−60.53
(2)耕地占用税	671	316	355	112.34
9.其他各税	19328	14117	5211	36.91
(1)资源税	2473	2236	237	10.6
(2)城镇土地使用税	1425	1467	−42	−2.86
(3)城市维护建设税	6140	3649	2491	68.27
(4)印花税	1681	996	685	68.78
(5)土地增值税	4102	3315	787	23.74
(6)房产税	1375	1383	−8	−0.58
(7)车船税	2132	1071	1061	99.07
二、非税收入和社保费合计	107692	60063	47629	79.3
10.非税收入	35428	4275	31153	728.73
11.社保基金收入	72264	55788	16476	29.53

（区税务局提供）

【营商环境优化】 2021年，区税务局继续落实深化“放管服”改革和优化营商环境五年方案，联合区工商联开展“亲清直通车·政企恳谈会”活动及“税务局长宣讲税收营商环境在线大直播”，宣传税收优惠政策和创新服务举措。扩大“银税互动”受惠面，通过“银税互动”政策，授信1.58亿元，支持小微企业健康发展800多户。开展“万名党员进万企”活动，及时回应纳税人涉税诉求，提供更具针对性的政策辅导，走访纳税人161户，收集并解决问题33个。“流动银行服务车”创新举措在国家税务总局网站作为区县优秀工作经验宣传。

（麻锦涛）

2021年洞头区申报纳税实缴入库30强企业名录一览表

表19

序号	纳税人名称	法定代表人	主行业门类名称
1	温州中石油燃料沥青有限责任公司	吴建林	制造业
2	浙江立鹏建设有限公司	徐益芳	建筑业
3	浙江诚意药业股份有限公司	颜贻意	制造业
4	浙江卓信建筑有限公司	张瑜玲	建筑业
5	温州宇帆建筑劳务有限公司	冯晓东	建筑业
6	浙江尚谦艺建筑有限公司	吴晓龙	建筑业
7	温州嘉丰建筑劳务有限公司	徐来瑞	建筑业
8	浙江温州洞头农村商业银行股份有限公司	许宪国	金融业
9	温州大小门岛投资开发有限公司	覃毅宝	租赁和商务服务业
10	温州中明建筑劳务有限公司	曾焕付	建筑业
11	浙江亿新建筑劳务有限公司	焦青琦	建筑业
12	北京建工路桥集团有限公司	刘京伟	建筑业
13	温州市洞头华中房地产开发有限公司	黄东海	房地产业
14	温州展弘劳务有限公司	李情立	建筑业
15	温州金源新材料科技有限公司	黄日新	制造业
16	温州市荣和建材有限公司	徐顺冬	制造业
17	浙江宏联建设有限公司	应征宇	建筑业
18	温州德立建设工程有限公司	黄方鹤	建筑业
19	温州市烟草公司洞头分公司	邢加圣	批发和零售业
20	浙江迪特高强度螺栓有限公司	邵晓忠	制造业
21	浙江德宁医药有限公司	张凌慧	批发和零售业
22	温州市洞头广厦建设开发有限公司	游　海	房地产业
23	浙江宏泰混凝土有限公司	胡成业	制造业
24	温州晨云建筑劳务有限公司	田小青	建筑业
25	中国农业银行股份有限公司温州洞头支行	丁利挺	金融业
26	温州市水利投资开发有限公司	陈　星	租赁和商务服务业
27	温州万大利建材贸易有限公司	黄成芳	批发和零售业
28	温州市大川房地产开发有限公司洞头分公司	朱少麟	房地产业
29	温州金源置业投资有限公司	章华听	房地产业
30	温州茂合建筑劳务有限公司	杨　静	建筑业

（区税务局提供）

海事管理

【概况】2021年，中华人民共和国温州洞头海事处完成市级挂牌督办重大安全隐患1个和区级隐患整改销号122个，出动执法船艇350艘次，开展联合行动27次，处罚金额394万元。推动船主拆解三无砂石船舶4艘。完成“烟花”“灿都”等台风水上防抗工作。动态更新防台数据库，组织20多家单位开展防台动员部署会和桌面防台推演。开展“亮剑一号”专项行动排查水上交通安全隐患，保障“春运”“两会”期间辖区水上安全。组织开展码头防污应急演练，协调推进重点危险品码头建立防污应急联动机制。做好口岸疫情防控，跟踪关注国内疫情中高风险地区船舶，配合做好船员换班、救助等工作。

组织开展“水上平安交通 安全伴我成长”水上交通安全知识进校园活动。

【海事执法】2021年，洞头海事处联合区打私办、区公安分局等单位组织开展打击走私“守卫2021”瓯江口海上执法巡查等行动。全年出动执法船艇350艘次、执法人员2965人次，开展联合行动27次，查处“两船”（内河船、砂石船）122艘次，完成行政处罚584件，处罚金额394万元。实施行政强制20起，移送公安海警并拘留16人，推动船主拆解三无砂石船舶4艘。组织开展三无船舶联合鉴定和拆解，开展相关联合整治行动24次，联合鉴定6次，取缔三无休闲船舶60艘，完成休闲船舶纳规工作97艘，纳规率100%，联合取缔涉渔三无船舶200艘。

【海事服务】2021年，洞头区海事处发挥专业优势服务青山岛开发项目，指导船舶证书办理和船员配备等工作。参与小北岙矿山、霓屿至瓯飞两项目石料转运船舶进出港及作业安全，全年共计保障水工船舶航行作业安全500多艘次，累计运输货物500多万吨。推动购票实名制，完成6艘客渡船各个节前安检“双100%”（初查和复查）。

（何柳强）

国土资源管理

【概况】2021年，温州市自然资源和规划洞头分局研究规划区级国土空间，协助编制市级国土空间总体规划，突破中心城区范围显现东拓核心。优化三区三线，生态保护红线减少363公顷（5445亩），批复城镇开发边界面积4973公顷（74595亩）。完成新城二期、环岛路沿线等片区规划研究26个。争取林地审批定额45公顷（675亩），保障岙仔B地块、石子岙矿地综合开发利用等项目用林需求。蓝湾整治项目亮相自然资源部贵阳国际论坛，并入选《中国生态修复典型案例集》，在联合国《生物多样性公约》缔约方大会生态文明论坛上发布。洞头海洋灾害智防试点纳入省厅数字化改革试点内容，为全省三个试点县（市、区）之一。推动“平安洞头”建设，借助“6·25”全国土地日等载体。依法做好行政复议、应诉工作，共办理复议案件2件，行政诉讼案件10件。受理全区自然资源和规划各类信访事项办结率100%。推进“双随机、一公开”监管工作，完成建设项目使用林地许可事项事中事后监管、测绘活动情况检查等检查任务17个，涉及单位13个，均完成并按要求公示。

【国土资源拓空间强保障专项行动】2021年，洞头区完成“批而未供”土地消化49.07公顷（736亩），完成率105%。“供而未用”土地处置47.13公顷（707亩），完成率101%。盘活存量建设用地14.47公顷（220亩），完成率110%。城镇低效用地再开发22.33公顷（335亩），完成率167%。做地储备6.8公顷（102亩），完成率128%。攻坚土地出让，财政收益9591万元。完成海域审批8宗，海域使用金收益超814万元。推动瓯飞料场市场化运作，财政收益50.4亿元。完成小门石子岙矿地利用项目采矿权网上公开挂牌，实现矿产、土地、海洋、林地等资源保护开发利用。

【自然资源执法】2021年，洞头区推进“大棚房”专项整治，完成3宗问题整改。全年违法占用耕地比例控制在2%以下，履职到位率95%以上。加强动态巡查，依法依规查处各类自然资源违法行为，组织动态巡查87次，多部门海上联合执法5次，巡查发现制止新发生违法用地6起、非法采矿2起，下达停工通知书16份、责令整改通知书13份，查处、整改土地面积1.36公顷（20.41亩）。去年查处各类自然资源违法案件24宗，其中海洋案件5宗，收缴罚没款1391.8万元；林业案件16宗涉刑案5宗，收缴罚没款19.9541万元；矿产案件2宗，收缴罚没款9.347万元；土地案件1宗，收缴罚没款2850元。

2021年，洞头区开展首次辖区休闲船艇联合专项整治（洞头海事处提供）

【不动产登记改革】2021年，洞头区整合住房公积金部门“个人住房公积金贷款预告抵押转现房抵押”和不动产部门“预购商品房抵押预告登记转不动产抵押登记”服务事项，以互联网信息技术创新为手段，优化办理流程，通过事先授权和跨部门在线联办，实现购买预售商品房的住房公积金缴存职工个人住房公积金贷款预转现抵押登记“一件事”跑零次。共同建立“法院专线”，与洞头区人民法院协同推进合作，在法院设立不动产查控终端，采取点对点专线模式，实现共享协作。全年办理不动产业务22836件。

【洞头海洋灾害智防被省厅纳入数字化改革试点】2021年9月17日，洞头区海洋灾害智防被浙江省自然资源厅纳入“数字国土空间”多跨应用场景试点。“浙海安康”海洋灾害智防应用项目以“空间码”的应用为核心，以“浙里办”和“浙政钉”的数字化改革门户为统一入口，以国土空间基础信息平台为支撑，构建洞头区“浙海安康”海洋灾害智防多跨应用场景。通过项目实施，打通跨部门数据壁垒，实现受影响区域海洋自然灾害风险预警全覆盖、更准确、更及时；实现自然风险与人类活动的关联，精准投放预警信息；提出海洋灾害防御对策建议，支撑相关行业部门的应急决策。

【“地灾智治”三年行动计划推进】2021年，洞头区开展“地灾智治”三年行动计划，完善地质灾害监测体系建设，新建地质灾害监测点5个，落实全区26个地灾风险防范区四级工作责任制。借助省厅监测平台，打造洞头区地质灾害监测一张网，增加地质灾害防治工作手段多样化、科学化。强化汛期日常地灾巡查，共组织开展地灾巡查1999人次，检查点位1092点次，利用“地灾智防”App对全区地质灾害风险防范区做到汛期中每月全覆盖。

【助企服务】2021年，洞头区加快处置历史遗留问题，化解大门“5+1”矿山及大沙岙景区关联新城和红石滩地块、马岙潭林地审批、仁济学院教师公寓、良泰老厂房、奥博等项目处置问题。办理建设工程规划许可证47件，竣工规划核实和用地复核验收54件，建设用地（含临时建设用地）规划许可62件，用地预审和选址审核11件；办理建设工程设计方案审查11件。外线工程（200米以内）联合审批备案13件。林地征占用审批11件，总面积17.2公顷，涉及森林植被恢复费308.93万元。

（夏建伟）

能源监管

【概况】2021年，洞头区围绕能源“双控”目标任务，加强能源“双控”监管监察，强化能源保障，推进绿色交通建设和可再生能源发展。推进塑料污染治理工作落实。启动“双碳”及GEP核算方案编制。全年组织开展节能审查新（改扩）建项目4个和重点用能企业的节能监察8家，加强省级在线能源系统监测，督促省级重点用能企业做好月度能源信息报送2家；发展新能源电动汽车695辆。建成两个住宅小区公共停车位充电桩51个，新增公用充电桩22个和综合供能服务站2个。落实温州市制造业千企节能改造行动方案（2021—2023），全年完成工业企业厂房屋顶光伏建设并网项目12个，并网容量0.32万千瓦。电力市场化交易改革一类企业用户37户、二类企业用户108户、售电市场交易用户账户注册和绑定58户。

【节能审查监察】2021年，洞头区依据国家节约能源法和有关法律法规规定，按照《固定资产投资项目节能审查办法》开展节能审查工作，完成温州华港液化天然气（LNG）储运调峰中心（罐区）项目、温州市综合材料生态处置中心1万吨/年医废改扩建项目、浙江华田特种材料公司年产1万吨换热管项目、海洋生物医药制造项目（年产1000吨超级鱼油EPA及中药项目）节能审查。加强省级在线能源系统监测，督促温州中石油燃料沥青有限责任公司和温州金源新材料科技有限公司等2家省级重点用能企业做好月度能源信息报送。执行“双随机”工作制度，按照“掌上执法”工作要求，采取“以监察带服务、寓服务于监察”方式，开展节能监察工业企业6家和非工企业2家，完成全年节能监察任务，并聘请相关能源专家对企业用能情况进行节能诊断服务，规范企业用能行为。

【绿色能源发展】2021年，洞头区推进绿色洁净交通运输，加快公共交通领域和城乡居民车辆清洁化替代，发展新能源电动汽车583辆，其中城市公交车36辆（其中纯电26辆：交运22辆、旅发4辆）、农客共58辆（其中纯电车12辆）、出租车89辆（电动87辆、液化天然气2辆）、私家车等其他车辆400辆。建成状元岙综合供能服务站和小门综合供能服务站，新增风门村充电站点公用直流充电桩15个、洞头客运站充电站点公用直流充电桩3个、元觉沙角村停车场充电站点公用直流充电桩2个、活水潭村停车场充电站点公用直流充电桩2个。完成海悦城钰园小区公共停车位充电桩44个和海港花苑小区公共停车位充电桩7个。推进工业企业厂房屋顶光伏建设并网项目12个，并网容量0.32万千瓦。

【能源要素保障】2021年，洞头区指导做好洞头电网紧张事故限电序位表等有序用电计划安排，设立能耗“双控”攻坚工作专班，实行集中办公，实时监测企业电力运行情况。实施电力市场化交易改革，开展电力市场化交易相关政策解读和宣传，根据省级确定需纳入市场交易目录用户账户注册和绑定，完成电力兜底交易签约企业名单确认119户。设立新能源新材料作战指挥部，统筹推进和谋划新能源、新材料项目，持续跟进海上风电项目前期工作，推动浅滩三期滩涂光伏连片开发项目。做好重大产业项目用能需求计划，向上争取重大产业项目能耗指标解决落实，争取能源要素的支持。

【“双碳”及GEP核算方案编制启动】2021年，洞头区开展二氧化碳达峰总体方案、能源领域碳达峰行动方案研究编制项目及洞头区生态系统生产总值（GEP）核算和实施方案编制项目调查、询价等前期工作，通过竞争性磋商方式确定编制单位。启动政府采购工作，调查收集相关资料、数据，完成《洞头区二氧化碳达峰总体方案》《能源领域碳达峰行动方案研究》编制，完成GEP核算报告和成果并提交省发改委评审。

（赵典天 林菲菲）

市场监督管理

【概况】2021年，洞头区共有市场主体总量12370户，同比增长7.42%，其中主动退出648户，依职权注销个体户298户，吊销长期未经营企业27户、连续两年未经营的农专社2户。全年市场主体被列入经营异常名录730户。温州市洞头区市场监督管理局获批国家总局外资企业登记注册管理权限。推出“极速审批”、专员驻企、“首违不罚”等服务。服务“洞头紫菜”地标核准注册。新增全程可追溯食品生产经营主体114家，建成网络餐饮“阳光厨房”167家。全区共有食品生产企业23家，食品小作坊备案登记数36家，其中，新设食品生产企业5家、新备案食品小作坊5家。推进省食品安全示范区创建，全年开展餐饮领域监督抽检455批次，其中生产（小作坊）57批次，流通288批次，餐饮110批次，合格率97.14%，食品安全满意率连续三年居全省前三位，全市第一位。出台区级侵害消费者权益行为披露办法，为全省首个，为消费者挽回损失44.36万元。建立走私固废公开拍卖处置机制，为财政增收3092.6万元。成立首家“民宿联盟”企业、首家民生药事服务站，半屏消费维权服务站挂牌。全年新增“品字标”企业1家、“浙江制造”标准2项。

【《洞头区质量强区“十四五”发展规划》】2021年11月26日，区发改局、区市场监管局联合印发《洞头区质量强区“十四五”发展规划》，主要任务是推动“洞头制造”迈向高端，打造“洞头制造”质量新优势，升级“洞头制造”标准新体系，打响“洞头制造”品牌新局面；凸显“洞头服务”区域特色，推进生产性服务业高质量发展，实现生活性服务业的高品质供给，强化政务服务的高效率运转；构筑“洞头工程”卓越品质，打造工程建造精品，筑牢工程安全底线，提升工程建造创新能力；打造“洞头环境”最美典范，加快推动绿色低碳发展，打响升级版污染防治攻坚战，完善环境治理现代化体制机制；完善“洞头质量”支撑体系，夯实质量技术基础体系，完善数字质量安全监管体系，健全质量管理社会共治体系。主要目标是到2025年，产品质量达到全市先进水平。制造业产品质量合格率达96%以上，主要农产品质量安全省级监测合格率达98%以上，基本药物抽检合格率100%。每万人高价值发明专利拥有量9.7件。新增“浙江制造”标准7项，新培育“品字标”企业7家、区长质量奖企业5家以上，争创市级及以上政府质量奖1家以上。新增市级及以上服务业标准化示范项目3个以上、制修订服务业地方标准规范2项以上，服务质量满意度90%以上。工程质量达到全市先进水平。环境质量达到全市领先水平。建成国家生态文明建设示范区。

【洞头区侵害消费者权益行为披露办法实施】2021年6月26日，为推进放心消费创建工作深入开展，倒逼经营者诚信经营，温州市洞头区消费者保护委员会和区市场监管局牵头联合区经信局、区文广旅体局等发布《洞头区侵害消费者权益行为披露办法》。该办法对拒不调解、情形恶劣的侵害消费者权益行为在县级层面直接进行披露，维护消费者正当权益。商户在公开披露侵害消费者权益行为后十五日内未履行法定责任、未说明情况的，其相关信息将推送至企业信用平台、计入信用档案。截至年底，全区公开披露侵权消费者权益行为经营单位2个。

【洞头获批外商投资企业登记管理权】2021年11月10日，国家市场监管总局批准全国24家单位外商投资企业登记管理权，浙江省共获批3家单位，均在温州市，洞头区市场监督管理局名列其中。按照《中华人民共和国外商投资法实施条例》《外商投资企业授权登记管理办法》相关规定，授权后，区市场监管局对下列外商投资企业行使登记管理权：住所在辖区内的外商投资企业、外商投资企业分支机构；

2019—2021年洞头区内资市场主体消长情况表

表20

项目			内资企业			农专社	个体户
			总量	非私营企业	私营企业		
在册总数	在册户数（户）	2019年	2765	340	2425	171	7021
		2020年	3296	350	2946	164	7920
		2021年	3896	361	3535	158	8178
		同比增长（%）	18.2	3.14	19.99	−3.66	3.26
	在册注册资本（万元）	2019年	2731590	1047119	1684471	31049	73441
		2020年	3358292	1134776	2223516	31542	82922
		2021年	4230567	1134998	3095569	31803	87266
		同比增长（%）	25.97	0.02	39.22	0.83	5.24
新设单位	新设注册户数（户）	2019年	565	28	537	19	1098
		2020年	718	23	695	8	1557
		2021年	1003	39	964	9	1161
		同比增长（%）	39.69	69.57	38.71	12.5	−25.43
	新增注册资本（万元）	2019年	551390	104580	446810	4957	12084
		2020年	785563	115900	669663	1260	14774
		2021年	1376448	45196	1331252	1590	14115
		同比增长（%）	75.22	−61	98.79	26.19	−4.46
注（吊）销单位	注销户数（户）	2019年	197	12	185	28	965
		2020年	169	12	157	8	658
		2021年	274	24	250	13	903
		同比增长（%）	62.13	100	59.24	62.5	37.23

说明：表中数据均含分支机构　　　　（区市场监管局提供）

依法应当由上级市场监管部门登记而经其授权的；法律、行政法规和市场监管总局另有规定的。洞头区深化商事制度改革，先后推出“工商登记不出区”“一窗通办”“证照分离”“一照多址”措施，率先在全市实现企业开办“7小时+零成本”办理。争取权限下放，建立外商企业登记直通车窗口和工作专班，采取跨层代办方式，为外商企业提供“保姆式”一条龙全程代办服务；建立外商登记服务专员制度，由企业专员对外商企业按照股东类型、企业性质等进行分类和精准分析，提供针对性指导服务，提升审批效率。12月16日，全区首张外商投资企业营业执照——浙江捷来工程有限公司营业执照颁发。截至年底，登记注册外商投资企业3家，其中2家在温州市市场监管局注册登记，获批授权后注册登记1家。

【新设企业注册资本首次破百亿元】 2021年，洞头全区新设内资企业1003户，同比增长39.69%，企业增长率为75.22%，同比增长率实现翻倍。私营企业新增注册资金1331252万元，新增注册资金首次突破百亿元。

（王盼慧）

【小微企业管理】 2021年，洞头区新增小微企业566家，其中新增八大万亿产业小微企业161家；新增进出口经营权备案企业5家，有出口实绩企业6家。新认定科技型小微企业8家，新增续展省级信用管理示范企业1家、小微企业培育库企业222家；发放创新券金额340.54万元，面向小微企业开放科研设施与仪器52台次，开放实验室服务批次42次，“浙里检”服务企业订单数270个，开展小微企业计量服务24次。全区“银商合作·守信贷”覆盖农商行等银行5家，全年小微企业贷款增速45%，新增首贷户196户，首贷金额4.95亿元，累计发放小微企业“守信贷”贷款7亿元。开展小微企业职业技能培训762人次，其中，小微企业326人次，个体工商户352人次。开展测量管理体系免费培训20次。建立荣军联盟“双拥商圈”，全区商户签约授牌共100家。

（方慧敏）

【质量品牌建设】2021年，洞头区加大“品字标”品牌宣传推广，推进辖区“品字标”企业亮标贴标工作，在中国品牌日等时间节点，开展“品字标”企业宣传。完成“千企千人”质量教育培训35人次，全年新增卓越绩效模式企业3家。实施质量奖制度，打造企业质量示范标杆，浙江信立达机械科技有限公司等2家企业获区长质量奖，浙江诚意药业股份有限公司创成温州市长质量奖，实现洞头区市长质量奖零的突破。全区品牌企业和实施浙江制造标准企业销售占比达到61.71%，居全市第一位。

【标准化建设】2021年，区市场监管局为主制定“浙江制造”标准2项，参与制定“浙江制造”标准2项，参与制定国家标准1项，浙江迪特高强度螺栓有限公司、浙江恒博电气有限公司分别为主制定发布《石油化工钢制管法兰用螺柱》《12kV—40.5kV户内高压交流接地开关》等2项“浙江制造”标准。推动“对标达标”专项行动，引导企业对标国际先进标准，全年新增对标企业8家。

【计量工作】2021年，区市场监管局完成民生计量器具强制检定6303台件，受检率100%。组织开展民用三表计量专项监督检查，全年水表到期轮换2964只、燃气表到期轮换1680只，到期轮换率100%。委托温州市计量院检定医疗器具299台、验光机7台、焦度计7台、镜片箱2台。组织开展到期轮换及闭环监管工作，按要求做好“民用三表”登记造册36批次，备案器具4953台件。新增电子血压计社会公用计量标准1项。处理计量投诉案件3件。推进计量“双随机、一公开”监管工作，检查集贸市场、加油站、眼镜配置场所、“民用三表”、粮食市场等24家。开展“优化计量、提质增效”助企帮扶行动，解决技术难题2个。

【合格评定】2021年，区市场监管局对区产品质量监督检验所、区疾控中心、区环境监测站、区司法鉴定中心、区建工实验室等5家机构开展双随机监督检查，并及时进行跟踪验证。完成市级食品检验检测机构“双随机”监督抽查任务，各检验检测机构均在规定时间内完成整改。以低压电器为重点，对洞头区4家低压电器强制性认证产品生产企业进行检查，未发现超范围生产和产品质量安全风险隐患等违法行为。

【产品质量监管】2021年，区市场监管局强化工业产品许可证产品监管，实施产品质量分级分类监管。组织开展电动自行车综合治理集成改革，全面推广应用“浙江e行在线”，建立电动自行车和蓄电池追溯体系，实现增量电动自行车和蓄电池赋码销售，实行电动自行车“码牌合一”数字化登记上牌。生产领域共抽检接近开关、内外墙涂料、一次性塑料吸管、预拌混凝土等产品11批次（市级7批次，本级4批次），不合格1批次；流通领域共抽检成品油、电动自行车、塑料购物袋、农用地膜等61批次（市级35批次，本级26批次），不合格4批次。全年立案查处2件，移交公安案件2件。

【“浙江制造”标准立项2项】2021年8月1日，浙江省品牌建设联合会发布《2021年第四批“浙江制造”标准制定计划》，共制定标准122项。由温州金源新材料科技有限公司申报的《纺丝级颜料202》和浙江迪特高强度螺栓有限公司申报的《石油化工钢制管法兰用螺柱》2项“浙江制造”标准，经立项建议的形式审查、答辩会审和参与起草企业征集等环节成功入选。“浙江制造”标准为浙江制造品牌建设促进会统一组织制定和批准发布的团体标准。其主要技术指标应达到国内一流、国际先进，且符合“浙江制造”内涵，即国际上没有同类产品的，应达到国内一流水平；国际上有同类产品的，应达到国际先进水平。

（倪碎平）

【食品安全执法】2021年，洞头区立案查处食品类案件53件，移送公安3件，罚没款3.72万元，其中餐饮环节查处39起，流通环节9起，生产环节5起。针对群众反映强烈的蔬菜农药超标、食品违规添加等违法线索，集中开展专项执法抽检，共查处违法添加食品添加剂及其他不符合食品安全标准食品案件9件，其中移送公安3件。在规范餐饮行业经营整治行动中，抽检餐具25批次，立案查处餐具消毒不合格3件。核查处置国、省、市、区四级不合格食品13件，立案13件，结案13件，结案率100%。

（杨凤 郑仙珠）

【市场监管案件查处】2021年，区市场监管局以“亮剑2021”“铁拳行动”等综合执法行动为载体，组织开展民生领域、反走私、网络市场等专项行动，全年共立案查处各类案件119件，罚没款112.4651万元。其中，工商类案件48件，

2021年洞头区新设企业行业分布情况表

表21

行业类别	户数（户）	同比增长（%）	注册资本（万元）	同比增长（%）
农、林、牧、渔业	12	—	4136	−77.37
采矿业	2	—	9900	—
制造业	70	−7.89	44869	−73.88
电力、燃气及水的生产和供应业	4	33.33	1800	71.43
建筑业	404	143.37	1076589.88	268.4
批发和零售业	154	−10.98	70892	−63.13
交通运输、仓储和邮政业	28	40	14024	328.21
住宿和餐饮业	8	−27.27	580	−91.01
信息传输、软件和信息技术服务业	45	32.35	19287	−5.82
金融业	1	−50	0	—
房地产业	27	8	15945	258.72
租赁和商务服务业	120	25	47182.89	−6.04
科学研究和技术服务业	87	89.13	61123	39.4
水利、环境和公共设施管理业	6	−33.33	2150	−32.18
居民服务、修理和其他服务业	9	28.57	365	−54.77
教育	8	−33.33	2280	529.83
卫生和社会工作	0	—	0	—
文化、体育和娱乐业	21	−8.7	8024	5.3

（区市场监管局提供）

罚没款94.718万元；产品质量类案件3件，罚没款1.2609万元；食药类案件56件，罚没款5.2712万元；特种设备案件1件，罚没款3万元；物价类案件11件，罚没款8.215万元。

（杨　凤）

【省食品安全示范区创建】2021年，洞头区按照浙江省食品药品安全委员会下发的《关于开展浙江省食品安全示范市、县（市、区）创建工作的指导意见》要求，推进省食品安全示范区创建，强化党政同责、示范创建、数字赋能、风险治理、共治共享等。创建省级街道（乡镇）四星级食安办2家、三星级食安办4家，三星级以上食安办覆盖率100%。食品安全群众满意率位居全省前列，全市第一。12月1日，省检查组通过群众满意度调查、暗查暗访、领导访谈、现场检查等方式，围绕食品安全状况、党政同责落实、风险管理能力、整体智治成效、社会共治格局、产业高质量发展、示范引领成效等七个方面评价，洞头区通过省级食品安全示范区验收考评。

【放心厨房建设】2021年，区市场监管局推进数字化改革，推动省市食品安全民生实事“一年任务半年完成”。建成校园智能“阳光厨房”29家，全区校园食堂均建成“可感知、可监控、可识别、可抓拍、可示警”的“智能阳光厨房”，实现“在线监管—推送整改指令—及时整改反馈”的监管闭环，全市率先实现学校食堂智能“阳光厨房”全覆盖。建成食品生产企业“阳光工厂”13家，农村家宴“智能阳光厨房”16家，完成率分别为300%和267%。

（叶宣杰）

【消费者权益保护】2021年，区市场监管局处置投诉举报969件，其中消费投诉692件，举报277件，处置率100%，为消费者挽回经济损失44.36万元。使用ODR线上调解处置消费投诉136件，诉转案7件。发布消费警示5期、消费投诉分析4期，典型案例公示10期、消费倡议书3期，解答群众咨询

103件，约谈重点问题商家9家，发放责令改正通知书11份，责令经营者改正侵害消费者合法权益行为。制定实施《成员单位联动处置消费投诉暂行办法》《侵害消费者权益行为披露办法》，披露经营者侵权行为2家。培育放心消费单位519家、建设放心消费街区3处、建立村级消费维权服务站点7家；推荐5家企业6种产品参加“浙江级伴手礼”评选；创建区级消费教育基地2家。

（孙之静）

【药械化安全监管】2021年，区市场监管局围绕药械化质量安全监管，上报药品不良反应97例、医疗器械不良事件34例。完成药品抽检任务数60批次、医疗器械4批次、药品快速检验26批次。建成民生药事服务站2家，药店城市续航接力站5家及四星级“网订店送企业”2家。浙江诚意药业拉塞米注射液通过托仿制药一致性评价。

（龚琪丽）

【特种设备安全监察】2021年末，洞头区（不含灵昆）注册登记特种设备2039台（件），其中在用锅炉21台、压力容器476台、起重机械218台、电梯893台、场（厂）内专用机动车辆190台、压力管道工程240单元、大型游乐设施1台，停用登记379台。在用液化石油气瓶56231只，新增1200只，检验32310只，报废2831只。全年累计（含监察和服务）出动执法人员803人次，检查单位228家次，检查设备407台，累计发放特种设备安全监察指令书9份，立案1起，隐患整改率100%。特种设备隐患整治率、注册登记率、定期检验率均100%，开展电梯检验检测分离试点277台，在用载人电梯780台，安装智能化监测装置519台，覆盖率66.5%，电梯责任保险覆盖率80%，公众场所在用载人电梯智能化监测装置覆盖率100%。

（黄书伦）

审计监管

【概况】2021年，温州市洞头区审计局完成财政预算执行审计、领导干部经济责任审计、智慧城市项目专项审计、“最多跑一次”改革审计、人才政策执行审计等审计项目14个，查出管理不规范金额3.58亿元，处理处罚金额1.89亿元，收回和上缴财政资金1469万元；移送案件线索3件，处理处罚10人；促进被审计单位制定、完善规章制度25项；提交审计专报、信息97篇，获批示、采用77篇次。实现大数据审计全覆盖，组建专题技术小组4个，通过开展一批项目分析应用，逐步提炼一批案例方法，形成一套数据采集机制，并探索“大项目”“无项目”审计模式等提高大数据审计应用水平。引入项目竞争机制，出台《重点审计项目招投标办法》，开展智慧城市、教育经责审计公开招投标，其中智慧城市专项审计调查促进区大数据管理中心扣回智慧城市一期项目采购费428.93万元，区综合执法局完成智慧路灯系统的308盏路灯物联设备安装，停车系统中7个停车场均实现智能化管理。获省审计厅立项重大课题1个、一般课题2个。连续3年获评温州市审计系统优秀单位，创成温州市级文明单位，洞头区最强党支部。

【财政预算执行审计】2021年，洞头区审计局采用“财政＋专题”模式开展财政同级审工作，反映过“紧日子”政策落实不到位、财政风险管控压力较大、财政资金盘活不到位等问题，为洞头区委、区政府防范财政风险提供决策参考。促进区财政局等3个部门出台《关于洞头区预算单位基本户存量（沉淀）资金清理回收工作情况的通报》等4个文件。各预算单位清理上缴存量资金406万元，财政专户利息22.75万元、国资专户利息24.71万元缴入国库。首次把区四套班子办公室、2个副县级部门纳入部门预算重点部门审计。

【领导干部经济责任审计】2021年，洞头区审计局实施洞头区民政局、洞头区教育局、洞头区卫健局及元觉街道等单位领导干部经济责任审计4家，存在代销殡葬用品定价偏高、医共体改革落实不到位、教育“扬帆行动”方案实施进度滞后等问题。促进洞头区政府出台《洞头区救急难基金会资金使用管理办法》《洞头区公益性骨灰存放处建设管理办法》《洞头区创建浙江省健康促进区实施方案》等制度3项，加大教育投入和政策保障，确保“学在洞头”落到实处。促进区卫健局出台《洞头区“两慢病”精细化管理升级版工作方案（试行）》，洞头区民政局对375万元“救急难”基金实施竞争性存放。

【智慧城市项目绩效情况审计】2021年，洞头区审计局开展智慧城市项目绩效情况审计，重点反映洞头区智慧城市项目规划编制不科学、项目管理不规范、数据整合不到位等问题44个，促进出台《洞头区党政机关信息化项目建设管理办法（试行）》《洞头区党政机关信息化项目绩效评价办法》等文件4个，完成智慧环保项目系统迭代升级，建立一体化智能化公共数据平台，收回项目采购资金428.93万元。

【“最多跑一次”改革实施情况专项审计】2021年，洞头区审计局开展“最多跑一次”改革实施情况专项审计，重点反映审批改革基础工作有待夯实、投资项目审批改革有待规范、减证便民“一件事”有待完善等问题33个，促进出台《洞头区政务服务“好差评”管理办法》等文件10个，实现职工退休、个人创业、二手房水电气过户、军人退役等便民利企“一件事”迭代升级，“双随机”掌上执法率100%。

【洞头区人才政策执行情况专项审计调查】2021年，洞头区审计局开展人才政策执行情况专项审计调查，重点反映人才规划不够完善、政策含金量不足、政策绩效不够显著等问题20个，促进全区加强人才规划，制定具有洞头特色的人才政策，规范人才配套服务。

【洞头区审计发现共性问题整改实施办法试行】2021年7月30日，为发挥审计“治已病、防未病”的建设性作用，根据《中共浙江省委审计委员会印发〈关于进一步加强审计整改工作的意见〉的通知》等规定，区委审计委员会办公室制定《洞头区审计发现共性问题整改实施办法（试行）》。该办法主要包含制定的背景、设计内容、整改机制等，主要方式有进行自查自纠、注重源头治理、强化责任追究、加强综合研判、开展警示教育等。办法自发布之日起施行。

【审计整改】2021年，洞头区建立人大督改、政府督改、公开促改联动机制，严格落实《审计整改责任追究实施细则》。召开审计整改联席会议2次。审计整改纳入区政府智慧政务督查系统和区委办考核督办及区纪委政治生态评估、区司法局法治洞头考核。联合区委组织部出台《经济责任审计成果运用会商研判实施办法》，召开会商研判会，组织部部长开展部门主要领导提醒谈话3个。区政府常务副区长向人大报告审计整改工作，全年共梳理审计整改清单问题80项，审计整改率97.5%。

【审计项目质量管理】2021年，洞头区审计局完善省优项目培优机制，从项目谋划、组织实施、线索挖掘、信息专报、全程审理、成果统筹等方面明确要求。全程指导审计任务清单、中期汇报和法制审理等工作。修订完善《审计现场时间定额管理办法》，压缩审计现场时间5%，提升审计成本边际管理水平，科学控制审计力量投入。建立审计质量控制标准化体系，实行分级控制和责任网格化机制，依法审计防范审计风险。

（曾玲莉）

统计管理

【概况】2021年，洞头区参与谋划社会生产总值等41项主要经济指标攻坚行动方案，专项指导重点单位、企业32场次，提出具体措施130条次。全年开展业务指导826家次，统计稽查47家，发现并纠正较大数据错误234条，连续三年未被省级以上统计执法。全区统计单位规范化复评和新创建通过率均为100%。全年完成行业专业分析30多篇，专报10篇。据统计，洞头区地区生产总值126.07亿元，按可比价计算同比增长8.3%。洞头区不含瓯江口区域（下同）地区生产总值102.59亿元，按可比价计算同比增长7.7%；全市公布的42项主要经济指标中增速排名前三的有12项，居全市第四位。区统计局获评“浙江省第七次人口普查省级成绩突出集体”。

【统计基层基础建设】2021年，洞头区基层基础规范化建设完成复评验收88家，复评完成率100%；创建达标8家，其中部门5家，创建完成率100%，完成既定的年度目标。持续规范基层基础工作台账，督促部门级基层单位完成规范化台账建立128家。全年分批次采取“线上+线下”方式举办业务培训30期，参加1400多人次。全年开展“统计订制服务”活动8场，各类专业培训657人次，入户入企指导服务1235人次，解决实际问题42个。

【统计法治建设】2021年，洞头区全面落实防范和惩治统计造假工作，深入学习国家统计防惩重要文件内容，组织全体干部职工深入学习并开展防惩内容测试2期。清理全区违反统计法精神的文件和做法，梳理出违反事项38件，并全部整改到位。严肃查处统计违法行为，全年执法稽查47件，立案查处5件，其中单处警告2件，警告并罚款3件，罚款金额5400元，市统计局将洞头区列为数据质量低风险地区。开展固定资产投资、工业、服务业等重点领域数据质量专项核查24次，四上企业核查率100%。完善统计监管体系，获认领国家监管事项4项、省级监管事项31项，国家和省监管事项覆盖率100%；网上执法检查次数27次，其中双随机抽查21次，即时检查6次；部门联合检查3次；投诉举报、风险预警事件为0。全年发放统计法律权利义务告知37件，实行首次轻微违规违法行为约谈告诫企业3家，实行重点执法事项提示单位（项目）5家。开展法治宣传教育，通过村居LED屏滚动宣传、广场宣传、送法上门、统计法律知识主题月、统计法律测试、知识竞赛、有奖问答等活动，受众5000人次。

（曾素恋）

【城乡一体化住户统计调查】2021年，是洞头区新一轮（2018—

2022年）城乡一体化住户调查样本户的第四年。城乡居民人均可支配收支调查数据包括工资性收入、经营净收入、财产净收入、转移净收入等四大收入和食品烟酒、衣着、居住、生活用品及服务、交通通信、教育文化娱乐、医疗保健、其他用品和服务等八大生活消费支出。全年城镇常住居民人均可支配收入56775元，较上年增长8.6%，人均生活消费支出35798元，同比增长13.6%，人均收入水平居全市第八位。全年农村常住居民人均可支配收入36009元，增长11.5%，人均生活消费支出26714元，增长18.1%，人均收入水平居全市第六位，增速居全市第二位。城乡居民收入比1.58，比2020年缩小0.04个百分点，均衡度为全市第二位。

（郑海仙）

【第七次全国人口普查结果】2021年，洞头区完成人口普查数据处理、汇总、发布和开发等工作。经上级部门核定，2020年洞头区常住人口为148807人（不含瓯江口为107027人，下同），与2010年第六次全国人口普查的109247人（87683人）相比，十年共增加39560人（19344人），增长36.21%（22.06%），年平均增长率为3.14%（2.01%）。全区共有家庭户52303户，集体户7470户。平均每个家庭户的人口为2.37人，比2010年第六次全国人口普查2.43人减少0.06人。总人口性别比为114.22，与2010年第六次全国人口普查的100.01相比，上升14.21。全区常住人口中，0~14岁人口为19179人，占12.89%；15~59岁人口为101440人，占68.17%；60岁及以上人口为28188人，占18.94%，其中65岁及以上人口为19642人，占13.20%。与2010年第六次全国人口普查相比，0~14岁人口的比重下降2.73个百分点，15~59岁人口的比重上升0.14个百分点，60岁及以上人口的比重上升2.60个百分点，65岁及以上人口的比重上升1.48个百分点。全区常住人口中，拥有大学（指大专及以上）文化程度的人口为24031人；拥有高中（含中专）文化程度的人口为21978人；拥有初中文化程度的人口为40698人；拥有小学文化程度的人口为32406人（以上各种受教育程度的人包括各类学校的毕业生、肄业生和在校生）。与2010年第六次全国人口普查相比，每10万人中拥有大学文化程度的由6937人上升为16149人；拥有高中文化程度的由10444人上升为14769人；拥有初中文化程度的由30681人下降为27350人；拥有小学文化程度的由31845人下降为21777人。全区常住人口中，文盲人口（15岁及以上不识字的人）为9266人，与2010年第六次全国人口普查相比，文盲人口减少5148人，文盲率由13.19%下降为6.23%，下降6.96个百分点。全区常住人口中，居住在城镇的人口为78605人（70993人），占52.82%（66.35%）；居住在乡村的人口为70202人（36010人），占47.18%（33.65%）。与2010年第六次全国人口普查相比，城镇人口比重上升15.09个百分点（21.65个百分点）。

（余克新）

安全生产监督管理

【概况】2021年，全区未发生纳入统计的安全生产事故，无人员死亡，事故起数、死亡人数同比持平，未发生较大以上或有较大社会影响的生产安全事故，安全生产各项指标均控制在市政府下达的考核指标范围内。出台《支持培育社会应急救援力量发展的“十条”意见》。落实区党政领导干部安全生产责任清单，签订安全工作责任书。推进“遏重大”暨“8+3”安全生产专项整治。组织开展安全生产月主题活动。全年排查风险隐患点位4346处，整治率100%。全年办理非事故行政处罚案件30起。

【安全生产监管责任】2021年，洞头区落实区党政领导干部安全生产责任清单，区政府与6个街道（乡镇）、15个部门单位和4家重点企业签订责任书。按照“突出重点、全面覆盖、依次排序”原则，设立危险化学品、消防等专委会12个，由分管副区长担任专委会主任，制定年度重点工作清单，统筹协调该领域安全生产工作。建立全区安全生产管控力指数，每月通报全区排名情况。

【安全生产专项整治】2021年，洞头区推进“遏重大”暨“8+3”安全生产专项整治。区“8+3”安全生产专项整治排名全市第六。下发通报3期，摄制播出6期暗访纪录片，开展安全夜查和问题隐患“回头看”，推进安全生产“百日攻坚”行动。全区市级挂牌重大隐患6处均完成整治，区级挂牌重大隐患61处均整改销号。结合“平安护航建党百年”大排查大整治，实行整治销号闭环管理。开展安全风险隐患大排查29轮，共排查风险隐患点位4346处，整治率100%。办理首起行刑衔接案件。安全生产执法检查企业168家次，下发《整改指令书》84份，限期整改隐患共计611条，下发《复查意见书》72份，完成整改隐患540条。办理非事故行政处罚案件30起，处罚25.67万元。

【危化品监管】2021年，温州市洞头区应急管理局推进小门化工园区“五个一体化”建设，设立园区应急响应中心，建立应急救援队伍，实施“禁限控”目录、项目联合审批、“黑名单”、安全风险分级管控等制度，完成危化企业“智能化二道门”建设，推进园区从较高风险转为一般风险。组织开展危化品生产安全事故综合应急演练及危化品道路运输应急演练，完成危化品停车场建设，提高全区危化品应急处突能力。依托省危化风险监测预警系统，全面管控温州中油沥青等重大危险源，全年发现一般隐患15处，均完成整改。

【企业安全等级管理】2021年，对全区重点企业进行安全生产诚信等级评定，把23家企业列入诚信红名单。全年新增三级标准化企业3家，小微企业1家，全区三级标准化企业25家，小微企业10家。推进企业动态研判安全风险，运用应急云平台，指导整改隐患，完善风险闭环管控体系。排摸区“一厂多租”、涉有限空间作业等情况，完成鹿西昌华冷冻厂“三合一”场所重大隐患整改、大门造船厂市级挂牌隐患销号，停产关闭东启涉铝粉尘作业场所，实现铝镁粉尘清零。

【安全生产审批服务】2021年，区应急管理局优化安全生产行政许可事项“零次跑”，共办理事项61件，替跑116人次。出台审批告知承诺方案，在省定基础上，把所有危化品经营许可事项纳入适用范围，办结1件。成立审批服务攻坚专班16个，妥善化解历史遗留问题2个，正常推进13个。协调解决荣和矿山换证、诚意药业鱼油项目先行开工、石子岙矿山设立安全审批等难题。全年办理危化品许可证17件，烟花爆竹零售许可18件，非煤矿山安全设施设计审查1件，其他备案类24件，所有事项100%提前办结。石油瓯绣大道综合供能服务站危化品经营许可卷获评市应急管理系统十大最佳案例之一，作为执法范本供全市参考学习。推广安责险等社会化服务，全年参保企业超50家。

（叶卓然）

国有资产监督管理

【概况】2021年，洞头区共有国有企业28家（不含参股大小门公司），其中：公共服务类企业4家、功能类企业18家、竞争类企业6家。全年区属企业年末资产总额252.21亿元，同比增长28.14%；营业收入2.68亿元，同比增长21.15%；利润总额-17.05万元，同比增长96.61%，实际上缴税费4680.79万元，同比增长61.77%。截至年底，全区行政事业单位机构共146家，其中行政单位机构57家，事业单位机构89家。全区资产合计148.98亿元，同比增长1322%，主要是由于2021年对全区公路水路公共基础设施开展专项清查入账133.65亿元，另外当年新增在建工程3.16亿元。按照单位性质分类，行政单位资产15.05亿元，事业单位资产133.93亿元。

【国有资产监管】2021年，温州市洞头区国有资产管理办公室出台企业资金存放、企业投资计划管理、国企房产土地租赁管理等办法，推进国企监督审计扩面增效，全年共开展审计和专项检查8轮，涉及企业12家和高管9位。推进数字化建设，上线数字化国资监管平台，实现监管业务与信息化的深度融合。强化政府采购过程监管，试行政府采购意向公开、专家评分公开和项目履约验收公开，实现政采云在线实时监控。督促各预算单位通过“832平台”完成预留份额采购工作，全年共完成采购任务20.5万元，完成率111%。

【国资国企体制机制改革】2021年，区国资办出台国有企业“三重一大”监督检查办法、董事会工作指引，制定党组织前置研究讨论重大经营管理事项清单，严格落实全面从严治党主体责任。开展国企八大领域的重点突出问题专项整治行动，深化“清廉国企”创建工作，完成1家3星国企创建。优化国有资本布局结构，整合提升现有板块，清算注销低效停产企业3家。拓展企业运营板块，新成立排水公司，入股霓发矿业有限公司，重新整合金投公司和海发公司。开展全区行政事业单位房产土地盘点工作，共清查各类房产建筑538处；启动低效闲置资产处置专项行动，出台国有闲置资产分类处置意见，涉及各类低效闲置资产29处。

【国企选人用人机制】2021年，区国资办出台《2021年度区属国有企业负责人业绩考核办法及评分细则》《区属国有企业副职负责人综合考核工作的指导意见》，推动完善企业考核评价制度和内部岗位绩效考核办法，形成业绩与收入相挂钩的分配机制。加大企业用人自主权，启动职业经理人试点以及特岗招聘工作，并推进市场化用工和薪酬分配机制，清单化管理特殊人才薪酬。落实工资决策机制，控制超警戒线企业薪酬、成本费用，强化企业运营指导，全区国企在编人员平均工资同比增长7.8%。

（林颖颖）

工业　信息化

工业概述

【概况】2021年，洞头区实现工业总产值77亿元，同比增长31.6%，其中规模以上工业产值67.01亿元，同比增长26.4%；规上工业增加值首次突破10亿元关口，为11.62亿元，同比增长2.6%；规下工业产值10亿元，同比增长41%。规模以上工业五大行业产值实现全面复苏，其中建材工业、医药化工、机械汽配、水产品加工、电子电器产值分别增长114.3%、31.5%、20.6%、3.5%、0.8%。

制定洞头区工业发展“十四五”规划，印发《洞头区进一步深化“亩均论英雄”改革推进企业综合评价的实施意见》《洞头区工业经济高质量发展暨新一轮制造业“腾笼换鸟、凤凰涅槃”攻坚行动实施方案（2021—2023）》，开展工业企业“亩均论英雄”综合评价。诚意药业医药健康产业园项目竣工投产，诚意药业超级鱼油项目开工，华田换热器管束、开程混凝土等项目建成投产，推进华顺燃料油、力强助焊剂、优瑞欣有机硅、方舟扩建、鸿海新厂房等项目建设。新增“小升规”企业9家，培育超亿元企业2家，创建国家高新技术企业3家，创成省科技型中小企业8家，创成市级企业研发中心1家。完成低效用地整治15.53公顷（233亩），低效厂房整治5万平方米。

（李玲）

【洞头区工业发展“十四五”规划】 2021年10月25日，洞头区印发《温州市洞头区工业、信息化和科技发展“十四五”规划》。该规划主要任务及发展路径包含产业升级工程，提升产业链现代化水平，培育壮大新兴产业链，引导产业链集群发展；创新驱动工程，培育创新主体，构筑创新平台，完善创新体系；数字攻关工程，推进数字经济基础建设，推进工业产品智能制造，推进数字经济应用服务；平台构建工程，引导企业入园，促进产业集聚，完善服务体系，提升服务能力，狠抓节能降耗，建设现代园区；绿色制造工程，推动传统制造业改造升级，提升重点行业能效水平，加快构建绿色制造体系；开放合作工程，深化企业经营优势，提高企业经营能力，提升企业经营环境。推动临港石化产业、智能高端制造产业（机械汽配产业、电子电器产业）、建材工业、海（水）产品加工业等传统产业转型升级，培育海洋生物医药产业、海洋能源产业等海洋新兴产业。目标至2025年，洞头规上工业总产值达到85亿元以上，工业占生产总值比重达到21.5%，规上工业增加值突破15亿元，工业投资五年累计达到40亿元，技改投资达到8亿元，规上工业企业数量达到65家。

【“亩均论英雄”综合评价实施意见】 2021年6月9日，为深入贯彻省、市有关决策部署，持续深化“亩均论英雄”改革工作，温州市洞头区深化“亩均论英雄”改革工作领导小组制定《洞头区进一步深化“亩均论英雄”改革推进企业综合评价的实施意见》。该实施意见包含评价方法（评价范围、评价指标及权重、计算方法）、分类评价（工业企业分规模以上和规模以下两个类别开展综合评价。规模以上工业企业按得分从高到低进行排序，按一定比例分成四类；规模以下工业企业按照机械汽配、电子电器、水产品及食品加工、建材工业、其他行业等五大行业划分，得分分别从高到低进行排序，按一定比例分成四类）、特殊情形的规定（加分、提档、定档、限档、降档及工业企业其他规定、执行顺序）、结果应用（资源配置按照正向激励A类企业，帮扶提升B、C类企业，倒逼整治D类企业原则）。实施意见自印发之日起实施，原洞政发〔2019〕19号同时废止。

【洞头区工业企业“亩均论英雄”评定】2021年9月9日，洞头区根据《洞头区进一步深化“亩均论英雄”改革推进企业综合评价的实施意见》，完成2020年度工业企业亩均评价215家，其中规上参评企业29家，规下186家。评定结果为：规上工业企业综合评价A类11家、B类13家、C类4家、D类1家；规下工业机械汽配行业企业A类2家、B类7家、C类21家、D类3家，电子电器行业企业A类4家、B类21家、C类46家、6类，水产品及食品加工行业企业A类2家、B类4家、C类11家、3类，建材工业行业企业A类1家、B类4家、C类8家、1类，其他行业企业A类企业3家、B类12家、C类20家、7类。

【制造业“腾笼换鸟、凤凰涅槃”攻坚行动】2021年12月16日，为贯彻落实省、市新一轮制造业“腾笼换鸟、凤凰涅槃”攻坚行动推进大会精神，推动工业经济提质扩量增效，促进制造业高质量发展，实现工业领域碳达峰碳中和目标，区政府制定《洞头区工业经济高质量发展暨新一轮制造业“腾笼换鸟、凤凰涅槃”攻坚行动实施方案》。重点任务是实施产业招引攻坚行动，建立健全企业评价机制，加强战新产业招引，加强海洋食品产业招引；实施龙头升级攻坚行动，加快培育化工企业龙头，提高石化产业要素支撑，强化科技创新支撑，深入推进制造业质量革命，大力推进制造业品牌建设；实施功能转变攻坚行动，有序转变工业用地功能，规范实施功能转变审批；实施搬迁入园攻坚行动，全面排查居民区企业安全隐患，鼓励居民区企业搬迁入园；实施淘汰落后攻坚行动，精准排摸高耗低效企业，坚决遏制“两高”项目盲目发展，联合执法倒逼转型升级；实施整治提升攻坚行动，开展税务专项辅导，全面实施企业技术改造，分批次提升低效工业企业；实施用地激活攻坚行动，加快“僵尸企业”处置激活，深化“一企一策”精准发力。通过三年攻坚，推动传统产业转型升级和海洋新兴产业培育发展，制造业呈现规模化、数字化、高端化、绿色化发展。

【洞头区新增规模以上工业企业9家】2021年，洞头区新增规模以上工业企业9家，即温州久一重工有限公司、浙江上电阀门有限公司、温州联集紧固件有限公司、温州市海力砂轮制造有限公司、浙江华田特种材料有限公司、浙江学金新材料科技有限公司、温州正交新材料科技有限公司、温州市震泽电子有限公司、温州奥鹏汽车零部件有限公司。

【洞头区石油和化学工业“十四五”发展规划】2021年9月30日，温州市洞头区经济商务和信息化局编制印发《洞头区石油和化学工业“十四五”发展规划》。该规划主要任务为进一步优化洞头区化工产业布局，促进产业升级转型，根据省、市文件和区政府决策部署，促进洞头区化工产业调结构、促升级、提质量、增效益，巩固化工行业发展基础。目标至2025年，实现规模以上化工企业工业总产值超100亿元，工业增加值突破20亿元；争取规上企业10家以上，其中销售收入超10亿元企业2至3家，超50亿元企业1至2家。产业集聚基本形成。主要大项目完成落地建设形成产能，五年累计完成工业投资30亿元；园区初步实现产品项目一体化、公用辅助一体化、物流传输一体化、环保安全一体化、管理服务一体化建设。创新能力、绿色发展安全水平全面提升。

【洞头传感器产业发展专项规划】2021年9月2日，温州市洞头区经济商务和信息化局编制印发《洞头传感器产业发展专项规划（2021—2025）》。该规划主要任务是延伸传感器上下游产业链，积极培育发展新动能，整合传感器行业资源，积极发挥产业优势，构建完整可持续发展的“洞头制造”传感器产业生态圈，加快建成特色鲜明的传感器生产制造基地。目标至2025年，传感器“低散乱”企业分布明显改善，产业集聚效应明显提升，洞头电子电器科技园生产水平不断提升，传感器产业成为一个产值近2亿元的特色产业，初步建成以产业整合提升为特色的传感器生产制造基地。

【华田换热器管束建成投产】2021年9月15日，华田换热器管束建成投产。该项目位于洞头区南塘工业区B-09地块，占地面积约3.73公顷（56亩），总投资1.8亿元，设计总建筑面积6万多平方米，主体工程包括一栋行政楼、一栋宿舍楼、一座厂房和一座大型换热管钢结构生产车间。该项目由浙江华田特种材料有限公司投资建设。

【开程混凝土建成投产】2021年7月19日，年产100万吨沥青混

2021年洞头区工业企业年产值分布情况一览表

表22

指标	年产值（万元）	比上年±（%）
总 计	697900	19.62
一、按企业规模分组		
2000万元以下	105044	87.88
2000万—5000万元	72921	-6.68
5000万—1亿元	32806	-5.27
1亿—5亿元	218695	61.06
5亿元以上	373479	33.87
二、按登记注册类型分		
有限责任公司	280769	25.3
股份有限公司	36557	—
私营企业	349145	26.02
外商及港、澳、台商投资企业	31429	30.12
总计中：国有企业及国有控股企业	36557	—

说明：未含灵昆街道

（区统计局提供）

2020—2021年洞头区街道（乡镇）工业总产值情况表

表23

指标名称	2020年（万元）	2021年（万元）	累计同比±（%）
合计	583438	789489	35.32
其中：北岙街道	161384	216493	34.15
大门镇	254262	365020	40.02
东屏街道	110701	116748	5.46
元觉街道	42811	65844	53.8
霓屿街道	13354	23903	79
鹿西乡	926	1481	59.94

（区统计局提供）

凝土搅拌站项目建成投产。该项目位于洞头区大门镇小门岛，占地面积约27亩，总投资约7000万元，主要建设一栋办公楼、一栋钢结构厂房和两条年产100万吨沥青混凝土生产线，是温州市唯一的全封闭式环保型沥青商品混凝土搅拌站项目。该项目由浙江开程新材料有限公司投资建设。

（吴生瑶 郑尔凯 陈凯歌）

主要行业

【概况】2021年，洞头区主要工业行业包含机械汽配、电子电器、医药化工、水产品加工、建材工业。全年产值67亿元，同比增长26.4%，其中机械汽配行业产值增长20.6%，电子电器行业产值增长0.8%，医药化工行业产值增长31.5%，水产品加工行业产值增长3.5%，建材工业产值增长114.3%。

【机械汽配行业】2021年，洞头区机械汽配行业规上企业实现总产值6.8亿元，同比增长20.6%。温州市瑞泰紧固件有限公司被认定为国家高新技术企业，浙江伟望汽车零部件有限公司被认定为浙江省科技型中小企业。浙江乾丰汽车零部件有限公司、浙江方舟工程机械设备有限公司、浙江迪特高强度螺栓有限公司、浙江伟望汽车零部件有限公司、温州市东启汽车零部件制造有限公司为亩均评价A类企业。

【电子电器行业】2021年，洞头区电子电器行业规上企业实现总产值2.1亿元，同比增长0.8%。智能尔电气有限公司被认定为浙江省科技型中小企业。温州市华升微型电机有限公司为亩均评价A类企业。编制印发《洞头传感器产业发展专项规划（2021—2025）》，明确洞头传感器产业发展方向。

【医药化工行业】2021年，洞头区医药化工行业规上企业实现总产值45.9亿元，同比增长31.5%。浙江诚意药业股份有限公司启动实施海洋生物医药制造项目（年产1000吨超级鱼油EPA及中药项目），总投资约6.67亿元。浙江省金源高性能有机颜料高新技术企业研究开发中心被认定为省级高新技术企业研究开发中心。浙江诚意药业股份有限公司、温州金源新材料科技有限公司、温州中石油燃料沥青有限责任公司为亩均评价A类企业。9月，印发《洞头区石油和化学工业“十四五”发展规划》，优化洞头区化工产业布局。

【水产品加工行业】2021年，洞头区水产品加工行业规上企业实现总产值0.47亿元，同比增长3.5%。佳海食品企业技术研究开发中心被认定为市级企业技术研究开发中心。

【建材行业】2021年，洞头区建材业规上企业实现总产值9.86亿元，同比增长114.3%，占总产值的19.5%。浙江宏泰混凝土有限公司为亩均评价A类企业。浙江开程新材料有限公司混凝土搅拌站项目建成投产。

【临港工业】2021年，洞头区临港工业产值268769万元，同比增长49.7%，占总产值的40.1%。推进状元岙港区规划布局、港区矿区空间利用等工作，完成状元北片搬迁可研编制，建成华峰化工码头，启动新一轮矿产资源规划编制，建成投用港区拆装箱仓库和8号预留堆场。

（郑尔凯）

新兴产业

【概况】2021年，洞头区高新技术增加值、战略性新兴增加值、数字经济核心产业制造业增加值分别比上年增长22.8%、8.0%、125.1%，占规模以上工业的比重分别为59.0%、29.1%、17.2%。数字经济综合评价指数得分84.4，列全省第二十八位。加快海洋生物医药产业发展，诚意超级鱼油项目开工建设。谋划海洋清洁能源产业，加快深远海布局海上风电、滩涂光伏等可再生能源项目，海上风电计划总装机容量128万千瓦；滩涂渔光互补用海面积约133.33公顷（2千亩），总装机容量120万千瓦以上。浙江诚意药业股份有限公司入选“2021年新一代信息技术与制造业融合发展试点示范企业（网络协同制造方向）”，实现洞头区获得两化融合领域省级荣誉重大突破。浙江立鹏建设有限公司获评浙江省

2021年洞头区规上工业主要行业产值情况一览表

表24

行业	产值（万元）	同比增长（%）	占总产值的比率（%）
五大行业小计	570382	39.9	85.1
其中：机械汽配	72464	20.6	10.8
电子电器工业	27336	0.8	4.1
医药化工	335346	31.5	50.0
水产品加工	4642	3.5	0.7
建材工业	130594	114.3	19.5
临港工业	268769	49.7	40.1

（区统计局提供）

建筑业企业技术中心，为洞头区第二家具有省级企业技术中心企业；“洞头企业云管家”平台新上线企业2家，累计上线企业6家。

【数字经济】2021年，洞头区数字经济综合评价指数得分84.4，列全省第二十八位，位次提升15位。全年核心产业产值（营收）3.51亿元，核心产业增加值总量实现2.4亿元，增速17.5%，数字经济核心产业占生产总值比重为2.3%。全年新增上云企业57家，上云企业数量累计达到650家。“洞头企业云管家”平台上线2家，累计上线企业6家。推进以“产业大脑+未来工厂”为核心架构的数字经济系统建设，洞头区数字经济门户上架并实现省、市、区贯通。

【智能装备】2021年，洞头区智能装备产业企业新增1家，即久一重工有限公司，累计7家，即温州久一重工有限公司、温州仕博电器科技有限公司、浙江广和电器有限公司、温州华邦包装机械有限公司、温州市华升微型电机有限公司、浙江信立达机械科技有限公司、浙江永宏电气有限公司。全年产值总量为2.96亿元，同比增长7.1%。

【诚意药业医药健康产业园投产】2021年1月18日，诚意药业医药健康产业园项目竣工投产。该项目为省“152”重大项目，位于洞头区健康产业园城南片A-23地块，占地面积约8.13公顷（122亩），总投资4.6亿元，主体工程包括1栋制剂大楼、1栋研发大楼、1座丙类原料仓库、2座高架仓库、3个甲类车间（抗病毒车间、中试车间和抗肿瘤车间），并配套其他辅助工程。该项目由浙江诚意药业股份有限公司投资建设。

【诚意药业海洋生物医药制造项目开工建设】2021年6月15日，诚意药业海洋生物医药制造项目（年产1000吨超级鱼油EPA及中药项目）开工建设。该项目位于洞头区健康产业园城南片A-19a1地块，占地面积约7.07公顷（106亩），总投资约6.67亿元，设计总建筑面积8万多平方米，项目共包括2间丙类仓库、3个鱼油车间、1个动力中心、1个中药提取车间、1个中药饮片车间和1栋专家楼等九大主体工程，计划两年内建成。该项目由浙江诚意药业股份有限公司投资建设。

（刘玲玲 吴生瑶）

工业园区管理

【概况】2021年，洞头区有小微园3个，其中建成投用小微园2个、在建小微园1个。全年小微园工业产值2.90亿元，税收收入1397万元。连续3年开展园区提质增效行动，累计完成厂房出租13.8万平方米，实施新企业入驻登记备案审查127家，完成竣工违约处置企业激活42家，企业智能化改造项目申报20家，技改项目资金1.3亿元。开展“低散乱”企业专项整治行动，排查安全隐患375处，关停8家，提升9家。开展小微园绩效评价，电子科技园评为B档，2020年亩均收入230万元，亩均税收13.84万元，处于全市小微园中游水平。全年完成低效用地整治15.53公顷（233亩），市对区考核完成率117%；低效厂房整治5万平方米，完成率100%。完成高耗低效企业整治提升企业11家，完成率100%。

【电子电器科技园】2021年，电子电器科技园位于南塘工业园区B-07b地块，占地面积3.41万平方米（51.16亩），总建筑面积

洞头电子电器科技园 （区经信局提供）

5.70万平方米，总投资1.97亿元，2012年12月开工建设，2018年1月竣工。截至年底，有入驻企业61家，产值1.40亿元、税收718万元，以电子电器为主导产业。

【机械汽配产业园】2021年，机械汽配产业园位于南塘工业区城西路471号，占地面6.02万平方米（90.28亩），总建筑面积7.40万平方米，总投资2.30亿元，2016年5月开工建设，2019年1月竣工。截至年底，有入驻企业40家，产值1.50亿元、税收679万元，以机械汽配为主导产业。

【霓屿紫菜产业园】霓屿紫菜产业园位于霓屿街道网僚鼻，占地面积12.31万平方米（184.50亩），建筑面积20.80万平方米，2019年6月开工建设，2021年末基本完成主体建设和配套附属设施建设，主导产业为海产品加工销售与研发。

【产业园再提质再增效专项行动】2021年，洞头区连续3年开展园区提质增效行动，累计完成厂房出租13.8万平方米，实施新企业入驻登记备案审查127家，完成竣工违约处置企业激活42家。组织开展"低散乱"企业专项整治行动，排查安全隐患375处，关停8家，提升9家。开展小微园绩效评价，电子科技园评为B档，亩均税收13.84万元，处于全市小微园中游水平。激活处置闲置工业地块，跟进罗米电子、艾特电气等"僵尸"项目处置进展。全年完成低效用地整治15.53公顷（233亩），低效厂房整治5万平方米，完成高耗低效企业整治提升企业11家。

【园区企业亩均效益】2021年，完成全区工业企业2020年度亩均评价工作并通过区政府办公室公布评价结果，其中规上工业企业被评为A类11家、B类13家、C类4家，D类1家；规下企业A类12家、B类48家、C类106家、D类20家。

（杨伶俐 林思敏 郑尔凯）

供电行业

【概况】2021年，洞头区全社会用电量达4.535亿千瓦时，同比增长8.99%，较全市平均水平（14.32%）低5.33%。工业用电量为1.732亿千瓦时，同比增长4.57%，增幅位居全市第十二，较全市平均水平（15.68%）低11.11%。全年累计完成固定资产投资4896万元，全口径供电可靠率99.9852%，同比上升0.01%。线损率为3.61%，同比上升0.16%，全年安全生产无事故。

国网温州市洞头区供电公司开展带电作业1016次，减少户均停电时长8.09小时。依法落实相关电价政策，全年完成直接交易用户共607户政策宣传贯彻工作。高效保障诚意健康产业园、霓屿紫菜园、青山岛海上公园、"梦幻海湾"、南洋国际酒店、浙能LNG等项目用电需求。完成霓屿紫菜田园综合体、中普陀宗教旅游文化园等重点工程项目用电报装，容量总计1.6355万千伏安。"电亮深'海'蓄日'霞'光"志愿服务项目获评浙江省青年志愿服务项目大赛银奖，"海霞精神"入选省电力公司"百张文化名片"，"洞电·阳光小屋"获评温州市未成年人思想道德建设优秀阵地。鹿西供电所获评省公司"五小"供电所示范点，海霞供电所连续获评市级满意基层站所。选送的微电影类作品《电力海霞的别样"海霞情"》、演讲类作品《海岛共富路，几度风雨几度情》分获第九届全国品牌故事大赛（宁波赛区）三等奖和优秀奖。

【电力供应】2021年，洞头区第一产业用电量223.8259万千瓦时，同比上升22.64%，占全社会用电比重为0.49%，同比上升0.05%。其中，渔业累计完成用电186.5318万千瓦时，同比上升19.02%。第二产业用电量19118.5942万千瓦时，同比上升4.06%，占全社会用电比重42.16%，同比下降1.99%。第三产业用电量12695.4053万千瓦

2021年4月25日，洞头110千伏深水输变电工程投运　（林小芳 摄）

时，同比增长 20%，占全社会用电比重为 27.99%，同比上升 2.51%。城乡居民生活用电量 13314.4066 万千瓦时，同比增长 6.71%，占全社会用电比重为 29.36 %，同比下降 0.57%。

【电网基础建设】2021 年，洞头区供电公司推动新型电力系统建设，打造“多元融合高弹性电网”和“不怕台风的电网”。提前建成投产深水 110 千伏输变电工程。推动大门至深水 110 千伏线路工程，推进常青 35 千伏送出二期和深水 35 千伏送出工程前期工作。110 千伏大小门变和 35 千伏霓屿变纳入全市“十四五”主网规划库。推进“不怕台风的电网”建设，完成第一批防台示范网格验收及小门—大门、大门—本岛两回 35 千伏线路防台应急技改。制定“不怕台风的电网”配网三年基础提升方案，推动电网防台抗台。打造以源网荷储为核心的鹿西“智慧能源岛”，鹿西电动公交实现全覆盖。全年完成 10 千伏配网工程 11 项，总投资共计 1936 万元，新建 10 千伏电缆线路 9.991 千米、架空线路 12.543 千米，新增配变容量 5090 千伏安。

【电网助推共同富裕示范区建设】2021 年 10 月 20 日，为深入推进洞头区电网建设，助推洞头打造高质量发展建设共同富裕示范区海岛样板，区政府制定《进一步加快建设坚强电网助推打造共同富裕示范区海岛样板的实施方案》，主要任务是坚强电网三年攻坚行动、电网精益运维行动、电网电力设施保护行动、电网应急体系建设行动、电网安全隐患整治行动。目标至 2024 年，全区供电可靠率和综合电压合格率提升至 99.985%，主配网互联率提升至 100%，不停电作业率提升至 95%，表后强弱电安全隐患整改率达 100%。截至年底，建成下社村“乡村振兴・电力先行”示范区，建成新时代电气化村 4 个，完成电力驿站建设 3 个及便民服务点入驻 85 个。构建充电“生态网”，累计投用快（慢）桩 32 个。提前完成充电桩“镇镇通”建设，累计建成电动汽车充电站 12 座共 53 个充电桩，总容量达 3995 千瓦。

【洞头区“十四五”电动汽车充电设施布局规划】2021 年 11 月 30 日，为加快推进新型基础设施建设，洞头区供电公司联合区发改局印发《洞头区“十四五”电动汽车充电设施布局规划》，统筹实施、统一规划充电基础设施建设。公交专用充电桩布局规划在保留现有公交专用桩的基础上，至规划期末新增电动公交车 37 辆，需新增 24 个公交专用桩；公共充电桩（站）新增 73 个，保留现有 94 个；私有充电桩实施有序充电桩建设。目标至 2025 年，新增公共充电桩约 86 个，总投资额约 688 万元。

【电力绿色转型发展】2021 年，洞头区供电公司开展优化电力营商环境深化创新年“365”行动，实施“供电 + 能效服务”新模式，出具温州地区首份《能效诊断报告》。推动签署《温州港口船舶岸电建设合作框架协议》，政企联合发布洞头区“十四五”电动汽车充电设施布局规划，全市首家政府机关能源托管项目落地洞头。全面推进发电

2020—2021年洞头区行业用电分类情况一览表

表 25

项目类别	2021年累计用电量（万千瓦时）	2020年累计用电量（万千瓦时）	同比增长(%)	占比（%）
全社会用电总计	45352.232	41610.4269	8.99	100
A.全行业用电合计	32037.8254	29133.6151	9.97	70.64
第一产业	223.8259	182.5061	22.64	0.49
第二产业	19118.5942	18371.9422	4.06	42.16
第三产业	12695.4053	10579.1668	20	27.99
B.城乡居民生活用电合计	13314.4066	12476.8118	6.71	29.36
城镇居民	6264.7093	6675.1841	−6.15	13.81
乡村居民	7049.6973	5801.6277	21.51	15.54

（国网洞头区供电公司提供）

企业上网电费线上结算，推进油改电、气改电等项目，打造以鹿西为示范窗口的洞头“智慧能源岛”，全省首个离岛无人营业厅在鹿西建成营业。全市首家率先完成光伏倍增指标，完成全年任务的137%。

【数字化改革】2021年，洞头区供电公司推进数字化改革。推动能源数据中心建设，完成全部规上企业及315千伏安及以上工商业用户的智慧电务设备安装。推进大数据应用，温州电力系统35千伏变电站首个“云平台”在35千伏洞头变上线。建立云端运维巡视共享化平台，把日常巡视的设备关键信息和照片通过手机客户端上传至云端共享，班组人员则可以实时查看、修改，对巡视遇到的问题进行记录、留存。

【全省首个离岛“无人营业厅”营业】2021年7月14日，国网温州市洞头区供电公司鹿西供电所“无人营业厅”营业，为浙江省首个离岛“无人营业厅”。该“无人营业厅”设置自助服务区、便民服务区、生活体验展示区等功能区，设有两台新型自助业务受理机和两台发票打印机，客户可凭个人身份证实现自助业务受理和发票打印等功能，办理缴费、查询、新装、过户、报修等传统业务以及电动汽车、分布式光伏、电能替代等新型业务。

【供电服务】2021年，洞头区供电公司提升区域自动化有效覆盖率实现100%。开展不停电作业1156次，占比95.93%，计划停电时户数同比下降83%。配合政府稳妥推进能耗“双控”工作，完成有序用电保供电。完成中国共产党成立100周年、各级两会、中高考等重大节假日及活动期间的保供电任务。

（王蓓蕾）

供水行业

【概况】2021年，洞头区实行市、区供水一体化，归属温州市公用事业发展集团有限公司自来水公司管理，成立温州市自来水有限公司洞头分公司，主要承担洞头区范围(不含灵昆）的制水生产、管网加压、营业收费、管网建设、管网抢修等供水服务工作，服务人口约12万人。本岛水源主要来自龙湾状元水厂，自备水厂有4座，其中，长坑水厂制水能力1.2万立方米/日，水库主要功能为应急备用；大门岙底水厂制水能力2000立方米/日，杨梅田水厂制水能力1000立方米/日，鹿西水厂制水能力1500立方米/日。本岛和鹿西岛通过25座供水加压泵房和31座高位水池加压输送到户，供水村村通、户户通实现全覆盖。2021年4月13日，温州自来水有限公司洞头分公司海霞女子服务队成立。洞头分公司党支部获评温州市国资系统2021年“四强四优”党建示范点。

【洞头实行“供水一体化”】2021年1月29日，洞头区人民政府与温州市公用集团共同签署“洞头区供水一体化移交协议书”，把原温州市洞头水务发展有限公司及下属温州市洞头水务发展有限公司自来水分公司、温州市洞头水务工程建设有限公司、温州市洞头大门水务有限公司、温州市洞头鹿西水务有限公司相关供水职能、人员整合，统一移交温州市公用集团自来水公司管理，成立温州市自来水有限公司洞头分公司，负责洞头全区范围的制水生产、管网加压、营业收费、管网建设、管网抢修等供水服务工作。洞头与鹿城、龙湾、瓯海等地实现“同城、同价、同质、同服务”，居民用水价格下调约12%，居民用水第一梯度从3.8元/吨下调至3.35元/吨，第二梯度从5.45元/吨下调至4.55元/吨，第三梯度从7.1元/吨上调至8.15元/吨。2021年2月1日起实行。

【温州市洞头区排水公司成立】2021年6月22日，温州市洞头区排水公司揭牌成立。该公司主要职责是负责洞头城区范围内雨水、污水收集、排放及市政管网管理养护；污水泵站等设施设备维护、

2021年1月29日，洞头区人民政府与温州市公用集团举行洞头区供水一体化移交签约仪式
（区融媒体中心提供）

养护工作；负责洞头城区范围内污水处理厂监督管理、运行管理；负责参与新建、修复市政排水管网工程施工管理、施工质量监督；协助负责排水许可证颁发现场踏勘及排水投诉件处理及反馈；参与城市防洪、负责城区排涝工作等。属于区综合行政执法局下属国企。

【供水服务】2021年，洞头区有非居民户表数3129户，居民户表数41710户，全年总供水量933万吨，其中大门106万吨，鹿西39万吨，本岛788万吨。完成市、区供水一体化供水中控并网，推进营销系统整合，人工抄度调整图像采集模式，取消纸质水费通知单，拓展线上服务渠道，实现用水业务“同城同服务、全城通办”。洞头居民水价格下调12%与市区同价。全年共接听服务热线6000多起，应急抢修300多起，处置率100%。配合物业小区，加强二次供水水质检测。

（吕孙萍）

【洞头区陆域引调水工程（一期）合作协议签订】2021年11月10日，市公用集团与洞头区政府签订合作协议，共建洞头区陆域引调水工程（一期），打造洞头陆域引供水第二通道，同步启动洞头本岛和鹿西岛的管网提升工程。市公用集团与洞头水利发展有限公司签订委托代建协议。洞头区陆域引调水工程（一期）计划投资4.25亿元，工程内容为建设330国道内侧至王山头泵站输水管道、大门配水站至鹿西输水管道及配套设施等，供水线路总长28.9千米，管径DN1000，规模10万立方米/天。

【洞头本岛片自来水供给实现全覆盖】2021年2月，霓屿街道山尾村村民正式用上安全放心的自来水。至此，洞头区本岛片自来水供给实现有人居住自然村全覆盖。霓屿街道山尾自然村，位于桐岙村和布袋岙村之间的高山上。由于地势高、位置偏等因素，该村交通闭塞、村民较少，导致供水项目施工难度大，一直未通自来水。居住的15户人家以年迈老人为主，长年使用村内一口水井，水源枯竭、水质差等问题常有发生。区综合行政执法局把该村居民用水问题纳入实施民生实事项目（洞头区市政管网提升工程——供水保障工程）范围，按期铺设山尾村自来水管道987.5米，增设消火栓1套。

（林思茹）

大门海洋经济示范区

【概况】2012年3月，大门海洋经济示范区挂牌成立，功能定位为浙江海洋经济发展示范区先行区、温州对台经贸合作试验区。2015年4月，根据省、市关于瓯江口产业集聚区体制调整的意见，成立瓯江口产业集聚区洞头大门岛分区管理委员会，实行“一套人马、三块牌子”运作模式。管理上实行示范区、大小门岛投资开发有限公司、大门镇“三位一体”的模式。2020年6月，实行“一套人马、两块牌子”独立运作模式，以洞头区政府管理为主。

大小门岛是连接长三角经济区与海西经济区的重要节点，东南距洞头区北岙街道15.5千米，南隔大门水道距元觉街道状元岙港区7.5千米，西临乐清黄华9.5千米、龙湾灵昆11.2千米，北向隔海距玉环楚门6.2千米。大小门岛岸线资源丰富，岸线总长59.13千米，其中深水岸线16.1千米，大门岛岸线长约42.18千米、小门岛岸线长约16.95千米。大小门岛拥有丰富的浅海滩涂资源，10米等深线以内浅海面积约1.77万公顷，其中潮间带滩涂面积约0.68万公顷；大小门岛拥有丰富的花岗岩资源，享有“花岗岩之乡”盛誉。花岗岩出露面积约21.6平方千米，占岛屿陆域面积75.5%，总储量逾21亿立方米，可开采资源量约3.2亿立方米。

2021年，大门海洋经济示范区完成固定资产投资24.07亿元，规上工业产值34.93亿元，实现税收3.13亿元。浙能LNG场平建设及四个罐体浇筑完工，码头EPC工程已开工建设，海底管道已进场开展施工，完成投资15.54亿元。温州建筑工业化仁前途厂区开展办公楼、砂石料仓库主体结构施工，营盘基厂区除码头外完成竣工验收。生态处置中心扩建项目投用，力强科技、华顺燃料油完成项目预验收，推进优瑞欣化学、弘博二期、中油石脑油项目建设。做好招商选资洽谈工作，对接巨正源、正泰、石墨谷等意向企业16家。参与“两新”重大产业项目专班。总部经济完成年度目标任务的230%以上。示范区改善提升水、路、电等配套设施建设，建成投用小门环岛公路、综合能源站、临时污水处理排污工程。基本建成大门消防应急救援站、长沙安置房二期、大门产业基地应急引水工程；LNG保障通道、小门污水处理厂、黄岙排涝工程开工建设。

【重大产业平台建设】2021年，大门示范区作为全市“3+12”重大产业平台之一，落地在建亿元产业项目到位资金、主导产业产值占比、规上工业研发费用占营业收入比重、战略性新兴产业产值等4项指标排名全市第一位。全年在建工业投资项目8个，其中百亿元项目1个，10亿元项目1个，亿元以上项目6个。

【医废改扩建项目试运行】2021年12月15日，温州市综合材料生态处置中心1万吨/年医废改扩建项目试运行。该项目于2020年10月26日开工，2021年12月10日竣工，总建筑面积为2646.30平方米，总投资9879万元。为温州市建设“无废城市”的重要项目之一。项目建设单位是温州市环境发展有限公司，设计单位是中国市政工程华北设计研究总院有限公司，施工单位是温州建设集团有限公司，监理单位是上海宝钢工程咨询有限公司。

【石脑油罐区改造项目开工建设】2021年7月，温州中石油燃料沥青有限责任公司二期石脑油罐区改造项目开工建设。该项目总用地面积1.2公顷（18.04亩），建筑面积3872平方米，项目包含2个石脑油罐，2座泵棚及1座泡沫站，1个产品发运泵房及配套运管线、电仪及公用工程系统，总投资约1.03亿元。项目建设单位是温州中石油燃料沥青有限责任公司，设计单位是中国石油天然气管道工程有限公司，施工单位是中国石油天然气第七建设有限公司，监理单位是南京祥安工程监理咨询有限公司。

【工业气体、溶液配置及酸碱库区新建项目开工】2021年10月，浙江弘博新材料科技有限公司工业气体、溶液配置及酸碱库区新建项目开工建设。该项目占地面积3.06公顷，建设内容包括研发中心、生产车间、检测车间、辅助用房、综合楼、抗爆控制室及罐区等，总投资约1.22亿元。项目建设单位是浙江弘博新材料科技有限公司（温州冠乔气体科技有限公司），设计单位是温州市工业设计院有限公司，施工单位是浙江立鹏建设有限公司。

【小门综合供能服务站竣工】2021年12月26日，小门综合供能服务站通过联合竣工验收。该项目于2020年8月开工建设，占地面积0.47公顷（约7亩），投资8304万元。工程建设单位是温州大小门浙石油综合能源销售有限公司，设计单位是广东政和工程有限公司，施工单位是杭州海阔建设有限公司，监理单位是浙江江南工程管理股份有限公司。

（郑历橙）

2021年12月26日，小门综合供能服务站竣工验收　（郑历橙 摄）

信息化管理与服务

【概况】2021年，洞头区党政机关信息化项目建设管理办法试行，指导洞头区党政机关信息化项目运维管理办法，信息化项目规范管理，推进数据平台建设和“数字政府”建设，提高智慧政务服务水平。全区（不包括灵昆街道）共有5G基站226个，实现北岙东屏主城区基本全覆盖和其他街道设有覆盖点。“数智渔业”项目入选浙江省渔业产业大脑（海洋渔业）第一批先行建设试点项目，为温州市唯一一个农业类产业大脑。洞头区浙江诚意药业股份有限公司入选“2021年新一代信息技术与制造业融合发展试点示范企业（网络协同制造方向）”。

【洞头区党政机关信息化项目建设管理办法试行】2021年7月25日，为进一步规范全区党政机关信息化项目建设管理，推动信息系统跨部门跨层级互联互通、数据共享和业务协同，洞头区办公室印发《洞头区党政机关信息化项目建设管理办法（试行）》。该办法包含总则、项目计划和资金安排、方案编制与技术审查、采购、实施、验收、运行、监督、服务商和专家库管理及附则等10章37条内容。涉密党政机关信息化项目采购须严格遵照财政部、国家保密局《涉密政府采购管理暂行办法》执行。

2021年4月29日，洞头区数字化改革项目"擂台比拼"活动在海霞红港举行
（区大数据管理中心提供）

【洞头区党政机关信息化项目运维管理办法】 2021年11月25日，为规范全区非涉密云、网、系统运维管理，提高服务质量，保障运行安全，区政府办公室印发《洞头区党政机关信息化项目运维管理办法》。该办法包含6章24条内容，适用于洞头区政务云服务、电子政务外网和党政机关信息化项目等非涉密政务信息化设施的规划、建设、运行、维护、管理和监督考核。为用户单位提供的云计算、云存储、网络、数据库、中间件、云视频、云安全、数据共享交换等服务。自发布之日起实行。

【信息化项目规范管理】 2021年，区大数据管理中心联合印发《洞头区党政机关信息化项目建设管理办法（试行）》《洞头区党政机关信息化项目运维管理办法》《洞头区数字化改革项目绩效评价办法》等制度文件。全年收到各部门单位项目审核申请65个，合计资金6069万元，核减后金额为4900万元，核减金额1169万元，财政资金节约率19.3%，出具审核意见65份。

【数据平台建设】 2021年，温州市洞头区大数据管理中心开展IRS（一体化数字资源系统）平台项目登记。组织IRS系统登记集中攻坚2次，举办业务培训4次，通过日常巡查、定期通报等方式，督促部门做好项目登记工作。通过IRS平台共登记应用项目71个，所有应用均完成数据目录、应用项目、云资源等信息关联。推进数据归集治理共享。依托市公共数据资源系统，对已登记应用开展数据归集，累计归集实施工单91个，编制数据目录923个，涉及数据项13348项。通过市级公共数据平台，共回流数据39项，支撑洞头海洋灾害智防、养老社区、标准地址库、防汛防台一指令等项目建设。向市里申请数据共享接口309个，满足数字化改革门户及各单位应用项目建设需求。建设区级数据仓和专题库。升级"数字小脑"，接入应用系统8个，对接省、市共享接口305个，建立数据目录373个，总计入库数据446.9万余条，实现省、市、区三级数据资源互通。部署洞头政务OA系统、百家信、防台综合指挥系统、洞头天气预警等各项区级应用。

【"数字政府"建设】 2021年，区大数据管理中心完成数字政府门户建设。开展数字政府重大任务拆解，形成一级任务13个、二级任务62个，涉及相关任务指标300项。上线信用智治（百家信）、防台指令一屏锁定等场景应用展示页面。牵头推进数字政府领域应用，完成议题管理、督查亮灯、调研专题库等系统建设，协助做好省、市项目试点，配合推进"数字渔业""防台指令一屏锁定""岛游通"等项目建设。推进"利民补助一键达"工作，多次召集会议进行动员部署，梳理事项清单，指导部门编制工作指南，了解系统操作流程。全年共配置上线补助事项71项，其中，实现线上金额推送及业务贯通事项29个，线上办件量17501件，兑现金额703.53万元。

【信息基础设施】 2021年，洞头区新建5G通信基站146个、铁塔基站11个，改造铁塔基站60个，合计完成217个，完成率195.5%。截至年底，全区（不包括灵昆街道）5G基站共有226个。迭代温州市金融综合服务平台项目，洞头区作为唯一一个试点区（县），建成线上和线下金融超市，承接贯通9个省级重大应用。数字经济系统建设全省排名第三十一位。

【智慧政务服务】 2021年，区大数据管理中心聚焦"互联网+政务服务"，健全政务服务体系，推广政务服务"网上办""掌上办"。加快政务服务2.0推广应用，全年政务服务收件率81.6%。融合大数据与"最多跑一次"改革，以数据指标倒逼办事效率提升，许可事项承诺时限压缩比、跑动次数比和即办率分别为97.83%、0.006849和92.24%，几项指标均排名全市前列。梳理机关部门间办事事项，做好各办理系统跳转和数据共享工作，全区上线内跑事项428项，线上办件总数5012件，统建系统事项395项，办件平均满意度4.8分。推广浙政钉2.0，浙政钉注册用户4741人，激活率100%，日均活跃率91%，上架科级干部动态考核平台、防台指令一屏锁定、海上行政执法协同平台等应用，举办六期假勤配置专项培训。推进"互联网+监管"。加强监管工作督办，推动考核指标提升，国库主项覆盖率96.4%，省库主项覆盖率100%。督促部门做好办件转执法工作，"12345"办件需转执法共1150件，已转执法办件568件，转执法办件率49.39%，30日内办结率74.46%。

【两化融合领域实现省级荣誉重大突破】2021年10月14日，省经信厅公布2021年省级新一代信息技术与制造业融合发展试点示范企业名单，洞头区浙江诚意药业股份有限公司入选"2021年新一代信息技术与制造业融合发展试点示范企业（网络协同制造方向）"，实现洞头区两化融合领域省级荣誉重大突破。洞头区贯彻省、市、区数字经济五年倍增计划，完善各项惠企政策，推出最高50%的智能化技改补助政策，激发企业数字转型积极性。完善"洞头企业云管家"平台，引导企业入驻，免费尝鲜数字化软件，累计入驻企业6家。联合华中科技大学茶山智能制造研究院和温州职业技术学院智能制造应用技术研究中心专家团队为洞头企业开展数字化问诊服务。

（张琦彦　刘玲玲　唐霏霏）

【电信洞头分公司】2021年，中国电信股份有限公司洞头分公司设有营业厅7个、营业服务网点1个。截至年底，全区拥有固定电话1.04万户，移动手机用户3.32万户、宽带用户2.15万户。全年业务收入4687万元。管线建设投资202.08万元，建设瓯江口管道4个，状元南片管道1个，灵昆镇1个，洞头新城1个，鹿西2个，瓯江口、大门局主干中继光缆工程2个。建设LTE4G基站25个，建成5G基站59个。洞头全域累计5G建成站93个。建设200G/OTN城域网，政企业务、普通宽带业务分开两张网各100G出口带宽，出口带宽由原来的40G提升到200G，政企业和普通宽带各100G。升级原烟墩山至南鹿岛百兆微波传输到千兆设备。完成基站同路由改造10个。

（洪　军）

【移动洞头分公司】2021年，中国移动通信集团浙江有限公司洞头分公司设有综合部、市场部、网络部、政企部及北岙、外岛两个区域，下辖新城、北岙、东屏、霓屿、元觉、大门、鹿西7家营业厅和25家移动代销点。全区通话用户超10.2万户，移动通话用户份额超85.7%；5G终端用户达到3.17万户，移动用户渗透率为30.86%，移动宽带用户数超3.2万户。全年实现运营收入超9800万元。2021年，获评年度浙江移动明星县公司。全年网络建设总投资1亿元，累计建设4G逻辑基站746个，新增5G站点81个，累计开通5G基站176个（不包含灵昆、瓯江口），5G网络基本实现全域覆盖。完成通信管道建设50孔千米，管道总孔千米数达到475孔千米，光缆长度2975皮长千米，骨干及节点机房总数21个，完成26台10G—PON光线路终端设备建设，实现BRAS（ME60）设备、CDN设备的落地建设，全区千兆宽带覆盖率99%。实现南策、大瞿、大竹峙、青山岛等岛屿的网络覆盖，参与旧城改造、小门石化产业园区等重点工程项目网络规划联审。成立5G授课宣讲团队开展授课服务，授课覆盖300人次；开展"数字银龄跨越鸿沟""防诈宣讲进社区"等志愿活动，科普讲座、智能手机培训及防诈宣传10多场，覆盖村社32个，教育服务群众近3万人次，协助区公安分局发送公益防诈短信20万条。疫情期间，开展活动网络保障工作30多场，解决民宿、工地等专项网络覆盖需求。全年各类信息发送量超100万条，发送各卫生院疫苗接种宣传信息20多万条，防疫短信日均发送量2.5万条。实现政府和企业信息化应用产品收入1300万元，承建区级层面ICT（信息通信技术）项目13个和912工程设备维护。

（叶颖颖）

【联通洞头分公司】2021年，中国联合通信有限公司洞头区分公司新建5G基站站点60个，室分替换16个，总投资1200万元，扩大洞头主城区、瓯江口新区、灵昆街道5G网络覆盖范围。完成4G共享基站148个，优化弱覆盖区域。开通各种电路、专线35条，建设新国标小区5个，宽带新覆盖用户5000多户。全年主营业务收入同比增长28.49%；基础通信服务收入同比增长11.63%；5G出账用户同比增长141%，5G终端用户同比增长198%，基础通信服务同比增长10.4%，全市排名第一位，移网新增发展4669户，完成率123%。

（林泊含）

交 通

概述

【概况】2021年，洞头区完成交通投资26亿元，同比增长94.7%，完成率为205.5%，增速及完成率均居全市第一位。完成交通重点项目投资2亿元，占年度计划的146.3%；完成公路货运周转量46514.16万吨千米，同比增长34.05%；完成水路货物周转量257.63亿吨千米，同比增长19.51%；完成集装箱吞吐量49.66万标箱，同比增长19.3%。制定出台《洞头区综合交通运输“十四五”发展规划》，编制《洞头区县道公路网规划（2021—2035年）》。S211安吉至洞头公路洞头霓屿至北岙段工程入选2021年省重点建设项目增补名单并开工建设。组织开展211省道洞头环岛西路连接线、苔岙隧道、325省道大门段、疏港高速等项目前期研究。建成鸽殿公路、破堤通海等工程。海运业总运力增至82万吨，连续11年居全市第一位。向上争资3650万元，完成国省道及农村公路养护大中修23千米；创建美丽经济交通走廊17千米，新建和改造提升农村公路20千米，隧道景观化改造6座。率先在全市投用危货停车场，全年查处超限超载案件526起，超限“百吨王”185辆。开通跨区申办服务，满意率100%。大门微公交、“五岛沿线”夜间公交运行，新建和改造提升公交站点45个，投入1500多万元打造大型客车渡船舶。全市首条“客货邮”水陆联运班线开通，实现鹿西乡行政村服务站点全覆盖。洞头区城乡交通一体化达到省AAAAA级水平。

【交通建设】2021年，洞头区交通建设投资26亿元。完成小门岛环岛公路工程、鸽尾礁至大王殿连接公路建设工程、大门镇马观线公路美岙至仁前途路段改造提升工程等项目建设；推进大门岙底至沙岙隧道及接线工程、沙岙综合交通码头及接线工程、温州液化天然气(LNG)接收站项目、温州港状元岙港区二期工程、温州华港液化天然气（LNG）储运调峰中心（罐区）项目、温州港核心港区深水进港航道工程等项目建设。安吉至洞头公路洞头霓屿至北岙段工程等项目开工建设。

（杨 瑶）

【洞头区综合交通运输“十四五”发展规划】2021年9月8日，洞头区印发《洞头区综合交通运输“十四五”发展规划》。该规划包含发展基础、发展环境和要求、发展目标、主要任务、政策措施等。主要实施交通八大工程，推进“外快交通、内畅交通、海上交通、旅游交通、惠民交通、美丽交通、智慧交通、平安交通”建设，形成“三纵三横、三铁三港”（三纵为228国道、甬台温高速复线、甬台温高速复线洞头联络线，三横为325省道、330国道、211省道；三铁为大小门货运铁路支线、S1线、S2线，三港为状元岙港区、大小门岛港区、灵昆作业区）综合交通运输网络骨架。交通投资规模约353.85亿元，其中道路建设245.57亿元，港口67.28亿元，其他41亿元（洞头交通投资规模约79.7亿元，其中公路建设28.04亿元，港口建设51.01亿元，其他0.65亿元）。

（邱艳萍）

【“客货邮”融合发展试点】2021年，为有效推动农村物流发展，解决交通衔接、货物装载、综合驿站选址、人员配置等问题，洞头区制定农村“客货邮”融合发展方案，确定鹿西乡作为全区“客货邮”融合发展试点地区，实现鹿西乡六大行政村“客货邮”服务站点全覆盖。“客货邮”由洞头邮政公司及交运洞头公司作为运营主体，联合多家快递公司共同经营，快件在洞头本岛汇集后，邮政公司利用渡运方式把快递集中送达鹿西乡，并结合公交客运班次运输至各村“客货邮”服务点，最后由各村村邮员对快件进行整合派送到家。“客货邮”旨在减少群众取件成本，缩减取件时间。12月8日，洞头区“客货邮”融合发展在鹿西乡东臼村启动。

（童汝慧）

公路

【概况】2021年年底，全区共有公路56条，总里程241.143千米。其中，高速公路1条，里程2.626千米；普通国道1条，里程41.935千米；农村公路54条，里程196.582千米。公路网密度为192.91千米/百平方千米。全区所有街道（乡镇）及行政村实现通准四级以上等级公路。330国道洞头段年平均日交通量为1.1077万辆，拥挤密度为0.37；330国道灵昆段年平均日交通量为2.3597万辆，拥挤密度为0.79。全年完成公路货运周转量46514.16万吨千米，同比增长34.05%。编制县道公路网规划，推进国省道、农村公路专项养护工程。新建公交站点10个，维护公交站点35个，开通“五岛沿线”夜间公交，大门微公交试运营。

【公路养护】2021年，温州市洞头区公路与运输管理中心完成S332延伸线洞头段养护大中修工程3.54千米、农村公路养护大中修工程20.3千米、提质升级6座隧道、维修加固1座桥梁，实施桥梁动态安全监测系统1座，总投入约1000万元。开展公路彩化美化工程，绿化提升7000平方米。全年修复沥青路面7000平方米，完成路面坑洞修复1200多处，修复护栏1000多米。定期检查桥隧、桥梁防眩板修复工作，实现全区主干公路、通景公路精细化管养。

（郑浩）

【公路沿线“三化”整治】2021年，完成公路边“三化”市（县）点位共66个，市级点位20个，县级问题点位40个，督查问题点位6个。治污染点193处，清理路边非公路标志牌202块，清理违法堆放物2219平方米，共拆除占道经营点165处，整治景区沿线流动摊贩132处。

（曾学政）

【211省道安吉至洞头公路霓屿至北岙段工程开工】2021年10月15日，211省道安吉至洞头公路洞头霓屿至北岙段工程开工建设。该工程是省重点工程增补项目，起点位于霓屿岛布袋岙安置房南侧与霓福路相交，形成T字形交叉，向东布线设布袋岙大桥和同兴大桥，经外山鼻西面山体进入外山鼻隧道，往东南方向进入海域，设洞头峡跨海大桥，计划2025年建成。项目总投资约20.68亿元，全长约5.05千米，其中设置特大桥3790米1座，大桥963米2座，隧道212米1座，平面交叉2处。项目由洞头旅游文化发展有限公司委托洞头交通发展股份有限公司负责实施，设计单位为浙江数智交院科技股份有限公司，施工单位为中交第二公路工程局有限公司，监理单位为温州筑诚交通工程监理有限公司。

（邱艳萍）

【洞头至庆元公路洞头沙岙至岙底段工程隧道贯通】2021年4月30日，洞头至庆元公路洞头沙岙至岙底段工程隧道贯通。该工程为324省道洞头段主线的部分，起点位于沙岙综合码头入口，向西穿越隧道至大门镇岙底村，终点止于岙底村南侧。全长3.2千米，其中隧道长2.265千米，二级公路技术标准，双向二车道。项目总投资约2亿元，采用PPP模式。工程责任单位是洞头区交通运输局，设计单位是温州市交通规划设计研究院，建设单位是浙江京瓯建设管理有限公司，承建单位是北京建工路桥集团有限公司，监理单位是温州筑诚交通工程监理有限公司，爆破监理单位是

2021年4月30日，洞头至庆元公路沙岙至岙底段工程沙岙隧道贯通
（区交通运输局提供）

浙江省高能爆破工程有限公司。

【鸽尾礁至大王殿连接公路建成投用】2021年11月20日，洞头区鸽尾礁至大王殿连接公路建设工程建成投用。该工程位于北岙街道大王殿南侧，即东沙渔港道路K1+450处，终点位于鸽尾礁村，即红色旅游道路K3+135处，工程于2020年11月25日开工建设，全长0.719千米，设计时速30千米，按照三级公路标准设计，兼顾市政供能道路等级，路基宽度7.5米，路面宽度6.5米。项目实施业主是洞头区交通运输局，委托洞头交通发展股份有限公司代管，设计单位是华汇工程设计集团股份有限公司，建设单位是浙江京瓯建设管理有限公司，承担施工单位是北京建工路桥集团有限公司，监理单位是温州筑诚交通工程监理有限公司。

【灵霓大堤破堤通海工程建成投用】2021年12月29日，温州蓝色海湾生态建设项目——灵霓大堤破堤通海工程建成投用。该工程为温州蓝色海湾生态建设二期工程子项目，于2020年12月28日开工建设，全长780米，项目总投资约6977万元，其中建安费6000万元，工期20个月。项目由洞头交通发展股份有限公司负责实施，温州市交通规划设计研究院有限公司设计，南京正通工程咨询有限公司监理，中交一公局集团有限公司施工。

【330国道延伸线疏港公路建设工程（一期）建成】 2021年12月28日，330国道延伸线疏港公路建设工程（一期）建成。该工程位于洞头区元觉街道状元岙港区化工码头南侧山体采石矿山边坡，主要建设内容为温州状元岙港区化工码头工程西矿区崩塌治理边坡治理及临时道路建设，于2020年11月开工建设，投资约2900万元。工程责任单位是洞头交通发展股份有限公司，设计单位是浙江省物探勘察设计院，施工单位是江西南方隧道工程有限公司，监理单位是江西大京九工程管理有限公司。

【大门镇马观线公路美岙至仁前途路段改造提升工程建成投用】2021年12月30日，大门镇马观线公路美岙至仁前途路段改造提升工程建成投用。该工程包含整体路面提升等级改造为沥青混凝土路面、道路拓宽改造、更换交安设施等，全长5.797千米，总投资约1798万元。工程责任单位是洞头交通发展股份有限公司，设计单位是华汇工程设计集团股份有限公司，施工单位是安徽恒通交通工程有限公司，监理单位是温州诚合交通工程监理有限公司。

（黄婷婷）

道路运输管理

【概况】2021年，全区拥有客运经营企业1家（温州交运集团洞头有限公司），公交企业2家（温州交运集团洞头有限公司、温州市洞头旅游文化发展有限公司）。全区公交线路（含农村班线）共21条，拥有公交车辆94辆2945座；客运线路共4条，拥有客运车辆35辆1022座。跨区班线4条，即洞头—温州（包含洞头至汽车南站、附一新医、龙湾机场、动车南站、温州茶山校区）、洞头—乐清、大门—温州、大门—乐清，营运客车25辆700座；城区公交线路8条，营运公交车36辆，核载人数1747人；城乡公交线路13条，营运客车58辆1298座；包车9辆，其中省际包车6辆231座、县内包车3辆57座。全区拥有出租车经营企业3家。出租车112辆448座（其中本岛100辆，大门7辆，鹿西5辆），出租车从业人员159人。拥有驾驶员培训学校2家，教练车44辆。全区拥有汽车维修企业31家，其中二类机动车维修企业11家，三类专项维修企业8家，摩托车维修业户4家，汽车快修8家。全年完成公共交通客运量（不含出租车）、公共交通旅客周转量(不含出租车）分别为412.58万人和5968.57万人千米；完成货运量524.66万吨，增长39.44%；货物周转量46514.18万吨千米，增长34.05%。春运期间投入客运车辆116辆3558座，其中跨区客运班线客车30辆894座位，跨区公交12辆286座，本岛城区、城乡公交车55辆2018座位，外岛片（大门、鹿西）短途班线客车19辆360座；巡游出租车112辆448座。春运期间，全区（对外客运+区内城市公交、城乡客运）旅客运输量50.03万人，同比上升60%，旅客周转量671.85万人千米，同比上升150%，其中辖区内（区内城市公交、城乡客运）运输量为48.05万人，同比上升77.24%，旅客周转量为314.91万人千米，同比上升138.39%。

【城乡客运发展】2021年，洞头区完成半屏纯电岛公交接驳线路运营审查和线路、点位等基础设施设置情况检查。放生台—韭菜岙公交班线运营。增加城关车站—温州轨道交通S1线瓯江口公交班线的运行班次和运行车辆，城关车站末班发班时间延长至19:00，瓯江口末班发车延长至20:30，增加往返班次6个。新增大门长沙客运站—岙底公园微公交班线，填补大门公共交通线网空白点。开通大门沙岩客运站—豆岩村委的定制客运往返班次12个，解决豆岩村群众出行难问题。

【运输行业管理】2021年，洞头区累计投入资金约90万元，新

（改）建公交站点10个；累计投资约23万元，维护公交站点35个；累计投资约410万元，购置客运车辆14辆。全年更新新能源出租车27辆，累计89辆，全区巡游出租车新能源车占比80%。全年淘汰国三及以下营运柴油货车7辆。培训驾驶员86名。全年累计安装公交站牌70多个、更换公益广告和线路图380张、清理公交站点站牌小广告20多次。全年兑现航运物流产业2家集卡运输企业政策资金1.41万元，其中年度纳税贡献兑现962.43元、贴息补助1.31万元。注销普货企业3家、维修企业8家。洞头区城乡交通一体化评估通过市级、省级审核，达到AAAAA级一体化水平。组织道路运输行业爱心助考志愿活动，参加高考爱心接送车辆82辆，其中公交车22辆、城乡公交车7辆、机动中巴车辆3辆、教练车10辆、巡游出租汽车约40辆。

（童汝慧）

【交通运输综合执法优化营商环境十五条举措】2021年4月26日，为切实贯彻落实洞头区纪委、区监委印发的《2021年护航助力营商环境优化提升十项举措》，体现交通运输领域柔性执法、文明执法，温州市洞头区交通执法队制定出台《交通执法优化营商环境十五条举措》。主要提出首次超载、轻微违法、违法次数少等超限违法行为以批评教育为主等内容，不予处罚。截至年底，共批评教育7起。

【货运车辆超限超载运输行为执法】2021年，区交通运输局坚持日常巡查和错时稽查相结合，严厉打击全区范围内超限超载运输行为，开展早间治理超限超载行动10次、午间16次、夜间38次。联合公安交警、市场监管、行政执法等部门开展联合执法行动，采取定点、流动蹲守、分散设卡等组合方式对各种超限运输行为检查打击。开展超限超载“百日攻坚”“百吨王”“清零”行动，加强对货运源头的监管力度，把失信名单内的企业列为重点监督检查对象，定期约谈并加强现场检查，建立健全路面治超智慧平台网络监控。全年累计查处货运车辆超限超载案件492起，其中超限率“100%”及以上的案件205起，罚没款约468万元。

【非法营运车辆专项整治】2021年，为进一步规范道路运输市场，维护运输市场的经营秩序，打击道路运输市场非法营运行为，区交通运输局重点在区职教中心路段、仁济学院路段、330国道等主干道设卡检查，早晚高峰期间安排宣传工作和错时巡查治理，通过管理非现场执法点大数据分析对非法营运实施精准打击。全年开展非法营运车辆专项整治16次，联合交警部门开展6次，共查获5辆非法营运案件5起，其他道路运输违法行为40起，缴纳罚款14.74万元。

【330国道治超非现场执法案件“清零”专项整治】自2021年8月30日开始，洞头区根据全市统一部署开展为期一个月的330国道治超非现场执法案件“清零”专项整治行动，消除洞头330国道治超非现场执法案件存量数据。专项整治行动期间，共出动执法人员424人次，检查过往货运车辆4183辆次，处理非现存量案件112件，罚款金额约102万元。

（陈素婷）

水路运输管理

【概况】2021年，洞头区新招引海运企业2家，注销和外迁2家，辖区现有海运企业20家，总运力84.62万载重吨，较上年新增4.76万载重吨，运力规模连续11年居全市第一位。全区在册船舶135艘，其中普货船117艘，油船15艘，拖轮3艘。船舶呈现大型化、专业化发展趋势，船舶平均吨位6282载重吨，同比增长23.3%。全年完成水路货物周转量308亿吨千米，同比增长18.48%。自12月26日始，洞头区启动渡口网上售票系统，旅客可根据洞头区捷鹿船务有限公司提供的公众号线上提前购票。

（陈益民）

【水路经营领域专项整治行动】2021年，区交通运输局开展水路经营领域安全专项治理行动，加强码头、堆场巡查力度，落实常态化监管机制，联合公安、海事、海警、自规等部门，加强非法码头和安全隐患点执法监管，打击非法占用海岸线乱堆砂违法违规行为，取缔非法码头销号及安全隐患点。全年开展联合行动20次，查处非法点位13个，其中取缔销号1处，取缔关闭6处，封闭6处。

（陈素婷）

【船舶溢油应急演练】2021年6月30日，为增强辖区港口企业对码头船舶防污染事故和生产安全事故的防范意识，提高港口作业企业突发溢油事故的应急处置能力，浙江中燃华电能源有限公司和温州海远船舶服务有限公司联合在浙江中燃华电能源有限公司1号码头（5万吨级泊位）前沿水域开展“码头船舶溢油应急联合演练”。演习课目为模拟1号码头“中燃之星”大型液化气船靠泊码头作业过程中因风浪较大，与码头发生碰撞，造成燃油舱燃油大量泄漏；启动应急反应预案程序并组织协调开展泄漏污染物的围控、清除。专业清污船收油机开展收油作业、消油剂喷洒装置喷洒作业、清污辅助船围油栏布放、吸油拖栏吸油作业、吸油毡投放收油作业等，及时解决出现的问题。近 50 人参加演练，区交通部门人员参加指导观摩。

（叶明志）

港口

【概况】2021 年，洞头区拥有状元岙港区、大小门岛港区两大核心港区，辖区有港口经营企业 9 家，泊位总数 14 座，其中万吨级泊位 4 座。新增温州至菲律宾外贸直航 1 条，累计开辟近洋航线 7 条。每周 10 班至 12 班外贸内支线，引进黄沙场内装箱、“散改集”项目。扩建拆装箱仓库 3000 平方米，新增拆装箱能力 1 万标箱每年，新增一期 8 号泊位后方堆场面积 1.8 公顷。全年实现集装箱吞吐 49.66 万标箱，同比增长 19.3%。

【温州至菲律宾集装箱航线开通】2021 年 5 月 1 日，温州港状元岙港区开通“温州至菲律宾”集装箱航线。该航线直挂菲律宾苏比克、马尼拉北、宿务、望加锡等港口，是浙南、闽北地区唯一直达菲律宾四大港口的航线。11 月 3 日，温州港状元岙加密“温州至菲律宾”集装箱航线，温州至马尼拉方向将能提供一周双班服务，并对菲律宾宿务、卡加延、达沃、苏比克、将军城、八打雁等偏港形成全覆盖，货物从温州港出发到达菲律宾仅需四天时间，为浙南、浙西、闽北货物往来菲律宾提供快捷高效的海上直航通道。

【洞头小门岛 LNG 码头施工图设计通过审查】2021 年 9 月 6 日，《温州液化天然气接收站项目配套码头工程 LNG 码头及栈桥施工图》联合审查会在温州 LNG 公司办公楼召开。温州海事局、温州市港航管理中心、温州市交通工程管理中心、洞头区交通运输局、浙江浙能温州液化天然气有限公司、中石化洛阳工程有限公司、中交第三航务工程勘察设计院有限公司、浙江数智交院科技股份有限公司、中交第三航务工程局有限公司、广东国信工程监理有限公司等单位代表及特邀专家参加会议。经与会单位代表及专家评审，温州液化天然气（LNG）接收站项目配套码头工程 LNG 码头及栈桥施工图审查通过。温州液化天然气接收站项目拟新建 15 万总吨级液化天然气 (LNG) 码头 1 座，可靠泊 8 万 ~26.6 万立方米 LNG 船舶，设计年通过能力 634 万吨。

2021年5月1日，温州港状元岙港口开通“温州至菲律宾”集装箱航线

（区交通管理局提供）

【温州港口船舶岸电建设合作框架协议签约】2021 年 5 月 18 日，状元岙港区为实现碳达峰碳中和目标，推进港口“油改电”“油改气”工作。温州市港航管理中心、温州港集团、国网（温州）综合能源有限公司在状元岙港区签署合作框架协议。协议包含状元岙港区启动港口岸电改造，一期计划新建 7 号泊位岸电系统，包括 6.6 千伏岸电接电箱 2 台、船—岸接口装置、管理系统等，总投资 700 多万元。目标至 2025 年，状元岙港实现 5 万吨级以上干散货专业化泊位岸电系统全覆盖，基本实现靠港船舶污染物“零排放”。

（张仁锁）

【港口疫情防控】2021 年，洞头区完善港区《应对新型冠状病毒疫情应急预案》及流程图，不定期开展演练。严把海港口岸外防输入重要关口，提升闭环管控措施。守牢涉外口岸“大门”。对状元岙和大小门两大涉外港区 613 人登记造册并分类管控，其中一线人员 96 人（与国际航行船舶直接接触或近距离接触人员等）、二线人员 90 人 (港内集卡司机，堆场作业人员等) 及其他 427 人 (后勤保障人员等)。一线人员执行 2 天一次核酸检测（每周 1 次鼻咽拭子），二线人员 7 天 2 次，其他工作人员 7 天 1 次，疾控部门随时上门加密检测频次。高风险岗位实行专班作业，港内集中居住管理，专班在岗 28 人，工作岗位到集中居住管理场所实行“点对点”专车运输，严格执行“N+14”（作业 N 天后在集中居住点继续实行 14 天隔离和健康监测）换班轮休制度。严格船岸界面管控，强化抵港船舶疫情风险远端防控，从严核实船员健康申报和船舶轨迹核查，落实“非必要不登轮、非必需不下船”，全年抵港外轮57艘次，未发现异常情况；进口货物查验实行专班作业，人员及作业场所固定，按照海关部门指引配合落实消杀工作；冷链箱严格落实全流程闭环，冷链货物主要为水果、奶酪、虾米、酒等，按要求采取外表预防性消杀，固定堆存，记录每箱流向，全年涉及进口冷链箱11航次和26标箱。

（叶明志）

2021年洞头城区公交线路一览表

表26

序号	线路号	线路走向	单程（千米）
1	公交1路	洞头新城客运站（始发站）、屿仔、久一重工、永宏电器、东启电器、九厅、老干部活动中心、海霞广场、新城人本超市、人民医院、城关车站、区府广场、农贸市场、农商银行、社区矫正中心、经信局、疾控中心、育才花苑、埭口、洞头第一中学、海天佳境、蓝港花苑（终点站）	10.5
2	公交2路	大王殿（始发站）、东沙、二垄、岙仔新村、双垄、新城人本超市、人民法院、供电局、海悦城（临时停靠）、行政服务中心（临时停靠）、乐成寄宿中学、消防局、交警大队、移动公司、城关车站、区府广场、农贸市场、农商银行、社区矫正中心、经信局、疾控中心、育才花苑、风门（终点站）	11
3	公交3路	城关车站、金田（返经）、行政服务中心（返经）、供电局（返经）、人民法院、海霞广场、洞头新城客运站、三盘大桥北、花岗、沙角、兴港家园、活水潭、沙岗、内深门、和平岙、状元岙、小北岙、小北岙码头	11
4	公交5路	洞头新城客运站（始发站）、九厅、老干部活动中心、中央公馆、教育一幼、海霞军旅、人民医院、城关车站、区府广场、农贸市场、农商银行、金典时代、移动公司、供电局、市民活动中心、实验小学、洞头乐成寄宿中学、行政服务中心西门、温州医科大学滨海校区、小朴、大朴、大长坑、南塘花苑、风门嘉园、风门、海港花苑（终点站）	13.2
5	公交6路	洞头新城客运站（始发站）、老干部活动中心（去经）、海霞广场、新城人本超市、人民医院、城关车站、区府广场、农贸市场、农商银行、社区矫正中心、经信局、疾控中心、育才花苑、埭口、风门、风门嘉园、南塘花苑、九亩丘海创园、铁炉头、南唐湾公园、小长坑、凸垄、沙岙、白迭（终点站）	11.7
6	公交7路	城关车站、金田（返经）、人民法院、海霞广场、洞头新城客运站、三盘大桥北、西山头、大岙、阜埠岙、后山头、观音堂、开元度假村、下尾村口、下尾	6
7	区间公交班线（S1）	城关车站、人民法院、海霞广场、洞头新城客运站、三盘大桥北、花岗、沙角、兴港家园、活水潭、沙岗、内深门、外深门、石子岙、霓北中学、桐岙、下社、网鼻寮、雁升路瓯帆路（返程为雁升路灵华路）、S1瓯江口、瓯江口发展大楼、附二医瓯江口院区、霓贤路瓯华路、瓯江口规划展示馆	39.5
8	环岛公交（8路）	洞头旅游集散中心（始发站）、新城人本超市、双垄、大沙岙路口、东岙、国际放生台、台湾观光工场、中普陀寺、风门枢纽站（终点站）	7
9	夜间公交	洞头新城客运站、九厅村、老干部活动中心、海霞广场、新人本超市、人民医院、城关车站（去程）、区府广场（去程）、城中社区（去程）、明泰家电（去程）、金典时代（返程）、移动公司（返程）、社区矫正中心、经信局、疾控中心、育才花苑、埭口村、洞头第一中学、海天佳境、蓝港花苑	6.2

（区交通运输局提供）

城乡建设

概述

【概况】2021年，洞头区率先启动城乡风貌整治提升和未来社区建设，海峡同心共富特色产业风貌区入选全省首批试点。洞头区建设发展总部园启用。温州市洞头区住房和城乡建设局深入开展“我为群众办实事”“我为企业解难题”，破解皇家花园房屋产权证办理难、金海湾家园地下室风管断裂等；落实全员“保姆式”服务，助力华港LNG、中普陀文化园等重大项目建设。创新开展农房建设全生命周期服务管理，并入选浙江省“三服务”活动十佳案例。《温州市洞头区城乡风貌整治提升行动实施方案》获评省级优秀方案。

【洞头区建设发展总部园揭牌】2021年5月13日，洞头区建设发展总部园在南塘工业园区揭牌。该总部园在原洞头区建筑总部园的基础上，扩充入驻房地产、物业、建材销售、培训机构等建设领域企业，打造洞头建设行业多元化融合发展新起点，形成建设领域经济总部园。全年招引企业68家。揭牌仪式上，温州市建科所与洞头区住建局签订战略合作协议，温州市物业行业管理协会、洞头区住建局与洞头区建园培训学校签订三方战略合作协议，洞头区慈善总会与洞头区建设行业协会签订慈善冠名基金协议。市、区领导分别为“温州市建筑质监科学研究所有限公司洞头分公司”“温州市物业管理协会技能培训基地”“洞头区技能人才培训基地”授牌。洞头区建设行业企业为“建设行业慈善冠名基金”捐赠慈善基金104.5万元。

2021年5月13日，洞头区建设发展总部园揭牌　　（区融媒体中心提供）

【工程档案归集服务项目入选省数字化应用场景试点】2021年8月31日，浙江省住建厅公布浙江省住建系统数字化应用场景第一批试点项目及单位，洞头区住建局“工程档案全过程归集服务”项目入选。该试点工作主要通过互联网络，及时掌握建设单位、监理单位和施工单位工程资料的形成、收集、管理等情况，实现对建设工程竣工档案收集、整理的实时指导。该项目建成后，改变原本城建档案收集归置耗时长、档案补漏造假等情况，形成以档案管理机构为核心，工程质量与施工安全管理、审批机构和建设施工单位共同参与的建设项目档案管理工作网络，使工程电子文件与建设进度同步形成，真实、完整地反映工程建设全过程。截至年底，完成工程档案归集服务系统初步开发。

【助企服务】2021 年，洞头区住建局结合优惠政策，联系珑头湾和中普陀寺二期项目业主并协助企业完成人防易地建设费退费工作。全部审批事项实现线上全流程“一窗受理、一站办结”，所有审批事项均 100% 实现线上办理审批。为诚意药业、观音礁酒店、贝雕博物馆等项目提供上门服务，面对面指导鹿西供电所、亦家康养养老院等历史遗留项目，实现企业“零次跑”。

【建设领域事中事后监管】2021 年，洞头区住建局坚持处罚与教育相结合原则查处违法行为，防止“重事后查处、轻事前预防”。把握好“服务”和“监管”的关系，分类处置建设领域违规违法行为 20 多起，保障建设领域营商环境。查处鹏利厂房未竣工验收投入使用案件等 20 起，共处罚金额 57.8 万元。对新城二期市政道路工程、南塘湾湿地公园等项目采取整改通报批评和约谈方式，推进柔性执法助力打造一流国际营商环境。

（张 倩）

城乡规划编制和管理

【概况】2021 年，温州市自然资源和规划局洞头分局构建完善国土空间规划体系，配合做好温州市国土空间总体规划，研究区域国土空间总体规划，优化“三区三线”。开展重要片区规划研究、详细规划修编及城市设计，完成乡镇级规划修编技术指导。线上构建国土空间规划“一张图”实施监督系统，强化“一张图”管理工作，实现多规合一。线下区规委会制定规范规划调整程序。提前介入项目前期工作，主动上门助企入村，提出指导建议和实施路径，推动大门长沙商务综合体、旧城有机更新等项目建设。洞头区国土空间规划委员会成立。

【洞头区国土空间规划委员会成立】2021 年 4 月 25 日，温州市洞头区国土空间规划委员会成立，是区委、区政府设立的议事机构。主要职责是审议国土空间规划编制年度计划、资金安排；审议国土空间规划、涉及国土空间的重大专项规划；审议城市重要区域控制性详细规划和规划修改、城市设计、规划研究；审议村庄规划和村庄设计；审议重大建设项目的规划选址、重要地段的建筑方案；及区委区政府要求提交区规委会审议的其他项目。截至年底，召开洞头区规委会全委会议及主任专题会议 5 次，研究审议规划及方案共计 10 个。

【洞头区基础测绘“十四五”规划】2021 年 7 月 8 日，区发改局、市自然资源和规划局洞头分局联合发布实施《洞头区基础测绘“十四五”规划（2021—2025 年）》。该规划主要任务包含优化测绘行政管理模式，推进创新人才队伍建设；融入自然资源业务管理，提升基础测绘服务能力；加快市、县（区）一体协同建设，完善现代测绘基准；丰富基础地理信息资源，健全动态获取更新机制；构建新型基础测绘体系，支撑新型智慧城市建设；提升地理信息服务水平，推进数字政府转型升级；加强应急测绘队伍建设，服务应急管理业务体系。重点工程与重大项目包含现代测绘基准优化与动态维护、基础地理信息数据拓展与更新、更高水平的新型基础测绘体系提升工程、地理信息公共服务平台建设工程、地图服务产品、应急测绘保障服务工程。目标是“十四五”期间建成普惠合作、深度融合、协同高效的新型测绘地理信息创新服务能力和管理体系。全面推进建设更高水平的新型基础测绘业务体系，基础测绘整体实力达到温州市、县（区）中等以上水平。

【规划编制】 2021 年，市自然资源和规划局洞头分局批复实施新城二期 E04a、E04b 地块控规修改、屏海路沿线局部地块控规修改，指导大门镇完成大门镇区、小门片区控规修编等技术审查，指导鹿西乡完成综合交通码头配套地块控规修改技术审查。批复实施新城区第四期 D-02 地块规划研究，深化细化良泰老厂房地块、三盘恒源水产公司等低效地块城市设计研究。配合指导霓屿街道开展下社村“多规合一”实用性村庄规划，为全区村庄规划编制做好指导和示范。

【国土空间总体规划研究】2021 年，市自然资源和规划局洞头分局开展洞头国土空间规划研究，突破中心城区范围，把洞头 5 街道 1 个镇全部纳入温州都市区主中心，作为温州东拓核心引擎。结合海岛城市特色，主动向省级争取点状划订城镇开发边界。针对上级政策变化及指标分解的不确定性，研究制定城镇开发边界多方案划订。争取过渡期城镇开发边界总面积 4973 公顷（集建区 3239 公顷），加强状元岙港区、状元南片、大门新区、小门岛以及乡村重点片区空间保障。

（夏建伟）

建筑业

【概况】2021年，洞头区建筑业作为第一大税源，持续保持稳定发展态势，全区登记在册的建筑业企业共计268家，施工总承包企业75家，其中一级资质施工总承包企业4家、二级施工总承包13家、三级施工总承包58家。全年建筑业总产值为93.8亿元，较上年下降10.8%，其中省内产值79.1亿元，下降11.4%，总产值和省内产值首次出现负增长。建设行业税收7.3亿元，增长41.2%，占全区税收的58.1%，税收总量和全区占比继续创历史新高。截至年底，洞头区建设发展总部园共入驻浙江立鹏、浙江卓信、浙江宏联等17家企业，全年创造总产值约75.9亿元，占全区建筑业总产值79%，总部经济带动效应明显，全年合计创税超过2.2亿元，为洞头区第一“亿元楼”。组织开展“以心换心、以企引企”专项行动，“店小二”式服务帮助企业资质升级20多家，全面兑现“助企惠企”政策近1亿元。

（陈秦皓）

【“无欠薪”专项整治】2021年，根据省、市“根治欠薪”夏、冬季专项整治及根治欠薪天网100+专项行动，洞头区住建局针对全区房屋建筑和市政基础设施工程领域开展专项整治，全年共检查项目60多次，收到各类房屋建筑和市政工程欠薪的各类投诉举报件35件，涉及人数350多人，追回工资300多万元。

（陈情琨）

【建筑工程监管】2021年，洞头全区在建项目共51个，其中房建项目40个，建筑面积123.9万平方米，市政工程11个，总工程造价10.8亿元，全年标化工地创建完成7个，通过市级标化节点验收7个，创标率100%。全年发出停工整改通知书7份，通报批评9家，扬尘立案移交7起，质量安全隐患及消防违法案件移交立案10起，对企业诚信扣分26家，立案率比上年同期增长250%。全年共检查工地567次，发放质量安全隐患限期整改通知单362份，中间验收30次，工程试桩11次，基础验槽25次，桩位验收48次，预验收17次，竣工验收22次，竣工验收项目35个，形成质量工程档案35个，新开工建筑工地100%按规定安装扬尘监测、视频监控及实名制考勤系统，落实建筑施工扬尘、排水整治工作。通过市级安全文明标化控制点验收3个项目。开展各类安全巡查400多次，下发安全整改通知书268份，提出整改意见1853条。开展起重机械专项检查，检查塔式起重机械32台，施工电梯30台，下发整改通知单35份。

【标准化工地创建】2021年，洞头区住建局开展标准化工地创建，组织现场观摩霓屿紫菜园项目三期工程“安全生产标化工地”和梦幻海湾“红色工地”。全年通过市级标准化节点验收项目7个，即洞头区霓屿紫菜现代园（田园综合体）一期工程3标段、梦幻海湾—王山头B-01地块及边坡治理、洞头新城二期F02地块（海悦城·钰园）III标段工程、洞头区霓屿紫菜现代园（田园综合体）、仁济学院教师公寓（温州市洞头区新城二期D-07a地块项目）、洞头新城二期F02地块（海悦城·钰园）I标段工程、洞头新城二期F02地块（海悦城·钰园）II标段工程等。

【建筑工程行业专项检查】2021年，洞头区住建局开展预拌混凝土行业专项、监理企业履职情况监督检查、起重机械专项检查、脚手架高支模深基坑专项检查、地下管线施工安全专项整治、施工现场混凝土质量专项检查桩基专项检测行动及“三类人员”、特种工持证上岗和“现场三违”检查等专项检查10个，发放整改通知书97份，提升各专项领域的工程质量和主体责任意识。

【建筑工程质量社会监督机制】2021年4月，为解决建筑工程质量管理面临的突出问题，完善质量保障体系，提升建筑工程品质，洞头区住建局建立建筑工程质量社会监督机制，聘请社会专业人士，把脉住宅工程，提升工程品质。全年为御海首府、新城二期F02地块海悦城钰园II标段工程等在建项目开展专家社会监督活动10多场。

（韩乐菲　张　倩）

城镇建设

【概况】2021年，洞头区住建局按照《洞头区市政设施建设三年行动计划》方案，完成编制《状元南片新型城镇化专项债可行性研究》，全面铺开市政建设。新建污水管网2千米、雨水管网2千米，完成新建智能水表500只，建成海绵城市0.6平方千米及开展海绵城市示范区建设1个，建成海绵城市示范性工程1个，完成海绵城市实施方案编制；改造建设城北污水处理厂、城南污水处理厂提标。新建新城二期市政道路（海润路）2.9千米，打通断头路1条（北岙街道鸽尾礁至大王殿连接公路工程），新建电动车充电桩30台，新增专用停车位450个，建成光明巷公共停车场，新增公共停车位153个。新增绿道9公顷、公园绿地2公顷、立体绿化1公顷及非省级绿道3公顷，其中“山海绿道”入围全省最美绿道。

【“大建大美”专项工作】2021年，洞头区纳入“大建大美”专项工作项目共33个，其中，新开工项目7个，续建项目16个，前期项目3个，全年计划完成投资额为14.4亿元，计划建成数8个。全年累计完成计划投资额20.27亿元，完成率140.7%；新开工项目7个，完成率100%；完成洞头区元觉义校迁建工程、洞头区状元南片市政道路工程、洞头新城一期第四期02–01地块安置房工程、洞头区大门岙底至沙岙隧道及接线工程、洞头区青山岛市政基础配套（供水、供电）工程、洞头城北污水处理厂一期建设工程、洞头区本岛海洋生态廊道整治修复工程、洞头新城二期B–02地块绿化美化建设工程8个“大建大美”工程建设，建成数8个，年度计划完成率100%。

（叶旭东）

【美丽城镇建设】2021年，洞头区制定《洞头区美丽城镇创建“一镇一策”方案》，推进美丽城镇建设，逐月通报美丽城镇建设完成情况，开展季度“三服务”指导与省、市“三服务”活动，大门镇、鹿西乡累计完成投资额17.48亿元，完成率95.95%。大门镇创成省级美丽城镇样板（县域副中心型），鹿西乡创成市级美丽城镇样板（农业特色型），获省、市两级奖补资金共计521万元。完成霓屿街道美丽城镇建设方案评审。全年列入美丽城镇建设计划项目共58项，开工率100%；年度计划投资额18.22亿元，累计完成投资额18.23亿元，完成率100%。其中，创省级样板的大门镇项目数16个，年度计划投资额2.82亿元，累计完成投资额2.97亿元，完成率105.25%；鹿西乡项目数13个，年度计划投资额0.78亿元，累计完成投资额0.81亿元，完成率103.72%。

（黄臻臻）

【省级美丽宜居示范村创建】2021年，北岙街道白迭村完成省级美丽宜居示范村创建验收。完成元觉街道状元村省级美丽宜居示范村建设，启动2022年省级美丽宜居示范村申报工作，霓屿街道布袋岙村和鹿西乡鹿西村被列为2022年省级美丽宜居示范村试点建设村庄。

（张于江）

东沙港　　（吴爱珠　摄）

住房建设与保障

【概况】2021年，洞头区制定《洞头区城市回迁安置问题专项治理工作方案》，安置房项目续建2个，其中元觉一期安置房（204套）项目结顶，新城一期四片区02–01地块安置房（250套）完成竣工验收；2011—2017年开工建设项目竣工率100%，交付率87.9%（不含霓屿布袋岙安置房项目）；全年“安置提速”任务共涉及两个街道征收项目6个，区住建局组织新城02–01地块安置房摸文，完成115户131套安置房认购交付。全年退休职工一次性住房补贴发放，共涉及37个单位58人，发放住房补贴资金126万元。全年新增公租房保障40户（含新就业人才），全区在保对象221户，累计保障570户1128人，发放公租房低收入补贴74.89万元。城镇住房保障覆盖率6.6%，对低保、低边符合条件的申请家庭做到应保尽保。新增公租房租赁补贴193户，累计保障受益户数420户，受益人数975人，累计发放住房租赁补贴74.89万元。

【“公租房申请”实现零次跑】2021年，洞头区实行公租房申请事项“线上线下”全方位服务，确保一证办、一网办、全网通办，支持在线填写信息快速申请，通过浙里办App，实现线上“跑零次”办理，全年办理公租房申请34次，办结率100%。

【人才住房保障】2021年，洞头区制定人才房房源筹集方案，加快人才房供应，助力人才住房实现住有所居，明确仁济学院房源作为人才配售房35套。全年新增人才租房补贴9人，购房补贴4人，发放人才住房租赁补贴（新就业大学生）21.9万元，累计入住人才公寓156人。

（曾晶蓉）

【城乡房屋安全管理】2021年，洞头区制定《洞头区农村房屋安全隐患排查整治工作实施方案》，开展全区农房安全隐患排查整治，在全市率先完成农房排查及系统录入工作，累计录入排查信息24908条，录入率为100%；共出具鉴定报告2155份，经鉴定C级危房3户，D级危房1户，实现全区危房“清零”。开展全区城镇3层及以上多孔板砖混结构房屋排查，主要对象为出租和生产经营的住宅房屋以及非住宅营业房，共排查城镇房屋3511幢，排查出该类房屋39幢，出具鉴定报告39幢，初判存在风险隐患的房屋15幢，经鉴定所有房屋均为B级。开展城镇公共房屋安全隐患排查，通过工业用地“退二进三”审批项目清单，共排查出工业用地“退二进三”改扩建为公寓、酒店或宿舍等用于经营房屋5处，使用状况均良好。

（张群峰）

【老旧小区改造】2021年，洞头区制定《洞头区老旧小区改造实施方案》《洞头区老旧小区“十四五”实施计划》，主要包括建筑改造、道路交通和停车、管网系统、景观绿化、适老化改造、社区服务体系等六大方面。具体分为基础类、完善类、提升类3种类型。实现“房屋住用安全、配套设施齐备、环境整洁美丽、小区治理有效”的改造目标。截至年底，完成聚德锦园老旧小区改造，启动望海山庄、新城花苑老旧小区改造建设；新增建设粮油大厦C幢1单元、大门大溪居家养老服务照料中心加装电梯2台。

（钱建东）

【农房建设管理服务】2021年，洞头区住建局针对农房建设质量与安全管理存在的薄弱环节，建立农房建设全生命周期服务体系，对农房设计、施工保障、建设责任、竣工验收等全过程跟踪服务。以“党员＋骨干”“支部＋专家”形式，发动建设行业协会专家库和建设工程质量社会监督员等力量，开展农房建设全生命周期管理服务，为建房户提供设计咨询、建房质量安全隐患排查、竣工意见等，保障农房建设的质量与安全。截至年底，全区范围内完成服务工作3轮，共服务在建农房128户，解决问题523项。全年对全区117户农房做到走访服务全覆盖，开具农房建设温馨提醒书28份。创新性做法成功入选浙江省“三服务”活动月度十个好典型案例。

【农村工匠培育】2021年，洞头区住建局开展农村住房建设管理及建筑工匠培训，加强农村住房建设活动监督管理，维护农村建筑市场秩序，保证农村住房建设的质量和安全，规范农村建设秩序。培训内容涵盖建筑构造与建筑识图、建筑结构与结构识图、新建建筑施工质量通病与防治、既有房屋安全管理与鉴定、建筑材料及施工安全生产技术管理、新农村住宅水电安装等与农村建设活动相关的业务知识，全年培训88人次，发放浙江省农村建筑工匠培训证书88本。

（陈情琨）

【物业管理】2021年，区住建局制定《洞头区物业小区网格员巡查责任制》，对全区物业项目划分片区，指定责任人，实施标准化、规范化的定期督促指导；开展检查120多次，防疫通报10期，消防通报8期，红黑榜排名通报4期。约谈物业企业负责人6次；印制物业法制汇编500册，向小区业主、街道、物业企业发放。开展“物业管家”和物业领域垃圾分类培训会，培训人员200多人；完成洞头区十大民生实事，布置充电桩30组，减少飞线充电造成安全隐患，保障业主生命财产安全；驻点服务皇家花园小区督促业主交存物业维修金，完成缴纳324户，缴存率从零提升至90.7%；协同完成金海湾地下室风管保修事项调解，避免风管坠落隐患引发安全事故；帮助化解珍珠公馆业主集中信访房屋全装修质量问题；配合属地加强业委会选举的监督和指导，优先推选党员进入业委会，推动业主自治管理水平向前发展。制定“海霞红管家”，通过创新载体，打造共建共治共享的基层治理新格局。全年完成政务平台举报投诉130多起，电话、上门投诉30多起，均完成答复工作。帮助业主与物业企业、房开公司调解矛盾纠纷，召开协调会10多次，处置率100%。严格把控高层建筑消防安全，派出巡查人员268人次，发现消防隐患问题186个，发出责令整改通知书86份，开展物业小区消控室专项检查，发布通报12期，开展物业小区疫情防控专项检查，发布通报。指导全区36个物业小区成立业主委员会27个。受理违法装修投诉举报件12件，下发责令整改通知书12件，办理物业领域信访投诉件52件。实现物业小区网格巡查全覆盖，分3个巡查小组，分片区监管物业服务工作。

【白蚁防治】2021年，区住建局印发《关于进一步加强和规范白蚁防治工作的通知》，合理安排新建房屋预防和已建公益类房建项目白蚁预防工作；全年为社区、小区、个人上门灭治服务21次，免费为市民领取白蚁药水25公斤、受益

400多户；开展白蚁危害调查，完成对全区48处木构造文物单位的白蚁危害初步调查，其中调查省级文保单位2处，区级文保单位14处，未定级文物单位32处，做到早发现、早防治，确保文物安全。通过电视字幕左飞、发放宣传单等形式做好全区白蚁防治宣传，在36个社区和物业小区发放200多份，开设小讲堂10多次。

（陈　哲）

住房公积金管理

【概况】2021年，温州市住房公积金管理中心洞头分中心办理各类公积金提取加发放贷款4.15亿元，住房提取额占归集额74.98%。全年向区财政上缴廉租房建设资金108万元。住房公积金"四统一"机构改革完成，公积金洞头分中心人事编制、财务业务划归市公积金管理中心统一管理。签订金融业务委托合作协议书，优化和集成双方资源配置。推出政银合作，与区农商行签订政银合作协议，委托银行代办公积金查询、提取部分业务。

【住房公积金扩面】2021年，全区实缴净增585人，累计公积金缴存人数11642人。城镇住房公积金缴存人数覆盖率全市第一位。推进全区物业和建筑施工企业行业扩面，促进管理层、技术骨干等分批分步建立职工住房公积金缴纳。联合退伍军人事务局、洞头工行出台管理办法，公积金建制扩面向退役军人领域扩展，确保全区退役军人"住有所居"。8月4日，入驻瓯江口政务服务设立中心公积金洞头分中心窗口，启动全类型公积金业务受理。

【住房公积金归集】2021年，全区公积金归集总额2.82亿元，完成年度计划的101.08%。推进基数调整，住房公积金月归集总额由调整前的2175.45万元提高到2341.24万元，增长7.62%，人均月缴存额为2180元。支持办事群众自助申报业务，公积金业务网办率提升至96.87%。实现公积金业务"跨省通办""全省通办"，完成异地转入转出及长三角协查平台办理。

【住房公积金提取】2021年，公积金洞头分中心办理各类公积金提取总额21131万元，比上年增长25.6%，其中：退离休提取1083万元；购房提取6960万元；还贷提取10449万元；其他提取2639万元。办理金海花苑住户小区加装电梯提取住房公积金业务。实现与不动产中心的房屋信息数据共享，区域内购房提取可网上直接办理。

【住房公积金贷款】2021年，受瓯江口房地产市场热度影响，公积金洞头分中心发放住房公积金贷款额20367万元，完成年度计划248.38%。8月开始，洞头区（含瓯江口产业集聚区）公积金贷款纳入市区通办范围，公积金贷款最高额度从"双职工60万元，单职工40万元"调整为"双职工70万元，单职工50万元"。年末贷款保持零逾期，低于全省平均水平。

（柯芳芳）

房地产管理

【概况】2021年，洞头区加强房地产监管，联合八部门出台《洞头区持续整治规范房地产市场秩序三年行动方案》，常态化开展房地产市场秩序联合检查和房地产市场资金监管排查，检查各类预售资金监管项目12个，对发现问题的项目，及时发放责令整改通知书。全年新开盘商品房项目9个，上市供应面积为26.7万平方米，供应套数2355套，一手房销售套数1066套，销售面积9.03万平方米，交易金额为11亿元，商品住宅均价为11336元/平方米。

【房地产交易】2021年，洞头区新增上市楼盘面积为23.7万平方米，同比增长65%，销售面积为8.96万平方米，销售额7.71亿元，

2021年，洞头区住建局联合区市场监管局、中国人民银行洞头支行开展房地产领域双随机检查

（区住建局提供）

增速17%。累计房地产开发投资额10.76亿元，同比增速32.4%。取消线下合同备案模式，采用政务2.0系统线上办理，累计商品房合同备案1437件，办结率完成100%。全年商品房住宅均价11521元/平方米，增长33.4%，去化率50%以上的楼盘有悦海庄（一期）、月琴湾四期、芯海商厦、曼墅等。

【房地产预售资金监管】2021年，洞头区房地产预售资金穿透式检查近10次，严抓监管银行主体责任，完善资金监管协议备案制，制止房开企业在预售资金缴存和使用上弄虚作假的违规行为。开展预售资金"回头看"，落实节点监管制。全年预售资金监管账户累计收入27.69亿元，累计支出26.03亿元，累计余额1.66亿元。

【房地产市场监管】2021年，洞头区制定出台《洞头区持续整治规范房地产市场秩序三年行动方案》，印发《温州市洞头区房屋征收补偿房票安置实施细则》。

联动部门建立联合查处工作机制，落实日常房地产双随机抽查，组织开展房地产开发、销售、经纪机构等问题排查整治，累计出动检查15次，发出责令整改通知书4份，抓牢房地产领域风险项目，定期排查和摸底，跟踪项目进度。

（曾晶蓉）

城市管理

【概况】2021年，洞头区实行市、区供水一体化，洞头水务及其供水范围移至温州市公用事业发展集团有限公司管理。洞头区全域污水管网及配套设施工程启动，共涉及6个子项目，包括旧城区雨污管网建设（旧城有机更新段）、城南路市政设施提升改造工程、旧城区雨污管网建设（本岛旧城区）、本岛其他片区排水管网提升工程、外岛片区排水管网提升工程、新城一期城市基础设施更新工程。总投资额为6.2799亿元，其中专项债债券资金4.4亿元。城南路和城中社区的管网改造及路面修复完成投资额近3000万元。温州市洞头区综合行政执法局组织开展城镇燃气百日攻坚、城市运行大排查等行动，全年事故零发生。连续三年实施亮化工程，牵头完成栽花种树工程，重塑330迎宾大道，累计提升绿化彩化面积12.5万平方米。实施中心街、城南路雨污分流，提标改造污水处理设施，水环境质量持续向好。完成75%小区"定时收运"，实施垃圾中转站"不分不运""过磅称重"，基本建成本岛易腐、建筑、园林垃圾100%"内循环"体系，建筑泥浆固化初见成效。完成市政桥梁常规检测13座，排查霞光大道、腾飞路等重要路段塌陷隐患13条，未发现隐患风险点。推进城市易涝点整治。拍出全区停车位经营权2600多个。强化供排水、供气、垃圾处置等行业防疫监管，完成居民行程排查6000多名。全年累计受理数字城管案件4757件，共受理社会应急联动工作平台142起，按期结案率100%。城市管理大巡查走访社区30多次，出动巡查人员600多人次，征集服务项目13个，项目完成率100%。开展学雷锋、沙滩环境综合整治、大朴燃气安全入户检查、烟头不落地、文明养犬进社区等志愿服务活动12场。解决涉及市政设施破损维修、农村生活污水、供水保障、流浪犬等问题1170多件。实行党员助企跟踪服务，累计解决企业困难28个。获评2021年度温州市全国文明城市创建工作集体、温州市中心城区能级提升成绩突出集体。

【垃圾分类管理】2021年，区综合行政执法局推动把垃圾分类工作纳入各部门、街道（乡镇）年度绩效考评，通过每月明察暗访、末位约谈制、考核奖补资金等形式，强化结果运用，激发分类工作热情。实行"党建+分类"，把垃圾分类纳入"两地双评议"，组织党员开展分类守桶行动，形成宣传新高潮。实施22个小区"撤桶并点"及"定时定点"、建成垃圾屋7个，精心打造分类处理示范村2个，新增省级高标准生活垃圾分类示范小区3个。实行垃圾中转站"不分不运"，开辟工业垃圾路线，实施建筑垃圾、园林垃圾就地处置，投入使用6吨易腐垃圾处置终端，垃圾资源化利用率100%。

【市政设施维管】2021年，区综合行政执法局不定期排查市政设施安全隐患，持续开展下水管网清淤疏通、更换维修雨水井盖、硬化修补塌陷等工作，累计更换破损井盖116处、污水管道疏通12次、雨水管道修复16千米、道路维修面积482平方米、修复果壳箱82处及多处树池等。疏通城区易涝点雨水箅子、井盖180多个，标注满水警示线30多处。

【燃气安全管理】2021年，洞头区编制《洞头区城镇燃气突发事件应急预案》，保障居民群众生命财产安全，维护社会稳定。区综合行政执法局打造城镇燃气安全网，以城镇燃气双月攻坚行动为载体，完成瓶装、管道燃气企业安全风险评估，督促供气企业检查各类用户1.5万户。开展住宅小区车库改厨房私接燃气管道隐患整治行动2轮，均未发现私接管道燃气现象。实现瓶装燃气用户入户安检100%，瓶装燃气信息化100%。安全事故零发生。

2021年，洞头区330国道栽花种树工程　（区综合执法局提供）

【路灯维护与管理】2021年，区综合行政执法局管理全区路灯9268盏，启动新一轮路灯养护，严格落实路灯考核制度，解决群众照明求助问题176起，修复破损老化照明线路2678米，道路亮灯率保持在98%以上。做好能源“双控”工作，完成改造新城一、二期的霞光、霞晖、连城、海润路、海航路及环岛沿线的东沙港等30条道路照明隔盏，道路照明压减率35%。完成重要节点路段路灯安装工程400多盏，实施智能调光改造，通过物联网控制调整功率，实现节能减排目的。

【河道保洁管理】2021年，区综合行政执法局坚持“管养结合，齐抓共管”工作理念，重点做好海滨河、埭口河、铜山河、长坑河、南塘河等13条河道动态巡逻频率，全年组织开展考核13次，区域河道巡查132次、出动巡查人员365人次，确保在第一时间发现问题、处置问题。

【公共停车场管理】2021年，为提升车位周转率、解决停车难问题，区综合行政执法局推动洞头区实施公共停车场收费管理，拍出停车位经营权2600多个，金额1.85亿元，经营权限为20年，并分批完成府前广场等停车场智慧收费管理7处。

【农村污水运行维护】2021年，洞头区农村污水运维实行市场化外包服务，日常运维65个村居社区终端设施94个，农村生活污水管网23万米。根据中央巡视浙江条线问题整改要求，完成农污设施标准化运维21个和新建农村生活污水处理终端任务2个；推进整改农污设施闲置终端建设14个。编制县域农村生活污水治理近期（2021—2025年）建设规划。洞头区农村污水运维年度考核连续两年获市级优秀。

【山海绿化美化“五彩”工程实施】2021年，区综合行政执法局按照区委、区政府提出的“岛上栽百花、海上种万树”，全面实施山海绿化美化“五彩”工程，指导5个部门6个街道（乡镇）完成栽花种树项目11个（分别是入城口公路两侧绿化提升工程、环岛及330国道沿线绿化补植提升工程、景区绿化提升工程、市政园林苗木暂养基地建设工程、教师教育学院园区绿化提升工程、北岙街道“一带两村”栽花种树绿化建设工程、大门镇“一带两村”栽花种树绿化建设工程、东屏街道“一带两村”栽花种树绿化建设工程、元觉街道“一带两村”栽花种树绿化建设工程、霓屿街道“一带两村”栽花种树绿化建设工程、鹿西乡“一带两村”栽花种树绿化建设工程）。“五彩”工程累计投入资金2170万元，完成提升绿化彩化面积约12.5万平方米，包括入城口公路两侧绿化提升、环岛及330国道沿线绿化补植、教师教育学院园区绿化提升及6个街道（乡镇）“一带两村”绿化建设等。

【旧城区雨污管网建设（旧城有机更新段）开工建设】2021年8月15日，旧城区雨污管网建设（旧城有机更新段）开工建设。项目地点位于中心街北段（车站路—烈士路），项目内容为污水管道设置、检查井等其他构筑物设置、错接串接管道的整治及路面修复等。责任单位是温州市洞头区综合行政执法局、温州市洞头城市发展有限公司，施工单位是杞梓林生态建设有限公司，设计单位是温州设计集团有限公司，监理单位是温州永强工程管理有限公司。

【城南污水处理厂清洁排放提标改造工程通过验收】2021 年 12 月 21 日，洞头区城南污水处理厂清洁排放提标改造工程通过验收。该工程于 2021 年 9 月底启动，工程总投资 495.11 万元。工程改造后排放标准提升至地方准四类水标准，即 COD、NH_3—N、TP 和 TN 执行《浙江省城镇污水处理厂主要水污染物排放标准》（DB 33/2169—2018）中表 1 标准。其余指标执行《城镇污水处理厂污染物排放标准（GB 18918—2002）》一级 A 标准。该项目施工单位为淮安同方控源截污工程有限公司，勘察单位为宁波冶金勘察设计研究股份有限公司，设计单位为南京大学环境规划设计研究院集团股份公司，监理单位为浙江华厦建设项目管理有限公司。

2021年12月21日，洞头区城南污水处理厂清洁排放提标改造工程通过验收
（周斌 摄）

综合行政执法

【概况】2021 年，洞头区在全市率先完成省市第一批 15 个执法领域 488 项处罚职权协议签订，并通过联合执法、专项整治等方式开展划转领域执法，水行政等 12 个领域执法实现零的突破，办理从业务主管部门移交的案件 10 起。推动大门镇“一支队伍管执法”赋权试点。区综合行政执法局开展市容秩序、排水排污、毁绿占绿、人行道违停、安全生产等专项整治行动 10 多项。全年实行全员办案，查处案件 4800 多起，案件总量提升 30%，行政处罚创历史新高。

【洞头区“大综合一体化”改革启动】2021 年 11 月 12 日，为贯彻落实省委、省政府关于“大综合一体化”行政执法改革的重大决策部署，洞头区综合行政执法指导办公室揭牌，承担起本区域行政执法体制改革的统筹协调、综合指导和考核督促等工作，并履行改革完善执法工作机制、协调指挥各主体执法活动、调配使用执法力量等职责。洞头区“大综合一体化”改革正式启动。

【执法案件办理】2021 年，洞头区联动开展十大专项执法行动，查处案件数 4219 件，其中一般程序行政处罚案件 176 起，累计罚没款约 225 万元，案件量连续三年持续提升。针对跨区建筑渣土倾倒日益增多情况，通过开展市、区联动、瓯洞协同，整治跨区偷倒建筑泥浆行为，全年查处随意倾倒建筑垃圾、未经核准等案件 68 件，处罚金额 123 万元。

【综合环境整治】2021 年，区综合行政执法局巩固提升文明城市创建成果，开展城市精细化管理提升行动，累计集中整治乱占道 1126 起、乱堆放乱张挂 280 起；更换修复垃圾桶、雨水箅子等市政设施 360 余处；修剪、补植树木 3400 多株、清理杂乱绿化带 2.5 万平方米。全年累计完成拆违处置 170 宗共 1.31 万平方米。推进“四边三化”整治提升，市级平台点位整改销号率 100%。创建精品道路创建 1 条、桥下空间利用 1 个。

【跨区域建筑垃圾倾倒整治】2021 年 6 月起，区综合行政执法局开展建筑垃圾陆路运输整治攻坚行动。建立 24 小时常态化治理机制，设置 15 组 45 人“哨兵岗”，运用通宵设卡、连续作战等方式，严格执行跨区域渣土运输“非必要不入洞”禁令，保持违法行为“露头就打”高压态势。成立专项整治小组，发挥部门协同作用，摸清建筑工地底数和渣土运输车辆信息，形成建筑渣土产生、运输、处置全过程监管体系。整合全球眼及智慧城管监控资源，采取“人防＋技防”渣土巡查管理模式，提升渣土整治

2021年11月12日，洞头区综合行政执法指导办公室揭牌
（区综合行政执法局提供）

执法效率。联合龙湾区和瓯江口等地执法部门，实时共享跨区域违法车辆行驶路径及车辆信息，证据获取时间从半天缩短至1小时，提升违法立案效率，累计跨区域、跨部门调取线索信息800多条，办理跨区域案件11起，罚没款金额达40多万元，其中顶格处罚1家企业，罚款额10万元。完善案件移交机制，坚决落实“六个一律”政策。落实约谈制度，组织执法人员到重点区域宣讲法律法规，警示约谈初次违规企业负责人。建立信用惩戒机制，将渣土运输企业日常行为规范纳入企业信用评价结果，针对停运整改严重违法失信企业和运输车辆，采取相应惩戒措施，累计移交违规线索15起，约谈违规企业32家，列入行业监管黑名单2家。全年累计出动执法人员1.2万多人次，检查过往渣土车辆3000多次，立案查处28起，罚没款77.2万元。10月至12月，跨区域渣土运输车辆数量环比下降300%，全面杜绝渣土乱倾倒现象。

【无违建创建成果巩固】2021年，洞头区制定《洞头区2021年度“三改一拆”工作实施方案》《洞头区违法建设防控治理实施意见》等政策文件，持续推进历史遗留存量违建处置。推行“网格员＋无人机”管控新机制，对全区83个村（居、社区）开展航拍比对，逐间逐层开展批后民房建设监管，严控新增违建。印发《洞头区违法建筑再排查攻坚工作通知》，依托浙江省违法建筑防控治理应用场景，建立全覆盖无遗漏、数据真实准确的违法建筑数据库，实现全区“一本账”管理。开展多轮加工制造小微企业、燃气用地方面、在建项目、人员密集场所、农村附属用房、乱堆放集装箱（活动板房）等各类存在安全隐患的建筑排查，对未批先建、批建不符的新建违建书面抄告至责任辖区落实整改，快速落实即查即拆。全年排查并拆除32宗共618平方米隐患建筑，立案查处规划类案件21件。研究全区1190宗规划类历史遗留农村建房存量违建的销号攻坚行动。修订《洞头“无违建县”创建信访投诉处理工作制度》，理顺违建投诉信访处置答复工作机制，全面梳理核查2017年至2021年涉及违建的信访投诉件。实现合理交办和按期答复涉及违章建筑投诉件11件。把“无违建”工作重心转向长效管控，以存量、新增违建“双清零”为目标，巩固提升无违建创建成果。全年违建拆除1.18万平方米，完成市定任务量的236%。全区建立一户（楼）一档33265宗，排查存量违建5115宗（处置3925宗）。

【无违建实现街道（乡镇）全覆盖】2021年2月9日，霓屿街道入选全市第二批无违建乡镇（街道）。至此，洞头区在全市率先实现无违建街道（乡镇）全覆盖。洞头区定期开展地理影像地图、高位监控和无人机巡查比对，确保建筑信息精确可查。依托防违控违综合管理信息平台，利用微信公众号查询建筑物信息，实现即时反馈交办，建立起技防为主、人防为辅的源头管控体系。健全市民跟踪监督机制，推广智慧百岛App、“亮丑揭短”随手拍微信群，全面堵塞监管漏洞。全区落点定位率、合法比对率100%。统筹推进城镇低效用地再开发等行动，打造“小岛迁、大岛建”“农房聚、渔村建”“料场搬、新区建”“厂房改、景区建”“旧城疏、新城建”五种特色模式，推进拆改地块有效利用，拆后土地利用率95.9%。推行全链条审批模式，实行“一个窗口”集成服务和办理时限承诺制，确保工程建设项目行政审批“零超时”。把农房审批等权限统一下放至街道（乡镇），出台农房建设管理办法，逐村编制农民建房实施方案。动态监管农房修缮、民房装修行为，全面落实即查即拆措施，实现新建违建即查即拆率100%。截至2021年2月，累计拆除违法建筑9006处共44.5万平方米。

（林思茹）

商贸服务

概述

【概况】2021年，洞头区制定《洞头区商贸发展“十四五”规划》《洞头区促进消费升级三年行动方案》，克服疫情影响，恢复消费市场，全年实现社会消费品零售总额42.83亿元，比上年增长18.6%。洞头区引企业拓销售，推动限上四大行业发展，全年新增入统限上企业12家，全年限上批零住餐销售总额突破百亿大关，为103亿元，比上年增长45%。截至年底，全区入统限上商贸企业共有54家，其中批发企业有21家，零售8家，住宿11家，餐饮14家。

【洞头区商贸发展“十四五”规划】2021年10月25日，为加快适应经济新发展格局，促进商贸流通业转型升级，增强内生增长动力，区政府制定《洞头区商贸发展“十四五”规划》，突出发展重点，打造环海西湖商贸核心；强化区域特色，打造南部生态商旅发展翼；融合产业发展，打造北部临港商贸融合翼；优化基础提升，打造重要城乡商贸节点；满足民生需求，打造三级商业网点体系。建设现代商贸国际化发展工程、自贸联动全域化发展工程、开放经济品质化发展工程、商贸物流现代化发展工程、专业市场平台化发展工程、社区商业未来化发展工程、海岛改革特色化发展工程。培育数字贸易新载体、特色商贸新载体、网络消费新载体。营造智慧消费新场景、夜间消费新场景、全域旅游新场景。目标至2025年，全区基本形成内外融合、特色鲜明、高效畅通、布局合理的现代商贸流通体系，全区商贸规模稳定增长，商贸物流规模显著扩大，新兴业态发展持续创新，经济开放程度不断提升，双循环新格局有效融入。

【洞头区促进消费升级三年行动】2021年6月2日，为深入贯彻落实国家、省、市和区委、区政府关于扩大内需促消费相关工作决策部署，培育壮大消费新动能，更好发挥消费在稳增长、调结构、惠民生的重要作用，洞头区制定《洞头区促进消费升级三年行动方案（2021—2023年）》。重点任务是以海霞文化资源为着力点，实施强商行动；以节庆、赛事、会议活动为渠道，实施旺客行动；以海岛特色美食为主题，实施兴市行动；以品牌建设为抓手，实施优品行动；实施物流降本行动；以数字应用为驱动，实施引智行动；以放心消费区建设为抓手，实施提质行动；以需求引领为宗旨，实施全面升级行动。目标至2023年，洞头区基本建成消费场景丰富、特色消费引领性强、数字生活新服务消费便捷、消费体验环境舒适的较高水平新消费体系。实现社会消费品零售总额突破36亿元，年均增长8%，网络零售额突破14亿元，实现三年翻一番；培育壮大2个核心商圈，集聚商业品牌数量超20家；培育限上商贸企业35家，新零售企业10家，限上批零住餐销售（营业额）年均增长15%。

【消费品零售】2021年，洞头区实现社会消费品零售总额30.86亿元，同比增长6.1%，其中限上消费品零售额4.8亿元，同比增长0.2%。完成限上批发业销售额99.86亿元，同比增长47.9%；限上零售业销售额为1.5亿元，同比下降32.2%；限上住宿业营业额突破亿元大关，为1.02亿元，同比增长58.3%；限上餐饮业营业额

7723万元，同比增长14.1%。

【电子商务】2021年，洞头区电子商务零售额6.7亿元，同比下降2.7%；促成本地电商企业与电商平台企业合作，扩大本地产品知名度，工业、渔农业企业（个体户）通过第三方平台或建设独立平台开展电子商务销售。截至年底，洞头区在重点监测第三方电子商务平台上共有各类活跃网络零售网店320家，相当于注册零售网店总数的36.1%，活跃网络零售网店总数在温州市排名第十一位，在全省排名第八十二位。直接解决就业岗位910个，间接带动就业岗位2400个。以天猫为例，洞头区活跃天猫网店34家，活跃网店占比85%。活跃天猫网店中旗舰店、专营店、专卖店分别为24家、9家、1家，旗舰店占比为70.6%。截至年底，全区在淘宝（企业店）、天猫、京东平台上共有农产品活跃网店11家。

【洞头鑫隆典当注销】2021年1月26日，根据洞头区市场监督管理局出具的（温洞市监）登记内销字〔2021〕第000262号通知书，注销洞头鑫隆典当有限责任公司。自此，洞头区唯一一家典当行业公司注销。

【医药销售】2021年，入驻洞头区并运营的医药企业主要为浙江德宁医药有限公司、浙江固德医药有限公司。其中浙江固德医药有限公司主要从事民营医院、诊所和药店的OTC（非处方药）业务，全年销售额1.86亿元；浙江德宁医药有限公司主要从事康宁集团所属各大医院及其他医疗机构、药店的业务，因集团业务逐步转到德宁医药公司，2021年德宁医药全年销售额1.89亿元，同比增长193.2%。

（李隆隆 杨盈盈）

【食盐专营】2021年，温州市盐业公司洞头分公司共调入盐产品2633.06吨；年底库存量283.45吨。销售各类盐产品2755.27吨，其中小包装碘盐销售119.62吨，企业利润总额减少17.59万元。全区合格碘盐覆盖率67.62%。共建立食盐零售配送客户资料178家，配送客户150家。

（胡芳媛）

对外贸易

【概况】2021年，洞头区进出口总额（含一达通）实现17.38亿元，同比下降10.8%。其中，进口总额实现11.817亿元，同比下降24%；出口总额（含一达通）实现5.57亿元，同比增长41.2%，增幅居全市第二位。按企业类型分，外贸企业自营出口总额2.96亿元，同比增长58.3%；生产企业自营出口总额2.37亿元，同比增长30.2%；三资企业自营出口总额0.24亿元，同比下降7.77%。主要外贸进口企业有浙江中燃华电能源有限公司，全年进口额为11.44亿元，占全区进口总额的96.87%。推进“一带一路”项目发展，温州大洲远洋公司在非洲塞内加尔投资设立渔业公司，从事远洋捕捞、海产品进出口项目，累计境外投资295万美元。

【外贸出口企业发展】2021年，洞头区重点出口企业占全区出口总额的65%。主要外贸出口企业有浙江信立达机械科技有限公司、温州市东启汽车零部件制造有限公司、温州金源新材料科技有限公司、浙江诚意药业股份有限公司、温州佳海食品有限公司等生产型企业，出口额分别为9658万元、5406万元、3558万元、3264万元、2864万元。

【外贸新业态培育】2021年，洞头区创新发展外贸新业态经济。其中温州市盛翔供应链管理有限公司开展市场采购贸易业务，累计完成市场采购贸易出口6682万元；温州市洞头安厦贸易有限公司跨境电商出口4947万元。

（吴建中 叶环）

烟草专卖

【概况】2021年，温州市洞头区烟草专卖局（分公司）实现税利7693.27万元，同比增长15.94%，直接缴纳洞头税款1350.93万元，汇总缴纳省税务1561.02万元，对洞头地方财政贡献额1405.64万元（含转移收入）。累计建设星级现代终端211户，占比25.3%。“香溢通”覆盖面31.65%，“香溢家”会员人数43777人。全年开展直播带货活动4次，销售额超100万元。

【卷烟销售】2021年，洞头区烟草专卖局实现卷烟销量6304.17箱，销售额同比增长12.29%；毛利同比增长12.82%；单箱销售额同比增长4.71%。实现重点品牌销量5679.75箱，同比增长11.16%，销量占比90.10%；实现共育品牌销量2123.49箱，同比增幅33.68%；实现云端销量6.66箱，同比增幅164.71%。

【卷烟打假打私】2021年，洞头区查处涉烟违法案件107起；查获“三包烟”总量33.88万条，同比增长29.2%；总案值63.33万元，同比增长46.42%。其中，查获“双5”（5万元以上的案件）以上案件5起，其中无证运输省外卷烟“双5”案件2起。“朱某等人走私香烟案”“丁某等人走私香烟案”抓获涉案人员47名，其中判刑27人。“5·21”

非法经营案锁定新增嫌疑人1人，移送公安案件2起，取保候审1人。查获违法嫌疑重点籍案件5起，其中省级重点2起，市级重点3起；查获违法违规大户案件6起，案件查处率400%。查获省外烟2295条，同比增长276.23%。网上办证率99.77%。

（徐梓皓）

2021年洞头区涉药单位一览表

表27

类别	单位名称	地址
药品生产企业	浙江诚意药业股份有限公司	温州市洞头区化工路118号
批发企业连锁总部	浙江康隆医药有限公司	温州市洞头区北岙街道飘香路3号
	浙江固德医药有限公司	温州市洞头区北岙街道溢香路86号B幢
	浙江德宁医药有限公司	温州市洞头区北岙街道飘香路3号A幢102室
	浙江温周药铺有限公司	温州市洞头区北岙街道溢香路86号B幢302室
处方药店	温州市洞头联益医药零售有限公司	温州市洞头区北岙街道健康巷17号
	温州市洞头花旗药店	温州市洞头区北岙街道中心街67号A8-10
	温州市洞头一品堂药店	温州市洞头区北岙街道望海路18号
	温州市洞头同益药品零售有限公司	温州市洞头区北岙街道连城大道12号
	温州市洞头恭诚药品零售有限公司	温州市洞头区大门镇沙岩街45号
	温州市洞头康民药品零售有限公司	温州市洞头区北岙街道中心街373—375号
	温州一正药房连锁有限公司洞头店	温州市洞头区北岙街道中兴路38号一楼第1间
	温州一正药房连锁有限公司洞头城南店	温州市洞头区北岙街道城南大道9号、11号
	温州一正药房连锁有限公司洞头城中店	温州市洞头区北岙街道中心街168-4、168-6号
	温州一正药房连锁有限公司洞头北岙店	温州市洞头区北岙街道烈士路31号
	国药控股好喜好大药房连锁（温州）有限公司洞头店	温州市洞头区北岙街道城南大道1号
	温州三德大药房医药连锁有限公司东屏店	温州市洞头区东屏街道海滨路20号
	温州三德大药房医药连锁有限公司洞头平民药房	洞头区北岙街道中心街212号
	温州叶同仁医药连锁有限公司洞头店	温州市洞头区北岙街道连城大道4、6-1号
	浙江瑞人堂康盛堂大药房医药连锁有限公司温州洞头连城店	温州市洞头区北岙街道连城大道12号
	浙江瑞人堂康盛堂大药房医药连锁有限公司温州洞头沙岩店	温州市洞头区大门镇沙岩街28号一楼
	英特一洲（温州）医药连锁有限公司洞头店	温州市洞头区北岙街道中心街406、408、410号
	温州市布衣大药房连锁有限公司洞头大门店	温州市洞头区大门镇富民街9号-4、9号-5
	温州市洞头同致药品零售有限公司	温州市洞头区霓屿街道海滨南路28号第一层
	温州市洞头鹿西玉琴药店（普通合伙）	温州市洞头区鹿西乡兴渔路12号
	浙江瑞人堂康盛堂大药房医药连锁有限公司温州洞头北岙路店	温州市洞头区北岙街道中兴路73号
	温州百晓大药房连锁有限公司洞头北岙店	温州市洞头区北岙街道烈士路101号
乙类非处方药店	温州市洞头一帆药店(普通合伙)	温州市洞头区东屏街道仙岩路317弄11号
	温州市洞头海英药店	温州市洞头区东屏街道城南路129号
医疗器械经营企业	温州市洞头高视眼镜有限公司	温州市洞头区北岙街道中心街101号
	温州市洞头精益眼镜有限公司	温州市洞头区北岙街道中心街110号
	温州市洞头建明眼镜有限公司	温州市洞头区北岙街道中心街120号
	温州市洞头佰岛眼镜有限公司	温州市洞头区北岙街道人民路4号
	温州市洞头明眸视光眼镜有限公司	温州市洞头区北岙街道中兴路27、29号
	温州市万昌视光配镜中心	温州市洞头区北岙街道中心街121、123号-1

（区市场监管局提供）

供销合作经济

【概况】2021年，全区共有正常运作农民专业合作社165家，发展省级示范性合作社2家，市级示范性合作社1家，区级示范性合作社3家，培育市级“三位一体”示范社14家，市级示范社1家，区级示范社6家，清理空壳社15家。洞头小吃协会成立，吸收小吃从业人员50多人次，举办“从浪尖到舌尖”线上大拜年活动、“妈妈的味道”音乐美食嘉年华暨“两菜一鱼”美食节、“嗨游闽巷”特色农产品展示展销等系列活动4场；全年完成化肥应急储备50吨、平价配送农资化肥100多吨；完成“瓯越鲜风”区域公用品牌授权使用2家、推荐申报待批4家；多平台推介农产品，首批推介“两菜一鱼”企业进驻新采云采购计划平台9家，推介企业产品入驻银泰等大型商超品鉴会4家，完成农合联会员（养殖户、专业合作社）信用等级评定和授信32家，授信总额700万元。温州市洞头区供销合作社（简称洞头区供销社）指导大门东川农业开发、霓屿蟹公寓养殖、海成水产养殖专业合作社等一批合作社生产，并积极申报市级示范。洞头区农合联为农服务中心获评第五批省级现代农业综合服务中心。全年合作社经营收入4.81亿元，同比增长24.7%

【“三位一体”综合改革】2021年，洞头区供销社联合出台《洞头区农村“三位一体”综合合作改革实施方案》。加快“三位一体”现代产业园和示范乡镇建设，加大海岛特色“三位一体”改革理论研究，规范提升农合联组织，完善农合联服务功能，培育示范性农业经营主体和示范性基层供销合作组织，提升现代农业社会化服务体系，改造提升农产品现代流通、农村现代金融、数字化服务体系。

整合洞头羊栖菜、洞头紫菜、洞头民宿、渔业单拖等4家产业农合联的行业资源。霓屿街道创成市级“三位一体”综合合作改革示范街道，霓屿街道农合联创成市级示范性街道农合联。区渔业单拖产业农合联创成市级示范性产业农合联。区农合联为农服务中心获评第五批省级现代农业综合服务中心。

2021年1月29日，在东屏街道韭菜岙沙滩公园举办“从浪尖到舌尖”线上IP大拜年活动（张鸣宇 摄）

【“两菜一鱼”产业发展】2021年，洞头区完成“洞头紫菜”地理标志证明商标注册。推进“两菜一鱼”（羊栖菜、紫菜和生态大黄鱼）宣传营销，举办“从浪尖到舌尖”线上大拜年活动、“妈妈的味道”音乐美食嘉年华暨“两菜一鱼”美食节等系列活动，提高“两菜一鱼”知名度。推介浙江东一海洋集团有限公司、黄鱼岛海洋渔业集团有限公司2家“两菜一鱼”重点企业获批使用温州市“瓯越鲜风”区域公用品牌；推介星贝、金海蕴等企业农产品进驻开元、泉丰、半屏民宿、白迭艺术村等酒店民宿。

【便民惠农服务】2021年，洞头区供销社强化信用服务，促进“农产品+民宿”联合合作。在全区民宿行业中评选“民宿党建联盟党员示范店”7家、“民宿党建联盟放心消费店”23家，指导辖区内民宿成功申报市级疗休养基地18家；为15家党建联盟会员提供低利率“民宿贷”450万元，解决民宿产业建设资金需求。推进农合联会员信用等级评定和授信，授信养殖户、专业合作社32家总额700万元。

【美食嘉年华活动】2021年5月15日，洞头区供销社联合区妇联等单位在新城广场举办“妈妈的味道”美食嘉年华活动。活动包含洞头小吃协会授牌、“娘家人”美食推介、“妈妈的味道”厨娘秀、红色亲子厨艺秀、“廉家烧”展示等环节。各街道（乡镇）妇联、区直机关妇工委（妇委会）、巾帼文明岗、住宅小区妇联代表、亲子家庭代表、巾帼志愿者代表等200多人参加活动。

（张鸣宇）

粮食行业

【概况】2021年，洞头区完成新增350吨储备粮任务，轮换完成储备粮早籼稻谷500吨、晚籼稻谷2174吨、小麦1800吨、储备成品粮（大米）450吨、食用油20吨，全区储备粮食达到9650吨规模。开展储备粮和储备食用油库存检查，库存粮油质量合格率、储存粮油品质宜存率、入库与储存期间质量检验建档率均100%，储备粮油全部达到“一符四无”标准要求。九厅中心粮库通过验收，继续保持省“三星级”粮库称号。

【粮食产销合作】2021年，洞头区开展省际间粮食产销对接活动，并建立稳定粮食购销关系，保持与江苏等产粮区粮食产销合作关系，实行储备粮代储模式，全年粮食代储数量2150吨。

【粮食应急预案演练】2021年，区发改局实行每周一报价格监测制度，疫情期间实行日采价监测机制，在全区12个粮食应急监测点对2个主要品种粮食价格进行监测，及时掌握全区粮食市场价格变动情况，稳定全区粮食市场提供预警信息。采取有力措施平抑市场抢米事件，保障市场粮食供应货足价稳。继续与12个粮食供应点签订粮食应急供应协议，落实保持应急成品粮储备450吨，购置日粮食加工能力50吨设备一套，建立粮食应急运输企业运输机制，保障突发情况下的粮食应急供应。实行市场口粮抽检制度，建立“放心粮油店”5家，确保市民“舌尖上的安全”。

（洪星）

邮政管理

【概况】2021年，中国邮政集团有限公司温州市洞头区分公司设立市场营销部和寄递事业部，下辖北岙、大门、鹿西、东屏4个邮政支局（所）和元觉及霓屿2个业务代办所元觉及霓屿业务代办所。公司从业人员58人，其中在岗职工30人，劳务工28人。全区共有邮路7条，农村邮路1条，邮路单程总长559千米，城市投递道段16条，农村投递线路4条，其中汽车投递道段3条，摩托车投递道段2条，电动自行车投递道段9条，电动三轮车投递道段5条。村邮站建设总计73个，其中一类站58个，三类信息化村邮站15个，共有村邮员86名，其中专职11名。全年邮政业务总量完成1767万元（不含邮储银行部分），同比增长47.4%。

【寄递业务拓展】2021年，邮政洞头分公司建设三级物流体系，与交运公司开展交邮合作，建成鹿西乡客货邮中邮驿站6个；与社会快递对接，整合资源，保障百姓取件寄件服务。入驻仁济学院，建设校园邮政综合服务中心，全年共服务仁济学院邮件50万件。

【农村电商运营】2021年，邮政洞头分公司整合邮乐网、邮政实体网点，线上线下助力农产品进城、工业品下乡，搭建双向流通体系。为广大百姓提供网络代购、农产品销售及其他服务，实现“工业品下乡”和“农产品进城”双向流通功能。建立“温邮振兴馆”，销售洞头农特产品，并建设温州大同城网络，推动海岛特产“浪尖到舌尖”，实现生鲜产品上午寄、下午到达的目标。12月，洞头特产入驻邮乐网，截至年底，销售洞头海鲜特产6000多单。

【邮政行业服务】2021年，邮政洞头分公司服务标准实现10千克以下包裹全部按址投递，农村地区5千克以下包裹按址投递到户或村邮站。公示每周营业日、每天的营业时间、邮件时限、用户对服务质量的投诉渠道及联系方式，培育支局营投人员与郊区投递员的综合营销能力。开展服务进军营活动，做好军人包裹和邮件收寄工作。全年邮政业务总量完成1767万元（不含邮储银行部分），同比增长47.4%，其中：国内函件0.84万件，同比下降39.27%；国内包裹快递64.89万件，同比增长63.89%；国际及港澳台包裹快递19件（不包含速递），同比增长35.7%；机要件391件，同比增长20.68%；年末邮储日均余额达1.3亿元（不含邮储银行部分），同比增长22.66%；汇票332笔（不含邮储银行部分），同比下降65.67%；全年累计收订报纸194万份，同比增长0.13%，全年累计收订杂志0.3万份，同比下降9.33%。

（洪丽娟）

市场管理与服务

【概况】2021年，洞头区共有商品交易市场6家，其中农贸市场5家，生产资料市场1家。有省级放心农贸市场4家（北岙、大门、元觉、东屏农贸市场），其中四星级文明规范市场1家（北岙农贸市场），三星级规范市场3家（大门、元觉、东屏农贸市场）。省级“五化”农贸市场2家（北岙、元觉农贸市场）。三星级以上标准化农贸市场及放心农贸市场创成率100%。

【农贸市场疫情防控】2021年，洞头区成立农贸市场疫情防控专

2021年洞头区农贸市场一览表

表28

市场名称	地址	开业时间	市场建筑面积（平方米）	市场星级	是否为放心市场
北岙农贸市场	北岙街道烈士路58号	1992年1月10日	6907.3	四星级	是
大门农贸市场	大门镇振兴路147号	2001年2月1日	3246	三星级	是
元觉农贸市场	元觉街道小北岙行政村	2014年7月3日	965	三星级	是
东屏农贸市场	东屏街道惠中路49号	2016年10月1日	2296	三星级	是
森活之家新城菜市场	新城区腾飞路18号一层	2021年10月1日	2920	无	否

（区市场监管局提供）

班，派驻专人驻点农贸市场参与农贸市场疫情防控值守，督促市场主体执行“四个一律”“三个到位”防控措施，严把市场入口关，全年共出动1.2万人次。加密市场巡查频次，劝导经营户、顾客规范佩戴口罩，落实每日消杀制度。依托数字化科技手段，通过线上远程视频监控，实时掌握农贸市场疫情防控动态信息;严格落实疫苗接种政策，联合市场公司相关人员成立专班，点对点动员经营户接种疫苗。市场管理人员50人及市场经营户486人，应接尽接率均100%。

【农贸市场提档升级】2021年，洞头区推进放心农贸市场建设。通过制定实施方案、现场检查指导、组织参观学习、集中培训等形式推进放心农贸市场创建工作，创成省级1家，续创1家。完善农贸市场精细化管理，实现全区农贸市场远程监控全覆盖，推广使用可降解塑料购物袋。推进“森活之家”综合体开业，为社区居民提供绿色健康的生鲜产品、便捷全面生活服务。

【霓屿农贸市场投用】2021年9月17日，洞头区霓屿农贸市场投入使用。该农贸市场位于霓屿街道霓中路，投资1500万元筹建，总建筑面积3479.62平方米，一层设有53个摊位，主要用于售卖鲜水产品、蔬菜、水果、熟食、速冻、猪肉、副食品、干水产品等，并设有自产自销专区。农贸市场门口规划设置停车区域。

【首家社区生活综合体试营业】2021年10月1日，洞头首家森活之家品质社区综合体试营业，为全市第十二家门店，位于洞头区腾飞路14号新城菜市场。该综合体引入现代菜市场中心、餐饮零售等项目，推出多元主题业态与新型智慧菜市场。借助菜市场与超市的有机结合，推行“农+超”经营模式。由森马现代农业发展有限公司负责经营。

（张 晨）

餐饮住宿业

【概况】2021年，洞头区批零餐饮住宿实现销售总额261.87亿元，比上年增长44.3%，其中限上批零餐饮住宿销售额215.11亿元，增长48.0%。全年共受理餐饮住宿服务消费投诉72件，为消费者挽回经济损失7.24万元。全年创建放心消费民宿单位71家，放心消费餐饮单位95家。全年完成中国·洞头妈祖平安节等大型活动保障10场，无发生食品安全事故。

【餐饮主体数量】2021年，全区共有餐饮服务单位909家，其中小餐饮及小型餐饮服务单位803家，大中型以上餐饮服务单位106家，学校（含幼儿园）食堂29家，建筑工地食堂12家，企事业单位食堂29家，其他食堂（含养老机构食堂）44家。

【餐饮食品安全监管】2021年，区市场监管局加大餐饮领域食品安全监管和专项整治力度，开展餐饮抽检110批次，不合格9批次，立案5起，其中餐具消毒不合格3起。重点围绕食品安全、文明用餐、明码标价、疫情防控等开展餐饮行业专项检查11次，发布红黑榜9期，曝光餐饮单位28家，黄牌警告12家，立案查处25家。

【“浙江外卖在线”实现全覆盖】2021年7月，区市场监管局分阶段推进“浙江外卖在线”网络餐饮“阳光厨房”建设，开展“线上+线下”双重核查，走访网络餐饮单位，剔除关停、注销等异常数据73户，按照“突出重点、销量优先、稳步推进”原则，安装建设164户，提前超额完成150户的全年目标任务，实现辖区网络餐饮单位100%全覆盖。

（郑仙珠）

旅游业

概述

【概况】洞头是浙江省重点风景名胜区，现有七大景区，分别是仙叠岩景区、半屏山景区、东沙景区、大门岛景区、鹿西岛景区、竹屿岛景区和大瞿岛景区，景点400多个。旅行社3家，分公司3家，即新境界旅游有限公司、大自然旅行社有限公司、华夏旅行社有限公司、温州市精诚国际旅行社有限公司洞头分公司、温州金菠萝国际旅游有限公司洞头分公司、温州嘉顺旅游有限公司洞头分公司。

2021年，洞头区制定《洞头国际旅游岛建设五年行动计划（2021—2025）》《关于促进文化体育旅游产业融合发展的若干政策意见》，围绕“旅游兴区”战略，推进文广旅体产业融合发展。获批设立半屏山海洋省级旅游度假区，入选省首批旅游业“微改造、精提升”行动试点县和单项试点单位，完成试点项目建设40个。强化抖音、马蜂窝等新媒体营销，各级平台累计曝光量1.78亿次，主流媒体报道洞头文旅350多次。加快全域景区化，新创成省AAAA级景区城、北岙街道创成省AAAA级景区镇、中屿景区创成国家AAA级景区，寮顶村和沙角村创成省AAA级景区村。大沙岙景区股权回购，阿波罗商务酒店启动拍卖。出台“侨家乐·海宿”等级划分与评定办法，全年新增床位1652张，创成金鼎级特色文化主题饭店、四星级饭店、市侨家乐品牌民宿各1家，省银宿级民宿2家。全年接待游客304.7万人次，实现旅游社会总收入35.7亿元，分别同比增长23.2%、39.9%。获省十大海岛公园2020年考核评估优秀、2021年度省级全域旅游示范区复核评估A档。

【洞头区旅游业发展“十四五”规划】2021年12月31日，为进一步优化全域旅游空间格局，深度推动“旅游+”融合发展，满足全区人民以及广大游客日益增长的美好生活需要，区政府印发《洞头区旅游业发展“十四五”规划》（洞政办发〔2021〕67号）。规划“十四五”旅游产业发展趋势、总体思路，创新优化旅游发展新格局。重点依据“一环三区多岛”的空间布局展开旅游产业建设。通过优化发展格局，实现资源开发利用最大化，推动新型城镇化发展、增强旅游产业实力、彰显海岛自身特色。到2035年，洞头区旅游服务质量、产业规模、核心竞争力、综合效益达到全国先进水平，全域形成具有较强竞争力的现代海岛旅游业体系，全面创成三张“国字号”旅游金名片，即国家全域旅游示范区、国家级旅游度假区、国家AAAAA级旅游景区。旅游业生产总值在2025年基础上实现再倍增，游客和居民满意度为95%，旅游业成为全区实现共同富裕的重要途径，海岛旅游发展为实现全区人民的全面发展、共同富裕提供坚强有力保障。

【洞头国际旅游岛建设五年行动计划】2021年5月31日，为推动洞头旅游高质量、高品质发展，按照《关于建设洞头国际旅游岛的实施意见》文件精神，制定《洞头国际旅游岛建设五年行动计划（2021—2025）》。主要任务是开展顶层设计谋划行动，科学构建品牌创建规划，精心谋划国际化建设规划，创新探索一体化发展规划；开展陆岛交通建设行动，完善“外快”旅游交通网络，构建“内畅”旅游交通体系，优化环岛公路景观设施；开展引擎项目落地行动，统筹旅游小镇建设工程，推进招商项目落地工程，实施旅游配套完善工程；开展旅游产业开发行动，传承发展海渔文化产业，培育发展滨海运动产业，提升发展乡村休闲产业，挖掘发展蓝色康养产业，提升发展海霞红色产业，规划发展会议会展产业，创新发展数字旅游产业；开展旅游市场拓展行动，全方位拓展旅游目标客源市场，立体化开展旅游市场营销活动，多形式创新游客组织招徕模式；开展旅游行业管理行动，构建旅游市场监督管理体系，创新旅游市场运营管理体系，优化休闲旅游行业服务体系。成立国际旅游岛建设工作专班，建立考核评估体系。发展目标是至2025年，旅游休闲产业规模进一步扩大，旅游管理服务、旅游产品开发和旅游市场营销具有一定国际水平，旅游产业竞争力和国内外知名度明显提高，成为长三角休闲度假型海岛旅游目的地。旅游业增加值超20亿元，占全区生产总值比重11%以上；过夜旅游者为300万人次。

【海岛公园创建】2021年，洞头区委托浙江大学城乡规划设计研究院编制《温州市洞头区海岛公园建设规划（2020—2025）》，明确海岛公园建设重点任务目标。按照《浙江省十大海岛公园建设2021年工作要点》文件要求，推进海岛公园十大标志性工程建设，探索海岛公园高品质、可持续、生态化发展道路，开展海岛风貌提升、交通连岛建设、陆海协同发展、海岛主题IP和产品打造、海岛公园精品游线开发等工作。获评2020年度全省海岛公园建设评估优秀等次，并在全省海岛公园建设推进会上作典型发言。

【洞头区海岛公园建设规划通过省级评审】2021年8月26日，《温州市洞头区海岛公园建设规划》通过省级评审。该规划于2020年1月7日开始委托浙江大学城乡规划设计研究院编制，规划期限为2020—2025年，规划范围衔接洞头国际性休闲岛建设范围，总计约892.3平方千米，陆地面积约100.3平方千米，海域面积约为792平方千米。以“一城两廊三片区八主题”为空间布局，培育海上花园休闲旅居产品、蓝海跃动海钓娱乐产品、特色文创体验旅游产品、多维海岛康养旅游产品、多元研学科普旅游产品、滨海主题运动旅游产品、商务会展专项旅游产品等交互式海岛旅游产品，构建洞头海岛公园全体验旅游产品体系。打造十大标志性工程。2021年5月24日，该规划通过市级初审。

【国家全域旅游示范区创建】2021年，洞头区落实《洞头区创建国家全域旅游示范区实施方案》，推进国际旅游百亿工程，发展文旅百亿产业，复活百个古渔村，扮靓百座岛屿，建成百里海岸绿道，推进国家全域旅游示范区创建。坚持碧海蓝天也是金山银山的理念，打造“城在海中岛在景中人在画中”全域大花园图景，把景点串珠成链，盆景变风景，吸引大批游客，带动老百姓就业致富，实现“黄沙”变“黄金”。全区83个村（居）完成“花园村庄”建设72个，其中67个村建成A级景区村、13个村达到AAA级标准，5个街道（乡镇）创成省级A级景区城镇，入选全省首批旅游业“微改造、精提升”改革试点。累计落地文旅项目31个，总投资158.42亿元，推进青山欢乐岛、梦幻海湾、白鹭湾海渔文化度假区等项目建设。涌现海上观光、热气球观光、跳岛游、烟花秀、音乐夜市、网红打卡点等旅游新业态，推动沙滩经济、民宿经济、星光经济等发展。6月，通过省级全域旅游示范区复核评估。8月30日，通过2021浙江省全域旅游示范区复核评估A档。

【半屏山海洋省级旅游度假区获批设立】2021年2月3日，经省人民政府批复，同意设立洞头半屏山海洋省级旅游度假区，为全市第三个省级旅游度假区。该度假区位于北岙街道、东屏街道区域范围内，东至头龟东侧，南至南策岛网头礁南缘，西至拨浪鼓防浪堤西侧，北至北妈段北缘。总规划面积为22.16平方千米，其中陆域面积8.22平方千米、海域面积13.94平方千米。度假区总体定位为全国知名的海洋运动休闲度假中心，依托丰富的海峡两岸同心文化、海岛民俗文化、海洋生态文化，形成滨海、海滨、近海的全方位联动发展。抓住洞头国家级海洋公园、海岛公园建设等契机，挖掘海洋旅游资源，突出国际海洋休闲度假旅游特色，拓展海洋旅游新业态新产品，加大项目建设力度，完善服务设施；加强生态环境、景观环境和人文环境保护，节约利用土地、林业和海洋等资源，实现度假区经济效益、社会效益和生态效益的有机统一。

【省AAAA级景区城创成】2021年12月30日，浙江省文化和旅游厅公布2021年浙江省AAAA级景区城和AAAAA级景区镇（乡、街道）名单，洞头区城区创成浙江省AAAA级景区城。洞头区坚持“旅游兴区”战略，秉持“全域景区化、旅游主业化”发展理念，坚持“引海入城”理念，建成总投资1.7亿元的河道景观工程。投资3亿元推进旧城改造。突出海岛渔村特色风貌重塑，把景区标准引进花园村庄建设，以海霞文化、海岛民俗、田园风光等不同特色主题，共建成花园村庄21个，其中AAA级景区村5个。通过“微改造、精提升”，巧用“绣花”功夫，聚焦时尚化、年轻化，完成小样的花园、网红巷夜游提升、隔头风貌提升等微改造项目14个。优化旅游服务体系。推动公共设施景区化。引入亚洲螺钿艺术博物馆、油画美术馆等项目。实施蓝湾整治工程，修复砂砾滩10个。建成投用南洋国际大酒店、维也纳国际酒店。打好海霞红色旅游牌。完成海霞基地、海霞军事文化园建设。建成伴HOUSE、玖栖海上等8个高端民宿集聚群落。引入韵动海湾、国鸿黄金海岸游艇项目。举办各类国家级赛事。

（王施施）

旅游市场营销

【概况】2021年，洞头区出台《2021年洞头区旅游市场开发和宣传营销实施方案》，落实12项举措。配合出台《洞头区促进消费升级三年行动方案（2021—2023年）》等政策方案，落实《“旺客”实施方案》《“优品”实施方案》，推出散客班、大团、特殊旅游产品等奖励政策，接待吉林、长春、山西等地散客班7个，共计56批次，接待大团14批次，共计4200多人。开拓省外客源市场，推出散客班、大团等五大奖励政策。联合举办“山海之城诗画之路”2021瓯江山水诗路温州（雁荡山、乐清、鹿城、洞头）文旅推介会，合作引进长三角职工疗休养（温州）交流协作大会，邀请长三角近百家旅行商和工会代表赴洞头实地踩线。拍摄“五地十景”、旅游招商、探美乡村等系列主题宣传片。通过微信、微博、马蜂窝、百家号等新媒体平台，推广岛城慢生活五日疗休养、百岛休闲海钓、跳岛游和“海霞故里寻踪，百岛洞头思源”三日红色精品线路等精品线路产品。联合举办长三角一体化旅游推广活动、第二届海霞红色旅游节、中国·洞头首届婚旅节、灯塔音乐季等活动8场。协助举办第五届洞头大门海岛文化旅游节、紫菜采摘节、妈祖平安街等活动9场。持续加强“诗画浙江·百县千碗”品牌建设，梳理新“百岛十二鲜”菜品，完成美食故事汇编工作，溢香国际大酒店和洞头量贩海鲜餐厅入选省第三批“诗画浙江·百县千碗”美食体验店名单。洞头环港星光经济带获批市级文化和旅游消费集聚区，韭菜岙沙滩公园、中屿等到你婚纱摄影基地、海窑艺术中心、金海岸开元度假村、黄鱼岛大山屿养殖基地、九珑湖度假酒店等6家单位获评市级文化和旅游特色消费示范店。

【长三角一体化旅游推广活动】2021年11月28日至29日，“红动我心诗画随行”2021长三角一体化旅游推广活动暨2021长三角千车万人畅游浙江自驾游系列活动在洞头举行。活动包含长三角千车万人畅游浙江自驾游启动仪式、发车仪式、文旅资源展览、畅游浙江自驾游精品线路采风等。通过线上直播、图文发布等方式带领全国网友深刻领略洞头的美食、美景、美宿。来自上海、江苏、浙江、安徽的旅游协会代表分别为“最佳自驾旅游目的地”授牌，并推介多条精品自驾线路。上海市旅游行业协会、江苏省旅游协会、安徽省旅游协会和浙江省旅游协会签约“护送引导自驾游客”合作，自愿结成长三角自驾游市场开发战略合作伙伴。市委常委、宣传部部长胡剑谨，省文旅厅党组成员、副厅长许澎分别致辞。中国旅游协会副会长、浙江省旅游协会会长陈妙林，市文广旅局党组书记、局长朱云华，省文化和旅游厅长三角办主任、一级调研员骆文斌，省文化和旅游宣传推广信息中心主任林仁状，省旅游协会秘书长刘奇，安徽省旅游协会副秘书长谢春等出席活动启动仪式。活动主办单位是浙江省文化和旅游厅、上海市文化和旅游局、江苏省文化和旅游厅、安徽省文化和旅游厅，承办单位是浙江省文化和旅游宣传推广信息中心、上海市旅游行业协会、江苏省旅游协会、浙江省旅游协会、安徽省旅游协会、温州市文化广电旅游局、洞头区人民政府，协办单位是洞头区文化和广电旅游体育局、浙江省旅游协会自驾游与房车露营分会、温州市旅游联合会、浙江经视、洞头新境界旅行社。

2021年11月28日至29日，长三角一体化旅游推广活动举行（区文广旅体局提供）

【中国·洞头首届婚旅节】2021年5月20日，洞头区“为你心Dong爱无尽Tou”2021年中国·洞头首届婚旅节举行暨“中屿等到你”婚纱摄影基地启用。活动以浪漫的花车巡游拉开帷幕，通过“半夏中屿”“碧海媛梦”“盛世华年”婚纱礼服T台秀。温州市各县（市、区）10对新人举行海誓山盟浪漫婚典。“中屿等到你”婚纱摄影基地与温州市摄影家协会、温州第二职业中等专业学校达成合作，现场举行摄影小镇与摄影实训基地授牌。来自上海、苏州、杭州等全国各地摄影行业协会、婚旅协会代表、文旅企业代表等300多人参加。活动由洞头区人民政府主办，洞头区文广旅体局、洞头区人民政府元觉街道办事处承办。

【灯塔音乐季系列活动】2021年8月至10月，洞头区开展灯塔音乐季系列活动。举行“中屿等到你”婚纱摄影基地灯塔音乐季暨中屿夏日歌会活动，邀请歌手、乐队现场演绎，全年开展27场次；举行东屏街道洞头村网红巷灯塔音乐季·“嗨游闽巷同心夜市”活动，以音乐季为依托培育新的夜间消费场所；国庆期间，在大沙岙景区及观音礁沙滩开展灯塔音乐季沙滩音乐SHOW活动，在大海、沙滩场景中融入音乐元素。

【长三角职工疗休养（温州）交流协作大会】2021年4月12日，长三角职工疗休养（温州）交流协作大会在温州乐清召开。会议推介雁荡山、鹿城、洞头疗休养资源和精品路线，推出职工疗休养门票优惠政策。倡导长三角地区工会形成疗休养工作联盟，推进长三角地区疗休养事业发展。12日晚至13日实地考察洞头望海楼、洞头先锋女子民兵连纪念馆红色教育疗休养基地等。上海、江苏、安徽、浙江等地有关城市工会及区域城市大型国有企业工会、承办旅行社以及各级文旅部门、旅游企业、温州疗休养基地代表等近200人参加。大会由温州市总工会、温州市文化广电旅游局、温州市雁荡山风景旅游管理委员会、鹿城区人民政府、洞头区人民政府等部门联合主办。

【瓯江山水诗路温州文旅推介会】2021年7月13日至15日，“山海之城诗画之路”2021年瓯江山水诗路温州（雁荡山、鹿城、洞头、乐清）金华、衢州、湖州文旅推广周活动举办。推广周活动以瓯江山水诗路为主线，以“山海之城诗画之路”为主题，通过“风雅·山水之路”“风情·文化之路”“风味·美食之路”三个篇章，多维度展示四地最具代表性的山水风光、人文风情和美食风味，全面展现“瓯江山水诗之路”的形象和内涵。洞头与衢州、湖州两地旅行社先后签订文化旅游战略合作协议，各签约单位将共拓旅游客源市场，开展深度合作，逐步实现品牌互推、客源互送。会后四地文化和广电旅游体育部门整合发布了针对湖州旅行商的门票优惠政策。

（朱意如）

2021年7月13日至15日，瓯江山水诗路温州、金华、衢州、湖州文旅推广周活动
（区文广旅体局提供）

红色旅游

【概况】2021年，洞头区借助红色资源大力发展红色旅游，打造海霞文旅“IP”。通过夯实“海霞”项目建设、高起点建设海霞民兵小镇、实体化办好海霞学院、市场化运营海霞基地等方式，壮大“海霞”文旅产业，擦亮“海霞”金字招牌。举办“璀璨霞光红动温州”第二届海霞红色旅游节等活动。洞头先锋女子民兵连纪念馆获评文化和旅游部“建党百年红色旅游百条精品线路”，“海霞故里寻踪·百岛洞头思源”红色精品线路获评省级休闲农业和乡村旅游精品线路，“海霞”入选第二批浙江省创建级文化和旅游IP。

【红色旅游线路入选全国精品线路】2021年7月16日，农业农村部发布2021中国美丽乡村休闲旅游行（夏季）精品景点线路，推介53条夏季精品线路和205个精品景点，其中，温州市2条线路、10个景点入选。洞头区“海霞故里寻踪·百岛洞头思源”线路入选。该线路串联望海楼、仙叠岩、洞头先锋女子民兵连纪念馆、韭菜岙沙滩、红色印迹馆等景区景点及新业态代表，彰显“红色”文化与“绿色”

生态、“蓝色”海洋有机结合。红色旅游资源、红色旅游线路及红色研学产品是该线路一大亮点。游客们参与唱红歌、编草鞋学习等体验，追寻先辈足迹，用沉浸式互动“忆苦思甜”感受海霞文化。

【“海霞”入选省创建级文化和旅游 IP】2021 年 12 月 30 日，浙江省文旅厅公布 44 个浙江省第二批文化和旅游 IP，洞头区“海霞”文旅 IP 入选第二批浙江省创建级文化和旅游 IP 名单，并纳入省文化和旅游 IP 库培育。“海霞”文旅 IP 主要由洞头先锋女子民兵连纪念馆、海霞村、海霞军事主题公园组成，立足全域旅游，以民兵小镇创新化建设为抓手，海霞元素充分融入城市建设，全力打造军事文化主题综合体，把洞头建设成为集民兵文化体验、海防旅游观光为一体的全域性民兵文化体验基地，让游客可以观摩民兵训练、参观历史展品、探访“海霞”故居，感受海霞的点点滴滴。引导和培育特色海霞文旅产品，凸显海霞精神和海霞文化。

【洞头区第二届海霞红色旅游节】2021 年 7 月至 8 月，洞头区第二届海霞旅游节举行，主题是“璀璨霞光·红动温州”。包含“璀璨霞光·红动温州”第二届海霞旅游节开幕式、“放飞梦想”首届沙滩风筝节、“红七月”万人游洞头、“红色寻根行”万人重走洞头解放路、“追寻红色记忆·感悟初心使命”千名学生“学海霞”夏令营等活动。7 月 5 日，举行活动开幕式，现场海霞小镇专班、红色旅游专班成员、女民兵代表、夏令营学员代表、企业代表、游客代表和媒体记者等近 200 人在海霞村听海霞故事，开展主题党史宣讲，举行“红色寻根行”重走洞头解放路首发仪式，体验唱红歌、编草鞋、织渔网、医护知识学习等。区领导林霞、郭云强、叶海峰、汪慧平、侯合海、叶锦丽，及市文化广电旅游局副局长杜成威等参加活动。活动主办单位是洞头区委、区政府、市文化广电旅游局，承办单位是区人民武装部、区委宣传部、区海霞学院、区文广旅体局，协办单位是洞头旅游文化发展有限公司、北岙街道办事处。

（朱意如）

乡村旅游

【概况】2021 年，洞头区围绕“国际旅游岛”战略目标，狠抓 A 级景区村建设，东屏街道寮顶村、元觉街道沙角村创成省 AAA 级景区村，截至年底，全区共有省 AAA 级景区村 15 个。温州白迭汐语民宿管理有限公司、洞头北岙见潮民宿（水云见潮）推荐参加省级民宿评定。温州得山民宿管理有限公司（伴精选）命名为市级示范性精品民宿。温州白迭艺术村民宿管理有限公司获评市级“侨家乐”民宿。东屏街道东岙村创成 2021 年度市级示范性民宿集聚村。全年度增加民宿 88 家床位 884 张，省级银宿 8 家、市级示范性精品民宿 7 家、市级示范性民宿集聚村 6 个、区星级海宿 32 家。截至年底，全区民宿总数为 539 家、床位数 5653 张。“海霞故里寻踪·百岛洞头思源”线路入选 2021 中国美丽乡村休闲旅游行精品线路。

2021年7月至8月，洞头区举行第二届海霞红色旅游节（区文广旅体局提供）

【东海首届国际烟花音乐节】2021 年 5 月 1 日，“燃情百岛·海上花园”2021 洞头焰火音乐盛宴暨东海首届国际烟花音乐节在韭菜岙沙滩开幕，逾千名市民和游客观赏民俗演出。烟花秀包含 10 万发水母烟花、向日葵、千年之恋等。伴有夜光飞人、水上飞人、海上摩托、半屏大桥音乐喷泉、童趣工坊儿童乐园、篝火晚会等项目。民俗演出以“展示民俗风情传承海洋文化”为主题，分乡俗、家喜、闯海三幕，包括《迎火鼎》《上梁》《屁股蛋》《孤公孤母》等 10 个节目，演职人员主要由洞头乡村艺术团、文艺骨干、民间艺人等本土人员组成。活动由区文广旅体局、区融媒体中心、东屏街道办事处、区旅游文化发展有限公司等单位主办。

【中屿景区通过国家 AAA 旅游景区验收】2021 年 12 月 14 日，根据《旅游景区质量等级管理办法》《旅游景区质量等级的划分与评定》《温州市 3A 级旅游景区评定管理

"中屿等到你"景点　（区文广旅体局提供）

办法》文件精神，洞头中屿景区通过国家AAA级旅游景区验收。中屿景区位于洞头状元岙岛，围绕"相思海湾、浪漫沙角"打造而成，景区面积约0.68平方千米，主要包含"中屿等到你"婚纱摄影基地、妈祖主题公园、烟墩山森林公园、花岗渔村等景点。其中"中屿等到你"婚纱摄影基地坐落于中屿岛，又称"小洱海"，以石奇、礁美、洞幽而著称，坐拥洞头夏季最蓝的海域，建有彩虹防浪堤、"一箭穿心"平台等网红景观，搭配网红商铺、婚纱摄影、星光小酒吧、海上游艇、水上碰碰船等休闲娱乐项目，定期举办"5·20"婚旅节、夏日歌会等体验活动。

【寮顶村和沙角村创成省AAA级景区村】2021年12月13日，为贯彻落实省委、省政府万村景区化建设的重大决策部署，按照"成熟一个、申报一个、检查验收一个"的动态申报评定原则，对照《浙江省A级景区村庄服务与管理指南》和《浙江省A级景区村庄服务质量等级评价细则及说明》标准，经景区村自评申报，所在县（市、区）初评推荐，市文化广电旅游局、市农业农村局组成评定验收，公布浙江省AAA级景区村名单。东屏街道寮顶村、元觉街道沙角村入选浙江省AAA级旅游景区村名单。寮顶村位于浙江省温州市洞头区东屏街道东北面，环山望海。全村有回族人口350人，是洞头区唯一的少数民族村。该村下辖3个自然村，村主导产业以羊栖菜养殖和铝合金加工为主。沙角村位于元觉街道状元岙岛东端，拥有中屿、相思岙、灵官洞等丰富的自然旅游资源。主要包含"中屿等到你"婚纱摄影基地、妈祖主题公园、烟墩山森林公园等景点。

【白迭汐语民宿获评市级"侨家乐"民宿】2021年10月25日，"侨风侨韵、温情温享"——温州市"侨家乐"品牌推介活动在温州广播电视中心举行，活动发布《温州市"侨家乐"品牌民宿标准》、"侨家乐"品牌LOGO，以及"侨家乐"首批30家品牌民宿名单。洞头区白迭艺术村民宿名列其中。该民宿位于洞头区北岙街道西部白迭村，依山傍海，风光旖旎，错落有致的虎皮房保留着白迭村最淳朴的模样。聚集一群美术、摄影、设计的专业人才。白迭汐语民宿共有房间11间，床位16床，除住宿服务外，还拥有生态种植、果园采摘园、户外写生、摄影等功能区，是集住宿、休闲、娱乐、观光、文化、摄影、写生于一体的文化聚居地。2019年获评温州市十大精品民宿、洞头区"四星级海岛民宿"。

【东岙村获评市级示范性民宿集聚村】2021年12月21日，根据《温州市级示范性精品民宿和市级示范性民宿集聚村认定办法（试行）》《关于组织申报温州市级示范性精品民宿和市级示范性民宿集聚村的通知》等有关文件要求，通过规定程序评定，温州市农业农村局、温州市文化广电旅游局联合公布2021年度温州市级示范性民宿集聚村名单。洞头区东屏街道东岙村名列其中。该村紧抓旅游资源，做优做特旅游产业，以民宿为重点发展产业，全力打造东屏示范性民宿集聚村。成立渔家乐经济合作社，出台扶持渔家乐产业发展及床位、桌位补贴的优惠政策，鼓励民宿改造提升。全村共有民宿105家，床位1022张；省级银宿民宿1家，特色（精品）民宿17家，海岛星级民宿创建率为80%，民宿产业每户平均收入突破20万元，全村发展旅游所产生的直接经济收入1.2亿元。

（张佳妮）

旅游行业管理

【概况】2021年，温州市洞头区文化和广电旅游体育局联合《温州市洞头区旅游新业态安全监管办法》《温州市洞头区旅游新业态项目多部门全过程联合监管实施办法》《玻璃栈桥等9类旅游新业态项目安全管理规范（试行）》。组织开展旅游领域“8+3”安全生产专项工作，加强旅游新业态项目监管，推进旅游行业垃圾分类、文明餐饮、不主动提供一次性生活用品等工作。紧抓旅游领域疫情防控，完善防控工作机制，严控涉旅聚集性活动，抓好旅行社旅游经营活动管理，并加强行业监督检查，确保疫情防控工作落实到位。推进半屏岛旅游景区一体化发展和管理。组织开展“510计划”攻坚行动；全年举办“展翅行动”文旅体技能人才培训共8场，累计培训人员366人次；全区入选省旅游拔尖人才培育项目人才2名；获评洞头区“扶工扶农”培育项目文旅体项目4个。洞头区酒店品牌创建取得突破性进展，温州金海岸开元度假村获评“浙江省金鼎级特色文化主题饭店”，温州灵昆国际大酒店获评四星级旅游饭店。望海楼景区讲解员江钢获评省首届诗路文化带景区讲解员大赛“优秀博物馆讲解员”，洞头区文广旅体局获“优秀组织奖”。

【旅游产业融合发展的若干政策意见】2021年7月27日，为认真贯彻中央和省、市关于促进文体旅产业发展的有关政策意见，促进全区文体旅产业融合发展，区政府制定《关于促进文化体育旅游产业融合发展的若干政策意见（试行）》。包含扶持文体旅产业新业态，扶持开发演艺产品，开发文体旅体验产品，扶持发展文创产业，培育星光经济发展，鼓励提升海上休闲产业；培育提升文体旅品牌，打造品牌饭店，提升民宿品质，推进品牌创建提升，鼓励公益文化旅游品牌打造，鼓励社会力量办文体活动；加快市场开发拓展，鼓励拓展旅游市场，鼓励开拓特定群体市场，鼓励涉旅企业拓宽销售渠道，鼓励开通客源地专班专列，鼓励组织旅游大团来洞头；加强人才队伍建设，鼓励培养文体旅服务人才，扶持发展体育组织，鼓励加快导游人才队伍建设等。本政策自2021年8月27日起实施，有效期至2022年12月31日止。适用于2021年1月1日起的奖补对象。

【旅游行业监管】2021年，区文广旅体局组织开展旅游领域“8+3”安全生产专项工作，印发《洞头区旅游领域防汛防台防旱应急预案》，常态化开展旅游安全检查，并及时整改到位。加强旅游新业态项目监管，联合区改革办、区应急管理局出台《洞头区旅游新业态安全监管办法》《洞头区旅游新业态项目多部门全过程联合监管实施办法》《玻璃栈桥等9类旅游新业态项目安全管理规范（试行）》，完善旅游新业态管理机制；摸排登记旅游新业态项目21个，并多次组织相关部门对各旅游新业态项目进行现场专项联合检查。全年出动检查3次，检查20家次，整改问题隐患16项。

【文旅体领域疫情防控】2021年，区文广旅体局制定《区文广旅体局新冠肺炎疫情应急处置机制工作方案》《区文旅体系统“一场所一防控预案”》。严格落实“测温+查验温州防疫码+戴口罩+保持距离+通风消毒”等防疫措施，景区严格执行“限量、预约、错峰”要求。建立旅行社组接团报备制度和旅行团动态信息登记制度，视情执行旅游经营活动管理“熔断”机制，并举办旅行社从业人员的防疫培训。组织从业人员定期参加核酸检测，引导行业人员接种新冠疫苗，行业疫苗接种率90%以上。

【旅游人才储备】2021年，区文广旅体局落实“510计划”攻坚行动，引导企业开拓就业岗位和招引人才，在浙江工贸学院举办洞头区文旅企业专场招聘会，与区委组织部、区人社局联合承办丽水学院专场招聘会和校地合作招才引智座谈会，攻坚期共招引人才131人。推进技能人才培养“展翅行动”，全年举办客房和餐饮服务员、旅游酒店管理、景区景点导游、民宿管家、帆船操作和教练员等培训共8场，累计培训人员366人次。2名人才分别入选省旅游拔尖人才培育项目的“金牌”导游培育项目和旅游管理精英人才培育项目。洞头奥浦帆船俱乐部、青侣文化工作室、渔民画衍生品旅游伴手礼开发、羊栖菜特色旅游伴手礼开发等4个文旅体项目获洞头区“扶工扶农”培育项目。

【金海岸开元度假村获评省金鼎级特色文化主题饭店】2021年12月27日，浙江省旅游饭店星级评定委员会公布2021年度特色文化主题饭店评定结果（浙江省特色文化主题饭店评定分为金鼎级和银鼎级，“金鼎级”为最高等级。金鼎级特色文化主题饭店的评选依照《特色文化主题饭店基本要求与评定》和《特色文化主题饭店评定实施办法》的标准评选，由来自建筑、美术、旅游等行业资深专家组成的评审小组，经由多项得分得出最终评选结果），温州金海岸开元度假村获评浙江省金鼎级特色文化主题饭店，为全市唯一获此殊荣的饭店，也是洞头区首家金鼎级特色文化主题饭店。温州金海岸开元度假村，位于洞头区三盘岛上，交通十分便捷。临海而建，海岛风情特色浓郁，拥有各类客房251间（套），包括2间海景房车，是沿海度假的绝佳选择。十年来，该店致力于打造亲子酒店，发挥海岛地理资源优势，依托海岛特色文化，并以国家级非物质文化遗产——洞头海洋动物故事系列为蓝本，实现一座老酒店的新变革，蜕变为“一座会讲故事的酒店”，成功打造海岛亲子特色文化主题酒店。

【半屏岛旅游景区一体化管理】 2021年5月1日起，洞头区半屏岛旅游景区一体化发展和管理正式运行。按照“一岛一品牌”思路，以半屏整岛为景区范围，以两岸同心岛为主打品牌，采取一体化管理模式，实行景区规划、运营管理、旅游交通一体化运行，促进半屏岛旅游提质升级。游客购买半屏山景区门票不变，可免费提供国际放生台至韭菜岙沙滩往返电动公交车接送服务。观光车票价单程2元，起点国际放生台，终点韭菜岙沙滩；敞开式观光车单程5元，起点韭菜岙沙滩，终点金岙村；观光车全天无限次一票通15元，起点国际放生台，终点金岙村。推出“游岛一卡通”，供游客自由选择，包含半屏山景区及岛内观光车交通一日，票价40元；实施半屏山景区票价优惠政策。岛内实行交通时间、路段、车辆类型管制。

（倪小晖）

旅游项目开发

【概况】 2021年，东海贝雕艺术主题公园开工，名品广场完成主体建设，白鹭湾海渔文化度假区推进基础开挖工作，三盘产权式酒店完成主体结构，韭菜岙游客集散中心项目完成主体结构及墙体砌筑。伴精选民宿开始营业，温州灵昆国际大酒店被评定为四星级旅游饭店。

【东海贝雕艺术主题公园开工建设】 2021年6月3日，东海贝雕艺术主题公园正式开工建设。项目位于洞头区北岙街道燕子山公园入口广场G-06a地块，总投资约5000万元，用地面积2823.69平方米，建筑面积约3557.84平方米，开发单位为浙江阚螺文化有限公司，建设单位为浙江阚螺文化有限公司，施工单位浙江一丰建设有限公司，监理单位浙江南正项目管理咨询有限公司。截至年底，该项目完成主体结构。

【温州灵昆国际大酒店被评定为四星级旅游饭店】 2021年12月31日，经浙江省旅游饭店星级评定委员会正式批复，温州灵昆国际大酒店被评定为四星级旅游饭店，为洞头区首家四星级旅游饭店。该饭店由温州香缇之岛酒店管理有限公司建设，是集文化、金融、商业、娱乐于一体的旅游饭店，位于灵昆产业聚集区瓯江口新区。酒店总建筑面积3万平方米，拥有各类房型150间，酒店配套设施完善，酒店拥有不同类型商务会议室，可以满足不同用户的会议需求。设有棋牌室、娱乐会所、健身房、自助洗衣房、儿童乐园、商务中心、台球桌、大型综合商场等。该酒店建设投资3亿元，2019年8月开始营业。

【伴精选民宿营业】 2021年5月，由温州得山民宿管理有限公司建设的伴精选民宿开始营业。该民宿位于洞头北岙西南翼，设计遵从新旧交融理念，既保留海岛石屋的外在肌理又不失现代建筑的利落，运营以可持续发展理念为核心，打造绿色、有机的度假环境。民宿占地面

半屏岛旅游景区（摄于2017年7月）　　（区文广旅体局提供）

积约2公顷，有建筑15幢，建有包幢别墅8幢和海景单间18个。8幢别墅风格各异，根据主题和群体不同，从1房到4房不等，设计简洁、优雅、现代，用色以白色和中性色原木搭配，辅以大量落地窗和天窗的设计，吸景采光，使得入住体验更放松舒适。公区配有180度海景餐厅、moonbar、网红无边泳池，室内外亲子游乐区。民宿盘山而建，区内配有电瓶车等。民宿于2018年11月开始施工建设，2020年12月完工。2021年12月21日，获评温州市级示范性精品民宿。

（张晔）

旅游设施建设

【概况】2021年，洞头区制定《洞头区旅游业“微改造、精提升”三年行动计划（2021—2023年）》，温州市洞头旅游文化发展有限公司负责旅游实施项目建设11个，其中含在建项目4个，前期项目7个。完成红色文旅项目海霞学院、仙叠岩应急道路及V形房配套设施建设，推进海峡云村金岙101项目建设，加快推进马岙潭景区、仙叠岩（大沙岙）景区、紫菜产业园生态停车场建设、东沙港沿线等项目前期工作。投资18万元完成大沙岙V形房休闲驿站项目改造，投资约20万元建成全域旅游导览系统。全区各大国有景区推出散客人脸识别三天内无限次入园政策。全年筹融资到位资金12.7亿元，获筹融资额度20.8亿元，完成年度融资任务的165.87%，节约成本1336.34万元。

【洞头区旅游业“微改造、精提升”三年行动计划】2021年7月23日，为忠实践行“八八战略”，奋力打造海岛旅游重要窗口，立足国际旅游岛建设，聚焦聚力旅游业“微改造、精提升”，全方位提升旅游品质，推动全区旅游业高质量发展，区政府制定《洞头区旅游业“微改造、精提升”三年行动计划（2021—2023年）》。重点任务是围绕“五线、四区、七试点”开展“六精”工程，重点提升半屏沿线、连港蓝色海岸带沿线、东沙沿线、环岛西片沿线、三盘沿线旅游环境，推动景区化发展，丰富旅游业态，加速文旅融合发展；改造提升国际邮轮港片区、大门仁前途片区、霓屿山尖片区、鹿西片区旅游环境，提升门户形象；打造景区城、景区镇、景区村、国有景区、度假区、民宿集聚群、文化场所七大试点，推进旅游环境精美工程、旅游设施精良工程、旅游体验精致工程、休闲空间精巧工程、旅游服务精心工程、运营管理精细工程。实施步骤分为动员部署、试点先行、全面实施、总结提升等阶段。制定旅游业“微改造、精提升”试点清单。目标至2023年，完成81个“微改造、精提升”项目建设目标，完成6.44亿元投资，创成省级“微改造、精提升”试点单位3个，区级试点单位4个。游客满意度为90%以上。

【海霞基地项目建设】2021年，海霞基地项目完成海霞学院建设并启用，完成红星大道沿线景观提升及洞头先锋女子民兵连纪念馆改扩建及布展建设工作，海霞青年营26幢全部民房主体改造完成及周边景观绿化提升，其中8幢完成装饰装修。累计完成投资2.31亿元，完成纳统额1.49亿元，完成年度纳统投资额的115%。

【海峡云村金岙101工程续建项目完工】2021年12月，海峡云村金岙101工程续建项目完工。该工程主要建设内容包括29幢建筑改造、夜景亮化、游乐设施、苗木种植、园路铺装、景观小品、标识标牌，项目于2018年1月开工，总建筑面积6430平方米，总用地面积约14万平方米，总投资4950万元。项目责任单位是温州旅游发展责任有限公司，设计单位是北京森磊建筑规划设计有限公司，施工单位是温州永旭建设有限公司，监理单位是北京中联环建设工程管理有限公司。

【霓屿坝头入城口景观节点改造提升项目开工】2021年10月8日，霓屿入城口景观节点改造提升项目开工建设，建设内容包括项目区域内地面找平，停车场混凝土浇筑、沥青路面施工、石材铺贴、绿化苗

2021年12月，海峡云村金岙101工程续建项目完工　（陈智旭　摄）

2021年11月22日，海霞学院落成启用仪式举行　（区融媒体中心提供）

木种植、照明工程、景观节点工程及相关配套水电设施建设等，工程总投资400万元。截至年底，完成强电入地、通信管道改迁、现场土方开挖、水电预埋、排水井砌筑、场地平整及景观挡墙砌筑、场地硬化等。工程由洞头旅游文化发展有限公司负责，浙江立鹏建设有限公司负责施工，杭州中宇建筑设计有限公司设计、温州市百岛工程项目管理有限公司监理。

【大竹峙岛“婚礼主题岛”工程完工】2021年10月26日，大竹峙岛“婚礼主题岛”工程完工，该工程建设包括八大项目，即全岛监控设施建设、全岛配套设施提升、装配式厕所建设、标识牌及景观小品配套设施采购、海岛保护宣传标志小品采购、应急避灾点管理房采购、遮阳棚采购、应急避灾点管理房室外进排水污水配套建设等，总投资915万元。该工程由温州市洞头中心渔港开发有限公司负责建设，中国移动通信集团浙江有限公司温州分公司负责施工。

【洞头仙叠岩至半屏山（同心小镇）景区获评省级智慧景区】2022年12月30日，温州市文化广电旅游局公布2021年度浙江省智慧旅游景区名单，全市共6家景区入选，洞头仙叠岩至半屏山（同心小镇）景区名列其中。仙叠岩至半屏山（同心小镇）景区是国家AAAA级景区，位于洞头区东南部，面积约1.71平方千米，包括仙普岩山石揽胜区、南炮台山靶场、大沙岙海滨浴场等大小景点30余处。截至年底，铺设核心景区WiFi，建成“一个主中心、两个分中心”监控指挥体系等，实现核心景区WiFi全覆盖。建立智慧旅游一期综合平台，建设智慧旅游大数据中心、景区客流动态监测系统、景区旅游栈道安全警戒系统等智慧景区旅游项目，智慧文旅项目上线，实现游客来源分析、客流量实时监测、VR划船、VR冲浪等功能。推出自助语音导览服务，“海海”观光车服务升级，使用观光语音讲解。开启“智慧交通”管理模式，岛游通（旅游道路交通三色预警）投入试运行。

（林茜茜）

【名品广场完成主体工程建设】2021年8月，名品广场完成主体工程建设。该项目位于新城一期01-10地块（洞头影剧院旁），用地面积为1.19公顷（17.89亩），主体建筑面积37952.25平方米，投资额2亿元。主要建设包括高端旅游酒店、旅游购物商业区等，打造成集住宿、餐饮、购物、休闲为一体的高端商业综合体。截至年底，推进外墙粉刷。该工程建设单位是温州茂富企业管理有限公司，施工单位是浙江昊然建筑工程有限公司，监理单位是浙江裕达工程管理股份有限公司。

【三盘产权式酒店主体结构完成】2021年12月，三盘产权式酒店项目完成主体结构。该项目位于洞头区三盘岛开元酒店东西两侧，总用地面积7.63公顷（114.5亩），总建筑面积41316平方米。主要建设98幢低层酒店、1幢7层公寓式酒店。主体建筑面积41316平方米，总投资额29953万元。该项目建设单位是温州市洞头金海岸大酒店开发有限公司，施工单位是常熟建工建设集团有限公司，监理单位是浙江工展工程项目管理有限公司。

【韭菜岙游客集散中心项目主体结构完工】2021年12月，韭菜岙游客集散中心完成主体结构及墙体砌筑。该项目位于洞头区东屏街道松柏园村。项目占地2.267公顷（34亩），建筑面积5965平方米，预计总投资额约5000万元。建设内容主要包括韭菜岙村渔村改造及相关配套等。通过对原村落3500多平方米石结构为主的建筑进行梳理改造和部分新建（改造后建筑总面积约为6000平方米）。该项目建设单位是温州市洞头区旅游发展中心，设计单位是浙江新创规划建筑设计有限公司，施工单位是温州中航建设有限公司。

（张晔）

金融业

概述

【概况】2021年，洞头区银行机构人民币存贷款余额324.21亿元，同比增长18.7%，增速位居全市第二位；其中，存款余额154.84亿元，同比增长15.47%，排名全市第一位。贷款余额169.52亿元，同比增长21.83%，排名全市第三位。全年不良贷款率持续低位运行，截至年底，不良贷款率0.5%，低于全市平均水平0.1个百分点。制定《洞头区金融系统新型冠状病毒感染肺炎疫情防控实施细则》，全年累计开展金融系统疫情防控集中督查35次，明察暗访12次。制定《2021年洞头区鼓励和支持金融业发展改革与创新促进地方经济发展业绩考核办法》。推行无抵押贷款试点和开展“全民授信”试点工作，推广金融综合服务平台应用。开展动产融资抵押登记海岛模式。洞头城发公司企业债募集工作10亿元。全年完成企业股改1家，省股交中心挂牌完成1家，“白名单”企业风险化解1家。2月9日，洞头农商银行瓯江口支行成立；11月15日，建行瓯江口支行成立。截至年底，全区共有银行8家、保险公司7家、小贷公司2家。

【金融数字化改革】2021年，洞头区开展“全民授信”试点工作，确定洞头农商银行为“全民授信”试点金融机构，依托“信用温州”平台，联姻信用与信贷，在浙江农信“丰收互联”手机App上建立专属模块“海霞诚信贷”，实现全民精准授信和有效放贷。截至年底，累计办理4669户，涉及金额2.98亿元。推广金融综合服务平台应用。试点温州金融综合服务平台线下场景应用与推广，破解中小微企业“融资难、融资贵、融资慢”问题，设立区行政服务中心“金融超市”窗口，线上开通洞头金融产品专区，采用企业点单、银行抢单双模式，实现撮合交易472笔，授信余额13亿元，缩短贷款时间2至3个工作日。

【海岛普惠创新试点】2021年，洞头区推行无抵押贷款试点工作，完善金融信用体系建设，引导各银行机构以“整村授信”“整镇合作”

2021年6月30日，洞头区推广金融综合服务平台运行　（潘鑫森 摄）

等合作模式，通过“农户小额普惠授信活动”“小额信用担保”等方式开展普惠授信活动，累计授信街道3个、社区2个、村居77个，发放小额信用贷款3.5亿元。开展动产融资抵押登记海岛模式，完善“海岛动产抵押品库”，发放动产抵押登记贷款340笔7054万元。全市首推“两菜”“生猪活体”“民宿收益质押权贷款”，全省首推“海洋碳汇贷”等抵押贷款。

【融资畅通工程】2021年，洞头区制造业贷款新增1.44亿元，同比增长17.8%；小微企业贷款新增11.53亿元，同比增长41.7%；企业信用贷新增款6.37亿元，同比增长188.3%；民营企业贷款新增8.95亿元，同比增长20.6%；“首贷户”新增228户。“无还本续贷”投放5.4亿元，政策性融资担保在保额新增0.96亿元。深化融担体系建设，新增合作银行3家（农行洞头支行、建行洞头支行、洞头富民村镇银行），推进洞头区银行机构政策性担保业务合作实现全域覆盖。

【资本市场培育】2021年，洞头区推动上市公司高质量发展，诚意药业借助资本市场，收购广州三道源医药科技有限公司。推行金融顾问制，与浙商证券签订顾问协议，举办首期金融大讲堂，引导企业拥抱多层次资本市场。完善企业上市后备资源库。引导星仔岛实施股份制改革，完成企转股工作，推动该公司在浙江股权交易中心成长板挂牌，为洞头区首家成长板挂牌企业。拓宽企业直接融资渠道，完成洞头城发公司企业债募集工作10亿元。

【金融风险监管与防范】2021年，洞头区探索建立金融安全风险闭环管控机制，做好小贷公司、典当行、农村资金互助会监督管理工作，通过非现场监管和现场检查相结合方式，开展对2家小贷公司2020年度区级评级工作与金融风险防控现场检查工作及1家典当企业年审与分类评级工作。通过建立企业帮扶困难企业清单、企业融资需求清单、企业问题化解清单“三张清单”，协调解决企业融资问题和风险防范化解等工作，全年完成困难帮扶“白名单”销号企业1家。全区42家规上工业企业及49家重点内贸企业无重大“两链”（资金链、担保链）风险。开展非法集资、互联网金融等系列防范宣传，利用有线电视、报纸、微信公众号等媒介平台，通过悬挂横幅、粘贴海报、LED字幕滚动、志愿者走村入户等形式，营造抵制非法集资良好氛围。全年累计开展金融风险防范现场宣传、讲座进“文化礼堂”等活动合计12场，惠及群众5000人次。

（倪肖乒）

【民营企业管理】2021年，洞头区重点打造“三服务”2.0版，持续深化“两万”服务企业机制，推广“企业码”应用，实时在线为全区各类市场主体提供问题诉求“发现—交办—办理—反馈”闭环服务。截至年底，通过助企服务员调研走访等渠道收集企业问题136个，化解136个，其中针对需区级层面解决的问题进行二次梳理，提交区政府专题会议协调企业问题14个，为6个企业问题明确解决路径，并要求相关责任部门办理。

【企业码应用场景建设】2021年，洞头区根据省委、省政府决策部署，谋划打造服务一体化、在线化的企业码平台，开展企业码推广宣讲，引导企业扫码用码，把企业码和平台建设融合发展。截至年底，企业码累计浏览49万余次、扫码8605次、登录66720次，累计访客20023人，建设上架洞头专区6个，通过企业码向企业提供“政策汇编”“亩均论英雄”“企业诉求”等专区服务，专区浏览量9万余次。

（杨伶俐　林思敏　郑尔凯）

银行

【概况】2021年末，洞头区本外币存款余额合计154.84亿元，同比增长15.47%，本外币贷款余额169.5亿元，同比增长21.83%。处置化解不良贷款0.88亿元，不良贷款余额0.87亿元，不良贷款率0.51%；支农支小再贷款累计发放3800万元，共惠及105户小微企业和农户；办理普惠性小微贷款延期1161户5.64亿元，延期率98.76%；为4431户小微企业和个体工商户发放信用贷款14.55亿元，发放信用贷款占比49.06%。全年办理国库核算业务收入24.21万笔38.67亿元；支出3.53万笔56.51亿元。全年完成103222笔3.53亿元退税，累计拨付“两直”资金（直达市县基层，直接惠企利民的财政资金）4682笔1.95亿元。

【瓯洞金融融合发展】2021年9月17日，为加强瓯洞一体化协调发展，充分发挥金融对瓯洞两地实体经济的支持作用，区政府办公室联合瓯江口管委会办公室印发《瓯洞金融融合发展工作方案》，主要任务是找准共同点，争取金融机构网点布设，强化瓯洞金融监管，优化区域金融服务；找准合作点，深化融资对接服务，建立数据共享机制；找准支持点，规范金融存贷款统计、商品房预售资金监管账户管理，引导存贷款业务回归。设立建设银行瓯江口支行（一级支行）和洞头农商银行瓯江口支行并开业经营。

【金融支持海岛乡村振兴】2021年，中国人民银行洞头支行联合区乡村振兴局出台《关于金融支持海岛乡村振兴的意见》，通过建清单、搭平台、强合作等方式，强化乡村振兴领域信贷投放。截至年底，涉农贷款余额71.02亿元，同比增长14.2%；农户贷款余额51.08亿元，同比增长15.6%。全市首创民宿收益权质押贷款，为民宿装修、升级和“精品民宿”打造提供融资支持。民宿收益权质押贷款累计支持177户3043万元。海岛普惠金融改革，加大海洋金融产品创新，洞头海洋经济贷款95.43亿元，同比增长20.72%。

【金融支持共同富裕】2021年，人行洞头支行围绕打造高质量发展建设和打造共同富裕示范区海岛样板目标，创新“四位一体”低收入农户贷款模式；以信用体系建设和数字技术驱动普惠金融发展，创新开展“全民授信”工作。截至年底，“四位一体”低收入农户贷款支持234户，余额2543万元，比年初新增55户、671万元；“全民授信”贷款支持4669户，余额2.92亿元。

【金融支持绿色低碳经济发展】2021年11月15日，为贯彻落实党中央、国务院关于碳达峰碳中和重大决策部署，强化金融对绿色、低碳、循环经济的精准支持，推动洞头高质量实现碳达峰碳中和目标，区府办印发《关于加强金融支持绿色低碳经济发展工作的通知》，要求强化绿色低碳领域的金融总量支持，加强绿色低碳领域的金融创新，构建绿色低碳领域的金融服务体系，加大绿色低碳领域的金融配套支持，完善金融支持绿色低碳经济发展机制保障。构建区域绿色金融发展机制，因地制宜，全省首创“海洋碳汇贷”。人行洞头支行指导洞头农商银行成立全市首家海洋绿色金融服务中心。截至年底，全区绿色贷款余额18.33亿元，同比增长90.1%，高于各项贷款增速68.27%。全年“海洋碳汇贷”累计发放144笔，贷款余额1619万元。

【征信服务和成果应用】2021年，人行洞头支行联合区信用办和农业农村局出台《关于洞头区信用户、信用村（社区）、信用乡（镇、街道）创建成果应用指导意见》，引导银行机构加大对区信用户、信用村（社区）和信用乡（镇、街道）的信用贷款支持力度。完成瓯江口区个人征信查询机布设。以商业银行征信服务示范点创建为契机，督促各银行机构改进征信服务水平，支持对小微、农户和老年人的征信服务，全年累计为群众和企业办理查询服务4590次。指导洞头农商银行创新推出“海霞诚信贷”，把诚信自律等道德评价标准折算为信用积分，与贷款提额、利率优惠相挂钩并建立信用积分“分类分档”清单。

【海岛支付环境优化】2021年，人行洞头支行出台《关于推进洞头区移动支付建设的通知》，联动部门，聚焦重点领域，提升洞头区移动支付覆盖面。完成温州医科大学仁济学院移动支付场景应用建设。开展老年人支付服务便利化示范网点竞赛活动，打造县域老年人支付服务标准化网点。全年区移动支付累计发生64.64万笔，人均移动支付业务量全市第一位。

【反洗钱监管】2021年，人行洞头支行开展金融机构反洗钱业务监管走访，引导金融机构风险防控措施前移，建立反洗钱工作联席会议制度，协助公安机关开展洗钱线索可疑排查，明确洗钱案件线索取证，推动反洗钱工作。全年收到金融系

2021年洞头区金融机构人民币存贷款情况表

表29　　单位：万元

项目 / 单位	存款		贷款	
	余额	比年初增减	余额	比年初增减
中国工商银行股份有限公司洞头支行	101630.9	20494.8	94710.7	21782.5
中国农业银行股份有限公司温州洞头支行	336777	40504.1	567969.6	75502.2
中国银行股份有限公司洞头支行	44759.2	6014.5	104723.3	53868.3
中国建设银行股份有限公司洞头支行	97353.1	−20192.5	85124.4	6002.6
中国邮政储蓄银行股份有限公司洞头支行	61187	10953.2	86098.7	2317.9
温州银行股份有限公司洞头支行	167101.9	56692.4	121919.3	48263.3
浙江温州洞头农村商业银行	624819.5	73668.5	538996.2	84071.2
浙江洞头富民村镇银行	96310.6	25387.2	95229.4	11555.4

（人行洞头支行提供）

统可疑交易线索8例，可疑线索正式移交公安机关4例，推动线索以洗钱罪判决1例。

【电信网络新型违法犯罪打击治理】2021年，人行洞头支行严格落实账户源头风险管控、全覆盖存量账户排查、审慎非柜面业务开通、推广人脸识别技术应用、完善涉诈交易监测措施和常态化问责惩戒机制、全方位无死角宣传等打击治理电信网络新型违法犯罪。截至年底，实现存量企业账户7438个、40多万个个人账户排查全覆盖，并对336个企业账户和12916个个人账户实施管控。全区涉案账户合计27户。

（林海鸥）

【中国银行洞头支行】2021年底，中国银行股份有限公司洞头支行本外币各项存款余额44620万元，比年初增加5387万元，其中企业存款余额20654万元，比年初增加1612万元；个人存款余额23966万元，比年初增加3775万元。本外币贷款余额104723万元，比年初增加53868万元，其中公司贷款73606万元，比年初增加51044万元；零售贷款31017万元，比年初增加2823万元。全行不良贷款69万元，不良贷款率0.07%。全年实现营业收入4283万元，其中利息收入3004万元，净利润774万元。投放项目贷款34500万元，LNG项目贷款余额41500万元。获评市级文明单位。

（苏友众）

【中国农业银行洞头支行】2021年底，中国农业银行股份有限公司温州洞头支行农行本外币存款余额33.69亿元，较年初新增4.04亿元，总量排四行第一位。其中对公存款余额20.77亿元，个人存款余额12.92亿元。各项贷款余额56.8亿元，较年初新增7.55亿元，占四行市场份额的66.8%，增量份额48.77%。全年实现拨备前利润1.43亿元，账面净利润1.2亿元。全区设3家人工网点、3个惠农服务点，设6家24小时自助设备服务点设备16台。联合北岙街道启动“农行普惠贷款授信签约启动会”，授信3亿元。截至年底，民营企业贷款9.24亿元，比年初增加2962万元；制造业贷款2.3亿元，比年初增加4922万元；法人普惠贷款1.93亿元，比年初增加4000万元。推进农贷增速，农户贷款余额4.01亿元，比年初增8747万元，同比增加6892万元。全年不良贷款余额1769万元（含卡透），较年初减少166万元，不良率0.31%，较年初下降0.08%，不良率连续4年下降。继续保持法人贷款零不良，个人贷款不良额、不良率持续稳定实现“双下降”。

（谢晶晶）

【中国建设银行洞头支行】截至2021年底，中国建设银行股份有限公司洞头支行本外币各项存款时点余额9.68亿元，本外币各项存款日均余额9.86亿元；各项贷款时点余额8.24亿元，新增0.33亿元；全年拨备前考核利润2469万元，净利润1602万元。投放洞头城市发展有限公司“元觉安置房”“人才公寓”项目等重点项目。完成半屏社区上线全省首个智慧村务管理平台——“浙里乡”平台建设，为全省第一个和全国第二个上线农村产权交易平台的支行，签约银农直连，平台交易量超100万元。

（洪薇）

【中国工商银行温州洞头支行】截至2021年末，中国工商银行股份有限公司温州洞头支行各项存款余额10.2亿元，较年初增加2.04亿元。其中储蓄存款余额4.96亿元，比年初增加0.85亿元；对公存款余额3.76亿元，较年初增加0.77亿元。各项贷款余额9.52亿元，较年初增加2.22亿元。个人贷款余额7.08亿元，较年初增加1.93亿元。公司贷款余额2.44亿元，较年初增加0.29亿元，其中项目贷款1.74亿元，同比减少0.04亿元。全年拨备前利润2133.59万元，同比减少435万元，中间业务收入453.6万元，同比减少751万元。不良贷款余额233万元，较年初减少230万元；不良率0.29%，比年初减少0.35%。

（王燕妮）

【洞头农村商业银行】截至2021年末，浙江温州洞头农村商业银行股份有限公司各项存款余额62.48亿元，新增7.37亿元，增长13.37%，存款增量占全区银行业增量的31.92%，市场占比40.39%；各项贷款余额53.9亿元，新增8.41亿元，增长18.48%，贷款增量占全区银行业增量的30.28%，市场占比31.8%。全行五级不良贷款余额4644.33万元，比年初增加238.13万元，不良率0.86%，比年初下降0.11%。全年各项财务总收入3.56亿元，同比增加6335.92万元，增幅21.65%；拨备前利润1.18亿元，同比增加2252.8万元，增幅23.6%。截至年底，存款付息率2.14%，比年初上升0.04%；信保类贷款占比54.14%，比年初上升7.94%；小微企业贷款余额10.45亿元，新增2.7亿元，增长34.84%，小微企业户数新增224户，其中首贷户新增191户，占全区银行业新增的80%以上；贷款收息率6.3%，比年初下降0.02%。

全年小额普惠贷款农户授信面99.92%，行政村授信面100%；共发放海霞诚信贷4669户2.98亿元；支持个人贷款2.79万户35.21亿元，比年初增加4755户5.28亿元，增长 17.64%；个贷覆盖率 54.14%，比年初提升 8.92 个百分点。建设智慧场景 33 个，比年初增加 15 个，相关账户沉淀资金 1.15 亿元，比年初增加 3722.88 万元。打造“四个办”服务体系，开通服务事项“就近办”56 项、“上门办”25 项、“自助办”175 项、“掌上办”198 项。全年新拓展区政府重点工程项目存款 10 户 1.95 亿元。截至年底，布放智柜机支行 8 家，无纸化系统实现网点、窗口全覆盖；ATM 撤机 7 台。完成不良清收 479 笔 3426 万元。强化省级、市级项目与自建系统融合应用，推广和试点省级项目 55 个，完成率 90.16%；全年通过微店受理进件 2.37 万笔。获洞头区海洋经济发展突出贡献企业、洞头区四星级“清廉金融”机构等荣誉。

（林芬妹）

【中国邮政储蓄银行洞头支行】 截至 2021 年底，中国邮政储蓄银行股份有限公司温州市洞头区支行各项存款余额 6.12 亿元，较上年净增 10953 万元；各项贷款余额 8.61 亿元，较上年增加 2318 万元。不良贷款余额 505.81 万元，不良率 0.59%；新增手机银行 1542 户、快捷支付 2482 户、自主收单 177 户。发放小微企业贷款 18982 万元，其中发放无还本续贷 2466 万元，小微易贷 4399 万元。知识产权质押贷款 600 万元；实现跨境人民币结算零的突破，本年累计交易跨境人民币结算 1011.39 万元。全年新增中邮长期险 63 万元，中邮终身寿险 60 万元，中邮健康险 3 万元。

（胡晶晶）

【温州银行洞头支行】 截至 2021 年 12 月 31 日，温州银行股份有限公司洞头支行存款总额 167101.93 万元，其中人民币对公存款 131879.06 万元，人民币储 35222.87 万元，人民币对公存款比年初新增 57269.06 万元，增速 76.76%；各项贷款余额 121919.3 万元，比年初新增 48263.3 万元，其中对公贷款 107595 万元，个人贷款 14324.3 万元，小微贷款余额 107595 万元，比年初增加 42970 万元，增速 66.49%，存贷款增速在全区银行业排第一位。

（杨倩倩）

【洞头富民村镇银行】 截至 2021 年底，浙江洞头富民村镇银行股份有限公司各项贷款余额 9.52 亿元，比年初增加 1.16 亿元；贷款户数 4671 户，比年初增加 126 户；各项存款时点余额 9.63 亿元，比年初增加 2.54 亿元，日均存款余额 9.16 亿元，比年初增加 2 亿元；存款户数 1.5 万户，比年初增加 1287 户；资本充足率 12.18%，流动性比例 57.34%，拨贷比 2.5%，拨备覆盖率 290.33%，成本收入比 49.32%；财务总收入 8497 万元，财务总支出 6230 万元，账面利润 2267 万元，净利润 1734 万元。洞头富民村镇银行获评 2020 年度全国乡村振兴优秀村镇银行。

（洪 力）

【小额贷款公司】 2021 年，洞头区有小额贷款公司 2 家。洞头区诚意小额贷款股份有限公司全年贷款余额 8223.4211 万元，累计发放贷款金额 14285 万元，实现税金 345.46 万元，实现利润 869.94 万元，净利润 615.91 万元。洞头区恒博小额股份有限公司全年贷款余额 11187.72 万元，为全区小微企业、渔农户、水产养殖户、渔农业加工户、其他个体工商户发放贷款 314 笔。全年营业收入 1251.53 万元，实现税收 320.94 万元，净利润 812.63 万元。

（陈文静　王慧颖）

保险

【概况】 2021 年，洞头区共有保险公司 7 家，即中国人民财产保险洞头支公司、中国人寿保险洞头支公司、中国人寿财产保险洞头支公司、中国太平洋财产保险洞头支公司、中国联合财产保险洞头支公司、中国新华人寿保险洞头支公司、中国泰康人寿保险洞头支公司等保险公司。截至年底，洞头保险机构保费收入 25271 万元，同比下降 10.2%，理赔支出 8154 万元，同比增长 1.4%。

（倪肖乒）

【中国人民财产保险公司洞头支公司】 2021 年，人民财产保险公司洞头支公司实现保费收入 6528.25 万元，同比增长 21.06%。其中，车辆保费收入 3958.51 万元，财产险保费收入 154.32 万元，意外健康险保费收入 1565.52 万元，责任险保费收入 351.89 万元，船舶货运险保费收入 91.232 万元，信用保证保险保费收入 234.03 万元，农业保险保费收入 172.74 万元。连续 14 年承保全区自然灾害公众责任险。连续 12 年承保洞头区桥梁公路一切险附加公众责任险，为全区 11 座桥梁提供 3.4 亿元风险保障。连续 5 年承保全区残疾人意外险，为全区 4247 名残疾人提供 2.2 亿元的风险保障。为全区 3 至 5 级及以下堤防、海塘、水闸、堰南坝等水利工程提供 3.7 亿元风险保障。承保由政府主导的商业补充医疗保险项目——“温州益康保”5.27 万人，参保率 44.23%，居全市各县（市、区）第一位，超全市平均水平 1.63 倍，全年完成赔付 295.92 万元，惠及 476 人，其中单笔最高赔付 12.98 万元。组织开展风险防范培训 3 场次，共为 24 家出口企业的1.1亿元货物提供风险保障，实现信用险保费收入35万元，同比增长20%，增速全市系统第三位。全年为全区21家小微商户累计提供3000万元风险保障。共签单64张，累计为企业提供16.9亿元风险保障。推出“无抵押、低利率”的个人贷款保证保险，为小微经营户畅通融资通道，共承保143笔，促进贷款3000万元。推进保证金电子保函项目扩面，全年实现保费收入74.3万元，为企业释放资金1.5亿元。实现农险保费收入171万元，同比增长885.65%。为桐岙村15户紫菜养殖户送上总计10万余元的紫菜价格指数保险理赔款。为全区2家农家乐、民宿经营主体提供400万元风险保障。

全年受理案件5570件，赔款支出3944.71万元，其中车辆赔款支出2361.98万元，财产险赔款支出65.52万元，意外险赔款支出794.33万元，责任险赔款支出169.80万元，农险赔款支出130.37万元，船货险赔款支出350.73万元，信用保证险赔款支出71.98万元，大病医疗赔款支出604.11万元。未决赔款780笔，未决金额2135.67万元。

（孙珠芬）

【中国人寿保险洞头支公司】2021年，中国人寿保险股份有限公司洞头区支公司实现保费7831.07万元，比上年增加386.56万元，增长5.19%。全年理赔给付支出757.2万元，比上年增加233万元，增长44.45%。各类给付金额1125.5万元，比上年增加239.54万元，增长27.04%。全年给付各类生存金、满期金、保单红利等领取金额合计772.76万元。开展政策性业务，为全区6个街道（乡镇）村干部开展意外伤害、医疗保险及补充养老保险业务；推广渔工补充保险，开展农村小额意外保险、男女性安康等涉农险种。全覆盖推广低收入人员保险，全年洞头区低收入人员共发生赔案128件，保险理赔金额65.9万元。参与学生安全保障体系建设，全年洞头区学生共发生赔案202件，保险理赔金额31.36万元。

（林征宇）

【中国人寿财险洞头支公司】2021年，中国人寿财产保险股份有限公司温州洞头区支公司保费收入1730万元，同比增长3.0%，保费增量50万元，其中非车险保费收入215万元，非车占比12.4%。全年公司车险案件立案2364件，已决案件2246件，已决赔款1331.5万元，未决案件118件，未决赔款416万元，车险日历年度赔付率85.68%，车险结案率95.01%；非车险立案6件，已结案件6件，非车险日历年度赔付率0.82%，非车险案件结案率100%。全险种日历年度赔付率74.63%。反欺诈案件共计拒赔8.8万元。低碳修复减损金额8.61万元。营改增抵扣金额为36.06万元，抵扣率为2.93%。保险推广主要为全区中小学校及幼儿园监护人责任险、养老机构责任险、食品安全责任险和出租人责任险，承保洞头区浙江诚意药业股份有限公司的企业财产综合保险、国内货物运输保险、国际出口货物运输、员工团体意外保险、产品责任保险、环境污染保险、公司车辆保险等。

（钱立军）

【中国太平洋财产保险洞头支公司】2021年，公司保费收入2770.65万元，同比增长4.21%。其中车险保费2113.99万元，非车保费收入656.66万元；全年赔款支出1618.66万元，赔付率58.42%。全险种保费占洞头区保险行业第二位。

（陈文湫）

【中华联合财产保险洞头支公司】2021年，中华联合财产保险洞头支公司共完成保费收入1236.30万元，同比增长13.61%，增长额148.15万元。其中车险保费收入972.99万元，同比增长8.14%；非车险保费收入263.31万元，同比增长39.77%。全年报案件数1734件，其中有效报案件数1485件；已决案件1435件，已决金额888万元；未决案件50件，未决金额354万元。

（方文婷）

【泰康人寿保险洞头支公司】2021年，泰康人寿保险公司洞头支公司实现保费2302.83万元，比上年减少444.66万元，下降16.18%。全年理赔给付支出146.99万元，比上年增加93.15万元，增长173.01%。全年给付各类满期金、年金领取金额合计267.61万元。为全区6个街道（乡镇）村干部开展意外伤害、医疗保险及补充养老保险业务。公司成立于2009年4月8日。

（陈建新）

【新华人寿保险洞头支公司】新华人寿保险公司洞头支公司成立于2015年2月4日。2021年，全年实现保费5468.6万元，比上年增加450.6万元，增长9%。全年理赔件数589件，合计给付支出666.2万元，比上年增加223.6万元，增长50.52%。全年各类给付金额893.1万元，比上年增加334.2万元，增加59.8%。全年给付各类生存金、满期金、保单红利等领取金额合计354万元。

（林选挺）

环境保护

概述

【概况】2021年，洞头区践行“绿水青山就是金山银山”理念，落实生态环境保护督察问题整改，推进生态文明建设，生态环境公众满意度保持省、市前列。印发《洞头区生态环境保护“十四五”规划》，编制生态文明建设规划与美丽洞头建设规划纲要，推进各项创建指标与生态建设任务。省级山水林田湖草试点保护修复全年完成投资8046万元，占年度计划107.1%，实施试点项目建设8个。区级“无废细胞”验收通过率100%，在全市率先完成区级“无废细胞”创建评估验收。白迭村和东屏社区入选全省首批低（零）碳村试点。

【生态环保督察整改】2021年，洞头区制定贯彻落实中央生态环境保护督察反馈意见整改方案，突出生态文明建设位置，落实生态环境保护要求，完善生态环保督察考核机制。打好碧水澄清战、蓝天保卫战、净土开拓战、清废规范战，提升海洋生态环境，启动碳达峰行动。加强重要生态空间保护，加大生态系统修复治理，拓宽“绿水青山就是金山银山”转化通道。加快推进环境治理体系现代化，确保突出生态环境问题按时清零。第一轮中央、省环保督察12个交办信访件均整改销号。第二轮中央生态环保督察6个交办信访件完成并销号2个。省委生态环保专项督察组交办的4件信访件，均处置和答复。

【洞头区生态环境保护“十四五”规划】2021年9月8日，区府办印发《洞头区生态环境保护“十四五”规划》。主要任务是全面推动绿色低碳发展，巩固污染防治，改善环境质量，系统修复保护，持续推进生态文明示范创建，加强生态环境风险源头防控，落实化工园区风险管控，加强危废处置风险防控，提升辐射环境安全监管，健全环境应急管理体系，构建现代治理体系，落实政府、企业、公众主体责任，完善政府服务体系，推动治理行业产业化，优化绿色发展激励机制，加强生态环境监测能力建设和环境监管执法能力建设。推进4个类别13个领域50项重点工程项目建设。目标是提升治水、治气、治土、清废和生态保护的技术水平，力争在全市率先实现碳达峰，加快构建生态文化体系，绿色生活方式广泛推行，全民生态自觉逐步提升，生态文明示范创建效应显著增强。

【环境信访处置】2021年，洞头区严格落实“三联系、三反馈”信访工作制度。开展完成信访处置重点件对照整改清单“回头看”。全年受理和处置信访投诉57件，同比减少5件，降幅8%。按污染类型看，涉废气类28件，涉建设项目9件，涉噪声类13件，涉废水类5件，固废类2件。全年无退回重办件，信访处置率100%，无省、市来信来访交办件和未化解重复举报件。

【审批改革服务】2021年，温州市生态环境局洞头分局优化办事流程，削减办事材料、压缩办理时间，全面提升办事效能。实现危险固体废物管理计划备案、应急预案备案、污染源自动监控设施备案变更、污染源自动监控设施拆除或停运审核等事项“零次跑”，行政许可线上办理率100%。跟踪服务重点项目共17个，通过邀请环保专家咨询、对接上级、提早研判生态环境政策等举措，主动服务浙南水运中心码头立项、博汇落地项目、金源化工技改升级等事项。

（甘芯毓 周 昱）

生态环境建设

【概况】2021年，洞头区完成省级生态文明建设示范区复核与“绿水青山就是金山银山”实践创新基地建设评估自查，形成海岛“绿水青山就是金山银山”建设三年转化成果。制定《2021年度洞头区美丽温州建设（生态文明示范创建行动计划）工作责任书》，指导推进各项生态建设任务。编制新一轮生态文明建设规划与美丽洞头建设规划纲要。开展领导干部自然资源资产离任审计、生态环境损害责任追究，完成大门镇领导干部自然资源资产离任审计。推进区、街道（乡镇）两级生态环境质量报告工作，落实生态环境保护“党政同责、一岗双责”，完成6个街道（乡镇）生态建设和环境保护专题报告会，征求辖区改善生态环境质量工作意见建议600多份，完成环境保护论文报告5篇。启动绿色生产生活试点建设三年行动，生态环境公众满意度位列全市第二。

【海岛生态修复】2021年，洞头区开展省级山水林田湖草保护试点，获省试点补助资金2000万元，支持试点工程建设8项，完成年度投资8046万元，占年度计划的107.1%。市政管网提升工程和海洋牧场通过验收项目2个，相思岙料场边坡治理工程建成。城北污水处理厂完成主体施工，新城一期三级管网修复验收，启动观音礁废弃矿山治理，完成相思岙边坡料场治理，累计完成彩色健康森林284.67公顷，森林抚育699.53公顷，投放人工鱼礁3.6万立方米，建设海藻场、海藻床9000平方米，海洋牧场在线监测系统投入使用，省级山水林田湖草试点通过中期评估。

【洞头区绿色生产生活试点建设三年行动】2021年，洞头区制定《洞头区绿色生产生活试点建设三年行动方案》，开展十大绿色创建。完成生态渔场7家、绿色学校2家、半屏社区生态文明教育基地等创建验收。北岙街道白迭村、东屏街道半屏社区入选全省首批低（零）碳村试点，北岙街道白迭村和东屏街道分别启动市级绿色零污染村试点、市级绿色街道（乡镇）试点创建，推动海岛绿色生产生活示范。完成“金色下尾，海上田园”美丽温州体验地建设及验收，总投资87.37万元，建设绿色生活示范区、环保科普展示区、海上田园体验区、两山转化实践区及低碳健康环步道的“四区一环”格局。

【洞头区举办第十一届“生态文化月”活动】2021年6月5日，洞头区第十一届“生态文化月”启动暨“人与自然和谐共生”“6·5”世界环境日主题宣传活动举行。活动公布“无废更亮丽”制作大赛结果并颁奖，表彰优秀河长、优秀湾（滩）长，为“巡滩护河”党员志愿服务队等8支队伍进行授旗。活动开展巡河巡滩活动、“共建无废城市，践行绿色出行”公益骑行活动及“无废更亮丽”手工作品展、5G基站辐射宣传展、有害垃圾有奖兑换、垃圾分类人体飞行棋游戏等系列游园互动游戏。活动后，区领导郭云强率队到南塘湾河、东沙湾（双垄）开展巡河巡滩活动。

（甘芯毓）

环境质量

【概况】2021年，洞头区空气质量优良率99.1%，同比上升1.9%；PM2.5平均浓度为18微克/立方米，与上年持平；市控以上地表水断面达III类水质以上比例100%；洞头区昼间城市区域噪声平均等效声级为52.2分贝，评价结果为二级（较好）；昼间城市道路交通噪声路长加权平均等效声级为64.4分贝，评价结果为一级（好）；2类、4类声功能区达到国家标准。

【饮用水源】2021年，长坑水库为洞头区县级以上饮用水源地，监

2021年6月5日，洞头区举办第十一届“生态文化月”活动（区融媒体中心提供）

测结果表明，长坑水库水质达到《地表水环境质量标准》（GB 3838—2002）Ⅱ类水标准，全年县级以上饮用水源地水质达标率100%。

【跨行政区域河流交接断面】2021年，洞头区的跨行政区域河流交接考核断面设在长坑水库。根据《浙江省跨行政区域河流交接断面水质保护管理考核办法》，监测项目为pH、水温、溶解氧、高锰酸盐指数、氨氮、总磷、化学需氧量，考核指标为高锰酸盐指数、氨氮、总磷。长坑交接断面水质类别为Ⅱ类，考核结果为优秀。

【市控以上地表水断面】2021年，长坑水库、龙潭坑水库为洞头区市控以上地表水监测站位。市控以上地表水水质每月开展一次监测，监测项目为《地表水环境质量标准》（GB 3838—2002）表1基本项目24项、表2水源地补充项目5项以及透明度、叶绿素a，共31项。2021年监测结果表明，长坑水库、龙潭坑水库水质综合评价为《地表水环境质量标准》（GB 3838—2002）II类，达到功能区要求。

【乡镇水库水质】2021年，按照全市地表水环境质量监测网络建设工作要求，开展乡镇街道水库水质监测，监测项目为氨氮、总磷、高锰酸盐指数、溶解氧。

【环境空气质量】2021年，按照《环境空气质量标准》（GB 3095—2012）评价，洞头区空气质量自动监测站有效监测天数343天，空气质量优良率为99.1%，其中一级（优）199天，占总天数的58%；二级（良）141天，占总天数的41.1%；三级（轻度污染）3天，占总天数的0.9%。全年洞头区PM2.5平均浓度为18毫克/立方米，与上年持平，全市排名第一位，全省排名并列第三位；空气质量优良率99.1%，与上年相比上升1.9%。全年环境空气质量级别非优良的天数3天，首要污染物均为臭氧，臭氧（O_3）日最大8小时平均第90百分位数浓度为123毫克/立方米，同比下降6.1%。

【降水】2021年，洞头区酸雨监测点位于北岙街道县前路53号，监测项目为pH、电导率、降雨量及SO_4^{2-}、NO_3-、F—、C1—、NH_4+、K+、Na+、Ca^2+、Mg^2+。全年共采集降水样品90个，降水的pH值范围为4.28—7.22，pH均值为5.19，酸雨率为50.0%，与上年相比酸雨率下降20.1%。洞头区属轻酸雨区。

【降尘】2021年，洞头区降尘监测点位于北岙街道县前路53号，降尘年均值为1.7吨/平方千米·月，与上年相比降尘量下降41.3%。全市排名并列第三名，全省排名并列第八名，达到浙江省控制标准。

【声环境质量】2021年，洞头区昼间城市区域噪声平均等效声级为52.2分贝，评价结果为二级（较好）；昼间城市道路交通噪声路长加权平均等效声级为64.4分贝，评价结果为一级（好）；2类、4类声功能区达到国家标准。

（周世陆）

2020—2021年跨行政区域交界断面水质统计结果及年际比较一览表

表30 单位：毫克/升

年度＼项目	高锰酸盐指数	氨氮	总磷	功能要求类别	水质类别
2020年	2.7	0.09	0.018	Ⅱ	Ⅱ
2021年	3.1	0.16	0.018	Ⅱ	Ⅱ

2020—2021年市控以上地表水水质统计结果及年际比较一览表

表31

监测站位	功能要求类别	2021年水质类别	2020年水质类别
长坑水库	Ⅱ	Ⅱ	Ⅱ
龙潭坑水库	Ⅱ	Ⅱ	Ⅱ

2020—2021年各街道（乡镇）水库水质一览表

表32

监测站位	2021年水质类别	2020年水质类别	功能区水质要求
枫树坑水库	Ⅱ	Ⅱ	Ⅱ
前坑寮水库	III	III	V
元觉水库	Ⅱ	III	III
石子岙水库	III	III	IV
南山水库	Ⅱ	Ⅱ	Ⅱ

（市生态环境局洞头分局提供）

2021年洞头区环境空气污染物平均浓度值及优良率一览表

表33

项目 月份	PM2.5（微克/立方米）	PM10（微克/立方米）	二氧化氮（微克/立方米）	二氧化硫（微克/立方米）	一氧化碳(CO)第95百分位数（毫克/立方米）	臭氧(O3)最大8小时滑动平均 第90百分位数（微克/立方米）	空气质量优良率（%）
1月	28	60	26	9	0.8	93	100
2月	26	49	16	9	1.1	111	100
3月	19	39	19	9	1.0	117	100
4月	18	37	18	10	1.0	127	100
5月	16	30	12	10	1.0	122	100
6月	18	20	6	10	0.6	112	100
7月	10	20	5	11	0.6	96	100
8月	10	18	6	7	0.5	94	100
9月	13	20	8	7	0.5	147	88.5
10月	12	22	8	6	0.4	130	100
11月	20	36	16	7	0.6	126	100
12月	27	45	22	9	0.8	119	100
均值	18	33	13	9	0.9	123	99.1

（市生态环境局洞头分局提供）

环境管理

【概况】2021年，洞头区制定《洞头区水环境质量提升行动实施方案（2021—2023年）》《洞头区近岸海域污染防治三年行动计划》《环境空气质量巩固提升行动方案》，印发《举一反三突出生态环境问题清零行动方案》《洞头区贯彻落实中央生态环保督察反馈意见整改方案》等污染治理方案。控制陆源污染，制定全区入海排污口排查监测计划614个。制定《2021年洞头区推动环境污染问题发现机制落地见效专项工作计划》，完成工况监控建设16家，建立问题清单40个。建立健全大小门临港石化产业区突发环境事件应急预案体系，全年7家重点企业环境应急预案完成备案100%。

【环境空气质量巩固提升行动】2021年，洞头区制定《洞头区2021年环境空气质量巩固提升行动》《关于加强洞头区扬尘污染防治监管工作的通知》《关于开展2021—2022年秋冬季“强管控、遏反弹”大气污染防治专项检查的通知》，落实部门协调机制，完成状元岙港区空气自动站验收。开展挥发性有机物治理突出问题排查解决和LDAR（泄漏检测与修复）数字化前期工作，监督性抽测排污许可证重点管理挥发性有机物排放企业5家、加油站油气回收2家。完成整治提升电镀企业1家、汽车维修企业8家、预拌混凝土企业2家。燃气锅炉低氮化改造资金补助涉及企业5家、锅炉11台、75.4蒸吨，补助金额为150.8万元；建成区生物质锅炉超低排放改造或淘汰2台。开展柴油车路查路检10次、入户抽检2次，涉及车辆300多辆，其中不合格40多辆；完成非道移动源机械编码登记95台和黑烟车抓拍15辆；继续实施国三非营运柴油货车淘汰补助和非道路移动机械新能源替代，淘汰18辆、新能源替代3台。大门镇秸秆焚烧高空瞭望设施2套、330国道道路扬尘在线监测系统1套建成投运。

【河（湖）长制管理】2021年，洞头区结合《温州市河长履职电子化考核评分细则》，利用“温州市河（湖）长制信息管理系统”平台、“温州河（湖）长通”App、“掌上基层”App、微信群、“绿水币”积分小程序等实现河长制工作“云办公”，提高河长履职“三率”水平，做到河长“巡、管、护”三到位。全年10条区级河道履职合格率100%，优良率70％；36条乡镇级河道履职合格率100%，优良率52.7%。

【治水督查】 2021年，市生态环境局洞头分局开展“找寻查挖”专项行动，围绕“污水零直排区”建设成效、生活污水处理短板、饮用水安全隐患、沿河工地污染隐患、违法违规排污现象、劣Ⅴ类水体反弹、河（湖）湾（滩）长履职尽责、河湖水域岸线安全盲区、农业农村污染隐患、涉水问题整改落实等方面，对全区36条河道、5个完成污水零直排街道（乡镇）开展全面排查，通过街道（乡镇）交叉检查，实行“部门—镇街”双线排查等，共排查问题177个，其中区级自查问题57个，街道（乡镇）自查、互查问题120个，整治完成率100%。

【“污水零直排区”建设】 2021年，洞头区制定零直排推进计划，投入资金300万元推进元觉街道创建“污水零直排”示范街道（乡镇）。完成东屏商业旅游集聚区排

2020—2021年酸雨监测结果及年际比较情况表

表34

内容 年度	样品数（个）	酸雨率（%）	降水pH值	
			均值	波动范围
2021年	90	50.0	5.19	4.28—7.22
2020年	67	70.1	4.98	3.98—7.63

（市生态环境局洞头分局提供）

2020—2021年洞头区降尘量监测结果及年际比较情况表

表35　　单位：（吨/平方千米·月）

月份	2021年降尘量	2020年降尘量
1月	2.1	2.9
2月	0.9	1.5
3月	0.9	3.4
4月	1.1	2.5
5月	1.9	3.2
6月	2.0	2.9
7月	1.2	3.0
8月	1.6	2.6
9月	1.7	2.2
10月	2.0	2.9
11月	2.8	3.7
12月	2.1	3.8
均值	1.7	2.9

（市生态环境局洞头分局提供）

2020—2021年洞头区道路交通噪声（等效声级）统计及年际比较情况表

表36

测点编码	道路名称	测点位置	路段长（米）	路面宽（米）	2021年昼间Leq（dB）	2020年昼间Leq（dB）
1	中心街	洞头区环保局	1246	11	62.9	66.6
2	连城大道	天天乐大药房斜对面	800	20	65.0	70.4
3	新城大道	佳信平价超市	1825	20	63.6	69.0
4	海滨大道	海滨大道48号	1120	24	67.4	69.8
5	岭背东路	岭北东路32号	940	9	63.8	68.4
6	车站路	车站路14号	718	9	64.7	70.2
平均	—	—	—	—	64.4	65.9

（市生态环境局洞头分局提供）

水整治，投入经费200万元完成东岙、韭菜岙沙滩及洞头码头海鲜一条街整治。推进工业园区污水零直排，排查整治杨文工业园区企业内部管网，完成园区内企业管网排查20家，累计排查管网14.5千米，发现问题250个；推进杨文排洪沟整治，平顺河道U形低洼段，解决河道积水导致的发黑发臭问题。

【“无废城市”创建】2021年，洞头区推进“无废城市”建设工作，按照全域“无废城市”建设工作实施方案，重点围绕创建“四张清单”，创建指标体系36项、专项子方案5个、创建亮点2个、建设无废细胞26个。“无废城市”建设创建指标完成34项，完成率94.4%；26个“无废细胞”均通过区级验收工作，完成“无废城市”申报申请材料编制和评估，并向省生态保护厅提交申报申请。

【土壤污染防治】2021年，市生态环境局洞头分局完成受污染耕地“源解析”61.6公顷。开展土壤隐患排查和自行监测重点监管企业6家，调查建设用地土壤及地下水污染状况2个。督促农业主管单位落实肥药两制主体30家，废旧农膜落实回收点2个，落实化肥和农药用量“双减”工作，化肥减量1.67吨，农药减量0.13吨。

【污染物总量管理】2021年，市生态环境局洞头分局开展企业总量核定6家，新增排放量化学需氧量0.220吨、氨氮0.032吨、二氧化硫0.263吨、氮氧化物0.881吨；削减替代量使用支出化学需氧量0.220吨、氨氮0.032吨、二氧化硫0.396吨、氮氧化物1.322吨。

【排污权交易】2021年，市生态环境局洞头分局完成企业“十四五”初始排污权核定分配18家，收缴金额218.36万元；完成停产企业2家和排污权总量削减企业的收储确权9家，收储化学需氧量10.973吨，氨氮3.08吨，二氧化硫7.442吨，氮氧化物27.63吨。完成6家企业14笔政府储备量出让工作，合计储备出让化学需氧量0.32吨、氨氮0.042吨、二氧化硫0.05吨、氮氧化物0.56吨，收缴金额19.03万元。

【排污许可证管理】2021年，市生态环境局洞头分局完成各类排污许可申请、变更、延续办件26件，其中变更21件，首次申请1件，整改后申请1件，延续1件，重新申请2件；排污登记38家，其中首次登记16件，变更登记21件，注销登记1件。重点突出“管”“服”结合，联合市环科院推出填报小助手服务，解决排污许可执行报告频次要求不足、自行监测填报率低等问题。

【环境辐射管理】2021年，市生态环境局洞头分局办理辐射安全许可证7件，其中首次申领5件，重新申领2件。组织核查核技术利用系统辐射安全监管平台数据（含辐射年度工作报告，辐射单位信息等）。开展“6·5”环境日活动和5G基站辐射宣传活动。完成长坑水库饮用水源自动监测站和北岙空气自动监测站电子围栏建设。

【碳达峰和碳中和行动】2021年，洞头区完成2020年温室气体清单编制工作。白迭村和半屏社区入选首批省级低（零）碳乡镇（街道）和村（社区）试点创建单位。完成碳账户建设企业23家。

(潘　霞)

【环境执法】2021年，市生态环境局洞头分局围绕蓝天、碧水、净土、清废、治源、设施提升等六类专项，借助中央环保督察、省委环保督察、省委巡视问题整改等载体，组织开展涉水、涉气、涉废等各项执法行动，打击企业监测数据弄虚作假、企业恶意偷排、漏排等环境违法行为。组织开展碧水保卫1号、危险废物治理、砂石(混凝土)行业、机动车维修行业专项整治等各类生态环保专项执法行动11次，检查企业140余家次，出动人员420多人次，发现整改企业环境问题20多个，作出行政立案调查13件，作出行政处罚8件，作出不予处罚或轻微违法行为不予处罚5件，罚款金额74.8万元。

【环境风险管控】2021年，洞头区紧盯环境安全隐患问题，开展隐患“拉网清零”暨深化“一案促建提升环境应急能力”专项行动，不定期地进行检查、指导，督促隐患整改。督促落实区温州环发公司成立全市唯一一家省级应急突发环境应急救援队伍，并建立规范化的环境应急物资库。全年共排查出企业生态环境安全隐患问题20多处，

2020—2021年洞头区噪声功能区监测结果及年际比较一览表

表37　　单位：dB(A)

测点名称	标准适用区	国家标准		2021年		2020年	
		Ld	Ln	Ld	Ln	Ld	Ln
警池巷20弄6号	2类标准区	60	50	52.0	44.6	50.8	41.8
中心街260号	4类标准区	70	55	56.0	42.2	52.9	45.7

（市生态环境局洞头分局提供）

其他安全隐患4处，落实全区7家重点企业完成应急预案备案，备案率100%，确保全区全年无发生任何突发性环境污染事件。

（周 昱）

海洋生态环境保护

【概况】2021年，洞头区制定《洞头区近岸海域污染防治三年行动计划》，开展新一轮陆海污染治理攻坚行动。全面推行湾滩长制，联合龙湾、乐清发布全省首个海湾生态跨区域司法保护协作机制。入选全省首批美丽海湾建设试点，入围全国优秀案例八强。开展省级山水林田湖草保护试点，投资8046万元支持海洋牧场、南塘湾湿地公园等8项工程建设。蓝色海湾“破堤通海、十里湿地、生态海堤”完成主体工程。严控陆源污染，制订全区614个入海排污口排查监测计划。开展洞头岛群沿海诸湾与大门镇沿海诸湾美丽海湾建设本底调查与监测工作，布设监测站位47个。《焦点访谈》和《人民日报》相继报道海岛生态修复成效，整治经验成为全国样板，在生态文明贵阳国际论坛上做典型经验发言。

【洞头区近岸海域污染防治三年行动】2021年5月31日，洞头区治水办出台《洞头区近岸海域水污染防治攻坚三年行动计划》，开展入海河流氮磷减排行动，控制生活源污染物排放、工业源污染物排放、农业源污染物排放；开展排海污染源规范整治行动，整治提升入海排污口，推进海水养殖绿色发展，加强船舶港口污染控制；开展沿岸生态修复扩容行动，加强近岸海域生态保护，建设沿岸生态缓冲带，强化海洋生物资源养护。目标至2022年，入海污染源得到有效控制，近岸海域水环境质量达到省、市考核目标要求；实现“十四五”中期近岸海域水质优良率均值比“十三五”期间提高3个百分点以上。海洋生态红线区面积占洞头区管理海域总面积的比例不低于30%，海岛自然岸线保有率不低于78%。生物多样性保持稳定。

【美丽海湾建设】2021年，洞头区制订实施《洞头区近岸海域水污染防治攻坚三年行动计划》，推进入海河流氮磷减排、排海污染源规范整治及沿岸生态修复扩容三大行动。全面深化湾滩长制，投入375万元支持美丽海湾监测调查、常态保洁与定期巡查工作，清理海滩垃圾6000多吨，实施双月联合考评与每月暗访督查，完成6轮湾滩双月考核，评选最美湾滩6个和最脏湾滩10个。制定出台《洞头诸湾美丽海湾建设方案》，入选全省首批美丽海湾建设试点，洞头诸湾案例入选全国首批美丽海湾提名案例。

【入海污染源治理】2021年，洞头区按照入海污染源专项排查成果，推进全区614个入海排口监测、溯源、整治，制定《洞头区入海污染源排口分类监测、溯源、整治方案》，明确工作任务清单、时间节点安排及各单位职责，组织现场勘察，完成第一轮入海污染源排口全面监测。开展市控入海河流环岛南河（海思水闸）月监测工作，全年控制总氮、总磷平均浓度分别为2.08毫克/升和0.2毫克/升，满足市控主要入海河流总氮、总磷控制目标。

【蓝色海湾整治经验推广】2021年7月12日，2021年生态文明贵阳国际论坛在贵州省贵阳市召开。该国际论坛是中国最早创办，经国家批准的唯一以生态文明为主题的国家级国际性高端峰会。论坛以“低碳转型 绿色发展——共同构建人与自然生命共同体”为主题，邀请社会各界领导者围绕碳达峰、碳中和、生态系统保护与修复等国际生态文明建设领域前沿话题开展交流与合作。在主题为“基于自然解决方案的海洋生态保护修复实践”的海洋生态保护分论坛上，作为唯一受邀参加的县（市、区）委书记，洞头区委书记林霞借助该平台聚焦海洋生态保护修复前沿理念，推介洞头经验。洞头在蓝色海湾整治的实践上，探索出了一条人海共生、陆海统筹的可持续发展道路。通过破堤通海、湿地保护、海堤修复、退养环海等工程，推进海岛生态修

东岙沙滩 （焦芳琪 摄）

半屏山韭菜岙沙滩

复。发挥温州民营经济优势，按照“谁修复、谁受益”的原则，积极探索社会资本参与海洋生态修复新模式。率先出台蓝湾指数评估规范，建立8个方面16个指标的评价体系。联合发布浙江省首个海湾生态司法保护协作机制。

【洞头入选中国美丽海湾优秀案例推荐名单】 2021年，生态环境部首次开展美丽海湾优秀案例征集活动，12月20日至29日，全国美丽海湾优秀案例网络投票启动，温州洞头诸湾作为浙江省唯一优秀案例，入围生态环境部全国8个美丽海湾优秀案例。洞头实施生态立区战略，全面做好保护、修复、提升三篇文章，利用生态“杠杆”撬动美丽经济，先后入选国家级生态县、全国第二批“绿水青山就是金山银山”实践创新基地、全国“十大美丽海岛”等称号，央视《新闻联播》、《焦点访谈》《美丽中国》专题片等栏目报道洞头海湾生态保护修复成效。

【近岸海域水质监测】 根据《2021年温州市洞头区海洋生态环境公报》，2021年洞头近岸海域水质与2020年相比明显提升。全年第一类和第二类水质占监测海域面积比例为72.8%，同比增加10.4%。劣四类水质占监测海域面积比例为11.1%，同比减少8.5%。8月水质最好，第一类和第二类水质占监测海域面积比例达到90.1%。2021年上半年和下半年全区环境功能区水质达标率分别为20%、80%，不符合功能区指标为无机氮和活性磷酸盐。洞头城南污水处理厂入海排污口全年4次监测均未发现超标排放，排污口对海洋环境基本未造成危害。状元岙自然海滩和大门东澳自然海滩的海面漂浮垃圾和海滩垃圾以聚苯乙烯泡沫、塑料制品等塑料垃圾为主。全区近岸海域共发生赤潮4起，较2021年增加3起。

（应凌锋）

【蓝色海湾二期整治行动】 2021年，洞头区继续推进蓝色海湾项目建设，包括海岸带生态修复、滨海湿地生态修复、海岛海域生态修复等三个方面的生态修复工程。完成海岸带生态修复工程中330国道霓屿段、北岙堤坝、状元岙南面堤坝生态化整治12.3千米，西山头、王山头沙滩修复约2.8公顷。滨海湿地生态修复工程灵霓大堤破堤通海完成桥梁桩基施工、破堤247米和生态海沟挖掘3千米。完成海岛海域生态修复工程网寮鼻山体修复、王山头山体修复17公顷。

【海洋蓝碳试点争创】 2021年，洞头区争创海洋蓝碳列入省级试点，区海洋与渔业发展研究中心与华东师范大学崇明生态研究院、自然资源部第二海洋研究所、浙江大学海洋学院、中科院南海海洋所等构建“红树林—柽柳—淤泥质滩涂—藻类—渔业”一体化蓝碳监测和评估方法体系，摸清洞头区蓝碳清单，开展洞头蓝碳资源时空格局及演变规律、海洋生态系统保护修复与固碳增汇的协同增效途径等研究，为洞头蓝碳资源纳入碳交易市场提供技术支撑，服务于“碳达峰碳中和”国家战略。

（吾娟佳）

教育

概述

【概况】2021年，洞头辖区共有47所学校（含温州教师教育院洞头分院、温医大仁济学院、浙江工贸职业技术学院、温州技师学院、温州护士学校、温州外国语学校、温州外国语小学、洞头一中、温州市乐成寄宿中学），归洞头区管理的辖区学校共38所。其中，职高1所、初中6所（含九年一贯制学校2所）、小学9所、公办幼儿园9所、民办幼儿园13所。在校生总数16356人，其中，职高1082人、初中4069人，小学7148人，幼儿园4057人。全年教育经费支出5.74亿元，其中公共财政教育支出4.90亿元。全年共资助贫困学生536人，资助金额124.89万元。其中政府资助377人92.59万元，社会资助159人32.3万元。制订《洞头区教育事业发展“十四五”规划》，出台《洞头区教育高层次人才“引、育、留”实施方案》和《洞头区公办幼儿园雇员制教师聘用实施办法》，健全全区中小学教师工资待遇落实保障长效机制。高标准落实“双减”工作，开展校外培训机构排摸和整治。与温州大学签订基础教育合作协议，合作建立“海霞名师工作室”。指导实验中学、大门镇小、东屏社区学校三所学校创评省现代化校。完成洞头区第二中学外墙修缮、灵昆第一小学维修美化工程，元觉义校新校完成土建、装修竣工验收，推进职教中心迁建二期工程主体工程施工。

【洞头区教育事业发展“十四五”规划】2021年12月31日，为发挥教育在洞头经济社会发展中的基础性、先导性、全局性作用，全面实现教育现代化，根据《中国教育现代化2035》《浙江教育现代化2035行动纲要》《加快推进浙江教育现代化实施方案》《温州市洞头区国民经济和社会发展第十四个五年规划和二〇三五年远景目标纲要》，区政府制定《洞头区教育事业发展“十四五”规划》。主要任务是以“均衡化”为目标优化校网布局，夯实“学在洞头”建设基础；以“精准化”为目标深化教学改革，提升“学在洞头”教育质量；以“集团化”为目标改革办学体制，激发“学在洞头”办学活力；以“个性化”为目标培育特色学校，打造“学在洞头”德育品牌；以“数字化”为目标建设未来学校，构建“学在洞头”智慧平台；以“优质化”为目标培育教师队伍，锻造“学在洞头”教育铁军。加强教育工作领导，强化教育法治建设，加大教育经费保障，推进分配制度改革，深化教育督导机制改革，营造教育发展良好氛围。目标是在全市率先创成全国义务教育优质均衡发展区、浙江省教育现代化区，创成国家学前教育普及普惠区，巩固提升省教育现代化发展水平监测能力，省现代化学校覆盖率达30%以上。

【洞头区教育高层次人才“引、育、留”办法实施】2021年8月26日，为进一步加大全区教育高层次人才的“引、育、留”力度，发挥名优教师的引领作用，促进全区教育事业高质量发展，根据《洞头区基础教育质量提升“扬帆行动”若干举措》，制定《洞头区教育高层次人才“引、育、留”实施办法》。按照对象条件分为四类人才，刚性引进人才引进方式，包含引进区外公办学校在编在岗教师、民办学校中的原公办学校在编在岗教师，招引高校优秀毕业生；柔性引进包含引进程序和服务期限。待遇包含基本待遇，家属随迁和子女就学，参政及评优推荐，教育人才服务卡；刚性引进人才待遇包含工资收入和社会保险、租房补助、人才专项补助、安家补助、购房补助；柔性引进人才待遇包含对柔性引进并与区教育局签订聘用协议的第一、二、三类人才，设立专项服务经费。本地人才培育方式包含后备人才遴选“送出去”培育、高端名师“请进来”助力培育和青蓝结对“就地”培育。目标是重点引进和培育省特级教师、正高级教师、省教坛新秀、市“三名”等教育人才5名以上，引进和培育市“三坛”15名以上，培育市骨干教师、区“三名”、区“三坛”、区骨干教师等优秀教育人才140名以上。办法自2021年9月26日起实施，有效期至2026年9月26日。原洞政办发〔2017〕142号文件同时废止。

【区域集团化办学】2021年，温州市洞头区教育局出台《洞头区关于进一步深化集团化办学的实施方案》《洞头区第一批紧密型教育集团办学实施方案》，成立12个教育集团（含4个学前教育集团），即：实验小学、城关小学、海霞中学、实验中学、东屏小学、温州外国语学校、灵昆一小、乐成寄宿中学、教育幼儿园、教育二幼、教育三幼、灵昆幼儿园等，义务教育学校集团化覆盖面100%。教育集团按牵头学校设为总校，成员学校设为分校的方式组建，按“紧密型”（3个）、“合作型”（10个）、“联盟型”（3个）、“托管型”（1个）四种模式推进集团化办学。完成“互联网+义务教育”中小学校结对帮扶5所。

【“双减”工作落实】2021年9月1日，为贯彻落实中共中央办公厅、国务院办公厅印发的《关于进一步减轻义务教育阶段学生作业负担和校外培训负担的意见》，落实省委、市委等文件会议精神，洞头召开区委教育工作领导小组全体（扩大）会议暨全区“双减”工作部署推进会。出台《洞头区关于进一步减轻义务教育阶段学生作业负担和校外培训负担实施方案》《中共温州市洞头区委教育工作领导小组关于成立洞头区“双减”工作领导小组的通知》文件，区教育局联合相关部门发布《洞头区教育局等十部门关于切实做好义务教育阶段学校课后服务工作的实施意见》《洞头区教育局关于做好中小学（幼儿园）落实推进“五项管理”工作的通知》《洞头区幼儿园深化课程改革实施方案》等文件，全面提高教育教学质量，减轻学生过重课业负担，全面规范校外培训机构，减轻学生校外培训负担。截至年底，全区15所义务教育学校实现放学后托管服务全覆盖，开设拓展型课后服务五大类12小项，10013名中小学学生参与，参与率为91.85%，884名教师参与，参与率为97.96%。推进建设云阅卷系统、智慧教室集成系统、智学网精准教学系统、智慧课堂应用等数字化应用，强化中小学精准教学和作业精准管理。开展校外培训机构地毯式排摸和联合整治，实施各类检查20多次，出动100多人次，关停、整顿培训机构11家；平稳推进校外培训机构压减，培训（托管）类机构减少至137家，其中学科类培训机构减少至3家，压减各类培训机构39家，16家营利性学科类培训机构全部注销或转为非营利性，压减率100%。

【国家级义务教育优质均衡发展区创建通过省级复查】2021年11月5日，区教育局接到省教育厅通知，经省教育厅厅长办公会议研究同意，洞头区国家级义务教育优质均衡发展区创建通过省级复查，同意向教育部申报创建国家级义务教育优质均衡发展区。洞头区于2017年12月启动国家级义务教育优质均衡发展区创建工作，成立工作领导小组，制定《洞头区创建全国义务教育优质均衡发展区工作方案》，并成立国优创建工作专班。召开多次协调会、专题培训会等，对照创建指标体系开展全面自查，摸清问题与差距。先后梳理并解决问题70多个，帮助学校明确创建工作时间表和路线图。编撰《洞头区教育优质均衡发展摸底督导调研报告》。健全监督机制，及时通报各校存在的个性问题和共性问题，形成问题整改清单，要求限时整改。2021年6月和9月，两次接受省教育厅现场督导评估，共整改问题28个。

学前教育

【概况】2021年，洞头区制定出台《洞头区改革创新公办幼儿园雇员制教师管理实施方案》《洞头区公办幼儿园雇员制教师管理暂行办法》《洞头区幼儿园深化课程改革实施方案》等，完成薄弱民办幼儿园整合撤并，设立区瓯江口第一幼儿园、区瓯江口第二幼儿园，洞头区元觉幼儿园新园揭牌投用，教育第三幼儿园创成省一级幼儿园。教育第三幼儿园、霓屿幼儿园、灵昆幼儿园创成温州市幼儿园教育装备优秀园。截至年底，全区共有22所幼儿园，其中公办园9所，民办园13所。幼儿入园数为4057人，幼儿园教职工人数627人，其中专任教师346人。公办园在园幼儿覆盖面为50.85%，优质园（一、二级以上）在园幼儿覆盖面为75%，其中，一级园覆盖面为34.51%，幼儿教师持证率、等级园覆盖率和普惠园覆盖率均为 100%。

【洞头区改革创新公办幼儿园雇员制教师管理实施】 2021 年 8 月 25 日，为改革公办幼儿园办园体制机制，创新公办幼儿园教师队伍建设，促进全区学前教育深化改革规范发展，根据有关文件精神，区政府印发《洞头区改革创新公办幼儿园雇员制教师管理实施方案》。主要任务是加强教师指标管理、规范教师招聘管理、强化教师派遣管理、保障教师工资待遇、激励教师专业发展、完善教师退出制度。建立健全部门协同推进机制，改革创新公办幼儿园办园体制、完善公办幼儿园机构编制人员管理意见。

【洞头区公办幼儿园雇员制教师管理暂行办法实施】 2021 年 9 月 18 日，为公办幼儿园改革创新，明确公办幼儿园劳动合同制工资待遇，洞头区教育局联合区财政局、区人力社保局出台《洞头区公办幼儿园雇员制教师管理暂行办法》（洞教〔2021〕100 号）文件，补充人员招聘途径、人员管理、人员待遇和退出机制，进一步完善雇员制教师管理办法。办法自 2021 年 9 月 1 日起施行。

【薄弱民办幼儿园整合撤并】 2021 年，洞头区教育局把薄弱民办幼儿园整合提升作为区政府十大民生实事内容，全区民办园由 18 所整合撤并为 13 所，其中北岙街道整合撤并薄弱民办园 2 所，改造闲置办公用房，作为撤并后新办学场所；灵昆街道 7 所薄弱民办园整合撤并为 1 个教育集团，下设 3 个园区，5 所低小散幼儿园整合撤并并终止办学。

【两所公办幼儿园设立】 2021 年 6 月 15 日，洞头区委、区政府同意设立温州市洞头区瓯江口第一幼儿园、温州市洞头区瓯江口第二幼儿园。两所幼儿园为区教育局下属股级公益一类事业单位，性质为公办幼儿园，采用公办民营模式委托民办教育机构爱绿集团办学，不核定人员编制，经费由温州瓯江口产业集聚区管委会根据受委托管理方的管理水平及幼儿园办园质量等，与受委托方协商确定，经费来源为幼儿保教费收入和温州瓯江口产业集聚区管委会社会事务综合服务局的补助奖励经费；洞头区财政不承担经费支出。9 月，瓯江口第一幼儿园开园，办学规模为 9 个班级。

【区域“海 +”课程品牌建设】 2021 年，为深化幼儿园课程改革，提升幼儿园保教质量，补齐区域学前教育短板，洞头区教育局出台《洞头区幼儿园深化课程改革实施方案》，课程框架与主要内容包含优化园本化课程方案，明晰“海 +”课程理念，深化“海 +”课程方案，完善“海 +”课程结构；推动全区“海・印记”“海・传承”“海・创玩”三类课程建设。通过“工具”运用，顶层指导；联盟携手，互助共长；三维评价，以评促改；分批推进，逐步普及实施策略。开展“一岛一味、一园一品、百岛共生”多元化课程模式，形成洞头区幼儿园“海 +”课程品牌。

【市第十届学前教育区域特色品牌建设现场观摩活动】 2021 年 10 月 26 日，温州市第十届学前教育区域特色品牌建设现场观摩暨幼儿园课程改革展示活动在洞头举行。教师教育学院洞头分院的主会场，以《谱写海诗篇・共筑“海 +”梦》为题的洞头学前教育宣传片、以《寻“海 +”之路，向未来出发》为题的洞头区学前“海 +”课程方案解读、以《做课程改革的践行者——洞头区域教研助推“海 +”课程建设的探索与思考》为题的洞头区域教研推进经验交流、以《联盟出击，打造“海 +”课程实践之路》为题的洞头区“海 +”课程实践微论坛等，全面展示洞头学前“海 +”课程品牌建设和第二轮课程改革推进情况。活动邀请杭州师范大学教授黄小莲以《海岛地域资源园本课程建设三思》为题进行专题讲座。活动设置《海・印记》《海・传承》《海・创玩》三个课程联盟组的专题现场观摩展区，呈现洞头充满海味的“海 +”特色课程。活动由温州市教育局主办，洞头区教育局承办。

【幼儿园发展性评价考核结果】 2021 年 11 月 17 日，洞头区人民政府教育督导委员会办公室公布 2020 学年洞头区中小学（幼儿园）学校发展性评估考核结果，考核优秀单位为洞头区教育幼儿园、洞头区教育第二幼儿园、洞头区教育第三幼儿园、洞头区太阳岛幼儿园、洞头区灵昆中心幼儿园、洞头区城关中心幼儿园。良好单位为洞头区灵昆幼儿园、洞头区霓屿幼儿园、洞头区海悦城幼儿园、洞头区灵昆永兴幼儿园、洞头区快乐幼儿园、洞头区灵昆七壹幼儿园。合格单位为洞头区大门幼儿园、洞头区鹿西幼儿园、洞头区元觉幼儿园、洞头区育才幼儿园、洞头区东屏中心幼儿园、洞头区大门镇第二幼儿园、洞头区北岙双兴幼儿园等。

义务教育

【概况】2021 年，全区小学 11 所（含九年一贯制学校小学段 2 所），小学班级 194 个，在校学生 7148 人（其中女生 3344 人），其中新居民子女 1602 人。初中 7 所（含九年一贯制学校初中段 2 所、温州市乐成寄宿中学初中段 1 所），班级 102 个，在校学生 3693 人（含女生 1759 人），其中新居民子女 649 人。全口径生

2021年洞头区街道（乡镇）在园幼儿覆盖面情况一览表

表38

序号	单位	幼儿园数		幼儿数			
		公办（个）	民办（个）	公办（人）	公办覆盖面（%）	民办（人）	民办覆盖面（%）
1	北岙街道	2	5	910	51.82	846	48.18
2	东屏街道	1	2	218	64.88	118	35.12
3	灵昆街道	1	5	262	22.37	909	77.63
4	元觉街道	1	0	85	100	0	0
5	霓屿街道	1	0	226	100	0	0
6	大门镇	1	1	199	62.18	121	37.82
7	鹿西乡	1	0	44	100	0	0
8	瓯江口新区	1	0	119	100	0	0
合计		9	13	2063	50.85	1994	49.15

（区教育局提供）

2021年洞头区幼儿园情况一览表

表39

号	幼儿园名称	地址	性质	等级	园长
1	洞头区教育幼儿园	北岙新城区城南大道136号	公办	省一级	侯仙琴
2	洞头区教育第二幼儿园	北岙镇赴学路23号	公办	省一级	潘丽君
3	洞头区教育第三幼儿园	东屏街道惠民村长寿巷42弄22号	公办	省一级	许晓晖
4	洞头区元觉幼儿园	元觉街道状中巷44号	公办	省三级	陈维罗
5	洞头区霓屿幼儿园	霓屿乡曙光路88号	公办	省二级	王瑶
6	洞头区鹿西幼儿园	鹿西乡海景街158号	公办	省二级	罗妮娜
7	洞头区大门幼儿园	大门镇勤奋路8号	公办	省二级	黄海月
8	洞头区灵昆幼儿园	灵昆街道瓯绣大道4099号	公办	省二级	童燕翔
9	洞头区瓯江口第一幼儿园	瓯江口新区	公办	省三级	王小云
10	洞头区城关中心幼儿园	北岙镇县东巷6弄29号	民办	省三级	张爱兰
11	洞头区太阳岛幼儿园	新城区广场路3号	民办	省二级	陈玮萍
12	洞头区北岙双兴幼儿园	北岙繁荣街2弄18号	民办	省三级	陈黎筠
13	洞头区育才幼儿园	北岙镇中心街570弄10号	民办	省二级	蔡慧锋
14	洞头区快乐幼儿园	东屏镇府前路8号	民办	省三级	董艳玲
15	洞头区东屏街道中心幼儿园	东屏镇前坑寮村	民办	省三级	蔡淑微
16	洞头区大门镇第二幼儿园	大门镇大溪巷10号	民办	省三级	林海琴
17	洞头区灵昆中心幼儿园	灵昆街道繁灵街	民办	省一级	王小云
18	洞头区灵昆永兴幼儿园	灵昆街道叶先村	民办	省二级	陈芙芸
19	洞头区七壹教育沙塘幼儿园	灵昆街道沙塘街	民办	省三级	黄小薇
20	洞头区七壹教育实佳幼儿园	灵昆街道兴灵路2号	民办	省三级	吴圣芬
21	洞头区七壹教育乐岛幼儿园	灵昆街道海思村	民办	省三级	李晓节
22	洞头区海悦城幼儿园	北岙街道新城区海兴路15号	民办	省三级	柯丽苗

（区教育局提供）

2021年洞头区公办幼儿园教师、幼儿数据一览表

表40

幼儿园名称	教师		学生数（人）	大班		中班		小班	
	在职数（人）	在编数（人）		班级数（个）	学生数（人）	班级数（个）	学生数（人）	班级数（个）	学生数（人）
教育幼儿园	37	25	511	5	171	5	170	5	170
教育第二幼儿园	33	21	399	4	133	4	133	4	133
教育第三幼儿园	19	12	218	2	67	3	91	2	60
霓屿幼儿园	22	11	212	2	57	3	92	3	63
元觉幼儿园	11	5	85	1	25	1	25	2	35
鹿西幼儿园	9	4	44	1	10	1	17	1	17
大门幼儿园	19	4	199	2	57	3	92	2	50
灵昆幼儿园	21	12	262	3	90	3	90	3	82
瓯江口第一幼儿园	12	0	108	1	22	1	34	2	52
合计	183	94	2038	21	632	17	744	24	662

（区教育局提供）

均公用经费达到小学1713元，初中2409元。全区15所义务教育学校实现放学后托管服务全覆盖，开展拓展型课后服务五大类12小项，10013名中小学学生参与，参与率为91.85%，884名教师参与率为97.96%。鹿西小学获评市级“小而优”学校示范校，元觉义务教育学校创成区级“小而优”示范校。海霞中学创成温州市第三批未来（智慧）校园暨智慧校园达标校、霓屿义务教育学校创成温州市第四批未来（智慧）校园，海霞中学、实验小学、霓屿义务教育学校、元觉义务教育学校等四所学校申报温州市首批人工智能教育实验学校。海霞中学、实验小学、城关小学、灵昆第一小学等四所学校被认定为浙江数字家长学校共建共享联盟校。

【洞头区实验小学教育集团成立】 2021年3月30日，洞头区实验小学教育集团（实验小学与城关第二小学）成立，并为华中校区和北沙校区揭牌，为洞头区首批紧密型集团校。各成员校校长围绕集团化办学管理层面工作阐述了愿景和需求，各校分管教学校长及教务、教科工作的负责人围绕集团校之间如何开展教学、研训、评价等工作做交流。区教育局局长和科室人员、实验小学教育集团、各联盟校负责人及各校教务、教科负责人等参加。

【灵昆一小木棉中队获评全国优秀少先队集体】 2021年1月4日，共青团中央、教育部、全国少工委发文表彰2020年度“全国优秀少先队员”“全国优秀少先队辅导员”“全国优秀少先队集体”，灵昆一小六（3）木棉中队获“全国优秀少先队集体”称号，为全市唯一上榜中队。该中队以“心向木棉，勇往直前”为口号，是一支和谐友爱、凝聚力强的少先队集体，37位队员均曾获校级个人比赛奖项，其中23位队员曾在区级及以上个

2021年1月4日，灵昆一小六（3）木棉中队获评全国优秀少先队集体

（区教育局提供）

人比赛获奖。在浙江省优秀少先队辅导员、温州市名班主任李良善老师的指导下开展创建动感中队“红领巾小主人”“红领巾小书虫”“红领巾小健将”“红领巾小百灵”“红领巾小创客”五小活动及“传承洞头海霞精神·我为美丽家乡代言”“‘樱’为志愿者·家乡更美丽”“百米画卷绘绿水·你我童心助剿劣”“缅怀革命先烈·传承红色基因”等小小志愿者活动。曾获市先进班集体、省优秀少先队中队、全国优秀动感中队等集体荣誉。

【市“三小家”评比创佳绩】2021年5月16日，温州市“三小家”(“小文学家”“小数学家”“小科学家”)评比结果公布，洞头区初中学生创佳绩。在市“小文学家”评比中，实验中学902班郭椿椿、海霞中学907班潘艺卓获市“小文学家”提名奖；在市“小数学家”评比中，洞头区海霞中学907班张齐窈获市“小数学家”称号，洞头区海霞中学907班柯语鑫同学获市“小数学家”提名奖；在市“小科学家”评比中，洞头区霓屿义校803班柯凯怡、夏以诺获市“小科学家”提名奖。

【城乡义务教育共同体建设】2021年，洞头区推进城关小学、城关一小、大门镇小、海霞中学、洞头二中五所学校以“融合型”“联盟型”两种方式建立城关小学教育集团、海霞中学教育集团，通过建立集团化学校推动城乡义务教育共同体结对帮扶工作。通过网络教研，为年轻教师研究教材节省时间、提供方便，提高备课质量，构建高效课堂，促进老师专业化水平同步提高。通过同步课堂共享优秀资源，缓解部分学科结构性缺乏、部分学校专业教师缺乏等问题，扩大优质教育资源覆盖面，加快实现教育公平。全区累计开展城乡同步课堂活动62次，参与师生2400人次左右；教师网络研修活动24次，参与教师180人次左右，该项工作在省、市教育业绩考核中获优秀等级。

中等职业技术教育

【概况】2021年，温州市洞头区职业技术教育中心共有班级29个，在校生1082人（职高936人、技校146人），其中女生443人。高三毕业班级10个，毕业生296人，其中，电子电工专业100人，学前教育专业49人，旅游服务与管理专业30人，计算机专业38人，电子商务专业64人，艺术类15人。毕业生296人，就业（升学）296人，就业率100%；直接就业57人，占比19.26%；升入高一级学校人数239人，占比80.74%；对口就业268人，对口就业占比90.54%。高一招生10个班级，在校生409人，其中，电子技术应用专业133人，幼儿保育专业40人，高星级饭店营运与管理专业79人，计算机专业45人，电子商务专业43人，工艺美术专业29人。洞头职教中心高职单招单考报名100人，其中，计算机专业37人，电子电工专业35人，艺术类专业28人。专科上线100人，高职单招单考录取率100%。在温州市2021年中等职业学校技能节、“面向人人文化素养”两项大赛中，洞头职教中心在各项专业、学科竞赛中获奖17项。洞头职教中心获评温州市文明校园。

2021学年洞头区义务教育基本情况表

表41

街道（乡镇）	小学				初中				入学率（%）		年巩固率（%）		升学率（%）	
	当年毕业		当年招生		当年毕业		当年招生							
	班级数（个）	人数（人）	班级数（个）	人数（人）	班级数（个）	人数（人）	班级数（个）	人数（人）	小学	初中	小学	初中	小学	初中
合计	35	1193	32	1213	31	1171	33	1157	100	100	100	100	100	100
北岙街道	16	528	15	614	10	402	13	448	100	100	100	100	100	100
灵昆街道	6	235	7	301	5	174	5	191	100	100	100	100	100	100
东屏街道	4	132	3	100	8	310	7	255	100	100	100	100	100	100
大门镇	3	117	3	88	4	167	4	129	100	100	100	100	100	100
元觉街道	2	44	1	22	1	29	1	42	100	100	100	100	100	100
霓屿街道	3	104	2	67	3	89	3	92	100	100	100	100	100	100
鹿西乡	1	33	1	21	0	0	0	0	100	100	100	100	100	100

（区教育局提供）

【信息素养提升实践活动获佳绩】2021年,洞头区职教中心学生在省、市、区级信息素养提升实践活动评选中创佳绩。《逆风盛放》（林舒涵）、《抗疫·筑爱》（林梦婷）参加第二十二届全省学生信息素养提升实践活动比赛分获数字创作项目三等奖和优秀奖，全年市级获奖3件、区级获奖17件。

【洞头职教中心“双高大讲堂”首讲开讲】2021年10月19日，洞头区职教中心“双高大讲堂”首讲开讲，全校78名教师参加听讲。讲座邀请省人民政府督学、省人民政府“5522”人才工程名校长、原瓯海职业中专集团校长单克胜老师作《晰内涵、健机制、勇探索——中职“双高计划”建设建议》专题报告，从瓯海职专的发展历程和“双高计划”背景入手，结合中职“双高计划”申报、建设方案、任务编制等相关工作，分享中职学校在“双高建设”方面的经验、成果和思考，并针对强化类型特色、深化产教融合、创新校企合作、改革育人模式等多维度探索双高建设提出建议。讲座结束后，电子电工等相关专业教师就校企合作、专业发展、成果转化等问题开展交流。

【入选省职业教育改革典型案例】2021年12月20日，浙江省教育厅职成教教研室经过初评、复评两轮评审，最终确定2021年全省职业教育改革优秀典型与典型案例共90个，洞头区职教中心《四方协同，五业联动：产教融合新形态，助力海岛共同富裕》获评典型案例。区职教中心探索适合学校实际的“四方协同”培育建设模式和“五业联动”职教发展机制，主体多元投资产教融合型实训基地，“政府、企业、行业协会、学校”四方共建，政府主导、行会指导、企业参与、学校实施；以职业能力为本位，在专业建设方面与产业、行业、企业等要素密切联系，通过整合资源，相互对接、协同联动，把专业建设的各项内容落实到教学和实训的各个环节，从而实现办学结构和效能优化。与各产教融合合作企业交流案例选题，做到案例题材有新意、实践有成果。该案例曾获评温州市职业教育改革典型案例二等奖。

【3名学生获国家中等职业教育国家奖学金】2021年12月，根据《中等职业教育国家奖学金评审暂行办法》，经学校、区教育局、市、省教育局推荐审核，教育部和人社部联评，洞头区吴宏桢、曾馨怡和纪文杰等三位学生获2021年度中等职业教育国家奖学金。该奖是国家面向中职学生设立的国家级最高荣誉奖项，每年评审一次，用于奖励中等职业学校（含技工学校）全日制在校生中特别优秀学生。全年奖励2万名学生，奖励标准为每位学生每年6000元，颁发国家统一印制荣誉证书，记入学生学籍档案。

成人教育

【概况】2021年,洞头社区学院(浙江开放大学洞头学院）完成洞头电大成人专科毕业36人、浙大本科毕业7人，其中，春季专科毕业16人（行政管理13人，学前教育3人）；春季、秋季浙大本科毕业分别为6人和1人。洞头区电大专科、本科招生共95人，其中春季行政管理专科招生12人、行政管理本科12人；秋季行政管理招生42人(一村一干部20人,专科8人、本科14人），秋季学前教育招生29人（专科3人、本科26人）。完成成人高中双证制毕业生78人，秋季成人双证制高中新生招生118人，累计成人高中学籍系统在籍学员196人。全年完成各类社会人员培训3676人次，占全市下达指标3000人次的122.5%；其中家政类服务从业培训1543人次、两后生职业素养培训118人次；全年开展社区教育进文化礼堂活动248场次，社区教育覆盖率96.78%，全年在省学分银行平台系统的学习成果录入数33384人次（中职学校3676人次、社区成人学校29708人次），占常住人口数的22.4%(省均20%）。

洞头区教育局搭建“区县—街镇—村居”三级社区教育办学体系，洞头先锋女子民兵连纪念馆入选长三角地区市民终身学习体验基地，打水鞍社区分校获评市“社区学校·文化礼堂”共同体示范项目。灵昆街道沙塘社区分校、大门镇大荆社区分校创成市二级社区学校。截至年底，全区建有社区学院（即浙江开放大学洞头学院）1所，社区学校（含老年学堂、成人文技校）7所。

【获评温州市社区教育优秀单位】2021年3月15日，温州市社区教育领导小组办公室公布2020年度温州市社区教育互学互比结果，洞头区教育局获评温州市社区教育优秀单位。洞头区教育局、社区教育领导小组办公室重视终身教育推进工作，完善社区教育、老年教育“1+7+N”三级办学体系；打造一批富有海岛特色的社区教育品牌项目，《兰小草道德馆》获评市终身学习体验基地，“紫菜养殖户培训”“孝善守望培训”被评为省终身学习（成教）品牌项目，大门镇成人文化技校获评省现代化成人学校，霓屿社区学校获评省首批现代化社区学校，北岙街道城南社区分校创成市二级现代社区分校，灵昆街道沙塘社区分校创成市城市大学社区老年学习苑，鹿西社区创成“文化礼堂·社区学校”共同体；推进民生项目建设，霓屿街道老年学堂建成开班，全区本年老年教育培训完成学位数1280个；举办温州市全民终身学习活动周开幕式，王静新、郑行荣、陈琴瑶、张素萍、王云广、黄忠波、叶卫娜、林春英、孙小娟、林银凤、郑成芬、王银丽、邹益存等13人被评为全区百姓学习之星，其中王云广被评为市百姓学习之星，《兰小草道德教育读本》被评为市社区教育特色课程，陈松财主持的课题《区域推进“农村文化礼堂+青少年校外教育”服务体系的构建与实践》立项为市社区教育规划重点课题。

【洞头选送节目获市老年专场佳绩】2021年5月12日，由温州城市大学(温州电大)牵头组织的温州市“百首爱国歌曲我来唱”老年专场活动总决赛举行。活动分为启动仪式、行业合唱、全民欢唱、市民演唱会等4个阶段，老年专场是行业合唱中的一项活动。活动从3月23日启动，截至4月25日，组委会共收到全市作品51件。经过专家预选，最后进入决赛的作品13件。洞头区选送的歌伴舞节目《我爱你塞北的雪》获市二等奖，大合唱节目《党啊！亲爱的妈妈》获市三等奖，洞头区社区学院获“优秀组织奖”。活动由中共温州市委宣传部主办，温州市文化广电旅游局、温州市文学艺术界联合会等承办。

【长三角地区市民终身学习体验基地】2021年11月21日，2021年长三角市民终身学习体验基地认定结果出炉，洞头先锋女子民兵连纪念馆入选长三角地区市民终身学习体验基地。该基地认定工作由浙江省、江苏省、安徽省和上海市在当地遴选推荐的基础上，经三省一市教育指导机构联合评审后予以认定。洞头先锋女子民兵连纪念馆始建于1976年，2020年建连60周年之际扩建新馆，共三层，分为六个展厅，总建筑面积达2300平方米。可以组织企事业单位开展军事体验活动，学习传承海霞精神，通过统思想、学理论、练技能、强作风，提高开展民兵遂行任务的能力和机关、企事业单位人员的团队凝聚力和向心力；开展青少年夏令营活动，锻炼青少年吃苦耐劳的能力，培育爱国爱家的情怀。

特殊教育

【概况】2021年，洞头区有3至18周岁持证残疾儿童少年155人，其中视力残疾1人、听力残疾18人、智力残疾87人、肢体残疾30人、言语残疾2人、精神残疾10人、多重残疾7人；在校安置入学共152人，入学率98.06%，其中学前段入学9人、入学率100%，义务段入学96人、入学率100%，高中段入学50人、入学率94%，三个学段入学安置率均超省、市水平。全区特殊儿童在校注册电子学籍110多人（含部分超龄、外来、疑似障碍），在21所中小学（幼儿园）实际安置随班就读或送教上门。全区中小学（幼儿园）建有资源教室22个（学前8个、义务8个、初中6个），配有专兼职资源教师22人，实现各街道（乡镇）和招收5名残疾儿童的学校建有资源教室“两个全覆盖”。洞头区实验中学创成市示范性资源教室。

【全省中学融合教育研讨活动在洞头举行】2021年4月29日至30日，浙江省中学融合教育研讨活动在洞头区实验中学举行。活动内容分“学校观摩”“开幕仪式”“经验介绍”“案例分享”“专题讲座”“点评总结”等六部分。与会人员参观实验中学融合教育环境美化与成果展览，观摩6个资源教室（阳光绘梦舍、阳光乐学堂、阳光食尚坊、阳光成长屋、阳光悦动场、阳光舞韵室）的美化布置与融合课堂展示教学。北

2021年4月29日至30日，浙江省融合教育研讨活动（中学）在洞头举行
（区教育局提供）

京联合大学原特殊教育学院院长、重庆师范大学特聘教授许家成，浙江省教育学会特殊教育分会会长洪佳琳，浙江省特殊教育指导中心常务副主任陈荣弟，温州市特殊教育学校校长李科，温州市教育局特教干部、市特殊教育指导中心办公室主任卓跃华，洞头区教育局分管领导及业务科室干部，全省各地市和县（市、区）特殊教育指导中心负责人、中学融合教育校长代表、全省首届资源教师基本功大赛获得者等130多人参加研讨活动。活动由浙江省特殊教育指导中心主办，温州市特殊教育指导中心、洞头区特殊教育指导中心、洞头区实验中学联合承办。

【特殊儿童社区融合实践】 2021年7月16日，洞头区教育局联合文明办、民政局、文广旅体局、卫健局、残联、温州医科大学仁济学院等部门在区市民活动中心联合举行“携手温暖·共享美好”2021暑假特殊儿童公益培训活动暨特殊儿童社区融合实践启动，活动为期10天。启动仪式上，为特教分中心与示范性资源教室授牌，表彰优秀特殊儿童家长和助学伙伴、资源教师代表，“红七月”特殊儿童生日赠送生日礼物、给特殊儿童代表们发放交通补助费。50多名特殊儿童及家长代表、30多名温医大仁济学院大学生实践团大学生、相关特教专职人员、晨曦社工、志愿者等近200人参加。

【省市资源教师基本功大赛获佳绩】 2021年7月15日，温州市教育局公布第二届资源教师基本功大赛结果，经过笔试、面试等环节，评出学前、小学、中学组一等奖共9名、二等奖共14名、三等奖共20名。比赛于7月10日举行，全市各县（市、区）共55位资源教师参加本次大赛，大赛设理论考试、器材实践操作、案例分析、教育小故事、专家提问等五项内容。其中洞头区选派的实验中学黄崇斌老师、元觉义校孙璐老师榜上有名，分别获中学组一等奖和小学组二等奖。12月，在全省资源教师基本功大赛中，黄崇斌和孙璐分别获小学组二等奖和中学组三等奖。

【实验中学通过市示范性资源教室评估验收】 2021年12月23日，温州市示范性资源教室评估验收小组到洞头区实验中学开展市第三批示范性资源教室评估认定。对照市示范性资源教室认定细则，从组织管理、资源团队建设、资源教室建设、个案管理和工作成效等五个方面进行台账查阅，并对资源教室工作达成度进行赋分。评估组高度评价洞头区实验中学在融合教育方面取得的成效，高水平通过温州市第三批示范性资源教室评估认定。

民办教育

【概况】 2021年，全区有民办中学1所，民办幼儿园13所，学科类培训机构3所。全区学科类培训机构教职工30人，专任教师26人，教师资格持证率100%。民办中学共有学生1958人，专任教师168人，管理人员及职工31人。全区民办幼儿园教职工299人，专任教师163人，持有教师资格证163名，持证率100%；大专以上学历教师153名。13所民办园均被认定为普惠性民办幼儿园。全年民办幼儿园均年检合格。

【学科类培训机构压减转型】 2021年，洞头区学科类培训机构由原来的17所压减为3所，即洞头区悦嘉教育培训中心、洞头区飞凡教育培训中心、洞头区弘德培训中心。温州市洞头英华教育培训学校有限公司、小新星英语培训学校、晓雯音乐学校、滨海果园培训学校、红泥巴培训学校、精英少儿口才培训学校、西米鹿艺术培训有限公司、睿扬教育培训学校有限公司、益其乐教育培训学校、趣学堂教育培训学校等10家培训机构转型为非学科类培训机构，非凡教育培训学校有限公司、楚文培训学校有限公司、睿博培训学校、德才教育等4家培训机构注销。

【灵昆街道薄弱民办幼儿园整合撤并】 2021年8月30日，温州市洞头七壹教育集团揭牌。七壹教育集团创办于2021年7月1日，属民办幼儿园。位于温州市洞头区灵昆街道，由原灵昆街道爱儿、乐岛、沙塘、童星梦、创智、苗苗、春苗等7所幼儿园撤并而成。集团下设3个分园，分别为洞头区七壹教育沙塘园区、洞头区七壹教育乐岛园区、洞头区七壹教育实佳园区。

【校外培训机构检查】 2021年，为全面落实中央、省、市、区关于“双减”工作部署，区教育局成立“双减”工作专班，以多部门专项执法和突击检查的形式，针对培训机构违规招生、违规发布广告、无证无照培训、乱收费等问题开展排查。全年共实施各类检查11次55人次，检查全区培训（托管）机构176家，查处各类问题8个，关停或移送行政执法的培训机构4家，处理违规户外广告及牌匾12处、横幅5条。

【学科类校外培训机构规范性管理】 2021年，根据国家、省、市相关要求，洞头区对压减后学科类培训机构进行规范性管理。学科类培训收费规定：10人以下的，按每课时每人次收取55元；10人至35人，按每课时每人次收取45元；35人以上，按每课时每人次收取35元；收费上浮不超过10%，下浮不限。学科类培训时间不得占用国家法定节假日、休息日及寒暑假期组织学科类培训；线上培训每课时不超过30分钟，课程间隔不少于10分钟；线下培训结束时间不得晚于20：30，线上培训结束时间不晚于21：00，不得留课后作业。学科类培训资金需开设预收费资金专户，实施“一课一消”培训收费模式，学生家长通过指定方式在指定账户缴纳培训费。

教育设施建设

【概况】2021年，洞头区教育系统小型基建财政项目共15项，涉及财政资金380万元，其中投入100万元完成洞二中外立面、塑胶篮球场改造工程；投入100万元完成创建国家级优质均衡区运动场改造工程，包括实验小学、大门镇小、东屏中心小学运动场改造。元觉义校迁建工程完成主体工程和景观附属工程；元觉幼儿园建成投用；职教中心迁建二期工程进行主体工程施工阶段；大门镇新区幼儿园完成施工招投标；实验小学分校工程完成可研联审。全区16所中小学有14所建有创新实验室，创新实验室共有17个，建有率为87.5%；全区16所中小学有15所建有录播（微格）教室，建有率为93.75%；图书馆（室）42个，功能教室、创新实验室数量共有303个，每百名学生拥有功能教室、创新实验室的数量为2.48个。全区16所普通中小学教学仪器配备均达到浙江省一类标准。2021年，全区所有中小学计算机教室配有率保持在100%，普通教室配有多媒体设备占有率达100%。无线网络覆盖主要教学区实现率100%，均千兆接入省教育计算机网。

【教育技术装备资产】2021年，洞头区中小学教育技术装备资产总投入（含图书）1210.32万元（其中小学551.64万元，初中658.68万元），生均投入教育技术装备资金2556.62元（其中小学772.06元，初中1784.56元）。截至年底，全区中小学累计教育技术装备资产（含图书）8292.25万元，生均拥有教育技术装备资产7652.5元。

【民生实事“温馨教室”建设】2021年，洞头区投入269.9172万元，为公办学校中考、高考标准化考场99个教室安装空调（含市民生实事——启动“温馨教室”工程下达任务），其中洞头职业技术中学25个、海霞中学19个、实验中学24个、洞头二中14个、灵昆中学17个教室，建设内容包括5所学校空调和新风系统采购、线路改造、海霞中学和实验中学电力扩容等。空调设备采购安装的中标单位为浙江亿龙制冷工程有限公司，新风采购及安装的中标单位为上海士诺净化科技有限公司。

【洞头区元觉幼儿园新园投用】2021年11月18日，洞头区元觉幼儿园揭牌投用。该幼儿园坐落在状元岙南片区05-05c地块，占地面积6666.90平方米，建筑面积4050平方米，户外活动场地1100平方米，绿化面积2001平方米，规模为9个班级270个学生，总投资2812.31万元。工程于2019年8月28日开工建设，工程建设单位为洞头区教育局，代建单位为温州市洞头城市发展有限公司（原洞头区工务局），设计单位为温州市联大建筑设计有限公司，施工单位为温州建设集团有限公司，监理单位为温州铭洋建设项目管理有限公司。

【教育数字化应用】2021年，洞头区教育局推广教育数字化应用。“洞头智慧教育决策驾驶舱”项目获市教育领域数字化改革应用创新大赛三等奖；东屏街道半屏同心片

2021年11月18日，洞头区二幼教育集团（元觉校区）揭牌　（区融媒体中心提供）

区被列入省级数字社会未来教育重点场景先行建设单位；区教育局获评省之江汇网络同步课程建设优秀组织单位，9名师生获同步课程建设省级奖项。

招生考试

【概况】2021年，洞头区教育局完成初中学业水平文化考试、初中学业水平英语听力考试、高职职业技能考试、普通高校单独招生考试、全国成人高校招生考试等各项考试工作。6月7日，洞头区参加单独考试考生101人，设洞头职业技术教育中心考点1个，开设考场4个。10月23日至24日，全国成人高校招生考试参考人数598人，开设高起专、专升本两大类，共28个考场。

【高职职业技能考试】2021年，洞头区举行高职考试2次。其中，4月12日，洞头区高职职业技能理论考试参考人数73人，开设计算机、旅游服务、电子与电工、商业等4类，设考场6个；11月20日，高职职业技能操作考试，考点设洞头职业技术教育中心，参考人数151人，开设电子与电工、计算机、商业等3类，设考场6个。

【初中学业水平英语听力考试】2021年4月24日，洞头区举行中考英语听力考试，参加考试学生1125人，全区共设7个考点48个批次。其中海霞中学考点11批次，280名考生；实验中学考点12批次，293名考生；元觉义校考点2批次，29名考生；乐成寄宿中学考点5批次，114名考生；霓屿义校考点4批次，92名考生；洞头二中考点6批次，150名考生；灵昆中学考点8批次，167名考生。

【初中学业水平文化考试】2021年6月16日至17日，洞头区初中学业水平文化考试报名共1128人，全区共设考点4个，开设考场40个。其中，海霞中学考点（含元觉义校考生）311名考生，设11个考场；实验中学考点（含乐成寄宿中学、霓屿义校考生）500名考生，设考场17个；洞二中152名考生，设考场6个；灵昆中学165名考生，设考场6个。

师资队伍建设

【概况】2021年，洞头区公办学校有教职工1173人，专任教师1087人，其中公办幼儿园教师162人，小学教师531人，初中教师315人，职高教师79人；中级职称484人，占44.5%；高级职称214人，占19.7%；研究生学历25人，本科学历834人，大专学历220人。幼儿专任教师学历合格率、专科及以上学历均为100%；小学专任教师学历合格率100%，专科及以上学历99%；初中专任教师学历合格率100%，本科及以上学历97.8%；职高专任教师学历合格率98.7%。全年招录新教师47人，其中研究生6人；新评聘高级教师21人，一级教师36人。洞头区成立“三名”工作室15个，共开展活动57次，获温州市第七批教师校本培训精品课程项目2个、温州市第七批教师专业发展培训精品课程项目（案例）2个、温州市校本研训示范校1所（海霞中学）。张于胜、实验中学张夏燕入选浙派名师名校长培养对象。

首次设置班主任育人奖。实行岗位等级浮动机制，优先岗位晋升优秀教师42位，岗位下调教师10位。

【课题研究与论文评比】2021年，洞头区教师申报课题230项，立项224项，其中综合类课题41项，教学类课题88项，教师小课题95项；送市评审课题18项，各类市立项课题10项。区中小学（幼儿园）论文评比（全区共有499篇参评，获奖301篇，其中一等奖49篇，二等奖101篇，三等奖151篇；推送市论文共95篇，评比结果为市一等奖6篇，二等奖19篇，三等奖29篇）。区中小学课题相关项目（微调研和课题论文）评比（收课题相关论文151篇，德育论文21篇和微调研报告30篇），评出获奖课题相关论文90篇，其中一等奖14篇，二等奖30篇，三等奖46篇；评出获奖德育论文12篇，其中一等奖2篇，二等奖4篇，三等奖6篇；评出获奖微调研报告16篇，其中一等奖3篇，二等奖5篇，三等奖8篇。

【公办幼儿园报备员额使用管理】2021年1月20日，根据省委编办《关于全省公办高校、公立医院报备员额使用管理相关问题的答复》及《关于核销区公办幼儿园报备员额设置的通知》精神，区公办幼儿园教职工实行“事业编制＋编外用工（劳务派遣方式）”总量管理，核销全区公办幼儿园未使用报备员额56名，按“退一收一”逐步消化已使用84名报备员额。

【新教师接受试用期岗位培训】自2021年10月18日开始，洞头区开展新教师接受试用期岗位培训，47位新教师参加。培训以明确课改思想、掌握教学规范、熟悉教学技能为目标，采用集中培训、交流互动、教学观摩等形式，开展针对职业精神与专业知识的集中专业理论培训，由研训员与专业指导师直接帮带辅导新教师开展教学研究实践指导。

【省"百人千场"名师送教下乡活动】2021年12月9日至10日，省"百人千场"名师送教下乡活动小学、初中专场分别在洞头区城关小学、霓屿义校举行。活动由浙江师范大学组织选派名师，涉及小学语文、数学学科和初中科学、社会学科。活动采取名师课堂教学观摩、点评互动交流、专题讲座等形式，旨在提升中小学教师的素质。学科研训员及全区小学语文、小学数学、初中科学、初中道德与法治、历史与社会等200多位教师参加活动。

【张夏燕获评省教坛新秀】2021年8月26日，浙江省人民教育基金会、浙江省特级教师协会发布《关于表彰2021年省中小学教坛新秀的决定》，276名教师获评，洞头区实验中学张夏燕老师榜上有名。张夏燕，女，1987年4月出生，中共党员，本科学历。工作13年来扎根在海岛农村学校，先后在鹿西义校、洞头二中、实验中学任教。她课堂简洁高效，教学妙趣横生，充满挑战和智慧。她认真学习钻研教学理论，探索适合学生的教育方法和模式。在课堂中常进行"微专题"教学，让学生经历剖析问题的过程，形成多样化的解决策略；在作业环节中常常采用"微作业单"模式，创新作业评改模式。她所任教班级成绩均名列前茅，近5年教学质量均为优秀，综合考核均为优职。作为班主任，她秉承"关爱每一个学生，发展每一个学生"的育人理念，温暖每一位学生。她始终教育学生"学习改变命运"。她所带班级班风正，学风浓，曾3次获区级先进班集体称号。她多次承担省、市、区级公开课和讲座任务。撰写的教育教学论文获市、区一等奖5次，多篇论文被国家级、省级、市级刊物发表。多项课题获市、区级立项并获奖。先后获评区优秀班主任、优秀教师、优秀党员、温州市骨干教师、温州市教坛新秀，并被推荐为"浙派名师名校长培养工程"第十期培养对象。

平安校园建设

【概况】2021年，洞头区教育局制定《2021年中小学校园安全专项整治行动方案》，深化"平安校园"建设，实现校园安全综合治理规范化、制度化、精细化，确保师生平安和校园稳定，全面加强防范未成年人性侵害和校园欺凌工作。严格落实校园疫情防控"五个一律"。

2021年洞头区教育教学课题、论文获奖情况一览表（市一等奖以上）

表42

序号	作者	题目名称	成果出处	获奖等第（发表）	获奖（发表）时间	作者单位
1	卢婷	整体·整理·整合：走向深度学习——《聊斋志异》整本书阅读推进	浙江省教育厅教研室	省论文一等奖	2021年12月	洞头区元觉义务教育学校
2	刘建广	初中生数学小论文写作的实践与思考	浙江省教育厅教研室	省论文二等奖	2021年12月	洞头区第二中学
3	潘素静	入景 入情 入理 入行——例谈课堂教学中爱国情怀从"认同"到"自觉"的实施途径	浙江省教育厅教研室	省论文二等奖	2021年12月	洞头区第二中学
4	陈建略	产教融合　协同育人——中职专业课"产—教—学"融合教学模式的探索	温州市教育教学研究院	市论文一等奖	2021年5月	洞头区职业技术中学
5	林德亲	整合化·融合化·常态化：一所农村小微学校的综合实践活动成长三部曲	温州市教育教学研究院	市论文一等奖	2021年5月	洞头区城关小学
6	杨燕燕	"家文化"：让小班化"化"起来——小学高段小班化班集体文化建设的实践与思考	温州市教育教学研究院	市论文一等奖	2021年5月	洞头区霓屿义务教育学校
7	李良善	"英雄"文化："三三三五"模式——小学班级文化建设的探索与实践	温州市教育教学研究院	市论文一等奖	2021年5月	洞头区灵昆第一小学
8	侯雪霞	探寻乡土文化和习作教学的融合点	温州市教育教学研究院	市论文一等奖	2021年5月	洞头区东屏中心小学
9	沈千淇	基于协同学习的初中科学析题教学的实践研究	温州市教育科学规划领导小组办公室	市小课题一等奖	2021年11月	洞头区霓屿义务教育学校

（区教育局提供）

以“安全教育周”“安全生产月”和“消防安全宣传月”活动为载体，依托“全国安全教育平台”等信息化教育手段，全区在全国安全教育平台接受安全网络教育学生 18288 名。组织开展防范学生溺水、防范校园欺凌、防范电信网络诈骗和学生侵害、“4·15”国家安全日、“11·9”消防日等专题教育活动。

【教育领域疫情防控】2021 年，洞头区教育局组织全区 44 所学校（含民办园）开展疫情应急演练，开展培训宣传 100 多场次；推进 18 岁以上人群的加强针与 3~11 岁第一针疫苗与全程接种工作，师生基本做到“应接尽接”，截至年底，全区 3~11 岁第一针接种率为 96.87%，全年未出现校园疫情突发事件。

【校园安全管理】2021 年，洞头区教育局定期开展校园安全隐患排查，开展消防安全、实验室危化品安全、校园燃气安全、交通安全、食品安全等校园安全专项检查。全年组织检查指导学校 1056 所次，发现指导整改隐患 768 处，校园安全隐患均整改完毕。

2021年5月15日，洞头区中小学第五届讲海霞故事比赛举行　（区教育局提供）

校园文化建设

【概况】2021 年，洞头区美丽校园创成率、文化特色项目培育率为 100%；精品社团培育累计 123 个；创成市级文明校园 5 所、省级数字家长学校 4 所、市级劳动示范校 2 所。组织开展“百课赞党旗、百歌唱中华、百文颂党恩、百童心向党、百访验党艰、百讲传党史”等系列德育主题教育。持续开展“庆建党伟业 迎星火相传”第五届全区中小学讲海霞故事现场赛、成立“学党史·讲历史”红色记忆少年宣讲团、“文武双全小战士养成营”、2021 年“小海霞”研学夏令营”红色研学活动等“海霞魂”传承教育，《中小学系统构建海霞精神常态化铸魂育人体系的探索》被收入《2021 年第一批洞头区特色新型智库调研课题》。开展中小学大课间、足球、羽毛球、游泳、阳光体育、田径等比赛 6 项，围绕“走近学生心灵，引领健康成长”主题，中小学开展“心理健康教育“六个一”活动及“家访智慧故事征集评比活动”“心理漫画征集评比”“健康微课评比”等活动，让心理健康教育常态化，促进青少年健康成长。城关二小、灵昆中学 2 所学校创成市级劳动教育基地；实验小学、城关一小、实验中学、职教中心、海霞中学被评为市级文明校园。

【“海霞魂”传承教育】2021 年，洞头区教育局围绕建党百年开展“庆建党伟业 迎星火相传”第五届全区中小学讲海霞故事现场赛、成立“学党史·讲历史”红色记忆少年宣讲团、“文武双全小战士养成营”、2021 年“小海霞”研学夏令营”红色研学活动等“海霞魂”传承教育。联合团区委开展洞头区“红领巾动感假日·争做海霞好少年”创客研学夏令营活动。洞头区海霞中学张齐窈获评“浙江省青少年英才·红船好少年”，《中小学系统构建海霞精神常态化铸魂育人体系的探索》被收入《2021 年第一批洞头区特色新型智库调研课题》。

【洞头区中小学生艺术节作品类比赛】2021 年 3 月 28 日，为庆祝中国共产党成立 100 周年，讴歌伟大的中国共产党，讴歌中国特色社会主义，讴歌改革开放，讴歌新时代新征程新成就，洞头区中小学生庆祝中国共产党成立 100 周年暨艺术节作品类比赛在实验中学举行，全区 17 所中小学 498 名学生参加比赛。比赛以“民族魂·中国梦”为主题，包含绘画、书法、设计、篆刻、摄影、立体造型、剪纸 7 个作品类项目。经角逐，最终 55 名选手获一等奖，93 名选手获二等奖，206 名选手获三等奖。45 位学生脱颖而出并代表洞头区参加市级比赛。

【洞头区首届中小学生汉字素养大赛】2021 年 12 月 6 日，洞头区首届中小学生汉字素养大赛举行。全区小学 11 支代表队和初中 6 支代表队共 102 名学生参赛。比赛题型设置填空题、选择题、听写题三种。

比赛内容突出学生的用语用字规范、国学文化常识、诗词文的实际应用能力等，考察学生的汉字素养基础；比赛要求学生参与初赛笔试、决赛听写两轮角逐，最后采用积分制进行学校总成绩排名。经角逐，最终实验小学、灵南小学获小学组一等奖，海霞中学获中学组一等奖。大赛由洞头区语委、教育局主办，区教师发展中心、城关小学承办。

2021年4月9日，洞头区中小学艺术节比赛声乐专场　（区教育局提供）

【洞头区中小学生艺术节表演类比赛】2021年4月9日至10日和4月16日至17日，洞头区中小学生艺术节表演类比赛在实验小学激情举行，比赛主题是“民族魂·中国梦”。全区17所中小学校200多个节目1000多人参加比赛。经评委现场评定，最终有30个节目获得一等奖，58个节目获得二等奖，99个节目获得三等奖。

【洞头区中小学生体育节足球赛】2021年4月20日至24日，洞头区中小学生体育节足球赛分别在大朴、蓝港和元觉足球场举行，全区各校22支代表队170余名运动员参赛。经角逐，初中组灵昆中学包揽男女冠军，小学组灵南小学获男女组冠军。比赛由洞头区文广旅体局和区教育局联合主办，区足球协会承办。

【洞头区中小学生体育节羽毛球比赛】2021年5月28日，2021年洞头区中小学生体育节羽毛球比赛在霓屿义校举行，全区16所中小学校100名师生参加。经角逐，洞头乐成寄宿中学、灵昆中学分获初中组男子、女子团体冠军，实验小学张恩泽和灵昆一小毛雪菲获小学组男子、女子单打冠军。比赛由洞头区教育局与区文广旅体局联合主办，区羽毛球协会承办。

【洞头区青少年科技节活动】2021年10月23日，区青少年科技节活动在城关小学举行，主题是“创新·创想·创作”。活动分现场赛与非现场赛，现场赛包含“小学生趣味实验脱口秀”“初中学生‘创想Idea’解说”“铁丝陀螺”“气球动力小车挑战”“魔方6面还原挑战”“自制潜水艇”“七巧科技”8个项目，非现场赛有“发明创意设计模型”“小课题DV”“发明与制作”“中小学生科创项目征集”4个项目，近200名选手参加比赛。活动由洞头区教育局与区科协主办，洞头区城关小学承办。

【洞头区第五届中小学校园讲解员大赛】2021年12月7日至8日，洞头区第五届中小学校园讲解员大赛举行。实验小学获小学组团体一等奖，霓屿义校获中学组团体一等奖；洞头区大门镇中心小学倪暖暖等10名同学、霓屿义校李佳怡等10名同学分别获小学组和中学组洞头区第五届“十佳校园讲解员”称号。

（许洋洛）

2021年5月31日，洞头区中小学学生大课间比赛　（区教育局提供）

科学技术

概述

【概况】2021年，洞头区完成工业企业研发费用1.13亿元，同比增长14.8%，增速全市第十位。全年高新技术产业投资额2.49亿元，同比增长45.5%，增速居全市第四位；高新技术产业增加值5.84亿元，占规上工业增加值比重50.21%，增速下降3.7%；生命健康制造业产值7.6亿元，增速下降10.2%；完成技术交易额1.24亿元；创新券使用216万元。区域科技创新指数为135，较上年提高10个百分点，位居全省第三十六位，科技创新指数进步位居全省第四十八位、全市第六位；全社会R&D（研究与试验发展）经费为2.38亿元，占区域地区生产总值比重为2.08%，居全市第六位。创成国家级高新技术企业3家、省级科技型中小企业8家。全年专利申请受理量294件，专利授权量397。鉴定科技成果10项。浙江省金源高性能有机颜料高新技术企业研究开发中心被认定为省级高新技术企业研究开发中心，佳海食品企业技术研究开发中心被认定为市级企业技术研究开发中心。

【科技创新主体培育】2021年，洞头区创成国家级高新技术企业8家（3家新认定，5家重新认定），省级科技型中小企业8家，省级高新技术企业研发中心1家，市级企业研发中心1家。全区共拥有国家级高新技术企业17家，省科技型企业71家，省级企业研究院1家，省级企业技术研发中心6家，市级企业技术研发中心13家，其中高新技术企业占规上企业数比重居省、市前列。

【国家高新技术企业培育】2021年，洞头区新认定国家高新技术企业3家，即温州市瑞泰紧固件有限公司、温州佳海食品有限公司、温州北方电子机械有限公司。

【省科技型企业培育】2021年，洞头区新认定浙江省科技型中小企业8家，即浙江固德医药有限公司、浙江伟望汽车零部件有限公司、温州豪大花岗岩集团有限公司、智能尔电气有限公司、温州市巨星特种玻璃有限公司、温州日迪龙智能科技有限公司、温州泰峰塑胶有限公司、温州市震泽电子有限公司。

【科技成果转化】2021年，洞头区拓展网上技术市场，做好“技术难题征集”“成果推介”等活动，推进区域科技成果转移转化。完成技术合同交易额1.24亿元，发明专利产业化项目4项。

【海洋科技项目实施】2021年，洞头区持续推进国家重点研发计划“蓝色粮仓科技创新”重点专项“东海渔业资源增殖与多元化养殖模式示范”项目、省重点研发项目“水产养殖数字化技术装备研发”项目、省重点研发计划“大黄鱼智能生态渔城研发及应用示范”项目实施。

【浙江大学温州研究院大黄鱼分院成立】2021年3月17日，浙江大学温州研究院大黄鱼分院成立。旨在解决生态大黄鱼育苗、养殖、加工、销售等环节的技术问题，联动企业推进智能渔城、海洋牧场等科研项目，打通产研“最后一公里”。洞头区农业农村局与中国渔业协会签订“中国生态大黄鱼之乡”“中国紫菜之乡”品牌建设战略合作协议。双方围绕新发展理念，践行乡村振兴战略，推进渔业供给侧结构性改革，推进渔业转方式调结构，促进绿色兴渔、质量兴渔、品牌强渔。

【科技服务】2021年，洞头区组团攻坚区域最核心的“两港、两镇、两区”项目，持续跟进小门岛石化产业基地高新项目招引纳统。推进力强精密电子装联用助焊剂、优瑞欣有机硅等高新投资项目投产。重点服务总投资约6.67亿元的诚意药业“超级鱼油EPA”项目开工建设。跟进投资1.5亿元的光达电子“银粉”签约项目。推进星贝与浙江大学合作研发的“坛紫菜智能烘干机研发”项目、与浙江工商大学合作开发的“米果海苔”等项目实施。指导东启公司申请企业技术产权证券化融资。全年兑现企业研发费用补助等各类科技优惠政策1178万元，发放科技贷款3000多万元。

（黄林芝　林　瀚　吴小青）

2021年洞头区省级新产品试制项目一览表

表43

序号	项目名称	申请单位
1	40无刷电机	温州仕博电器科技有限公司
2	扭剪型高强度螺栓	浙江迪特高强度螺栓有限公司
3	防盗型高强度螺栓	浙江迪特高强度螺栓有限公司
4	汽车转向机内拉杆研发	温州鸿鹏汽配制造有限公司
5	一种带有过滤器的油箱	温州蓝天管件阀门有限公司

（区科技局提供）

知识产权

【概况】2021年，洞头区申请专利294件，其中发明43件、实用新型126件、外观设计125件；授权专利397件，其中发明21件、实用新型238件、外观设计138件。培育“两菜一鱼”区域品牌，助力“洞头紫菜”地理商标核准注册。全年知识产权质押融资额2.54亿元。培训企业知识产权贯标实务人才6人。

【知识产权质押融资】2021年，洞头区知识产权质押融资额2.54亿元，同比增长132%，实现三年翻两番。其中，商标质押授信15500万元，专利质押授信9972万元。

【“洞头紫菜”国家地理商标注册】2021年10月7日，经国家知识产权局核准，“洞头紫菜”注册为国家地理标志证明商标。至此，洞头共有“洞头羊栖菜”“洞头紫菜”国家地理标志证明商标2个。紫菜养殖作为洞头区优势特色渔农产业，有40多年的历史，其养殖规模、产量、产值均位于浙江全省前列。先后荣获“浙江省紫菜之乡”“中国紫菜之乡”称号。全区紫菜养殖规模2053.33公顷（3.08万亩），年产量5000吨，年产值3.17亿元，从事养殖的劳动力4000~5000人。

（陈　捷）

气象科技

【概况】2021年，温州市洞头区气象局成立洞头区防指监测预警中心，组织开展联合会商和风险研判，做好台风“烟花”等灾害性天气预报预警服务工作。推进渔业产业气象防灾减灾数字化建设项目，新建设地基微波辐射计1部，升级大气风场探测系统1套，建设鹿西山坪和北岙三盘大风灾害易发区自动气象监测站2个，建成天气现象智能识别观测站10个，完成风廓线雷达升级改造，提高渔港智能化防御能力。编制洞头海洋生态气象综合监测基地选址方案。

【洞头区气象灾害防御重点单位】2021年7月1日，洞头区政府公布2021年度气象灾害防御重点单位名单，共30家，即洞头区新城客运中心、洞头区人民医院、洞头区第一中学、浙江中油华电能源有限公司、洞头区城关车站、洞头区市民活动中心、洞头区海霞中学、洞头区望海楼、洞头区实验中学、温州金源化工有限公司、浙江诚意药业股份有限公司、温州状元岙国际码头有限公司、浙江温州洞头石油分公司、浙江洞头北岙加油站、浙江洞头深门加油站、洞头区新城加油站有限公司、浙江洞头岙仔供应站、温州市洞头民爆器材专营有限公司、中海油温州能源销售服务有限公司、温州市东启汽车零部件制造有限公司、浙江温州洞头石油分公司（加油点）、洞头风力发电站、洞头区教育幼儿园、洞头区教育第二幼儿园、洞头区教育第三幼儿园、洞头区东屏中心小学、洞头区大沙岙景区、洞头区管道燃气有限公司、洞头区农资日用工业品公司烟花爆竹仓库、温州市洞头旅游文化发展有限公司等。

【气象指数研究】2021年，洞头区气象局完成气象景观资源普查工作，研发日出、日落观赏指数预报技术；对接渔农业服务需求，研发基于智能网格预报产品的晾晒指数预报技术，结合旅游舒适度、赤潮指数预报开展海岛气象服务。开展紫菜保险理赔气象指数地标立项。

【气象服务保障】2021年，洞头区气象局发布重要气象报告、气象

2021年洞头区新授权发明专利基本情况一览表

表44

序号	专利号	专利名称	专利权人	专利类型
1	2019102392024	一种基坑回填土压实装置及其压实方法	浙江立鹏建设有限公司	发明
2	2018113845343	一种钢筋混凝土筒体结构及其制造方法	温州集程建设有限公司	发明
3	2018113845409	一种地埋市政广场雨水收集系统	温州集程建设有限公司	发明
4	2018113034555	一种市政园林用雨水收集装置	温州锦瑞建设有限公司	发明
5	2018113034540	一种装饰柱	温州锦瑞建设有限公司	发明
6	2018113845076	园林用节能型花圃浇水装置	温州集程建设有限公司	发明
7	2020106438104	一种可易于固定的海洋环境监测取样自动存放装置	广东林阳海洋科技有限公司	发明
8	2018107878373	一种土建用钢筋定位装置	浙江柯迈环境建设有限公司	发明
9	2018113845108	一种房建移动墙体以及运用该移动墙体的房体建筑	温州集程建设有限公司	发明
10	2019113379714	一种螺母表面处理工艺	温州市瑞泰紧固件有限公司	发明
11	2019113380213	一种螺母的加工工艺	温州市瑞泰紧固件有限公司	发明
12	2018107880937	一种市政道路基坑安全防护装置的安装方法	浙江柯迈环境建设有限公司	发明
13	2018111311229	一种人工提纯与保存羊栖菜受精卵干纯品的方法	温州市洞头区水产科学技术研究所 温州大学	发明
14	2020103184676	铜镍银钎焊浆料及其制备方法	浙江力强科技有限公司	发明
15	2020100576026	一种输液管缠绕收纳调节加热装置	上海长征富民金山制药有限公司	发明
16	2020104916648	一种机械自动化喷涂设备	吕子乒	发明
17	2019110805635	一种羊栖菜优良纯化型品系与野生型品系有性生殖人工杂交育种方法	温州市洞头区水产科学技术研究所 温州大学	发明
18	2017110217827	一种具有伸缩功能的光电接近开关	潍坊宏图环保设备有限公司	发明
19	202010481826X	一种基于浅层地热能供能的农业废秸秆发酵装置	合肥净龙环保科技有限公司	发明
20	2020103611676	一种应用于海洋牧场的大型围栏设施	浙江东一海洋集团有限公司	发明
21	2020104916582	一种金属零件除锈装置	吕子乒	发明

（区市场监管局提供）

信息快报等决策服务材料94期，岛际交通及休闲游航线专报740期，重大活动和节日专题气象服务274期。开展重大活动气象保障数字化改革，基于浙政钉架构，依托机关内跑平台，建设重大户外活动全流程数字化气象订制服务平台，服务于烟花燃放和户外舞台搭建等重大活动，共办结服务9次。联合区文广旅体局印发《灾害性天气旅游安全气象保障实施细则》。完成乡村振兴气象保障服务普查工作，印发《温州市洞头区乡村振兴气象保障服务重点工作清单（2021—2022年）》。开展紫菜养殖气象保障服务，针对9月异常高温天气（大于30度），开展高敏感天气联合会商，邀请省研究院专家开展座谈，指导养殖户下苗时间。加入浙江省水产养殖气象服务联盟，探索建立大黄鱼海水养殖气象指标体系，编制服务手册，开展大黄鱼海水养殖气象服务研究。

【气象科普宣传】2021年，洞头区气象局制定实施方案，组织开展《温州市气候资源保护和利用条例》宣传，开展“3·5”学雷锋日、“3·23”世界气象日、“5·12”全国防灾减灾日、气象科技活动周、“红七月”等气象防灾减灾宣传。推进气象科普进农村文化礼堂工作，新建北岙街道九仙村文化礼堂气象科普点；升级改造元觉义校校园气象站，开展气象科普进校园活动。蓝色海湾科普体验馆被认定为“温州市气象科普教育基地”；开展“春泥计划”第二学堂“气象小花园”活动，获评市“春泥计划”示范点。

（童颖睿）

防灾减灾

【概况】2021年，洞头区人民政府印发《洞头区融入温州市气象防灾减灾示范区建设的实施意见》，区气象局与区委编办、区应急局联合印发《关于转发〈温州市基层气象服务体系全面融入基层应急管理体系的通知〉的通知》。修订《温州市洞头区气象台站探测环境保护专项规划》。完成全区防雷重点单位防雷安全码赋码工作、全区19家防雷重点单位的现场检查工作及防雷重点单位一企一档资料的整理工作，"互联网+监管"监管事项入驻率100%，掌上执法检查率100%。洞头区成立监测预警中心，推进区农村应急广播平台建设，实现应急广播点位与省、市平台互联互通164处。全区储备拖轮、挖机、发电机、卫星电话等各类物资8万余件，实现村级"三大件""四小件"全覆盖。全区避灾安置场所86处，其中区级避灾安置场所2处，乡镇级避灾安置场所84处。全年投入25.5万元，完成避灾安置点规范化提升6个，累计完成51个。

【气象防灾减灾示范区建设】2021年8月26日，为推进温州市全国气象防灾减灾示范区先行试点建设工作，进一步提升气象服务保障经济社会发展的能力和水平，区政府办公室印发《洞头区融入温州市气象防灾减灾示范区建设的实施意见》，主要任务是加快建设精准监测预报体系，构建高密度立体监测网，细化预报颗粒度，应用人工智能提升监测预报水平，开展气象致灾风险综合监测预报预警。加快提升气象服务能力，构建气象信息立体传播体系，提升气象服务保障能力，提升公共气象防灾减灾意识。加快完善科学气象防灾减灾机制，推进区防指监测预警中心建设并实体化运行，推进基层防灾减灾体系融合发展，完善气象安全监管服务体系，健全以预警为先导的联动机制。完成七大基础项目和五大特色项目重点工程。目标至2025年，完成全国气象防灾减灾示范区先行试点的全面建设。实现"四个1"和"四个全覆盖"["四个1"即气象监测数据1分钟到达桌面，突发强对流天气预警时效提前1小时，精细到街道（乡镇）的台风风险预报提前1天发布，3天以内的网格预报精细到1公里；"四个全覆盖"即灾害性天气监测全覆盖，气象预警信息传播全覆盖，基层气象防灾减灾标准化体系全覆盖，智慧气象融入涉灾部门全覆盖]。

【气象灾害综合风险普查】2021年，组织开展气象灾害综合风险普查，印发《温州市洞头区气象灾害综合风险普查工作方案的通知》，组建区级气象灾害综合风险普查工作专班，完成台风、暴雨、干旱、高温、低温、大风、冰雹、雪灾、雷电等气象灾害致灾因子数据（9种灾情）校核、补充、上报、汇交至气象灾害风险普查信息收集系统，并通过国家级复审。

【乡村气象预警信息发布传播体系】2021年，洞头区气象局完成农村应急广播发布终端配置，联合区应急管理局印发《洞头区农村应急广播气象灾害预警信息发布制度》，明确气象灾害预警信息发布策略。完成极端天气气象灾害预警信息传播处置，气象灾情和其他气象隐患排查信息搜集、气象防灾减灾宣传科普等三事项的网格事务准入，依托省突平台制作发布端，气象预警信息传播基本实现从气象台站到网格"一键直达、随时处置、即时反馈"机制。开展气象灾害短信自动提醒系统业务应用，向街道（乡镇）防汛责任人自动分级发送强降雨和大风信息。

（童颖睿）

【防台指令平台建设】2021年，区应急管理局推动流程机制重塑，开发建设"洞头区防台指令一屏锁定"平台，推进防汛防台智管体系向村（社区）延伸。通过拆解重组业务工作要点，围绕汛期"响应前准备、Ⅳ级响应、Ⅲ级响应、Ⅱ级响应、Ⅰ级响应、灾后恢复"等一级任务6个，对照"八张风险清单"内容再拆解出二级任务18个领域94个，逐项细化至最小颗粒度三级任务242个。细化明确8个分指挥部、35个责任单位、1032类1804名防台指战员各阶段职责任务。平台构建指挥互动屏、指令管理端和手机移动端等"一屏两端"互通的星形结构，把18个领域信息通过系统自动对相应模块数据进行归集与综合分析，形成数据图表展示，接入气象、山塘水库、雪亮工程、应急广播、渔船监控等五大类省、市系统数源，实现"防台准备一键启动、全域态势一屏锁定"。

【全国自然灾害综合风险普查】2021年，洞头区印发《洞头区第一次全国自然灾害综合风险普查实施方案》，实体化运作工作专班，累计清理各类数据1108条，其中承灾体133个、减灾能力223个、历史灾害数据752条，"人工检查+软件质检""多人内业审核+百人外业核查"保障普查数据质量，应急管理系统调查工作实现从"跟着走"到"领先跑"的转变，普查工作经验获应急管理部推介。

（叶卓然）

2021年洞头区避灾安置场所一览表

表45

序号	级别	场所名称	场所地址
1	区级	洞头区避灾安置中心（区人民剧院）	北岙街道新城大道273号
2	区级	洞头区避灾安置中心（洞头区实验小学）	北岙街道海虹路2号
3	乡镇级	北岙街道避灾安置中心（北岙街道办事处）	北岙街道霞晖大道335号
4	乡镇级	大门镇避灾安置中心（洞头区第二中学）	大门镇振兴西路1号
5	乡镇级	灵昆街道避灾安置中心（灵南小学）	灵昆街道上岩头村
6	乡镇级	东屏街道避灾安置中心（洞头区实验中学）	东屏街道育才路61号
7	乡镇级	元觉街道避灾安置中心（活水潭村村部）	元觉街道活水潭村村部
8	乡镇级	霓屿街道避灾安置中心（霓屿义务教育学校）	霓屿街道布袋岙新区
9	乡镇级	鹿西乡避灾安置中心（乡政府办公楼）	鹿西乡新办公楼
10	村级	北岙街道区市民文体活动中心避灾安置点	洞头区市民文体活动中心
11	村级	北岙街道区财政局避灾安置点	北岙街道腾飞路79号
12	村级	北岙街道区第一中学避灾安置点	洞头区第一中学
13	村级	北岙街道区城关小学避灾安置点	洞头区城关小学（顶寮路42号）
14	村级	北岙街道海霞学院避灾安置点	原职教中心
15	村级	北岙街道城南社区避灾安置点	北岙街道中心街380号
16	村级	北岙街道小长坑村避灾安置点	北岙街道小长坑村村部
17	村级	北岙街道东郊村避灾安置点	北岙街道人民西路65号
18	村级	北岙街道九斤社区避灾安置点	北岙街道燕山路458号
19	村级	北岙街道柴岙村避灾安置点	北岙街道城北路1095弄7号
20	村级	北岙街道鸽尾礁村避灾安置点	北岙街道原鸽尾礁小学
21	村级	北岙街道大王殿村避灾安置点	北岙街道兴港东路158号
22	村级	北岙街道三盘社区大岙避灾安置点	北岙街道大岙村村部
23	村级	北岙街道银海社区避灾安置点	银海社区办公楼
24	村级	北岙街道海霞村避灾安置点	海霞村村部
25	村级	北岙街道大长坑村避灾安置点	长坑中路52号
26	村级	北岙街道上新社区避灾安置点	北岙街道水产巷8号
27	村级	北岙街道打水鞍社区避灾安置点	北岙街道打水鞍路3号1幢
28	村级	北岙街道双垅村避灾安置点	双垅路169号
29	村级	北岙街道小三盘村避灾安置点	人民路130
30	村级	灵昆街道灵昆一小避灾安置点	灵昆街道叶先村
31	村级	灵昆街道双昆村避灾安置点	灵昆街道双昆村老年活动中心
32	村级	灵昆街道上岩头村避灾安置点	上岩头村村部
33	村级	大门镇中心敬老院避灾安置点	大门镇沙岩后巷40号
34	村级	大门镇沙枫港村1避灾安置点	大门镇枫树路4号
35	村级	大门镇东浪村避灾安置点	大门镇东浪路50号
36	村级	大门镇西浪村避灾安置点	大门镇西浪路22号
37	村级	大门镇岙面村避灾安置点	岙面村居家养老服务照料中心
38	村级	大门镇岙底村避灾安置点	大门镇岙底村村部
39	村级	大门镇乌仙头村避灾安置点	大门镇乌仙头村村部
40	村级	大门镇黄岙社区避灾安置点	大门镇甲山致富路2号
41	村级	大门镇大溪居避灾安置点	大门镇城门路6号
42	村级	大门镇长沙社区避灾安置点	大门镇振兴西路93号
43	村级	大门镇豆岩村避灾安置点	大门镇海安路1号

续表45

序号	级别	场所名称	场所地址
44	村级	大门镇仁前途村避灾安置点	大门镇前途路40弄1号
45	村级	大门镇小门村避灾安置点	大门镇常青16弄4号
46	村级	大门镇大荆村避灾安置点	大荆村居家养老服务照料中心
47	村级	大门镇营盘基村避灾安置点	大门镇金明巷6号
48	村级	大门镇小荆村避灾安置点	大门镇小荆村小荆路28号
49	村级	大门镇朝阳居避灾安置点	大门镇朝阳街10弄18号
50	村级	大门镇观音礁村避灾安置点	大门镇振兴东路1012号
51	村级	大门镇潭头村避灾安置点	潭头服务中心三楼
52	村级	大门镇兰湖洞居避灾安置点	大门镇振兴路169号
53	村级	大门镇沙枫港村2避灾安置点	大门镇沙岙村村部
54	村级	东屏街道社管中心避灾安置点	东屏街道府前路8号
55	村级	东屏街道岙仔村避灾安置点	东屏街道临海路1号
56	村级	东屏街道寮顶村避灾安置点	东屏街道城东路149号
57	村级	东屏街道东岙顶村避灾安置点	东屏街道仙岩路397号
58	村级	东屏街道后坑村避灾安置点	东屏街道中龙路61号
59	村级	东屏街道后寮村避灾安置点	东屏街道城东路68号
60	村级	东屏街道中仑村避灾安置点	东屏街道中仑巷18号
61	村级	东屏街道蓝港社区避灾安置点	东屏街道蓝港花苑D区1幢101室
62	村级	东屏街道东港社区避灾安置点	东屏街道仙岩路127弄36号
63	村级	东屏街道东岙村避灾安置点	东屏街道东岙路140—144号
64	村级	东屏街道半屏社区避灾安置点	半屏社区南屏路5号
65	村级	东屏街道外埕头片区避灾安置点	东屏街道金埕路95号
66	村级	元觉街道文化大礼堂避灾安置点	元觉街道文化礼堂
67	村级	元觉街道深门村避灾安置点	元觉街道状元西路102号
68	村级	元觉街道小北岙村避灾安置点	元觉街道小北岙村委
69	村级	元觉街道状元村避灾安置点	元觉街道状元街168号
70	村级	元觉街道沙角村避灾安置点	元觉街道沙角新街20弄
71	村级	元觉街道沙岗村避灾安置点	元觉街道兴岙路20号
72	村级	霓屿街道正岙村避灾安置点	霓屿街道霓兴路21号
73	村级	霓屿街道郎等村避灾安置点	霓屿街道景山路58号
74	村级	霓屿街道上社村避灾安置点	霓屿街道龙川路33号
75	村级	霓屿街道下社村避灾安置点	霓屿街道龙兴路 1 号
76	村级	霓屿街道桐岙村避灾安置点	霓屿街道上虹路18号
77	村级	霓屿街道石子岙村避灾安置点	霓屿街道霓东路37号
78	村级	霓屿街道长坑垅村避灾安置点	霓屿街道长宁路288弄100号
79	村级	霓屿街道下郎村避灾安置点	霓屿街道上郎路1号
80	村级	霓屿街道办事处避灾安置点	霓屿街道滨海北路2号
81	村级	鹿西乡东臼村避灾安置点	鹿西乡兴明路88号
82	村级	鹿西乡扎不断村避灾安置点	鹿西乡东红路73弄71号
83	村级	鹿西乡山坪村避灾安置点	鹿西乡山坪路123号
84	村级	鹿西乡昌鱼礁村避灾安置点	鹿西乡兴华路53号
85	村级	鹿西乡口筐村避灾安置点	鹿西乡富兴街1号
86	村级	鹿西乡鹿西村避灾安置点	鹿西乡鹿西村村委会

（区应急管理局提供）

文 化

概述

【概况】2021年，洞头区制定《关于加快推进新时代文化洞头建设的实施方案（2021—2025年）》《关于促进文化体育旅游产业融合发展的若干政策意见》，开展洞头闽瓯文化研究。巩固温州市国家公共文化服务体系示范区创建成果，建成瓯江口城市书房和快乐之本、月半湾民宿文化驿站2个。组织洞头区“辉煌百年红动百岛”大合唱比赛、2021年第三届海洋文化节暨第二届民星秀演出、“礼赞百年文化润心”、“十个百”庆祝中国共产党成立100周年系列活动等500多场。推进“全国城市书房合作共享机制”建设，持续提升城市书房、文化驿站等公共文化服务品牌，创成“满意图书馆”，文化馆创成国家一级馆，完成第七次综合文化站定级及文化强镇、文化示范村复评工作。创作展演洞头民间音乐歌舞剧《讨海人家》。海霞小镇纳入传承发展浙江优秀传统文化行动计划项目，东屏街道（七夕民俗风情节）获评浙江省民间文化艺术之乡。洞头区花园里城市书房、市民活动中心城市书房获评5星城市书房，新灵景园城市书房获评4星城市书房，东屏城市书房获评3星城市书房。

【新时代文化洞头建设推进实施】2021年10月25日，全面推进新时代文化洞头建设，加快打造与高质量发展建设共同富裕示范区相适应的文化新高地，区委、区政府制定《关于加快推进新时代文化洞头建设的实施方案（2021—2025年）》。推进新时代文化洞头建设的重大任务是深入实施文化铸魂工程，引领思想文化正确方向；深入实施文化塑韵工程，全面提升城市品牌影响；深入实施文化惠民工程，增强群众满意度获得感；深入实施文化兴业工程，提升产业综合竞争能力；深入实施文化厚德工程，塑造新时代文明新风尚；深入实施文化传播工程，全面展示海上花园成就。明确文化洞头重大建设项目清单、重大活动清单和建设目标指标。总体目标是思想旗帜高高飘扬、文化品牌更加响亮、文化产业跨越发展、文化服务日趋完善、文明风尚蔚然成风、文化传播高效发力。

【文化基因解码工程实施】2021年，洞头区实施文化基因解码工程，梳理文化元素500多个，完成重点文化元素解码报告20项（拼股习俗，洞头白龙屿，洞头羊栖菜，贝壳舞，大瞿岛郑成功校场遗址，洞头海船与船模，洞头海鲜食俗，乞鸟歌、番薯歌，迎头鬃，半屏山，洞头贝螺艺术，望海楼，东海石厝，三盘海蜇行，洞头七夕节，洞头妈祖信俗，海霞精神，“五岛连桥”，“海上花园”，洞头海洋动物故事）。洞头区海霞文化入选首批“浙江文化标识”培育项目，洞头妈祖、海霞精神、洞头七夕节、望海楼等4个项目被评为“优秀解码项目”。

【民间音乐歌舞剧《讨海人家》】2021年5月，洞头民间音乐歌舞剧《讨海人家》完成创作，该剧分《乡俗》《家喜》《闯海》三幕，再现洞头民间风土人情、传统民俗文化、人文历史发展脉络，让几近流失的各类民俗表演得以再现舞台，以最原生态的形式展现“洞头印象”。

【洞头文化馆获评国家一级文化馆】2021年12月28日，第五次全国文化馆评估定级上等级文化馆名单公布，洞头区文化馆首次获评国家一级文化馆。第五次全国文化馆评估定级主要采用2019年数据，对文化馆的馆舍面积、数字化服务能力等级必备条件及业务建设、服务效能、保障条件、改革创新、表彰奖励等评估指标，每4年评选一次。评估定级分等级必备条件、评估指标、提高指标三大类总分1002分，洞头为962分，7个一级馆等级必备条件全部完成。洞头区文化馆通过硬件和软件两个抓手，提升全区公共文化服务品质。改扩建洞头区文化馆新馆，推进文化场馆免费开放，丰富群众精神文化生活。打造数字文化馆，创新公共文化线上服务模式，打通公共文化服务最后一公里。

【洞头区“辉煌百年 红动百岛”大合唱比赛】2021年7月1日晚，“辉煌百年 红动百岛”洞头区庆祝中国共产党成立100周年“七一”表彰暨大合唱比赛在洞头剧院举办。洞头区教育系统、卫健系统、发改、经信、资源规划和住建系统、街道乡镇等13支合唱队伍780多名人员参赛，深情歌唱祖国歌颂党，共同庆祝党的百年华诞。区教育系统代表队演绎的《在太行山上》和大门镇代表队演绎的《四渡赤水出奇兵》荣获一等奖。比赛由洞头区委、洞头区人民政府主办，区委组织部、区委宣传部、区文化和广电旅游体育局、区融媒体中心、区总工会、区文联承办。

（卓桂枝）

【区图书馆创成省首批“满意图书馆”】2021年5月11日，浙江省文化和旅游厅公布第一批“满意图书馆”达标名单，洞头区图书馆名列其中。洞头区图书馆根据《浙江省公共图书馆服务大提升行动方案（2020—2022年）》精神，按照考评细则要求，完善与提升服务保障、服务效能、服务评价三个方面内容，升级和优化便民服务、弱势群体服务、数字服务与特色服务、疫情防控服务等。经自评申报、专家审查、实地考评等环节，洞头区图书馆通过满意图书馆测评。

【区图书馆实现电子社保卡通借通还】2021年3月1日，洞头区图书馆开通全省“通借通还”业务，即在图书馆及城市书房、百姓书屋借阅的书籍可归还至省内其他公共图书馆；在省内其他公共图书馆借阅的书籍，可归还至洞头区图书馆服务总台。为读者利用图书馆资源提供便利和高质量建设公共文化服务现代化先行省奠定基础。洞头区图书馆及城市书房、百姓书屋支持使用全国电子社保卡及长三角社保卡，读者可凭借电子社保卡通借通还。

（叶晶晶）

【亚洲螺钿艺术博物馆开工建设】2021年6月3日，位于洞头区北岙街道燕子山公园入口的亚洲螺钿艺术博物馆开工建设。该馆用地面积2823.69平方米，设有陈设展览教育与服务区、藏品库区、行政与技研分区、大师工作室与研究所等。其中，展区内分为“亚洲螺钿展”与“一带一路螺钿展”，集中展出中国、日本、韩国、越南、缅甸及“一带一路”国家及地区的螺钿艺术藏品，总投资5000万元。工程责任单位是浙江阙螺文化有限公司，设计单位是浙江新创规划建筑设计有限公司，施工单位是浙江一丰建设有限公司，监理单位是浙江南正项目管理咨询有限公司。

文化交流活动

【概况】2021年，洞头区举办第十一届中国·洞头妈祖平安节、第二届海峡两岸影像文化周·洞头半屏山专场活动，加强同台湾同胞文化交流。组织洞头区东海贝雕艺术博物馆参加澳门国际旅游博览会，展示洞头贝雕技艺。市文化馆公益大联盟牵手乡村艺术团基层行走进洞头，专业辅导乡村艺术团9支，累计服务近1200人次。开展全市优秀摄影作品洞头巡回展、洞头·泰顺洞头渔民画精品展、“海天洞头山水临海”临海·洞头文化走亲文艺晚会、洞头·平阳文化洞头摄影精品展、“山海相约庆百年”2021洞头·萧山文化走亲文艺演出等文化走亲活动5场。摄影作品入选“迎建党百年享美好生活”浙江省第七届群星视觉艺术综合大展2幅。

2021年洞头区文化活动（展演）获奖情况一览表

表46

序号	作品名称	作品类别	创作人员	参加活动名称	获得奖项
1	《我们的直播间》	舞蹈	洪星星　张杨杨 李孙灶	浙江省第三十一届群众舞蹈大赛	银奖
2	《喜悦渔鼓》	广场舞	张杨杨　洪星星	浙江省首届乡村舞蹈大赛	银奖
3	《喜悦渔鼓》	广场舞	张杨杨　洪星星	温州市广场舞大赛	金奖

续表46

序号	作品名称	作品类别	创作人员	参加活动名称	获得奖项
4	《网红点》	摄影	罗小安	温州市第八届视觉艺术大展	银奖
5	《我们的直播间》	舞蹈	洪星星　张杨杨 李孙灶	温州市第十八届音乐舞蹈节原创舞蹈	创作银奖、 表演铜奖
6	《今夕》	器乐	林　莺	温州市第四届器乐大赛	铜奖
7	《繁华如初》	声乐	郑　丽	温州市第十八届音乐舞蹈节原创音乐专场	创作铜奖、 表演铜奖
8	《需要》	小品	王子震　尤　舜	温州市第七届戏剧小品大赛	创作铜奖、 表演铜奖
9	《网红新渔村》	美术（渔民画）	陈海英	“百年逐梦”温州市第八届视觉艺术优秀作品大展	铜奖
10	《渔香七月俗情浓》	美术（渔民画）	叶爱珠		铜奖
11	《年年有鱼》	美术（色粉画）	黄昭勇		铜奖
12	《生活的压力》	摄影	金如龙	温州市第八届视觉艺术大展	铜奖
13	《一片落叶》	舞蹈	洪星星　张杨杨	温州市第三届红舞鞋大赛	优秀表演奖
14	《渔妇送饭·同心奔小康》	美术（渔民画）	吴秀云	“迎建党百年 享美好生活”浙江省第七届群星视觉艺术综合大展	入选
15	《赶海渔家忙》	美术（渔民画）	詹海萍	“百年逐梦”温州市第八届视觉艺术优秀作品大展	入选
16	《鱼欢人乐庆华年》	美术（渔民画）	罗纯香		入选
17	《七夕成人节》	美术（渔民画）	林　彬		入选
18	《丰年庆》	美术（渔民画）	万安春		入选
19	《拥舟穿行》	美术（油画）	林　彬		入选
20	《海上花园》	美术（油画）	陈建忠		入选
21	《旧雨》	美术（油画）	董敏洁		入选
22	《小满大满年年满》	美术（渔民画）	陈海英	“迎建党百年 享美好生活”浙江省“三团三社”区域联动示范交流系列活动	入选
23	《渔妇迎郎·渔满仓奔小康》	美术（渔民画）	吴秀云		入选
24	《迎头鼎，接新福》	美术（渔民画）	詹海萍		入选
25	《渔家儿女四季忙》	美术（渔民画）	詹海萍		入选
26	《大海的馈赠》	美术（色粉画）	黄昭勇	温州市文化广电旅游系统庆祝建党100周年暨党史学习教育成果展	入选（苍南博物馆收藏）
27	《满载而归》	美术（渔民画）	叶爱珠	“衢州有礼·运动柯城”浙江省农民画作品展	优秀学术 提名奖
28	《同心向党》	美术（渔民画）	詹海萍		入选
29	《红旗下的新渔村》	美术（渔民画）	林美君		入选
30	《渔归粽飘香》	美术（渔民画）	叶宇彤		入选
31	《渔家节日》	美术（渔民画）	陈钦煅		入选
32	《红海滩人家致富忙》	美术（渔民画）	吴秀云		入选
33	《金色的鱼》	美术（色粉画）	黄昭勇	浙江省第十六届水彩粉画展	学术提名奖
34	《小满大满年年满》	美术（渔民画）	陈海英	2021长三角现代民间绘画交流展	入选
35	《渔妇迎郎·渔满仓奔小康》	美术（渔民画）	吴秀云		入选
36	《迎头鼎，接新福》	美术（渔民画）	詹海萍		入选
37	《渔家儿女四季忙》	美术（渔民画）	詹海萍		入选
38	《琴歌鱼跃》	美术（渔民画）	罗纯香		入选

续表46

序号	作品名称	作品类别	创作人员	参加活动名称	获得奖项
39	《全民疫苗》	摄影	金如龙	“中国梦·劳动美——我心向党”第八届全国职工摄影展	入展
40	《网红点》	摄影	罗小安	“迎建党百年 享美好生活”浙江省第七届群星视觉艺术综合大展	入展
41	《生活的压力》	摄影	金如龙		入展
42	《生活的压力》	摄影	金如龙	温州市第三届摄影艺术展览	入展
43	《海之语》	摄影	罗小安	温州市第八届视觉艺术大展	入展
44	《广惠桥码头》等4幅	摄影	金如龙	温州视觉艺术干部采风展	入展
45	《美丽微笑》等2幅	摄影	金如龙	温州市文化广电旅游系统庆祝建党100周年暨党史学习教育成果展	入展

（区文广旅体局提供）

【全市优秀摄影作品】2021年2月1日至7日，喜迎中国共产党一百周年诞辰——温州市“全面建设小康社会”优秀摄影作品巡回展在洞头区文化馆展厅展出，全市优秀摄影作品参展100幅。活动由市委宣传部、市文联主办，12个县（市、区）委宣传部、文联、温州市文艺志愿者协会和温州市摄影家协会承办，温州日报报业集团、洞头区文化馆执行承办。

【洞头渔民画精品展】2021年4月30日至5月14日，2021洞头·泰顺文化走亲——“山海同心庆华诞”洞头渔民画精品展在泰顺美术馆（方介堪美术馆）展出，共展出洞头渔民画精品33幅。本次展出洞头渔民画作品均为全国、省、市级获奖原作，作品真实反映海岛渔村渔民生产、生活场景，构思奇妙、造型夸张、色彩丰富，极具洞头海洋文化艺术魅力。

【临海·洞头文化走亲文艺晚会】2021年5月24日晚，“海天洞头·山水临海”临海·洞头文化走亲文艺晚会在北岙街道大长坑文化礼堂举行。晚会共有11个节目，包含声乐、舞蹈、朗诵、变脸、歌曲、独奏等。活动由临海市文化和广电旅游体育局、洞头区文化和广电旅游体育局主办，临海市文化馆、洞头区文化馆承办，北岙街道大长坑文化礼堂协办。

【洞头·萧山文化走亲文艺演出】2021年5月17日，“山海相约庆百年”——2021洞头·萧山文化走亲文艺演出在萧山文化中心二楼世纪剧场举行。开场舞《红旗颂》拉开文化走亲演出序幕，洞头文化馆表演的双人舞《烤船谣》、中阮独奏《渔家姑娘在海边》、小组唱《山青青海蓝蓝》、原创舞蹈《霞光》等节目，带有海岛洞头渔家风味，突出“爱岛尚武励志奉献”的海霞精神。活动由洞头区文化和广电旅游体育局、萧山区文化和广电旅游体育局主办，洞头区文化馆、萧山区文化馆承办，萧山区城厢街道办事处协办。

（卓桂枝）

群众文化

【概况】2021年，洞头区完善文化驿站、乡村艺术团、城市书房、文化派驻员等考核评估办法。组织举办温州市公益大联盟牵手乡村艺术团基层行（洞头站）、洞头区兰小草春季、夏季、秋季公益课堂、青年舞蹈队培训等培训班40个。区文化馆专业干部积极赴机关单位、社区（村居）、文化礼堂、学校、部队等单位开展网格化点单文化服务，指导全区25支乡村艺术团和6家公益大联盟开展文化活动900场，服务群众2万余人次。组织举办、承办、执行承办洞头区公益大联盟线上演出、迎新春送文化下乡线上演出、“燃情百岛·海上花园”洞头焰火音乐盛宴暨东海首届国际烟花音乐节、第十一届中国·洞头妈祖平安节、洞头区第二届民星秀等大型文化活动。组织开展送文化下乡和文化进万家等文化惠民润心活动，送戏48场，送书1万多册，送讲座展览43场，文化走亲5场，文化驿站分享活动100多期。全年创作歌曲、舞蹈、小品等文艺精品48个，获国家、省、市奖项47个，其中舞蹈《我们的直播间》获省群众舞蹈大赛银奖。

（卓桂枝　金如龙）

【星级评定】2021年，洞头区完善文化驿站、乡村艺术团、城市书

2021年12月2日晚，洞头区举行第三届海洋文化节暨第二届民星秀大赛
（区融媒体中心提供）

房、文化派驻员等考核评估办法，评出区星级文化驿站7个、星级乡村艺术团10支，市星级城市书房4家。姚建民等2户被评为省级文化示范户，钱玉琴等3人被评为省级乡村文化能人，林冬梅等3户被评为市级文化示范户，张元丰等10人被评为市级乡村文化能人。

【文化驿站活动】2021年，洞头区市民活动中心开展文化驿站活动44场，其中线下文化驿站活动共23场，参与695人次；线上活动21场，浏览量5000人次。通过微信、QQ、微博、公众号、温州文化云等平台发布活动信息，活动内容包括书画、舞蹈、科技、声乐、手工、花艺、读书会、非遗民俗艺术等，融合温州市文化驿站点单服务。

【“建党百年”红色活动】2021年，洞头区文广旅体局举办“建党百年”红色系列活动。区市民活动中心组织开展讲座、线上党史知识答题、“百年荣耀红动百岛”庆祝建党100周年“追寻红色印迹”主题征文比赛、“我心向党·工人力量”洞头区职工文化艺术节演讲比赛、“见证百年奋斗路温故百年风华梦”红色观影活动、“铸造海霞魂，争当好青年”红色城市定向赛活动、“追寻红色记忆恰是百年风华”红色摄影图片评比大赛、亲子共寻红色印迹红色游园活动等。开展“海霞少年”探寻红色、海岛文化踪迹。洞头区市民活动中心红色印迹馆全年接待参观者达15000人次。红色印迹馆被评为浙江省首批中小学思政课教师实践教育基地。

（王小欢）

【第三届海洋文化节暨第二届民星秀】2021年12月2日晚，由区委宣传部、区文广旅体局主办的“辉煌百年红动百岛”洞头区第三届海洋文化节暨洞头区第二届民星秀大赛在洞头剧院举行，全区各街道(乡镇)21支“民星队”参加。活动全程采取线上网络直播，在线人数最高达到6.5万人。经过比拼，北岙街道雅韵旗袍协会乡村艺术团的《山村新颜》、培艺舞蹈艺术学校的《大饼油条豆腐浆》、霓屿街道布袋岙乡村艺术团的《红星闪耀万泉河》、北岙街道越音俪人乡村艺术团的越剧《打金枝》选段《闯宫》、北岙街道新城乡村艺术团的《灯火里的中国》、元觉街道状元村乡村艺术团的《希望的田野上》、北岙街道海之韵乡村艺术团的《花好月圆》、北岙街道金秋乡村艺术团的《丽人行》、鹿西乡乡村艺术团的《百年礼赞》9个节目获得金奖。

（卓桂枝）

【全民读书活动】2021年，洞头区开展全民读书活动，举办线下线上各类活动360场，参加人数56478人次。其中，2021“书香洞头”全民阅读节围绕“阅红色经典·读百年征程”主题开展系列活动66场，参加22982人次。全民阅读节主要形式包括线上开展红色书籍推荐活动、红色音频故事会等，线下开展红色书展、红色阅读马拉松、全家共读红色书籍、洞头党史事件图文展等。

【数字文化服务平台建设】2021年，洞头区图书馆网站数据迁移至洞头大数据中心云平台；把借阅平台与阅读活动平台相融合，读者参加阅读活动获得积分可在借阅平台上使用。“浙里办”App即可享受图书续借、书目检索等线上服务，可使用二维码读者证进行图书借阅。全年微信公众号“洞头公共文体服务”发布微信推文681篇，微信阅读量218979次；官网“洞头数字图书馆”访问量31658次；数字资源访问量5066394次，数字资源下载量167824篇（册、次）。

（叶晶晶）

文化遗产

【概况】2021年，洞头区签订区、街道（乡镇）、村居（个人）三级文物安全责任书。深挖洞头文化IP，谋划开发海洋动物故事、海陶、渔民画等非遗文创衍生产品、伴手礼、研学产品30多款，拍摄省非遗项目短视频6个。举办文化和自然遗产日系列、第十一届中国·洞头妈祖平安节等活动。组织参加浙江省优秀非遗旅游商品、非遗购物节等评选活动及省非遗过大年等活动，贝雕入选第三批浙江省非遗优秀旅游商品。创成东海贝雕艺术博物馆、中国海窑艺术中心、水族贝雕等非遗在社区示范点3家。新增省、市、区级非遗传承人（团体）20人（个）。东海贝雕艺术博物馆、水族贝壳工作室获评市优秀非遗体验基地，教育幼儿园获评市非遗传承基地。

【文物安全保护】2021年。洞头区落实文物安全责任人公告公示制度，公示省保单位责任人3处及区级文保单位责任人25处；全年开展文保单位巡查234家次，巡查三普登录点120家次。联合消防部门开展消防培训演练进文保单位、进传统民居集聚村，全年开展消防培训演练活动12场。

【传统民居保护利用】2021年，洞头区完成区级文物保护单位东岙卓宅环境整治及整体、岭背陈森宅屋面修缮工程；完成省级文物保护单位东沙妈祖宫消防栓改造提升工程，整改屋后杂物堆积等安全隐患。推进区级文物保护单位东沙陈进宅活化利用工程，完成妈祖文化陈列馆布展工作。开展春节前夕为古宅贴春联活动。

【非物质文化遗产代表性传承人推选】2021年3月，洞头区分别开展区级、市级、省级非物质文化遗产代表性传承人评选推荐工作。最终，获评第六批浙江省非遗传承人1人，获评第五批温州市非遗传承人3人，洞头区民间文艺家协会获评市非遗传承团体。新增第三批区级非遗传承人15人。截至年底，全区有国家、省、市、区级非物质文化遗产代表性传承人2人、省级9人、市级32人、区级58人，市级非物质文化遗产代表性传承群体1个。

【洞头区文化和自然遗产日系列活动】2021年6月5日，洞头区在望海楼举行“文化和自然遗产日”系列活动暨“非遗在社区”启动，主题是“人民的非遗·人民共享”。表彰2020年度温州市优秀非遗传承基地、温州市非遗体验基地创建示范点，浙江省“非遗薪传”美食展评活动及浙江省第二批优秀非遗旅游商品获奖人员。舞龙、鱼灯、海洋动物故事情景剧、马灯舞等非遗项目展演登场。贝雕、蟹壳画、海陶、鱼灯、木雕、渔民画、红圆红龟、鸡母狗粿、船模等十多个项目在非遗集市呈现。活动邀请龙湾木活字印刷和泰顺的米塑，让体验者在各非遗传承人的指导下，打造出书签、扇子、渔民画、鱼灯、木雕小件、拓印等工艺品。现场推出《中华人民共和国文物保护法》《中华人民共和国非物质文化遗产法》和洞头党史知识有奖竞答活动。活动期间还举办第十一届中国·洞头妈祖平安节系列活动、洞头娒讲洞头海洋动物故事大赛、洞头区文化遗产保护工作队伍实地交流培训、传统红色歌曲大合唱、百场非遗体验公开课走进文化驿站（文化礼堂）、全省“非遗购物节”等。系列活动历时5个多月。

2021年洞头区历史建筑名录一览表

表47

序号	名称	类别	类型	时间	复查/新发现	地址及位置
1	九斤水桶擂码头	近现代、重要史迹及代表性建筑	交通道路设施	1964年	复查	洞头区北岙街道九斤村燕子山西北角山脚
2	大长坑水库	近现代、重要史迹及代表性建筑	水利设施及附属物	20世纪60年代	复查	洞头区北岙街道长坑村大长坑自然村
3	小文岙水井	古建筑	池塘井泉	清	新发现	洞头区北岙街道九仙村小文岙自然村海口神庙后山脚
4	小文岙拱桥	古建筑	桥涵码头	清	新发现	洞头区北岙街道九仙村小文岙自然村海口神庙后山脚
5	仙岩西路水井	近现代、重要史迹及代表性建筑	水利设施及附属物	民国	复查	洞头区东屏街道东岙村姚宅屋后
6	南山坪水井	近现代、重要史迹及代表性建筑	水利设施及附属物	20世纪60年代	复查	洞头区大门镇沙岙村南山坪自然村王家件宅东北角
7	活水潭水井	古建筑	池塘井泉	清	复查	洞头区元觉街道活水潭村半岭自然村
8	山坪水井	近现代、重要史迹及代表性建筑	水利设施及附属物	1953年	复查	洞头区鹿西乡山坪村

（区文广旅体局提供）

洞头区非物质文化遗产传承基地一览表

表48

序号	申报地	项目名称	传承基地名称	批次	基地负责人
1	洞头区	七夕成人节	洞头区东屏街道东岙村	市级第二批	洪求伟
2	洞头区	贝雕、鱼灯	洞头区东屏小学	市级第二批	郭海生
3	洞头区	妈祖祭典	洞头区北岙街道东沙村	市级第二批	陈华良
4	洞头区	鱼灯舞	洞头区北岙街道大岙村	市级第三批	南少奇
5	洞头区	鱼灯舞	洞头区东屏街道垅头村	市级第三批	陈钦滨
6	洞头区	陈十四娘娘信俗	洞头区霓屿街道布袋岙村	市级第三批	林孝宝
7	洞头区	妈祖祭典	洞头区元觉街道沙角村	市级第三批	叶宋顺
8	洞头区	中仑舞龙	洞头区东屏街道中仑村	市级第三批	叶明稳
9	洞头区	小朴马灯	洞头区北岙街道小朴村	市级第三批	林小德
10	洞头区	鸟灯舞	洞头区鹿西乡鹿西小学	市级第四批	刘玉飞
11	东屏街道	迎头鬃	洞头区中仑村村史馆	市级第五批	陈后省
12	北岙街道	海洋动物故事	洞头区教育幼儿园	市级第六批	侯仙琴
13	洞头区	海洋动物故事	洞头区实验小学	区级第一批	朱杨华
14	洞头区	妈祖信俗	洞头区大门镇岙底村	区级第二批	陈碎才
15	洞头区	海洋动物故事	洞头区图书馆	区级第三批	汪海虹
16	洞头区	贝壳舞	洞头区文化馆	区级第三批	洪星星
17	洞头区	吹打乐—龙头龙尾	洞头区文化馆	区级第三批	洪星星
18	北岙街道	道教音乐	洞头区大龙岭太阴宫	区级第三批	郭良建
19	大门镇	番薯烧酿制技艺	番薯烧酿制基地	区级第三批	王银存
20	北岙街道	贝 雕	洞头东海贝雕工艺品有限公司	区级第四批	陈灿渊

（区文广旅体局提供）

洞头区非物质文化遗产体验基地一览表

表49

序号	申报地	项目名称	体验基地名称	批次	基地负责人
1	洞头区	贝雕	洞头区东海贝雕艺术博物馆	市级第一批	陈灿渊
2	洞头区	贝壳画、船模	洞头区东屏水族贝壳工作室	市级第四批	陈琴瑶
3	洞头区	鱼灯制作	洞头区市民活动中心	区级第一批	赖朝伟
4	洞头区	海鲜药膳	洞头区溢香国际大酒店	区级第一批	杨森权
5	洞头区	海陶	温州至朴海陶文化有限公司	区级第一批	方国防
6	洞头区	船模	洞头区元觉街道乡愁馆	区级第一批	陈成乔
7	洞头区	木雕	洞头区杨艺木雕有限公司	区级第一批	杨松苗
8	洞头区	七夕成人节	洞头区东岙村	区级第一批	洪求伟

（区文广旅体局提供）

洞头区非物质文化遗产项目代表性传承人、团体一览表

表50

序号	姓名	性别	项目名称	申报地区或单位	类别	批次	级别
1	许根才	男	海洋动物故事	洞头区	民间文学	第五批	国家级
2	吴　江	男	妈祖祭典	洞头区	民俗	第五批	国家级
3	叶永福	男	贝雕	洞头区	传统美术	第一批	省级
4	许楚义	男	海洋动物故事	洞头区	民间文学	第三批	省级
5	陈春龙	男	贝雕	洞头区	传统美术	第一批	省级
6	黄振励	男	七夕成人节	洞头区	民俗	第三批	省级
7	许江北	男	道教音乐（洞头海岛道教音乐）	洞头区	传统音乐	第三批	省级
8	施书宝	男	吹打（洞头龙头龙尾）	洞头区	传统音乐	第一批	省级
9	洪求伟	男	七夕成人节	洞头区	民俗	第六批	省级
10	郑大志	男	贝雕	洞头区	传统手工技艺	第二批	市级
11	叶园华	女	贝壳舞	洞头区	传统舞蹈	第一批	市级
12	郭温林	男	妈祖信俗	洞头区	民俗	第一批	市级
13	林洪存	男	洞头海岛道教音乐	洞头区	传统音乐	第一批	市级
14	柯位福	男	东岙普度节	洞头区	民俗	第一批	市级
15	邱爱绒	女	洞头海岛歌谣	洞头区	民间文学	第一批	市级
16	颜怡旦	男	小朴马灯舞	洞头区	传统舞蹈	第三批	市级
17	洪娟妹	女	迎火鼎	洞头区	民俗	第三批	市级
18	洪娟妹	女	妈祖祭典	洞头区	民俗	第五批	市级
19	叶素英	女	菜油姜	洞头区	传统手工技艺	第三批	市级
20	陈增卷	男	鱼灯	洞头区	传统手工技艺	第三批	市级
21	林孝宝	男	陈十四娘娘信俗	洞头区	民俗	第三批	市级
22	叶宋顺	男	妈祖祭典	洞头区	民俗	第三批	市级
23	叶元拢	男	船模	洞头区	传统手工技艺	第三批	市级
24	张星文	男	马灯舞（小朴马灯舞）	洞头区	传统舞蹈	第四批	市级
25	王卫东	男	贝雕	洞头区	传统美术	第四批	市级
26	吕诸彬	男	木渔船制造技艺	洞头区	传统技艺	第四批	市级
27	黄冬央	女	番薯类小吃制作技艺	洞头区	传统技艺	第四批	市级
28	张高取	男	泥艋制作技艺	洞头区	传统技艺	第四批	市级
29	陈钦琪	男	中仑舞龙习俗	洞头区	民俗	第四批	市级
30	陈素贞	女	冬至鸡母狗粿习俗	洞头区	民俗	第四批	市级
31	郑根霖	男	鱼灯舞（洞头鱼灯）	北岙街道	传统技艺	第五批	市级
32	侯仙琴	女	洞头海洋动物故事	洞头区教育幼儿园	民间文学	第五批	市级
33	林丽丽	女	脚擂鼓	洞头区	传统音乐	第一批	区级
34	张　强	男	木雕	洞头区	传统美术	第一批	区级
35	陈学平	男	鹿西鸟灯	洞头区	传统技艺	第一批	区级
36	黄朝暖	男	鸡母狗粿制作	洞头区	传统技艺	第一批	区级

续表50

序号	姓名	性别	项目名称	申报地区或单位	类别	批次	级别
37	王银存	男	番薯烧酿制技艺	洞头区	传统技艺	第一批	区级
38	柯育萍	男	铜人药典	洞头区	传统医药	第一批	区级
39	金祥才	男	迎头鬃	洞头区	民俗	第一批	区级
40	叶元丰	男	贝雕	北岙街道	传统美术	第二批	区级
41	方国防	男	海陶	北岙街道	传统美术	第二批	区级
42	陈钦煅	男	渔民画	北岙街道	传统美术	第二批	区级
43	曾英娟	女	番薯粉食品加工技艺	东屏街道	传统技艺	第二批	区级
44	杨松苗	男	木雕	霓屿街道	传统技艺	第二批	区级
45	叶明稳	男	中仑黄龙	东屏街道	民俗	第二批	区级
46	刘金钗	女	马灯（跑马灯）	大门镇大荆村	传统舞蹈	第三批	区级
47	陈海环	女	鱼灯舞	东屏街道 垅头村	传统舞蹈	第三批	区级
48	陈　静	女	海蜇舞	元觉街道	传统舞蹈	第三批	区级
49	颜厥志	男	脚擂鼓	北岙街道	传统音乐	第三批	区级
50	柯育萍	男	海鲜药膳	洞头区	传统医药	第三批	区级
51	洪求新	男	东岙普度节	东屏街道	民俗	第三批	区级
52	童孝辉	男	陈十四娘娘信俗	霓屿街道	民俗	第三批	区级
53	陈灿渊	男	贝雕	北岙街道 洞头贝雕博物馆	传统美术	第三批	区级
54	王　帆	男	贝雕	北岙街道 东海贝雕工艺品 有限公司	传统美术	第三批	区级
55	叶晶晶	女	贝雕	北岙街道	传统美术	第三批	区级
56	陈琴瑶	女	贝壳画创作技艺	洞头东屏水族贝壳 工作室	传统美术	第三批	区级
57	陈定生	男	海蜇加工技艺	北岙街道	传统技艺	第三批	区级
58	陈祥林	男	妈祖祭典	霓屿街道	民 俗	第三批	区级

洞头区非物质文化遗产项目名录一览表（市级以上）

表51

序号	项目名称	类别	申报地区或单位	入选时间	批次
1	海洋动物故事	民间文学	洞头区	2011年5月23日	国家级第三批
2	妈祖祭典（洞头妈祖祭典）	民俗	洞头区	2011年5月23日	国家级第三批（扩展项目）
3	吹打（洞头龙头龙尾）	民间音乐	洞头区	2007年6月14日	省级第二批
4	贝壳舞	民间舞蹈	洞头区	2007年6月14日	省级第二批
5	贝雕	民间美术	洞头区	2007年6月14日	省级第二批
6	海洋动物故事	民间文学	洞头区	2009年6月25日	省级第三批
7	道教音乐（洞头海岛道教音乐）	传统音乐	洞头区	2009年6月25日	省级第三批
8	七夕成人节	民俗	洞头区	2009年6月25日	省级第三批

续表51

序号	项目名称	类别	申报地区或单位	入选时间	批次
9	东岙普度节	民俗	洞头区	2009年6月25日	省级第三批
10	陈十四娘娘信俗	民俗	洞头区	2009年6月25日	省级第三批
11	妈祖信俗	民俗	洞头区	2009年6月25日	省级第三批
12	洞头海岛气象谚语	民间文学	洞头区	2012年7月5日	省级第四批
13	鱼灯舞（洞头鱼灯）	传统舞蹈	洞头区	2012年7月5日	省级第四批
14	迎头鬃	民俗	洞头区	2012年7月5日	省级第四批
15	龙头龙尾	民间音乐	洞头区	2007年1月9日	市级第一批
16	贝壳舞	民间舞蹈	洞头区	2007年1月9日	市级第一批
17	贝雕	民间美术	洞头区	2007年1月9日	市级第一批
18	洞头海洋动物故事	民间文学	洞头区	2008年12月12日	市级第二批
19	洞头海岛歌谣	民间文学	洞头区	2008年12月12日	市级第二批
20	洞头海岛气象谚语	民间文学	洞头区	2008年12月12日	市级第二批
21	洞头脚擂鼓	传统音乐	洞头区	2008年12月12日	市级第二批
22	温州道教音乐（洞头海岛道教音乐）	传统音乐	洞头区	2008年12月12日	市级第二批
23	鱼灯舞	传统舞蹈	洞头区	2008年12月12日	市级第二批
24	鱼生腌制技艺	传统技艺	洞头区	2008年12月12日	市级第二批
25	海鲜药膳	传统医药	洞头区	2008年12月12日	市级第二批
26	迎头鬃	民俗	洞头区	2008年12月12日	市级第二批
27	东岙普度节	民俗	洞头区	2008年12月12日	市级第二批
28	洞头七夕成人节	民俗	洞头区	2008年12月12日	市级第二批
29	正月初九拜天公	民俗	洞头区	2008年12月12日	市级第二批
30	陈十四娘娘信俗	民俗	洞头区	2008年12月12日	市级第二批
31	妈祖信俗	民俗	洞头区	2008年12月12日	市级第二批
32	鹿西乌灯舞	传统舞蹈	洞头区	2009年6月11日	市级第三批
33	陈元光信俗	民俗	洞头区	2009年6月11日	市级第三批
34	马灯舞（小朴马灯舞）	传统舞蹈	洞头区	2009年6月11日	市级第三批（扩展项目）
35	温州小吃（墨鱼饼）	传统技艺	洞头区	2009年6月11日	市级第三批（扩展项目）
36	冬至鸡母狗馃习俗	民俗	洞头区	2010年6月12日	市级第四批
37	做祭	民俗	洞头区	2010年6月12日	市级第四批
38	船模工艺（洞头船模工艺）	传统美术	洞头区	2009年4月29日	市级第四批扩展
39	菜油姜传统加工技艺	传统技艺	洞头区	2011年12月31日	市级第五批
40	网具编制技艺	传统技艺	洞头区	2011年12月31日	市级第五批
41	杨府爷信俗	民俗	洞头区	2011年12月31日	市级第五批
42	海岛做红圆红龟习俗	民俗	洞头区	2011年12月31日	市级第五批
43	温州（洞头）婚嫁习俗	民俗	洞头区	2012年12月17日	市级第六批
44	温州（洞头）生养习俗	民俗	洞头区	2012年12月17日	市级第六批

续表51

序号	项目名称	类别	申报地区或单位	入选时间	批次
45	中仓舞龙习俗	民俗	洞头区	2012年12月17日	市级第六批
46	洞头俚语	民间文学	洞头区	2014年1月7日	市级第七批
47	洞头传统钓业	传统技艺	洞头区	2014年1月7日	市级第七批
48	鱼卤油酿制技艺	传统技艺	洞头区	2014年1月7日	市级第七批
49	张网打桩技艺	传统技艺	洞头区	2014年1月7日	市级第七批
50	迎火鼎	民俗	洞头区	2014年1月7日	市级第七批
51	番薯类小吃制作技艺	传统技艺	洞头区	2014年11月6日	市级第八批
52	海蜇加工技艺	传统技艺	洞头区	2014年11月6日	市级第八批
53	木渔船制造技艺	传统技艺	洞头区	2014年11月6日	市级第八批
54	泥艋制作技艺	传统技艺	洞头区	2014年11月6日	市级第八批
55	三盘虾皮生产技艺	传统技艺	洞头区	2014年11月6日	市级第八批
56	船眼睛习俗	民俗	洞头区	2014年11月6日	市级第八批
57	上梁习俗	民俗	洞头区	2014年11月6日	市级第八批
58	迎阁	民俗	洞头区	2014年11月6日	市级第八批
59	海蜇舞	传统舞蹈	洞头区	2015年12月11日	市级第九批
60	海岛过年习俗	民俗	洞头区	2015年12月11日	市级第九批
61	海岛丧葬习俗	民俗	洞头区	2015年12月11日	市级第九批
62	海岛水灯习俗	民俗	洞头区	2015年12月11日	市级第九批
63	作敬	民俗	洞头区	2015年12月11日	市级第九批
64	请谱	民俗	洞头区	2016年11月25日	市级第十批
65	六月六习俗	民俗	洞头区	2016年11月25日	市级第十批
66	海岛祝寿礼俗	民俗	洞头区	2016年11月25日	市级第十批
67	洞头海岛端午节习俗	民俗	洞头区	2020年8月12日	市级第十一批

（区文广旅体局提供）

【“贝·嵌螺钿陶瓷茶道组合”入选省非遗优秀旅游商品】2021年5月，为进一步促进文化和旅游融合发展，培育和打造一批具有示范性、影响力的非遗旅游商品，让中华优秀传统文化通过旅游产品的载体融入现实生活，浙江省文化和旅游厅开展第三批浙江省优秀非遗旅游商品评选活动。经企业自主申报，市、县（市、区）文化和旅游部门审核推荐，专家评审，最终评出优秀非遗旅游商品100项。洞头东海贝雕工艺品有限公司的“贝·嵌螺钿陶瓷茶道组合”名列其中。“贝·嵌螺钿陶瓷茶道组合”利用贝壳的天然色彩，在瓷器上灵活表现花鸟山水、人物博古等艺术题材，具有特殊的艺术价值、经济价值、民间民俗文化研究价值。

【百岛讲坛专题讲座文化遗产的保护传承与乡村振兴】2021年9月14日，洞头区百岛讲坛邀请暨南大学文化遗产创意产业研究院院长陈平教授围绕文化遗产的保护传承与乡村振兴做专题讲座，讲座从内外文化遗产保护的历史经验出发，通过埃及阿斯旺大坝、德国鲁尔区、中国庐山、泉州宋元中国的世界海洋商贸中心等经典案例，详细介绍国内外对历史古迹、传统文脉保护的先进经验。建议通过对本地传统文化、名胜古迹的挖掘，及文创产品、影视作品的开发，把乡村振兴与文化遗产相结合，带动经济效益的增值发展。区领导汪慧平、侯合海等150多人参加。

【“5·18”国际博物馆日活动】2021年，洞头区文广旅体局联合区档案馆开展博物馆进校园活动，为城关二小师生送去“‘筚路蓝缕逐梦前行’——洞头党史图文展”，展现近百年尤其是洞头解放后，洞头政治、经济、文化、生态环境、社会生活发生的巨大变化，并让师生体验拓印活动。

（杜传省　卓桂枝　陈献英）

文化设施

【概况】2021年，洞头区螺钿艺术博物馆开工建设。截至年底，洞头区拥有区图书馆、区文化馆、区非遗展览馆、区文体中心、洞头先锋女子民兵连纪念馆，以及东海贝雕艺术博物馆和金洲动物博物馆2家民间博物馆等一批区级大型文化场馆。区、街道（乡镇）、村（社区）三级公共文化设施网络基本健全，建成投用7个街道（乡镇）综合文化站（其中一级文化站2个、二级文化站3个、三级文化站2个）、农家书屋60家、城市书房6家、百姓书屋9家、文化驿站12家，实现村级文体活动场地全覆盖。创成省级文化强镇（街道）1个、省级文化示范村（社区）8个。

（卓桂枝）

【洞头区市民活动中心】2021年，洞头区市民活动中心接待量突破8万人次，文体中心接待15.6万人次，“红色印迹馆”为主要开放场所，其中教育场馆多功能厅提供免费外借服务，全年配合区两办、组织部、宣传部、海霞学院、团委等部门开展现场活动近100场次。春季常规培训开设45个班，总人数386人，创收26.09万元。全年完成主题活动26场，其中线上活动7场，线下活动19场，服务市民6000多人。组织开展“庆元旦迎新年嘉年华”活动，参与人数1000人；“第八届花灯春语元宵会”线上系列活动3场，1000多名市民观看；情暖“三八”节鲜花送巾帼活动，向奋斗在一线窗口的女同志送上美好祝福；母亲节活动，20对亲子家庭参观红色印迹馆；第八届少儿绘画大赛活动，报名参赛的青少年儿童130人次；“六一”节“走进民办校园”活动，为300名幼儿送去关怀；海霞少年成长记系列活动共6期，报名394人次；线上科普主题答题活动2场，参与近2000人次。

（王小欢）

【洞头剧院】洞头剧院2002年8月10日开工，2004年9月9日竣工。剧院位于洞头新城区霞晖大道273号，总用地面积3300平方米，总建筑面积6794平方米。剧院底层有观众厅（1031个座位），面积为1000平方米；舞台符合剧院丙级标准，面积为360平方米，宽14.8米，进深13.5米，台口高度6.9米；主台后面为化妆室、排练室，均按丙级标准设计，面积300平方米，侧楼一楼设有小型会议室2个及配套用房，面积201平方米。二楼有一个中型会议室，面积800平方米。2021年，洞头区剧院承接洞头区“两会”会议6场次，以及温州市洞头区“辉煌百年红动百岛”大合唱比赛、第三届海洋文化节暨第二届民星秀等公益演出2场。

（陈卫民）

【洞头文化馆】洞头区文化馆是洞头区文化和广电旅游体育局所属公益一类正股级全额事业单位，建筑面积为5092.24平方米，其中，新馆建筑面积为3021.80平方米，老馆建筑面积2070.44平方米。2020年9月10日，洞头区文化馆新馆正式投入使用。新馆位于洞头区文体中心，拥有小剧场、综合功能厅、排练室、展厅、美术室、声乐室、舞蹈室等功能室，场所常年免费对外开放。2021年，区文化馆创作舞台艺术类原创作品4个，其中音乐1个、舞蹈2个、小品1个，创作视觉类艺术作品116幅。打造数字文化馆，创新公共文化服务模式，截至年底，公众平台关注人数1万余人，阅读量22万余人次，与市馆掌上文化馆共建共享，提供线上预约咨询、慕课学习、精品欣赏等服务。举办洞头区“辉煌百年红动百岛”大合唱活动。举办百场红色文化分享会、“我们的中国梦文化进万家”2021年洞头区迎新春送文化下乡系列活动、2021年迎新春优秀摄影作品巡回展、喜迎中国共产党一百周年诞辰——温州市“全面建设小康社会”优秀摄影作品巡回展、迎新春洞头渔民画精品展、洞头“海之歌”主题创作展、“百年逐梦致敬辉煌”温州市第八届群文视觉艺术优秀摄影作品巡回展等20场展览，洞头区兰小草春季、夏季、秋季公益课堂、青年舞蹈队培训等40个培训班，指导全区25支乡村艺术团和6家公益大联盟开展900场文化活动，服务群众2万余人次。12月，温州市洞头区文化馆首次获评国家一级文化馆。

（金如龙）

【洞头图书馆】2021年，洞头区图书馆馆藏图书总量436583册，新增馆藏25031册，订购报纸杂志129种，采购电子书1811种。区图书馆接待读者260632人次，文献借还218043册次，读者借还42355人次。新增图书流通点13个，送书下乡11588册，超额完成文化惠民任务。是年，洞头区图书馆入选浙江省第一批“满意图书馆”达标名单；文明使者小海豚志愿服务项目在温州市洞头区首届志愿者大赛中获优秀奖；市民活动中心城市书房、花园里城市书房被评为五星城市书房，新灵景园城市书房被评

瓯江口城市书房 （区文广旅体局提供）

为四星城市书房，东屏城市书房被评为三星城市书房。

【城市书房】2021年，洞头区建成城市书房1个，即位于瓯江口发展大厦1号楼一层东北角的瓯江口城市书房。该书房共有藏书10190余册，面积178平方米，装修风格以“洞头海洋文化”为主题，采用桥的设计理念，用桥沟通“书”纽，蓝色的海洋孕育希望。截至年底，洞头区共有6家城市书房，分别是市民活动中心城市书房、同心公园城市书房、新灵景园城市书房、东屏城市书房、花园里城市书房以及瓯江口城市书房。

【百姓书屋】2021年8月1日，叶先村百姓书屋正式开放，该书屋位于灵昆街道叶先村文化礼堂，面积96平方米，书屋藏书6000多册。截至年底，洞头区共有百姓书屋9家，分别是东屏百姓书屋、东沙渔港百姓书屋、元觉百姓书屋、石子岙百姓书屋、岭背百姓书屋、鹿西百姓书屋、大门百姓书屋、南炮台山百姓书屋、叶先村百姓书屋。

（叶晶晶）

文化礼堂

【概况】2021年，洞头区建成五星级文化礼堂5家，四星级文化礼堂6家，占比位居全市第一。全区有文化礼堂76家，试行“红黄蓝”三色管理，实现全区500人以上村居全覆盖。持续依托文化礼堂“志愿服务团队驻堂”“善行银行”“周末公益课堂”“四点半学堂”“青年下乡”等载体，开展系列惠民活动1760多场。组织开展元宵猜灯谜、端午包粽子、儿童开蒙礼、重阳敬老等民俗礼仪活动600多场。2人获评市“最美文化礼堂人”。元觉街道获评省文化礼堂建设示范性街道（乡镇）。

【文化礼堂建设】2021年，洞头区新建文化礼堂7家，按照《浙江省农村文化礼堂验收标准》《温州市文化礼堂建设验收标准(试行)》，通过实地查看等方式进行考评，通过验收7家，即北岙街道九仙村文化礼堂、北岙街道白迭村文化礼堂、北岙街道大朴文化礼堂、大门镇杨梅田村文化礼堂、大门镇岙面村文化礼堂、大门镇营盘基村文化礼堂，大门镇豆岩村文化礼堂。

【文化礼堂管理】2021年，洞头区试行文化礼堂“红黄蓝”三色管理，巩固提升文化礼堂、文化家园等阵地建设成效，形成打造文化礼堂“共享圈”。结合海岛、海洋、海霞等特色元素，“量身定制”特色礼堂，推动形成中仑、海霞等一批以田园风情、文旅融合、红色研学等为内核的文化礼堂，实现机关理论宣讲与村史民俗、非遗文化、旅游发展等有机融合。

【文化礼堂活动】2021年，全区各文化礼堂开展“我们的中国梦文化进万家”迎新春送文化下乡活动、“二月二”送芥菜饭、“喜闹元宵、乐享幸福”、“遇见女神节玩美嘉年华”、清明端午民俗传承等主题活动。组建农村流动数字电影放映队3支，开展农村公益电影“六进”工作，为7个街道乡镇（含灵昆街道）基层群众放映电影。“星期天善行日”自选项目挖掘培育形成老人休闲茶话会、妇女技能加油站、儿童德育成长计划等精品载体，推动文化礼堂“直播间”“广播室”“WiFi百米覆盖圈”等文化礼堂数字功能提升。

【元觉街道获评省文化礼堂建设示范性街道】2021年10月11日，根据《浙江省农村文化礼堂建设示范县（市、区）示范乡镇（街道）评价办法（试行）》《关于开展浙江省农村文化礼堂建设示范县(市、区）示范乡镇（街道）创建工作的通知》精神，经各地推荐、省级评审，省委宣传部公布全省90个示范街道（乡镇）名单，洞头区元觉街道入选省文化礼堂建设示范性街道（乡镇）名单。元觉街道探索文化礼堂发展新模式，把文化礼堂建设与美丽乡村建设、文体活动中心建设紧密结合起来，建设集学教型、礼仪型、娱乐型于一体的文化礼堂。建立健全文化礼堂管理制度，推行礼堂理事会管理制，监事会监管制，建立“社团+社工”管理模式，吸引“爱加壹”志愿服务队入驻元觉文化礼堂，参与到农村文化礼堂日常运行管理。

新闻出版管理和电影工作

【概况】2021年，洞头区以创建“无黄无非”示范区为抓手，以完善“扫黄打非”治理体系为主要支撑，持续推进“护苗”“净网”“秋风”等五大行动，查处“扫黄打非”案件5件。推进版权登记和软件正版化工作，助力全国版权示范城市创建。全年放映电影1224场。

【扫黄打非】2021年，洞头区理顺“扫黄打非”工作机制，结合“新风”“正道”集中行动，持续抓好“护苗”“净网”“秋风”“固边”“清源”五大专项行动，组织开展历史虚无主义出版物及有害信息的清查、中小学教科书和教辅材料专项整治、KTV违禁曲目查处、政治性非法出版物查堵、网络文化环境监管、校园周边环境、宗教场所出版物、物流寄递行业等重点领域专项整治工作。全年开展各类文化执法383次，查处“扫黄打非”案件5件。深入挖掘本地特色版权资源，累计上报作品526件。

【农村数字电影放映】2021年，洞头区开展“建党百年光影铸魂”红色电影展映活动，全年累计放映电影1224场。高度重视城市影院安全和疫情防控工作，开展城市影院疫情防控、消防安全和播放安全大检查。

（王 俊）

广播电视

【概况】2021年，温州市洞头区广播电视台围绕建党百年华诞、争做抗疫“声”力军、紧盯“农村、农业、渔农民”等主题，更新改造采编设备与烟墩山发射台UPS（不间断电源）电池组，630千瓦双回路变压器建成。全年播发广播专栏1874期，公益广告17673分钟，启动全区76个村居农村应急广播，助力疫情防控。广播栏目《蓝色港湾》及电视栏目《蓝色风》《蓝海岸》《蓝土地》策划采制推出反映渔农村、渔农民生产生活电视专题节目。全年编排电视剧2400集，动画片600集，引进节目900期。

2021年洞头区融媒体中心获奖作品一览表

表52

序号	作品	作者	奖项名称	获奖等级	授奖单位
1	《智慧小屋模拟天然生长环境——一个大黄鱼网箱的数字密码》	洞头区融媒体中心	浙江日报温州融媒共享联盟	十佳新闻作品	浙江日报报业集团温州分社
2	《九张跨越1190公里的“特殊身份证”》	方荣巩 李晓华 张 莉 庄海文 林 磊 郭婷娴 郭爱森	温州市广播电视节目政府奖（广播消息类）	二等奖	温州市文化旅游局
3	《“蓝湾整治”铺开海岛百姓共富路》	张 莉 郭婷娴 夏秀女 金向春 洪高岑 刘芬芳 方荣巩 林 磊 庄海文	温州市广播电视节目政府奖（广播新闻专题类）	三等奖	温州市文化旅游局
4	《科技赋能，让养鱼更“智慧”》	林 磊 郭婷娴 张 莉 洪高岑 金向春 刘芬芳 方荣巩 夏秀女 庄海文	温州市广播电视节目政府奖（广播社教专题类）	三等奖	温州市文化旅游局
5	《郑祥武：“黄鱼岛”上的共富梦》	方荣巩 郑益群 赵梦瑶 陈超凡 刘 畅 苏友凡 范贺然	温州市广播电视新闻奖	二等奖	温州市文化旅游局
6	《海上花园 亲水南部——山海一家亲东西部扶贫协作纪实片》	方荣巩 郑益群 王静霞 苏友凡 韩 栋 刘 畅 陈 鑫 王丛文 郑 树	2021年度温州市广播电视政府奖（社教专题）	二等奖	温州市文化旅游局

（区融媒体中心提供）

洞头蓝湾整治新闻专题《算好生态账不负山与人》在央视一套《焦点访谈》节目中播出。

【专题宣传】2021年，FM100.9洞头人民广播电台推出一系列特别节目庆祝中国共产党百年华诞：《听见行走的洞头》推出“百年征程·百年梦”特别板块，用朗诵经典诗歌的方式重温党的光辉历程；《蓝精灵》开设“童音向党·唱支歌儿给党听”板块；《百姓茶坊》特别推出《回顾党史话初心策马扬鞭担使命》系列专访，邀请优秀党员、党务干部等铭记党史话初心；《出发吧，去旅行》推出红色旅游线路。电视专题联动组织、宣传、档案等部门完成“党史微口述”“身边榜样时代先锋”“寻红色旧物讲党史故事”等系列短片。

【广播新媒体化】2021年，洞头人民广播电台《出发吧，去旅行》《百姓茶坊》广播节目尝试以视频化方式在新媒体平台播出。其中，《出发吧，去旅行》节目内容涵盖洞头美丽乡村、民宿、特色美食、旅游景点等活动宣传推荐；《百姓茶坊》节目内容涵盖疫情防控、养身、科普知识、优秀人物、家庭教育等内容。

（张茁莹）

新闻传媒

【概况】2021年，温州市洞头区融媒体中心通过信息内容、技术应用、平台终端、管理手段等共融互通，整合各平台媒介资源、生产要素，构建以“百岛洞头”App（手机台）为引领，微信、微博、网站、广播、电视、报纸、户外大屏为一体的多元化全媒体传播矩阵。全年“洞头传媒”微信公众号发稿1535篇，阅读量近100万人次；“百岛洞头”App发稿7936篇，总阅读量703.7万人次；洞头新闻网发稿15871篇，总阅读量6600万人次。全年文艺副刊《半屏山》49期55个版面，培育一批本土作者。

【主题宣传】2021年，区融媒体中心策划推出《奋斗百年路 启航新征程》《共同富裕美好生活》《六五争先·六比竞赛》《聚焦老城有机更新》等新闻专栏63个，采制播发电视新闻1700多篇。《督查聚焦》栏目播发《停车场成摆设“停车乱象”如何整治》《混投混收混运洞头垃圾分类是否在做“无用功”》《消防设备被侵占“野蛮装修”留后患》《暗访商超药店常态化疫情防控措施落实》《餐饮疫情防控：严格把好“入口关”》《道路客运守好疫情“安全门”》等围绕民生实事、社会热点的新闻舆论监督报道。完成《市级“六比竞赛”》《南部扶贫》《清廉洞头》《城市形象》《海霞学院》等重大纪实专题片制播80多个；精心创作采制《海天传奇》《女子民兵连连歌》《洞头好所在》《望海楼》等原创MV；全年直播“妈祖节”“七夕节”“破堤通海”等活动22场。

【新媒体宣传】2021年，区融媒体中心利用新媒体“两微一端多平台”即编即发新闻资讯优势，打造系列新媒体精品。《全年首发！原创歌曲〈洞头好所在〉！》《抓了！洞头破获一起入户盗窃案》《假的！骗子！！洞头14岁男孩差点被骗！》《今晚央视〈焦点访谈〉让洞头蓝色海湾整治经验走向全国！》等多篇新媒体推文累计阅读量近10万人次。《开渔节》《东海第一网》《三无渔船非法电鱼多部门联合截获》等短视频获省委宣传部新闻办抖音账号美丽浙江转发、渔政部点赞，阅读浏览量超1700万人次。开通《海霞直播间》为星贝等企业直播带货8场。

【外地媒体看洞头】2021年，区融媒体中心各平台对内宣传29456条，对外宣传1781篇。其中国家级媒体219篇，省级416篇，市级1146篇。“红色海霞”“共同富裕”等新闻被央视、新华社、人民网、学习强国、浙江卫视、《浙江日报》、温州新闻联播等主流平台采用。在新华社平台播发的《浙江温州：洞头先锋女子民兵连和一把钢枪的故事》《温州洞头：一条“黄金鱼”托起“共富梦”》《澳龙锦鲤齐育水产养殖共富》等多条新闻报道阅览点击量突破100万人次。

（张茁莹）

2021年外地媒体重要报道洞头新闻篇目一览表

表53

序号	稿件标题	作者	刊播媒体
1	浙江洞头居民用水将实现与温州市区供水“同城同价”	来源洞头新闻网	中国新闻网
2	护航出行 浙江温州推出“公务用车+城际网约车”服务	彭晟佑　潘道阳	中国新闻网
3	从浪尖到舌尖 百名主播助力浙江洞头海岛“年味大戏”	张敏洁　陈　鑫	中国新闻网

续表53

序号	稿件标题	作者	刊播媒体
4	温州洞头：云山雾海美景奇观	苏友凡 刘 畅	学习强国
5	爱在黎明中前行	郑益群 王静霞 苏友凡 潘道阳 王容容	学习强国
6	中国人民警察节！洞头两民警被表彰！！	黄 勉	网易
7	洞头PM2.5排名全市第一，全省第二！	邵康研 庄 缘	网易
8	网易：重拳出击！洞头区开展2021“护航”清查统一行动	陈彩妮	网易
9	喜报！洞头区纪委区监委创成省级文明单位！	陈彩妮	腾讯
10	洞头记忆｜带你了解洞头历史档案（一月第④期）	陈彩妮	网易
11	王蛟虎看望慰问洞头先锋女子民兵连女民兵	陈彩妮	网易
12	洞头区召开全区领导干部会议	翁蓓蕾	腾讯
13	暖心措施让留洞头200多外地员工安心“过温州年”	洪建栋 潘道阳 庄海文 刘芬芳	中央人民广播电台
14	温州洞头：5千岛民用水难，船运调水10万吨	苏煜晗 沈杰庆 范贺然 潘道阳 庄海文 韩 睿	中央人民广播电台
15	温州首家公务网约车服务中心今天落户洞头	彭晟佑 潘道阳 庄海文 刘芬芳	人民日报
16	乡音问好 给家拜年	余佩瑶 洪建栋 刘 畅	央视17频道
17	视频家书丨朱曾奎：我留在海岛过年	张敏洁 苏煜晗 陈鑫 洪建栋	学习强国
18	好拍家·美拍丨温州洞头：云山雾海美景奇观	张敏洁 苏友凡 刘 畅	学习强国
19	微视频丨豆岩一家人的牛年春节	方荣巩 姚胜荣 童艳艳	学习强国
20	美厨家·家有厨神丨年味洞头：无黄鱼不成宴	林 磊 王静霞 刘 畅	学习强国
21	非遗传承丨“非遗”有大美 鱼灯藏匠心	郑益群 苏友凡 王静霞 潘道阳 罗丽丽	学习强国
22	冬雾下的海岛洞头	王静霞 刘 畅 苏友凡	学习强国
23	“非遗”有大美 鱼灯藏匠心	郑益群 苏友凡 王静霞 潘道阳	学习强国
24	云聚中国年：女子民兵连 海岛温馨年	王静霞 刘 畅 苏友凡 韩 栋	央视财经频道（CCTV-2）
25	馆长说收藏丨这座纪念馆传承着“海霞”精神	王静霞 刘 畅 苏友凡	新华网
26	美厨家·家有厨神丨年味洞头：无黄鱼不成宴	林 磊 郑益群 王静霞 刘 畅 苏友凡 陈经宝 王容容	学习强国
27	温州市百千万巾帼大宣讲活动今天在洞头启动	余佩遥 洪建栋 庄海文 刘芬芳	人民日报
28	洞头“两菜一鱼”全面迈入“国字号”行列	余佩遥 陈 鑫 庄海文 韩 睿	中央人民广播电台
29	洞头“两菜一鱼”全面迈入“国字号”行列	余佩遥 陈 鑫 庄海文 韩 睿	人民日报
30	温州洞头：鹿西4000多岛民喝上海水淡化水	彭晟佑 潘道阳 陈露男 庄海文 金向春	中央人民广播电台
31	温州洞头：鹿西4000多岛民喝上海水淡化水	彭晟佑 潘道阳 陈露男 庄海文 金向春	人民日报

续表53

序号	稿件标题	作者	刊播媒体
32	温州洞头霓屿紫菜现代园争取在今年11月开园	潘道阳 黄 勉 潘 杉 庄海文 刘芬芳	人民日报
33	罕见！多种珍稀鸟类现身温州洞头	潘沁文 侯捍兵 庄海文 郑翀翀	中央人民广播电台
34	浙江 奋斗百年路 启航新征程·今日中国 未来乡村 村民说	郑益群 苏友凡 王静霞 陈经宝 王容容 刘 畅	央视新闻频道（CCTV-13）
35	温州港开通“温州—菲律宾”航线	韩 睿 郑 树 庄海文 郑翀翀	人民日报
36	打造温州帆船品牌第一赛事，首届瓯江杯帆船赛洞头落幕	潘道阳 庄海文 金向春 郑翀翀	人民日报
37	浙江洞头签约“山海”提升工程合作 提升海岛医院服务	陈滨献 陈 鑫	中国新闻网
38	一支56式半自动步枪和女子民兵连的故事	苏友凡 王静霞 刘 畅	学习强国
39	浙江温州：洞头先锋女子民兵连和一把钢枪的故事	郑益群 苏友凡 刘 畅	新华社
40	浙江温州：洞头先锋女子民兵连和一把钢枪的故事	郑益群 苏友凡 刘 畅	凤凰新闻
41	“中共百年华诞”浙江渔家姑娘的海防故事	郑益群 苏友凡 刘 畅	中新网
42	浙江洞头：海上救援队守护一方海域安全	郑益群 王静霞 苏友凡	新华社
43	点赞：危险时刻，温州洞头执勤交警秒变消防员扑救	颜林融 翁定福 庄海文 郭婷娴	今日头条
44	跟着档案去旅行丨温州洞头海霞村：追溯红色记忆 传承海霞精神	郑益群 王静霞 王容容 苏友凡 刘 畅	学习强国
45	洞头先锋女子民兵连：巾帼战旗添新彩 深学讲话再出发	郑益群 王静霞 苏友凡	央视国防军事频道（CCTV-7）
46	算好生态账 不负山与人（注：融媒体自采上送）	郑益群 王静霞 范贺然 苏友凡 陈超凡 刘 畅	央视综合频道（CCTV-1）、央视新闻频道（CCTV-13）
47	央视《焦点访谈》聚焦温州洞头蓝色海湾整治	郑益群 王静霞 范贺然 苏友凡 陈超凡 刘 畅	学习强国
48	温州洞头转移各类人员6484人，1324艘船只进港避风	陈滨献 邵康学 庄海文 郭婷娴	人民日报
49	温州洞头：海岛民宿迭代升级 撬动共同富裕新支点	潘 杉 陈 鑫	中国新闻网
50	海防女民兵 海霞之歌	郑益群 刘 畅 王静霞 陈超凡 苏友凡 王容容 陈经宝	央视中文国际频道（CCTV-4）
51	海防女民兵 洞头先锋	郑益群 刘 畅 王静霞 陈超凡 苏友凡 王容容 陈经宝	央视中文国际频道（CCTV-4）
52	在“浙”里看中国丨啊，这七夕节怎么成了成人节？	郑益群 刘畅 王静霞 陈超凡 苏友凡 王容容 陈经宝	人民政协报
53	两岸摄友行摄“海上花园”浙江洞头：光影记录情谊长存	王从华 赵梦瑶 郑树 庄海文 刘芬芳	中央人民广播电台台海之声之声
54	温州洞头：海岛民宿迭代升级 撬动共同富裕新支点	潘 杉 陈 鑫	中国侨网
55	温州洞头：海岛民宿迭代升级 撬动共同富裕新支点	潘 杉 陈 鑫	学习强国
56	生活家·小窍门丨海霞帽	王静霞	学习强国
57	温州渔政“百里追击” 查获4艘违规出海渔船	郑益群 邵康学 王从文 王静霞	新华社
58	生态中国沿海行——浙江洞头：生态的海 生财的海	郑益群 潘道阳 苏友凡 王静霞 王容容 陈经宝	央视财经频道（CCTV-2）
59	浙江沿海防御台风“灿都”：智慧化与温情味并存	郑益群 胡程远 王静霞	中新网

续表53

序号	稿件标题	作者	刊播媒体
60	浙江：东海开渔1.7万多艘渔船休渔解禁	郑益群 余佩遥 苏友凡 王静霞	央视农业农村频道 CCTV-17
61	黄海东海全面开海 渔民开捕忙	郑益群 余佩遥 苏友凡 王静霞	央视财经频道 CCTV-2
62	东海全面开渔首日 浙江温州“百舸争流”	郑益群 余佩遥 苏友凡	中新网
63	直击东海全面开渔首日：浙南沿海千艘渔船齐“解禁”	郑益群 余佩遥 苏友凡	中新网
64	浙江温州华港LNG储罐成功升顶 提升天然气应急保供能力	郑益群 彭晟佑 洪建栋 刘 畅	中新网
65	浙江洞头：东海全面开渔 渔船扬帆出海	郑益群 余佩遥 苏友凡	新华社
66	东海全面开渔首日 温州沿海千帆竞发	郑益群 余佩遥 王丛文	央视网
67	黄海 东海伏季休渔结束 渔民开捕忙	郑益群 余佩遥 苏友凡 王丛文	央视中文国际频道 CCTV-4
68	东海解禁523艘渔船乘风破浪全面开渔	郑益群 苏友凡 余佩遥 王静霞	学习强国
69	东海全面开捕“第一网” 渔民满载而归	苏煜晗 王丛文 陈滨献	新华社
70	全国妇女爱国主义教育基地示范活动在温州洞头举行	苏萍萍 王丛文 洪建栋	光明日报
71	浙江：温州洞头承办首场全国妇女爱国主义教育基地示范活动	苏萍萍 王丛文 洪建栋	中国小康网
72	全国妇女爱国主义教育基地示范活动在温州洞头举办	苏萍萍 王丛文 洪建栋	中国经济导报
73	浙江洞头举办全国妇女爱国主义教育基地示范活动	苏萍萍 王丛文 洪建栋	中新网
74	全国妇女爱国主义教育基地示范活动在温州洞头举办	苏萍萍 王丛文 洪建栋	凤凰网
75	洞头先锋女子民兵连纪念馆被授予“全国妇女爱国主义教育基地”	苏萍萍、王丛文、洪建栋	学习强国
76	全国妇女爱国主义教育基地示范活动在温州洞头举办	苏萍萍 王丛文 洪建栋	中国网
77	温州洞头：助力农忙保丰收 推进海岛共同富裕	黄昭团 李小丹 郭婷娴 庄海文	人民日报
78	一条“黄金鱼”托起“共富梦”	郑益群 王静霞 陈 鑫 王丛文	新华社
79	一条“黄金鱼”托起“共富梦”	郑益群 王静霞 陈 鑫 王丛文	凤凰网
80	一条“黄金鱼”托起“共富梦”	郑益群 王静霞 陈 鑫 王丛文	新浪网
81	带渔民走上共富路 浙江洞头“船老大”领奏“渔海牧歌”	苏萍萍 洪建栋	凤凰网
82	带渔民走上共富路 浙江洞头“船老大”领奏“渔海牧歌”	郑益群 苏萍萍 洪建栋	中新网
83	浙南沿海村村发展有妙招 搭乘共富快车打造“海上花园”	郑益群 郑 树 邵康学 潘 杉 王从华	中新网
84	每日一景丨温州洞头：秋日晚霞 醉美渔乡	郑益群 刘 畅	学习强国
85	浙南沿海村村发展有妙招 搭乘共富快车打造“海上花园”	郑 树 邵康学 潘 杉 王从华	中国侨网
86	温州洞头：碧海蓝天	王丛文	学习强国
87	浙江洞头：一批重点项目集中签约及开竣工	余佩遥 陈 鑫	中新网
88	“大干破难季”，温州洞头一批重点项目集中签约及开竣工！	余佩遥 陈 鑫	光明日报

续表53

序号	稿件标题	作者	刊播媒体
89	洞头深入开展医院银行合作 构建“15分钟医保便民服务圈”	陈滨献 潘道阳	凤凰新闻
90	澳龙锦鲤齐育 水产养殖共富	郑益群 彭晟佑 陈　鑫	新华社
91	第二届海峡两岸影像文化周·洞头半屏山专场活动暨2021双屏论坛在温州洞头启动	潘　杉 刘　畅 赵梦瑶 庄海文 金向春	中央人民广播电台
92	温州洞头：“e养食堂”全覆盖 老年人“刷脸”吃饭	彭晟佑 王从华 庄海文 刘芬芳 郭婷娴	中央广播电视总台
93	黄鱼大王——郑祥武	庄海文 刘　畅 洪建栋 郭婷娴 金向春	腾讯视频
94	黄鱼大王——郑祥武	庄海文 刘　畅 洪建栋 郭婷娴 金向春	今日头条
95	风雨中，洞头20多名百姓托起了一名男孩的生命	庄海文 郭婷娴 翁定福 白国栋	中央广播电视总台
96	风雨中，洞头20多名百姓托起了一名男孩的生命	庄海文 郭婷娴 翁定福 白国栋	中央电视台财经频道
97	温州洞头：打造药品零售“云购药+云监管”模式	郑益群 胡程远 王静霞	中新网
98	浙江温州港再添至菲律宾货运航线 一周双班提质物流服务	彭晟佑 王丛文	中新网
99	“共享法庭”惠及浙江海岛 助推纠纷“云上”解决	苏萍萍 陈　鑫 邵康学	中新网
100	隔着屏幕也香！浙南海岛洞头鱼鲞飘香晒出幸福味	苏萍萍 潘道阳	中新社
101	非遗传承丨洞头泥艋船制作	赵梦瑶 陈超凡 刘　畅 王容容 苏友凡 范贺然	学习强国
102	浙江温州市洞头区海霞学院落成启用	余佩遥 洪建栋	光明日报
103	传承红色基因 浙江洞头海霞学院落成启用	余佩遥 洪建栋	中新网
104	温州洞头：海霞学院落成启用 助力红色产业发展	余佩遥 洪建栋 王静霞	央视新闻
105	浙江“海岛守护者”杨森权：“给不幸的人最大的救助”	王静霞 陈　鑫	中新网
106	小镇街 大作为丨洞头大门镇苏友山：深耕海洋经济助推高质量发展	苏煜晗 王静霞	凤凰新闻
107	林霞：坚守初心，坚韧执着，为洞头高质量发展作出新的更大贡献	余佩遥 洪建栋	凤凰新闻
108	洞头：又一条“温州—菲律宾”航线今天通航	彭晟佑 王丛文 庄海文 郭婷娴	中央广播电视总台
109	温州洞头：供电公司助力“中国紫菜之乡”走致富之路	黄昭团 李慧促 庄海文	人民日报
110	馆长说收藏丨中华儿女多奇志 不爱红装爱武装	郑益群 苏友凡 王静霞 刘　畅	新华网客户端
111	非遗传承丨洞头泥艋船制作	赵梦瑶 范贺然 陈超凡 苏友凡 刘　畅 王容容	学习强国
112	洞头：匠心坚守非遗传承 巧手留住海岛记忆	赵梦瑶 范贺然 陈超凡 苏友凡 刘　畅 王容容	新华网客户端
113	温州海边的“泥艋船”，手工艺人匠心传承非遗	赵梦瑶 范贺然 陈超凡 苏友凡 刘　畅 王容容	凤凰新闻
114	浙江“滩涂自行车”匠人柯位火：30余载坚守海岛记忆	赵梦瑶 范贺然 陈超凡 苏友凡 刘　畅 王容容	中国新闻网
115	浙江洞头：进连队、上渔船组织学习十九届六中全会精神	余佩遥 王丛文	中新网
116	美食共享背后的“幸福社区” 浙江洞头以共享增幸福	赵梦瑶 潘道阳	中新网
117	严阵以待！浙江温州各地做好防疫各项工作	余佩遥 王丛文	中央广播电视总台

续表53

序号	稿件标题	作者	刊播媒体
118	借力深海谋合作 浙江洞头渔民"抱团闯海"走宽共富路	苏萍萍 王从华	中新网
119	防疫进行时：浙江"南大门"温州各地严阵以待"外防输入"	余佩遥 王丛文	中新网
120	温州市洞头区开展疫情防控督查暗访	新闻采访部	凤凰网
121	温州洞头区：确保疫情管控力大于病毒传播力	彭晟佑 潘道阳	凤凰网
122	洞头：切实扎紧扎牢疫情防控网	来源"洞头发布"	凤凰网
123	浙江洞头：三盘社区"海上红色移动课堂"巡回开讲十九届六中全会精神	陈乐静 庄海文 郭婷娴	中央广播电视总台
124	温州洞头：供电公司为民办实事义务服务照亮渔村暖人心	黄昭团 王 峰 孙芬萍 庄海文	人民日报
125	温州洞头：供电公司"一度电的旅行" 大朋友小朋友齐聚"洞电·阳光小屋"	黄昭团 林小芳 庄海文	人民日报
126	温州洞头：超大型软体智能渔场首次投放10万尾大黄鱼苗种	庄海文 郭婷娴	中央广播电视总台

（区融媒体中心提供）

数字电视

【概况】2021年，温州市洞头华数广电网络有限公司设有综合办、财务管理部、市场营销部、客服管理部、技术工程部，除北岙营业厅外还设大门、鹿西、元觉、霓屿4个广电站。重点推进"智慧医保""渔家慧平台""应急广播"等智慧广电ICT项目，中标鹿西渔家慧平台项目495万元，应急广播项目447万元，户外大屏建设项目119万元，智慧医保项目50万元等，项目覆盖乡村、应急、公安、医养、教育、养老、医保等多个行业。全年经营收入2060万元，完成预算指标100%。制定应急预案及三项工作清单和中国共产党成立100周年安全管理手册与应急处置卡；配合开展专项应急演练2次；开展互查与本地自查工作，发现并整改隐患16处；全年无出现安全播出责任事故。

【广电提升工程】2021年，洞头区华数公司完成全区光改扩容，FTTH信号覆盖用户数4.22万户，累计向上争取资金400多万元。完成鹿西码头、鹿西口筐码头延伸线、后寮村以及状元岙南片二期等管道工程，共计9.17千米。配合美丽乡村建设完成拆房移线路242处，安全隐患排查及配合电力杆线路迁改完成289处。全年完成零星工单211单，完成12次干线巡检，总计737.92千米；完成OTN、SDH环网维护工作12次。全年共计新增260个广播点位，监控维修214次。完成鸽尾礁至大王殿接线公路工程、洞头区大门东屿线路、灵霓大堤破堤通海项目管线等迁改项目3个；洞头区城南路通信管线迁改工程配合管道建设完成50%。全年项目立项36个，金额为513.02万元。转固28个完结工程资料按材料平衡，整理结算片区资料，录入GIS（地理信息）系统。完成中心机房与乡镇机房动环系统建设，新建更新卫星备份信号源设备。更换机房射频切换器故障电源模块，完成中心机房双核心设备建设，乡镇机房万兆互联。

【应急广播】2021年，在区指挥中心设应急指挥广播中心服务平台，乡镇设分控中心。安装应急广播控制器1套和"室外型大功率应急广播警报终端+大功率扩音机"，在重要景区临海临崖配套安装视频监控装置16处，应急广播实现覆盖全区84个村。按需支持全区广播、分区广播、单点广播，部分实现一对一广播，重点区域可监视可视范围内的雨情、水情、风情和火情。

【服务保障】2021年，洞头华数公司客服管理部呼叫中心共接到故障记录电话6273通，派单处理3924通，在线处理2349通，咨询电话2395通，查询电话308通，数字电视安装回访1512通，故障回访1691通，完成维修工单3924单。回访用户满意度明显提高，获有线广播电视运营服务省级优秀单位称号。

（陈秀兴）

卫　生

概述

【概况】2021 年，洞头区制定《洞头区卫生健康事业发展“十四五”规划》。全区各医疗机构守牢疫情防控底线，坚持“人”“物”同防、精密智控。推进全民新冠病毒疫苗接种。新增 3 岁以下婴幼儿照护服务机构 2 家、村卫生室（社区卫生服务站）3 家，完成规范化村卫生室（社区卫生服务站）建设 33 家。截至年底，全区共有医疗卫生机构 98 家，区级医疗卫生机构有区人民医院、区疾病预防控制中心、区妇幼保健计划生育服务中心、区卫生计生行政执法大队等 4 家；街道（乡镇）医疗卫生机构有社区卫生服务中心 5 家，中心镇卫生院 1 家，乡级卫生院 1 家；村级医疗卫生机构有社区卫生服务站 17 家、村卫生室 29 家，门诊部 4 家，诊所 25 家，医务室 9 家。区中医院与大门镇中心卫生院合署，区 120 急救中心挂靠在区人民医院，大门 120 急救站挂靠在大门镇中心卫生院。全区有各类卫生从业人员 978 人，其中卫生技术人员 842 人（含初、中、高级人数和编外人数，基层医疗卫生机构卫技人员 437 人，执业助理以上医师 382 人，注册护士 302 人，其他卫生技术人员 158 人）。

【洞头区卫生健康“十四五”规划】2021 年 8 月 23 日，为有效保障公共卫生安全，提升医疗综合能力，增强卫生健康制度供给，增进群众健康福祉，区政府印发《洞头区卫生健康事业发展“十四五”规划》。重点任务是高水平构建现代化公共卫生体系，高标准优化整合型医疗卫生服务体系，高起点谋划温州东部医疗高地，高质量推进基层中医药工作，高纬度打造健康洞头幸福区，高规格建设洞头生命健康岛，高标准建设数字卫生健康，高层次促进公共卫生服务均等化，高要求推进老龄事业发展，高站位推进医疗卫生行业综合监管。目标至 2025 年，基本建成健康洞头，建立健全区域协调、城乡一体、医防协同、中西并重、富有韧性的整合型医疗卫生服务体系，初步形成发展均衡、服务优质、创新引领、整体智治的卫生健康高质量发展新格局，人人享有更加公平可及、综合连续、经济有效的全方位全周期健康服务，公共卫生应急管理能力显著提升，群众身心健康素质明显提高，人群主要健康指标全面达到全市中上水平。

【新冠肺炎疫情防控】2021 年，温州市洞头区卫生健康局牵头抓好疫情防控工作，确保防控办实体办公，落实 24 小时值班值守，开展每日疫情研判分析，对接市防控办及各街道（乡镇），实现防控体系“全天候、扁平化、高效率、一体化”运转。截至年底，区防控办累计制定文件 150 多个，编写疫情防控每周动态 40 多期。坚持“人”“物”同防、精密智控，确保全区医务人员“零”感染、院感事件“零”发生。区级集中隔离点管理严格执行“三区两通道”分区布局设置，完善各项工作流程和预案，落实各项健康监测和防疫措施，加强医疗卫生机构、隔离点等场所传染病防控卫生监督工作。截至年底，共出动卫生监督人员 3113 人次，检查各类场所 971 户次。

【全民新冠病毒疫苗接种】2021 年，洞头区按照“应接尽接、梯次推进、突出重点、保障安全”原则，分年龄分阶段推进全民新冠病毒疫苗接种工作。通过组建区镇两级工作专班，以“1+7+N”模式（社区卫生服务中心/卫生院常规开放接种门诊+方舱式临时接种点+巡回临时接种点）设置疫苗接种点，统筹全区医疗力量，共同抓好疫苗接种工作。全年完成各阶段的疫苗接种任务，合计接种新冠病毒疫苗314923剂次，其中18周岁以上全程累计115531剂次，18周岁以上累计已接种加强针35626人，12周岁至17周岁接种第一剂次累计10481剂、第二剂次10523剂，3周岁至11周岁第一剂次累计接种11253剂、第二剂次累计接种10332剂，60岁以上人群第一剂次累计接种21002剂，全程剂次累计接种19769剂。

（黄若涵　王丽静）

【洞头区公共卫生服务中心项目一期主体结顶】2021年12月，洞头区人民医院改扩建工程暨区公共卫生服务中心建设工程一期工程主体结顶。该项目位于洞头区北岙街道新城二期E-02地块，东至海润路，西侧隔绿地及河道为滨海大道，北临海兴路，南靠海门路，用地面积4.27公顷（64亩），总建筑面积8.98万平方米，其中地上建筑面积5.84万平方米，地下建筑面积3.15万平方米，设计床位数350张，总投资6.6828亿元。一期工程建设单位是区卫生健康局，代建单位为洞头城市发展有限公司，承建单位为龙元建设集团股份有限公司和杭州市建设设计研究院有限公司（联合体），监理单位为浙江华杰工程咨询有限公司温州分公司。

【洞头区公共卫生服务中心项目二期完成招投标】2021年7月16日，洞头区人民医院改扩建工程暨区公共卫生服务中心建设工程二期EPC项目在区公共资源交易中心完成交易，公示后中标单位是上海建工四建集团有限公司。该项目位于洞头区北岙街道新城二期E-08地块，用地面积2.93公顷（44亩），总建筑面积7.08万平方米，其中地上建筑面积4.64万平方米，地下建筑面积2.44万平方米，主要建设内容包括新建一栋医疗综合楼、应急楼、辅楼及地下室土建、二次装修、给排水、消防、供配电、弱电、暖通及总图工程。工程建设单位是区卫生健康局，代建单位为洞头城市发展有限公司。

（王丽静）

【无偿献血】2021年，洞头区开展无偿献血活动5场，完成区域无偿献血1628人次，较上年同比上升30.87%。完成区域无偿献血总量473950毫升，较上年上升35.67%，完成市下达任务数的178%，排名全市第一位，为全市首个完成健康浙江“献血量”“献血人数”双指标考核县（市、区）。持续推进“三免政策”落地，完成无偿献血门诊诊查费医院直免信息化建设，落实区内“免费乘公交、免费游景区”等优惠政策。获评全市无偿献血优秀组织者2人。

（叶稳稳）

2021年洞头区卫生医疗机构（单位）情况一览表

表54

序号	卫生机构	床位数（张）	编制内人数（人）	编制外人数（人）	执业医师人数（人）	助理医师人数（人）	门诊人数（人）	占地面积（平方米）	建筑面积（平方米）
1	洞头区人民医院	280	364	51	133	1	356988	17201	27020
2	洞头区疾控中心	0	24	3	11	0	0	1224	1757
3	洞头区妇计中心	0	23	2	9	4	2283	521.23	1808
4	北岙街道社区卫生服务中心	0	28	16	10	7	70118	270	1506
5	灵昆街道社区卫生服务中心	0	36	18	17	0	72320	674	2067
6	洞头区大门镇中心卫生院	56	56	15	29	7	141571	5727.7	7115.72
7	东屏街道社区卫生服务中心	0	22	9	6	6	78277	441	1051
8	元觉街道社区卫生服务中心	0	16	3	6	2	21842	1400	1210
9	霓屿街道社区卫生服务中心	18	25	7	7	3	22239	2666.64	3088
10	洞头区鹿西乡卫生院	14	20	6	8	5	33678	2037.4	2934.21

（区卫健局提供）

卫生改革

【概况】2021年，洞头区深化"医疗、医保、医药"联动改革，推进公立医院改革和现代医院管理制度，推行医保总额预付、城乡居民基本医疗保险门诊费用按人头定额结算，推动药品零差率、耗材零加成。持续优化与温医大附二医、温州市人民医院、温州市中医院合作办医。基层中医馆覆盖率和社区卫生服务站（村卫生室）中医适宜技术服务覆盖率均100%，基层就诊率66.06%。王玉萍、林海军、倪琴燕等3名医护人员分获2021年浙江省"优秀乡村医生""优秀家庭医生""优秀社区护士"称号。

【县域医共体建设】2021年，洞头区卫生健康局聚焦"体制侧"设计，设置医疗、护理、影像等八大质控中心，建立区域影像、心电会诊、临床检验、病例、消毒供应等五大共享中心。选派牵头医院5名优秀医务人员下派到分院担任院长和副院长。累计开展中医适宜技术等模块化培训10期，形成医共体内院感防控"自查互查"同质化检查制度，医共体全年派驻疫苗接种医疗保障医护500多人次。深化"治理侧"改革，深入实施医共体医疗保险总额结算，应用DRGs点数付费，实行基层按人头定额结算，全年基层人头定额标准140元。推行药品零加成、耗材零差价，合理调整医务人员技术医疗服务价格，推进公立医院改革，全年评价分数95.27分。大门镇中心卫生院和元觉社区卫生服务中心试点基层医疗机构内部绩效改革，激发基层医疗机构活力。优化医共体信息化系统2.0版本和基层补偿信息化系统，电子病历达到三级。投用病理切片扫描系统，开通药品配送、线上续方、刷脸支付等功能，开展区人民医院和鹿西乡卫生院5G云诊疗平台试点工作，完成省、市、区、乡四级医疗机构检查检验互认信息化建设。曾春萍获评浙江省2020年度县域医共体工作成绩突出个人。

【"两慢病"改革】2021年，洞头区持续深化医共体模式下高血压、糖尿病"两慢病"全周期健康管理和基层首诊改革，通过"11+7"扩增免费药品、慢病精细化管理、推进慢病绩效改革等措施，"两慢病"患者管理逐步达到"两提高、两稳定、两降低"目标。改革经验分别在全国县域医共体背景下慢病全程管理研讨会、浙江省加强高血压糖尿病全周期健康管理推进分级诊疗改革政策培训班等国家和省级慢病管理研讨会上作典型发言（经验介绍）。"11+7"免费药品累计使用172024盒（瓶），使用金额111.44万元，使用人数为6426人。"两慢病"患者有效签约7670人，同比增长29%，"两慢病"患者基层就诊101312人次，同比提升23.4%，"两慢病"患者基层就诊率79.8%。完成"两慢病"中期评估1238人次，开展数据比对、效果评价等工作。开展国家公务员门诊慢性疾病申报工作，全年公务员慢病申报56人，初审通过32人。完成门诊HIS系统慢病数据信息化统计平台建设，打造"两慢病""医防融合"精细化管理小程序，构建"一个奖励—三端使用—六项管理"实时管理平台，并逐步扩大使用。

2021年6月16日，洞头区医疗卫生"山海"提升工程合作签约仪式举行
（区融媒体中心提供）

【"山海"提升工程】2021年，洞头区通过重点扶持胸痛、卒中、创伤急救中心建设，做强做优县域影像、病理、检验等共享中心和托管全科、康复科、儿科、妇产科等4个专科，提升区人民医院管理和公共卫生服务能力。附二院每月下沉专家12人，全年总下沉1531.5天；开展康复科脊柱侧弯专科门诊、肺结节联合门诊、儿科生长激素激发试验、妇科单孔腹腔镜手术、加速康复外科在妇科围手术期的应用、麻醉科腰骶丛神经阻滞在下肢手术的应用等新技术、新项目6个；开展培训带教50次；下沉专家门诊量7590人次，下沉专家手术量61台次；参加下基层工作（含义诊）8次；建立双向转诊、远程会诊、

下沉专家带教制度、温医大附二院建立快速的会诊转诊体系、建设救治绿色通道等制度机制5项。开展3至4级手术193例，同比提升70.8%，CMI（病例组合指数）值0.7803，同比提升6.77%。

【家庭医生签约】2021年，洞头区卫生健康局实施家庭医生签约服务考核细则，新增在外温商家属签约服务，持续优化对“两慢病”“孕产妇”“儿童”及低收入等重点人群考核内容。把“11+7”免费药品纳入签约服务包，医共体牵头医院——区人民医院专科医生纳入基层签约团队，推行“小康码”管理低收入签约对象服务，提供免费DR、血糖检查检测、优先预约HPV和流感疫苗接种等服务特色签约服务。全年合计签约58962人，常住人口签约率54.49%，十类重点人群签约41058人，签约率85.54%。全年家庭医生有效签约11112人，其中“两慢病”患者有效签约7670人，同比增长29%。为在外温商家属提供上门保健服务累计400多人次。

（叶稳稳）

健康洞头建设

【概况】2021年，洞头区印发《洞头区创建浙江省健康促进区实施方案》，启动实施28项健康洞头专项行动三年实施方案，出台健康洞头行动实施意见和健康行动年度工作重点。强化组织领导，推进机制落实，多次召开联络员会议、部门对接会、工作推进会。建立督查机制，明确街道（乡镇）现场核查标准，采取一月一自评、两月一暗访（巡查）等方式，开展四轮市、区两级街镇建设工作落实情况督查，督促整改提升。启动省级健康促进示范区建设。开展洞头区健康社区等十类健康环境评估和“职业健康达人”评选活动。健康浙江考核连续三年获评优秀等级。

（苏丽华）

【推进健康洞头行动的实施意见】2021年7月23日，为贯彻落实《国务院关于实施健康中国行动的意见》《浙江省人民政府关于推进健康浙江行动的实施意见》《温州市人民政府关于推进健康温州行动的实施意见》和《健康洞头2030行动纲要》精神，推进健康温州行动在洞头落地，区政府制定《关于推进健康洞头行动的实施意见》。主要任务是开展健康知识普及、合理膳食、全民健身、控烟限酒、心理健康促进、蓝天碧水净土清废、绿色环境打造、饮用水达标提质、食品安全放心、农产品绿色安全、药品质量安全、道路交通安全综合治理、妇幼健康促进、中小学健康促进、职业健康保护、老年健康促进、心脑血管疾病防治、癌症防治、慢性呼吸系统疾病防治、糖尿病防治、传染病及地方病防控、医疗卫生服务体系优化、中医药促进健康服务、智慧健康管理、健康保障惠民、公共卫生体系提升、健康产业发展、海岛特色健康文化弘扬等28项行动。目标至2022年，建立与洞头经济社会发展水平相适应，以市民健康为中心的预防、治疗、康复、健康促进一体化、整合型健康服务体系，人口均衡发展，健康素养水平明显提高，健康生活方式基本普及，基本健康服务更加优质均衡，多层次健康保障体系进一步完善，居民主要健康指标达到全市平均水平。至2030年，居民主要健康指标高于全市平均水平。

【洞头区创建浙江省健康促进区实施方案】2021年12月31日，按照《浙江省卫生健康委办公室关于做好2021年度浙江省健康素养促进项目工作的通知》要求，洞头区制定《洞头区创建浙江省健康促进区实施方案》。工作内容包含全面建立健康促进体制机制、全面实施“将健康融入所有政策”策略、全面提升健康促进培训能力、全面落实优先领域干预措施、全面创造健康促进支持性环境、全面建成健康促进场所、全面开展健康促进重点活动。分为准备启动、全面建设、考核评估三个阶段。目标是创新体制机制，推进健康场所建设，环境空气质量优良，健康文化氛围浓厚，居民健康素养提高。

【健康教育】2021年，洞头区加强全民健康生活方式行动示范创建，创成健康社区、健康学校、健康食堂、健康餐厅（酒店）等各1家，创成健康一条街1个、健康单位2家、健康家庭1600户。健康素养进文化礼堂活动覆盖率为100%。开展“三减三健”主题活动，举办健康生活方式指导员培训。组织开展“3·24”世界结核病防治日、“4·25”全国儿童预防接种日、“5·31”世界无烟日、“12·1”世界艾滋病日等大型卫生宣传日活动13场，健康素养巡讲233场，惠及群众1万多人。制作下发宣传资料，包括三折页、画报等17种11.6万余份。开展居民营养监测与干预。实验中学创成省级健康促进学校（金牌），元觉义校创成市级健康促进学校（银牌）。洞头区居民健康素养监测水平为35.4%。

【洞头区十类健康环境评估】2021年，为深入推进健康洞头建设，根据《温州市洞头区全民健康生活方式行动实施方案（2018—2025年）》要求，经创建单位申报，区爱卫办、区卫生健康局对全区十类健康环境开展评估验收，确认灵昆街道双昆村为健康社区、洞头区城关第二小学为健康学校、鹿西供电服务站和洞头区供销合作社为健康单位、洞头区元觉街道办事处食堂为健康食堂、霓屿渔村酒家为健康餐厅、大门镇黄岙片健康步道为健康步道、东屏后寮大龙岭健康主题公园为健康主题公园、浙江伟望汽车零部件公司为健康企业，同时确认健康家庭1624家、无烟党政机关57家。

（黄成铭）

【爱国卫生运动】2021年，洞头区出台实施《洞头区“最脏”系列考评办法》《洞头区文明城市建设“八大环境”考评办法》等考评办法，结合区重点公务活动（会议），累计开展环境卫生巡查30多次，督办整改问题600多个。指导大门镇创建国家卫生乡通过市级评估和省级评估，实现全区创建国家卫生乡乡镇全覆盖。市级以上卫生村比例100%。重点督查五岛、环岛沿线、重点村居等。开展第三十三个爱国卫生月活动，通过线上问答、话题互动，举办爱国卫生宣传讲座。拍摄“文明健康绿色环保”公益宣传视频。累计清理脏乱点3000多处、集中开展“四害”防制消杀20多次。组织开展秋季灭鼠灭蟑活动，利用黑板报、宣传窗、宣传栏等宣传阵地，宣传灭鼠灭蟑工作的重要性和灭杀方法，发动单位、社区以及居民开展卫生大扫除，保持室内外环境整洁、卫生，及时清除垃圾、粪便、污物，大量减少老鼠、蟑螂栖息繁殖场所。以“绿色出行”“光盘行动”“公筷使用”“垃圾分类”“入厕文明”等为主题，深入机关、单位、企业、学校、社区等，组织发动干部职工和群众开展实践活动。“烟头不落地”专项活动累计上街上路捡烟头2000多人次，发送温馨提醒短信10万余条。督查累计交办整改问题200多个。5月，通过国家卫生城市国家暗访组的评估。

（余建林）

疾病预防控制

【概况】2021年，温州市洞头区疾病预防控制中心落实新冠肺炎疫情防控及重点传染病防控、免疫规划、慢性病防治、职业病防治等工作，保障全区人民生命健康安全。全年参加各类业务培训74项178人次，岗前培训2人。组织开展各类业务培训27场，培训1179人次。完成新冠肺炎疫情防控各项工作，开展流行病学调查18次，环境消杀近10万平方米，全区合计接种新冠病毒疫苗314923剂次。组织开展疫情报告及管理、公共卫生事件处置、流感疫情、疟疾等各类疾病监测，开展结核病、艾滋病、性病等防治工作，加强场所消毒与感染控制、生活饮用水水质、食品安全风险、病媒等监测。创建慢性病社区综合防治与试点，开展控烟活动、健康教育等。洞头区疾控中心实验室未发生生物安全事故，参加省市疾控中心举办的质控项目14次29个检测项目，其中检测项目比对结果7个优秀，其余均为合格或满意。区疾病预防控制中心获区行风政风双评议最满意科室（站所）称号、区最强支部称号、第七届“最美洞头人”称号及温州市病媒竞赛团体第三名等。支援绍兴上虞和上海空港口岸防疫防控各1人。

【新冠肺炎疫情流调】2021年，区疾控中心3支新冠肺炎疫情处置应急分队24小时轮流值班值守，组织开展新冠专题风险评估会议4次。参与各类大型活动、考场、港口、隔离点等疫情保障工作。多次对公安、社区、医院、社区卫生服务中心及本中心等人员开展流调消杀培训；参与区级新冠肺炎疫情应急拉练4次、中心内部桌面推演1次。全年共流调密切接触者18例，管控区内次密、一般接触人员127人，流转区外接触人员292名。核实和管控区外流转过来信息54人。及时处置涉疫物品阳性事件3起38人，开展现场环境采样消毒和人、物标本新冠病毒核酸检测，结果均为阴性。全年对隔离点外环境、重点场所外环境及人员、港口人员、学校师生等开展核酸检测42870份，其中人员30230份，物品及外环境12640份，结果均为阴性。

【免疫规划】2021年，洞头区免疫规划疫苗共接种14610剂次，常规一类疫苗接种率以乡镇为单位，均达到国家接种率90%以上任务要求，构筑辖区内儿童的屏障。全年接种新冠病毒疫苗314923剂次，18周岁以上全程剂次任务完成率106.11%。12周岁至17周岁全程剂次任务完成率74.16%。3周岁至11周岁全程剂次任务完成率103.32%。报告2例以喉头水肿、咽水肿为主的严重异常反应事件。

【传染病管理】2021年，洞头区共发生甲乙丙类传染病15种400例，总发病率为268.8/10万，发病数与上年相比下降60.75%，发病数最多为手足口病。其中，甲乙类传染病10种176例，发病率为118.27/10万；丙类传染病5种224例，发病率为150.53/10万。全年专网共登记管理肺结核患者38人，满一年成功治疗率90.9%。发生家庭聚集性结核疫情1起，病例均及时得到治疗救助。10月至12月，开展流感主动监测，共采50份标本，检测到阳性标本18份，均为B型Victoria亚型。

【聚集性传染病疫情处理】2021年11月，洞头区报告由水痘病毒引起的学校突发公共卫生事件（属未定级事件）1起。涉及瓯江口学校1所，发病学生24人、教师1人，波及8个班级303人，历时1个月，经停课等措施后，疫情得到有效控制。全年报告幼儿园聚集性疱疹性咽峡炎事件2起，幼儿园聚餐性肠道病毒混合感染事件1起，学校聚集性诺如病毒事件1起，企业聚集性腹泻事件1起，幼儿园聚集性手足口病疫情1起，通过隔离、停课、消毒、通风、健康指导等措施后，疫情均得到有效控制。

【地方病监测】2021年5月，洞头区开展地方病监测工作。共收集学生碘盐及尿碘各210份，孕妇碘盐及尿碘各105份。全区碘盐覆盖率为75.24%（要求大于95%），碘盐合格率为94.09%，合格碘盐食用率为70.79%（要求大于90%）。儿童尿碘中位数为144.95微克/升，碘缺乏比率为30.48%（要求小于50%），孕妇尿碘中位数为102.3微克/升（要求大于150微克/升），孕妇碘缺乏率72.38%。检查8岁至10岁学生甲状腺B超210名，未发现有甲状腺肿大学生。根据《地方病防治专项三年攻坚行动方案（2018—2021年）》对近几年来洞头区地方病防治工作进行自查，自查结果达到碘缺乏病消除标准。

【居民健康服务】2021年，洞头区常住人口数108208人，共建居民电子健康档案102043份，动态记录电子健康档案86371份；全区管理高血压10778人，规范管理8525人，规范管理率79.10%，血压控制7515人，血压控制率69.73%，糖尿病管理3898人，规范管理3105人，规范管理率79.66%，空腹血糖控制2657人，血糖控制率68.16%。录入浙江省重性精神病人信息管理系统内六大类严重精神障碍患者573例，管理570例，管理率99.48%，规范管理563人，规范管理率98.25%，面访559人，面访率97.56%，服药549人，服药率95.81%，规律服药517人，规律服药率90.23%。全区期望寿命80.39岁。慢病监测报告糖尿病发病数658例，肿瘤发病数776例，冠心病急性事件发病数64例，脑卒中发病数569例。全年报告死亡个案952例，死亡率6.15‰，死因不明比例1.68%。

【食品安全风险监测】2021年，洞头区食品安全风险监测采样覆盖全区7个街道（乡镇），样本数量达到1.0件/千人水平以上。采集食品开展风险监测184份，其中省级监测41份，自主监测143份，完成全年任务的111.5%（184/165）。收到自主检测结果反馈项目542条，自主检测项目完成率为103.8%（542/522）。自主监测中，谷物及其制品中油条的含铝添加剂检出1份，水产品制品中镉超标17份；水产品中溶藻弧菌检出10份、河弧菌检出2份、副溶血性弧菌检出12份，未检出毒力基因，无微生物评价标准。

【食源性疾病监测】2021年，洞头区定点医院共上报食源性疾病病例470例，食品暴露信息填写率100%，采样459例，采样率97.7%。检测出副溶阳性病例12例，沙门氏阳性病例1例，阳性率为2.83%。470例病例中男性229例，女性241例，男女性别比是0.95；患者职业分布以家务其他、学生为主，占所有病人的比例分别为46.60%、17.45%，其中住院2例，分别是老年人和托幼儿童。

【生活饮用水监测】2021年，结合洞头区供水现状，在枯水期和丰水期采集6个城市饮用水监测点水样12份和8个农村饮用水监测点水样44份，每份饮用水监测指标34项，检测合格水样55份，农村生活饮用水合格率98.21%，城市水质合格率100%（城市水为二次供水）。不合格的指标主要是浑浊度、pH值、游离余氯和菌落总数。

【职业病危害监测】2021年9月至11月，洞头区开展用人单位工作场所职业病危害因素检测检验项目工作35家（其中自主检测用人单位10家），完成用人单位的职业病防治基本情况调查和现场检测工作并及时进行网络报告；并开展重点行业职业健康风险评估重点危害企业7家；11月至12月，指导用人单位申报职业危害项目。

【学校卫生监测】2021年，洞头区根据浙江省学生健康状况综合监测与常见病干预方案要求开展学校卫生工作基本情况调查。全年洞头区儿童青少年恒牙患龋率为45.30%，近视率为51.14%。

【重点场所预防性消毒监测】2021年6月，随机抽取托幼机构10家和养老院2家开展预防性消毒监测123份样品。结果显示室内空气细菌菌落总数合格率为100%、保教（幼）人员手合格率为22.22%、餐具表面细菌菌落总数的合格率为92.59%，环境物体表面的合格率为95.56%。环境物体表面相比于上年监测结果合格率有所提升。

（黄成铭）

妇幼保健

【概况】2021年，温州市洞头区妇幼保健计划生育服务中心围绕妇幼健康工作重点，保障全区妇女儿

2021年洞头区疾病预防控制主要指标完成情况一览表

表55

内 容	计划指标数	完成情况
高血压规范管理率	65%	79.1%
血压控制率	60%	69.73%
糖尿病规范管理率	65%	79.66%
血糖控制率	55%	68.16%
严重精神障碍报告患病率	4.5‰	5.3‰
严重精神障碍规范管理率	90%	98.25%
严重精神障碍规律服药率	65%	90.23%
报告死亡率	5.5‰	6.15‰
死因不明比例	<5%	1.68%
重点行业职业健康风险评估	7家	7家
重点行业职业危害因素监测	35家	35家
食源性疾病监测	180例	470例
居民健康素养水平	35%以上	35.4%
15岁以上居民现在吸烟率	20%以内	16.4%
健康素养进农村文化礼堂活动	100%以上文化礼堂开展	100%（64/64）
中小学校中达到省健康促进学校标准的学校比例	达到80%以上	100%
二级以上医院中达到省健康促进医院标准的医院比例	达到95%以上	100%
日常风险评估每月1次，开展专题风险评估	日常风险评估每月1次，专题风险评估≥1次	完成12期日常风险评估，专题风险评估3次
开展应急演练或拉练	≥1次	1次
完成“三热”病人血检	不低于辖区户籍人口数的0.5‰	户籍人口数的0.5‰
儿童建卡（证）率	98%	100%
首剂乙肝疫苗及时接种率	≥90%	99.69%
肺结核报告发病率	较上一年下降4个百分点	下降8.3%
肺结核病人社区督导服药管理	100%	100%
学生、教师肺结核患者密切接触者筛查结果信息反馈完整率、及时率	100%	100%
在HIV/ADIS患者中结核病的筛查率	≥90%	100%
艾滋病患者配偶检测率	≥90%	100%
艾滋病病毒感染者梅毒筛查比例	≥90%	91%
现存活艾滋病病例抗病毒治疗比例	≥90%	91.1%
各重点人群艾滋病抗体血清检测任务完成率	100%	100%
艾滋病病例报告数据质量核查覆盖率	≥50%	100%
性病漏报率和重报率	≤2%	0
公众对性病防治知识的知晓率	≥90%	98.6%
开展8~10周岁儿童盐碘、尿碘含量监测	210名	210名
孕妇的盐碘、尿碘含量监测	105名	105名
完成8~10周岁非住校学生甲状腺触诊检查	210名	210名

（区疾病预防控制中心提供）

童的健康，实现洞头区连续16年孕产妇零死亡。做好婚前医学检查和优生检测、孕产妇管理、妇女健康服务等。参与集中隔离点组建、指导管理、轮班值守，牵头开展区方舱式疫苗接种点工作。

【婚前医学检查和优生检测】2021年，区妇计中心严格按照“免费婚前医学检查”和“国家免费孕前优生健康检查”工作要求，定期开展业务学习和自查整改。全年婚检人数为428人，婚检率为92.24%，婚检检出疾病96人，其中指定传染病人数3人；国免优生检测人数为669人，覆盖率81.99%；针对存在风险因素人员，依据检测结果给予电话随访，并加强检测结果给妊娠带来风险的医学指导。

【孕产妇管理】2021年，区妇计中心落实全市孕产妇妊娠风险评估和管理工作要求，加强对社区督导与培训，及早发现早孕人员，督促建册等措施，提高早孕建册率，建立符合本地实际、运转协调的孕产妇分级管理体系。全年活产数638人，其中早孕建册607人，早孕建册率96.96%；产后访视620人，访视率97.18%；系统管理597人，系统管理率93.57%。全年抢救危重孕产妇10例，抢救成功率100%。

【儿童保健管理】2021年，洞头区活产数为638人，新生儿访视人数628人，访视率98.43%；5岁以下儿童死亡1人，死亡率为1.57‰，婴儿死亡1人，死亡率1.57‰，新生儿死亡0人；3岁以下儿童2429人，系统管理2348人，3岁以下儿童系统管理率为96.67%；7岁以下儿童7417人，保健管理7227人，7岁以下儿童健康管理率为96.67%；6个月内婴儿纯母乳喂养率73.44%。全年参加健康体检的托幼机构工作人员412人，合格人数412人，合格数100%。全区托幼机构在园儿童体检数4503人，实际体检4503人，体检率100%；其中中度营养不良33人，占0.73%；中度生长发育迟缓32人，占0.71%；龋齿人数1225人，患病率27.20%；视力不良人数206人，视力不良率4.57%；贫血人数129人，患病率2.86%。新生儿疾病筛查方面：全年区人民医院活产数279人，新生儿遗传代谢疾病筛查数280人，筛查率为100.36%；不合格血片2例，退片率0.71%；可疑患儿26例，召回复查25例，召回率96.15%，无确诊病例。听力实际筛查279人，筛查率为100%；完成区0~3岁婴幼儿照护服务中心和婴幼儿实训基地创建。

【妇女健康服务】2021年，洞头区组织开展城乡妇女“两癌”检查项目。完成城乡“两癌”宫颈癌检查人数1174例，乳腺癌检查人数1157例，确诊宫颈癌2例，乳腺癌0例，患者均接受治疗。妇女常见病普查1594人。全年户籍早孕艾梅乙检测率85.98%，建册孕产妇艾梅乙早期检测率83.88%；未发现孕期梅毒；住院分娩产妇孕期接受艾梅乙检测276人，检测率100%，其中早期检测人数238，早期检测率86.23%，未发现梅毒和HIV阳性病例孕产妇，乙肝表面抗原阳性产妇所生活产数17例，注射乙肝免疫球蛋白的儿童数17例，注射率100%。全年共补助在洞头区医疗保健机构内分娩的乙肝感染孕产妇所生的婴儿17例，补助金额2040元，补助艾梅乙筛查87人，补助金额2436元。全年为育龄妇女提供门诊咨询330人次。开展推广应用“互联网+免费避孕药具”发放服务项目，制作完成免费避孕药具发放服务网络微平台和“指尖药具”发放服务网点，实现育龄人群可以在家“点点手机，领取避孕药具”的服务功能。全年累计发放避孕套55723只，发放服务10468人次，其中发放机共26台，领取1796人次，发放避孕套17960只，指尖药具微平台注册会员人数612人，发放避孕套680盒。全区各社区卫生服务中心和婚前医学检查点共设置免费叶酸发放点8个，联合村责任医生和联络员及时掌握待孕妇女情况，使计划怀孕妇女领取免费叶酸，全区农村适龄妇女叶酸服用人数新增919人。

【特色门诊服务】2021年，区妇计中心实行保健与临床相结合，提升妇幼特色门诊服务能力。全年完成全区第八轮窝沟封闭工作，实际封闭学生721位共2184颗牙，封闭率84.26%。9月启动开展第九轮儿童窝沟封闭项目工作，完成封闭学生602名共1813颗牙齿。

（许建真）

卫生执法监督

【概况】2021年，温州市洞头区卫生计生行政执法大队围绕卫生行政执法任务清单和卫生行政执法效能监测指标，出动卫生监督人员3644人次，检查各类公共场所、医疗卫生机构、学校、集中式供水等单位1224户次，完成国家级、省级双随机任务188家。全年共查处各类违法案件208件（其中一般程序案件127件，简易程序案件81件），罚没款66.5万元。卫生行政执法效能全省排名并列第一位。实行医疗卫生机构疫情防控全覆盖检查。全年共出动执法人员423人次，检查医疗机构768家次，责令关停整顿14家，吊销医疗机构执业许可证2家。

【卫生行政执法专项行动】2021年，区卫生计生行政执法大队开展抗（抑）菌制剂违法宣传疗效和添加激素等物质整治、放射诊疗机构执法、公共场所集中空调通风系统卫生整治、医疗美容行业乱象整治等4个领域专项行动，共抽检单位19家，处罚1家。

2021年妇幼指标完成情况一览表

表56

内　容	计划指标数	完成情况
孕产妇死亡率	<9.5/10万	无
婴儿死亡率	<6.5‰	1.57‰
5岁以下儿童死亡率	<8.5‰	1.57‰
孕产妇系统管理率	≥90%	93.57%
产前筛查率	≥90%	95.69%
产妇住院分娩率	≥99%	100%
高危孕妇住院分娩率	≥100%	100%
妇女剖宫产率	≤36%	41.54%
0~6岁儿童健康管理率	≥95%	97.44%
新生儿遗传代谢病筛查率	≥99%	100%
新生儿听力筛查率	≥99%	100%
新生儿先心病筛查率	90%	95.33%
5岁以下儿童Hb检测率	≥90%	96.65%
6个月内婴儿纯母乳喂养率	≥65%	73.44%
孕产妇艾滋病、梅毒和乙肝检测率	>90%	100%
农村妇女增补叶酸服用率	100%	100%
母子健康手册注册	≥90%	90.43%
ASQ发育筛查	85%	86.5%
城乡“两癌”筛查	任务1000例	100%
婚前医学检查率	≥90%	92.11%
国免优生检测覆盖率	≥80%	81.99%

（区妇计中心提供）

【公共领域卫生安全监管】2021年，区卫生计生行政执法大队围绕洞头疗休养基地、“四小行业”卫生管理，生活饮用水卫生状况，餐饮具集中消毒服务等事项开展卫生监督，全年共检查864家。检查洞头疗休养基地35家，警告7家，处理1家。抽检10个监测点管网末梢水、二次供水样品40份，餐饮具样品40件，合格率均为100%。开展公共场所卫生许可现场审核，全年共审核、指导民宿、理发美容店等公共场所约150家。

【学校卫生安全监管】2021年，区卫生计生行政执法大队加强中高考及学校开学期间学校卫生监督指导，督促学校落实疫情防控、传染病防治及学校卫生管理等，监督检查校园周边住宿场所卫生状况，筑牢校园卫生安全防线。组织开展托幼机构、校外培训机构、学校采光照明“双随机”抽检，采光和照明检测校外培训机构和托育机构8所，行政处罚5家。

【职业病防治监管】2021年，区卫生计生行政执法大队强化企业职业病防治监管与服务。检查全区企业86家，立案查处23家，召开听证会1次；开展入企调研走访3次，向企业赠送防尘口罩、防噪音耳塞等职业病防护用品15000多个，制作《职业卫生指导服务指南》供企业学习参考，举办职业卫生管理培训班，提升企业职业卫生管理能力。

【“数智卫监”建设】2021年，区卫生计生行政执法大队建成区卫生计生行政执法大队智慧监管指挥中心、浙江省卫生健康行政执法精密质控平台洞头区子平台。全区纳入洞头区医疗服务行为智能监管医疗卫生机构19家，接入省“口腔诊疗机构监督在线”系统口腔医疗机构9家，接入省“住宿场所透明保洁智能监管系统”酒店10家。

（唐欢非）

医疗服务

【概况】2021年，洞头区加强“供需侧”支撑，建立基层“两慢病”、卒中、中医等全专联合门诊12个，打造安宁疗护联合病房、离岛大门鹿西急诊联合病床。完成霓屿社区卫生服务中心新冠肺炎定点医院改建，完成北岙社区卫生服务中心标准化社区卫生服务中心建设，新建社区卫生服务站（村卫生室）3家、基层发热诊室7家。温州市洞头区人民医院全年开放床位318张，门诊诊疗368583人次，比上年同期增加25548人次，出院6522人次，同比增加290人次。平均住院日8.69天。全年完成各类手术1325例，其中三、四类手术197例。全年招聘专业技术人员6名，晋升副高2人，晋升正高7人。收获各类锦旗表扬信23件次，创成区级“清廉单位示范点”，多人获评区、市级先进，康复科、放射科参加市专业比赛成绩优异。

（陈丽丽）

【民生实事实施】2021年，洞头区完成适龄儿童免费窝沟封闭721人，完成50岁至74周岁重点人群结直肠癌初筛4135人，肠镜检查373例，检出结直肠癌3例，癌前病变29例，结直肠镜依从率53.82%；完成全区3711名70周岁以上老年人的流感疫苗免费接种工作，无严重不良反应发生。

（王丽静）

【医疗便民服务】2021年，洞头区人民医院完善线上线下相结合的诊疗模式，完成整个医共体信息系统的整体验收，建成医共体数据中心，实现医共体内所有数据互联共享；完善智慧便民，为患者提供"互联网+医疗"服务，覆盖挂号、检查、检验报告查询、缴费等，优化患者诊疗流程，突破医疗服务局限，实现让居民通过互联网享受医院优质医疗服务；完善远程会诊中心，构建协同诊疗会诊服务移动交互平台，实现常态化跨院区会诊指导；实现医疗"无纸化"办公，推行5G移动查房。

【医疗能力提升】2021年，洞头区人民医院借助省医疗卫生"山海"提升工程，启动与温医附二院的"山海"提升工程，完善区域诊疗中心，包括胸痛中心、卒中中心、创伤中心、心电中心、放射诊断中心、病理中心、中心药房、急救中心、健康体检中心等建设，温医大附二院妇科微创诊疗中心洞头分中心落户；新开展经输尿管镜钬激光碎石取石术、GH（生长激素）药物激发试验、无痛纤维支气管镜检查、单孔腹腔镜、新生儿智护、ERAS（加速康复外科）、心肌梗塞患者溶栓治疗、磁敏感加权成像技术、CT靶扫描及重建等新技术项目；完善医疗质量持续改进管理机制，落实核心制度，完善问题整改机制，形成"医疗质量与安全分析报告"；深化医共体改革工作，推进"两慢病"常态化管理，明确各成员单位的责任、权利和义务，加强对各院区定期考核，逐步建立权责清晰、管理科学、治理完善、运行高效、监督有力的医共体管理机制。

（陈丽丽）

【医师业务考核培训】2021年，洞头区完成第七期周期医师定期考核的医师324人，其中简易程序195人，一般程序129人（免考62人，参加测评67人）；参加考试67人，考试合格67人，合格率100%。参加乡村医生两年一次考核的乡村医生18人，通过考核18人，通过率100%。全年通过执业医师资格考试9人；参加住院医师规范化培训14人；参加基层卫生能力提升培训项目8人；区人民医院到上级医院进修7人。

【中医药工作】2021年，洞头区开展中医适宜技术项目培训班2期，培训人员64人；社区卫生服务中心（乡镇卫生院）中医馆和村卫生室（社区卫生服务站）中医适宜技术服务覆盖率均100%。基层医疗机构专业人员获2021年全省中医馆骨干人才培训项目合格证3人。全年为集中隔离点提供新冠预防汤药1934剂。组队参加全市2021年中医药技能竞赛，3名医务人员参加，区人民医院池莉莉获三等奖，区人民医院苏友渺、北岙社区卫生服务中心赵玮获优胜奖。区人民医院康复科课题"肌骨超声引导下小针刀松解颈椎不同部位治疗神经根型颈椎病的对比研究"入选2021年全市中医药课题立项清单。

（叶稳稳）

【卫生应急】2021年，洞头区完善卫生应急体系建设，落实卫生应急机制建设、物资储备、人员培训、应急演练和事件处置等各项卫生应急工作。制定《洞头区突发急性呼吸道传染病事件应急预案操作手册》，组织开展区、街道（乡镇）两级应急演练6场，做好2轮台风前后安置点防疫工作布置和巡查。组织开展公共场所疫情防控督查，指导做好"七一红歌会"、全国妇女爱国主义教育基地活动、海峡两岸影像文化周、成人高考、台风避灾点及体育赛事等疫情防控和卫生保障工作。组建流调小队2队14人，完成新冠肺炎网络实验室建设，提升实验室检测能力，对隔离点外环境、重点场所外环境及人员、港口人员、学校师生等开展核酸检测，全年累计检测核酸42870份，其中人员30230份，物品及外环境12640份，结果均为阴性。完成新冠肺炎疫情防控各项工作，全区合计接种新冠病毒疫苗314923剂次。

（王丽静）

2021年洞头区医学科研成果一览表

表57

序号	作者	科研文章	刊物	发表时间	作者单位
1	第一作者：李 妃 第二作者：陶建斌	养殖对虾和海捕虾中重金属和硒元素的含量测定和分布研究	中国检验检测	2021年1月	洞头区疾控中心
2	第一作者：李 妃 第二作者：陶建斌	气相色谱法测定洞头海域海水中16种有机氯农药残留量	中国卫生检验	2021年9月	洞头区疾控中心

（区疾病预防控制中心提供）

体育

概述

【概况】2021年，洞头区秉持“体育让生活更美好”理念，紧抓温州社会力量办体育全国试点契机，探索建立体旅融合发展机制，通过体育团体培育、赛事品牌打造、产品链条延伸等举措，提升洞头美誉度。全年举办体育赛事活动13场，组队参加温州第十七届运动会大众体育部、青少年部等赛事活动38项，共获金牌16.5枚、银牌24枚、铜牌25枚，获大众体育部综合团体总分二等奖、优秀组织奖。举办温州市业余体育训练教练员、管理人员能力提升培训班。7个街道（乡镇）均通过2017—2020年度省级“四提升四覆盖”全民健身工程建设评估。洞头区文广旅体局获评2017—2020年度全国群众体育先进单位、2020年度体坛报体育宣传工作先进单位等。

【省级“四提升四覆盖”全民健身工程建设评估】2021年1月26日，洞头区7个街道（乡镇）均通过2017—2020年度省级“四提升四覆盖”【提升群众身边的体育场地建设水平，努力实现“15分钟健身圈”便民体育设施全覆盖；提升群众身边的体育组织水平，努力实现乡镇（街道）“1+5”体育社会组织网络全覆盖；提升群众身边的健身活动水平，努力实现常态化健身活动全覆盖；提升群众身边的健身指导水平，努力实现行政村(社区)社会体育指导员及乡镇（街道）体质测试网点全覆盖】全民健身工程建设评估。洞头区实施全民健身工程“补短板”行动计划，通过立体构建、整合推进、动态实施，加强体育组织、场地设施、健身活动、健身指导等方面建设，提升公共体育服务能力和水平，加快省体育现代化强区建设。

【获评全国群众体育先进单位】2021年9月16日，全国群众体育先进单位先进个人、全国体育系统先进集体先进个人表彰大会在陕西省人民大会堂召开，洞头区文化和广电旅游体育局获评2017年—2020年度全国群众体育先进单位。该奖项每四年评选一次，由人力资源和社会保障部、国家体育总局联合表彰奖励。洞头区曾举办温州长距离铁人三项世界杯赛、“一带一路”国家间群众体育交流赛、全国空手道锦标赛、全国青少年拳击锦标赛、全国海钓邀请赛等一批赛事，社会力量参与率70%以上。2019年12月，中国铁人三项运动协会授予洞头区举办铁三赛事和推广铁三运动杰出贡献奖；2020年9月，洞头作为唯一的县（市、区）在全国社会力量办体育改革试点现场推进会上做典型发言，经验做法得到与会领导、专家、来宾的好评；2020年12月，洞头再次获铁三运动“重要城市贡献”荣誉。洞头紧抓温州社会力量办体育全国试点契机，推进体旅融合发展，推动体育赛事“管办分离”，社会力量办体育的积极性不断提高。

群众体育

【概况】2021年，洞头区深化社会力量办体育，调动全区各体育协会参与举办赛事积极性。举办“瓯江杯”全国帆船邀请赛、全国路亚海钓邀请赛、浙马百公里赛，开展省政协“送体育下乡”活动，组队参加温州第十七届运动会（大众体育部）赛事20项，获金牌10枚、

2021年5月14日至16日，“瓯江杯”帆船邀请赛在洞头举行（区文广旅体局提供）

银牌11枚、铜牌12枚及大众体育部综合团体总分二等奖、优秀组织奖。

【洞头区第五届职工乒乓球赛】 2021年4月2日，洞头区第五届“工会杯”职工乒乓球混合团体赛在温州市教师教育院洞头分院举行。全区共有19支代表队近500名选手参赛。比赛通过男女混合团体赛制，包含男单、男双、混双。经过角逐，最终甲组教育系统一队、医共体（法院）代表队、国网洞头区供电局代表队分获前三名；乙组教育系统二队、区农业农村局、金融系统代表队分获前三名。比赛由区总工会、区文广旅体局、区退役军人事务局、区体育总会联合主办，浙江洞头农村商业银行股份有限公司协办，昊星中国爱乒乓培训学校、洞头区乒乓球协会承办。

【温州市首届“瓯江杯”帆船邀请赛】 2021年5月14日至16日，“2021嘉信游艇·瓯江杯”帆船邀请赛在洞头举行，赛事主题是“瓯江情，航海梦”。比赛采用珐伊28R统一级别帆船，山东、上海、福建、广东、安徽、江西等地和温州本地8支船队和48名帆船选手参赛。最终浙江飞龙体育海通联队获总成绩冠军，上海老水上队、味奕依帆船队分获亚军和季军。5月16日晚，在洞头区南洋国际大酒店举行颁奖仪式。邀请赛指导单位是温州市体育局、温州市城市建设发展集团有限公司、鹿城区人民政府、洞头区人民政府，主办单位是温州体育发展投资集团有限公司、洞头区文化和广电旅游体育局、嘉信游艇产业投资集团有限公司，承办单位是浙江嘉旭游艇有限公司、深圳市海之蓝游艇服务有限公司，协办单位是温州市城市建设投资有限公司、温州市公共建筑建设投资有限公司、温州嘉信22号游艇码头、浙江涅盘游艇有限公司、温州市帆船运动协会。

【浙马跑团百公里接力赛洞头站】 2021年5月23日，“庆祝建党百年 传递红船精神”浙马跑团百公里接力赛（温州站）在洞头先锋女子民兵连广场开赛。20个跑团100名党员队员完成10千米赛程。接力赛共设置10站，起点和终点为洞头先锋女子民兵连纪念馆广场，途经海霞村、海霞路、燕山路、杨文隧道、东沙村、大王殿村、鸽尾礁村，每站为10千米。首站比赛于5月15日在嘉兴南湖举行，第二站在杭州淳安中国工农红军北上抗日先遣队纪念馆。温州站为第三站。活动由浙江省体育总会指导，浙江省体育竞赛中心支持，浙江省马拉松及路跑协会、温州市体育总会主办，洞头区文化和广电旅游体育局、洞头区海霞学院承办，温州马拉松协会、洞头区马拉松协会协办，浙江青鸟捷出体育文化传播有限公司执行。

2021年5月23日，“庆祝建党百年 传递红船精神”浙马跑团百公里接力赛（温州站）在洞头先锋女子民兵连广场开赛（区文广旅体局提供）

2021年9月18日至19日，温州市第十七届运动会（大众体育部）定向比赛在洞头举行　（区文广旅体局提供）

【全国海钓俱乐部（猎鲈）邀请赛】 2021年6月6日，第六届温州市“百岛洞头杯”全国海钓俱乐部（猎鲈）邀请赛在洞头举行。本次比赛主要采用快艇路亚，比赛区域为洞头海域，共邀请全国15支俱乐部队伍60人参赛。最终，南麂钓鱼协会以总重量76.3千克的成绩获第一名，路亚海钓俱乐部二队以71.4千克、温州海钓委员会以45.7千克的成绩分获第二、第三名。邀请赛由区文化和广电旅游体育局主办，温州市钓鱼协会承办，中国钓鱼俱乐部联盟支持。

【温州市首届沙滩风筝邀请赛】 2021年7月31日至8月1日，温州市首届沙滩风筝邀请赛在洞头举行，全省各地11支代表队近100名运动员参赛，共有150多只风筝角逐各项比赛，比赛主题是“红色百年 放飞梦想”。比赛设置传统龙串类风筝、传统串类风筝、串类最长风筝、滚地龙风筝、海洋动物主题风筝、三叶虫风筝、最佳软体造型（挂件）风筝、软体章鱼风筝、最佳空中效果风筝、夜光风筝等10个项目个人赛。经角逐，瑞安代表队董光良和温州文化队叶绍明等选手分获夜光风筝和串类最长风筝等项目冠军。比赛主办单位是温州市体育局、洞头区人民政府，承办单位是洞头区文化和广电旅游体育局、温州市风筝协会，协办单位是东屏街道、洞头木心合文化旅游有限公司。

【温州市第十七届运动会定向比赛】 2021年9月18日至19日，温州市第十七届运动会（大众体育部）定向比赛在洞头举行，全市共10支代表队参加比赛。比赛采用分批次分项目，共设成年男子组、成年女子组、青少年男子组、青少年女子组四个组别，由短距离、100米和二人接力三个项目组成，设金牌12枚。最终鹿城区代表队获5枚金牌，乐清市代表队获3枚金牌，洞头区代表队获2枚金牌，瓯海区和泰顺县代表队各获1枚金牌。比赛由温州市人民政府主办，洞头区人民政府承办，洞头区文广旅体局协办。

【温州市第十七届运动会航空模型比赛】 2021年10月9日至10日，温州市第十七届运动会（大众体育部）航空模型比赛在洞头区举行，全市共10支代表队参加比赛。比赛共设8个项目，包含无线电遥控固定翼绕标竞速、无线电遥控多旋翼对地侦查、无线电遥控固定翼穿龙门、无线电遥控纸飞机定点、伞降火箭飞行、FPV无人机竞速、助推滑翔机火箭飞行、无线电遥控固定翼空战组成。最终永嘉县获2枚金牌，鹿城区、龙湾区、洞头区、乐清市、瑞安市、泰顺县各获1枚金牌。比赛由温州市人民政府主办，洞头区人民政府承办，洞头区文广旅体局协办。

【羽毛球团体邀请赛】 2021年10月31日，洞头区新时代美丽乡村杯羽毛球团体邀请赛在区市民活动中心举行，全区机关、部门、街道（乡镇）100多名羽毛球爱好者组队参加比赛。比赛按男双、混双、男单、女单、女双，采用五场三胜制。最终区农业农村局代表队、小三盘代表队、鹿西乡代表队分获前三名。比赛由洞头区农业农村局、洞头区文广旅体局主办，洞头区羽毛球协会承办。

竞技体育

【概况】 2021年，洞头区新注册运动员164名，累计在册运动员1400名。输送市级体校运动员7名，转正运动员4名，分别为羽毛球1名、自由式摔跤1名、跆拳道2名。组队参加市第十七届运动会（青少年部）14个大项18个小项比赛，共获金牌6.5枚、银牌13枚、铜牌13枚。举办洞头区中小学生体育节足球、羽毛球、游泳比赛及洞头区中小学生阳光体育比赛等。

【洞头区中小学生体育节羽毛球赛】 2021年5月28日，2021洞头区中小学生体育节羽毛球赛在霓屿义校举行，全区17所学校近100名运动员参加比赛。比赛设初中组男子团体、女子团体，小学组

2021年洞头区籍运动员参加体育竞赛成绩一览表

表58

序号	姓名	竞赛名称	参赛项目	名次
1	陈雨浓	2021年全国皮划艇秋季冠军赛	龙舟拔河	第三名
2	陈雨浓	2021年全国皮划艇秋季冠军赛	乙组竞速男女子划艇水上6公里	第三名
4	胡航鸣	2021年浙江省青少年空手道锦标赛	丙组男子团体型	第一名
5	胡航鸣	2021年浙江省青少年空手道锦标赛	丙组男子个人型	第一名
6	汪秀棚	2021年浙江省青少年摔跤锦标赛	男52公斤	第一名
7	叶轩成	2021年浙江省青少年帆板级、激光级4.7帆船锦标赛	帆板男子乙组障碍赛	第二名
8	鲍俊楠	2021年浙江省青少年帆船帆板冠军赛	帆板男子甲组障碍赛	第二名
9	鲍俊楠	2021年浙江省青少年帆船帆板冠军赛	帆板男子甲组长距离赛	第二名
10	鲍俊楠	2021年浙江省青少年帆船帆板冠军赛	帆板男子甲组帆板级	第三名
11	方芝颖	2021年浙江省青少年跆拳道锦标赛	女子甲组46公斤	第三名
22	余国福	温州市第十七届运动会（青少年部）散打比赛	男子甲组65公斤	第二名
23	邹国富	温州市第十七届运动会（青少年部）散打比赛	男子乙组48公斤	第二名
24	胡天鹏	温州市第十七届运动会（青少年部）散打比赛	男子乙组56公斤	第二名
25	陈　伟	温州市第十七届运动会（青少年部）散打比赛	男子甲组75+公斤	第三名
26	付玉杰	温州市第十七届运动会（青少年部）散打比赛	男子乙组48公斤	第三名
27	吴瑞浩	温州市第十七届运动会（青少年部）散打比赛	男子乙组56公斤	第三名
28	王　旭	温州市第十七届运动会（青少年部）散打比赛	男子乙组60公斤	第三名
29	段军成	温州市第十七届运动会（青少年部）散打比赛	男子乙组75公斤	第三名
30	雷织织	温州市第十七届运动会（青少年部）散打比赛	女子乙组48公斤	第三名
34	胡航鸣	温州市第十七届运动会（青少年部）空手道比赛	男子丙组个人型	第一名
35	胡航鸣 吴承洋 叶柏桥	温州市第十七届运动会（青少年部）空手道比赛	男子丙组团体型	第一名
36	张佑彤 吴亦飞 吴承函	温州市第十七届运动会（青少年部）空手道比赛	女子丙组团体组手36—45公斤	第二名
37	庄渝涵 吴亦飞 吴承函	温州市第十七届运动会（青少年部）空手道比赛	女子丙组团体型	第三名
42	汪秀棚	温州市第十七届运动会（青少年部）摔跤比赛	男子乙组自由54公斤	第一名
43	潘俊宇	温州市第十七届运动会（青少年部）摔跤比赛	男子乙组自由54公斤	第二名
44	翁志安	温州市第十七届运动会（青少年部）举重比赛	男子甲组73+公斤	第二名
45	黄　熙	温州市第十七届运动会（青少年部）举重比赛	女子甲组64公斤	第二名
46	黄可莹	温州市第十七届运动会（青少年部）举重比赛	女子甲组64公斤	第三名
52	叶轩成	温州市第十七届运动会（青少年部）帆船帆板比赛	男子乙组（帆板T93级）障碍滑赛	第一名
53	叶轩成	温州市第十七届运动会（青少年部）帆船帆板比赛	男子乙组（帆板T93级）奥林匹克场地赛	第一名
54	叶轩成	温州市第十七届运动会（青少年部）帆船帆板比赛	男子乙组（帆板T93级）长距离赛	第一名
55	李俊杰	温州市第十七届运动会（青少年部）帆船帆板比赛	男子甲组（帆板T93级）长距离赛	第二名
56	江宏臻	温州市第十七届运动会（青少年部）帆船帆板比赛	男子乙组（帆板T93级）长距离赛	第二名

续表58

序号	姓名	竞赛名称	参赛项目	名次
57	江宏臻	温州市第十七届运动会（青少年部）帆船帆板比赛	男子乙组（帆板T93级）障碍滑赛	第二名
58	江宏臻	温州市第十七届运动会（青少年部）帆船帆板比赛	男子乙组（帆板T93级）奥林匹克场地赛	第三名
59	李俊杰	温州市第十七届运动会（青少年部）帆船帆板比赛	男子甲组（帆板T93级）奥林匹克场地赛	第三名
61	柯博文	温州市第十七届运动会（青少年部）拳击比赛	男子丙组55公斤	第二名
62	邓良宇	温州市第十七届运动会（青少年部）拳击比赛	男子乙组56公斤	第三名
67	陈奕豪	温州市第十七届运动会（青少年部）田径比赛	13岁组男子跳远	第三名
68	刘淇铭	温州市第十七届运动会（青少年部）田径比赛	13岁男子3000米	第三名
92	郑雅文	2021年温州市青少年学生阳光体育运动会中小学生空手道锦标赛	小学低年级女子组个人组手28公斤	第一名
93	蒋涵燏	2021年温州市青少年学生阳光体育运动会空手道锦标赛	小学高年级男子组个人组手+50公斤	第一名
94	张奕洋	2021年温州市青少年学生阳光体育运动会空手道锦标赛	小学低年级男子组个人组手31公斤	第一名
95	张奕洋	2021年温州市青少年学生阳光体育运动会空手道锦标赛	小学低年级男子组个人组手31公斤	第一名
96	张奕冉	2021年温州市青少年学生阳光体育运动会空手道锦标赛	小学高年级男子组个人组手38公斤	第二名
97	张奕冉	2021年温州市青少年学生阳光体育运动会空手道锦标赛	小学高年级男子组个人组手38公斤	第二名
98	王　宣	2021年温州市青少年学生阳光体育运动会空手道锦标赛	小学低年级男子组个人组手31公斤	第三名
99	谢朗宇	2021年温州市青少年学生阳光体育运动会空手道锦标赛	小学高年级男子组个人组手+50公斤	第三名
100	谢朗宇	2021年温州市青少年学生阳光体育运动会空手道锦标赛	小学高年级男子组个人组手+50公斤	第三名
101	胡员诚	2021年温州市青少年学生阳光体育运动会空手道锦标赛	小学高年级男子组个人组手50公斤	第三名
104	洪　洋	2021年温州市青少年学生阳光体育运动会跆拳道锦标赛	小学男子甲组47公斤+	第一名
105	庄谨羽	2021年温州市青少年学生阳光体育运动会跆拳道锦标赛	小学女子乙组37公斤+	第二名
106	林生凌	2021年温州市青少年学生阳光体育运动会跆拳道锦标赛	小学男子甲组43公斤	第三名
107	郑瑜增	2021年温州市青少年学生阳光体育运动会跆拳道锦标赛	小学女子甲组初级品势	第三名
108	郑瑜增	2021年温州市青少年学生阳光体育运动会跆拳道锦标赛	小学女子甲组33公斤	第三名
109	陈博远	2021年温州市青少年学生阳光体育运动会跆拳道锦标赛	小学男子甲组39公斤	第三名
112	杨晨瑞	2021年温州市青少年学生阳光体育运动会跆拳手道锦标赛	小学男子乙组25公斤	第一名
113	郑雅文	2021年温州市青少年学生阳光体育运动会中小学生空手道锦标赛	小学低年级女子组个人组手28公斤	第一名
114	叶柏桥	2021年温州市青少年学生阳光体育运动会武术套路锦标赛	第一套国际规定南棍男子小学高年级组	第一名
115	庄谨羽	2021年温州市青少年学生阳光体育运动会武术套路锦标赛	八法五步女子小学低年级组	第一名
116	庄谨羽	2021年温州市青少年学生阳光体育运动会武术套路锦标赛	第一套国际规定南棍女子小学低年级组	第一名
117	郑瑜增	2021年温州市青少年学生阳光体育运动会武术套路锦标赛	第一套国际规定南棍女子小学高年级组	第二名
118	许铭倩	2021年温州市青少年学生阳光体育运动会武术套路锦标赛	第一套国际规定南棍女子小学低年级组	第二名
119	郑瑜增	2021年温州市青少年学生阳光体育运动会武术套路锦标赛	第一套国际规定南拳女子小学高年级组	第二名
120	许铭倩	2021年温州市青少年学生阳光体育运动会武术套路锦标赛	八法五步女子小学低年级组	第二名
121	吴紫菱	2021年温州市青少年学生阳光体育运动会武术套路锦标赛	第一套国际规定南棍女子小学高年级组	第三名
122	林生凌	2021年温州市青少年学生阳光体育运动会武术套路锦标赛	第一套国际规定南棍男子小学高年级组	第三名
123	李洛熙	2021年温州市青少年学生阳光体育运动会武术套路锦标赛	第一套国际规定南棍女子小学低年级组	第三名
124	张佑彤	2021年温州市青少年学生阳光体育运动会武术套路锦标赛	第一套国际规定南拳女子小学高年级组	第三名

续表58

序号	姓名	竞赛名称	参赛项目	名次
133	林生凌 庄谨旭 陈炜杰	2021年温州市青少年学生阳光体育运动会中小学生空手道锦标赛	小学高年级男子组团体组手	第一名
134	陈炜杰	2021年温州市青少年学生阳光体育运动会中小学生空手道锦标赛	个人组手38公斤	第一名
135	吴紫菱	2021年温州市青少年学生阳光体育运动会中小学生空手道锦标赛	小学高年级女子组个人高级型	第一名
136	庄渝涵	2021年温州市青少年学生阳光体育运动会中小学生空手道锦标赛	小学高年级女子组个人组手+45公斤	第二名
137	林生凌	2021年温州市青少年学生阳光体育运动会中小学生空手道锦标赛	小学高年级男子组个人组手41公斤	第二名
138	张佑彤 郑瑜增 吴紫菱	2021年温州市青少年学生阳光体育运动会中小学生空手道锦标赛	小学高年级女子组团体高级型	第二名
139	苏品泽 魏子竣 林烜宇	2021年温州市青少年学生阳光体育运动会中小学生空手道锦标赛	小学高年级男子组团体高级型	第三名
140	庄谨旭 张佑彤 郑瑜增	2021年温州市青少年学生阳光体育运动会中小学生空手道锦标赛	小学高年级女子组团体组手	第三名
141	庄谨旭	2021年温州市青少年学生阳光体育运动会中小学生空手道锦标赛	小学高年级女子组个人组手41公斤	第三名
142	陈炜杰 陈一诺 庄谨旭	2021年温州市青少年学生阳光体育运动会中小学生空手道锦标赛	小学高年级男子组团体高级型	第三名
143	庄谨羽	2021年温州市青少年学生阳光体育运动会中小学生空手道锦标赛	小学高年级女子组个人组手45公斤	第三名
144	许铭倩	2021年温州市青少年学生阳光体育运动会中小学生空手道锦标赛	小学低年级女子组个人组手28公斤	第三名
152	晏子依	2021年温州市青少年学生阳光体育运动会中小学生跆拳道锦标赛	高中女子组54公斤	第一名
153	晏子依	2021年温州市青少年学生阳光体育运动会中小学生跆拳道锦标赛	高中女子组高级品势	第一名
154	谷协鹏	2021年温州市青少年学生阳光体育运动会中小学生跆拳道锦标赛	高中男子组初级品势	第一名
155	林夏安	2021年温州市青少年学生阳光体育运动会中小学生跆拳道锦标赛	高中女子组初级品势	第一名
156	林硕坤	2021年温州市青少年学生阳光体育运动会中小学生跆拳道锦标赛	小学男子甲组36公斤	第二名
157	林夏安	2021年温州市青少年学生阳光体育运动会中小学生跆拳道锦标赛	高中女子组54公斤	第二名
158	许紫彤	2021年温州市青少年学生阳光体育运动会中小学生跆拳道锦标赛	高中女子组初级品势	第二名
159	张梓彦	2021年温州市青少年学生阳光体育运动会中小学生跆拳道锦标赛	小学男子甲组47公斤+	第三名
160	谷协鹏	2021年温州市青少年学生阳光体育运动会中小学生跆拳道锦标赛	高中男子组62公斤	第三名
161	温含毅	2021年温州市青少年学生阳光体育运动会中小学生跆拳道锦标赛	高中男子组57公斤	第三名
162	温含毅	2021年温州市青少年学生阳光体育运动会中小学生跆拳道锦标赛	高中男子组高级品势	第三名
163	许紫彤	2021年温州市青少年学生阳光体育运动会中小学生跆拳道锦标赛	高中女子组59公斤	第三名

（区文广旅体局提供）

2021年5月28日，洞头区中小学生体育节羽毛球比赛 （区文广旅体局提供）

男、女个人赛。经过角逐，温州市乐成寄宿中学获初中男子团体冠军，灵昆中学获初中女子团体冠军，实验小学张恩泽获小学组男子单打冠军，灵昆一小毛雪菲获小学组女子单打冠军。比赛由区文化和广电旅游体育局、区教育局主办，区羽毛球协会承办。

【温州市第十七届运动会乒乓球比赛】2021 年 7 月 13 日至 16 日，温州市第十七届运动会（青少年部）乒乓球比赛在洞头区文体中心举办，各县（市、区）11 支代表队 230 多人参加。赛前全体参赛人员进行反兴奋剂教育培训及考试。比赛分团体和个人，采用单循环和淘汰赛制，共产生 15 枚金牌。最终平阳县、龙湾区、鹿城区代表队获团体总分和奖牌榜前三名。比赛由温州市人民政府主办，温州市体育局执行，洞头区人民政府承办，温州市社会体育指导中心赛事监管，洞头区文广旅体局协办，浙江瀛洲岛体育发展有限公司负责赛事运营。

【温州市第十七届运动会自行车比赛】2021 年 7 月 28 日至 30 日，温州市第十七届运动会（青少年部）自行车比赛在洞头区南塘公园环岛公路举办，全市各县（市、区）5 支代表队 53 人参加。比赛包含 6 个大项 32 个小项，共产生 32 枚金牌。经角逐，乐清市代表队、平阳县代表队、瓯海区代表队分获团体总分前三名。比赛由温州市人民政府主办，温州市体育局执行，洞头区人民政府承办，温州市社会体育指导中心负责赛事监管，洞头区文广旅体局协办，浙江瀛洲岛体育发展有限公司赛事运营。

2021年7月28日至30日，温州市第十七届运动会（青少年部）自行车比赛在洞头举行 （区文广旅体局提供）

体育产业

【概况】2021 年，洞头区制定《关于促进文化体育旅游产业融合发展的若干政策意见（试行）》，强化文体旅融合，打造韭菜岙沙滩公园集沙滩和水上运动项目为一体的多功能休闲体育公园，常态化运营海上游，引进水上飞板、拖伞、热气球等海洋运动新产品。打造铁三小镇、韵动海湾项目，签约建设国家海上国民休闲运动中心，完成帆船帆板基地建设方案。连港环岛公路（骑行）—临海悬崖栈道仙岩段（徒步）—东岙沙滩（游泳）获评 2021 年度浙江省运动休闲旅游精品线路。

【体育产业融合发展的若干政策意见】2021 年 7 月 27 日，为认真贯彻中央和省、市关于促进文体旅产业发展的有关政策意见，促进全区文体旅产业融合发展，区政府制定《关于促进文化体育旅游产业融合发展的若干政策意见（试行）》。包含扶持文体旅产业新业态，鼓励提升海上休闲产业；鼓励社会力量办文体活动；加强人才队伍建设，鼓励培养文体旅服务人才，扶持发展体育组织，鼓励加快导游人才队伍建设等。该政策自2021年8月27日起实施，有效期至2022年12月31日止。适用于2021年1月1日后奖补对象。

【国民休闲运动中心建设协议签约】 2021年8月30日，洞头区人民政府与国家体育总局水上运动管理中心、浙江品森旅游发展有限公司三方签订建设“国家海上国民休闲运动中心”战略合作框架协议。该协议主要为努力推动洞头水上运动产业政策管理创新与产业发展创新，共同整合水上运动资源，打造水上运动基地，形成赛事活动成熟、产业带动明显、人民共享发展的产业地标。洞头奥浪俱乐部、洞头奥浦俱乐部、温州帆船运动协会入驻梦幻海湾水域，常态化开展水上活动。

【洞头一线路入选省运动休闲精品线路】 2021年10月8日，浙江省体育局、省文化和旅游厅联合发文认定2021年度浙江省运动休闲旅游示范基地、精品线路和优秀项目。洞头申报的洞头连港环岛公路（骑行）—临海悬崖栈道仙岩段（徒步）—东岙沙滩（游泳）入选浙江省运动休闲精品线路（2022—2024），为全市唯一入选线路。洞头连港环岛公路起于三盘大桥，终点至白迭村，全长12.856千米，其中隧道6座，按国家二级公路建设标准建造，于2013年5月正式通车。连通三盘、东沙、中心三大渔港和杨文、南塘两大工业园区，车道、自行车道、游步道齐全。东海第一临海悬崖栈道仙叠岩段位于洞头的核心风景区——仙叠岩（大沙岙）景区。栈道起点位于半屏山景区，终点至垄头金沙滩，总长约11.4千米，为东南沿海最长临海悬崖栈道。东岙沙滩作为洞头区首个沙滩整治修复工程，修复投入近900万元，共修复沙滩面积1.84万平方米，岸线总长135米。曾举办横渡半屏海峡冬泳邀请赛、国际铁人三项赛、沙滩音乐节等赛事活动，吸引了大量游客，带动东岙村的旅游产业和村级集体经济快速发展。

体育场所建设

【概况】 2021年，洞头区完成省、市为民办实事工程5项，建成社区多功能公共运动场1个、百姓健身房2个、登山健身步道1条、新建或提升篮球场1个。其中省城市（市一类）百姓健身房1个、省农村百姓健身房1个。

【社区多功能公共运动场建成1个】 2021年5月，霓屿街道正岙村社区多功能运动场开工建设，9月完工投用。该运动场位于正岙村新村部前空地，场地面积约800平方米，内设有篮球、羽毛球、健身苑点等运动项目。总投资约30万元。

【百姓健身房建设2个】 2021年6月，洞头区建成百姓健身房2个。其中，灵昆街道周宅村省城市（一类）百姓健身房位于灵昆街道周宅村新办事大楼九佰路口公交站旁，建筑面积约250平方米，总投资约30万元，内有有氧器械12台、力量器械5台、辅助器械3件等运动设施；霓屿街道布袋岙村百姓健身房位于霓屿街道党群服务中心，建筑面积约100平方米，总投资约15万元，内有有氧器械2件、力量器械2件、辅助器材3件、棋盘棋牌4副等运动设施。

【登山健身步道建成1条】 2021年9月，洞头区霓屿街道山尖登山步道完工投用。该步道长约5千米，总投资约500万元，途经桐岙村、上社村、山尖、布袋岙等村。内建栈道、砾石道、间隔石道、台阶等。

【篮球场提升1个】 2021年9月，洞头区北岙街道小三盘村篮球场提升工程完工投用。，拥有场地面积约650平方米，内铺塑胶地面，球场围网，配灯光照明设施，总投资约20万元。

（颜孙琼）

2021年洞头区省、市民生实事项目建设一览表

表59

序号	项目名称	具体建设地址	建设单位
1	省城市百姓健身房	灵昆街道周宅村	灵昆街道
2	省农村百姓健身房	霓屿街道布袋岙村	霓屿街道
3	省社区多功能运动场	霓屿街道正岙村	霓屿街道
4	市新建或提升篮球场	北岙街道小三盘村	北岙街道
5	市登山健身步道	霓屿街道（桐岙村—上社村—山尖—布袋岙村）	霓屿街道

（区文广旅体局提供）

居民生活

人力资源管理

【概况】 2021年，洞头区共计聘用事业单位人员76名，开展机关事业单位编外用工招考13期，招聘135人。协助海霞文旅、城发、旅发公司等单位开展国企考招，招聘14人。组织重点企业与浙江海洋大学、丽水学院等高校开展人才交流对接及招才引智活动。推动惠民补贴资金发放“一卡通达”“信用就业”等民生“关键小事”数字化改革项目。推进政务服务办件线上受理，政务服务网2.0系统收件率90%以上。完善事业单位全生涯等“一件事”事项服务指南13项。整理完善高频事项常见问题与解答等服务信息，采集更新人社服务网点电子地图34个。

（张菁宸）

【人才人事管理】 2021年，洞头区事业单位面向社会公开招聘事业单位工作人员18人；“510”行动通过“一县一高校”联动招聘浙江海洋大学毕业生5人；通过“单招单考”及到高校招聘教育卫生部门教师37名、医卫人员13名；实行专业化招聘，协同农业农村局招聘船舶驾驶人员2人；配合退役军人事务局安置转业士官。审批事业单位岗位设置变动154件次，涉及人员岗位变动272人次；完成事业单位人员流动审批130人，其中调离本区18人，区外调入4人。走访企业人事经理“一对一”解读政策，大数据排查“点对点”通知符合对象，做精做细人才服务。发布政策兑现申报指南3期，制作微视频1期。全年兑现政府津贴、人才奖励、购房（安家）补助等各类人才待遇600多万元，惠及1744人，惠及企业2家（浙江立鹏建设有限公司和浙江恒博电气制造有限公司）。

【专业技术人员培养】 2021年，洞头区推进人才选拔培养工作。推荐参与省市中、高级职称评审69人；完成初级专业技术职格评审及确认125人；教育系统一级教师参评37人，通过29人。协助完成教育系统中、高级教师自主评聘副高级聘用3人、中级聘用7人；协助区医共体完成卫生高级专业技术职务任职资格自主评聘正高级聘用2人、副高级聘用11人。全年组织1860多名专业技术人员参加公需科目培训和考试。

【“510计划”大学生招引攻坚行动】 2021年，洞头区通过走访、电话沟通等渠道征集企业大学生岗位1874个，完成市下达任务的127.5%。联合浙江海洋大学和丽水学院等高校联络站，发布洞头区重点企业岗位500多个。推动“线上”和“线下”双管齐下招聘，开展高校毕业生“云聘会”和丽水学院专场招聘会各1期，组织49家次企业赴兰州等地开展人才招聘活动。全年累计招引大学生1968人，其中博士3人、硕士65人，完成市下达所有考核指标高线任务。

【引才环境优化】 2021年，洞头区开展本地籍大学生“家燕归巢”，实行大学生实习计划，全年发布大学生实习岗位4批次438个，累计吸引大学生到企事业单位实习147名，完成市下达任务指标的110%。建立大学生驿站4家，入住87人次。

【人事档案专项审核】 2021年，为贯彻落实上级从严管理干部工作精神，结合省委巡视反馈意见，洞头区开展事业单位工作人员人事档案专项审核工作，通过函告、电话沟通、每周通报等形式督促各单位开展档案专项审核工作。截至年底，完成52个部门1533名事业单位在职人员人事档案专项审核工作。

（林生毅　王丹）

就业创业

【概况】2021年，洞头区城镇新增就业1765人，完成目标的105%；就业困难人员再就业84人，完成目标的112%；城镇登记失业率为1.71%，同比降低0.11%，处于全市低位水平；发放创业贷款900万元，完成目标的106%。推出“求职导游云探岗”“贩岗超市”“人才联络站”等特色招聘载体，征集并发布就业岗位3120个。实施“技能提升＋岗位推荐＋兜底安置”三位一体帮扶举措，促进重点人员充分就业。实施促进就业技

2021年洞头区各类专业技术人员一览表

表60　　单位：人

序号	类别	合计	高级	中级	初级
1	工程技术人员	546	63	197	286
2	农业技术人员	54	2	15	37
3	科学技术人员	2	0	2	0
4	卫生技术人员	598	100	183	315
5	教育人员	1313	258	583	472
6	经济人员	156	19	101	36
7	会计人员	92	2	22	68
8	统计人员	17	1	8	8
9	律师公证人员	7	0	0	7
10	播音人员	13	0	1	12
11	艺术人员	20	2	5	13
12	图书档案、文博人员	33	4	8	21
13	新闻、出版人员	45	3	16	26
14	体育人员	7	0	5	2
15	其他人员（政工）	19	0	15	4
	总计	2922	454	1161	1307

（区人力社保局提供）

2021年洞头区部分人才优惠待遇专项补助一览表

表61

序号	姓名	性别	单位	类别	奖励金额（元）	奖励期限（分五年）
1	陈松国	男	洞头区大门镇中心卫生院	领军人才引培工程专项人才	20000	2020—2024年
2	叶兴辉	男	洞头区人民医院	领军人才引培工程专项人才	20000	2020—2024年
3	陈声荣	男	洞头区人民医院	领军人才引培工程专项人才	20000	2020—2024年
4	曾春萍	女	洞头区人民医院	领军人才引培工程专项人才	20000	2020—2024年
5	陈秉诚	男	洞头区人民医院	领军人才引培工程专项人才	20000	2020—2024年
6	陈国志	男	洞头区人民医院	领军人才引培工程专项人才	20000	2020—2024年
7	张高伟	男	洞头区人民医院	领军人才引培工程专项人才	20000	2020—2024年
8	郭建琪	男	洞头区人民医院	领军人才引培工程专项人才	20000	2020—2024年

续表61

序号	姓名	性别	单位	类别	奖励金额（元）	奖励期限（分五年）
9	杨丽君	女	洞头区疾病预防控制中心	领军人才引培工程专项人才	20000	2020—2024年
10	吴钟栅	男	洞头区职业技术教育中心	领军人才引培工程专项人才	10000	2020—2024年
11	胡恩忠	男	浙江省圣傲姬实业有限公司	领军人才引培工程专项人才	10000	2020—2024年
12	刘乐飞	女	洞头区人民医院	领军人才引培工程专项人才	20000	2019—2023年
13	郑小平	女	洞头区疾病预防控制中心	领军人才引培工程专项人才	20000	2019—2023年
14	戴海东	男	洞头区人民医院	领军人才引培工程专项人才	20000	2018—2022年
15	南爱珍	女	洞头区人民医院	领军人才引培工程专项人才	20000	2018—2022年
16	洪丽君	女	洞头区疾病预防控制中心	领军人才引培工程专项人才	20000	2018—2022年
17	蔡后富	男	洞头区疾病预防控制中心	领军人才引培工程专项人才	20000	2018—2022年

（区人力社保局提供）

能培养“展翅行动”及“工匠人才”培育。培训各类技能人才2980人次，其中发证人数1702人次。新创成国家级高质量充分就业村1个、省级2个。

【用工招聘服务】2021年，洞头区打造“洞头人社”区域化招聘品牌，常态化打通企业与务工人员招聘求职渠道，持续开展“乡村巡回招工”“超市放岗”等线下招聘。创新推出“求职导游云探岗”引才活动。借助短视频平台“短平快”特点，结合线下LED屏幕，做到对求职人群的全方位覆盖。内容重点展示企业工作环境、企业文化等，让求职者详细了解洞头区重点引才企业的岗位信息、工作氛围、薪资待遇等内容。建立省外“人才联络站”16家，累计发布就业岗位3120个，帮助企业招用新员工448人。

【就业技能人才培养“展翅行动”】2021年，洞头区推进《洞头区促进就业技能人才培养“展翅行动”实施方案》，围绕旅游休闲、家政康养、乡村发展、企业蓝领及社会综合服务等五大方面开设培训项目34个。全年培训各类技能人才2980人次，技能人才取证1702人，其中高技能人才491人，超额完成市对区“工匠人才”考核高线指标。

【重点群体就业帮扶】2021年，区人社局利用信息数据找准高校毕业生、就业困难人员等重点群体，实施“技能培训—岗位推介—成功就业”“一站式”精准援助。深化创业“三位一体”帮扶机制。全年发放稳岗补助、失业补助、就业援助、就业补贴等各类资金882.36万元，惠及4600多人次，发放创业担保贷款900万元，城镇新增就业1765人，其中84名就业困难人员实现就业，城镇登记失业率为1.71%。

【东岙村获评国家级充分就业社区】2021年12月13日，第五批“国家级充分就业社区”名单公布，东屏街道东岙村名列其中，为全市唯一入选的村居。洞头区人力资源和社会保障局借助东岙村沙滩修复契机，定期“进村入户”指导民宿产业发展，开展民宿管家、庭院绿化美化、烹饪等旅游服务相关技能培训12期，累计培训300多人次，召开创业担保贷款、创业补贴等政策宣讲会8场，累计为12家民宿经营实体发放创业担保贷款190万

2021年3月12日，洞头区就业超市“3·12”温州人才日招聘活动（刘 强 摄）

元。国家级充分就业社区推荐认定工作每两年开展一次，每批约200个。推荐标准为辖区内有劳动能力和就业愿望的劳动者、登记失业人员和就业困难人员的就业率均不低于95%，无失业半年以上人员；符合就业失业登记条件的人员100%进行登记，零就业家庭认定后的1个月内至少帮助1人实现就业等。

【洞头区帆船教练员技能培训】2021年9月27日至28日，区人力社保局联合区文广旅体局举办"展翅行动"——洞头区帆船教练员技能培训班暨2021年洞头区帆船教练员社会体育指导员培训班。培训班邀请专职教练温州市体育中心金晓敏教练为学员讲解帆船起源、帆船结构、帆船操作、帆船海上航海安全等方面理论知识。让学员学习和掌握海洋基本自然规律和相关气象学知识，预判应对风浪等变化以及如何进行水上各种作业，四级风浪下熟练操控帆船。并在奥浦、奥浪帆船俱乐部开展帆船海上航海实践操作培训及实操考核。区内退役军人、帆船俱乐部成员及海上休闲从业者等33人参加培训。

【"家政便民"民生实事】2021年，洞头区紧盯民生实事任务，倒排时间节点，走访考察各街镇有意愿有基础的经营主体，择优并谋划建设服务网点。组织开展医疗护工等家政服务培训。全年新建家政服务网点2个，培训医院护理等家服人员588人次，新增体检合格、持卡入档家服人员307人，提前半年率先全市超额完成市民生实事任务。

（刘 强）

劳动者权益维护

【概况】2021年，温州市洞头区劳动保障监察大队联动相关部门、街道（乡镇），组织开展护航建党百年"浙江安薪"专项行动、根治欠薪天网100+专项治理行动、"根治欠薪"冬季攻坚行动等专项检查，重点做好政府投资项目、劳动密集型企业、校外培训机构、新经济领域根治欠薪工作，巩固并提升"无欠薪"示范区创建。推进工资支付数字化改革，把监管从建设领域向制造、服务领域覆盖。全年共检查用人单位1897家，向企业下发《劳动保障监察询问通知书》69份、《劳动保障监察限期改正指令书》85份，受理处理投诉举报件103件，"110"社会应急联动指令61件，部级欠薪线索37件，网络平台信访件164件，为834名工人追回工资959.06万元。

【劳动人事争议规范化建设】2021年，洞头区劳动人事争议仲裁院通过完善预防调解处理、裁审衔接、案件合议、基层调解等制度，推进工资、工伤争议速裁机制，设立劳动仲裁法律援助工作站，积极开展调解仲裁进企业（社区）活动。通过强化仲裁员学习培训、现场观摩、经验交流等，提升仲裁员的业务综合处理能力。从人员配备、制度建设、业务素质、硬件设施等方面推进劳动人事争议仲裁规范化、标准化建设。

【劳动争议案处理】2021年，洞头区共受理处理劳动争议案件188起，涉及仲裁标的344.67万元，案前调解149起，网络调解5件，立案34起（其中庭前调解32起，裁决2起），仲裁调解成功率95.2%，仲裁结案率100%；开展劳动人事争议仲裁案件网上办，推行"互联网＋仲裁"与"互联网＋调解"，全年网络办案率71.8%。

【护航建党百年"浙江安薪"专项行动】2021年，洞头区对标根治欠薪，开展多部门联合检查8次，出动60多人次，检查用人单位201家，其中在建工程42个，新业态企业6家，涉及劳动者3424人。专项行动开展期间，未发现用人单位恶意拖欠农民工工资违法行为。

【省"无欠薪区"成果巩固】2021年，洞头区加强劳动纠纷处置一体化平台、智慧监管·阳光支付系统、企业工资支付数字化监管系统等"三大平台"运用及更新，推动劳动纠纷前置化解。在全市率先实现对国有、规上、限上和高新技术企业"4个100%"全覆盖。高效运用"智慧监察·阳光支付"系统，纳入监管企业数和登记劳动者数占比位居全市第二，实现欠薪治理由"清欠"向"防欠"转变。全年受理各类欠薪举报投诉131件，为834名劳动者追回工资款959.06万元。

【根治欠薪天网100+专项治理行动】2021年，洞头区对在建工程项目、制造加工、餐饮服务类劳动密集型企业、学科类校外培训机构和在支付薪酬上有"污点"企业等重点行业领域开展专项治理，出动检查人员292人次，检查各类用人单位237家，其中在建工程项目62个，涉及劳动者3576人。协调处理欠薪事件39起，立案查处14起，其中处罚6起，为582人追回工资533.33万元。处置网络舆情事件1件，信访129件，及时处置应急联动指令件35起。

【"根治欠薪"冬季攻坚行动】2021年，洞头区"根治欠薪"冬季攻坚行动出动检查人员182人次，检查用人单位174家，其中在建工程项目62个，涉及政府投资项目17个，共涉及劳动者2506人。

全区未发生极端讨薪事件，政府投资项目、国企项目及交通、水利等工程建设项目未发生“一票否决”事项。

（吴琼琼　林娜）

社会保障

【概况】2021年底，洞头区各项社会保险基金（包括养老、工伤、失业）收入90832万元，与上年同比，增加34837万元，增长62%；支出93298万元，与上年同比，增加支出31440万元，增长51%；当年结余赤字2466万元，滚存结余64618万元。其中养老保险总收入88805元，支出91889万元，当年结余赤字3084万元，累计滚存结余59999万元；工伤保险基金总收入927万元，支出954万元，当年结余赤字27万元，累计结余1958万元；失业保险基金总收入1100万元，支出455万元，当年结余645万元，累计结余2661万元。

全年机关事业养老保险参保5800人，其中退休1497人；企业养老保险参保40733人，其中退休11335人；城乡居民养老保险参保38247，其中领取待遇17360人；被征地（退渔）渔农民基本生活保障覆盖至6个街道（乡镇）86个村，参保人数7114人，其中领取待遇5108人。工伤保险参保41772人，其中建筑施工企业25825人。失业保险参保15950人。全年妥善处置被征地农民“退渔渔民”参保指标遗留问题。在全省推进规范被征地参保专项工作中，洞头完成参保指标落实位居全市前列，市专班发专刊推介洞头经验。

【被征地参保专项行动】2021年，洞头区按照省、市要求，专班实体化推进专项工作，成立业务经办应急小组，通过深入分析、精准施策、破难攻坚，创新业务经办流程图，开展上门代办服务。完成第一类指标参保登记58人，完成率为96.7%，缴费率为91.7%；完成第二类指标526人，完成率为100%；完成第三类指标落实361人，完成率为180.5%；第五类人员已率先全市100%完成。全市被征地专项行动考核列第二名，纳入区委区政府专项工作特别奖予以表彰。

【社会保障卡】2021年，洞头区全面推进社会保障卡申领推广工作，全区社会保障卡持卡人数13.21万人。推广电子社保卡，全年新增电子社保卡持卡人员3.3万人，总持卡人数8.97万人。拓展社保卡应用，落地温州市利民补助“一件达”项目。推进养老待遇入卡，实现新增养老待遇和存量养老待遇入卡率分别达95%以上和50%以上。

【社保基金监管】2021年，洞头区落实省、市各类审计整改要求，结合自查发现的问题，追回社保基金7.73万元，涉及违规重复领取待遇人员12人。制定基本养老保险基金风险防控方案，查找并整改基金运行中的堵点、漏点，守住基金安全底线。

【机关企事业城乡退休人员待遇调整】2021年1月1日起，洞头区根据省人力资源和社会保障厅、省财政厅《关于2021年调整退休人员基本养老金的通知》要求，上调全区退休人员工资，连续第六次同步调整机关事业单位和企业退休人员基本养老金，其中企业退休人员为连续第十七次上调。本次调资惠及全区12523名退休人员，机关事业人均月增资248.79元，企业人均月增资114.40元。城乡居民退休人员基础养老金由每人每月245元调整为每人每月270元，80~89周岁城乡居民退休人员的高龄补贴每人每月50元，继续由区社保中心发放；90周岁以上高龄补贴由区民政部门统一发放。本次城乡调待惠及全区城乡居民退休人员1.7万名。

【社会保障服务】2021年，区人力社保局协同推动惠民补贴资金发放“一卡通达”“信用就业”等紧扣民生“关键小事”的数改项目。推进政务服务办件线上受理，政务服务网2.0系统收件率90%以上。更新调整服务事项信息，完善事业单位全生涯等“一件事”事项服务指南13项。整理完善高频事项常见问题与解答等服务信息，采集更新人社服务网点电子地图34个。组建“红色代办员”服务队，由窗口党员每日轮岗为来访群众提供服务。红色代办员结合实际情况提供“老人代办、午间不休、上门服务、节假日预约办理”等便民服务。全年累计开展上门服务22次，获感谢信及锦旗4次。推进社银网点标准化建设，提高社银网点经办人员业务水平，全年大门、鹿西社银网点累计办理社保业务3873件，连续两年获评洞头区最满意窗口单位。

（郭守旭）

医疗保障

【概况】截至2021年底，洞头区户籍人口参保数11.53万人（不含灵昆街道），参保率95.53%；医保基金收入38808万元，同比增长8%；基金支出2.922亿元，基金累计结余6.0592亿元（其中，职工医疗保险累计结余3.8114亿元，可支付月数37.18个月，城乡居民累计结余7976万元，可支付月数6.48个月）。全年支付新冠疫苗费用1319.81万元，疫苗接种费用303.1万元。全区共有医保定点医

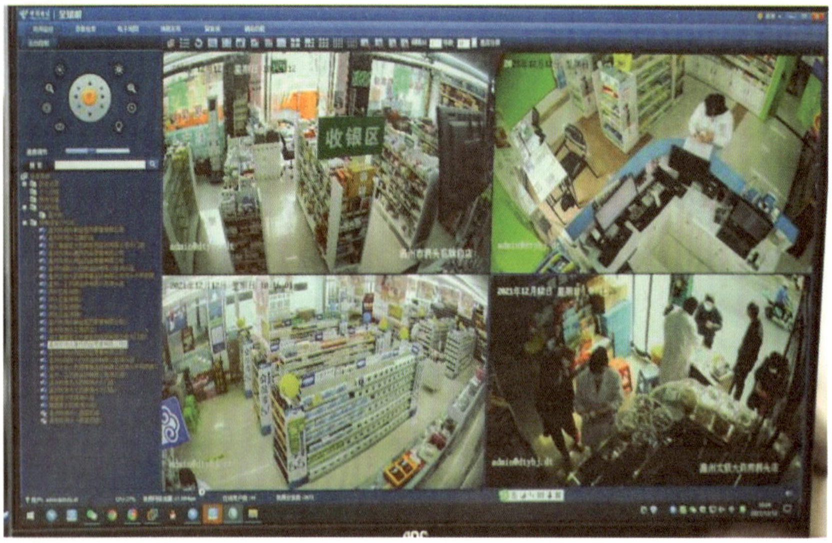

2021年，洞头区构建数字化智能监管体系，建立远程视频业务指导系统和实名制监管信息系统截图（区医疗保障局提供）

疗机构7家，其中，区人民医院1家，社区卫生服务中心（卫生院）6家。医保定点药店15家。温州市洞头区医疗保障局推进“益康保”参保扩面，全区参保率44.23%，居全市各县（市、区）第一位。全省首创飞药商城2.0，累计交易金额10多万元。创新推出医保“红色驿站”，前移服务窗口，缩短服务半径，累计开展“三服务”活动110多次，服务群众近1.1万人次。获评2021年度全省医保系统考核先进单位和市级文明单位。

【医保改革】 2021年，区医保局深化医保支付方式改革，推行多元复合医保支付方式改革，结余留用金额332.29万元支持医共体发展。实施高血压、糖尿病“11+7”免费用药政策，累计为9104名慢性病患者节省药费111.3万元。加强公立医疗机构药品耗材采购平台管理，健全阳光采购机制，督促及时回款结算。落实药品耗材带量采购，累计采购99个品种药品，平均降价幅度82.94%，累计为群众减少药品费用支出1555.47万元。实现省内特殊病种门诊、长三角职工医保门诊直接结算。推进医疗报销“3+N”一站式结算服务，全年累计刷卡交易20240多人次。

【数字化改革】 2021年，洞头区打造全省数字医保洞头样本，全省首创飞药商城2.0，实现线上下单、医保结算、线下无接触配送，累计交易金额10多万元，相关改革成果多次在浙江电视台、浙江之声等媒体报道。医保服务事项全程网办率100%，满意率99%以上。实现医保关系转移、转外就医等24个医保事项全程网办“零次跑”。创新推出“医银合作”，17项医保业务下放至全区6个街道（乡镇）农商银行网点，方便群众“就近办”“快速办”。全区医保电子凭证激活率93.97%，居全市各县（市、区）第一位，提前两个月完成考核任务。

【基金监管】 2021年，洞头区构建数字化智能监管体系，在全市率先建立远程视频业务指导系统和实名制监管信息系统，实施“线上智能审核+线下人工复核”双级审核机制，开展定点药店实时监控和远程视频业务指导，推动基金监管从人工抽单审核向大数据全方位、全流程、全环节智能监控转变。专项整治“假病人”“假病情”“假票据”等“三假”问题，强化外伤稽核和大额发票核查工作。全年稽核外伤事故347例，拒付（追回）资金95.43万元。

【“信用医保”体系建设】 2021年，区医保局与定点药店签订《洞头区医保定点药店自律承诺书》，与全区两定机构合计302名医师、210名护师、13名执业药师签订医保服务协议。落地定点药店信用评级，以实体挂牌、线上公示等方式规范药店经营，构建以信用为基础的新型监管机制。实时更新医保主体信用数据，把信用评分结果纳入“瓯江分”。

【“温州益康保”参保推广】 2021年，洞头区建立健全医疗保障制度机制，落实特殊人群分类资助参保政策，减轻困难群众医疗费用负担。实施《温州市全民商业补充医疗保险实施方案》，制定《洞头区全民商业补充医疗“温州益康保”参保攻坚行动工作方案》，建立专班攻坚机制、分片包干机制、督导通报机制，提高村（社区）、部门行业整体参保率，全面推进“温州益康保”参保扩面。召开街道（乡镇）“益康保”推广工作培训会12场，抽调33名村社业务骨干，组成宣讲团兼业务推广团，实施“四进”推广培训。截至4月30日，全区累计参保突破5.27万人，参保率44.23%，居全市各县（市、区）第一，超全市平均水平1.63倍，其中25家机关企事业单位参保率100%。

（倪文超　方珍珍）

民政事务管理

【概况】 2021年，洞头区制定《洞头区公益性骨灰存放处建设管理办法》《洞头区殡仪服务中心增设火化功能工作方案》。救助、养老、殡葬等三个领域数字化改革场景应用全部入选省民政厅试点。完成区中心敬老院主体工程建设，温州市社会福利养老院完工。全年向上争资 2625 万元，完成考核任务 214%。持续开展困难群众主动发现和定期探访，关爱探访率 116.8%，幸福清单送达率 132.45%。争取市级优质养老服务人财物资源，对鹿西乡启动为期 3 年的“海岛支老”行动。争取社会资金 350 多万元参与助餐、助学、助医、助困等活动，全区首个网络慈善项目——“兰小草”银龄助养上线腾讯公益。完成昆鹏街道增设组织实施工作并对外办公，省级城乡社区治理和服务创新实验区通过中期评估并获优秀等次。承接全省首批婚姻登记证集中补领补办试点，补领补办同比分别增长 687.5% 和 511.1%，位居全省前列。洞头区获评 2021 年度全省“民政工作考核先进县（市、区）”，区民政局获评市级考核优秀单位。

【民政事业数字化改革成果】2021 年，洞头区救助、养老、殡葬等三个领域数字化改革场景应用全部入选省民政厅试点。其中，老年食堂“e 食无忧”场景应用成为全市唯一纳入“浙里长寿”和“浙里养”的子场景，入选省“两会”数字化改革成果展和全省民政数字化改革第一批优秀应用，并在全省民政数字化改革工作会议上作典型发言，全市养老服务改革突破试点创新案例名列第一，相关做法在省《数字化改革（工作动态）》上刊发，并得到省政府副省长批示；社会救助尽职清单场景应用成功纳入“浙里救”子模块，入选省社会救助数字化改革创新案例并在全省社会救助会议上作典型发言，纳入全省健全解决相对贫困五大机制之一，并向全省推广。

【全省首批集中补领婚姻登记证试点】2021 年 5 月 25 日，浙江省民政厅公布全省集中补领婚姻登记证试点市、县（市、区）名单，洞头区成为温州市首批 3 个县（市、区）之一。试点要求：对 2006 年 12 月 20 日实行婚姻集中登记前在乡镇办理的婚姻登记，需到区婚姻登记中心补领婚姻登记证；1950 年 4 月 30 日第一部《中华人民共和国婚姻法》颁布实施后，以夫妻名义同居生活，未办理结婚登记，未与第三人结婚或以夫妻名义同居生活的当事人，均需补办婚姻登记证。此次补证试点时间为一年，至 2022 年 6 月底完成。6 月，洞头区启动补证工作，在村（社区）设置巡回咨询服务点，提供集中宣讲、政策咨询、预约补证等便民服务。组建“补证巡回组”，按照“机关企事业单位集中时段办，各街道（乡镇）巡回服务办，其他人群预约定点办”工作模式，分时、分地、分人有序推进集中补证工作。全年补领结婚登记 630 对、补办结婚登记 330 对，同比分别增长 687.5% 和 511.1%。

【养老服务】2021 年底，全区共有 60 周岁以上老人 3.13 万人，占户籍总人口 20.4%。其中，65 周岁以上老人 2.17 万人，占户籍总人口的 14.1%；70 周岁以上老人 1.37 万人，占户籍总人口的 8.9%；80 周岁以上老人 4547 人，90 周岁以上老人 589 人，百岁老人 5 人。完成区中心敬老院主体工程建设和温州市社会福利养老院建设。改造提升示范型居家养老服务照料中心 6 家和老年人家庭智能安全监测设备安装任务 75 户，注重困难老年人家庭适老化改造专业性，引入南京福康通健康产业有限公司开展合作，完成全部 40 户改造任务。开展康养联合体试点，制定出台实施方案，并为 15 名老人提供康复服务。整合资源，争取市民政局对鹿西乡开展为期 3 年的“海岛支老”行动，完成首批支老人员入驻，累计开展各类支老活动 27 次，服务老人 400 多人次。推进养老服务机构星级评定，创成五星级 1 家，四星级 9 家。

【老年食堂“e 食无忧”数字化改革场景应用】2021 年，洞头区依托数字化改革，打通社会救助、殡葬、卫生健康、市场监管、乡级财政等业务系统数据壁垒，归集老人家庭经济状况、老年健康状况、用餐次数、老人自负资金、

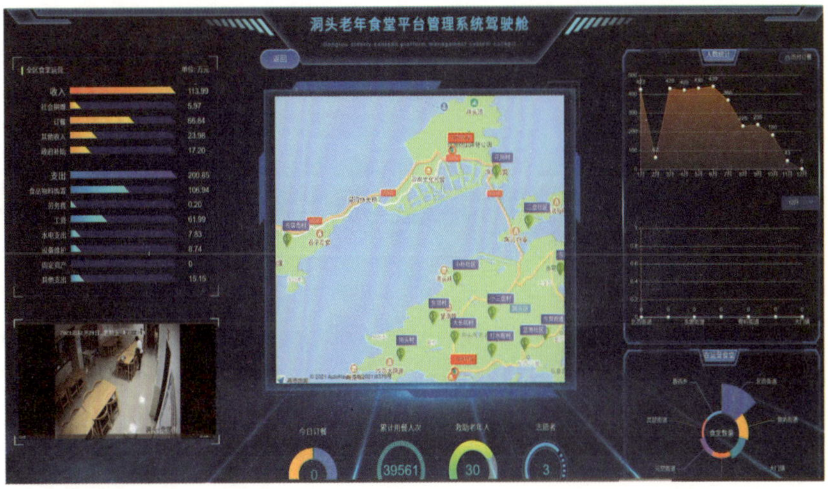

2021年，洞头区老年食堂“e食无忧”应用驾驶舱图　　（区民政局提供）

社会捐赠、厨房管理、食品留样等数据11项，打通微信和支付宝支付渠道，实现刷脸就餐、线上点餐、志愿送餐、慈善捐赠等服务，打造出集数字管理、智能监管、精准服务于一体的老年食堂“e食无忧”场景应用。该场景应用作为省级数字化改革试点。全区有27家老年食堂已全部上线运行，平均每天就餐老人1100多人次。

【殡葬改革】2021年，洞头区出台《洞头区公益性骨灰存放处建设和管理办法》，探索公益性公墓规范管理机制。开展惠民殡葬专项治理和提标增项扩行动，免收特困、低保、低边等对象在区殡仪服务中心的守灵厅费用。开展殡葬数字化改革试点，在浙里办、浙政钉上架洞头区后事帮场景应用。全年组织人员开展私坟禁新巡查和丧葬礼俗规范整治巡查800多人次，发现翻新私坟15座，发现违规办丧89例，均落实整改，党纪政纪处理1人。全年（不含灵昆街道）死亡人口811人，除大门镇和鹿西乡外，到区殡仪服务中心集中办丧共计600例。

【洞头区公益性骨灰存放处建设管理办法】2021年6月16日，为进一步规范全区公益性骨灰存放处的建设和管理，根据《国务院殡葬管理条例》《浙江省殡葬管理条例》

2021年洞头区养老机构一览表

表62

序号	养老机构名称	地址
1	温州市洞头区爱之家社会福利院	洞头区北岙街道打水鞍村委旁
2	温州市洞头区金色黄昏颐养院	洞头区北岙街道城北路1088-9号
3	温州市洞头区北岙街道北沙社区如家托老所	洞头区北岙街道兴港中路30弄18—20号
4	温州市洞头区东屏街道叶雪英养老院	洞头区东屏街道育才东路2号
5	温州市洞头区东屏街道东港社区方荣东托老所	洞头区东屏街道惠民巷52弄40号
6	温州市洞头区霓屿街道锦花养老服务中心	洞头区霓屿街道霓东路5号
7	洞头亦家养老服务有限公司（亦家康养）	洞头区霓屿街道霓中路158-1号

（区民政局提供）

2021年洞头区街道（乡镇）养老服务中心一览表

表63

序号	乡镇（街道）	养老服务中心名称	地址
1	北岙街道	北岙街道养老服务中心	北岙街道城南社区繁荣街11弄
2	大门镇	大门镇养老服务中心	大门镇沙岩后巷40号
3	东屏街道	东屏街道养老服务中心	东屏街道惠民村村部
4	霓屿街道	霓屿街道养老服务中心	霓屿街道正岙村村部附近（原小学）
5	元觉街道	元觉街道养老服务中心	元觉街道活水潭村和港家园1楼
6	鹿西乡	鹿西乡养老服务中心	鹿西乡口筐村原华华小学
7	灵昆街道	灵昆街道养老服务中心	灵昆街道新灵景园A幢1楼

（区民政局提供）

2021年洞头区居家养老服务照料中心一览表

表64

序号	乡镇（街道）	居家养老服务照料中心名称	建成时间
1	北岙街道	北岙街道上新社区居家养老照料中心	2012年
2	北岙街道	北岙街道银海社区居家养老照料中心	2012年
3	北岙街道	北岙街道岭背社区居家养老照料中心	2012年

续表64

序号	乡镇（街道）	居家养老服务照料中心名称	建成时间
4	北岙街道	北岙街道城中社区居家养老照料中心	2012年
5	北岙街道	北岙街道风门社区居家养老照料中心	2012年
6	北岙街道	北岙街道新城社区居家养老照料中心	2013年
7	北岙街道	北岙街道小三盘村居家养老服务照料中心	2016年
8	北岙街道	北岙街道九仙村居家养老服务照料中心	2016年
9	北岙街道	北岙街道隔头村居家养老服务照料中心	2015年
10	北岙街道	北岙街道三盘社区居家养老服务照料中心	2017年
11	北岙街道	北岙街道东沙村居家养老服务照料中心	2016年
12	北岙街道	北岙街道鸽尾礁村居家养老服务照料中心	2018年
13	北岙街道	北岙街道东郊村居家养老服务照料中心	2018年
14	北岙街道	北岙街道小朴社区居家养老服务照料中心	2015年
15	北岙街道	北岙街道小长坑村居家养老服务照料中心	2018年
16	北岙街道	北岙街道大长坑村居家养老服务照料中心	2016年
17	北岙街道	北岙街道打水鞍社区居家养老照料中心	2012年
18	北岙街道	北岙街道城南社区居家养老服务照料中心	2016年
19	北岙街道	北岙街道大王殿村居家养老服务照料中心	2018年
20	灵昆街道	灵昆街道北段村居家养老服务照料中心	2018年
21	灵昆街道	灵昆街道双昆村居家养老服务照料中心	2014年
22	灵昆街道	灵昆街道灵南社区居家养老服务照料中心	2014年
23	灵昆街道	灵昆街道灵东社区居家养老服务照料中心	2014年
24	灵昆街道	灵昆街道九村村居家养老服务照料中心	2014年
25	灵昆街道	灵昆街道海思村居家养老服务照料中心	2016年
26	大门镇	大门镇观音礁村居家养老服务照料中心	2016年
27	大门镇	大门镇小门村居家养老照料中心	2013年
28	大门镇	大门镇寨楼村居家养老服务照料中心	2017年
29	大门镇	大门镇小荆村居家养老服务照料中心	2016年
30	大门镇	大门镇乌仙头村居家养老服务照料中心	2017年
31	大门镇	大门镇潭头村居家养老服务照料中心	2015年
32	大门镇	大门镇仁前途村居家养老服务照料中心	2017年
33	大门镇	大门镇甲山村居家养老服务照料中心	2017年
34	大门镇	大门镇大溪居家养老服务照料中心	2017年
35	大门镇	大门镇大荆村居家养老服务照料中心	2016年
36	大门镇	大门镇朝阳社区居家养老服务照料中心	2016年
37	大门镇	大门镇岙面村居家养老服务照料中心	2017年
38	大门镇	大门镇岙底村居家养老服务照料中心	2015年
39	东屏街道	蓝港社区居家养老服务照料中心	2015年
40	东屏街道	中仑村居家养老服务照料中心	2017年

续表64

序号	乡镇（街道）	居家养老服务照料中心名称	建成时间
41	东屏街道	后坑村居家养老服务照料中心	2017年
42	东屏街道	半屏社区居家养老服务照料中心	2016年
43	东屏街道	垅头村居家养老服务照料中心	2018年
44	东屏街道	寮顶村居家养老服务照料中心	2016年
45	东屏街道	岙仔村居家养老服务照料中心	2016年
46	东屏街道	东岙顶村居家养老服务照料中心	2012年
47	霓屿街道	布袋岙居家养老服务照料中心	2012年
48	霓屿街道	长坑垄居家养老服务照料中心	2016年
49	霓屿街道	上社居家养老服务照料中心	2016年
50	霓屿街道	下社居家养老服务照料中心	2016年
51	霓屿街道	石子岙居家养老服务照料中心	2016年
52	霓屿街道	下郎居家养老服务照料中心	2017年
53	霓屿街道	郎等居家养老服务照料中心	2016年
54	霓屿街道	正岙居家养老服务照料中心	2015年
55	霓屿街道	同兴居家养老服务照料中心	2016年
56	元觉街道	小北岙居家养老服务照料中心	2016年
57	元觉街道	活水潭村居家养老服务照料中心	2016年
58	元觉街道	花岗村居家养老服务照料中心	2017年
59	元觉街道	沙岗村居家养老服务照料中心	2015年
60	元觉街道	沙角村居家养老服务照料中心	2013年
61	元觉街道	深门村居家养老照料服务中心	2016年
62	元觉街道	状元村居家养老照料服务中心	2013年
63	鹿西乡	鹿西村居家养老服务照料中心	2016年
64	鹿西乡	口筐村居家养老服务照料中心	2018年
65	鹿西乡	东臼村居家养老服务照料中心	2017年
66	鹿西乡	扎不断村居家养老服务照料中心	2015年
67	鹿西乡	山坪村居家养老服务照料中心	2015年

（区民政局提供）

《浙江省公墓管理办法》《关于进一步规范公墓价格管理的通知》等文件精神，洞头区制定《洞头区公益性骨灰存放处建设管理办法》（洞改办发〔2021〕1号），办法包含总则、规划和标准、建设审批、验收和定价、管理服务、档案管理、附则等7章28条内容，自公布之日起实施。

【殡仪服务中心增设火化功能被列入人大重点建议】 2021年2月，洞头区人大第十四届五次会议召开，区殡仪服务中心增设火化功能被列为会议1号重点建议。

8月26日，为彻底解决遗体外运火化给群众造成的不便问题，进一步满足广大群众办丧需求，根据国务院《殡葬管理条例》和《浙江省殡葬管理条例》有关要求，结合洞头实际，区政府印发出台《温州市洞头区殡仪服务中心增设火化功能工作方案》。主要任务是在区殡仪服务中心内，利用接收厅、冷藏室等现有建筑进行改造，增设火化功能，满足群众办丧需求。截至年底，完成社会公众意见征求、风险评估、项目立项、方案设计等工作，编制环评报告。

【**婚姻登记**】2021年，洞头区共办理结婚登记792对，比上年增加216对，同比上升37.5%；离婚登记151对，比上年减少114对，同比下降43%。《中华人民共和国民法典》实施后，区婚姻登记中心共受理离婚申请263对，双方在冷静期结束未共同到婚姻登记机关办理离婚手续，视为自动撤回的112对，实际办理离婚登记151对，占申请离婚数57.4%。承接全省首批集中补领婚姻登记证试点，7月开始，通过政府购买服务形式，选聘专职婚姻家庭辅导员入驻登记大厅开展婚姻家庭咨询、婚前教育、离婚疏导调解等服务。截至年底，为准备离婚的夫妻提供免费婚姻家庭调解服务149对，调解成功91对，调解成功率61%。

（叶升策）

社会救助

【**概况**】2021年，洞头区累计新增低保低边139户280人、新增特困人员27人，取消低保低边246户504人。截至年底，全区共有低保对象950户1436人，低保边缘对象274户686人，特困供养救助对象135户136人，城乡低保认定标准为886元/月，城乡低保边缘认定标准为1627.5元/月，每月发放低保金约100万元，全年发放低保金和水价气价补贴1118.66万元，特困供养生活补助金（含中心敬老院运营）247.35万元，临时救助资金43.49万元。社会救助"一件事"惠民联办服务128件，联办率100%。推进重度残疾人社会救助专项排查，清查残疾对象531人，落实重残单独施保18人。坚持困难群众定期探访，累计探访516人次，帮助解决问题14个。

2021年洞头区特困对象分布情况一览表

表65　　　　单位：人

序号	街道（乡镇）	集中供养	自愿散养
1	北岙街道	6	17
2	灵昆街道	0	11
3	大门镇	7	26
4	东屏街道	2	39
5	元觉街道	2	6
6	霓屿街道	2	14
7	鹿西乡	1	3
合计		20	116

（区民政局提供）

全年募集各类善款善物折合398.13万元，支出善款善物折合304.76万元，开展各类慈善救助活动18次，救助服务3152人次。谋划打造"互联网+慈善"新型募捐形式，"兰小草"银龄助养网络慈善项目上线腾讯公益。

【**孤困儿童救助**】2021年，全区有留守儿童254人、孤儿6人、困境儿童48人。实现散居孤儿、困境儿童基本生活费与机构孤儿同标准，基本生活费标准从1472元/人·月提高到1840元/人·月，增幅25%，累计发放孤困儿童生活补助60.4万元。健全未成年人保护工作机制，调整设立区未成年人保护工作委员会，召开第一次全体成员会议。建成未成年人救助保护中心，创成省级和市级街道（乡镇）示范型儿童之家各1家。开展"添翼计划"，对3名贫困家庭残疾儿童进行阶段性集中养育康复训练，开展"真爱到家·福彩助力"——点亮梦想公益活动，资助困境儿童100名，发放福彩公益金10万元。

【**特困人员供养**】2021年，全区共有特困人员136人，其中集中供养20人，分散供养116人。全年累计发放特困供养生活补助金（含中心敬老院运营）247.35万元，其中分散供养生活补助161.565万元，集中供养生活补助85.785万元。

【**社会救助尽职清单数字化改革场景应用**】2021年，洞头区在社会救助尽职免责机制获评2019年度全国社会救助十佳创新案例的基础上，细化优化原先认定的社会救助尽职免责10种具体适用情形和7种不予免责情形，根据低保、低边、临时救助、特困等社会救助事项法定职责，分层分类建立尽职清单，累计梳理尽职清单58项，创新搭建社会救助尽职清单场景应用。把社会救助事项归集在"今日待办"一张屏上，经办人员登录"今日待办"，及时掌握待办事项，防止事项遗漏。建立红、黄、绿三色识别预警机制，对社会救助经办人员未及时履行救助职责导致经办时限即将超期的，系统将予以黄色提醒；对经办过程中未履行相关规定程序的，予以红色预警。该场景被纳入"浙里救"子模块，入选省社会救助数字化改革创新案例并在全省社会救助会议上作典型发言，被纳入全省健全解决相对贫困五大机制之一，并向全省推广。

（叶升策）

【医疗救助】2021年，洞头区累计资助参保4644人，医疗救助26139人次，支出医疗救助金1152.08万元，实现医疗救助和资助参保两个100%。累计化解高额医疗费用困难人员38人，涉及医疗费用161.43万元。推行长期护理保险制度，全年累计受理失能认定申请34人，评估通过32人，支付失能人员护理费用63.16万元。

（倪文超）

基层社会治理

【概况】2021年，洞头区推广海霞红管家“1+17+N”模式，通过建设精品物业小区、整合翻新老旧小区等方式，建成红馨小区、幸福楼周边小区、海天佳境等党群微家5家。借助“海霞说事”“百姓议事厅”等载体，倡导协商共议机制，累计召开小区协商议事会58次，实现“小区事、商量办”，通过省级城乡社区治理和服务创新实验区中期评估并获优秀等次。全年通过社工专业考试23人，其中助理社会工作师通过16人，社会工作师通过7人。截至年底，全区共有持证社工356人，其中国家级社会工作师73人、国家级助理社会工作师283人。

【社会组织登记管理】2021年底，洞头区依法登记的社会组织共307家，其中：社会团体147家，民非（民办非企业单位）159家，基金会1家。成立登记社会团体31家，变更20家，注销7家。推进打击整治非法社会组织专项行动，开展行业协会商会乱收费专项清理整治和僵尸型社会组织执法查处工作，13家僵尸型社会组织年检通过10家，注销2家，撤销1家，上报打击整治非法社会组织1家。超额完成社会组织年度“双随机”抽查工作29家，完成学科类营利性培训机构转登民办非企业单位工作2家。

2021年洞头区行政区划一览表

表66

街道（乡镇）	所辖村居
北岙街道	岭背社区、上新社区、城中社区、新城社区、银海社区、打水鞍社区、城南社区、三盘社区、凤门社区、九厅社区、小朴社区、大长坑村、小长坑村、柴岙村、海霞村、鸽尾礁村、大王殿村、东沙村、双垅村、小三盘村、大朴村、东郊村、九仙村、隔头村、白迭村
灵昆街道	王相村、叶先村、海思村、沙塘村、双昆村、上岩头村、周宅村、北段村、九村村
大门镇	朝阳社区、甲山社区、长沙社区、美岙村、寨楼村、豆岩村、杨梅田村、仁前途村、营盘基村、小门村、东屿村、乌仙头村、大荆村、小荆村、岙底村、岙面村、潭头村、西浪村、东浪村、石浦村、沙枫港村、观音礁村、大溪居、兰湖洞居
东屏街道	蓝港社区、半屏社区、中仑村、后坑村、东岙村、东岙顶村、垅头村、惠民村、后寮村、寮顶村、岙仔村
元觉街道	花岗村、沙角村、活水潭村、沙岗村、深门村、状元村、小北岙村
霓屿街道	布袋岙村、石子岙村、同兴村、桐岙村、上社村、下社村、下郎村、朗等村、正岙村、长坑垄村
鹿西乡	鹿西村、口筐村、东臼村、昌鱼礁村、山坪村、扎不断村
昆鹏街道	无下辖村居

（区民政局提供）

【区划地名管理】2021年，洞头区完成新版《温州市洞头区行政区划图》编制出版。洞头地名纳入温州市“十四五”地名规划，完成全区规划道路面向社会公开征名工作。做好地名地址在“社会治理一张图”中的基础支撑服务，实现入库地名1456条和2018年以来新审批门牌号198条，上图率100%。累计审批住宅小区名称4处，出具地名证明200多份，编制门牌号24个，制作门牌100多个；按照“有路必有标”原则，增设路牌48块。3月30日，昆鹏街道正式挂牌对外办公。

【行政区划管理】2021年，洞头区行政区划代码为330305，共辖街道6个、镇1个、乡1个，含城市社区16个，未改制居2个，行政村74个。注重发挥社区典型示范作用，创成省级农村引领型社区1个、市级完善型示范社区1个。牵头开展“清廉村居”创建，制定清廉指数责任分解表，推进全区40个村居开展三、四、五星“清廉村居”创建，共创成五星级“清廉村居”6个、四星级9个、三星级19个。

（叶升策）

【新居民管理服务】2021年，洞头公安分局夯实基层治理基础，加强新居民管理队伍能力建设，组织民警开展流动人口管理大练兵。常态化开展流动人口清查行动，对出租房、企业工棚、娱乐场所等重点区域全面摸排，指导企事业负责人宣传好惠民便民公安政策。发挥群防群治力量，联动洞头区“海霞妈妈”平安志愿者服务队、洞头溢香救援队等民间组织，共同为新居民答疑解惑，帮助新居民解决生活问题，以海霞铁警精神推进新居民社区警务。强化融警务建设，以溢香枫桥警务联勤中心建设为契机，推广联勤警务模式，把警务元素融入基层，让警务贴近新居民生活。根据《洞头区“一码一卡”管理办法》，流动人员登记采取“扫码+测温”，扫码发现红码9人、黄码55人。全年IC卡居住证申领数105张。截至年底，洞头区在册流动人口19597人，其中男性12648人，女性6949人，新登记14711人，注销28070人。全年新登记出租房231间，累计在册出租房3545间。

（庄明东）

民族宗教工作

【概况】2021年，洞头区（除灵昆街道外）共有宗教场所84处，其中佛教场所11处，基督教场所16处，道教场所57处，民间信仰活动场所109处，登记备案教职人员64人。全区少数民族总人口3967人，回族人口3248人，占比82%。温州市洞头区民族宗教事务管理局推动民族村建设。全年宗教场所发现并整改问题70多处。加强宗教领域行政执法工作，严厉打击非法宗教活动，全年共办结案件16件。整理编撰《洞头民间信仰》，举办“民间民俗·多彩浙江”第十一届妈祖平安节，完成民间信仰活动场所“一场所一景观一故事”提升建设工作3处。全年建成省级法治教育宣传基地4处，开展各类法治宣传进场所56场。组织宗教界人士前往嘉兴南湖、洞头区红色印迹馆开展嘉兴南湖“红色同心巡”“红色之旅”及“百年党史进场所”巡展等党史学习教育专题活动20多场次。

【寮顶回族村建设】2021年，区民宗局争取资金25万元，推动民族村“三园”特色品牌提升，建设军事班餐厅，完成坑道提升及出口周边绿化、观景台拓展建设，种植百棵银杏“百姓林”，推进营房主体修复及内部装饰提升工程，打造综合军事体验园区。邀请政协“请你来协商”等活动走进民族村，协调部门力量，破解村居发展瓶颈，探索旅游公司、乡贤企业、村民三方合作模式，启动观日酒吧、思乡亭等项目建设，打造民族村共同富裕海岛样板。

【民族团结进步工作】2021年，洞头区丰富民族团结进步“6+1”工作载体，结合主题宣传月等活动，全年开展各类民族团结进步宣传活动120多场，民族团结进步宣传走进文化礼堂7家，打造省级民族团结进步示范单位1家。做好各类少数民族群众帮扶工作，慰问少数民族困难学生24人，走访少数民族困难群众100多人。北岙街道上新社区获评第四批省级民族团结进步示范单位。

【宗教场所管理】2021年，洞头区依托宗教活动场所“视联网”、民间信仰活动场所“安全云窗”等平台，实施线上每日巡查、实地每周抽查、每月重点督查的宗教领域疫情防控管理机制，实行宗教场所疫情防控“红白名单”管理，实现宗教团体管理班子及宗教教职人员、场所管理人员新冠疫苗接种“应接尽接”。完成民间信仰活动场所“一场所一景观一故事”提升建设3处。全年建成省级法治教育宣传基地4处，开展各类法治宣传进场所56场。

【佛教协会理事暨佛学院教师培训班】2021年7月19日，为期五天的温州市佛教协会理事暨佛学院教师培训班在洞头区中普陀寺开班。培训设置管理者的职业素养与提升、国际形势分析、中国化视域下的温州佛教、党史学习教育及《浙江省宗教事务条例》《宗教团体管理办法》政策法规解读等专题课程。并举行“温州市佛教教职人员培训基地”授牌仪式。温州市民宗局党组副书记、副局长蒋献生、副局长马建新，区政协副主席张长霓、市佛教协会会长智明法师等出席开班仪式。全市各地佛教界法师学者和佛学院教师共224人参与培训。

【汉传佛教讲经交流会】2021年7月22日，温州市汉传佛教讲经交流会在洞头区中普陀寺举行。全市各地推荐的18名法师参与交流发言，经过评选，释华严和释则严两位法师获得一等奖，其余分别获二等、三等和鼓励奖。浙江省民宗委一处一级调研员金幸祥，温州市民宗局副局长马建新，洞头区委常委、统战部部长戴冕，温州市佛教协会会长智明法师及全市各地佛协理事近230人参加。活动指导单位是温州市统战部（民宗局）、洞头区统战部（民宗局），主办单位是温州市佛教协会，承办单位是洞头区佛教协会。

（陈昱晓）

老龄工作

【概况】2021年，洞头区共有60周岁以上老年人3.13万人，占户籍总人口的20.33%。为65周岁以上老年人提供免费体检，并建立健康档案。继续为60周岁以上洞头户籍老人购买老年人意外伤害保险。开展老年人心理关爱项目试点工作，对北岙街道岭背社区65岁以上老年人开展健康素养调查和评估，促进老年人心理健康。开展“老年健康宣传周”“敬老月”等活动，共开展老年人健康知识讲座40多场，受众3300多人，发放宣传资料5种共3600多份，投入经费3万余元。截至年底，洞头区100周岁以上老年人5人，其中北岙街道2人、大门镇2人、东屏街道1人。

【老龄服务】2021年，洞头区为户籍60周岁以上老年人购买意外伤害保险，全年支出保费40万元，136位老人获意外伤害赔偿，累计赔付43.2万元。推进老年健康促进行动，宣传普及老年健康科学知识，提高老年人的健康素养和健康水平。走访慰问百岁老人、计划生育特殊家庭老年人、获“七一勋章”和“光荣在党50年”纪念章的老党员等30户，发放慰问金2.5万元。

【城乡老年人生活状况抽样调查】2021年8月1日至9月1日，为贯彻落实中共中央、国务院关于健康中国建设和实施积极应对人口老龄化国家战略的决策部署，全面掌握新发展阶段中国城乡老年人的生活状况。洞头区完成抽样调查，共涉及全区7个街道（乡镇）20个村居400个样本老人。调查问卷主要内容包括老年人口的基本信息、家庭成员信息、健康医疗、照料护理服务情况、经济状况、宜居环境状况、社会参与状况、精神文化生活状况等。

【第九届老年人协会暨第八届体育协会换届】2021年11月23日，洞头区老年人协会第九届会员代表大会暨第八届老年人体育协会换届工作在区老干部活动中心四楼会议室召开，老协会员代表127人参加会议。大会根据章程及选举程序，选举产生第九届老年人协会会长、副会长和秘书长及13位理事，苏彩极当选区第九届老年人协会会长。

（林春芬）

关心下一代工作

【概况】2021年，温州市洞头区关心下一代工作委员会制定《关于做好街道（乡镇）关心下一代工作委员会选聘“五老”坐班工作的通知》，配齐配强6个街道（乡镇）“五老”坐班人员。结合“五老”特长和志愿，挑选组建555人的“五老”骨干资源库，常态化参与青少年关心关爱。持续深化“党建带关建”，全面加强村社关工委组织建设，调整完善村社关工委组织83个。选拔演讲特长生组成“海霞少年巡讲团”，拍摄“红色百年行”“海霞少年话海霞”等视频14期，其中多个视频被省关工委微信公众号采用，浏览量超4万次。携手“五老讲师团”进村社、文化礼堂，开展海霞故事巡讲40多场。“五老讲师团”成员陈海鸥老师获省“红船精神宣讲员”称号，区关工委工作信息多次在央媒、省媒刊发，多篇文章在《中国火炬》杂志、微信公众号、浙江新闻客户端、《温州晚报》等媒体刊发，区关工委信息员获中国火炬杂志社“年度最佳信息员称号”。4月，聘任区人大常委会原主任叶国胜为区关工委主任。

【海霞少年品牌】2021年，区关工委以弘扬传承“海霞精神”为主线，联合社会各界力量，关爱青少年健康成长，持续打响“海霞少年”品牌。联合区教育局、区精神文明指导中心等7家单位，打造“海霞少年阳光驿站”，为青少年心理健康提供公益团辅12场。开展“童心向党·海霞少年行”和“红领巾动感假日·争做海霞好少年”创客研学等活动18期。围绕青少年活动阵地需求，建成大门镇“兰小草”儿童之家，构建儿童发展服务综合性基地。

【帮困助学】2021年，区关工委联动区教育局、妇联等开展“关爱助学·一路相随”贫困学生结对助学活动，发动基层“五老”深入一线开展走访调查，实时动态掌握学生的贫困情况。联合市关工委开展“真爱到家·福彩助力”——点亮梦想公益活动并举行资助见面会，为全区100名低保、低边家庭的孩子资助公益金10万元。联动区建设行业协会、杭州洞头商会开展“精准结对”，全区205名贫困学生实现结对，人均获资助3000元/年。

（张 玮）

慈善工作

【概况】2021年，温州市洞头区慈善总会共募集善款411.63万元，各类救助支出321.52万元，直接受助群众10280人次。全年临时救助困难家庭325户，共支出53.75万元；“慈善大礼包”活动为低保、低保边缘户的困难家庭送年货礼包支出5.8万元；春节重症助医慰问向尿毒症、白血病、癌症患者救助支出17.8万元。重阳节慰问特困老人80人次，支出6.4万元；建军节走访慰问现役、退役军人家属，发放慰问金；“万朵鲜花送雷锋”活动向热心公益企业和个人送上鲜花和绶带。开展2021年“夏日送清凉”活动，共为空巢老人、困难群众送上658份夏日避暑物品的清凉礼包。全年“慈善一日捐”善款金额为159.38万元，分会捐赠收入39.22万元，冠名基金收入213.02万元。区总工会“困难职工关爱基金”，填补对企业困难职工专项救助的空白。

【区慈善总会第一届理事会第三次会议】2021年4月28日，洞头区慈善总会在洞头农商银行五楼报告厅召开第一届理事会第三次会议，会议总结慈善和疫情防控工作，部署工作任务。会议观看党史学习教育宣传片，听取会长叶永辉作《洞头区慈善总会第一届理事会第三次会议工作报告》。审议通过《洞头区慈善总会2020年度财务收支情况及2021年度资金预算安排报告》。监事会监事长作关于《洞头区慈善总会2020年度财务收支情况》的监审意见。举行洞头农商银行“乡村振兴”冠名基金签约仪式。

【洞头区建设行业慈善冠名基金成立】2021年5月13日，洞头区慈善总会冠名基金——“洞头区建设行业慈善冠名基金”成立仪式在洞头区南塘工业园区举行。区慈善总会会长叶永辉和区建设行业协会常务副会长朱永华签订慈善冠名基金协议书，设立洞头区建设行业慈善冠名基金，会员企业捐赠104万余元，用于开展扶贫济困、赈灾救助、慈善救助、公益援助项目等活动。

【洞头区慈善总会鹿西分会成立】2021年8月24日，温州市洞头区慈善总会鹿西分会成立。区慈善总会会长叶永辉、专职副会长戴华姆，区民政局副局长陈志锋，鹿西慈善分会理事、鹿西乡、村干部代表参加会议。会议宣读鹿西乡慈善分会成立文件，陈忠坚任鹿西乡慈善分会首届会长。现场举行认捐仪式，社会各界乡贤、企业家、爱心人士31人认捐，共计善款66万元。

（甘泽派）

计生服务

【概况】2021年，洞头区共出生840人（包括往年出生85人），计划生育率95.24%，当年户籍出生人口性别比106.85，国统出生人口性别比98.57，全员人口信息覆盖率为98.64%、准确率为98.11%，免费孕前优生健康检查覆盖率为82.09%。

【人口计生优质服务】2021年，洞头区落实国家免费孕前优生健康检查、产前筛查（诊断）、生育登记等服务项目。全年共免费孕前优生健康检测669人、报销手术并发症对象35人次，生育登记691人，产前筛查补助198人，产前诊断补助23人。

【计生利导政策兑现】2021年，洞头区按照“老人老办法、新人新办法”原则，落实好奖扶、特扶、城乡保、城镇保、公益金、计划生育特殊家庭慰问等计生利导政策。全年共兑现资金2259.64万元、惠及9236人。其中，奖特扶1040人补助345.07万元，城乡保2049人补助61.47万元，城镇保6046人补助1837万元，计生公益金22人补助10.1万元，计划生育特殊家庭慰问79户发放6万元。

（林春芬）

城乡居民生活

【概况】2021年，洞头区城乡居民收入稳步增长。全年城镇常住居民人均可支配收入56775元，较上年增长8.6%，人均收入水平居全市第八位，增速居全市第十一位；人均生活消费支出35798元，同比增长13.6%。全年农村常住居民人均可支配收入36009元，较上年增长11.5%，人均收入水平居全市第六位，增速居全市第二位；人均生活消费支出26714元，同比增长18%。

【城镇常住居民生活】2021年，洞头区城镇常住居民人均可支配收入增长，主要是机关事业单位以及企业员工薪酬稳步增长，各行业工资收入水平提高，全年城镇居民家庭人均工资性收入32319元，占总收入的56.9%，同比增长9.8%。经营净收入6079元，增长较快，同比增长9.3%，主要是一年来洞头乡村旅游持续火爆，洞头游客量大增，住宿、餐饮、旅游相关产业等经营效益可观，旅游性收入增长较快，带动其他经营性收入较快增长。财产净收入和转移净收入增速平稳，同比分别增长8.4%和5%，财产净收入增速较为平稳，主要是房价平稳，房租未有明显提价，及全区居民理财产品不多；转移净收入增速较为缓慢主要是在外务工人员有较多寄带回收入及养老机制不断完善。全区城镇居民人均生活消费支出35798元，同比增长13.6%。八大类消费支出呈现全部上升态势。其他用品和服务类（首饰手表、旅住费、美容美发等）人均886元，增长最快达30%。其余消费增长类别按增速大小分别为生活用品及服务类（家具、耐用品、个人护理用品等）人均3121元，增长28.6%。教育文化娱乐类人均3757元，增长25%。医疗保健类人均1856元，增长23.6%，衣着类人均2636元，增长17%，居住类人均9243元，增长14.5%。交通通信类人均3459元，增长6.2%。食品烟酒类人均10840元，增长5%，从消费结构来看，食品消费支出仍然占据最大份额。物价相对比较稳定，人均食品消费支出占总消费支出的30.3%，恩格尔系数趋势平稳，全区城镇居民生活质量总体较好，消费呈多样性发展，衣着、居住、交通通信等消费支出均有增加。

【农村常住居民生活】2021年，洞头区农村常住居民人均可支配收入主要特点：经营净收入较快增长，是农村居民收入的主要来源。农村居民人均经营净收入16625元，占总收入的46.2%，较上年净增加1647元，增长11%。经营性收入稳步增长主要得益于全区渔业增收，特别是紫菜、羊栖菜增产增收和洞头乡村旅游持续火爆，洞头游客量大增，民宿、渔家乐等经营效益可观，旅游性收入同比增长较快，收入增长明显。工资性收入保持平稳增长态势。全年农村居民家庭人均工资性收入12414元，占总收入的34.5%，同比增长13.5%。主要得益于企业薪酬和民工工资逐年增长。转移净收入增长较快，财产净收入平稳增收。全区农村居民人均非经营净收入6970元，占总收入的19.4%，较上年净增590元，增长12.8%。转移净收入增长，主要是全区贯彻落实中央收入分配制度，普遍提高农村养老金标准。财产性收入主要依赖于利息收入和房屋出租。

从各类支出的增速来看，八大类消费支出呈现全面上升态势。衣着类增长最快，人均1775元，增长54.7%。其余消费增长类别按增速大小分别为教育文化娱乐类人均3657元，增长53%。生活用品及服务类（家具、耐用品、个人护理用品等）人均1491元，增长35.1%。居住类人均6301元，增长21.9%。其他用品和服务类（首饰手表、旅住费、美容美发等）人均486元，增长17.5%。食品烟酒类人均8860元，增长6%。交通通信类人均2112元，增长2.6%。医疗保健类人均2032元，增长2.2%。从支出构成来看，食品消费支出仍然占据最大份额，主要是因为食品类消费支出为刚性支出，占总消费支出的33.2%。居住、文教娱乐、医疗保健等发展性和享受性消费支出有所增加，所占比重稳步提高，全区农村居民消费支出逐步向服务性消费支出分流。

截至年末，城镇居民人均居住面积64.32平方米，农村居民人均居住面积69.2平方米。每百户城镇居民家庭家用汽车拥有量39.0辆，每百户农村居民家庭家用汽车拥有量30.1辆。

（郑海仙）

志愿服务

【概况】 2021年，洞头区实现新时代文明实践中心、所、站全覆盖，新组建志愿服务（分）队94支，洞头区志愿服务联合会成立，新时代文明实践中心云平台建成，实践中心云平台入驻志愿服务组织137个，上线志愿服务项目100多个，正式注册志愿者增至23000多人。全年组织开展“3·5”学雷锋、“学党史·做志愿·强服务”、“随手做志愿 共创文明城”及“12·5”国际志愿者日等大型志愿服务活动。

【新时代文明实践中心组织建设】 2021年，洞头区按照“实践中心—实践所—实践站”三级组织架构，完成三级组织架构。成立新时代文明实践中心，挂牌区级志愿服务指导中心；街道（乡镇）一级成立新时代文明实践所，完成全区83个行政村（社区）新时代文明实践站建设；村社新时代文明实践站以文化礼堂（社区文化家园）为主阵地。完成三层志愿队伍组建。成立新时代文明海霞志愿服务总队，区委书记任总队长，部门单位、街道（乡镇）成立由主要负责人担任分队长的新时代文明海霞志愿服务分队，村（社区）成立由村（社区）党组织负责人担任小队长的新时代文明海霞志愿服务小队。全年新组建志愿服务（分）队94支，开展各级各类志愿服务活动2000多场次，参与志愿者2万余人次，志愿服务总时长为168759.27小时（其中新时代文明实践中心海霞志愿服务总队总时长为19537.92小时）。

【志愿服务数字化改革】 2021年，洞头区新时代文明实践中心云平台建成，建立涵盖全区的文明实践活动点单机制，形成百姓“点单”、中心“派单”、志愿者“接单”、群众“评单”的新时代文明实践志愿服务闭环模式，实践中心云平台上线志愿服务项目100多个。实行志愿服务项目闭环管理。建立文明实践主题活动日机制，推动文明实践活动的常态化开展。

【洞头区志愿服务联合会成立】 2021年，洞头区志愿服务联合会成立，开展洞头区志愿服务及礼遇管理办法意见征求，建立星级评定、奖章及退出等机制，按照“一月一主题”标准，结合支部主题党日、文化礼堂善行星期天、全民环境卫生日等固定活动日，每月组织开展宣传、实践、交流、服务等形式多样的志愿服务活动，推动文明实践活动的常态化开展。举办洞头区首届志愿服务项目大赛，排摸全区志愿服务项目，培育志愿品牌。获评温州市最美志愿者、最美志愿项目等6个，“百岛·溢香救援”和“美丽中国·我是净滩行动者”等两个项目入选浙江省志愿服务展示交流活动。

（高凡舒）

人物和荣誉

先进模范人物

【郑祥东】男，1948年6月出生，洞头区大门镇老年人协会副会长、洞头慈善总会大门分会会长。原本创业成功的他，晚年本可以清闲养生，但他却选择无私捐赠回馈家乡；原本身患癌症的他，本应安养生息，但他却为了村里事，全然不顾多次动手术的身体，上海、大门两地跑。为推动和促进大门镇慈善事业的发展，他5天内联系全国大门乡贤筹得善款302.5万元，并成立洞头区慈善总会大门分会。

新冠肺炎疫情发生后，他立即捐出1万元，筹得400个口罩送给村民，并配合村居创新推出“流动菜市”，帮助2474人解决生活物资问题。由于疫情需要，大门大桥实行严格管控，因小门村卡口数量、乐清常住人员、外来务工人员众多等因素，致使防疫志愿者人手紧缺。年前就回到家中的郑祥东知道这个消息后，不顾自身安危，站出来表示自愿担任防疫志愿者。“我想为村里做点事，什么都行”，老郑向村两委这样要求道。因为考虑到他上了岁数且身患重病，再加上村居地形复杂需要爬上爬下，村两委便婉拒了他，让他好好待在家中休息。但他一再恳求，希望能够为防疫工作尽一份微薄之力。他是这样想的，也是这样做的。春节开始，他的身影出现在小门村各个角落，全天卡口值守、寒冬夜间巡逻、每日防疫工作布置会……哪里需要他，他就在哪里，刮风下雨吹不散他眼中的坚毅，彻骨寒气赶不走他的赤胆忠心。

常年居住在上海的他，每次只要村里有什么事情请教他，便会二话不说赶回大门。几十年来所有的路费都是他自掏腰包，有时候甚至刚回上海不到一天，村里因为“一事一议”项目打来电话，便会立马回程。“我正好有点能力可以帮上村里，多一个人多一份力，作为大门人，这是理所应当的事。”因为做了数不清的好事，区电视台、镇政府多次想报道他的优秀事迹时都被他婉拒。“这世界上做好事的有很多，我只是尽己所能，没什么好报道的”，郑祥东是这么说也是这么做的。2021年2月，郑祥东获“中国好人”称号。

（陈培汝）

【南少奇】男，1960年3月出生，中共党员，现任温州市洞头区北岙街道三盘社区党委书记、居委会主任。扎根基层二十几年来，被群众亲切地称呼为“难（南）不倒书记”的他带领三盘社区主动担当，“蓝湾整治”项目、“渔韵三盘”乡村振兴示范带建设等纷纷落地见效，三盘社区也由昔日的后进村变成了洞头乡村振兴的桥头堡，他先后获区“优秀共产党员”“优秀党务工作者”及省“维稳安保先进个人”等荣誉。

1996年，大岙村（现并入三盘社区）环境杂乱无章、经济薄弱落后。他放弃在外经商，决定改变家乡的面貌，回到家乡甘做“公仆”。看着村里的闲置土地，搞联建开发的想法成为首选。他把村里的一块闲置地块与政府合作，引进社会资本投资，建起联建房，大岙村也赚到了第一桶金。有了资金，海上渔家乐、苗圃基地等项目纷纷上马，大岙村也走上了发展的快车道。在社区发展的跑道上，南少奇一跑就是25年，跑部门、找项目、拉投资、搞建设……他用三年的努力为大岙村增收1600多万元集体资金，在他的带领下，村里的建设发生了翻天覆地的变化，昔日破旧的小渔村华丽蜕变为形颜兼具的美丽新渔村。作为由三盘岛原五个行政村撤并设立的新社区的班子带头人，他始终坚持把廉洁放在首位，用心领悟全面从严治党的深刻内涵，把老虎山全面从严治党主题公园建成温州市目前唯一一个集党史教育、党性教育、廉政教育于一体的开放式全面从严治党主题公园。

面对这一场新冠肺炎疫情，作为一名社区书记，他义无反顾地走向了抗“疫”队伍的最前线，年近60岁的他依然顶着寒风坚守在三盘卡口。基层矛盾纠纷冗余繁杂，他当仁不让地扛起“人民调解员”的重担，二十余年，他调解成功各类纠纷800多起，避免了200多起因矛盾纠纷造成的流血冲突事件。作为一个海岛书记，南少奇深知退养还海是保护生态、发展美丽海岛经济的关键起步，他二话不说挨家挨户地走访养民，越来越多的养民开始接受理解“退养还海”的生态效益，最终完成涉及三盘港5000多口网箱、60多位养民的退养还海工作。2021年6月，他被评为省优秀党务工作者。

【杨森权】男，1981年出生，中共党员，现任温州市洞头溢香国际大酒店有限公司董事长、溢香国际党支部书记、洞头区溢香应急救援队大队长。他带领溢香党员组成民间救援力量——洞头溢香应急救援队，在微小善举的积累下闯出了一条非公企业公益救援组织独特发展之路。先后获得浙江省优秀红十字志愿者、新时代浙江省“万名好党员”、浙江省志愿服务工作先进个人、浙江省防台救灾优秀党员干部等称号。他出生于洞头普通的渔民家庭，父辈以养殖紫菜为生。16岁初中毕业那年，为了减轻家庭负担，他放弃读高中的机会，选择进入烹饪学校学习烹饪。经过十余年艰苦创业，从一名厨师成长为洞头餐饮业龙头企业的董事长。他以自己的行动带领企业践行社会责任，回报社会。他全天候开放酒店的爱心食堂，为清洁工、孤寡老人、残疾人、低保户提供免费餐食。从2014年2月开始，他已连续7年为全区200多名孤寡老人、残疾人、低保户举办“爱心慈善宴”，向弱势群体传递社会温暖。

他整合成立溢香应急救援队，定期开展扶贫帮困、敬老爱幼、生态环保等志愿服务。他自筹资金365万元购置冲锋舟、野外炊事车、消防车、GPS定位系统和实时追踪地图中控系统等一系列专业救援设备，并组织救援队员定期进行救援培训及演练。积极参加防汛防台、城市应急救援、水上救援、自然灾害救援等。2017年6月25日，浙江兰溪发生洪水，他连夜召集8名溢香应急救援队员开车赶赴兰溪，与驻金部队官兵、民众一起投入抗洪抢险战斗。2018年8月12日晚上，北岙街道三盘阜埠岙一村民不慎掉入海里，他立即根据村民所提供的位置进行定位，组织救援队员们赶赴现场。不顾个人安危，绑上安全绳索，下海进行搜救，在高压、急流、漩涡中，与队员齐心协力，把落水村民成功解救上岸。面对新冠肺炎疫情，他带领救援队员奔波在防疫一线。组建“红色店小二”队伍，让隔离群众生活无忧。自筹2万余元购买了9台专业消杀设备，为全区各村社、企业免费开展消杀工作，全力以赴做好疫情防控工作后援团。2021年6月，他获评省优秀党务工作者。

【王玉萍】女，1973年10月出生，洞头区大门镇甲山村卫生室医生。自1994年扎根海岛，从事乡村医生工作以来，以其扎实的理论基础、丰富的基层经验与勤恳敬业的服务精神深得周边村民甚至全镇群众的好评。凭借着祖传的“中暑刮痧、针灸放血”等技术，为群众把脉问诊28年。作为乡村医师，她不仅要从事村级基本医疗工作与基本公共卫生工作，同时还担任甲山村和朝阳社区的责任医生，协助家庭医生签约工作。她时常利用休息时间入户帮孤寡老人、行动不便者测量血压、血糖；为枫树坑村低保户村民免费提供药品。疫情期间，她每天开展挨家挨户排查工作，对监测对象入户测温与健康宣教、通宵达旦值守桥头等工作。2021年5月19日，王玉萍荣获浙江省“优秀乡村医生”称号。

【杨燕燕】女，1977年3月出生，中共党员，洞头区霓屿义校高级教师。她在偏远小岛甘守一方净土，安于三尺讲台，用智慧书写教育，形成了农村特色班级管理模式，改变了农村孩子现状。她引导许多让人头痛的问题学生奇迹般转变，赢得了家长们的信任，同时也发挥了“名班主任”的示范、引领、辐射作用。她用爱心播撒幸福，为贫困生交就餐费，送衣物、书本，在郊游时为留守儿童送温暖的午餐。“我们的孩子能让您这样的老师来教这是我们的福气呀！”这是当地家长经常说的一句话。家长们一次又一次地挽留，为她送来锦旗。她深知那里的家长需要她，那里的孩子更离不开她，正因如此，她多次放弃调回本岛城镇学校的好机会，在曾有“洞头西藏”之称的霓屿岛一待就是二十余年。25年来，她把最美丽的青春奉献给了海岛农村教育事业，赢得了学生、家长、同事的普遍赞誉。曾获得“马云乡村教师奖”“省师德先进个人”“市名班主任”等几十项荣誉。2021年5月，杨燕燕获评最美浙江人——浙江好人（敬业奉献）。

【周明福】男，1947 年 3 月出生，中共党员，洞头区东屏街道大瞿村乡村医生。大瞿岛以前没有医生，村民们常常因为风浪大、没有船而错过最佳的治疗时机。周明福从小就常常看到自己的母亲因为胆囊炎发作而疼得脸色苍白。1967 年，他被推荐到卫校去学习卫生知识。因家境困难，费用由乡亲们凑起来。毕业后，他拒绝了县卫生院分配的工作，回到大瞿岛，开始给岛上的村民看病。为了减轻村民看病买药的负担，他在山上开辟荒地，自掏腰包种植草药。从开药方、采药、送药、煎药、尝药到试药，每个环节他都亲力亲为，所有费用老周都分文不取。他为每一位村民建立健康档案，定期背着药箱沿着崎岖的山路挨家挨户地走访，长达半个世纪不停行走。他用 57 年的海岛情怀践行着他最初的承诺，开辟了这个偏僻渔村的治病之路。2021 年 9 月 17 日，周明福获评最美温州人第八届温州市道德模范（诚实守信道德模范）。

【陈珊娜】女，1980 年 1 月出生，中共党员，浙江恒博电气有限公司技术部经理、浙江恒博电气制造有限公司党支部书记。她主导设计研发的智能型 JN15-12/D31.5 电动接地开关获洞头区科三项目立项，并获温州市科技进步三等奖。参与技术革新，荣获“一种高压开关柜联锁装置”“一种电动底盘车”“一种电动接地开关”“一种接地开关底座”“一种梅花触片防脱出的梅花触头”等实用新型专利多项。2019 年获洞头区特色人才“临港产业人才奖”，2021 年获洞头区“百岛先锋”和洞头区“双强红领”等称号。2021 年 12 月 3 日，陈珊娜获评温州市 2021 年温州工匠，为洞头区首个入选此项荣誉称号的技能人才。

最美洞头人

【方　萍】女，1976 年 4 月出生，政协第八届温州市洞头区委员会委员，温州市洞头沿港大酒店有限公司（温州金海岸开元度假村）业主代表兼副总经理。作为一名业主代表，她尽善尽美地做大做强企业。2003 年 10 月，金海岸大酒店开发有限公司开始筹建金海岸开元度假村，作为洞头第一个大型项目，她带领团队砥砺前行，经过漫长的 8 年建设，在 2011 年 11 月 19 日开业运营。为更好地让顾客体验休闲度假新感受，她在酒店中规划设计海滨沙滩浴场、创意工坊、康体中心、亲子乐园、草坪拓展、萌宠乐园等康体娱乐设施，度假产品不断升级丰富。酒店先后获“最受欢迎度假酒店”“年度优秀会议酒店”“环球杰出旅游度假酒店”“温州市职工疗休养基地”等荣誉称号。作为一名政协委员，她尽职尽责地全心全意服务。为了更好地掌握民情，准确反映民意，她时常走访倾听群众诉求与心声，并深入调查研究，把群众的呼声写入提案中。同时，她还积极参加“请你来协商”“百岛连心桥・委员有话说”等活动，并多次提出可行性建议。由于她实干担当的处事风格，获洞头区滨海旅游人才、优秀民营企业家等荣誉称号。2021 年 12 月，方萍获评第七届“最美洞头人”。

【李明德】男，1971 年 10 月出生，济宁德人睿创机电科技有限公司总经理。16 岁的他因家境贫寒不得已辍学离乡，独自到外地闯荡。通过不懈的拼搏努力和社会各界朋友的帮助，他最终成为济宁德人睿创机电科技有限公司总经理。事业有成后，他不忘家乡，主动为洞头区教育、慈善等事业奉献爱心和帮助。2018 年 11 月，事业有成的李明德回到洞头，独自出资 200 万元成立“明德百岛学子梦想基金”。2019 年 8 月，“明德百岛学子梦想基金”发放仪式举行，共有 53 名品学兼优的百岛学子受到该基金的奖励，共计金额 22.5 万元。其中，英才奖 16 人，励志奖 37 人，重点奖励孤儿学生，单亲、重病灾、低保户家庭的贫困优秀生。他希望家乡的教育能培养出具有坚毅刚强、诚信友善、品学兼优的新一代社会接班人，让更多品学兼优但家境面临困难的学子在教育基金的支持下顺利完成学业。2020 年公司因疫情亏损 300 多万元，但他还是拿出 30 万元捐给家乡的困难老人。一份份助学资金的发放，一次次的助老爱老行动，不仅圆了贫困学子的求学梦想，也使贫困老人们受到社会的关怀。2021 年 12 月，李明德获评第七届“最美洞头人”。

【童　旭】男，1994 年 4 月出生，区交警大队交警。2021 年 6 月 2 日上午 7 时，童旭在中心街下街路段执勤时，发现一居民楼外电缆着火。现场电缆错综复杂，着火点离居民楼非常近，且旁边就有一个变压器，情况十分紧急。执勤交警将现场情况向指挥中心汇报后，发现火情有扩大蔓延趋势。考虑到居民楼内可能还有群众在睡觉，于是嘱咐现场围观群众远离着火点，而自己则冲向居民楼疏散群众。在疏散群众过程中，找到了楼道间的消防灭火器，果断对失火电缆进行灭火。由于行动迅速，采取措施得当，及时扑灭明火，避免了火势扩散蔓延，保障了人民群众的生命和财产安全。2021 年 12 月，童旭获评第七届“最美洞头人”。

【郑海荣】男，1980 年 11 月出生，中共党员，洞头区人民医院医生。

他工作十余年来，全身心投入到骨科临床诊治、研究和医院医疗质量管理、应急管理等各项工作中，用实际行动诠释着一名共产党员的初心。他对待病患像对待家人一样细心，竭尽全力解决患者病痛，时常收到患者送来的表扬信和锦旗。面对新冠病毒肺炎疫情，他迎难而上，第一时间主动请缨，投入到抗击疫情的战斗中。他不但承担着院内的工作，还要承接各个基层卫生院相关疑难病例会诊、转诊联络等工作，盘活医共体内新冠病毒肺炎救治力量和资源，保障各项医疗救治工作高效地运行。他一直坚持着，用真挚的爱心为患者拂去病痛，用初心与坚守构建和谐的医患关系，用自己的实际行动践行着医者诺言。由于工作出色，他先后被评为洞头“最美医师”、优秀共产党员、疫情防控阻击战事迹突出的共产党员等。2021 年 12 月，郑海荣获评第七届“最美洞头人”。

【吕子鹏】 男，1976 年 1 月出生，中共党员，区海霞中学教师。25 年来，先后在多所学校任教，以校为家、爱生如子，教学成绩突出、教研成果丰硕。2014 年，他被查出患有双侧甲状腺肿瘤，但他为不影响学生学习，在安排好教学工作后才启程赴上海做手术。术后较长时间他都无法长时间说话，但当感觉身体稍有恢复后，他没有听从学校换岗的建议，而是决定立刻重返讲台。他探索普通教师课堂结构改革，牵头《促进农村教师有效教学的实践研究》等课题研究，先后荣获中央政府提供教育基本公共服务的“国家教育资源公共服务平台”——之江汇教育广场精品教学空间一等奖及温州市尊重教育突出贡献个人及区先进教师、区最美教师、区优秀党员等荣誉称号，还打造了一支荣获市、区优秀教研集体等多个称号的教研团队。2021 年 12 月，吕子鹏获评第七届“最美洞头人”。

【沈上法】 男，1963 年 7 月出生，中共党员，洞头区下社村主任、党支部书记，任职 20 多年来始终坚守“爱党为民”初心，谨遵习近平总书记嘱托，带领村两委，锚定建设“三园下社”目标不放松，稳基础惠民生、强治理谋发展，走出了党建引领乡村振兴的新路子。先后获评省级、区级担当作为好书记，从年轻气盛到沉稳踏实，从不谙世事的渔家小伙到初心依旧的老支书，20 多年来始终坚守着初心使命、慢煮着基层岁月，全心全意践行着强村富民的誓言。2021 年 12 月，沈上法获评第七届“最美洞头人”。

【郑桂林】 女，1969 年 7 月出生，洞头区东屏街道后坑村村民。1996 年，郑桂林的丈夫突发意外离世，留下白发老人及一个不到两岁的孩子，郑桂林不顾家人反对，在 27 岁的美好年华扛起了这个家的责任。起初，公婆两人互相照顾，还帮着郑桂林照顾孩子，让她安心工作。后来，公公去世，婆婆常年卧病在床，郑桂林对这个家依旧不离不弃，她辞去了工作，边打零工边照顾年迈的婆婆和年幼的孩子。郑桂林竭尽全力怀着一颗孝顺的心，帮婆婆洗衣洗澡、按摩翻身，端屎端尿。夏天背出去晒天阳，冬天常常晒洗被褥。为了更好地照顾婆婆，郑桂林考虑到婆婆牙口不好，就变着花样为婆婆精心准备吃食。为了不让婆婆长褥疮，她学会了翻身按摩；为了让婆婆不用大老远地去理发，她还学会了理发技术。作为一个远近闻名的好媳妇，郑桂林 20 多年如一日，照顾婆婆，用乐观的态度面对不幸，用执着和坚韧诠释超越血缘的亲情，践行着“孝老爱亲”这一传统美德。2021 年 12 月，郑桂林获评第七届“最美洞头人”。

【胡开军】 男，1987 年 11 月出生，四川成都人，到洞头务工人员。2020 年 12 月 21 日中午，一名年仅 16 岁的花季少女在半屏松柏园冷清岙屏海路防坡堤灯塔处奋力挣脱家人跳进海里，危急时刻，作为东屏籍渔船浙洞渔运 00198 船员的他迅速跳入海中及时抓住女孩，把女孩渐渐飘远的身体托起，游到堤坝边。他回忆说，离岸边还有五六米的时候，自己整个人向海里坠，已经没有劲游回岸边，强撑着在海里保持平衡。幸好赶来的周边村民及民宿业主抛下绳子让他可以固定在防浪堤边。同时，村民吕朱杰启动自家小快艇靠近防浪堤，随后，他在海里把女孩向上托，吕朱杰及朋友在船上拉，最终将轻生女孩救上岸。当时正值天文大潮，海浪翻滚，他义无反顾地跳下海救起女孩，虽然身上多处擦伤，但他出色地完成这一场惊心动魄的救援。他用自己的切身行动诠释作为新洞头人对这个海岛的默默付出。2021 年 12 月，胡开军获评第七届“最美洞头人”。

【洞头区疾病预防控制中心】 温州市洞头区疾病预防控制中心 2021 年有在编在岗 23 人，2020 年新冠病毒肺炎疫情发生以来，他们始终奋战在疫情研判、病毒检测、调查处置、接触者追踪、环境监测等防控最前沿。2020 年 4 月，疾控中心正式启用 PCR 实验室，除完成新冠核酸检测任务外，日常还要检验检测饮用水、食品风险、流感及其他卫生应急事件检测工作。最难最急的标本总是由他们承担，任务量非常大。2021 年，新冠疫苗开始接种。在疫苗紧缺期间，疾控中心的冷链车每天来回跑温州，不管白天还是黑夜、下雨还是天晴，只要市里有疫苗，总能第一时间到达温州，确保把每一支疫苗第一时间运送到接种点，确保人不等苗。

完成6名确诊病例和200多名密切接触者排查，人员核酸检验检测3万余份、重点场所环境采样5000多份，消杀面积超20万平方米。全中心人员无周末和节假日，随叫随到，随时处于应急状态。中心获评温州市疫情防控先进集体、温州市先进基层党组织、2020年度基层站所行风政风最满意单位。2021年12月，洞头区疾病预防控制中心获评第七届“最美洞头人”（集体）。

逝世人物

【许根才】（1941—2021），男，北岙街道九仙村人。许根才不大识字，但口头表述能力却很强，塑像、纸扎时，双手不停，嘴巴不闲，喜欢为围观的人说笑话、讲故事。因为家庭困难，小学毕业就辍学了，跟在父亲身边当帮手，边干活边听故事，兴味十足。长大后当过农民，20岁时下海打过鱼，由于晕船，五年后上岸，转行干过石匠，加工过鱼粉，跑过供销，天南海北四处跑。走过全国不少地方，接触了许多人，阅历丰富了，故事积累也多了。改革开放初期，许根才加入了营销员队伍，四处跑销售，很少再有空坐下来闲聊。不过，《珍珠》故事在《故事会》杂志的发表，无意间给许根才打开了一个新的窗口。过了三四年，《故事会》编辑部举办故事写作函授班，邀请他参加。

他一面从事鱼粉的加工生产和销售，一面捧起了故事函授教材。从1985年5月至1986年4月，整整一年时间，他这个差不多50岁的老学生，教材认真看，作业按时交，有了不小的长进。也陆续写了一些故事，有地名传说《竹屿岛为什么没有竹子》、生肖故事《十二生肖老鼠为何得头名》、海洋动物故事《懒惰的花专鱼》等，同时也让女儿许小萍记录了多篇。

2008年，许根才淡出生产一线，退休了。他有更多的时间用来整理海洋动物故事。由于有了故事函授的基础，他不但整理单篇故事，还萌生了把多个单篇故事，以章回小说的形式串成中篇的大胆设想。连续写了31回，冠名《百岛奇谭》，在县文联的文艺刊物《百岛》上分期发表。2011年之后，许根才的讲述和整理又有新的进展。9月，由他讲述、他女儿纪录的海洋动物故事《海马为什么长不大》《鳗鱼想当将军》《黄鱼胶成滋补品》，被收入《中国民间故事全书·浙江洞头卷》。2013年，他把自己讲述的故事汇总整理出35篇单篇，连同31回的中篇故事《百岛奇谭》，共13万余字，于2015年2月交付中国文史出版社出版。

许根才不但动笔记录整理、出版专集，还经常接受邀请，在村里、图书馆、小学、幼儿园等许多场所，为大人、孩子讲故事。他常说，“我都一大把年岁了，如果不把这些故事快快讲给大家听，那这些有趣的鱼类故事就会失传啊。”他搜集、讲述、整理海洋动物故事，时间长达41年，为海洋文化的传播做了大量工作。2009年，许根才被确定为浙江省非物质文化遗产代表性传承人。2011年海洋动物故事被列为国家级非物质文化遗产。2018年5月，许根才被评为第五批国家级非遗代表性传承人。

2021年度洞头区市级以上先进集体一览表（部分）

表67

姓　名	奖项名称	获奖时间	授奖单位
洞头区	2017-2020年度平安中国建设示范县（市、区、旗）	2021年12月	平安中国建设协调小组
洞头区	长安杯	2021年12月	平安中国建设协调小组
洞头区	信访工作“三无”县（市、区）（复评）	2021年5月	国家信访局
洞头区	2021年浙江省AAAA级景区城	2021年12月	浙江省文化和旅游厅
洞头区	浙台经济社会融合发展突出贡献单位	2021年3月	省委、省政府
洞头区	2020年度县（市、区）信访工作考核优秀	2021年1月	市信访办
洞头先锋女子民兵连党支部	全国先进基层党组织	2021年6月	中共中央
东启汽车零部件制造有限公司总装车间包装组	2021年度全国工人先锋号	2021年4月	中华全国总工会

续表67

姓　名	奖项名称	获奖时间	授奖单位
洞头女子民兵连纪念馆	全国妇女爱国主义教育基地	2021年6月	中华全国妇女联合会
洞头区工商业联合会	2020—2021年度全国“五好”县级工商联称号	2021年12月	中华全国工商业联合会
洞头富民村镇银行	2020年度全国乡村振兴优秀村镇银行	2021年10月	中国村镇银行发展论坛组委会
洞头区文广旅体局	2017—2020年度全国群众体育先进单位	2021年9月	体育总局
洞头区委办	第二届“中国城市治理创新优秀案例奖”优胜奖	2021年12月	北京大学城市治理研究院
洞头区猎豹应急救援队	2020年度国家海上搜救突出贡献社会力量荣誉称号	2021年5月	中国海上搜救中心
洞头区纪委监委	浙江省文明单位	2021年1月	省精神文明建设委员会
北岙街道食安办	2021年浙江省四星级乡镇（街道）食安办	2021年11月	省食品药品安全委员会
大门镇食安办	2021年浙江省四星级乡镇（街道）食安办	2021年11月	省食品药品安全委员会
鹿西乡食安办	2021年浙江省三星级乡镇（街道）食安办	2021年11月	省食品药品安全委员会
洞头区工商业联合会	2019—2020年度“五优”县级工商联	2021年1月	浙江省工商联
北岙街道退役军人服务站	浙江省退役军人服务保障体系建设先进单位	2021年12月	浙江省委退役军人事务局
温州市医疗保障局洞头分局	浙江省2020年度工作先进（优秀）单位	2021年1月	浙江省医疗保障局
洞头区委宣传部	2020年度全省社会舆情信息工作先进单位	2021年5月	浙江省委宣传部
灵昆街道退役军人服务站	浙江省首批全国“示范型退役军人服务中心（站）”	2021年1月	浙江省退役军人事务厅
灵昆街道叶先村	浙江省善治村	2021年4月	省乡村振兴领导小组办公室
洞头区文广旅体局	2020年度体坛报体育宣传工作先进集体（优胜奖）	2021年6月	省体育局
大门镇“兰小草”儿童之家	2021年度“浙江省示范型儿童之家”	2021年11月	省妇联、省民政厅
北岙街道打水鞍社区儿童之家	2020年度“浙江省示范型儿童之家”	2021年2月	省妇联、省民政厅
海霞妈妈总部“她管家”姐妹帮调解室	首批“浙江省婚姻家庭纠纷化解品牌工作室”	2021年3月	省妇联
元觉街道	2020年度全省“五水共治”工作考核优秀乡镇（街道）	2021年3月	省治水办（河长办）
元觉街道	浙江省农村文化礼堂建设示范乡镇（街道）中心	2021年10月	省委宣传部
洞头区综合行政执法局北岙中队	浙江省综合行政执法文明规范公正基层队所	2021年11月	省综合行政执法指导办公室
洞头区综合行政执法局大门中队	浙江省综合行政执法文明规范公正基层队所	2021年11月	省综合行政执法指导办公室
洞头区综合行政执法局东屏中队	浙江省综合行政执法文明规范公正基层队所	2021年11月	省综合行政执法指导办公室
洞头区综合行政执法局元觉中队	浙江省综合行政执法文明规范公正基层队所	2021年11月	省综合行政执法指导办公室
洞头区综合行政执法局霓屿中队	浙江省综合行政执法文明规范公正基层队所	2021年11月	省综合行政执法指导办公室
洞头区司法局社区矫正执法大队	浙江省政法系统执法办案成绩突出集体	2021年1月	浙江省委政法委员会
洞头区财政局	加快建设区域中心城市突出贡献集体	2021年2月	市委、市政府

续表67

姓　名	奖项名称	获奖时间	授奖单位
洞头区发改局	加快建设区域中心城市突出贡献集体	2021年2月	市委、市政府
市生态环境局洞头分局	加快建设区域中心城市突出贡献集体	2021年2月	市委、市政府
市自然资源和规划局洞头分局	加快建设区域中心城市突出贡献集体	2021年2月	市委、市政府
洞头区住房和城乡建设局	加快建设区域中心城市突出贡献集体	2021年2月	市委、市政府
洞头区综合行政执法局	加快建设区域中心城市突出贡献集体	2021年2月	市委、市政府
东屏街道	加快建设区域中心城市突出贡献集体	2021年2月	市委、市政府
北岙街道	加快建设区域中心城市突出贡献集体	2021年2月	市委、市政府
洞头区委组织部	推进温州市域治理现代化先进集体	2021年3月	市委、市政府
洞头区委政法委	推进温州市域治理现代化先进集体	2021年3月	市委、市政府
洞头区司法局	推进温州市域治理现代化先进集体	2021年3月	市委、市政府
洞头区人力资源和社会保障局	推进温州市域治理现代化先进集体	2021年3月	市委、市政府
洞头区应急管理局	推进温州市域治理现代化先进集体	2021年3月	市委、市政府
洞头区市场监督管理局	推进温州市域治理现代化先进集体	2021年3月	市委、市政府
霓屿街道	推进温州市域治理现代化先进集体	2021年3月	市委、市政府
北岙街道上新社区	推进温州市域治理现代化先进集体	2021年3月	市委、市政府
区发展和改革局	扩大新时代对外开放突出贡献集体	2021年3月	市委、市政府
洞头区经信局	扩大新时代对外开放突出贡献集体	2021年3月	市委、市政府
东屏街道	扩大新时代对外开放突出贡献集体	2021年3月	市委、市政府
区发展和改革局	推进温州高质量发展先进集体	2021年3月	市委、市政府
洞头区经信局	推进温州高质量发展先进集体	2021年3月	市委、市政府
洞头区政府办公室	传承弘扬温州人精神突出贡献集体	2021年4月	市委、市政府
洞头区委宣传部	传承弘扬温州人精神突出贡献集体	2021年4月	市委、市政府
公安洞头分局交警大队	传承弘扬温州人精神突出贡献集体	2021年4月	市委、市政府
洞头区殡仪服务中心	传承弘扬温州人精神突出贡献集体	2021年4月	市委、市政府
区红十字海霞应急救援队	传承弘扬温州人精神突出贡献集体	2021年4月	市委、市政府
区溢香应急救援队	传承弘扬温州人精神突出贡献集体	2021年4月	市委、市政府
元觉街道状元村	传承弘扬温州人精神突出贡献集体	2021年4月	市委、市政府
洞头区委组织部	全面实施乡村振兴战略突出贡献集体	2021年3月	市政府
洞头区农业农村局	全面实施乡村振兴战略突出贡献集体	2021年3月	市政府
灵昆街道	全面实施乡村振兴战略突出贡献集体	2021年3月	市政府

2021年度洞头区市级以上先进个人一览表（部分）

表68

姓　名	奖项名称	获奖时间	授奖单位
南少奇	浙江省优秀党务工作者	2021年7月	中共浙江省委
杨森权	浙江省优秀党务工作者	2021年7月	中共浙江省委
杨森权	浙江省见义勇为先进人物	2021年11月	省政府
王芳草	全省法院2020年度个人二等功	2021年1月	省高级人民法院
周财达	2020年度全省社会舆情信息工作先进个人	2021年5月	浙江省委宣传部
卓桂贞	2016—2020年全省普法工作成绩突出个人	2021年12月	省委全面依法治省委员会守法普法协调小组
张辉星	浙江省政法系统执法办案成绩突出个人	2021年1月	浙江省委政法委员会
朱　涵	浙江省事业单位改革成效突出个人	2021年12月	浙江省事业单位改革领导小组
林万泷	2020年度浙江省新生儿疾病筛查先进工作者	2021年5月	浙江省新生儿疾病筛查中心
柯朝旭	浙江省退役军人服务保障体系建设先进个人	2021年12月	浙江省委退役军人事务局
叶海松	全省税务系统先进工作者	2021年12月	省税务局、省人力资源和社会保障厅
汪慧君	浙江省“生命英雄·免疫英雄”先进个人	2021年4月	省疾病预防控制中心
章立浩	全省优秀县气象局局长	2021年12月	浙江省气象局
陈文锲	温州市两个健康民营经济先进个人	2021年1月	市委、市政府
吴尊正	加快建设区域中心城市突出贡献个人	2021年2月	市委、市政府
叶　敏	加快建设区域中心城市突出贡献个人	2021年2月	市委、市政府
叶　龙	加快建设区域中心城市突出贡献个人	2021年2月	市委、市政府
郭志建	加快建设区域中心城市突出贡献个人	2021年2月	市委、市政府
应凌锋	加快建设区域中心城市突出贡献个人	2021年2月	市委、市政府
叶碎增	加快建设区域中心城市突出贡献个人	2021年2月	市委、市政府
郑元永	加快建设区域中心城市突出贡献个人	2021年2月	市委、市政府
林　丽	加快建设区域中心城市突出贡献个人	2021年2月	市委、市政府
厉海晓	加快建设区域中心城市突出贡献个人	2021年2月	市委、市政府
刘君可	加快建设区域中心城市突出贡献个人	2021年2月	市委、市政府
苏　翔	加快建设区域中心城市突出贡献个人	2021年2月	市委、市政府
应晓勤	推进温州市域治理现代化先进个人	2021年3月	市委、市政府
吴志安	推进温州市域治理现代化先进个人	2021年3月	市委、市政府

续表68

姓　名	奖项名称	获奖时间	授奖单位
林兴栋	推进温州市域治理现代化先进个人	2021年3月	市委、市政府
杨志群	推进温州市域治理现代化先进个人	2021年3月	市委、市政府
王祖龙	推进温州市域治理现代化先进个人	2021年3月	市委、市政府
陈后安	推进温州市域治理现代化先进个人	2021年3月	市委、市政府
陈礼遵	推进温州市域治理现代化先进个人	2021年3月	市委、市政府
杨空军	推进温州市域治理现代化先进个人	2021年3月	市委、市政府
颜贤权	推进温州市域治理现代化先进个人	2021年3月	市委、市政府
应　钧	推进温州市域治理现代化先进个人	2021年3月	市委、市政府
苏剑群	推进温州市域治理现代化先进个人	2021年3月	市委、市政府
蔡丽娟	扩大新时代对外开放突出贡献个人	2021年3月	市委、市政府
朱建宇	扩大新时代对外开放突出贡献个人	2021年3月	市委、市政府
吴建中	扩大新时代对外开放突出贡献个人	2021年3月	市委、市政府
林声俊	推进温州高质量发展先进个人	2021年3月	市委、市政府
陈文锲	推进温州高质量发展先进个人	2021年3月	市委、市政府
南海滨	推进温州高质量发展先进个人	2021年3月	市委、市政府
林　敏	推进温州高质量发展先进个人	2021年3月	市委、市政府
陶世成	推进温州高质量发展先进个人	2021年3月	市委、市政府
朱晓艳	推进温州高质量发展先进个人	2021年3月	市委、市政府
唐利明	推进温州高质量发展先进个人	2021年3月	市委、市政府
王　俊	传承弘扬温州人精神突出贡献个人	2021年4月	市委、市政府
王进宏	传承弘扬温州人精神突出贡献个人	2021年4月	市委、市政府
陈松财	传承弘扬温州人精神突出贡献个人	2021年4月	市委、市政府
柯友兵	传承弘扬温州人精神突出贡献个人	2021年4月	市委、市政府
郑　程	传承弘扬温州人精神突出贡献个人	2021年4月	市委、市政府
林慷慨	传承弘扬温州人精神突出贡献个人	2021年4月	市委、市政府
陈时秒	传承弘扬温州人精神突出贡献个人	2021年4月	市委、市政府
陈春娟	传承弘扬温州人精神突出贡献个人	2021年4月	市委、市政府

续表68

姓　名	奖项名称	获奖时间	授奖单位
陈坤明	传承弘扬温州人精神突出贡献个人	2021年4月	市委、市政府
杨森权	传承弘扬温州人精神突出贡献个人	2021年4月	市委、市政府
朱学进	全面实施乡村振兴战略突出贡献个人	2021年3月	市政府
林　雄	全面实施乡村振兴战略突出贡献个人	2021年3月	市政府
叶艳芳	全面实施乡村振兴战略突出贡献个人	2021年3月	市政府
潘齐奔	全面实施乡村振兴战略突出贡献个人	2021年3月	市政府
施国强	全面实施乡村振兴战略突出贡献个人	2021年3月	市政府
王静霞	全面实施乡村振兴战略突出贡献个人	2021年3月	市政府
温端喜	全面实施乡村振兴战略突出贡献个人	2021年3月	市政府
林　凌	全面实施乡村振兴战略突出贡献个人	2021年3月	市政府
李　毅	全面实施乡村振兴战略突出贡献个人	2021年3月	市政府
金霞霞	全面实施乡村振兴战略突出贡献个人	2021年3月	市政府
陈声伟	全面实施乡村振兴战略突出贡献个人	2021年3月	市政府
王友谊	全面实施乡村振兴战略突出贡献个人	2021年3月	市政府
孔繁隆	全面实施乡村振兴战略突出贡献个人	2021年3月	市政府
戴显强	全面实施乡村振兴战略突出贡献个人	2021年3月	市政府
王体祥	全面实施乡村振兴战略突出贡献个人	2021年3月	市政府

（年鉴编辑部）

洞头区组织机构及负责人名录

■中共洞头区第一届委员会

书　记　王蛟虎（1月免）
林　霞（女，1月—11月）
郭云强（11月任）
副书记　林　霞（女，1月免）
郭云强（1月—11月）
何莉平（女，11月任）
吴志安（11月免）
林　铁（11月任）
常　委　林　霞（女，1月—11月）
郭云强（1月任）
何莉平（女，11月任）
吴志安（11月免）
林　铁（11月任）
朱大志（5月免）
刘素婷（女，12月免）
梅山标（11月免）
戴　晁
侯合海（12月免）
邵建乐（11月免）
陈细团
郑锋利（11月任）
赵　爽（女，11月任）
林上达（12月任）
吴肃锋（11月任）

■洞头区第十四届人大常委会

主　任　叶海峰（12月免）
副主任　叶明理（11月免）
张孚标
蔡国华
陈后春
党组书记　叶海峰（12月免）
刘素婷（女，12月任）
党组副书记　侯合海（12月任）
党组成员　叶明理（11月免）

李　毅（12月任）
张孚标
蔡国华
陈春飞

■洞头区人民政府

区　长　林　霞（女，1月免）
郭云强（1月—11月）
代区长　何莉平（女，11月任）
常务副区长
刘素婷（女）
副区长　叶锦丽（女）
赵均宙（1月免）
黄　伟（1月任）
张方任
林上达（12月免）
朱学进（12月免）
张　攀（9月任）
郑锋利（12月任）
贾约拿（12月任）
肖晓锵（12月任）
党组书记　林　霞（女，1月免）
郭云强（1月—11月）
何莉平（女，11月任）
党组副书记
刘素婷（女，12月免）
郑锋利（12月任）
党组成员　赵均宙（1月免）
黄　伟（1月任）
张方任
张　攀（9月任）
朱学进（12月免）
林上达（12月免）
郭显玉
李　毅（12月免）
贾约拿（12月任）
肖晓锵（12月任）

■政协第八届洞头区委员会

主　席　汪慧平
副主席　张释忠
叶明久
郭杭峰
张长霓（女）
秘书长　曹其忠
党组书记　汪慧平
党组副书记　戴　冕
党组成员　张释忠
叶明久
曹其忠

■中共洞头区纪律检查委员会

书　记　梅山标（11月免）
吴肃锋（11月任）
常务副书记
徐志光（11月免）
叶先锋（12月任）
副书记　郭陆军
常　委　童王平（12月免）
郭陆军
陈冬梅（女）

■洞头区监察委员会

主　任　梅山标（12月免）
代主任　吴肃锋（12月任）
副主任　徐志光（12月免）
吴肃锋（12月任）
郭陆军
委　员　郭陆军
陈冬梅（女）
王祖杰

区纪委区监委机关

办公室主任　黄相华
干部室主任　郭仕堆
宣传教育室主任
苏志毅
信访室（申诉复查室）主任
陈阳熹
党风政风监督室主任
叶海婵（女）
案件监督管理室主任
吕　靖（12月免）
第一纪检监察室 主任
蔡宏伟
第二纪检监察室 主任
王光珊
第三纪检监察室 主任
林学星

区委巡察办

主　任　童王平（12月免）
黄鹏林（12月任）
副主任　郑振华
区委第一巡察组
组　长　金海娇（女）
副组长　陈后品
副科长级巡察专员
郑　华
区委第二巡察组
组　长　唐建业
副组长　柯受营
区委第三巡察组
组　长　苏　盛
副组长　汪秀琪
副科长级巡察专员
李明设
区纪委区监委派驻机构
派驻第一纪检监察组
组　长　高浩程
副组长　郑元军　周志勇
派驻第二纪检监察组
组　长　陈声为
副组长　陈立曼　张艳玉（女）
派驻第三纪检监察组
组　长　张忠强
副组长　黄海碧　曾国耿
派驻第四纪检监察组
组　长　朱小才
副组长　张剑辉
派驻第五纪检监察组
组　长　陈后银
副组长　陈松飞
驻区人民法院纪检监察组
组　长　宋　浩
驻区人民检察院纪检监察组
组　长　周秋艳（女）
驻公安洞头分局纪检监察组
组长　曾文虎

■区委工作部门

区委办公室［挂区档案局、区委机要局（区密码管理局）、区保密委员会办公室（区国家保密局）牌子］

主　任　赵海山

副主任　方均坦（12月任）
郑祥飞
吴励光
林忠星
王大标
许生浩
室务会议成员
邱亚顿（12月免）
童王平（12月任）
高浩程
林罗义
保密委专职副主任
郑祥飞
保密办主任、国家保密局局长
王大标（兼）
区委机要局（区密码管理局）局长
王大标（兼）
档案局局长　邱亚顿（兼，12月免）
童王平（兼，12月任）
室务成员、派驻第一纪检监察组组长
高浩程

区委组织部（挂区公务员局牌子；挂区委直属机关工作委员会牌子；保留区委老干部局牌子；挂区委新经济与新社会组织工作委员会牌子）

部　长　邵建乐（12月免）
赵　爽（女，12月任）
常务副部长　甘海选（女）
副部长　詹景伟（12月任）
彭增炜
曾华鸿
杨祝琦（女，12月免）
陈后安（兼）
甘寒冬（兼）
部务成员、派驻第三纪检监察组组长
张忠强
区委新经济与新社会组织工作委员会
副书记　彭增炜（兼）
张立志（兼）
许晓斐（女，兼，12月免）
委　员　施国强（兼，5月任）
陈佳（女，12月免）
金岳燕（女，12月任）
人才办专职副主任
杨祝琦（女，12月免）
区委直属机关工作委员会
书　记　邵建乐（兼，12月免）
赵　爽（女，兼，12月任）
区委老干部局
局　长　甘海选（女，兼）
区关心下一代工作委员会
主　任　侯三阳（聘任，4月免）
叶国胜（聘任，4月任）
常务副主任　彭增炜
专职副主任　吕焕伟
区党建服务中心
主　任　纪建波
区公务员局局长
彭增炜（兼，1月任）

区委宣传部（挂区新闻出版局、区精神文明建设指导中心、区政府新闻办公室、区互联网信息办公室牌子）

部　长　侯合海（12月免）
林上达（12月任）
常务副部长
吴玉华
副部长　高海龙
吕海棠（女，12月免）
区网信办主任
吴玉华（兼）
区政府新闻办主任
高海龙
部务成员、派驻第四纪检监察组组长
朱小才
部务成员　陈坤能
方荣巩
陈坤沈
区精神文明建设指导中心
主任　陈坤能
副主任　施国强（5月免）
朱明炬

区委统战部（挂区民族宗教事务局、区政府侨务办公室牌子）

部　长　戴　冕
常务副部长
叶先锋（12月免）
邱亚顿（12月任）
副部长　彭德金
张立志
王正瑛（女，挂职）
民宗局局长
叶先锋（兼，12月免）
部务成员、派驻第五纪检监察组
组长　陈后银

区委政法委员会

书　记　吴志安（12月免）
林　铁（12月任）
副书记　刘素婷（女，12月免）
郑锋利（12月任）
赵均宙（1月免）
黄　伟（1月任）
刘东升
倪小龙
王昌海
委　员　邱新楚
胡　刚（9月免）
周方前
陈凤燕（女）
王恭顺（9月任）
政治处主任　陈凤燕（女）
委务成员　南琴慧（女）
区社会矛盾纠纷调处化解中心
党组第一书记
吴志安（兼，12月免）
林　铁（兼，12月任）
党组书记　刘东升（兼）
党组成员、主任　方秀菊（女）
党组成员、常务副主任
倪小龙（兼）
李军民（兼）
副主任　陈振东（兼）
戴婉贞（女，12月任）

区委政研室（挂区最多跑一次改革办公室牌子）

主　任　陈宣陆（12月免）
方均坦（12月任）
副主任　虞献兵（12月免）
朱岳奇（12月免）
朱曾奎（挂职，9月免）

区委全面深化改革办（挂区最多跑一次改革办公室）〔2021.11市编办批复设置区委改革办独立机构，相应政研职能及“区政策咨询服务中心”划转到区委办（政研室）〕
主　任　陈宣陆（12月任）
副主任　朱岳奇（12月任）
室务会议成员
　　　　何掌霞（兼，女，12月任）
区公共资源交易管理办
主　任　陈宣陆（兼，12月任）
副主任　朱岳奇（兼，12月任）

区委机构编制委员会办公室
主　任　甘寒冬
副主任　曾健康
　　　　陈来霞（女）
室务成员　黄海辉

区委台湾工作办公室（挂区政府台湾事务办公室牌子，区台商台胞服务中心）
主　任　张海山（12月免）
副主任　林焕勇
室务成员、区台商台胞服务中心
主任　郑　冰（女）

区委区府信访局
局　长　林忠星
副局长　李明营
　　　　李军民
信访督查专员　林　立

区档案馆（区委党史研究室）（合署办公，挂区地方志研究室牌子）
馆　长（主任）
　　　　邱亚顿（12月免）
　　　　童王平（12月任）
副馆长　陈兵宽
　　　　杨　静（女）
副主任　曾焕定
副主任　戴婉贞（女，12月免）

区融媒体中心（区广播电视台）
党组书记、主任（台长）
　　　　方荣巩
党组成员、副主任（副台长）
　　　　郑巨峰
　　　　郭建春
　　　　林　磊
党组成员、电视节目中心主任
　　　　郑益群
党组成员、总编室主任
　　　　张海河

区海霞学院
党组书记　方荣巩（5月免）
　　　　　南建东（5月任）
院　长　倪建锋
副院长　陈盈盈（女）
　　　　林建华

■区人大常委会工作部门

区第十四届人民代表大会监察和法制司法委员会
主任委员　张孚标
副主任委员　黄根忠
　　　　　　王仁建

区第十四届人民代表大会财政经济委员会
主任委员　叶明理（11月免）
副主任委员　陈青委
　　　　　　朱顺义（9月免）
　　　　　　吴兹敏

区第十四届人民代表大会社会建设委员会
主任委员　张孚标
副主任委员　郑建林

区人大常委会机关党组
书　记　陈春飞
副书记　金威华
党组成员　黄根忠
　　　　　陈青委
　　　　　郑建林
办公室主任　陈春飞
副主任　许　环（女，8月免）
　　　　郑育丹（女）

监察和法制司法工作委员会
主　任　黄根忠
副主任　韩辉辉
财政经济工作委员会主任
　　　　朱顺义（9月免）
教科文卫体工作委员会主任
　　　　张瑞静（女，6月免）
　　　　郑建林（6月任）
代表与选举任免工作委员会主任
　　　　金威华
城建环保工作委员会主任
　　　　颜厥炎
农资工作委员会主任
　　　　柯友疆
预算工作委员会
主　任　陈青委
社会建设工作委员会
主　任　郑建林（6月免）
　　　　柯位宪（6月任）

■区政府工作部门

区政府办公室（挂区政府外事办公室、区大数据发展管理局牌子）
党组书记、主任
　　　　郭显玉
党组成员、副主任
　　　　蔡志文
　　　　林声俊
　　　　柯受志（9月免）
　　　　朱红波（女）
　　　　郭温胜
　　　　南　海（9月任）
　　　　庄瑞鹏（9月任）
副主任　黄智华
党组成员、派驻第二纪检监察组
组　长　陈声为
党组成员　陈一诚
区政府外事办公室
主任　郭显玉（兼）
副主任　林声俊（兼）
区大数据发展管理局
局　长　郭显玉（兼）
区大数据管理中心主任
　　　　陈一诚

区发展和改革局（挂区粮食和物资储备局牌子）
党组书记、局长
庄峥嵘
党组副书记
陈坤杯
党组成员、副局长　张孚专
苏友曦
区粮食和物资储备局
局　长　庄峥嵘（兼）

区经济商务和信息化局（保留区科学技术局、区政府金融工作办公室牌子，挂区民营经济健康发展促进局牌子）
党组书记、局　长
南海滨（12月免书记）
张茂海（12月任）
党组副书记
陈青翩
党组成员、副局长
江卫兵（5月免）
陆益辉（5月免）
王青青（5月免）
张冰绚（女）
黄胜贤（5月任）

区科技局
局　长　南海滨（兼，12月免）
副局长　江卫兵（兼）

区政府金融工作办公室
主　任　南海滨（12月免）
张茂海（12月任）

区民营经济健康发展促进局
局　长　南海滨（兼，12月免）
张茂海（兼，12月任）
副局长

区金融工作服务中心
主　任　许　环（女，5月任）
副主任　周建顺
叶文海

区教育局
党委书记、局　长
陈永胜（5月免）
郭海辉（5月任）
党委委员、副局长
郭建忠
叶元暖
陈晓莉（女）
保留副科长级
林德荣
党委委员、洞头一中校长
王邦泽
党委委员　颜丽函（女，5月任）

市公安局洞头分局
党委书记、局　长
赵均宙（1月免）
黄　伟（1月任）
党委副书记、政委
朱彬彬（女，4月免）
党委副书记、常务副局长
张剑亮（5月免）
庄志剑（8月任）
党委委员、副局长
陈后群
庄志剑（8月免）
张志勤（8月任）
杨思腾
党委委员、政治处主任
张志勤（8月免）
郭剑锋（8月任）
党委委员、机关党委专职副书记
陈海轮
刑事侦查大队（特侦大队）大队长
曾国板（9月任）
党委委员、派驻纪检监察组组长
曾文虎
北岙派出所所长
郭剑锋（8月免）
杨建华（12月任）
党委委员、交警大队大队长
郑　群
警务保障室主任
陈伟前
国内安全保卫大队大队长
徐克金
经济犯罪侦查大队大队长
郭献来
网络安全保卫大队大队长
林维敏
禁毒大队政治大队长
陈志成（12月任）
禁毒大队政治教导员
庄志军
警务督察大队大队长
许阳德（12月免）
警务督察大队政治教导员
陈志忠
法制预审大队（信访科）大队长
杨志群
海防大队政治教导员
凌　毅（12月任）
行政审批科（办证中心）科长
叶明誉
大门派出所所长
杨建华（12月免）
曹荣超（12月任）
灵霓派出所所长
林惠乃
东屏派出所所长
陈志成（12月免）
叶小川（12月任）
元觉派出所所长
叶忠静（12月免）
甘泽民（12月任）
霓屿派出所所长
季舒钰
鹿西派出所所长
周文渊

区民政局
党组书记、局　长
纪玉华（女）
党组成员、副局长
陈志锋
沈加亮
林　浙（9月任）
党组成员、区殡仪服务中心主任
柯友兵

区司法局（保留区行政复议局牌子）
党组书记、局　长
　　周方前
党组成员、副局长
　　叶明铁
　　施国强（5月任）
副局长　陈斌斌
区行政复议局
局　长　周方前（兼）
副局长　叶明铁（兼）

区财政局（挂区政府国有资产监督管理办公室牌子）
党组书记、局　长
　　黄建敏
党组副书记、副局长
　　许晓斐（女，12月任）
党组成员、副局长
　　朱海斌
　　彭晓东（12月免）
　　邱蔡芬芬（女）
党组成员（保留副科长）
　　张海文（9月免）
党组成员　朱建宇（9月免）
党组成员、总会计师
　　林菲菲（女，5月任）
区国资办
主任　黄建敏（兼）
副主任　邱蔡芬芬（兼，女）

区人力资源和社会保障局
党组书记、局　长
　　陈后安
副局长、党组成员
　　曾国军
　　庄海东
　　童艳艳（女，9月任）

区住房和城乡规划建设局［保留区人民防空办公室（区民防局）牌子］
党组书记、局　长
　　郑元永
党组副书记、副局长
　　朱文杰
党组成员、副局长
　　庄瑞兴
　　洪正金
党组成员
　　童思鹏（5月任）
区人防办（民防局）主任（局长）
　　郑元永（兼）
副主任（副局长）
　　庄瑞兴（兼）

区交通运输局
党组书记、局　长
　　柯位宪（5月免党组书记，6月免局长）
　　褚志攀（5月任党组书记，6月任局长）
党组副书记、副局长
　　苏宇咏（9月免）
党组成员、副局长
　　谢　铭
　　林小敏
副局长　方智森（9月任）
党组成员、区交通运输综合行政执法队队长　杨正辉
党组成员、区公路与运输管理中心主任　李光林
区港航管理中心主任
　　苏央央（女）

区农业农村局（挂区渔业局、区水利局牌子，6月11日增挂区乡村振兴局牌子）
党组书记、局　长
　　梁祥赞
党组副书记、副局长
　　林永志
党组成员、副局长
　　王　政
副局长　叶艳芳（女）
党组成员　颜厥果
　　陈国伟
区海洋与渔业执法大队大队长
　　郑元富
区渔船管理服务中心主任
　　邱　珮
区渔业局
局　长　梁祥赞
区水利局
局　长　梁祥赞（兼）

区海洋与渔业发展研究中心
党组成员、副主任
　　王仁属
　　朱晶晶（女）
党组成员　李昌达

洞头区文化和广电旅游体育局（挂区文物局牌子）
局　长　郑雪园（女）
党组书记　陈永胜（5月任）
党组副书记、副局长
　　倪瑞瑜
党组成员、副局长
　　林慷慨
党组成员　金均民
　　张警余（女，5月任）
区文化市场综合行政执法队队长
　　王海峰（9月免）
区旅游发展中心
主　任　金均民
副主任　钱飞琴（女）
区文物局
局　长 郑雪园（兼，女）

区卫生健康局
党委书记　林　敏（女，12月免）
　　季晓瀚（女，12月任）
局　长　林　敏（女）
副书记（专职）
　　叶　成
党委委员、副局长
　　周国伟
　　郭建国（9月任）
党委委员　洪　震
　　陈海友（9月免）
　　林国辉（9月任）
　　童海光（9月任）
区人民医院党委书记
　　陈海友（10月免）
　　童海光（10月任）

区计生协会
计生协会常务副会长
林　敏（女）
党委委员、计生协会专职副会长
郭海祝

区退役军人事务局
党组书记、局　长
彭世伟（12月免党组书记）
党组成员、副局长
董希勇

区应急管理局（3月撤消党组，改委员会）
党委书记、局　长
柯繁荣
党委成员、副局长
郭建新
李成丰
林高环
党委委员　郑荣党
党委成员、总工程师
陈海雄（5月任）

区审计局
党组书记、局　长
吕建伟
党组成员、副局长
洪剑胜
副局长　陈声进
党组成员、总审计师
吴爱芬（女）

区市场监督管理局（挂区知识产权局牌子）
局党组书记、局　长
方均坦（12月免书记）
林　敏（女，12月任书记）
副书记、副局长
李孚权（12月任）
党组成员、副局长
江　济
许晓斐（女，12月免）
黄昕岗（5月免）
张亚勤（女，5月任）
总工程师　黄志强（5月免）
党组成员、市场监管综合行政执法队队长　郑元聪
党组成员、总工程师
甘欢欢（女，5月任）

区知识产权局
局　长　方均坦（兼，12月免）
林　敏（女，兼，12月任）
副局长　江　济（兼）

区统计局
党组书记、局　长　许生星
党组成员、副局长　陈友华
柯建喜
党组成员　林进静（5月任）

区综合行政执法局
党组书记、局　长　张　杰
党组成员、副局长　柯立军
陈礼遵
杨空军

市自然资源和规划局洞头分局（挂区海洋局牌子）
党委书记、局　长
林观海
党委副书记、副局长
蔡　钦
党委委员、副局长
张海环
李　坪
党委委员、纪委书记
唐海滨
党委委员　郭献卫（5月任）
党委委员、不动产登记服务中心主任
祁　莲（女）
总工程师　陶世成
土地储备中心主任　张孚强

市生态环境洞头分局
党组书记、局　长
陈旭阳
副书记、副局长
邱东平
党组成员、副局长
王祖妙
林加锋
生态环境保护综合行政执法队队长
李立清

医疗保障局洞头分局
党组书记、局　长
洪宁群
党组成员、副局长
赵　婧（女）
张熔熔（女）

区机关事务管理中心
党组书记、主　任
许小萍（女）
副主任　彭胜强
侯文琼（女）
党组成员　陈　鹏

区投资促进服务中心
党组书记、主　任
南建东（1月任，5月免）
陆益辉（5月任）
党组成员、副主任
王建财
江晓燕（女）

区政务服务中心
党组书记、主　任
何掌霞（女，12月任）
副主任　陈色伍
陈松涛
党组成员　马丽丽（女）

区重点项目建设服务中心
副主任　林忠荣
沈永伟
叶信用

区供销合作社
党组书记、主任　朱显妙
副主任　郑晓华
邓伦斌

瓯江口产业集聚区大门岛分区（大门海洋经济示范区）管委会

党委书记　刘素婷（女，12月免）
　　郑锋利（12月任）
党委副书记、主　任
　　李　毅（12月免副书记）
常务副主任、党委委员（正科级）
　　林海志
党委委员、副主任　宋文彬
总工程师　陈清勤

区城市发展有限公司

党委书记、董事长兼总经理
　　彭进贵
副董事长兼副总经理
　　吴鹏展
　　吴为立
　　王志敏（挂职，9月免）
总工程师　陈裕越
副总经理　潘　奇

区旅游文化发展有限公司

董事长、总经理
　　张佳玲（女，5月免）
总经理　林　坚（5月任）
副董事长、副总经理
　　林　坚（1—5月）
　　金惠杰
总工程师　陈东东

■政协洞头区委工作部门

办公室主任　曹其忠
副主任　张亚勤（女，5月免）
提案委员会主任　王振宇
经济委员会主任　林海轮
农业和农村委员会主任
　　梁友谊（12月免）
　　颜厥苗（12月任）
城乡建设和资源环境委员会主任
　　林建斌
科技教育卫生体育和文化文史学习委员会
主　任　颜厥苗（12月免）
　　苏　娅（女，12月任）
社会法制民族宗教和港澳台侨外事委员会主任　王　锡
委员工作委员会主任
　　陈继海
区政协委员会机关党组书记
　　曹其忠
党组成员　林建斌
　　陈继海
　　颜厥苗
　　王　锡

■区人民法院

院　长、党组书记
　　邱新楚（2月任院长）
常务副院长、党组副书记
　　吴兴国（10月免副书记，11月免副院长）
　　刘建国（10月任副书记，11月任副院长）
副院长　叶定光　林　涛
政治部主任　朱　江
审委会专职委员　池进峰
　　倪海平
执行局局长　吴志法
大门法庭庭长　郭灵燕（女）
驻区法院纪检监察组组长
　　宋　浩

■区人民检察院

检察长、党组书记
　　胡　刚（9月免党组书记，9月免检察长）
　　王恭顺（9月任党组书记）
代理检察长、副检察长
　　王恭顺（9月任）
常务副检察长、副书记
　　陈志前
副检察长、党组成员
　　朱建忠（11月免党组成员，12月免副检察长）
　　应建国
　　周秋艳（女，11月任党组成员）
　　周雯雯（女，11月任党组成员，12月任副检察长）
检委会专职委员、党组成员
　　刘荣胜
政治部主任、党组成员
　　刘友山
检委会专职委员　张辉星
大门检察室主任　郭　杰
驻区检察院纪检监察组组长
　　周秋艳

■垂直机构

区税务局

党组书记、局　长
　　邓　勇
党委委员、副局长
　　唐东敏
　　陈　德
纪检组组长　徐建斌

市住房公积金管理中心洞头分中心

副主任（主持工作）　庄明贵
副主任　林进国

洞头海事处

处　长　章　义（1月任）
副处长　刘世藩

区盐务管理局

局　长　徐宝存

国网洞头区供电公司

总经理、党委副书记
　　王　亮
党委书记、副总经理
　　林晓宇（9月免）
　　伍伊凡（12月任）
副总经理、党委委员
　　林加阳
　　张炜靓（12月免）
　　周　扬（12月任）
党委副书记、工会主席、纪委书记
　　钱志刚（12月免）
　　王　雪（12月任）

区气象局

局　长、党组书记
　　章立浩

副局长　李怀川
吴舒婷（女）

区烟草专卖局（分公司）
党组书记、局　长（经理）
邢加圣
副局长、纪检组组长
曹醒初
副经理　郑昌伦（4月免）

中国电信洞头分公司
党委书记、总经理
黄文皓（12月免）
党委副书记、副总经理（主持工作）
涂建成（12月任）
党委委员、副总经理
肖仁杰（5月免）
党委委员、纪委书记、副总经理
曾焕华（6月免纪委书记）
党委委员、纪委书记、副总经理
林淑茹（女，6月任）

中国邮政集团公司温州市洞头区分公司
总经理　陈素娟（女）
副总经理　王　静（女，9月任）

中国移动洞头分公司
总经理　戴永高

中国联通洞头区分公司
总经理　曾善光

中国铁塔洞头分公司
办事处主任　王　乐

洞头华数公司
董事长、总经理
倪　颖（2月免董事长，任执行董事）

中国人民银行洞头支行
行　长、党组书记
周文凯（3月任）
副行长、党组副书记
周文凯（3月免）
副行长 黄招勇　包建锋
纪检组组长　黄招勇

中国农业银行洞头支行
行　长　郑明璞（8月免）
丁利挺（8月任）
副行长　柯受总
纪委书记　胡宗南
行长助理　项若珏（1月免）

中国建设银行洞头支行
行　长　张来敬
副行长　李家骏

中国工商银行洞头支行
行　长　徐振铃
副行长　邵康辉

中国银行股份有限公司洞头支行
行　长　项小青（12月免）
王挺杰（12月任）
副行长　邵志泉

洞头农村商业银行
董事长　许宪国
行　长　朱建松
副行长　杨德钧
施世来（6月免）
杨晓洁（女，6月任）
监事长　曾华越

中国邮政储蓄银行洞头支行
行　长　谢宇红（女，5月免）
江一舸（5月任）

洞头富民村镇银行
董事长　屠善勇
行　长　柯受国
副行长　温作旺

温州银行洞头支行
行　长　李喆琦
副行长　池进水

中国人民财产保险股份有限公司洞头支公司
经　理　张丽彬（女，2月免）
陈　微（女，2月任）

中国人寿保险股份有限公司洞头支公司
总经理　朱定文

中国人寿财产保险有限公司洞头支公司
经　理　颜素贞（女）

中国太平洋财产保险公司洞头支公司
副总经理（机构临时负责人）
张孚俊

中华联合财产保险股份有限公司洞头支公司
经　理　陈海燕（女）

■社会团体

区总工会
党组书记、主　席
洪文才
党组成员、副主席
陈秋菊（女）
党组成员　庄鹏远

共青团洞头区委员会
党组书记、书记
曾中扬（4月撤销党组，免去党组书记，12月免）
方雅靓（女，12月任）
副书记　吕韵姿（女，9月免）
朱玲爱（女）

区妇女联合会
主　席、党组书记
季晓瀚（女，12月免）
吕海棠（女，12月任）
副主席、党组成员
陈　佳（女，12月免）
金岳燕（女，12月任）
陈轶群（女，挂职，8月任）

区科学技术协会
主　席　陈青翩
副主席　张孚庆
　　　　江卫兵（兼，5月免）

区侨联
主　席　许生然
副主席　陈其钦

区文学艺术界联合会
主　席　苏 娅（女）
副主席　曹高宇

区残疾人联合会
党组书记、理事长、副主席
　　　　叶生杰（9月免）
　　　　陈丽芬（女，9月任）
党组成员、副理事长
　　　　郑忠霆

区工业商业联合会（总商会）
常务副主席、常务副会长、党组书记
　　　　张立志
专职副主席　陈爱花（女）

区红十字会
常务副会长　洪　震

区社会科学联合会
主　席　陈坤沈
副主席　叶　晓

■街道 乡镇

北岙街道
党工委书记　苏剑群
副书记　张茂海（12月免）
　　　　彭世伟（12月任）
　　　　曾中扬（12月任）
　　　　叶海燕（女）
　　　　黄鹏林（12月免）
　　　　柯　敏（挂职）
委　员　郭剑锋（8月免）
　　　　林加群
　　　　林　凌（12月免）
　　　　吴志文
　　　　温正局
　　　　杨燕辉（女）
　　　　陈　雅（女，12月免）
　　　　杨建华（12月任）
　　　　陈　佳（女，12月任）
　　　　陈　春（挂职，10月任）
　　　　杨森权（兼）
纪工委书记、派出监察办主任
　　　　吴志文
人大工委主任
　　　　林振权
副主任　曾国建
　　　　应　钧
办事处主任　张茂海（12月免）
　　　　　　彭世伟（12月任）
常务副主任　林　凌（12月免）
副主任　黄胜贤（5月免）
　　　　陈坤明
　　　　蔡一帆
　　　　袁　娜（女，挂职，10月免）
　　　　董以铁（女，挂职，10月任）

灵昆街道
党工委书记　戴显强
副书记　曹一帆
　　　　林宣志
委　员　张爱淑（女）
　　　　曹朝晖
　　　　翁彩敏（女）
　　　　王光强
　　　　石耀辉
纪工委书记、派出监察办主任
　　　　张爱淑（女）
人大工委主任
　　　　刘君可
人大工委副主任
　　　　王爵锷
办事处主任
　　　　曹一帆
副主任　翁彩敏（女）
　　　　陈运林
　　　　石耀辉
　　　　黄建海

大门镇
党委书记　李　毅（9月免）
　　　　　苏友山（9月任）
副书记　　苏友山（1—9月）
　　　　　柯受志（9月任）
　　　　　王青青（女，5月任）
纪委书记、派出监察办主任
　　　　林阿华（9月免）
　　　　陈伟明（9月任）
党委委员　林阿华（9月免）
　　　　　唐奎蛟
　　　　　童艳艳（女，9月免）
　　　　　叶方胜
　　　　　甘　泽
　　　　　杨建华（12月免）
　　　　　林芬赟（女，9月任）
　　　　　胡　麟（9月任）
　　　　　陈伟明（9月任）
　　　　　林万敏（9月任）
　　　　　王志敏（9月免）
　　　　　曹荣超（12月任）
人大主席　陈建海（12月免）
　　　　　朱顺义（12月任）
副主席　王邦敏（12月免）
　　　　林芬赟（女）
　　　　王海峰（12月任）
镇　长　苏友山（12月免）
　　　　柯受志（12月任）
常务副镇长　唐奎蛟
副镇长　胡　麟（12月免）
　　　　林　浙（12月免）
　　　　陈伟明（12月免）
　　　　郭国建（12月任）
　　　　黄月华（12月任）
　　　　王　豪（12月任）

东屏街道
党工委书记　褚志攀（5月免）
　　　　　　罗　明（5月任，12月免）
　　　　　　南海滨（12月任）
副书记　罗　明（1月—5月）
　　　　叶礼健
　　　　石耀光（5月任）
委　员　叶礼健
　　　　邵进宝

柯朝旭
方雅靓（女，12月免）
王静静（女）
郭加兵
陈志成（12月免）
金霞霞（女）
陈　雅（女，12月任）
叶小川（12月任）
纪工委书记、派出监察办主任
邵进宝
人大工委主任　周必东
人大工委副主任　陈后勤
办事处主任　罗　明（5月免）
石耀光（5月任）
常务副主任
方雅靓（女，12月免）
陈　雅（女，12月任）
副主任　陈群挺
王　瑜
张小兵
蒋华明（挂职，9月免）
何雨田（挂职，10月任）

元觉街道
党工委书记　詹景伟（12月免）
陈声伟（12月任）
副书记　陈声伟（1月—12月）
何掌霞（女，12月免）
杨祝琦（女，12月任）
虞献兵（12月任）
甘泽民（12月任）
委　员　李孚权（12月免）
陈　义
沈莎丽（女，5月免）
陈成乔
庄瑞鹏（9月免）
叶忠静（12月免）
周正茂
吕　靖（12月任）
陈昆仑（5月任）
甘泽民（12月任）
纪工委书记、派出监察办主任
李孚权（12月免）
吕　靖（12月任）
人大工委主任
石耀光（6月免）
叶生杰（9月任）
人大工委副主任
杨建国
办事处主任　陈声伟（12月免）
杨祝琦（女，12月任）
常务副主任　陈　义
副主任　林　海
蔡文斌
叶艳明（女）
张思敏（女，挂职）

霓屿街道
党工委书记　郭海辉（5月免）
杨小军（5月任）
副书记　杨小军（1月—5月）
王友谊
林　凌（12月任）
倪永峰（挂职）
委　员　张奇峰
张　光
詹育代
翁玲玲（女）
林玉明
苏　建
季舒钰
纪工委书记、派出监察办主任
苏　建
人大工委主任
郭坤礁
副主任　董政丰（6月免）
王志敏（9月任）
办事处主任　杨小军（5月免）
王友谊（5月任）
常务副主任
张奇峰
副主任　郭志涛
胡晓克
曾婵婵（女）
徐节速（挂职，10月任）

昆鹏街道
党工委委员
张爱淑（女，7月任）
人大工委主任
许声维（8月任）
办事处副主任
张爱淑（女，7月任）
杨恒昶（7月任）

鹿西乡
党委书记　陈志华
副书记　蔡鹏程（女）
陈丽芬（女，9月免）
林阿华（9月任）
委　员　南　海（9月免）
郭建国（9月免）
许荣华
颜孙空
许宸毓
林万敏（9月免）
孔繁隆（9月任）
周文渊（兼）
柯友贤（10月任）
金许阳（10月任）
钱志刚（兼，10月任）
纪委书记、派出监察办主任
郭建国（9月免）
柯友贤（10月任）
纪委副书记、派出监察办副主任
彭盛杰（9月任）
人大主席　颜贤权
乡　长　蔡鹏程（女）
常务副乡长
南　海（12月免）
许宸毓（12月任）
副乡长　方智森（12月免）
孔繁隆（12月免）
吕韵姿（女，12月任）
叶　灿（12月任）

（年鉴编辑部）

街道　乡镇

北岙街道

【概况】温州市洞头区北岙街道位于洞头本岛西北部（包括三盘岛），东临东海，西与霓屿街道隔海相望，南与东屏街道接壤，西北部经洞头峡大桥、洞头大桥与元觉街道相连，距温州市区约68千米。全街道陆域面积26.76平方千米，其中城区面积7.5平方千米。辖11个社区、14个村，辖区内户籍数1.77万户，户籍人口4.89万人，常住人口5.64万人。2021年，北岙街道城乡居民人均可支配收入分别增长7.8%和12.5%；规上工业和规下工业分别实现产值14.13亿元、6.96亿元；全年完成固定资产投资18.12亿元、招商引资6.26亿元；全年渔业总产量5.68万吨、建筑业省内产值10.62亿元。

北岙街道推动渔业规范化管理，改造运营海光渔业专业合作社，通过“一船一策”精准处理，平稳清退市外挂靠渔船22艘，完成过渡期小型休闲船艇清理22艘。投资150万元修缮提升大王殿村、小长坑村及三盘社区等村社渔用码头。推进杨文、南塘工业园区“亩均改革”和“能耗双控”，完成市级亩税低效企业整治提升8家，启动企业光伏发电节能改造24家，实现久一重工、联集紧固件等企业“升规上限”5家。开展工业园区“一月一主题”系列活动10多场，服务园区约435次，化解企业发展难题45个，助力华田企业厂房建设“当年开工、当年竣工、当年投产”。推行“以商招商”，引进尚谦亿建筑招引平台企业等总部经济落户8家，协助置信新天地与知名餐饮品牌麦当劳、星巴克咖啡达成合作意向。完成智慧安防小区建设、老旧小区改造等工程项目。启动九仙、小长坑村、双垅村一事一议项目建设，结算民生实事、民生小事等历年街村工程项目35个。开展“空心村”“空壳村”、农房房屋、历史建筑、低保低边家庭住房等房屋信息排查，完成已收储石头房上牌工作。保障211省道洞头霓屿至北岙段、鸽殿路等32个重点项目建设政策处理。

全年村集体经济总收入和经营性收入分别为4903.84万元、3139.64万元，总收入超百万元的村12个、200万元至500万元的村5个、500万元以上的村2个。实行“海创强村”、村村合作村集体发展模式，集中开工总投资村级项目为11.16亿元。建成投用妈祖文化陈列馆、东沙乡村振兴展示中心等文化阵地，举办第十一届中国·洞头妈祖平安节、首届田园音乐会等活动。新增民宿疗休养基地10家，推动伴精选民宿营业，隔头民宿集聚区试点通过中期考核，完成怡人海岸民宿联盟上限。完成海霞红港示范带展示中心装修等示范带提升项目建设15个，建设白迭共享书屋、隔头书海文化驿站等一批社会投资文旅项目，打造文化微植入、景观微改造节点60个。

组织开展“村社擂台·三比三看”活动，推进村社换届“后半篇文章”，村社健康运行指数两个季度迈入全市前三名，海霞村获国家级红色美丽村庄建设补助，三盘社区、大长坑村获评市级党建示范村社、文明示范村。梁艳君家庭获评浙江省文化示范户。组建小区拓展支部29个，改造提升无物业小区6个；成立两新党组织19个，实现规上亿元企业党组织全覆盖；“海霞宿客汇”党建联盟新增民宿32家。举办各类党史学习教育系列活动百余场，实施民生实事197件。

创新运用“微巡察”“微督查”“微教育”等机制，开展重点领域和突出问题“微督查”活动46次，发现问题75个，全年立案7件，党纪处分7人。推进清廉机关、清廉村居、清廉小微园区星级创建，创成三盘社区五星级清廉单元，街道本级、海霞村、大长坑村等3个四星级清廉单元。辖区2人获“浙江省优秀党务工作者”称号。

【城市管理双月攻坚五大行动】 2021年，北岙街道开展城市管理双月攻坚五大行动。累计拆除违章建筑18处5798多平方米，拆违率超300%，累计查处人行道乱停车3780辆。投入300多万元改造提升垃圾分类点位40个，更新城乡垃圾分类设施2000多个，完成物业小区垃圾分类撤桶并点。启动4类9处垃圾分类示范点创建，金海湾家园、海上人家、碧海云天获评浙江省高标准生活垃圾分类示范小区。投入约500万元“政府+社会”资本打造“一带两村”项目，累计完成小长坑至白迭绿化美化面积1万平方米。全年完成农村公厕新建和改造共7座，提升公厕60座，拆除露天旱厕5座，九厅屿仔花园公厕通过省农村示范型公厕创建验收。完成“污水零直排”项目竣工验收和审价工作，改造投用隔头、城南等农村污水管网设施，创成市级“水美乡镇”等。

【街道社会事业发展】 2021年，街道新增低保21户32人、低保边缘14户41人、特困人员3人。取消低保19户35人、低保边缘18户48人，累计发放临时救助13.18万元，惠及37户113人帮扶对象。分类实施社会救助，发放春节慰问资金7.38万元、民政临时救助11.9万元，惠及32户78人。持续优化居家养老服务，完成中心敬老院搬迁工作，协助低收入家庭完成适老化改造19户。启用北岙街道养老服务中心，为城区片60周岁以上老人提供送餐服务。投资60万元完成打水毶社区居家养老照料中心五星级改造提升，创成小长坑村、隔头村等四星级居家养老照料中心2家。

【街道基层社会综合治理】 2021年，组建企业网格186家，细化微网格846个。探索并建立联合巡查一支队，开展联合执法（巡查）42次，发现隐患291处、整改291处。实行信访工作“四色管理”和销号管理，开展涉稳“百日攻坚”，保障中国共产党成立100周年、全国“两会”等重大安保活动开展。聘请禁毒宣讲员6名，开展系列宣传活动20多次，发放宣传册3.5万余份，选送禁毒案例获评全省社工优秀案例大比武现场评审一等奖。全年接待投诉、调解及专案化解2247人，排查调处民间纠纷298件，涉及调解总标的1706.29万元，“海霞妈妈她管家”获评全省首批家庭矛盾纠纷化解品牌工作室。

【街道疫情防控】 2021年，北岙街道常态化做好疫情防控工作，精准管控中高风险地区返回洞头人员。组织基层党员1800多人，完成扫楼、扫村、扫街、扫店“四扫”行动，全区率先开展全员核酸、社区封控实战演练。推进街道全员新冠疫苗接种工作，完成新冠疫苗第一针剂累计接种48549人。截至年底，街道接种点成人累计接种一针39835人，全程接种人数36701人，加强针12506人；12周岁至17周岁累计接种一针4272人，全程接种人数4223人；3周岁至11周岁累计接种第一针4442人，全程接种人数3833人。其中：60周岁以上老年人第一针剂已接种6992人，全程接种6467人。11月省内疫情发生后，街道连续作战一个月，多轮拉网式排查近15万人次，协查全区近70%的指令数据。

【全区首家“民宿联盟”试点】 2021年，北岙街道通过“民宿奇葩说”“现场办”等载体，引导三盘社区9家个体民宿整合抱团发展。联动经信、市监、税务等相关单位，在两个工作日内完成个体民宿整合、企业注册及相关许可审批工作。2月24日，洞头区首家“民宿联盟”企业——温州市怡人海岸民宿有限公司正式成立。实现平台系统统一、品牌品质统一、接团调配统一、纳税统计统一、服务管理统一。

【“信用+基层治理”试点】 2021年7月，北岙街道在全市率先开展“信用+基层治理”试点，首创“信用赋能”基层治理模式。启动海湾三区、银城花苑和三盘播网岙民宿行业试点，把消防通道堵塞、私拉电线、垃圾分类不到位等问题梳理成信用积分清单，以户为单位实行积分累计。每月在100诚信积分的基础上，通过正向加分、反向扣分等形式，实行“三色”管理，发动各主体参与基层治理。全年街道住宅小区现代化微治理改革列为省级第三批社区治理和服务创新实验区项目，海湾三区小区治理纳入市委党校、洞头海霞学院市域治理现代化现场教学点。

【退役军人服务站规范化建设】 2021年，北岙街道开展争创全国示范型退役军人服务站工作，投入11.7万元用于建设提升街、村（居）两级退役军人服务站。组建北岙街道退役军人微信网络学堂，集中开展学习活动，全年开展学习教育、双拥主题教育活动120多场次，开展各类业务培训、讲座6次。成立街、村两级“老兵”志愿者服务队、轮值站长服务队共计54支，引导退役军人参与到服务老兵、平安巡查、环境卫生大整治等社会治理工作中。12月27日，北乔街道退役军人服务站获评浙江省退役军人服务保障体系建设先进单位。

（陈 悦）

灵昆街道

【概况】灵昆街道位于温州湾口中部瓯江口内。东接昆鹏街道，西与鹿城区七都街道一水相依，北与乐清市磐石街道、黄华街道隔江相望。南经灵昆大桥与龙湾区瑶溪街道相连、经南口大桥与温州龙湾国际机场相接，系瓯江径流和海流动力共同塑造的产物，形成岛域约有一千年历史，自古以来为温州海口之门户、交通之咽喉、军事之要塞。随着温州城市拥江面海发展战略的推进，乐瓯洞一体化发展格局的加深，灵昆成为乐瓯洞开发建设桥头堡、前沿阵地。全街道总面积22平方千米；下辖9个行政村，39个自然村。辖区户籍数5963户，户籍人口2.34万人，常住人口4.18万人，外来流动人口1.078万人。2021年，全年街道实现规上企业总产值16.64亿元，同比增长8.6%；农业总产值9229.6万元；全年完成固定资产投资22.18亿元，其中，工业2.1139亿元，增速119.9%。

灵昆街道S1、S2、G228、北口大桥等重点项目政策处理全部清零，完成清零结算历年征地项目20多个。开展违法建筑处置“百日攻坚”行动，累计拆除违章建筑641处6.88万平方米，危旧房拆迁安置81户。全面推进土地征收流转，完成灵昆卫生院及疾控中心、沈海高速复线瓯江口产业集聚区连线工程等6个项目征地31.49公顷（472.3994亩）。与中电建生态环境集团正式签约，总投资410亿元，瓯江口总投资量最大、范围最广的灵昆全域综合开发项目落地。

灵昆街道疫情防控“洗楼式”排查3.9万人，接种疫苗8万针，举办北段村整村应急演练。灵昆社区卫生服务中心连续两年获评“瓯江口最满意基层站所”及2021年度“温州市满意基层站所”。街道创成首批全国示范型退役军人服务站，完成各重要节点安保维稳任务，受理信访件412件，市级涉征拆类信访积案100%化解，矛盾调解中心实现实体化运作。街村两级调委会共受理纠纷129件，调解成功率100%。推进基层治理体系“四个平台”建设，做实做细全科网格3.0版，全年受理事件4224件，办结率100%。巩固“无欠薪街道”成果，开展护航建党百年“浙江安薪”专项行动，检查企业200多家，实现欠薪清零。组建消防专职队，累计整改隐患2522条，新建应急体验馆3个。

街道完成灵昆河、外坦路西河、祥浦河开展水质提升示范工程，沙塘村污水零直排村工程，巡河系统从“巡河通”App迁移至“基层治理四个平台”App，排水管网管养在全市率先完成委托，黑臭水体100%销号，污水COD浓度排全市第一位。墩弄昆祥河、海岳混凝土等涉企涉水环保督查问题整改销号。开展违法建筑处置“百日攻坚”行动，累计拆除违章建筑641处6.88万平方米，危旧房拆迁安置81户。强化交通安全设施管养，完成桥梁检测44座。生产经营农民自建房安全鉴定926户，处理“四边三化”问题点105处，处理整治机动车违停、流动摊位4567起。完善街道区内犬类信息登记，建成临时犬只收容所1处。开展海洋渔业整治，完成渔船安全隐患检查29艘，打击“三无”船只16艘。取缔非法经营活动码头2家。新增垃圾分类“定时定点”商业街1条，创建垃圾分类示范单位机关22家，创成新灵景园垃圾分类示范小区。

推进党史学习教育。开展庆祝建党百年系列活动，完成区级人大代表选举，票选人大代表19名。建成投用瓯江红城市驿站11个，新建两新党组织4个，规上工业及限额以上批发零售业等重点领域实现100%覆盖，组建新灵景园小区党支部。开展志愿服务活动80多场，累计发动志愿者3000多人次。新建投用周宅村、王相村居民中心。全年发展预备党员13人；脱党除名4人；处理党员干部12人次，其中开除党籍4人，党内警告1人，严重警告7人次。

【街道村集体经济发展】2021年，灵昆街道村集体经济总收入和经营性收入分别2453万元和1433.9万元，同比分别增长15.67%和22.84%。全域各村均迈入“村集体收入超160万元、经营性收入超50万元”行列。其中村集体收入200万元以上5个，经营性收入100万元以上7个。以“亮晒比拼·三比三看”村村擂台赛为抓手，开发11.2万平方米标准厂房项目，实现年净收入租金700万元、并逐年递增20万元。总投资2.25亿元，首个村级三产安置住房及商业综合体提前实现主体建筑结顶。投资5000万元，首个村级康体中心开工。投资10815万元，灵昆“水韵岛居”乡村振兴示范带初步成型。整治“非农化”“非粮化”耕地154.47公顷（2317亩），完成粮食播种面积133.93公顷（2009亩），实现粮食产量1207.6吨。落实惠农补贴政策，完成粮农直补登记造册1019户，发放粮农直补金额17.44

2021年6月10日，灵昆街道城中村改造动员大会召开　（灵昆街道提供）

万元。“土地确权”测量4417户846.67公顷（1.27万亩），发放土地承包权证4307本。叶先村获评省善治村、市民主法治村。双昆村、上岩头村获评市级党建示范村。

【灵昆街道城中村改造】2021年，灵昆街道城中村改造项目是温州市城区新一轮城中村改造中唯一一个全域拆迁、全域开发的项目，涵盖拆迁范围1700多公顷、拆迁户5400多户。根据灵昆街道发展水平和房屋现状，采用房票安置、产权置换、货币化安置等多种安置政策，促进集中连片房屋签约、腾空、拆除工作。率先启动王相、叶先、九村等3个村房屋拆迁签约，3个多月累计签约率超80%、最高签约率96.2%，超过市任务212%。推进腾空、拆除以及综合开发方案制定，累计腾空757户、拆除548户。发放房票672张，签约户中超95%的户以房票方式安置。

【街道社会事业发展】2021年，灵昆街道全年帮扶低保、低边、特困家庭165户，救助困难群众165人次，发放各类救助金179万元，优抚困难退役军人等重点群体。开展年人均可支配9000元以下低收入农户大清零，完善低收入农户帮促系统。农民社保指标落地3569人，城乡医保落地15915人。完善公交线网布局，新增社区巴士5号线，推出“漫游小巴”新模式。实现红色代办帮办服务场所全覆盖。完成海思公寓小区电梯加装工程，提供周转房400多套，优先安置老弱困难群体。开展“我为群众办实事、我为企业解难题、我为基层减负担”专题实践活动，解决民生问题115件。办理历史遗留难题新灵景园产权证876户。完成街道综合文化站、灵昆文化中心篮球场、新灵景园百姓健身房建设，改造提升灵南居家养老服务照料中心，职业技能培训280多人次。新灵景园城市书房累计接待读者64688人次。举行灵昆街道第三届道教文化节，开展志愿服务活动80多场，累计发动志愿者3000多人次。城乡妇女免费“两癌”检查493人，70岁以上重点人群一次性流感疫苗接种580人。申报“五五健康工程”健康家庭800户，上岩头村获评“健康村”，双昆村获评洞头区十类健康社区，沙塘村获评市一级社区分校。

【温州市房票发行】2021年7月23日，灵昆街道举行温州市房票首发仪式，通过运用工行温州分行研发的温州市房票结算管理平台系统现场印制温州“第一张房票”，在全市率先实行市场化安置政策。温州市房票是一张A4纸大小的凭证，印有房票号码、房票编号、电子防伪码、被征收人、房票使用人，房票金额印有安置权益和房票奖励金额，房票安置类型印有持票利率、生效日、有效期和适用范围等。房票使用期限从拿到“房票”算起，有效期最长不超过24个月。供“房票”购买的房源类型为政府商定商品房，即房地产开发企业同意以“房票”结算的位于瓯江口产业集聚区区域内已取得预售许可或房屋所有权已首次登记但尚未出售的房屋。

【周宅三产指标用户项目结顶】2021年9月，周宅村三产指标用地建设项目提前实现结顶。该项目总投资2.25亿元，是灵昆街道首个村级三产安置住房及商业综合体。项目包括安置性商品房215套及商业综合体1个，项目于2020年9月开工，工期850天。工程责任单位温州兴航置业有限公司，设计单位为浙江绿建建筑设计有限公司，施工单为杞梓林生态建设有限公司、德润建安工程集团有限公司，监理单位为浙江鼎力工程项目管理有限公司。

【海思村康体中心开工建设】2021年12月5日，瓯江口产业集聚区灵昆街道海思村康体中心建设工程开工建设。该项目位于灵昆南路与官河港交叉口东南侧，街道海思村C-12地块。建设总用地10708平方米（约16.06亩），总建筑面积13702平方米，其他计容建筑面积

9637平方米（综合楼4902平方米，村民职业培训中心2868平方米，室内体育馆1867平方米），不计容建筑面积4065平方米，项目投资5000万元，工期568天，是灵昆街道首个村级康体中心。工程责任单位洞头区灵昆街道海思村股份经济合作社，设计单位为浙江东方建筑设计有限公司，施工单位为温州市建筑工程有限公司，监理单位为温州永强工程管理有限公司。

【瓯江北口大桥主桥合龙】2021年12月30日，温州瓯江北口大桥主桥合龙，大桥110片主梁全部吊装完成。温州瓯江北口大桥是世界首座三塔四跨双层钢桁梁悬索桥，拥有“世界首座三塔四跨双层钢桁梁悬索桥”“世界首次在多塔连跨大刚度采用混凝土中塔”“世界首例强潮河口深厚软土超大沉井”三个世界级首创。大桥上层为甬莞高速，下层为228国道，全长7.9千米，其中跨越瓯江主桥长2090米，全桥钢桁梁总重量约7.7万吨，概算投资88.36亿元。项目业主单位是温州市交投集团瓯江口大桥公司，施工单位是中铁大桥局集团有限公司。

【灵昆全域整体开发项目签约】2021年12月31日，国家海洋经济示范区灵昆全域生态环境导向产城融合开发项目签约，项目总投资410.5亿元，项目建设期暂定为72个月。项目开发区域面积共计22平方千米，东至雁鸣路，南至瓯江南汊，西北至瓯江北汊，开发范围约8.4平方千米。项目以“EOD+产城融合”开发模式，按照“南生活、中生态、北生产”格局，滚动开发、渐次建设。责任单位是中电建灵昆智创城生态建设开发（温州）有限公司，建设单位为中电建灵昆智创城生态建设开发（温州）有限公司，设计单位为中国电建集团华东勘测设计研究院有限公司，施工单位为中国水利水电第七工程局有限公司和中国水利水电第九工程局有限公司。

（叶慧颖）

东屏街道

【概况】东屏街道位于洞头村本岛东南部，面朝东海，紧邻城区。由4个住人岛、88个无居民岛组成，陆地面积14.47平方千米。辖9个行政村及2个社区（蓝港社区和半屏社区）。辖区内户籍数7912户，户籍人口2.12万人，常住人口1.59万人。2021年，全年实现社会经济总产值20.9亿元，同比增长9.3%；农村常住居民人均可支配收入25674元，增长10.7%。

全域旅游（一期）建设项目同心旅游小镇整体风貌改造项目建成，海峡云村金岙101工程续建项目完工，全域地下排水管网建设工程、城南路市政设施提升改造工程、农村公路改造提升工程、岙仔村旧村改造B地块项目开工，推进珑头湾旅游度假小镇、中普陀宗教旅游文化园、白鹭湾海渔文化旅游度假区建设。滨海文旅示范带建设，军旅文化园、农耕园等20个惠民项目投入运营，超额完成村集体经济年度增收目标。推进生态慢道、岙仔旧村改造、后垅自然村搬迁等政策处理，提前投用金岙101、半屏1.1文创中心等工程。全域创成A级景区村，半屏景区实行一体化管理，完成景区村餐饮污水零直排工程。半屏同心未来乡村成功创成市级试点。完成未来乡村项目建设20个，上线文化、教育、智慧、治理等八大场景，通过市级验收。

东屏街道跟踪服务海隅居、云鹏鱼粉等企业退二进三，诚意鱼油项目开工，澳鹏汽车亿元项目立项，小微企业升规上限3家，引进尼可波罗咖啡、深夜食堂、屏海小吃街等新兴业态8家，辖区民宿创成区级职工疗休养基地15家。开展农业绿色发展先行示范提升，提升改造灌溉管网系统，提升利用农业废弃物资源化等项目。完成七彩网红巷、藤壶古巷等“三市五巷”提升，深化“燃情百岛·海上花园”洞头焰火音乐盛宴、同心夜市等品牌。东启公司获全国“工人先锋号”称号。

组织开展集中“清港”行动，取缔拆解涉渔“三无”船只19艘，纳归养殖“三无”船舶31艘，62艘市外异地外挂渔船全部清零。淘汰老旧、低效渔船3艘，示范船整治1艘，更新改造220千瓦标准船型渔船2艘，小型渔船卫星导航监控系统配置全覆盖。街道养殖羊栖菜面积253.33公顷（3800亩）、扇贝挂养13.33公顷（200亩）、牡蛎2公顷（30亩）。发展“网箱吊笼式刺参养殖”600口，投放刺参4.5万公斤。

“最多跑一次”数字化改革联动四川中江县推出跨省通办服务20项，后寮村创成全市唯一村级跨省通办代办点。开展渔农民技能培训50人；组织开展建党百年大合唱比赛、明星秀比赛、艺心筑梦童心向党“六一”儿童节暨庆建党百年华诞活动、2021年“燃情百岛·海上花园”焰火音乐盛宴活动、“嗨游闽巷、FUN肆夏夜”同心夜市等节庆活动。东岙顶乡村艺术团陈素李获评省级乡村文化能人，“七夕民俗风情节”获评省民间文化艺术之乡。

全面实施“兴村治社健康指数”考评，打造党建示范样板村2个，红色美丽村1个。提升“厝边红湾”瓯江红党群服务中心，建设东岙村、东岙顶村“宿客汇”民宿党建阵地2家，全年开展红色星期天“党群连心”活动130多场，服务群众8900多人次。出台村社“引资进村”奖励政策，深化“以屋生财、以地入股、村旅融合”等村企合作模式，新建实体两新组织10个，创新推出“种子计划”，通过红色大点验下派党员种子32名，实施党组织书记“双强红领”认证，3人获评双强红领。开展“我为群众办实事”实践活动，引导机关、“两地双评议”党员参与“圆梦微心愿”“红七月·服务月”等活动23场，解决人民群众“急难愁盼”问题90多个。持续推进辖区无物业小区红管家治理模式4个。成立望海小区等小区实体党支部2个，建立健全议事规则和工作流程，打造党群议事活动阵地3个。东屏街道东岙村入选国家级充分就业社区，“环港星光经济带”入选市级文旅消费集聚区，寮顶回族村获评浙江省引领型农村社区、浙江省美丽乡村特色精品村、首批省级民族乡村共同富裕示范点，东岙顶村、惠民村获“浙江省文明村”称号，东岙村获评2021年度温州市级示范性民宿集聚村，半屏山获批海洋省级旅游度假区。

【街道基层社会治理】2021年，东屏街道组织开展“8+3”重点领域安全生产专项整治，累计整治各类隐患951处，市、区两级暗访督办问题全面清零问题42个。全年调处信访件188件，市级信访交办件销号。创新“以外管外”“党员渔老大调解”“信访人化解信访事”等管理模式，调处矛盾纠纷148起件，涉及金额共计845万元。推进新冠疫苗接种，常态做好防疫工作。做优乡贤理事会、“以外管外”等载体，深化“厝边五问”、美丽庭院管家等机制，形成党建+美丽村庄建设样板。新建应急储备仓库1个，储备各类应急物资1700件，“烟花”“灿都”等台风期间转移人员962名，培育新居民消防队、溢香海上救援队、好厝边志愿者等救援队伍，搭建网格+救援队伍“一网多人”风险监管格局。全年街道共发生电信网络诈骗案件17起，同比下降32%。开展“地毯式”网格排查、派出所“敲门”行动，利用高音喇叭、宣传车进行反诈全覆盖宣传。街村干部、网格员入户指导安装反诈App1800多个。寮顶村、蓝港社区获评全市首批“基层党建示范村”，东屏街道获评温州市基层党建示范街道。

【街道社会事业发展】2021年，街道全年救助特困户41户41人，低保边缘户66户151人，低保户151户234人。开展困难群众大排查、特困、低保、低边专项核查年度复核和探访关爱、幸福清单送达活动，走访救助困难群众500多人，发放补助和慰问金约250万元。开展民政救助数字化改革工作，实现零次跑。完成被征地农民参保转保专项行动，城乡基本养老保险和医疗保险参保率分别为99%和97.74%，益康保参保率超50%。截至年底，有养老机构3家，总床位84张。其中建成街道养老服务中心1家（惠民村惠头寮片），在建1家养老服务中心（半屏社区），民办养老院2家，设有养老、用餐、康复等功能。街道村社养老照料中心9个，医养合作和社会组织承接运行全覆盖，老年食堂2家，助残、配送餐服务覆盖6个村社。全街道在养老机构、养老服务类社会组织从业人员共20多人，持有养老护理员职业资格证书8人。建设提升半屏未来乡村居家养老服务中心、岙仔四星级居家养老中心，完成适老化改造12户、智能安全监测设备加装45户。全街道乡村公益性公墓17座和骨灰楼1座节地生态安葬率98%。开展殡葬、清明节文明祭祀宣传和私墓禁新和殡仪活动日常巡查，查处违反殡仪活动和私墓禁新各2例。

【同心旅游小镇建设】2021年，东屏街道以同心文化、休闲旅游、产业配套、基础配套、科技创新等为发展导向，开工重点建设项目38个（包含新建7个，续建11个，完工16个，谋划类4个）。实施海峡云村金岙101、台湾观光广场等对台贸易项目4项；建设珑头湾旅游度假综合体、黄金海岸度假区、白鹭湾海渔文化旅游度假区等旅游类项目13项；建设污水零直排、本岛海洋生态廊道整治修复等基础设施及产业配套工程15项；实施诚意药业健康产业园等技术创新类项目5项。小镇聚焦海洋医药、生物加工、机械制造、旅游配套等方向，入驻企业数144家（其中台资企业30家），包含工业10家，住宿餐饮16家，服务类71家，批零47家。其中特色企业116家，规上企业6家。打造一条集“12条旅游线路、31类旅游项目、系列文创产品”于一体的文旅产业链。推出海上乐堤、韭菜岙沙滩、深夜食堂、海上乐堤、沙滩音乐节新动力等景点。依托“仙叠岩”“半屏山”景区及七彩网红巷、藤壶古巷、七夕情诗巷，打响夏季海岛旅游招牌。通过蓝湾整治、截污纳管、透水式平台等项目推进，半屏景区管理一体化、旅游配套设施不断完善。

【同心旅游小镇整体风貌改造项目建成】2021年12月，全域旅游（一期）建设项目同心旅游小镇整体风貌改造项目建成。该项目建设内容包括特色餐厅、娱乐中心建设、公共设施及公共雕塑建设、园林景观建设等，于2020年7月开工，总投资3963万元。项目责任单位是

2021年“燃情百岛·海上花园”焰火音乐盛宴活动 （东屏街道提供）

东屏街道办事处，设计单位是中国美术学院风景建筑设计研究总院有限公司，施工单位是浙江恒富泰康建设有限公司，监理单位是温州永强工程管理有限公司。

【城南路市政设施提升改造工程开工】 2021年7月20日，城南路市政设施提升改造工程开工建设，城南路全长1.94千米，道路宽度6米至8米，道路提升整治面积1.88万平方米，给排水管网7千米，综合管线2.4千米。保留原有道路布局，车行道翻新，排水管道修复，并强化植物景观，预留路灯接口。工程总概算5339.7万元。工程责任单位是洞头区城发公司，设计单位是中科瑞城设计有限公司，施工单位是温州市瓯润建设工程有限公司，监理单位是安徽同舟工程咨询有限公司。

【岙仔村旧村改造B地块项目开工】 2021年6月，东屏街道岙仔村旧村改造B地块项目开工建设。该项目选址于岙仔村旧村改造B地块，总用地面积87404平方米，总建筑面积162117.4平方米，主要建设住宅、公寓、商业配套等，计划2024年完工，项目总投资15亿元。工程责任单位是东屏街道办事处，设计单位是浙江天然设计有限公司，施工单位是浙江启泰建设有限公司，监理单位是浙江柏耀工程项目有限公司。

【东屏街道获评浙江省民间文化艺术之乡】 2021年8月24日，浙江省文旅厅公布2021年度浙江省民间文化艺术之乡名单，洞头区东屏街道七夕民俗风情节名列其中。东屏街道打造七夕民俗风情节传统文化节庆，以七夕为主题，投入1亿多元修缮东岙古村，维护一批石头屋、古祠堂、古街巷，打造海洋民俗馆、七夕广场、情诗巷、七夕舍，保持原乡原貌，留住“乡愁”。自2008年8月7日，首届七夕民俗文化节“祈愿七夕，感受东屏”举行，已连续举办14届七夕民俗风情节，通过展示七夕成人祈福仪式，传承和弘扬七夕节中的“成人节”和“儿童节”的祈福习俗。浙江省民间文化艺术之乡是推动民间文化艺术事业的繁荣发展、丰富活跃基层群众文化生活设立的一个文化品牌项目，包括美术、书法、音乐、舞蹈、戏剧、曲艺、杂技、民俗等传统艺术形式，及摄影、合唱、油画、农民画等文化艺术形式。每两年申报命名一次。

（王 波）

元觉街道

【概况】 元觉街道地处洞头列岛中部，离洞头主城区8千米，距温州市区40多千米，南凭元觉大桥、洞头峡大桥与北岙新城区相连，西跨深门大桥与霓屿相接，北隔黄大峡航道与大门岛隔海相望。全街道由状元岛、花岗岛和青山岛3个主要岛屿组成，辖7个行政村；辖区内户籍数3634户，户籍人口1.09万人，常住人口0.6万人。2021年，街道实现工业总产值65922万元，规上企业总产值64366万元，建筑业总产值46954万元，完成固定资产投资94601万元。

组建招商专班，实施“乡贤助力招商”行动，通过感情招商、产业招商和政策招商，新招引企业20家，招商引资到位资金4.91亿元，完成任务数的131.3%，创税超5200万元，连续两年招引企业落地数和产值均位列全区前列。推进青山欢乐岛和华港LNG两大亿元项目建设。状元岙深水港全年港口货物吞吐量完成720.2万吨；集装箱吞吐量完成49.62万标准箱，同比增长19.17%。全年80%指标排名全区前三位，4项排名第一位。

实行民生实事票决制，完成路灯亮化、文体惠民等五大民生实事。传播元觉好声音，新兵状元礼刊登国防报，获评浙江省文化礼堂建设示范性街道。元觉新义校、新幼儿园建成启用，借助“兰小草”基金为高龄群众免费办理“益康保”1800名，推进社会大救助领域一次也不用跑，全年办理各类事项320多件。开展“温暖过冬为爱筑巢”困难群众旧房改造等各类爱心活动超20场。全面打赢综合环境整治攻坚战，综合环境、垃圾分类、美丽湾滩3项考核全区第一位，垃圾分类排名首次跻身全市前12位，创洞头区历史最高。连续两年蝉联全省“五水共治”优秀街道，全年两次获评区级最美湾滩。实施状元南片综合治理，解决集卡无序停放、管理缺失、渣土乱倒等群众反映问题。建成运维集保停车场，探索开放式岛礁管理模式，通过电子围栏、全天候摄像头等数字应用消除临海临崖安全隐患。平安建设工作连续三年排名全区前列。运用“海霞说事”“阳光村社”“码上纪办”等线上数字平台，实行村级集体“三资”前置全托监管，推行村级“去现金化”改革，全面使用村级小微权力“一网监督”平台及运用“监督一点通”系统。

组织开展党史学习教育、“我和我的党”微党课比赛、“赞美共产党·放歌新时代”红歌大赛、“学习强国”知识竞赛暨“强国之星”达人挑战赛、“观百年沧桑·瞰元觉变迁”摄影大赛、“全民运动·活力元觉”元觉街道第四届市民文化体育节、洞头首届婚旅节、“我们的村晚”文艺演出等系列建党百年活动。推进党建联盟落实落地，整合成立物流企业党建联盟，高质量建设“集卡之家·城市驿站”，专门服务集卡司机群体。全年化解历史遗留问题6个，办结惠民实事115项。

【街道旅游业态发展】2021年，元觉街道推进全域景区化，“中屿等到你”创成国家级AAA景区，培育“吃、宿、游、购”等业态，引入星光酒吧、高端游艇、水上娱乐等项目，推出“小众音乐会”“夜游小洱海”“星空露营”等星光经济体验性项目，举办首届中国·洞头婚旅节。引入专业化团队，构筑“街道+村+企业”三元共治模式，开发中屿停车场、海上游艇等村企合作项目，沙角村集体经营性收入突破200万元，年旅游综合收入超3000万元。

2021年3月18日，元觉街道举办“我们的村晚”文艺演出　（元觉街道提供）

【温州华港LNG项目储罐桩基工程完工】2021年11月29日，温州华港液化天然气（LNG）储运调峰中心（罐区）项目T－6202和T–6203储罐共632根桩基全部完工。温州华港液化天然气（LNG）储运调峰中心项目为全国沿海和长江内河液化天然气接收站布局规划调峰港址，是国家和浙江省能源发展重点项目，总投资106亿元，规划分三期建设。其中，一期计划投资约24亿元，主要工程项目建设内容包括1座10万吨级码头（满足18.2万立方米LNG船靠泊）、2个16万立方米的LNG储罐及配套工艺装置、公用工程设施等。项目由华峰集团投资建设。

【元觉街道污水零直排建设工程（二期）开工建设】2021年8月18日，元觉街道污水零直排建设工程（二期）开工建设。项目建设内容为活水潭村自建房雨污水管道系统性及结构性修复、雨污水错接点改造、雨污水07立管改造、和平岙自然村终端改建及截污纳管等，共改造雨污水接错点36个、化粪池42座、总管网长度约2000米，主要解决管网破旧、污水倒灌、重复施工等问题。截至年底，完成项目施工内容，受益农户187户。项目投入资金280万元，其中区治水办统筹资金补助280万元。工程责任单位是元觉街道办事处，设计单位是浙江方大建筑设计有限公司，施工单位是温州陆顺建设工程有限公司，监理单位是浙江南正项目管理咨询有限公司。

【沙角岸线建设工程开工建设】2021年5月18日，温州蓝色海湾生态建设项目沙角岸线建设工程开工建设。该工程由省级海洋综合管理资金配套，工程概算200万元，2021年10月完工验收，截至年底，工程正式投入使用。项目位于元觉街道沙角村中屿景区，建设内容包含塘渣开挖回填、浆砌挡墙砌筑、混凝土路面修补浇筑、毛石挡墙修补、沥青路面铺设、混凝土抗浪墙钢筋绑扎、模板支撑、混凝土浇筑、混凝土护栏进行墙面彩绘亮化等。工程责任单位是元觉街道办事处，设计单位是浙江方大建筑设计有限公司，施工单位是浙江中胜建设工程有限公司，监理单位是浙江金誉工程咨询有限公司。

【元觉街道获评省“五水共治”考核优秀】 2021年3月29日，浙江省治水办（河长办）公布2020年度浙江省“五水共治”（河长制）工作考核优秀乡镇（街道），洞头区元觉街道名列其中。街道辖区内现有河道（沟渠）2条，其中区级河道1条，乡镇级河道1条。河道总长约2千米，主要功能为水量调蓄、行洪排涝。河长5名，其中区级河长1名，乡镇级河长2名，村级河长2名，乡镇级督查长2名。街道把“五水共治”工作列入重要议事日程。以“河长“App为切入点，加强“街村二级河长”队伍建设，建立健全巡查、督导责任制；发动党员群众，宣传“五水共治”相关知识和政策规定；投入资金700万元，加快推进污水零直排工程建设，创成“污水零直排”镇街，建立常态化、长效监管机制。辖区内的污水收集整治得到全面提升，涉水污染源实现纳管或达标排放，入河排污口整治到位，标示标牌设置规范。

【村企党建联盟成立】 2021年7月30日，元觉街道举办村企党建联盟成立签约仪式暨“百家企业心系百名老党员”送温情活动启动仪式。元觉街道非公企业党支部和7个村党支部结盟，双方签订协议。通过村企支部结盟，村企之间推进支部互学互促。共同制定党建工作目标，部署党建工作任务，共同研究探讨党建工作服务村社发展方式，推动双方组织建设规范化、制度化。企业借助资金资源优势，开展纾困帮扶活动；通过乡贤理事会、村企联席会等载体，为村庄发展出谋划策，鼓励企业能人反哺家乡建设。

（叶林林）

霓屿街道

【概况】 霓屿街道位于温州瓯江口外，洞头区西侧，东至深门大桥与元觉街道接壤，南濒大海，西至灵霓海堤与灵昆岛相连，北隔瓯江口水道，陆岛连通。1952年10月，南北两屿分别建政为东岙乡、霓屿乡；1956年初，东岙乡和霓屿乡合并为霓屿公社；1986年10月，经浙江省民政厅批准从霓屿公社析出霓北、霓南两乡。2001年11月，经浙江省民政厅批准，霓北、霓南两乡合并为霓屿乡；2011年5月，经浙江省民政厅批准撤乡改设街道，改称霓屿街道。街道有丰富的滩涂资源和海水资源，地形多山，山尖为全区第二高峰，海拔332米。全街道辖区包括附近7个无人岛和23个礁，陆域面积约11.5千米，街道所在地距离县城约15千米，街道办事处所在地为布袋岙村。1998年，被浙江省人民政府命名为“浙江省紫菜之乡”，2021年获评中国紫菜之乡，紫菜获批国家地理标志证明商标。全街道辖10个行政村32个自然村。户籍4723户1.46万人，常住人口0.85万人。街道辖党支部19个，党员405名。

2021年，街道完成固定资产投资3.8亿元，招商引资到位资金2.1亿元，税收1600万元；投入600万元的山尖海洋生态游步道投用；投入940万元的网寮鼻矿山边坡治理工程完工；投入750万元打造红树林生态湿地公园和滑泥公园，推动渔旅融合，培育生态游、观光游、休闲游。引入第一家民宿，全年接待游客突破5万人。紫菜现代园招引企业入园18家，投产6家，投资10个亿的海洋食品产业园开园。温州市霓发矿业有限公司注册。211省道、南北公路等项目开工，布袋岙污水处理厂、农贸市场等投用，建成农村道路6条、公交站点12个、山尖游步道1.5千米等。推进湿地公园、岸上整治、矿山治理、破堤通海、生态海沟等5个项目建设。创成省级美丽乡村特色精品村、市级文明村各1个。投入1000万元建设紫菜烘干厂，南霓湾村级项目达成协议。完成洞头精灵海岸养生庄园、330国道沿线（霓屿段）环境综合整治工程等政策处理11项，发放政策处理资金约40万元。化解历史遗留问题3个。4月启动霓屿南片搬迁，涉及188户590人、民房90幢、产权所有人126个，安置房需求500套。全年村集体总收入2083万元，经营性收入870万元，同比增长13%和25%。总收入超100万元村7个，经营性收入超50万元村3个。

全年新增低保户6户13人。开展临时救助、春节慰问、大病救助、助学、拥军优抚等活动，受益500多人，发放救助经费67万元。新增爱心食堂1家，开发公益性岗位15个，劳动就业培训20次650人。全年街道参加城乡居民基本医疗保险14659人，参保率为99.54%。首个村级乡贤馆投用，选聘海岛振兴兴村导师10名，组建“霓好”志愿者服务队，推出“霓有话说”百姓议事12期，吸收建议120个，解决民生问题100个，吸引参与议事3000多人次。新建文化礼堂2家，依托文化礼堂、百姓书屋、“假日公益学校”等文化阵地，组织开展各类宣教活动200多场次、文化活动40多场次。以“星期天善行日”“星期日活动”“善行银行”为载体，组织开展新青年下乡、四千结对、手工培训班、技能比赛、插花艺术培训、爱心义诊、春泥计划等活动50多场次。全年化解信访积案2起，实现积案清零。重点人员重点时段管控率100%。

在全市率先推行信访代跑工作，举办全区信访代跑现场会。

【“两园”建设】2021年11月，紫菜现代园建成。田园综合体26个子项目全部完工，并通过省、市验收。该园区为浙江省市县长“152”工程项目和市首个省级农业综合开发现代园，投资10亿元，于2018年12月8日开工建设，建设内容包含规范海区整治一期、规范海区整治二期、紫菜育苗生产通道建设、渔具房迁建设施工程建设、紫菜育苗大棚建设、紫菜渔具棚建设、渔旅体山尖海洋生态廊道建设、养殖尾水处理设施主体建设及设备采购、养殖尾水电力设施、紫菜烘干厂主体、基础设施建设及生产加工设备采购、机钻淡水深井、新型插杆试验田、紫菜生产综合码头建设、桐岙村渔用码头、海区智能化管理服务平台、供水管工程、下郎村风情渔村、桐岙村乡村旅游配套、紫菜文化交流中心、蟹公寓及新型养殖、环境综合整治提升工程、公益性服务平台、乡村振兴示范带、弱电入地、渔业养殖设施升级改造项目等26个子项目。创成国家农业科技示范园、全市首批田园综合体、全市首批“三位一体”示范乡镇，累计获奖补资金1.1亿元。

【紫菜现代园创成市首批田园综合体】2021年11月，紫菜现代园创成温州市首批田园综合体。紫菜田园综合体建设区域涉及霓屿全岛约11.5平方千米陆上面积，并向北辐射约2000公顷（3万亩）浅海滩涂和海域。洞头区推动紫菜现代园、紫菜文化体验馆等项目建设14个，投入资金10.4亿元，建成集育苗、养殖、加工、销售、管理为一体的全产业链条，年供紫菜苗种1333.33公顷（2万亩），紫菜养殖规模2000公顷（3万亩），实现亩均产值4000多元。

【霓屿瓯飞料场项目摘牌】2021年6月8日，温州市城发集团下属三级子公司温州市霓发矿业有限公司以50.4亿元摘得霓屿瓯飞料场市场化处置项目，获霓屿料场富余石料经营权。霓屿料场位于洞头区霓屿岛中南部，包括霓屿岛东部料场、整合区料场以及霓屿一期，资源储量约20813.63万吨、开采面积约1567.5亩，由温州市水利投资开发有限公司负责开采，开采期限为2012年至2022年。温州市霓发矿业有限公司由市城发集团下属温州市市政工程建设开发公司、温州市洞头旅游文化发展有限公司、温州市瓯飞经济开发投资有限公司、温州东启建设发展有限公司等四家国有企业联合出资组建。主要经营业务包含矿产资源（非煤矿业）开采加工销售、建筑物用石加工、建筑材料销售、矿物洗选加工、非金属矿物制品制造等。

【网寮鼻矿山边坡治理工程完工】2020年10月，网寮鼻矿山边坡治理工程完工。该项目于2019年3月开工建设，建设内容包含采用机械和人工清坡，排险，及平台花槽回填种植土、绿化，浇筑排水沟、急流槽等。项目总投资1600万元。项目责任单位是霓屿街道办事处，设计单位是浙江省地矿勘察院，施工单位是中地寅岗建设集团有限公司，监理单位是浙江省浙南综合工程勘察测绘院。

【山尖海洋生态游步道投用】2021年2月，山尖海洋生态游步道正式投用。该项目于2020年5月开工建设，建设内容包含利用架空木栈道、岩石步道等。通过修复古道、重建古亭等方式，展现当地人文景观，沿途设置休息点和观景台及网红打卡点。项目总投资600万元。项目责任单位是霓屿街道办事处，设计单位是浙江新中环建筑设计有限公司，施工单位是温州飞利建设有限公司，监理单位是温州雄邦项目管理有限公司。

【养殖产业培育】2021年，霓屿街道提质发展传统养殖产业，推进紫菜育苗中心和初级加工厂建设，开展下社合脚岙育苗基地建设。加快收储原星贝育苗地块，投用烘干厂建设。新增蟹公寓等陆上高效养殖2家，建成并投用金源规模化水产苗种基地项目。

【党建品牌建设】2021年，组建“1+11+N”为架构的党群阵地联盟，投资1000万元建成街道党群服务中心等系列党群联盟，推行年轻干部成长导师制和“一对一”导师制联系培养。创成文化礼堂市级示范街道、全国示范型退役军人服务中心。推广霓虹系列品牌，举办“霓来治村”“霓有话说”42期，解决民生小事500多个。“四会五议、四员五事、四讲五爱”的“四五”机制作为典型案例在全市推广。创建清廉细胞18个，创成市级党建示范村2个，省级先进基层党组织1个，获评全市市域治理现代化先进集体。出台街村干部管育金十条、暖十条、严十条，季度开展村主职综合素质大考、村级三比三拼，实行村务助理、网格员全员竞聘。新建育人、星贝、紫菜现代园党支部，“四化”标准化创建全覆盖。

（甘泽森）

昆鹏街道

【概况】2021年3月30日，昆鹏街道正式挂牌对外试运行办公，街道常住人口4.2万人。昆鹏街道初步建立辖区阵地库，促成街道社会工作站、城市书房落地，筹建党员活动室。昆鹏消防救援站。联合街道本级和辖区大型企业，共同打造大党建、大宣传、大清廉多元融合型阵地。精准梳理辖区人口数，分片区走访规上企业，开展“三服务”活动，摸清辖区人、事、物三类基本情况，办理涉企便民服务2件。对接瓯江口大数据公司推动街道四个平台建设。推动二次供水改造工程、无偿献血、社区管理等。协助管委会职能部门发布瓯江口入海口水系（一期）生态修复、采购意向项目建设、防诈宣传、疫情防控、文明城市创建、小区党建等工作。完成街道基本账户招标及开户工作，做好街道财政预算，及时受理并按时答复信息咨询类信访件2件，邀请市美术协会画家、书法家到街道举办庆祝中国共产党成立100周年书画笔会活动。

【昆鹏街道挂牌】 2021年3月30日，昆鹏街道正式挂牌对外试运行办公。7月27日，洞头区印发《温州市洞头区昆鹏街道党政机关职能配置、内设机构和人员编制规定》。8月，昆鹏街道正式对外办公。2020年12月30日，温州市人民政府发文（温政函〔2020〕136号）同意洞头区调整灵昆街道的管辖范围，增设昆鹏街道，管辖范围西至雁鸣路、东至原灵昆街道与霓屿街道交界线、北至洞头乐清交界线、南至龙湾洞头交界线，陆域面积29.3平方千米，街道办事处设在灵蓉街66号。昆鹏街道参照灵昆街道管理模式，委托瓯江口产业集聚区管委会管理。

【昆鹏街道首届人大代表换届选举投票】 2021年12月20日，昆鹏街道首届人大代表换届选举投票启动。组建昆鹏街道人大选举办公室，确立大企业选区包干、中企业联立的选区选民模式，摸清选民底数，找准代表候选人，完成系统选民登记、迁移工作，建立联络员工作微信群，定期开展机关、企、事业单位联络员专项业务培训，发布每周选举工作任务清单，及时销号，推进人大选举工作。全街道选民名单的登记核查10370名，设立五个选区，明确区人大代表候选人18名。

【昆鹏街道消防救援站成立】 2021年6月30日，瓯江口产业集聚区昆鹏消防救援站揭牌。3月4日，瓯江口产业集聚区昆鹏消防救援站启动组建，经前期站点选址、营房装修和人员招聘培训等，6月正式实行实体化运作。昆鹏消防救援站选址瓯绣大道与霓贤路交叉路口（原上海建工三工区项目部），共有指战员29人，其中干部3人、政府专职消防队员26人，执勤消防车3辆。

（周濛濛）

大门镇

【概况】 大门镇是洞头区陆域面积最大的建制镇，位于区域西北，乐清湾南端，隔海与台州、玉环、龙湾相望。全镇陆域面积36.26平方千米。大门镇下辖3个农村新社区、19个行政村、2个居委会、3个社区委员会。辖区内户籍数9817户，户籍人口2.7万人，常住人口1.58万人。辖区海水资源丰富，建有滩涂养殖、围塘立体混养养殖和深水网箱养殖基地；岛内平原广阔，山地资源丰富，以大荆、小荆、枫树坑、石浦为主的四大经济林建设初具规模；花岗岩储量约21亿立方米，可开采3.18亿立方米。港口资源丰富，海岸线长42.2千米，可建万吨级以上泊位15个。旅游资源丰富，景点总面积约4.5平方千米，是洞头区省级风景区的重要组成部分。大门镇作为洞头北片中心，拥有得天独厚的区位优势、港口优势、旅游资源优势、花岗岩资源优势和丰富的山海资源优势，是浙江省首批五个“蓝色海洋经济开发示范园区”之一，全国羊栖菜和深水网箱养殖基地，先后获评全国重点镇、全国环境优美乡镇、浙江省AAA级景区镇、浙江省卫生镇、浙江省生态示范镇、浙江省教育强镇、浙江省文化礼堂示范乡镇、浙江省第二批美丽城镇省级样板等荣誉。

2021年，大门镇城镇居民可比收入增长13.9%，农村居民可比收入增长12.8%。全年完成规上工业产值35.3亿元；完成限上批零住餐57.9亿元，同比增长52.6%；全年招商引资到位资金18.8亿元，完成全年任务的294%。全年接待游客93万人次，实现旅游收入2348万元。

大门镇推动项目建设31个，完成投资总额24.05亿元。百亿项目浙能LNG场平建设及四个罐体完成浇筑，温州建筑工业化两个厂区基本建成；开程沥青混凝土建成投产，力强科技、华顺燃料油、优瑞欣化学均完成预验收。中油二期石脑油、弘博二期等项目开工建设。2021年8月26日，黄岙城市基础配套一期建设工程完工，该工程于2019年9月26日开工建设；2021年3月18日，大门镇马观线公路美岙至仁前途路段改造提升工程开工建设；2021年6月18日，农村饮用东、中、西片工程及大门配水主干管改造提升工程开工建设。2021年12月，洞头大小门临港石化产业区综合配套提升工程——大门镇中心幼儿园工程建设正式开工。完成大门仁前途村环境整治提升、大门仁前途3D景观灯、观音礁村旅游设施修复提升等工程。建成甲山、寨楼、乌仙头3条通村环路。大门镇西笼（民宿）度假村项目开工。创成污水零直排区。潭头村洗心海旅游度假村项目，启动施工图招标。完成三无养殖船纳规管理192艘，拆解“三无”捕捞船11艘。推进黄岙片区排涝工程、生态拦截沟项目、节水示范小镇等项目建设任务。申报省一事一议助推美丽乡村项目获批补助资金2000万元。

全年承接政务服务事项109项，即办事项53项，办理各类审批、审核和登记备案事项578件，其中无休代办37件，实现窗口办理零投诉。推进退役军人服务工作，服务涉及辖区退役军人，重点优抚对象。创建省“枫桥式”服务站12个，组织开展《中华人民共和国退役军人保障法》等相关政策法规普法宣贯活动25场，“老兵故事会”特色品牌29次，配合上级部门按期完成军人全生命周期6个“一件事”事项办理2件，组织“最美典型”陈庆双走进豆岩村文化礼堂，朱程敏最美事迹进校园活动。完成对在册低保低边人员入户走访全覆盖，发放慰问金及物资50.5万元，惠及困难群众552人。发放临时救助8.93万元，总计21户。大门慈善分会和洞头区慈善文化建设基地联合开展“每月一主题”活动，开展助老、助残、助孤及帮困惠及120多人次。大门慈善分会全年共慰问金额20多万元，惠及138人。大门镇红十字会会员发展任务数60人；建成大荆村博爱家园。联合洞头区人社局在辖区内举办社区管理、保安员、医疗护工、消控员、农村电商共就业培训5期，累计动员大门镇居民参与培训230人。

组织“红色宣传团”开展“红色送学”宣讲超50期。收集群众“操心事”“烦心事”“揪心事”三大类共66件，完成全镇微心愿235件。实现礼堂全覆盖，杨梅田村、营盘基村、豆岩村、岙面村等4家文化礼堂全部投入使用，提升修缮兰小草道德文化馆。完成寨楼古城墙修缮一期工程验收。大荆马灯戏完成区级非物质文化遗产申请。利用道德讲堂开展红色宣讲、洞头好故事宣讲、二十四节气宣讲超100场。郑祥东、姚海荣家庭、猎豹救援队等分别获“中国好人”“省级最美家庭”“温州好人”等称号。姚建民家庭获评浙江省文化示范户，林银凤获评浙江省乡村文化能人。

【大门镇村集体经济发展】2021年，实现村集体总收入3865万元，经营性收入1401万元，完成率100%。全镇23个村居全部实现总收入25万元和经营性收入20万元以上的工作目标，其中“百万元村”17个，“三百万元村”实现零的突破。建立沙枫港黑木耳种植、大荆来料加工配送、寨楼来料加工等3个产业扶贫项目库。实现低收入农户年度人均可支配收入9000元以上，同比增长12%以上。全年盘活闲置农房36幢，面积4000多平方米，实现农户增收26万元，带动农户就业增收12户。完成集体土地流转2.67公顷（40.05亩）。

【大门镇旅游业发展】2021年，大门镇累计接待游客93万人次，实现旅游收入2348万元。举办以“诗画海岛·锦绣大门”为主题的第五届洞头大门海岛文化旅游节暨油菜花观赏游，获新华社、《浙商报》、《温州商报》等媒体报道，并刊登在新华社《总书记考察“浙”里，春暖花开》媒体平台。举办第五届洞头大门文化旅游节暨第三届东川长桑果采摘游活动。全年新增民宿8家，新增床位62张。完成仁前途村环境整治提升、仁前途村3D景观灯、观音礁村旅游设施修复提升等。大门镇西笼（民宿）度假村项目开工建设。潭头洗心海旅游度假村项目完成招标并进场施工。

【西浪元宝寨民宿项目开工】2021年7月6日，洞头区大门镇西浪元宝寨民宿项目开工奠基。该项目位于大门镇西浪村上西垄自然村，投资约6673万元，利用石厝自然资源和临海风景等天然优势，重点对24栋房屋改造成客房、酒吧、海景餐厅等，打造集温泉酒店、共享办公、品牌孵化、禅修度假等为一体的民宿度假村。该项目占地约3公顷（45亩）。工程主体单位是福财集团有限公司。

【大门配水主干管改造提升工程开工】2021年6月18日，大门配水主干管改造提升工程开工建设。建设内容包含管道铺设、附属构筑物和加压泵站等，总投资4545.28万元。项目责任单位是大门镇人民政府，设计单位是浙江中水工程技术有限公司，施工单位是衢州源设市政园林工程有限公司，监理单位是浙江裕达工程管理股份有限公司。

【黄岙城市基础配套一期建设工程完工】2021年8月26日，黄岙城市基础配套一期建设工程完工。该工程于2019年9月26日开工建设，建设内容包含围区回填整平、河道土方开挖及整治（其中堤塘河、大溪河、甲山河清淤暂不在本次招标范围内）、管道敷设等工程施工，总投资3058.11万元。项目责任单位是大门镇人民政府，设计单位是浙江西城工程设计有限公司，施工单位是浙江宇洲建设有限公司，监理单位是中兴豫建设管理有限公司。

【大门镇农贸市场投用】2021年1月19日，洞头区大门镇农贸市场投用。该农贸市场位于大溪居振兴路主干道位置，共3层，占地面

2021年1月19日，大门镇农贸市场投用　（大门镇提供）

积1623平方米，总建筑面积4997平方米，总投资2073多万元。于2018年9月动工建设，拥有蔬菜、水果、粮油、鲜肉、水产、熟食等七大功能区。旨在解决原市场占道经营、档次低且脏乱差等问题，为大门镇群众提供良好的“菜篮子”环境。政府建设业主是洞头区大门镇人民政府，工程建设单位是温州建设集团洞头项目投资有限公司，施工单位是温州建设集团有限公司，设计单位是洞头规划建筑设计院、浙江云艺装饰有限公司，监理单位是浙江森威监理有限公司，勘察单位是江西省勘察设计研究院。

【温州市第五个“兰小草”爱心宣传日活动】2021年11月17日，温州市第五个“兰小草”爱心宣传日活动暨第七届最美洞头人颁奖典礼在大门镇举行。活动现场，温州日报报业集团机关党委直属第一支部从温州市人民政府办公室第一党支部处接过“兰小草”爱心接力棒，中国好人郑祥东讲述“爱心故事”等节目。现场举行《兰草留香》兰小草道德教育读本首发式和捐款仪式，并上线“兰小草”银龄助养慈善项目。活动表彰第七届最美洞头人暨2021年度“感动洞头”十大人物颁奖典礼，郑祥东、方萍、李明德、童旭、郑海荣、吕子鹏、沈上法、郑桂林、胡开军和洞头区疾病预防控制中心全体人员当选。全市18家单位举行接力“兰小草”跑步。温州市中医院的医护人员和大门青奥等志愿服务队为市民开展爱心义诊、便民服务等志愿服务。市委宣传部副部长叶艳等出席活动。

【大门镇创成全省第二批美丽城镇省级样板】2021年12月21日，省城乡环境整治工作领导小组公布2021年度全省新时代美丽城镇建设工作考核结果。经前期现场检查、资料审核、满意度调查、综合评定等环节，报省政府同意，确定全省110个城镇为美丽城镇建设省级样板，洞头区大门镇名列其中。大门镇紧扣“临港产业岛 花园新大门”目标，坚持“五美”创建要求，全面推进省级美丽城镇创建。制定计划内创建项目28个及自我加压新增项目10个，投资额超12亿元，全镇形成“一环三片”的创建体系：一环为公共活动环，三片分别为北侧的大门绿能特色小镇、南侧的滨海未来城和东侧的山海休闲片。

（林轩锐）

鹿西乡

【概况】鹿西乡由鹿西岛和南北爿山、四屿、白龙屿、猫山等12个无人岛和26个礁组成，以岛建乡，以岛为名。鹿西岛地处洞头列岛北部，距离洞头本岛16.4千米，东、南临东海，西南隔黄大峡水道与大门岛的观音礁相对，北与台州地区的玉环市隔海相望，地处温州、台州交界海域的核心位置和交通要塞。全岛东西长6.7千米，南北宽1.3千米，岸线长32.75千米，海域面积102平方千米，陆地面积为10.06平方千米，地形以丘陵为主。辖鹿西村、口筐村、东臼村、山坪村、扎不断村、昌鱼礁村6个行政村。全乡2352户，户籍人口7891人，常住人口4454人。

2021年，鹿西乡建成全省最大口径深水抗风浪100米周长网箱21个、60米周长网箱36口，合作研发并投入使用智能渔城2座，全球最大单体体量的384米周长大黄鱼软体牧场完成主体框架施工。协助浙江东一海洋集团有限公司、黄鱼岛海洋集团有限公司获市“瓯越鲜风”农产品区域公用品牌使用授权。组织企业参加首届温州生态大黄鱼品牌推广周活动，浙江东一海洋集团有限公司获评十佳品质奖企业。

全年招引温州中明建筑公司、温州东昌市政园林、浙江峻岭等优质税源企业（总部经济企业）6家。招商引税入库2463.75万元，地方留存1280.01万元，超额完成目标任务。税收收入1803.59万元，完成目标任务的321.9%。全年共新增精品民宿12家。截至年底，全乡有民宿、宾馆65家，总床位近776张，本地旅游地接社1家。重启渔人码头、白龙屿旅游产业带设施建设。与龙湾、泰顺建立疗休养合作关系，助推东一公司、壹号客栈等创成市级职工疗休养基地。撰写出版《慢游鹿西》导游书，讲好鹿西故事。

鹿西乡推进区乡两级民生实事项目建设，完成2个消防水池点位建设，建成投用乡养老服务中心和东臼村居家养老照料中心，实现社会化运营。投用卫生院5G云诊室，持续提升海岛医疗服务水平。巩固拓展扶贫成果与共同富裕示范建设有效衔接，启动未来乡村谋划建设，申报实施村级百万“一事一议”项目3个、光伏扶贫项目1个。实施“微改造、精提升”，投入180万元完成“一带两村”绿化美化、小城镇环境整治节点项目，提升海景花街、鹿东花道、山坪花海景观效果，深化“三花鹿西”建设，提升海岛“金角银边”。

鹿西乡持续实施以“无讼、无访、无毒、无案、无邪、无事”为核心的“无隐患岛”建设。织密网格队伍，选优配强“船老大”调解、“渔小二”代跑队伍，鹿栖应急救援队多次参与森林防火、游客救援等应急救助。基本完成渔家慧智慧管理中心建设和平台系统研发，与“船老大”调解、“渔小二”代跑及鹿栖应急救援队等队伍形成“线上+线下”数字化应急联动体系。完成综合治理、综合执法、市场监督、便民服务“四个平台”规范化建设，全域覆盖雪亮工程监控点位。包村分片入户开展国家反诈中心App推广安装，安装抽查率80%以上。完成新冠病毒第二针剂疫苗接种3818人、加强针接种702人，开展覆盖全员核酸检测7200人次。

黄鱼岛党群驿站投用，常态化运营“灯塔鹿栖”党群服务中心，深化海上党群中心建设，同心防疫。联合开展“万朵鲜花送雷锋”活动走进鹿西乡和“红心向党 春泥护花”红歌合唱比赛。乡贤万金平、黄相林捐赠8万元爱心款项，专项用于口筐村444名60周岁以上老人参保“温州益康保”。

【鹿西岛综合交通码头启用】 2021年1月6日，洞头区鹿西岛综合交通码头正式启用。该码头位于鹿西岛西南侧沿岸，临近鹿西渔港，布置有500总吨级车渡滚装泊位1个，300总吨级客运泊位2个及相应配套设施。设计通过能力为车3万辆次/年，客41万人次/年。于2018年5月28日开工建设，2019年12月完成主体工程，2020年4月建成，项目总工期540天，投资4996万元。项目责任单位是洞头交通发展股份有限公司，设计单位是舟山交通规划设计院，施工单位为台州市椒江交通建设工程有限公司，监理单位为宁波宏达工程咨询有限公司。

【鹿西乡海水淡化工程建成产水】 2021年3月22日，鹿西乡海水淡化工程建成产水。该工程用地面积3150平方米，总建筑面积842平方米，工程内容包括水泵房、澄清池、滤池、清水池、海水淡化设备及公用配套工程等。建成一期工程日生产符合饮用水标准淡水500吨，可缓解海岛居民用水问题。工程责任单位为鹿西乡人民政府，设计单位为洞头县规划建筑设计院，施工单位为温州市宏泰建设有限公司，监理单位为温州华夏建设监理有限公司。

【导游书《慢游鹿栖》出版】 2021年6月，《慢游鹿栖》出版，该书由鹿西概览、渔乡风情、三头文化、村居风貌、景点赏析和导引服务等6个篇章及后记组成，内容涉及村史简介、文化概述、景点介绍等内容，共计203页。部分资料摘录、转载自网络及《百岛揽胜·导游词》等相关书籍，经整理、加工、改编融入本书文稿内容。由鹿西文技校校长陈庆杰编撰，纳入当地小学本地课程阅读。

【生态大黄鱼品牌推广】 2021年9月15日，由温州市农业农村局、温州广播电视传媒集团主办，温州市渔业技术推广站、温州广播电视传媒集团有限公司承办的“温州大黄鱼·生态好味道”2021首届温州生态大黄鱼品牌推广周闭幕式暨评选颁奖典礼举行。活动共吸引线上线下近30万人次参与其中，网络投票超过20万人次。洞头、瑞安、平阳等15家大黄鱼养殖企业参加。由专业瓯菜大师、美食试吃官、营养学专家组成专业评审团，围绕黄鱼的外观、营养、肉质、鲜嫩程度等多方面打分，并结合前期样品封存、实验室品质参数，肥满度、粗蛋白、粗脂肪、质地、胶原蛋白等检测量化指标综合评定，最终选出“十佳品质奖”温州生态黄鱼品牌。洞头区参加的浙江东一海洋集团有限公司、黄鱼岛海洋渔业集团有限公司、温州鹿港海洋渔业有限公司三家企业获“温州大黄鱼·生态好味道”2021首届温州生态大黄鱼品牌推广周活动“十佳品质奖”，其中浙江东一海洋集团有限公司和黄鱼岛海洋渔业集团有限公司分获综合评分冠、亚军。

（陈露男）

附 录

文献摘录

洞头区国民经济和社会发展第十四个五年规划和2035年远景目标纲要（摘要）

一、开启高质量建设海上花园新征程

“十三五”时期，全区上下深入贯彻中共中央总书记习近平系列重要讲话精神，坚定落实“四个全面”战略布局和省委“八八战略”、市委“五化战略”部署要求，坚持新发展理念，实现了经济较快发展、社会全面进步的良好局面，“十三五”规划确定的主要指标任务完成情况较好，为高质量建设海上花园，高水平开启洞头全面建设社会主义现代化新征程，奠定坚实基础。

（一）过去五年发展成就

“十三五”时期，洞头区综合实力实现较快提升，地区生产总值、人均地区生产总值、一般公共预算收入等指标年均增速排名全市前列，其中，全区地区生产总值114.42亿元，年均增长8.2%，增速居全市第一；人均生产总值7.4万元，年均增长8%，增速居全市前列；一般公共预算收入10.02亿元，年均增长17.9%，增速居全市第二；城镇和农村常住居民人均可支配收入分别达52279元和32295元，城乡居民收入比缩小至1.62，均衡度排名全省前列。

1. 海洋经济开创新局面。成功获批国家级海洋经济发展示范区，“十三五”期末，全区海洋产业增加值占GDP比重约70%，7个项目列入省152工程，16个项目列入省重大产业项目，获评全市唯一的省级有效投资先进区，PPP项目推广获国务院通报表彰。临港产业规模不断壮大，港口集装箱吞吐量从2016年的2.3万标箱飞跃至2020年的41万标箱，建筑业总产值规模突破百亿元，诚意药业上市，金海蕴生物新三板挂牌，浙能、华港两大LNG百亿工程开工建设。全域旅游蓬勃发展，创成全省首批全域旅游示范区，同心旅游小镇列入省级特色小镇创建名单，青山欢乐岛、梦幻海湾等海洋旅游项目开工建设，累计实现旅游总收入197.6亿元，接待旅游人数3535万人。渔农业现代化步伐加快，创成国家级渔业健康养殖示范区和省级渔业转型发展先行区，洞头中心渔港和鹿西渔港相继建成，霓屿紫菜现代产业园初具规模，白龙屿、黄鱼岛打响生态大黄鱼品牌，远洋捕捞实现全市零的突破。

2. 交通事业取得新成效。大路网、大港口、大海运建设进程加快，基本形成“34567”对外交通时空圈。陆域交通不断完善，投用330国道洞头段、甬台温高速公路复线灵昆至苍南段、瓯江南口大桥、大门大桥、S1轻轨线灵昆站，开通大门隧道、新垄隧道、霓新隧道、美沙隧道，创成美丽经济交通走廊省级示范区。水运能力不断提升，建成5万吨级泊位4个，加密台湾航线，开辟5条国际航线，承接温沪和温甬12条外贸内支线，国际邮轮港开港运行，浙南水运中心启动建设，海运运力78万载重吨，连续10年全市第一。港口建设持续推进，大小门岛港区总体规划成功获批，建成状元岙港区化工码头、状元岙邮轮码头、鹿西综合交通码头，开工建设状元岙港区二期、温州港深水航道一期工程。海陆公交一体化不断推进，开通大门至温州、乐清公交班线，洞头与瓯江口、市区公交线路3条，S1线洞头至瓯江口公交接驳线1条，新增城区两路旅游环线公交，建成水上巴士2艘。

3. 城乡建设迈上新台阶。同城发展迈出新步伐，洞头区域规划纳入温州城市总体规划，融入都市区发展格局基本形成。城市发展框架进一步拉开，大门鹿西旅游一体化综合开发正式提上日程，新城二期、大门长沙片区、霓屿布袋岙新区、瓯江口一期四大新区城市功能全面升级。智慧城市建设启动，初步形成“135+N”智慧城市框架体系，实施智慧城市“四个一”工程，建成智慧交通、智慧城管等13个项目。美丽城镇建设取得阶段性成效，城乡危旧房治理全面清零，创成全省首批“无违建”区，东屏街道入选省级美丽城镇建设样板街道。美丽乡村建设领跑全市，入选部省共建乡村振兴示范省先行创建区，获批浙江省美丽乡村示范区，建成10条乡村振兴示范带、72个花园村庄、41个绿化美化精品村，实施68个村集体经济发展项目。

4. 民生福祉达到新水平。公共服务供给能力和公共资源普惠配置进一步优化，惠民安民举措有效落实，幸福家园共建共享。教育现代化全面推进，创成温州首个省级教育基本现代化区，投用温州医科大学仁济学院、实验小学、霓屿义校等高品质校园，开办洞头乐成寄宿中学，实现街道（乡镇）公办幼儿园全覆盖。健康洞头深入建设，获批全国慢性病患者全程健康管理试点地区、省综合医改先行先试区，“医共体”建设获省政府督查激励，启动洞头区人民医院改扩建工程，建成投用一批基层医疗机构。社会保障体系不断完善，基本养老保险、医疗保险参保率分别达98.29%和99.65%，创成省级无欠薪区、食品安全区，街镇养老服务中心实现全覆盖，建成区殡仪服务中心，移风易俗带动全社会形成文明节俭新风尚。文体事业全面发展，投用区文体中心、区文化馆，成功举办海钓、自行车、瑜伽等品牌赛事系列活动，荣获全国铁三“重要贡献城市”称号，“兰小草”成为温州市首位“感动中国”年度人物。平安根基更加扎实，获评全国信访工作“三无”区，捧回全省首批一星平安金鼎，蝉联全国平安建设先进区，洞头先锋女子民兵连获中央领导勉励指导。

5. 生态文明呈现新风貌。坚持蓝色国土绿色发展，持续推进国家生态文明建设示范区创建，生态环境亮点纷呈，生态治理全面提升。生态建设连创佳绩，先后获得全国第二批“绿水青山就是金山银山”实践创新基地、国家级海洋牧场示范区、全国第三批节水型社会建设达标县（区）等多张国字号“金名片”。生态环境日趋改善，PM2.5浓度为18微克/立方米，创成全省首批空气清新示范区，完成所有入海排污口整治，达成“污水零直排”全域覆盖目标，夺得治水大禹鼎，获评省生活垃圾分类先进区。海洋生态修复效果显著，获批省级山水林田湖草生态保护修复试点，蓝湾整治成为全国样板，建成浙南最大人工沙滩，累计修复9个沙滩，建设南塘湾、霓屿红树林湿地公园，全力修复废弃矿山，生态环境公众满意度保持全市第一、全省前列。

6. 改革开放实现新突破。坚决扛起海岛改革探路者使命，推动重点领域改革纵深拓展，加强对台合作和区域交流，全面激发创新发展活力。重点改革项目成效明显，“最多跑一次”改革向15个领域延伸，“渔小二”自助办证系统率全国之先开发。“蓝色海湾”建设经验入选十大社会资本参与国土空间生态修复典型案例。大胆探索“洞头标准”改革，发布小型休闲船艇管理等23项标准，破解海岛治理众多难题。基层减负改革走在全省前列，智慧综治获中央政法委肯定。开放合作取得突破，获批“海峡两岸（温州）民营经济创新发展示范区”先行试点，成功举办两岸一家亲·半屏山系列交流活动和首届两岸融合发展论坛，与上海长兴海洋装备产业园区签订战略合作框架协议，与奥地利魏茨市建立友好交流关系，与四川南部县的对口支援工作获全市唯一省东西部扶贫协作组织工作奖。

五年来，洞头区上下始终坚持稳中求进的工作总基调，围绕海洋经济、城市建设、民生福祉、生态环境、改革开放等重点领域，多措并举、多管齐下，有效克服了新冠肺炎疫情突发影响等重大挑战，有力确保了经济社会平稳健康发展。同时应清醒看到，“十三五”阶段仍存在一些亟待解决的问题。特别是：海洋经济发展不充分，招商项目投产率偏低，总部企业回归招引滞缓，产业结构“低小散”，暂未形成产业集群，整体经济规模与浙江省内其他海岛县差距较大。港口开发难度大，黄岙二期、大门港口物流区促淤堤等工程搁置多年，港口发展腹地受限，港口集疏运体系亟须完善，港口经济带动辐射能力有待增强。优质公共服务供给不足，洞头建区时间短，城市成熟度低，城市空间分布分散，交通基础仍处于温州大都市区末梢，卫生、教育、养老等公共服务与温州城区差距较大，与群众对美好生活期盼有一定差距。要素瓶颈亟需破解，土地资源日渐紧缺、自然保护用地限制、能耗指标控制压力等问题较为突出；省级财政转移支付能力减弱，财政增收压力增大，税源培育渠道有限，民生保障刚性支出和重大项目建设资金需求逐年递增。体制改革有待深化，科技创新、要素配置、政策保障、平台建设等方面的体制机制有待健全，撤县设区后体制转化不到位，瓯洞一体化存在机制性制约，大小门岛“三位一体”运作模式有待优化。

（二）未来五年发展环境

“十四五”时期，洞头区发展仍处于重要战略机遇期，要努力在危机中育新机、于变局中开新局，以更广阔的视野、更崭新的姿态和更高远的战略，认清发展方位、把握重要机遇，克服重大挑战，高质量建设海上花园。

从应对挑战看，洞头区将面临更加激烈的区域竞争环境。当今世界正经历百年未有之大变局，世界经济增长动能放缓、中美贸易摩擦反复以及新冠肺炎疫情增加了国际环境不稳定性不确定性；中国已转向高质量发展阶段，但发展不平衡不充分问题仍然突出；区域一体化加速优势资源向头部城市集中，城市间“马太效应”进一步突出；城市能级不高、资源要素桎梏、发展空间受限等一系列内生问题进一步制约洞头融入温州大都市区发展。

从发展机遇看，洞头区将迎来多重战略叠加机遇。国内新发展格局加快构建、数字经济加快发展为洞头区参与区域经济活动、共享发展成果畅通了新渠道；长三角一体化推动港口群市场化整合，为洞头融入全省港口一体化发展，加强与上海港、宁波舟山港的业务合作创造了新环境；浙江省海洋强省战略深入实施、大湾区大花园大通道大都市区建设大力推进，为洞头区建设生态海岸带、发展海洋经济注入了新动力；温州市加快“五城五高地”建设，为洞头区联动温州综合保税区、跨境电商综合试验区、自贸区联动创新区等高能级平台，推进瓯洞一体化发展，打造浙南对外开放桥头堡、甬台温临港产业示范基地、温州都市区东拓主平台奠定了良好基础。

洞头作为温州唯一的海岛区，是全省可以同时开展“四大”建设的城区之一，具有位居温州沿江城市发展轴与沿海产业发展轴“两轴”交汇处的不可替代的区位优势，要积极把握多重战略机遇，加快融入温州大都市区建设，高品质发展海洋经济，高质量建设海上花园，高水平开启洞头全面建设社会主义现代化新征程。

（三）海上花园建设总体要求

高举习近平新时代中国特色社会主义思想伟大旗帜，深入贯彻党的十九大和十九届二中、三中、四中、五中全会精神，统筹推进“五位一体”总体布局，协调推进“四个全面”战略布局，坚持党的全面领导，坚持以人民为中心，坚持新发展理念，坚持深化改革开放，坚持系统观念，坚定扛起忠实践行“八八战略”、奋力打造“重要窗口”的政治使命，主动服务和融入新发展格局，以“真正把洞头建设成为名副其实的海上花园”为总目标，以“生态立区、旅游兴区、海洋强区”为主战略，以“一平台、两样板、五个岛”为主抓手，继续弘扬好海霞精神，推进区域治理现代化精细化，高质量建设海上花园，高水平开启洞头全面建设社会主义现代化新征程。

推进“十四五”发展必须切实把握以下基本要求：

——以战略融入打开新局。更加主动地融入和服务国家、省市重大战略布局，积极探索融入长三角一体化、海峡西岸经济区的具体举措，主动加快融入温州大都市区、浙南闽北赣东区域，加快市区一体化、瓯洞一体化进程，积极争取国家和省市重大战略平台、改革试点及政策在洞头落地。

——以经略海洋增强优势。充分挖掘利用“五海”优势，突出海洋经济高质量发展，加快发展绿色能源、临港物流、海岛旅游、生命健康、生态养殖等海洋特色产业，推动海洋传统产业、新兴产业走向新蓝海。深入建设国家海洋经济发展示范区，积极探索民营经济参与海洋经济发展新模式。

——以绿色低碳引领未来。深入贯彻新发展理念，坚持生态立区，在保护、修复、提升上下功夫，深入实施生态修复工程，加强海岸带综合保护与利用，构建生态产品价值实现机制，持续改善生态环境质量，实现绿色产业发展、资源能源利用效率、清洁能源发展位居省市前列，“绿水青山就是金山银山”转化通道进一步拓展。

——以全面改革攻坚破难。以数字化改革为引领，在重点领域和关键环节进行大胆探索，深化供给侧结构性改革，持续优化营商环境，促进消费结构升级，继续深化“洞头标准”改革，统筹安全与发展，在海岛发展要素瓶颈制约方面实现更多突破，汇聚更多支撑海岛跨越发展的动能。

——以科技创新驱动发展。把科技创新作为最持续最长久的竞争力来抓，坚定不移建设科技创新岛，以增强自主创新能力为中心环节，努力在创新平台上提能增效，在创新人才上集聚裂变，在创新主体上倍增提质，在创新生态上争创一流，努力使创新成为洞头赢得发展赢得未来的法宝。

——以民生普惠共享幸福。高质量办好民生事业和民生实事，全面提升人的全生命周期民生服务质量，持续巩固与发展平安和谐的良好态势，持续加快缩小城乡居民收入差距，让人民群众共同享有改革发展成果，促进更高水平更加公平的共同富裕，进一步提升人民群众的获得感、幸福感、安全感。

（四）未来五年发展目标

按照“五位一体”导向，系统开展海上花园建设。到2025年，海上花园综合发展指数评价达80

分以上，创成一批海上花园标志性成果，综合发展水平向较好实现海上花园阶段迈进，具体目标如下：

——综合实力显著增强，五个主要经济指标实现倍增。地区生产总值、一般公共预算收入、规上工业增加值、旅游产业增加值、集装箱吞吐量等5个主要经济指标实现倍增。地区生产总值突破220亿元，成为经济总量占全市份额上升最快区，为温州成为万亿俱乐部成员贡献洞头力量。一般公共预算收入突破20亿元，规上工业增加值突破55亿元，旅游产业增加值突破20亿元，集装箱吞吐量突破120万标箱，经济增长内生动力持续增强，为高质量建设海上花园提供坚实保障。

——开放协作跨越升级，构建浙南对外开放桥头堡。进一步发挥与温州综合保税区、跨境电商综合试验区、自贸区联动创新区三大平台的联动效应，基本建成瓯江口与状元岙深水港区“区港联动”体系，进一步加强与乐清、龙湾、温州经开区的产业链协同性，基本形成更高水平开放型经济新体制，在温州深度融入“一带一路”建设和打造长三角南大门进程中迈出洞头步伐。

——都市新区快速崛起，建设温州都市区东拓主平台。市区一体化、瓯洞一体化取得实质进展，城市首位度和集聚辐射力大幅增强，全方位融入大都市区发展取得重大突破。以人为核心的新型城镇化提质推进，基本建成现代化基础设施体系，城市综合承载力全面提升，到2025年，集聚常住人口约20万人，常住人口城市化率达70%，陆海统筹发展水平明显提高。

——转型升级提质增效，打造甬台温临港产业示范基地。区域创新体系更趋完善，产业发展提质增效，经济增长速度、质量和效益更加协调，以滨海旅游、临港产业、生命健康为主导的海洋产业体系全面升级，一批百亿级产业加速集聚，一批高能级平台奋力推进，一批重大项目蓄势待发。到2025年，海洋产业增加值占地区生产总值比重达75%，全社会R&D比重达2.5%。

——生态文明走在前列，建设全国海洋生态文明示范区。高质量绿色发展格局全面构建，生态环保设施加快建设，花园村庄串珠成链，优质生态产品供给丰富。到2025年，蓝湾指数（一期）达95分以上，主要污染物减排指标完成率保持100%，“绿水青山就是金山银山”转化通道更加顺畅，生态环境质量持续稳居全省前列。

——民生福祉显著跃升，成为温州最幸福主城区。居民收入水平提升与经济发展保持同步，城乡居民人均可支配收入比缩小至1.6，成为全市居民可支配收入增速最快、城乡居民收入最均衡区，就业、教育、卫生、养老、体育等社会事业全面优质发展，构建高水平公共服务体系，民生质量明显改善，人民群众日益增长的美好生活需要得到更好满足，群众获得感幸福感安全感持续增强。

——改革创新纵深推进，争创营商环境最优区。海洋经济发展模式在全国形成典型示范，以数字赋能、改革破题、创新制胜纵深推进“最多跑一次”改革，引领重点领域和关键环节改革迈出突破性步伐，“放管服”改革持续深化，民营企业活力和创造力充分迸发，市场活力不断激发。到2025年，区域营商环境力争达到国际化水平，营商环境便利度达90分。

——社会治理享誉全国，夺取全国平安建设“长安杯”。党政机关治理体系和治理能力现代化不断推进，初步建成利民为本、法治为基、整体智治、高效协同的现代政府，平安洞头、法治洞头、清廉洞头建设取得显著成效。到2025年，重大刑事案件“零发生”，亿元GDP生产安全事故死亡率控制在0.01%左右，常态化跻身全省平安建设第一梯队，共建共治共享社会治理格局基本形成。

（五）2035年远景目标

到2035年，洞头区将高质量全面建成海洋经济全国示范、海岛旅游国际影响、生态人居全球典范的海上花园，通过“三步”走，海上花园综合发展指数评价达90分以上，基本实现与省市同步的高水平社会主义现代化。经济实力、创新水平、综合竞争力大幅跃升，生产总值在2025年的基础上实现再倍增，突破440亿元，常住人口人均生产总值突破17万元，居民人均可支配收入超过11万元，常住人口城市化率达85%，城市综合承载能力和人口集聚水平大幅提升，全区人民共同富裕迈出更加坚实步伐；高水平建成整体智治、唯实惟先的现代政府，治理体系和治理能力现代化水平走在全省前列；高水平公共服务体系更加完备，岛际区域发展差距显著缩小；文化软实力和竞争力显著增强，市民素质和社会文明达到新高度；生态文明理念更加深入人心，城乡生态环境水平全国一流；党的领导高效执行体系全面形成，全面从严治党持续深入推进，清廉洞头全面建成，政治生态更加山清水秀。

二、开创瓯洞一体化融合发展新格局

坚持瓯江口和洞头一体化总体方向，加快洞头与瓯江口规划共编、设施共建、平台共筑、产业共兴、幸福共创，发挥“1+1>2”的效应，共同做大做强国家海洋经济发展示范区，到2025年，瓯洞两片区生产总值达220亿元，规上工业增加值达55亿元。

“十四五”时期洞头区国民经济和社会发展目标一览表

表1

<table>
<tr><th>分类</th><th>序号</th><th colspan="2">指标名称</th><th>单位</th><th>2020年</th><th>2025年目标</th><th>指标属性</th></tr>
<tr><td rowspan="6">经济发展</td><td>1</td><td colspan="2">海上花园指数</td><td>%</td><td>—</td><td>80</td><td>预期性</td></tr>
<tr><td>2</td><td colspan="2">生产总值</td><td>亿元</td><td>114</td><td>220（80）</td><td>预期性</td></tr>
<tr><td>3</td><td colspan="2">户籍人口人均生产总值</td><td>万元</td><td>7.4</td><td>13</td><td>预期性</td></tr>
<tr><td>4</td><td colspan="2">一般公共预算收入</td><td>亿元</td><td>10</td><td>20</td><td>预期性</td></tr>
<tr><td>5</td><td colspan="2">海洋产业增加值占GDP比重</td><td>%</td><td>70</td><td>75</td><td>预期性</td></tr>
<tr><td>6</td><td colspan="2">规上工业增加值</td><td>亿元</td><td>14</td><td>55（40）</td><td>预期性</td></tr>
<tr><td rowspan="5">经济发展</td><td>7</td><td colspan="2">旅游产业增加值</td><td>亿元</td><td>11</td><td>20</td><td>预期性</td></tr>
<tr><td>8</td><td colspan="2">常住人口</td><td>人</td><td>13.5</td><td>20（10）</td><td>预期性</td></tr>
<tr><td>9</td><td colspan="2">常住人口城市化率</td><td>%</td><td>66</td><td>70</td><td>预期性</td></tr>
<tr><td>10</td><td colspan="2">港口货物吞吐量</td><td>万吨</td><td>998</td><td>1200</td><td>预期性</td></tr>
<tr><td>11</td><td colspan="2">沿海港口集装箱吞吐量</td><td>万标箱</td><td>41</td><td>120</td><td>预期性</td></tr>
<tr><td rowspan="4">创新驱动</td><td>12</td><td colspan="2">全社会劳动生产率</td><td>万/人</td><td>—</td><td>22</td><td>预期性</td></tr>
<tr><td>13</td><td colspan="2">R&D经费支出占GDP比重</td><td>%</td><td>1.8</td><td>2.5</td><td>预期性</td></tr>
<tr><td>14</td><td colspan="2">每万人发明专利拥有量</td><td>件</td><td>—</td><td>20</td><td>预期性</td></tr>
<tr><td>15</td><td colspan="2">数字经济增加值占GDP比重</td><td>%</td><td>—</td><td>50</td><td>预期性</td></tr>
<tr><td rowspan="10">社会民生</td><td rowspan="3">16</td><td rowspan="3">居民收入</td><td>城镇常住居民人均可支配收入增速</td><td>%</td><td>5.5</td><td>7.5</td><td>预期性</td></tr>
<tr><td>农村常住居民人均可支配收入增速</td><td>%</td><td>7.8</td><td>8.5</td><td>预期性</td></tr>
<tr><td>城乡居民收入比</td><td>—</td><td>1.62</td><td><1.6</td><td>预期性</td></tr>
<tr><td rowspan="2">17</td><td rowspan="2">城镇就业</td><td>城镇新增就业人数</td><td>人</td><td>1107</td><td>1300</td><td>预期性</td></tr>
<tr><td>城镇登记失业率</td><td>%</td><td>1.82</td><td><3</td><td>预期性</td></tr>
<tr><td>18</td><td colspan="2">3岁以下婴幼儿入托率</td><td>%</td><td>—</td><td>与全省同步</td><td>约束性</td></tr>
<tr><td>19</td><td colspan="2">新增劳动年龄人口平均受教育年限</td><td>年</td><td>—</td><td>15</td><td>约束性</td></tr>
<tr><td>20</td><td colspan="2">每千人口执业（助理）医师数</td><td>人</td><td>>3.1</td><td>4</td><td>约束性</td></tr>
<tr><td>21</td><td colspan="2">每万老年人拥有持证养老护理员数</td><td>张</td><td>20</td><td>25</td><td>约束性</td></tr>
<tr><td>22</td><td colspan="2">人均预期寿命</td><td>年</td><td>>81.3</td><td>82</td><td>约束性</td></tr>
<tr><td rowspan="6">生态环境</td><td>23</td><td colspan="2">蓝湾指数（一期）</td><td>%</td><td>89.5</td><td>95</td><td>约束性</td></tr>
<tr><td>24</td><td colspan="2">单位GDP要素投入降幅（用地、用能、用水）</td><td>%</td><td>完成上级下达任务</td><td>完成上级下达任务</td><td>约束性</td></tr>
<tr><td>25</td><td colspan="2">单位GDP二氧化碳排放降幅</td><td>%</td><td>完成上级下达任务</td><td>完成上级下达任务</td><td>约束性</td></tr>
<tr><td>26</td><td colspan="2">主要污染物排放降低率</td><td>%</td><td>完成上级下达任务</td><td>完成上级下达任务</td><td>约束性</td></tr>
<tr><td>27</td><td colspan="2">PM2.5平均浓度</td><td>%</td><td>18</td><td>≤25</td><td>约束性</td></tr>
<tr><td>28</td><td colspan="2">近岸海域一、二类海水水质比例</td><td>%</td><td>62.4</td><td>67</td><td>约束性</td></tr>
<tr><td rowspan="4">社会治理</td><td>29</td><td colspan="2">民营经济健康发展指数</td><td>%</td><td>—</td><td>90</td><td>预期性</td></tr>
<tr><td>30</td><td colspan="2">营商环境便利度</td><td>%</td><td>—</td><td>90</td><td>预期性</td></tr>
<tr><td>31</td><td colspan="2">“掌上办事”政务服务事项覆盖率</td><td>%</td><td>—</td><td>95</td><td>约束性</td></tr>
<tr><td>32</td><td colspan="2">亿元GDP生产安全事故死亡率</td><td>%</td><td>—</td><td>0.01</td><td>约束性</td></tr>
</table>

注：1.（ ）内为瓯江口的数据，[ ]为累计增加或减少数

2.旅游产业增加值为2019年数据

（一）全面建成国家海洋经济发展示范区

高质量推进全国民营经济参与海洋经济发展示范区。以建设中国（温州）华商华侨综合先行区、创建新时代“两个健康”发展先行区为主抓手，继续开展民营经济参与海洋经济创新改革试点，持续优化海洋经济发展营商环境，引导民间资本深层次进入海洋经济开发领域，鼓励涉海产业领域的军民融合，支持民间资本投入海洋生态保护，加大涉海民营企业投融资服务支持力度，培育一批具有较强竞争力的民营企业集团，走出一条具有洞头特色的民营经济助推海洋经济发展的新路子。到 2025 年，社会投资占限额以上固定资产投资比重达到 70% 以上。

高水平开展全国生态海岛美丽湾区建设示范区。以生态文明建设为导向，深化国家海洋生态文明示范区和国家海洋公园建设，落实海岛综合开发与保护试点，提高用海生态门槛，强化海岸线、滩涂湿地生态保护和修复，加快海洋牧场建设，开展海岛城市风貌研究，整合环岛沿线古村民居、自然岸线、建筑遗迹等资源，提升资源环境承载能力，推动区域环境生态融入区域经济社会发展，建设生产、生活、生态“三生融合”的海岛生态示范样板和美丽大湾区。到 2025 年，生态环境投资占财政收入比例达 5% 以上。

高品质推动全国陆海统筹发展示范区。立足示范区海洋资源优势，推进海域、海岛、海岸线等科学规划、合理利用和严格管控，建设国土空间规划“一张图”系统，强化陆海空间耦合，促进海陆产业协同发展、基础设施互联互通、生态环境共建共保，结合国家海域综合管理创新试点，推进陆海统筹开发试点，重点保障新增建设用地指标，优先处理围填海历史遗留问题，积极建设城市防洪及生态修复工程，争取国家、省、市在政策导向、资金投入、项目审批等方面的支持。到 2025 年，50 年一遇海堤长度达到 55 千米以上，高速公路、国省道密度达到 40/100。

高能级打造全国海洋新兴产业发展示范区。抢抓海洋战略叠加机遇，聚焦瓯洞区块，积极发展石化新材料、海洋生物医药、海洋装备制造、海洋能源、现代物流、海洋旅游、海洋数字经济、碳汇渔业等海洋新兴产业，突出科技创新和低碳绿色，构建生态型现代海洋产业体系，争取国家、省、市产业基金对新产业平台企业项目的支持，抢占海洋新兴产业战略制高点，进一步做强做优。到 2025 年，示范区海洋产业增加值力争达到 160 亿元，海洋新兴产业增加值占海洋生产总值比重达 40% 左右。

（二）协同共建浙南对外开放桥头堡

推动开放平台建设。依托温州跨境电商综合试验区建设，共同探索对台跨境电商产业园、两岸海外仓等平台建设，争取开通多种对台跨境电商业务；建设综保区拓展区，在状元岙港区南侧开展“区港联动”，做大做强多国集拼、国际中转及转口贸易业务；联动自贸区（港）构建联动合作机制，争取政策复制和延伸，以产业联盟形式吸引导入更多优质产业项目；利用中国（温州）华商华侨综合发展先行区，集聚更多华商华侨产业、资金、技术、人才、信息资源，助力温州更好参与东亚自贸区、“一带一路”沿线对外贸易和产业合作。

提升港区发展动能。对标大通道建设，推进大小门岛港区、状元岙港区、瓯江港区灵昆作业区三大港区协同发展，推进深水码头泊位和温州港核心港区深水进港航道工程建设，补齐集疏运短板，发展多式联运，深度融入全省海港一体化和长三角世界级港口群建设。加强大口岸建设，大力优化口岸通关环境，创新口岸服务模式，加快融入长三角区域通关一体化；扩大对台海货运航线优势，做大做强温甬外贸集装箱内支线，新开辟或加密近洋航线，开拓中东集装箱远洋干线。到 2025 年，港口货物年吞吐量突破 1200 万吨，开通 10 条以上国际航线。

（三）共筑共兴甬台温临港产业示范基地

构建海洋产业协同发展局面。构建现代海洋产业体系，大力发展临港产业和装备制造两大产业，促进全域旅游、保税贸易、生命健康、现代商贸协同发展。探索两片区联合招商，互通共用招商基础数据信息，协同开展双向集群招商、产业链互补招商。推动两片区产业链相互交融，引导两片区装备制造、临港产业、生命健康等领域的龙头企业合作共建产业链联盟，引领瓯洞产业链垂直整合发展。建设飞地产业园区，释放两片区政策的组合红利，实现产业、项目、人才、技术等核心资源的互联互动。

建立经济发展成果共享机制。建立联席会议制度，推动两大片区临时机构向常设机构转型。成立重大项目专班，共同谋划一批具有基础性、引领性、引爆性的重大项目，争取更多项目列入国家和省级规划。健全区域合作利益分享机制，加强两片区市场准入、园区合作、企业迁建、总部经济等方面政策衔接，实现互利共赢的区域经济发展模式。优化人口人才集聚政策，探索两片区在村庄搬迁、大拆大整中实行双向选择安置，同步出台购房补助、子女教育入学、家属安置等优质人才引进政策，吸引更多高层次人才流入，共同推进人口集聚。

（四）打造温州大都市区东拓主平台

增强综合交通一体化先导作用。合力构建以甬台温高速公路复线、市域铁路S2线、G228国道为纵向，以市域铁路S1线、G330国道、S211和S325省道东延为横向的综合交通架构，加密两片区公交线路，建设瓯江口旅游交通集散中心，推动重大交通设施延伸覆盖洞头本岛并做好规划线位预留工作，进一步强化洞头城区与瓯江口、市区的交通联系，共同融入市区一体化交通网络。

构建功能配套一体化网络。统筹建设两片区供水、供能、环卫、电力、通信“五张网”，争取纳入中心城市建设管理体系。协同推进市级城市大脑分平台建设，探索共建数据服务支撑平台和工作协同平台，统筹布局推进“5G+AICDE”新型智慧城市信息基础设施，高效赋能瓯洞一体数字化转型。

推动社会服务一体化管理。统筹布局“15分钟生活圈”社区服务设施，通过市级统筹，加强两片区教育、医疗和文体等公共服务对接融合，支持合作办学办医、远程教学医疗、教师和医护人员交流，争取市区更多优质公共服务资源落户到瓯洞片区。整合两片区行政资源，优化协同高效机制，探索干部兼职等跨区域管理模式，健全社会事务统筹办理制度，推动两片区社会治理协同化、政务服务一体化，加快融入大都市区行政管理。

加快瓯洞规划一体化实施。深化瓯洞两片区“多规合一”，加强社会经济、国土空间、综合交通、产业发展、环境保护、社会事业等各类规划衔接，推进两大片区整合优化提升，凝聚融入温州都市区发展合力。构建“两核一极，一环联动，西扩东优”空间格局，“两核”为洞头核心岛屿片区、瓯江口片区，“一极”为大门—鹿西岛协同发展极，“一环”为城市协同发展联动环。

——洞头核心岛屿片区。由北岙、东屏、元觉、霓屿等街道构成，聚焦整合集聚、功能再造，统筹布局滨海旅游、临港产业、生命健康、总部经济和商贸商务等功能业态，吸引产业、资本、人口集聚，增强城市能级，提升承接大都市区辐射水平，打造宜居宜业宜游的现代化滨海城市。

——瓯江口片区。由浅滩一期、浅滩二期和灵昆片区构成，加强浅滩一期产业集聚和空间优化，加快浅滩二期围垦用海拓展和项目布局，推进灵昆片区双昆、上岩头、海思、沙塘、王相、叶先、周宅、北段、九村等土地综合整治及片区开发，加快安置性商品房建设，推进三大片区基础设施和公共配套设施一体化建设，打造产城融合示范区。

——大门—鹿西岛协同发展极。以大门镇、鹿西乡为主体，挖掘海洋、岸线、港口等资源优势，增链、强链、补链，实现绿色石化、港口物流、装备制造、医药化工、滨海旅游、现代渔业等产业融合发展，着重推进黄岙新城打造成为产业发展、宜居美丽的新型城镇。

——城市协同发展联动环。通过基础设施共建、产业联动、民生共惠，不断强化三大片区间的交通组织、经济联系和功能互补，真正实现“两核一极”共融共生。近期共同实现两核联动发展，中远期通过城市协同发展联动环的吸引集聚作用，优化三大片区间产业布局、人口分布、资源配置，逐步推进“两核”迈向“一核”。

三、构建海洋经济高质量发展体系

紧扣国家海洋经济发展示范区主平台，统筹陆海开发空间，强化平台开发、项目建设、要素保障，协同推进五个岛建设，全面构建海洋经济高质量发展体系。

（一）建设滨海型国际旅游岛

打造国家全域旅游示范区。以创建国家全域旅游示范区、国家级旅游度假区为抓手，推动海港、海湾、海岛、海涂“四海联动”，全力推进全域景区化、风貌地域化、旅游标准化、服务高级化，努力建设特色风貌鲜明、旅游业态丰富、配套服务优质、游客体验舒适、主客共享的现代化国际旅游岛，成为温州海洋旅游板块的核心区。到2025年，旅游产业增加值翻一番，突破20亿元。

构建特色旅游产业体系。发展海洋运动产业。推进游艇基地、海钓基地、铁人三项基地建设，开发大众海钓、海洋帆船帆板、沙滩排球、水上飞机、海岛马拉松、环岛自行车、帆船帆板等项目，打造长三角海上运动活力中心。提升乡村休闲旅游。升级大门仁前途海岛田园综合体、霓屿紫菜现代产业园和鹿西黄鱼综合体，加速乡村生态旅游资源转化为旅游产品体验优势。拓展跨区域“环岛游”“跳岛游”。加快青山欢乐岛、大竹峙星空岛等主题岛开发建设，联动大北列岛、北麂列岛、南麂列岛等海域岛群，打造东部海洋旅游岛链。做大海霞红色旅游。围绕海霞小镇，加快建设海霞学院、海霞军事主题公园等红色旅游地标，推出海霞红色研学精品线路，打造温州红色旅游核心区。积极培育海岛会展经济。策划国际论坛、长三角论坛、海岛论坛等会议会展，谋划建设梦幻海湾国际会议中心，融合“会、展、节、赛、演、游”等多元业态，积极融入长三角会展经济带。发展邮轮经济。提升建设邮轮专用码头，对接国内外挂靠航线，争取开通邮轮访问港和国内游轮靠泊港，通过免签、免税等政策争取与制定，拓展客源市场，提升国际化水平，开辟国内沿海邮轮产业市场，打造成为浙南闽北赣东区域国际邮轮中心。

探索科教文卫旅体融合发展新路径。推动旅游与科技、教育、文化、卫生、体育融合发展，不断满足主客群体对洞头的向往。充分利用科技工程、科普场馆、科研设施等发展科技旅游。以海霞红色旅游为主线，开发国防教育和革命传统教育、国情教育等研学教育旅游产品。利用传统渔村、传统村落、文化馆、非物质文化遗产展示馆等文化场所开展文化、文物旅游，推动剧场、演艺、游乐、动漫等产业与旅游业融合开展文化体验旅游。加快开发建设田心谷绿色生态度假村等项目，发展高端医疗、中医药特色、康复疗养、休闲养生等健康旅游。融合山地户外运动、海上运动、航空运动等体育旅游，充分发挥城市大型商场、有条件景区、体育场馆、特色小镇、连片美丽乡村打造成体育旅游综合体。

完善旅游支撑要素。推进景区标准化建设，完善游客服务中心、旅游停车场、花园厕所和游客安全服务等景区设施配置，实现高标准、精细化管理。提升旅游接待设施品质，推进环东沙港、环海西湖国际休闲度假酒店群和“蓝色海湾特色民宿带”建设，打造“东海石厝”民宿品牌。优化绿道系统，完善“慢游”旅游交通网络，提升交旅融合服务品质。升级“百岛洞头旅游”平台服务功能，并依托数字技术进行场景再现和内容生产，推进旅游演艺的数字化创新。拓展旅游客源地市场，加强与新媒体平台的营销合作，主攻温州及周边地区客源市场，拓展长三角客源市场，开发港澳台、日韩和“一带一路”沿线国家等境外市场。

（二）做强现代化临港产业岛

建设浙南临港产业升级发展示范区。围绕环洞头峡海区、环黄大峡海区、环状元岙海区，有序推进深水港周边村庄改造，拓宽临港产业发展腹地，抓牢临港产业拳头项目，构建以绿色石化、装备制造、港航物流为重点的现代临港产业体系，积极融入甬台温临港产业带。到2025年，规上工业增加值突破55亿元。

构建临港产业体系。着力绿色石化拓能延链，重点引入乙烯、丙烯下游产业链，培育发展精细化工和石化新材料产业，争取炼化一体化项目落户，壮大绿色石化产业集群。促进传统制造业升级，通过建立“产业链—基础领域—企业—项目”一体化储备机制，重塑机械气配产业、电子电器产业、水产品加工业、建材工业等传统制造业。培育先进制造业，培育海洋生物医药产业、海洋能源产业等海洋新兴产业，基本形成融入温州产业链连接节点发展的先进制造业集群。推进港航物流能级提升，重点发展港口物流、石化物流、进口食品冷链物流，配套发展港口管理服务和港航服务业，培育发展专业、特种船舶运输业，谋划建设海关特殊监管区，打造温州现代港航物流服务核心区。推动渔港经济全面发展，加快建设洞头中心渔港、东沙渔港、鹿西渔港等三大核心渔港经济区，大力发展生态养殖、海洋牧场、休闲渔业等产业，促进现代养殖、海洋生物精深加工、海产品流通贸易一体化发展。提升总部经济发展水平，加快建设总部经济园，支持引导温商（洞商）回归创业创新，打造具有海岛特色的总部经济产业集群，带动商务服务、贸易服务、中介服务、金融服务、法律服务等现代服务业发展，加速商气人气集聚，提升全区都市氛围。鼓励建筑企业“引进来”与“走出去”，构建涵盖项目策划、规划设计、整体开发、总包管理、施工建造、物业管理等建筑全产业链体系。

建设现代化临港产业平台。推进大小门临港产业加速发展，构建绿色石化为主、先进制造为辅的产业体系，加快LNG等配套产业区块、石化仓储区块和乙烯、丙烯下游产业链区块建设，加强先进制造产业项目招引集聚，建成浙南石化中心、临港产业的示范片区。推动状元岙综合性港区建设，积极对接温州综保区和温州自贸区联动创新区，加快建设港口仓储区、物流园区等配套，力争建设保税港区，成为集装箱和邮轮并重、港口物流为先导、临港产业为主导、港口综合配套服务为基础的综合性港区。积极探索谋划通过拆整状元岙北部片区，发展临港先进制造业等。提升海洋经济产业平台能级，推进杨文片区、南塘片区和城南片区“优二兴三”，抓好诚意药业健康产业园、电子电器创业园、机械汽配产业园、霓屿紫菜现代产业园等平台规范化建设，开展低效用地和低效企业双整治盘活园区存量可用资源，丰富医疗、娱乐、商贸等生活性服务业供给，兴办文创园、物流园、众创空间等再开发项目，积极承接周边地区产业转移。发挥国家渔港经济区综合功能，实施渔业生产保障基础设施、渔港陆域交通、冷链物流、渔港环境保护提升、渔船安全管理、渔业文化、休闲渔业、渔旅融合等项目建设，逐步构建捕捞、养殖、加工流通、休闲四大功能，努力打造为港产城一体化的现代渔港经济区。

（三）打造康养式生命健康岛

打造海岛医疗康养示范区。建好疗休养基地，主攻“一岛一镇一园一院”，建好霓屿健康养生岛，招引韵动海湾健康小镇，培育诚意药业健康产业园，加强高校与诚意药业合作，推动洞头与温州医科大学健康产业全面合作，建立“产、学、研、养”体系，力争成为浙南地区医疗康养示范区。到2025年，生命健康产业营收规模突破15亿元。

构建生命健康产业生态圈。推进韵动海湾健康小镇建设，打造集特色医疗服务、高新科技研发、高层健康学术交流、高端健康社区等健康业态于一体的新型综合体。发展海洋生物医药产业，加强与国内外知名药企合作，加大海产品研发投入，打造从海洋生物膳食品、保健品到医药品的全产业链生产模式。构建国内高端生命健康学术交流平台，依托温州医科大学仁济学院资源，争取国际健康峰会、海峡两岸康养产业发展论坛等高规格生命健康会议落户，吸引生命健康高端院士研究团队进驻。建设数字健康研发服务基地，借助状元南片数字健康城建设，重点吸引互联网医疗健康服务平台、新一代精准医疗技术成果，发展高端健康体验和健康管理特色的数字健康服务产业。建立海岛特色康养服务体系，以霓屿健康养生岛、韵动海湾健康小镇、鹿西慢生活岛建设为契机，增加优质医疗服务资源供给，招引高端度假式养老服务综合体项目，谋划海岛生态康旅精品游线，打造医养康旅一体化发展示范区。

提升生命健康产业和品牌影响力。加快融入温州市生命健康产业体系，以区人民医院新院建设为契机，发挥区域医疗、医学资源优势，积极引进专业康复专家、康复设备，发展中医康复、术后康复、运动康复、失能康复、亚健康康复等业务，支持温医大滨海校区筹建康复医学院（系），加快康复医学、康养护理学、中医康复、中医药学等专业学科建设和专业人才培养，形成特色康复医疗品牌。开展生命健康洞头标准改革试点工作，力争洞头生命健康岛标准上升为市、省、国家级标准体系，深化省级康养体系试点建设，打响区域健康养生品牌，打造成为温州区域医疗康养中心城市滨海板块的重要组成部分。

（四）建设应用型科技创新岛

建设海洋科创应用示范地。贯彻人才强省、创新强省首位战略，承接温州“一区一廊一城一会一室”科创平台溢出效应，深化体制机制创新，建立以企业为主体、市场为导向、产学研深度融合的技术创新体系，力争建设成为高新技术孵化地、人才生活居住地，为高质量建设海上花园提供科技支撑。到2025年，R&D经费支出占地区生产总值比重达到2.5%。

提升自主创新能力。推进产学研协同创新。支持本地领军企业联合产业链上下游企业、大院大所共建“六大”科技创新平台，推进行业共性关键技术研发及应用示范。强化企业创新主体地位。深入实施科技企业新“双倍增”和规上企业科技创新“三清零”行动，支持企业增加研发投入，创建工程研究中心、技术创新中心、研发中心、企业研究院等各类创新载体。发展创新创业服务平台。利用小微企业园创建一批众创空间、孵化器等创新创业孵化载体，做优海洋生态产业创新服务综合体，完善全链条科技企业孵化育成体系。提升科技金融服务水平。谋划金融小镇，集聚一批创投基金、融资担保、小额贷款等机构，提升“一站式”科技金融服务水平，培育科技金融生态。优化科技成果转移转化服务。引进培育一批技术转移转化机构，完善科技项目申报、科技政策咨询、知识产权服务、技术成果对接等功能，提高科技成果转化率。

推动人才工作“赶超发展”。贯彻落实全市“十万工匠培育工程”，加速推进“才聚百岛、智汇洞头”。持续拓宽引才渠道。抓好海外人才走归计划，深入实施“人才新40条”“510计划”，做好高校毕业生招引，持续提升人才规模数量。健全人才培育机制。大力推进“展翅行动”，聚焦洞头“五岛”建设，加强旅游休闲服务、临港产业、生命健康、应用科技创新等技能人才培养，聚焦“两菜一鱼”等特色产业，加强特色人才培育。优化服务保障体系。搭建“青年与产业协同发展”平台、特色产业工程师协同创新中心、院士之家、博士后科研工作站等平台，不断提升洞头对青年人才、工程师、院士、博士后等各类人才吸引力、承载力。

推动数字经济发展。强化数字赋能实体经济，鼓励企业上云上平台，加快工业园区运维智能化改造升级，实施“两菜一鱼”数字提振工程、远洋捕捞业信息化工程、海上数字田园样板工程以及数字海湾信息保障工程，加快全域旅游数字中心、物流信息平台建设，培育数字经济核心产业，以数字产业城为主平台，结合电子电器科技园建设，努力招引新一代信息技术关联企业，积极发展康养数据产业。到2025年，数字经济增加值占GDP比重达50%。

（五）共筑融合型两岸同心岛

打造展示两岸融合发展示范区。聚焦五个同心，建设台胞筑梦家园，加快海峡两岸（温州）民营经济创新发展示范区、浙江省对台交流基地、同心旅游小镇“三位一体”联动推进，深化对台经贸交流合作，助推洞头进一步融入长三角一体化发展、海西经济区国家战略。

加强对台交流。做大“双屏论坛”交流品牌。持续建设半屏山浙江省对台交流基地，创建国台办海峡两岸交流基地。深化两岸民俗文化交流。做强做优“妈祖平安节”“七夕成人节”等特色民俗活动，建设中普陀佛教文化园等文化交流阵地，鼓励开展旅游节庆、体育赛事、文创文艺、非物质文化遗产、特色商品展销等交流活动，开发台湾游客来洞头短期周末旅游目的地及产品，吸引更多台湾基层民众、“首来族”来洞经贸交流。建立两岸民间交流机制。引导民间组织、行业协会、公益社团与台湾各类民间组织建立常态化交流机制，探索在学校、医院、景区和社区等设立交流示范点。

推进两岸特色产业合作。促进对台贸易便利化。结合温州自贸区联动创新区、温州综合保税区建设，推动对台贸易口岸建设，将洞头打造成浙南闽北赣东对台重要贸易港。加强对台招商引资。组织实施台湾重点企业招引计划，争取建立洞台商会合作联盟，积极承接长三角、海西区等地台资企业转移。构建产业合作平台。做好同心旅游小镇建设、招商、运营等工作，确保通过省级验收命名，成为对台产业合作重点平台。实践“民资＋台智”合作模式。争取设立海峡两岸（温州）民营经济创新发展示范区洞头重点平台专项资金，鼓励台湾高校在洞头设立研发机构、实训教学实践基地等平台，建立两岸半屏山智库。优化台青发展环境。建设温州台湾青年创业就业服务中心洞头工作站，深化台青到企事业单位就业试点工作，支持台青创业创新，全域打造“台青筑梦家园”。

四、打造双循环新格局重要节点

牢牢把握扩大内需战略基点，把扩大内需战略同深化供给侧结构性改革有机结合，畅通内外循环通道，深入挖掘消费潜力，积极扩大有效投资，加快发展更高层次的开放型经济，助力洞头深度融入长三角一体化建设，更好地参与区域分工协作。

（一）畅通市场和要素循环

大力开拓国内市场。深化供给侧结构性改革，以高质量供给适应引领创造新需求。推进洞头特色海洋产品、海岛特色品牌“全国行”“网上行”“进名店”等供需对接活动，加快培育商品品牌和区域品牌。加强以海产品为重点的产地直播基地建设，依托国际邮轮港和两岸同心岛建设，高质量打造进口商品集散中心，扩大进口商品国内市场。支持企业通过“云参展”“云对接”“云洽谈”等方式开拓内销市场。在浙江省自由贸易试验区油气全产业链开放发展格局下，注重区域分工与错位发展，积极拓展油气产业链，加快引育石油化工贸易类企业，做大石化产品交易市场规模。

全力畅通要素循环。绘制主导产业链循环图和产业链招商地图，加大建链、补链、固链、强链力度，全力培育壮大一批海洋经济领域“链主”企业。提升利用外资质量水平，深入实施重大外资招引“一把手工程”工作机制，紧盯央企、国企、名企开展精准招商。破除要素自由流动的体制机制障碍，着力打通生产、分配、流通、消费等各个环节，着力推进市场要素、资源要素、技术要素、产业要素、资本要素等循环畅通。

着力建设高效现代流通体系。完善现代化物流基础设施和物流服务体系，加快交通线路、物流枢纽、配送中心、储备库、冷链基地、公共信息平台等设施建设，推进供应链优化、人才培养和业态创新。推进物流降本增效，有效提升循环效率。加快港口、航道、集疏运通道建设，培育海运龙头企业，引育具有较强流通能力的市场主体，构建联动内外的产品、品牌、渠道和服务体系。鼓励支持新型经营业态发展，打通传统专业市场和网上市场通道，着力构建线上线下深度融合的市场体系。

（二）拓展有效投资空间

扩大投资规模。对接国家“两新一重”等重大投资方向，坚持“新基建＋传统基建”协同发力，提高投资质量和效益。实施国际旅游、临港产业、生命健康、基础设施等领域“六大百亿”工程，全力推进温州液化天然气（LNG）接收站项目、温州华港液化天然气（LNG）储运调峰中心项目、清洁能源发电厂等一批引领性战略工程，大力推行建筑业绿色建造、装配式建造、智能建造等工程投资建设，大力挖掘大干交通、精建精美、未来社区等领域投资增长点，推进重大公共服务补短增效。

推进重大项目建设。新增10个以上省市县长项目工程，大力推动温商回归，促进民资、国资、外资全面增长。强化重大项目建设的用地（海）、用能、资金、环境等要素配套支撑，盘活存量建设用地，争取落地海上风电、绿色石化等单体超百亿元项目。健全重大项目动态调整、滚动推进体系，推动投资质量和结构不断优化。深入推动工程云建设和运营，推进全过程工程咨询服务。实施新基建行动计划，加强新型基础设施建设。

创新投融资机制。强化PPP、政府产业基金、政府债券等政策工具应用，探索“ABO+区域综合开发”模式，带动工商资本、金融资本、社会资金增加投入。增设海洋经济专项债，引导各类资金投向战略性新兴产业。吸引各类商业银行在洞头谋划设立科技支行，探索发行“双创”孵化专项债券等科技债券，推动投贷联动试点、科技保险等新业态落地。开展基础设施领域不动产投资信托基金（REITs）试点，制定实施重大交通基础设施投融资政策。创新推广海域使用权等涉海抵质押贷款业务，规范发展各类涉海保险。进一步拓展重大项目境内外融资渠道，扩大直接融资规模。

（三）全面激发消费活力

丰富消费新业态。主动顺应消费升级大趋势，发挥消费对经济发展的基础性作用，实施促进商贸消费升级三年行动计划。打造消费新经济、新业态，探索首店经济、免税经济，大力发展会议经济、“她经济”“儿童经济”“夕阳红经济”“网红经济”，培育发展“互联网＋社会服务”消费、体育消费、邮轮消费、文创消费等新业态。加强新消费市场打造，大力发展数字教育、智慧医疗、智慧旅游、医疗美容、高端家政等服务行业。

打造多层次消费平台。建成一批具有区域辐射力的消费地标，优化商业综合体、商业街、精品星光经济带等布局，打造地方美食特色餐饮街区，重点推介“黄鱼宴金牌菜”“百岛十二鲜”为代表的海岛特色风情美食，大力促进餐娱消费。构建“5分钟便利店+10分钟农贸市场+15分钟超市”便民生活服务圈。加快消费体验示范基地、新零售标杆城镇（街道）、数字生活新服务示范社区（渔村）和特色景区建设，促进电商、微商、网络直播等线上消费平台健康发展。

营造安全放心消费环境。全面策应“放心消费在温州”行动，大力培育各类放心消费单位，建立完备的消费权益维护体系。加快出台优惠政策，加大文旅企业减负降费、资金支持力度，助力消费市场繁荣。加快出台A级景区免费游等优惠政策，持续撬动旅游消费市场。建立健全消费产品和服务标准，深入实施《放心景区管理与服务规范》《渔家乐民宿》等服务业地方标准规范，构建绿色消费产品标准体系。

（四）构建对外开放新格局

开展全方位多层次对外合作。完善国际经济合作伙伴关系城市机制，加强与“一带一路”沿线主要城市的交流合作，拓展国际经济合作伙伴网络。加强与国内地方城市合作，增强现有合作体制框架下的政府及民间交流，推动经贸、文化、旅游等多领域合作。拓展温甬外贸集装箱内支线，巩固和发展台湾集装箱班轮航线，开辟、加密近洋航线，开辟中东集装箱远洋干线。引进大型国际会议、会展、论坛、赛事等，鼓励与“一带一路”国家合作发展远洋渔业，不断拓展对外合作交流的广度和深度。

深度融入长三角一体化发展。对接乐清海铁联运大通道，深度融入全省海港一体化和长三角世界级港口群建设。深化与上海崇明岛、长兴海洋装备产业园区的战略合作，推动海产品、海洋装备、油气石化、生物医药、旅游市场等向长三角核心区延伸。争取在杭州、上海等长三角核心城市搭建“飞地”型借智发展平台，主动承接高端资源溢出。探索长三角数字经济一体化工作，积极搭建洞头（杭州、上海）数字大厦、数字经济双创园等数字经济集聚平台。积极加入长三角产业创新城市联盟，探索“人才＋项目＋技术”合作模式，唱响洞头“人才经”。

五、建设温州大都市区活力岛城

以国土空间治理现代化为导向，科学合理谋划城镇、农业、生态和海域空间，积极推进全方位融入温州大都市区，全力构建“一心两翼五平台”协同融合发展新格局，优化全区生产力布局，着力提升城市功能品质，建设生态人居的品质活力岛城，为大都市区建设贡献洞头力量。

（一）推进海上花园空间治理现代化

高质量助力《温州市国土空间总体规划（2020—2035）》编制，有效推动多规合一，实现全空间覆盖、全要素管控。科学规划生产、生活、生态空间，科学划定生态保护红线、永久基本农田保护红线、城镇开发边界。

优化洞头自然保护地体系和生态保护红线。优化海洋空间布局，重点优化连港蓝色海岸带区和环海西湖海域，打造旅游休闲娱乐用海区。结合港口水深条件和航道规划，将大小门岛周边海域、状元岙岛北片海域规划为港口航运区。强化霓屿岛和鹿西岛周边海域综合利用，着力开发海洋牧场，建设渔业用海区。

强化农业空间保障。保护集中连片农业空间，保障配套设施完善的优质耕地。保障粮食安全和主要农产品供给，严格落实耕地保有量与永久基本农田保护任务，继续提升永久基本农田数量、质量和生态三位一体管护能力。

优化城镇开发边界。充分利用状元岙港区、环岛西片、状元南片、大小门港区、大门黄岙等国土空间，争取纳入城镇开发边界，确保区域重大基础设施项目、重大产业项目、重大民生项目的土地供给。优化城镇布局形态和功能结构，提升城镇发展内涵及人居环境品质。

（二）构建“一心两翼五平台”空间格局

以“北生产、中生活、南生态”总体格局，统筹构建中部港产城融合发展心、南部生态旅游发展翼、北部临港产业发展翼“一心两翼”空间布局，强化“五平台”支撑，提升温州城市东拓主平台能级，有效支撑温州大都市区建设。

做大做强中部港产城融合发展心。强化环海西湖“核”能辐射，联动状元岙港区、青山岛，推进港产城融合高质量发展。环海西湖港产城融合发展心涵盖新城板块、环岛西片、大三盘岛、状元南片等区域，打造辐射周边海岛群的现代服务业集聚区。系统推进状元岙港区空间整合和功能提升，建设浙南闽北旅游航运中心和集装箱核心港区。打造青山岛海洋公园，建成高端综合性大型海上度假乐园。

加快提振南部生态旅游发展翼。以本岛片区、霓屿西南片为主，打造“海、岛、城”为一体的海洋生态经济区。本岛片区重点推进北岙东屏旧城有机更新，联动同心旅游小镇和海霞小镇，激活本岛西片乡村旅游资源，带动竹屿岛、南北策岛、大瞿岛等离岛区域，打造全域旅游先行区。霓屿片区重点聚焦布袋岙新区建设，结合S211洞头段建设、料场搬迁安置、设施基础完善、公共配套投用，加快人口向新区集聚，打造滨海小城镇和健康养生岛。

积极培育北部临港产业发展翼。聚焦大门—鹿西一体化发展，谋划推进观音礁支线、马岙潭支线建设，联动两片区港口、平台、旅游等资源优势，重点发展临港产业、海岛旅游、现代渔业。以大门板块为核心，重点建设石化产业基地、黄岙新区和东部滨海旅游区，打造产城融合的大门海洋经济示范区。以鹿西板块为重点，发挥“海洋牧场、候鸟天堂”的优势，大力发展现代渔业，开发离岛风情体验、山海露营和鸟岛观光摄影等特色产品，打造“花园鹿西·离岛慢城”。

强化五平台功能支撑。港产城综合平台以状元岙为主体，依托深水岸线、深水航道和口岸开放比较优势，重点推进状元岙港区和状元南片港城开发建设。滨海旅游平台以本岛南片为主体，利用本岛丰富海洋文化、海岛景观资源和配套设施，形成海洋休闲旅游发展主战场。健康养生平台以霓屿街道为主体，推进精灵海岸养生庄园、洞福园健康养生体、田岙屿康养综合体等康养类项目谋划建设，打造独具海岛特色的健康养生岛。临港产业平台以小门岛、大门岛北侧区域为主体，锚定“临港产业岛”发展定位，依托港口优势，重点发展临港石化、临港物流和临港工业，打造具有较大区域影响力的临港产业区。渔旅融合平台以鹿西乡为主体，建设鹿西渔业综合体，发展海洋养殖、滨海旅游服务和渔家体验项目，推动特色渔业与旅游产业融合发展。

（三）深入实施以人为核心的新型城镇化

加快新区建设提升城市能级。加快状元南片、新城板块、黄岙新区、布袋岙新区开发建设，着力提升各新区综合服务品质，建设现代化滨海花园新区，打造未来城市功能新区。全面优化科教文卫、康体养老、度假酒店、商业街和商贸综合体等相关配套设施，加快市政、交通、应急等基础设施规划布局，提升综合服务水平与人居品质。加快建设公共服务、商业商务、居住生活功能集聚的居住服务片区，优化新区空间布局与形态，提升新区功能品质。引导农村村庄撤并迁移人口向环海西湖新区、瓯江口片区、布袋岙新区、大门黄岙新区、鹿西渔港经济区集聚，提升临港石化产业基地产城融合水平。

持续推进老城有机更新。实施花园式滨海精品城区建设，加快棚户区和城中村改造，力争实现建成区全域无城中村。推进北岙旧城、黄岙新区等老旧小区改造工程，补齐园林绿地、慢行系统、城镇污水处理设施短板，优化旧城区道路通行能力，推进旧城停车场项目、城区燃气站等基础设施建设，提升综合承载能力。不断巩固小城镇环境综合整治成效，提升花园村庄建后管护水平，持续开展“五水共治”、湾滩长制、绿化美化等工作。全面提升绿道网建设水平，推广城市空间立体绿化。

着力推进美丽城镇创建工作。全域提升城镇品质，构建以城镇政府驻地为中心，宜居宜业、便捷舒适的镇村生活圈，形成城乡互补、全面融合、共同繁荣的新型城乡关系。着力推进大门县域副中心型美丽城镇、元觉临港特色型美丽城镇、鹿西农业特色型美丽城镇建设，深入开展一批美丽城镇省级样板创建。加快AAA级以上景区创建，实现A级景区村庄、乡镇、城区全覆盖。加大蓝色海湾修复力度，实施沙滩整治修复工程，打造海洋生态优美、文化底蕴彰显的最靓黄金海岸线，改善区域内生态、景观、休闲旅游功能。

建设海岛特色未来社区标杆城市。编制实施未来社区试点建设行动计划，紧扣海上花园、海洋文化、临港产业等洞头特色，以人本化、生态化、数字化为价值导向，以和睦共治、绿色集约、智慧共享为基本内涵，涂抹洞头未来社区底色，打造邻里、教育、健康、创业、建筑、交通、低碳、服务、治理等九大未来场景，谋划建设一批战略高地超前布局类、产城融合示范类、港城一体建设类等未来社区，适时推进未来社区省级试点创建。

六、打造“两山”实践和乡村振兴两大全国海岛样板

厚植绿色发展理念，以“两山”实践和乡村振兴两大全国海岛样板建设为抓手，高水平推进农业农村现代化，进一步提升生态环境保护与经济协同发展水平，打造绿色循环发展的美丽洞头。

（一）打造良好生态环境底色

统筹推进生态保护和修复。全域实施生态保护。严格落实“三线一单”管控制度，严守生态保护红线。加大海洋生态保护力度，积极推进洞头国家级海洋公园和南北爿山省级保护区建设，加快谋划洞头渔业资源特别保护区，开展海洋增殖放流、人工鱼礁、海藻场等海洋生态保护项目建设。加大生物多样性保护力度，稳妥推进红树林湿地公园建设。健全自然生态保护机制，创新海区使用管理试点，争取获批海洋生态蓝碳试点。构建要素全覆盖、天地海一体化的生态环境监测网络，提升生态环境跟踪监测预警能力。统筹推进生态修复。抓好省级山水林田湖草生态保护修复试点建设，强化生态资源修复力度。做好岛屿开发与生态保护协调发展，优化无居民海岛生态利用水平。持续实施彩色健康森林和森林抚育项目，优化海岛森林生态系统。加强矿山生态环境整治和复垦，完成全区“四边区域”废弃矿山治理。深化蓝色海湾整治，打造美丽生态示范的海岛岸线。实施“一打三整治”行动暨浙江渔场修复振兴计划，严格落实休渔期和禁渔期制度。

持续抓好污染防治攻坚战。大力实施碧水行动。完成美丽河湖和“污水零直排区”建设任务。强化饮用水源地管理与保护，落实重点海域排污总量控制制度，加强港口作业污染防治，建设“清洁港区”。到2025年，全区市控以上断面水质保持在Ⅲ类以上，全面完成市下达的水污染物排放总量控制指标。持续深化大气污染防治。推进工业废气治理改造提升，推动城市扬尘、烟尘和服务业废气治理，加强农村废气和矿山粉尘污染防治。争取“十四五”期间全区PM2.5平均浓度保持在25微克/立方米，臭氧浓度上升趋势得到初步控制，工业园区、重点行业、重点企业废气治理水平明显提升。系统推进净土清废行动。加强土壤污染的源头管控，推进农用地安全利用和治理修复，严格危险废物处置监管措施，构建危险废物全过程监管体系，加快创建全域“无废城市”。

（二）全面构建绿色发展体系

健全绿色发展机制。建立区域绿色协同机制，健全与瓯江流域和乐清湾海域等周边地区的跨区域海洋污染防治协作和污染应急机制，完善联合执法互督互学长效机制，构建海洋生态共建、环境共保的长效机制。优化绿色发展激励机制，开展生态产品价值核算评估，探索排污权、水权、碳排放权等生态产权交易机制，争创长三角地区首个海岛生态产品价值实现机制试点区。推广“蓝湾指数”全国标准，实行与“蓝湾指数”挂钩分配的生态环保财力转移支付制度。完善生态补偿机制，强化饮用水源地与海洋生态保护补偿，探索海域、无居民海岛有偿使用制度。

推行绿色低碳生产生活方式。实施绿色制造工程，重点推进机械汽配、电子电器、水产品加工、建材工业等传统产业绿色化改造。培育绿色消费模式，鼓励市民购买节能、节水、可再生利用产品。推行绿色包装，在零售餐饮和电商、快递、外卖等领域，普遍推行科学适用的塑料减量替代模式，提高符合标准的绿色包装材料应用比例。推广绿色建筑和绿色建造理念，提倡绿色构造、绿色施工、绿色室内装修。倡导绿色出行，以完善公共交通网、推广新能源汽车为突破口，构建多层次绿色出行服务体系。推进绿色政务，推动党政机关落实无纸化办公、垃圾分类、绿色采购等。

节约集约利用资源能源。全过程推进生产方式的绿色低碳改造，推动园区绿色循环升级，加快构建资源循环利用体系。实施能源消费总量和强度双控，严格控制煤炭消费总量，实现重点用能行业、设备节能标准全覆盖。开展县域节水型社会达标建设，推行“区域水资源论证＋水耗标准”制度，严格落实水资源管理“三条红线”，严控用水总量和用水强度。健全土地开发动态监管，盘活利用闲置土地，加快低效用地再开发。

（三）发展壮大乡村经济

大力发展高效生态渔农业。做强“两菜一鱼”公共品牌。加快推动羊栖菜、紫菜养殖产业取得重大突破，生态大黄鱼养殖形成品牌和规模效益。积极建设海洋牧场、鹿西渔港，加快建成鹿西黄鱼岛田园综合体等一批现代海洋养殖基地，推动海洋养殖业向标准化、生态化、数字化方向发展。支持渔业捕捞健康发展。严格执行禁渔期制度，有序控制近海捕捞强度，积极开辟域外新渔场，鼓励远洋捕捞，持续推进捕捞业数字化、现代化转型发展，创成省级渔业转型发展先行区，基本建成现代海洋渔业发展体系。做精生态农业。优化灵昆、大门、东屏、鹿西精品农业空间布局，打造一批集农业生产、农艺展示、观光休闲等功能于一体的特色精品园。深入推进三产融合发展。促进渔农业生产、加工、销售与旅游、健康、运动、文化等产业融合发展，形成产业链条完整、发展功能多样、产业业态丰富、利益联结紧密的新发展格局。

加强渔农业综合配置服务支撑。优化经营主体结构。坚持渔农民家庭经营主体地位，实施新型农业经营主体培育提升工程，鼓励发展适度规模的农民专业合作社、家庭农场、海洋家庭牧场等。优化科技服务体系。加大科技基础研究、应用研究、成果转化投入力度，提升农业农村科技水平。完善财政支农政策体系。加大财政扶持力度，完善农村信贷抵押担保政策，推进农业政策性保险扩面提质。构建数字支撑体系。加快推进洞头“光网城市”建设，积极推动海洋监控、港区管理、渔业数字政务、涉农信息管理等领域信息化，打造“数字三农”平台。

健全城乡融合发展体制机制。着力推进现代渔农业改革。加快产业融合发展集成改革，建立“两进两回”长效机制，协同推进城乡要素双向流动平等交换机制、乡村振兴项目储备机制、农业全产业链建设机制、农村产业融合发展机制改革。加快村级集体经济发展集成改革，加快渔农村集体资产和股权信息化平台全覆盖，深化“海域使用直通车”制度改革，探索农村集体资源性资产产权改革，实现渔农村自然资源资产化。协同推进村庄市场化经营机制、“飞地抱团”机制、山海协作机制、村企结对帮扶机制等改革。深入推进渔农村改革。加快农村营商环境集成改革，协同推进农业农村投融资体制改革和乡村新业态培育机制、“绿水青山就是金山银山”转化机制、“三联三送三落实”服务机制建设等。加快农村土地集成改革，协同推进农村承包地制度、农村集体经营性建设用地入市制度、农村征地制度、村级留用地制度和产村融合、农村金融等改革，创新渔业产权制度，鼓励渔农民主体、工商资本共同参与乡村振兴建设。到2025年，年经营性收入50万元以上行政村占比达50%以上。

（四）加快建设未来乡村

全面提升渔农村基础设施。推进四好农村路建设。加快打通乡村断头路，重点推进鸽尾礁至大王殿连接公路、大门马观线、霓屿南北公路、鹿西东臼公路改造提升等项目建设，争取所有通行政村公路提标至四级公路。统筹市政基础设施建设。加快农村融入以天然气为主的多气源城市燃气系统，完善农村公共交通服务体系，推进城乡信息网络互联互通。推动标准渔港建设。完善码头、防波堤等设施，完善渔业用房、护岸码头等后方配套设施建设，提升渔区基础设施建设综合水平。加强农村防灾减灾能力。加快实施“百项千亿防洪排涝工程”，使全区防洪能力达20年一遇标准，重点湾区防潮能力达50—100年一遇标准。

加快未来乡村创建。积极稳妥有序推进乡村布局调整优化，做大做强城市型社区、集聚型村庄，做优做精特色型村庄，逐步搬迁撤并限制型村庄、搬迁型村庄。深入推进农村垃圾、厕所和污水“三大革命”。全面提升公共服务水平，加快危旧房改造，协同推进城乡教育、医疗卫生、文化、交通、社会保障、社会救助、应急防控、海上救援等一体化建设。全面优化农村生产、生活、生态布局，高质量打造一批生态美、产业兴、乡风好、百姓富的乡村公园。探索未来村庄新形态，到2025年，进一步打造以“十个一”标志、“十大”应用场景为主要特征、彰显“农业高质高效、乡村宜居宜业、农民富裕富足”的新时代未来乡村。

七、建设现代化海岛基础设施

实施基础设施百亿工程，构建陆海联动综合交通体系，提升能源、水利、市政等各项基础设施服务水平，推进智慧洞头建设，夯实五岛建设基础支撑。

（一）构建陆海联动综合交通体系

全力推动陆域交通成环成网。高效推进对外大通道建设。加快谋划市域铁路S1线霓屿新站，积极布局连接温州东交通枢纽的便捷通道，有序推动“两省两高两铁”建设，力争全线建成S211、S325两条快速通道，实现半小时通达温州东交通枢纽、三刻钟通达温州中心城区、2小时通达杭州等长三角核心城市。优化区内交通网络。全面完成330国道延伸线疏港公路、大门镇环岛公路改造提升工程、小门岛环岛公路（二标段）等项目，加快推进东屏大道二期工程、小门环岛公路（一标段）、大门岙底至沙岙隧道及接线工程等项目建设，提升区内公路通行能力。

深入推进港口扩能提升。加快村庄搬迁前期工作，推进状元岙港D区矿山资源开发利用，启动大门东作业区陆域形成工程，完成状元岙港区一期改造提升和二期工程、温州液化天然气（LNG）项目码头与陆域形成工程，拓展港口发展腹地空间；建设状元岙港二期5#6#泊位工程、温州港核心港区深水进港航道工程、浙能油库项目专用作业码头及状元岙港区物流园区，进一步提升两大港区通航能力和集群化发展水平。

统筹推进海上枢纽地位。建成国际邮轮专用泊位，推进水桶擂、大门沙岙、同心旅游小镇和鹿西码头经济综合体，以及状元南、东沙湾、大门沙岙、鹿西等游艇基地建设，布局岛屿通用航空机场，开辟系列环岛游、跳岛游、跨区域旅游航线，打造集客运、车渡、游艇、海钓、旅游集散等多功能于一体的浙南水运中心。

（二）推进能源和水利体系现代化

构建绿色清洁能源保障网。提高电网供给能力和保障能力，统筹推进35千伏以上输变电工程、10千伏配电网线路及配套管线建设等项目，优化城区配电网整体布局，完成半屏、鹿西全电岛建设，充分满足全区经济社会发展用电需求。促进新能源推广，加快建设建筑屋顶光伏发电、海上风电场等项目，稳步推进海岛太阳能、海上风能、潮汐能等可再生能源开发利用。加快石油天然气储运设施建设，推进温州液化天然气（LNG）、温州华港液化天然气（LNG）储运调峰中心（罐区）项目、浙石油温州储能中心等项目，实施综合能源站与燃气管道改造工程，提高天然气在城市一次能源消费的比重，加快与温州城区燃气一体化进程。

强化水安全保障。实施防洪保安工程。推进海塘安澜工程建设，高标准抓好海塘提标改造，基本消除海塘“安全”隐患。实施水资源保障工程。谋划南北两片双水源保障工程，加强水库安全管理监测，争取水库库容不降低。实施幸福河湖工程。加强河湖水域生态文明建设，实现河湖安全水畅、河清岸绿、文化承载、富民兴业、幸福和谐，推进河湖治理体系和治理能力现代化。实施智慧水利工程。推进水利工程“三化”改革，构建水利工程标准化、规范化、智慧化管理体系。

（三）提升市政公用设施现代化水平

提升市政交通运行水平。加快市政道路及配套改造提升。打通断头路、梗阻路，规划建设各主要岛屿观景环岛慢行道，完成环金线-平海路、小小线-大朴路、烈士路等3个道路交通堵点整治，深化新老城区联系通道、北岙-东屏快速通道、状元岙港区南北通道提升工程等项目前期工作并争取开工建设。提升公共交通服务保障水平。推进公交停靠点、港湾站、候车室等改造提升，重点建设风门、南塘和各乡镇街道交通小枢纽（场站）。加大公交运力投入力度，加快大门至本岛道路交通建设，加密灵昆至本岛公交班次，新增2艘车渡船，打造海岛特色城市公交体系。

加强地下空间综合利用。科学编制环海西湖新区、霓屿布袋岙新区、黄岙新区等城市新区地下空间开发利用专项规划，做好与人防、交通、市政、水利、应急等规划衔接。推动商业综合体、办公楼宇、大型会展或文体中心等重要设施与地下空间的连通整合，促进城市空间立体化发展。鼓励利用城市公共广场、学校操场、坡地山地等地下空间，建设地下停车、商业服务和人防避灾等设施。统筹电力、通信、给排水、燃气等各类管线铺设与改造，探索地下综合管廊敷设模式。加快综合管网信息化建设，加强地下空间、地下管网的智慧管理水平。

推进“海绵城市”建设。结合城市有机更新和“五水共治”等工作，统筹推进城市水系统、园林绿地系统、城市道路系统、建筑小区系统等四大系统建设。加快雨污分流管网改造和排水防涝设施建设，重点实施黄岙片区防洪排涝工程，开展大门镇、霓屿街道、鹿西乡等截污管网改造提升工作，实现城乡截污设施一体化。加强城镇污水处理设施建设，建成城北、布袋岙、状元南片、大小门岛石化基地污水处理厂，不断提高污水收集和处理率，达到省清洁排放标准。

（四）建立现代化新型基础设施体系

全面构建“数字岛”智慧城市框架。以“智慧大脑”为统领，构建“1+5+N”应用体系，加快智慧城市综合指挥中心实体化运作，搭建“一库”“一户”“一图”“一网”“一端”五大基础平台，深化旅游、交通、城管、小区、环保等现有领域，及人防、应急、教育等新型领域的N个智慧应用，整体推进智慧洞头建设。

深化建设智能化基础设施。建设与现代化新征程相匹配的基础设施，加快洞头本岛、大门岛、鹿西岛、半屏岛、三盘岛、青山岛等“六个海岛”数字化改造，实现NB-IoT/eMTC/5G三网共存、优势互补。普及物联网技术应用，推进重点地下管线、建筑设施、景观景点、交通等城市公共基础设施物联网传感终端广泛部署。加快通信铁塔全区“一张网”建设，新建、改造通信铁塔300个。推进信息基础网络的IPv6升级，鼓励制造企业、政府机关和国有企事业单位外网系统、重点商业网站系统应用IPv6。加快5G通信基础设施建设及5G网络覆盖，加码5G网络、工业互联网等“新基建”项目布局，实现洞头区各街道（乡镇）5G网络全覆盖。

八、深化海岛特色改革

紧扣国家、省市发展战略，紧密围绕温州新时代“两个健康”先行区创建，加快海岛特色改革步伐，深化数字化改革，加快建设便捷高效、稳定透明、公平竞争的营商环境，不断激发市场发展活力，以高水平改革助推高质量海洋强区建设。

（一）打造营商环境最优区

优化营商环境提升服务效能。深化营商环境“10+N”改革，推进“证照分离”“双定三减”，探索“一证准营”、园区一般工业项目“拿地即开工”。推行“标准地+承诺制+代办制+区域评估”改革，探索工业用地、无人岛“先租后挂”改革，健全“供给—监管—退出”管理制度。深化“两万”行动、“三服务”活动，用好惠企“直通车”“企业码”等载体，分类调整阶段性惠企政策。推进企业与企业家柔性执法和保护机制改革，探索“最多查一次”模式，构建亲清政商关系。

深入推进数字政府建设。深化“互联网+政务服务”“互联网+协同办公”“互联网+监管”，加强跨部门数据共享、流程再造和业务协同，全面普及掌上政府、指尖服务、刷脸办事。围绕个人和企业全生命周期，深化“一网通办”“全域通办”“跨区域通办”，全面推进便民利企“一件事”集成改革。

健全社会信用体系。贯彻省市信用“531X”工程，强化以信用为核心的市场监管体系建设。健全行业领域信用评价体系，形成事前查询信用、事中分类监管、事后反馈记录的全流程闭环监管机制。深化信用应用业务协同，建立信用联合奖惩工作机制。突破信用惠民便企应用场景。加强与金融机构信用信息的交换共享，推广政府公共信用信息和人行征信信息“双查询”机制。

（二）加快推进市场化改革

深化要素配置市场化改革。健全要素市场运行机制，推动土地、劳动力、资本、技术、排污权、用能权、碳排放权等要素市场化改革，完善要素交易规则和服务体系。深化“亩均论英雄”改革，实施用能、用水、用地、排污、奖评等资源要素差别化政策，全面出清落后产能和“僵尸企业”。深化“标准海”改革，创新“透水式”建设用海。积极对接国家政策，用好专项债、产业基金、政策性贷款等工具，最大限度争取上级资金资源支持。

完善市场经济基础性制度。推进社会力量办社会事业各项改革，积极向上争取放宽民营企业进入能源、电信、公用事业、交通领域市场准入改革试点。实施市场准入负面清单制度，对清单以外的领域、行业、业务，各类市场主体皆可依法平等进入。落实公平竞争审查制度，强化公平竞争审查制度刚性约束。加强规范化标准化建设，联动创建质量强区、品牌强区和标准强区。深化“洞头标准”改革，推进海岛综合管理集成改革试点。

（三）激活各类市场主体活力

充分激发民营企业活力。开展新时代“两个健康”先行区创建，加快民营经济高质量发展。实施民营企业梯次培育工程，做好中小微企业竞争力提升和“个转企”“小升规”“规改股”“股上市”工作，培育产业链龙头企业和“专精特新”冠军企业。打造海岛普惠金融升级版，加大对涉海民营企业信贷支持力度，探索具有海岛特色的渔农民生产经营资产授托抵押融资机制。推动民营企业创新发展，加大对民营企业智能化技术改造升级、产业关键核心技术攻坚、创新平台建设、产品创新研发的支持力度。强化企业家培育，完善优秀企业家评选结果运用激励机制。

深化国有企业改革。加大放权赋能力度，厘清政府与两大功能性公司的关系，维护两大功能性公司的市场主体地位。理顺国有企业管理体制，实施管理现代化对标提升工程，提高企业治理能力和经营效率。开展国有资产归集和监管工作，通过市场化运营盘活低效闲置国有资产，实现国有资产增值保值。加快融资平台公司市场化转型，建立国有企业全面风险管理体系。

九、打造人人向往的幸福城区

坚持以优质普惠为方向，以增进民生福祉为落脚点，扎实推动共同富裕，系统完善人的全生命周期民生服务，不断提升公共服务现代化水平，构筑共建共治共享美好家园。

（一）推进教育现代化

开展基础教育质量提升“扬帆行动”。实施学前教育补短提升工程，建成投用元觉街道幼儿园、北岙街道海悦城幼儿园、大门镇新区配套幼儿园，扩大优质学前教育资源供给；整合提升北岙街道、灵昆街道小规模民办幼儿园，提高民办学前教育办学品质。推进义务教育优质均衡发展，完成实验小学分校区工程、东屏小学改扩建工程、大门镇小改扩建工程等项目，提升义务教育学校硬件水平；完善集团化办学内涵，按“紧密型”“合作型”“联盟型”“托管型”四种模式推进集团化办学，不断培育“初中强校”“小而优”学校，扩大优质教育资源覆盖面。支持高中学校高质量发展，开展选课走班、分层教学、初高中衔接教学改革，加大普通高中招生双向选择力度，支持温州知临教育集团设立数学研究院，助推温州（洞头）乐成寄宿中学创建优质品牌学校，争取高考质量跻身温州市中上水平，实现普高教育质量跨越式发展。

推动职业教育产教融合发展。加快职教中心迁建二期工程建设，不断改善职业教育办学条件；深化“产教融合”“现代学徒制”“1+X”试点工作，推进校企精准对接与精准育人；以促进就业和适应产业发展需求为导向，积极探索校企合作机制，采取“以企业用工、创业人员创业需求办培训、以培训促进就业创业”点对点服务模式，强化高技能人才培养；加强专业特色发展，着力提升学生职业素养和职业技能；加强实习实训平台和技能人才培养基地建设，提升学生实训水平，培养技能型、技师型毕业生；积极开展职业技能社会培训，服务社会产业发展，加快开展民宿、导游、保姆等产业技能培训。

推进终身教育和学习型社会建设。健全“政府引导、市场主导、整合社会力量、实行购买服务”的社区教育发展模式；建成洞头老年大学（北岙），健全终身教育服务体系建设，实现街道（乡镇）老年学堂全覆盖；持续开展成人扫盲、初中、高中、大学学历提升，全力提高劳动力年龄人口受教育年限；加强数字化终身学习公共服务平台建设，推进终身教育和学习型社会建设。到2025年，全区新增劳动年龄人口平均受教育年限达15年。

强化教育现代化支撑体系。加强师资队伍建设，继续推进教师“区管校聘”工作和“卓越教师”培养计划，建立校长队伍培养机制，打造一批“区域高尖教育人才”。开展海岛德育品牌锻造行动，继续推进洞头校园“四节”、校园系列好故事、“一校一特色、一校一品牌”

创建活动，抓好德育常规工作。推动教育教学改革落地，出台工作清单，完善教育领域在考绩分配、引才育才、教学教研改进、优化考核评价方面的顶层设计。依托“互联网 + 教育”，开展区教育大数据基础平台建设，建好“智慧校园”“智慧教室”，推进“互联网 + 义务教育”结对帮扶工作，实现区域内优质教育资源整合共享。启动新一轮校网调整，采取撤合并方式，优化调整全区学前和义务教育阶段施教区，促进校际间良性竞争，满足区域内优势教育资源供给。

（二）深化健康洞头建设

打造医共体改革“海岛样板”。深入实施区域医疗卫生发展一体化改革，不断提高医疗优质服务水平。统筹推进三医联动改革，持续深化与温医大附二院、市中医院、市三医院等合作办医，实施“双下沉、两提升”工程，不断推进医共体模式下全国慢病健康全程管理改革试点工作。巩固提升“区 – 街道（乡镇）– 村”三级联动医疗服务体系。加快推进医疗卫生信息化工作，建设区医共体信息平台，满足医保、双向转诊、电子病历接口等功能需求，探索离岛远程医疗模式，全面提升海岛医疗服务水平。

完善公共卫生服务体系。完善疾病预防控制体系，提升卫生应急能力，推进标准化传染病救治单元（感染病楼）建设。开展全区村卫生计生室（站）规范化建设，政府办村卫生室比例达 50% 以上。建立以家庭为基础、社区为依托、机构为补充的婴幼儿照护服务体系，完善婴幼儿照护服务工作管理体制和运行机制。强化基本公共卫生制度保障，优化资源投入结构，加强队伍建设，全面提升公共卫生服务质量。持续开展职业病防治工作，定期开展重点行业企业负责人和管理人员职业健康知识培训。

推进医养融合健康发展。建立养老机构与医疗机构签约服务机制，创新“1 家公立医院 +1 家社区卫生服务中心 +X 家辖区内养老机构”医养结合联合体，实行对口支援、医护培训、双向转诊、家庭医生等措施。创建“互联网 +”医养信息化平台，开展慢性病、家庭医生签约等在线服务管理，打造覆盖居家、社区的智慧健康养老服务网络。健全中医药服务网络，提升社区中医药服务能力，争创全国基层中医药工作先进单位（区）。

促进养老服务高质量发展。发挥公办养老机构和公办（建）民营养老机构兜底保障作用，建成区级中心敬老院，推进社会化运营。打造以社区为平台、养老服务类社会组织为载体、社会工作者和社区志愿者为支撑的“四社联动”养老服务机制，推广上门服务，提升社区养老服务，加快形成 15 分钟养老服务圈。提升农村养老服务水平，实现养老服务场所和养老服务社会组织行政村全覆盖。推进养老事业与蓝色康养产业协同发展，实施生命康养培育工程，引进社会资本，创新和丰富养老服务产业新模式与新业态，提升海岛养老服务水平。到 2025 年，全区人口预期寿命达到 82 岁。

（三）优化人口集聚与服务

完善人口政策。统筹人口与经济社会发展，优化创业条件、实施就业引导、完善住房体系、推进同城待遇、增进服务质量，营造宜居宜业的工作生活环境，不断增强洞头人口吸附能力。完善本地渔农业转移人口市民化政策，落实外来人口“零门槛”落户，分类制定人才引进和配套服务政策，吸引更多青年人口、产业工人、在外乡贤、台湾同胞等来洞就业居住。构建多层次人才住房供应与保障、医疗保障体系，完善人才子女受教育、配偶就业配套政策，着力解决人才引留问题。优化财政支出结构，落实税收、抚育、教育、社会保障、住房等优惠政策，扩大生育险覆盖范围，多方面降低家庭养育成本。

提升人口服务水平。开展大花园建设，增强人口综合承载力。优化养老服务体系，促进居家社区机构相协调、医养康养相结合。提升妇幼保健服务水平，推广 3 岁以下婴幼儿照护服务，推进生育友好型社会建设。加快智慧城市建设，建立人口发展动态监测网络，推进公安、教育、卫生、健康、人社、民政、统计等部门人口大数据信息资源共享。构筑教育健康体系，全面提升人口素质和质量。开展人才引育工作，重点引育产业人才及专业型干部人才，创造有利于人才发展的生活工作环境，进一步为建设海上花园提供坚强的人才支持和智力保障。

（四）提升社会保障水平

实现全民社保提质增效。做好社保扩面征缴，稳定基本养老保险参保率，提高被征地农民（退渔渔民）社保待遇。全面推进医保建设，实施医保基金“阳光工程”，加强医保基金监管，进一步推进“两慢病”基层首诊，完善城乡居民门诊用药保障机制。完善城乡住房保障体系，构建以公共租赁住房保障为主体，棚户区改造、政策性租赁住房为补充的城镇住房保障体系，推进人才住房与保障性住房双轨并行。

深化新时代救助体系建设。健全分层分类的社会救助体系，打造社会救助服务联合体，发挥“救急难”基金救急解难作用，探索相对贫困帮扶机制，加大社会救助保障力度。加强孤困儿童精准救助，建设未成年人救助保护中心，提高儿童福利服务水平。加强农村“三留守”人员关爱照护，深化“芳龄家庭”工作，引导留守妇女主动与留守老人、儿童结对。实施残疾人共享小康工程，健全残疾人群服务体系，保障残疾人群合法权益。

（五）推动市民更高质量就业增收

优化就业服务体系。建立城乡一体化人力资源市场，推动公共就业信息平台建设，完善各类就业创业服务。实施职业技能培训万人计划，以失业人员、渔农村转移就业劳动力、残疾人、退役士兵等人群为重点，提供基本职业培训。健全双拥服务中心功能，联动本地知名企业成立退役军人服务站，助力退役军人就业创业。到2025年，城镇新增就业人数年度目标达1300人以上，城镇登记失业率控制在3%以下。

完善就业保障机制。强化就业政策扶持，实施就业优先政策，优化现有就业补助政策体系，加大职业培训、就业见习、失业保险等政策创新力度。切实保护劳动者权益，全面落实劳动用工保障制度，有效提高小企业和建设领域劳动合同签订率；建立健全工资支付保障机制，巩固“无欠薪”区创建成果；推进镇村企三级劳动争议调解组织网络建设，落实劳动争议调解仲裁免费政策。

（六）推进青年洞头建设

优化青年优先发展环境。聚焦“青年洞头”建设，推进重点领域紧缺人才、大学生、创新创业青年招引，为打造高水平创新型城市提供青年人才支撑。探索城市青年功能强化，完善城市功能，加快建设集创新创业、休闲娱乐功能于一体的青年集聚社区。高标准构建集青年思想引导体系、青年发展政策体系、青年综合服务体系、青年建功支持体系于一体的优质青年发展环境。

推动青年充分融入社会。提升青年社会融入与社会参与度，着力完善青年组织体系，突出共青团等群团组织和其他青年组织作用，发挥家庭、学校、社会在青少年社会融入中的重要作用，推动青年全面参与政治、经济和社会各领域事务，有效发挥青年主力军和先锋队作用。以增强青年获得感和幸福感为宗旨，健全联系青少年和为青少年办实事长效机制，拓展收集倾听青少年呼声广度深度，加强分析研判，尽力解决青少年的操心事、烦心事、揪心事。

十、打造独具闽瓯特色的文化高地

深挖海洋文化特色，提升公共文化服务水平，构建体现时代发展、符合文化发展规律、具有洞头特点的现代公共文化服务体系，传承好海霞精神，建设好新时代民兵队伍，丰富好全民精神文化需求，绘制融合瓯越文化、闽瓯人文、绿色生态、蓝色海洋、红色海霞、渔家风情的海上诗路新画卷。

（一）全面提高社会文明程度

弘扬新时代洞头精神。深化习近平新时代中国特色社会主义思想、中华民族伟大复兴中国梦和社会主义核心价值观宣传教育，发挥主流媒体、各级宣讲队伍作用，切实增强广大基层干部群众“四个自信”。弘扬海霞精神、“五岛连桥”精神和“兰小草”精神，增强全区人民文化认同。

推进新时代文明创新实践。践行社会主义核心价值观，落实意识形态工作责任制，打好舆论斗争主动仗。健全文明城市创建长效机制，实施“新时代文明生活”行动，完善区级新时代文明实践中心、街道（乡镇）级新时代文明实践所、行政村（社区）级新时代文明实践站三级职能，打造集思想引领、道德教化、文化传承、便民服务等功能于一体的城乡基层综合平台。深化公民道德文化建设，开展“和睦人家”“敬老人家”“文明人家”等评选活动，推广生态安葬、婚俗改革等文明新风，发挥“最美洞头人”道德典型示范作用。

（二）建设新时代重要文化高地

打造瓯江山水诗之路海上驿站。提炼海岛文化特色，厚植海洋文化底蕴，实施文化基因解码工程，推动经典文化活化。融入瓯江山水诗路文化带建设，加快挖掘瓯越文化、闽瓯文化、海霞精神、螺钿文化、海防文化、渔村文化、妈祖祭典等文化价值，积极传承渔谣、贝雕等民间技艺，不断挖掘打造一批代表性节点、标志性景观，加快擦亮沙滩、海湾、古镇、渔村等一批海上诗路“珍珠”。加快建设“中国诗歌之岛”，打响“海上仙境·诗画洞头”文化名片。

加强历史文化保护传承。组织申报一批省市级非遗传承、体验基地、传承项目，做精七夕、元宵踩街等一批非遗民俗活动品牌，开展文化和自然遗产日、七夕成人节等重大非遗传承活动，加快非遗传承人认定与保护。到2025年，国家级、省级、市级非物质文化遗产项目代表性传承人数量达40人。

扩大文化交流传播。常态化开展全国最美海岸线摄影大赛、浙江海姐大赛、中国诗歌之岛暨中国诗人“诗画洞头”行等重大活动。开展“半屏+台湾”人文交流活动，将妈祖文化与学术探讨、休闲观光、文化交流发展充分结合。

（三）完善公共文体服务体系

促进城乡公共文化设施均衡化发展。完善区、街道（乡镇）和社区（村）三级公共文化设施网络，加大各级文化设施对外免费开放力度，推进文化馆、图书馆、博物馆、美术馆、文化艺术中心“四馆一中心”建设，提升城市书房、百姓书屋、文化驿站等文体设施水平，加快村社文化服务中心、文化礼堂建设，建成10条以上全民健身步道，力争50%以上社区村建成多功能运动场或完成小康体育村升级工程，打造“15分钟文化圈、运动圈”和“农村30分钟文化圈、运动圈”。

创新公共文化服务方式。积极举办市民文化节、全民运动会、全民阅读等群众性活动，充分发挥乡村艺术团、公益大联盟等文体团队服务功能，开展送书、送戏、送讲座展览、送培训辅导等文化惠民活动，实现海岛群众共享文化建设成果。积极运用数字技术与网络技术，推动公共文化资源联网上云，扩大公共文化服务半径和服务品质。扩大政府购买公共文化服务目录，鼓励引导社会力量参与。

（四）打造新时代民兵建设重要窗口

大力弘扬海霞精神，增强全面打造新时代民兵建设重要窗口的精神力量。深刻理解海霞精神与时俱进的重大意义、丰富内涵，让海霞精神与红船精神、浙江精神交相辉映。选树海霞先进人物，宣扬感人事迹，举办海霞精神主题报告会，推动干部群众见贤思齐。把传承弘扬海霞精神融入领导班子建设、基层党组织建设及干部教育培训等内容，把传承弘扬海霞精神焕发出来的活力转化为共同推进高质量建设海上花园的实际行动。

践行新使命新要求，致力全面打造新时代民兵建设重要窗口的示范标杆。持续开展基层武装部、民兵营连部三年达标建设活动，抓好国防动员、国防教育、兵员征集等工作。深入实施洞头先锋女子民兵连五年建设规划，加快女子民兵连向科技密集型、质量效能型转变。探索建设海霞网络学院，塑造民兵教育管理智能化特色品牌，塑造“民兵+民间”应急救援力量特色品牌。

聚焦海上花园建设，全面迸发海霞红色文化的时代魅力。规划建设海霞小镇，加快打造以“海霞红色IP+”为核心特色的海霞小镇红色产业。加快推进海霞学院建设，创新“理论培训+现场教学+军事体验”等教学模式，打造一流红色学府。加快推出海霞红色旅游系列主题产品，深度开发海霞研学旅游产品，助推全域旅游发展。组建海霞全科网格员，探索成立海霞女子铁骑队，全面参与政策宣传、纠纷化解、治安巡防等平安洞头、海上枫桥建设工作。打响“海霞红”党建品牌，形成以“海霞红港”为主阵地的“1+6+N”阵地体系，推广“海霞红管家”模式，探索“海霞+”队伍专业化建设。

十一、争创全国平安建设“长安杯”

坚持“党建引领、多元共治”模式，贯彻“法治为基、整体智治”理念，持续打响“海上枫桥”社会治理品牌，争取连续20年获得平安区，争创中国平安建设“长安杯”，成为全国县域社会治理现代化海岛样板。

（一）完善社会治理体系

优化社会多元共治体制。坚持党建引领，创新“‘海霞红’党建+社会治理”模式。发挥政府主导作用，完善政府各部门联席会议协调机制、联合执法工作机制和严肃督导考核制度，提高政府执行力和公信力。加强协商民主建设，搭建“线上线下互通、网上网下共商”平台，发挥区政协委员、无党派人士、专家学者参与社会治理的作用。推进社会协同治理，扶持海霞妈妈平安志愿者服务协会、溢香救援服务中心等社会组织发展。提升群众自治能力，畅通“海霞说事”“霓有话说”等群众议事渠道，激发基层自治内生动力。

完善基层治理体系。加快区级矛调中心提升“全链条解决”水平，街道（乡镇）设立分中心，村（社区）建设工作服务站，实现区级矛调中心服务关口下沉，强化矛盾溯源治理。发挥基层治理“四平台”支撑作用，继续推进“最多跑一次”“雪亮工程”等工作，建立执法部门、街道（乡镇）和“四平台”的责权匹配清单。强化网格员队伍专业化建设和规范化管理，构建全科网格“1+3+X+Y”人员配置模式，实现“网格员+”“四诊式”组团服务模式。

提升城市精细化管理水平。建设区级视联网智慧城市指挥系统，加快形成城乡一体的公共安全视频监控网络，运用城市综合应用平台，实现给排水综合监管、生活垃圾分类、建筑垃圾监管、环卫监管等各项业务的全面精细化。打通公安交警、行政执法、大数据中心信息数据共享壁垒，形成信息数据共享平台。深化“雪亮工程”，加快建设智慧安防小区。鼓励社会力量积极参与智慧社区治理服务，提升社区安全性。

（二）提升法治智治水平

加强社会治理智慧赋能。数字赋能“一中心、四平台、一网格”，打造全方位智慧预警管控网。组建并智慧化高效运行社会治理指挥中心。深入推动智慧管理应用，优化“云上洞头”App服务功能，创建“海上数字之城”。提升数字民生服务，推进教育、就业、社保、医药卫生、交通等领域大数据普及应用；发展云公交，推广在线租车、在线度假租赁服务；加快数字医共体建设，提升离岛地区群众急诊就医便利度；构建“社会救助”综合服务信息平台，提高救助工作效率。

全面推进依法治理。健全依法治理体系，落实重大行政决策法定程序，完善合法性审查制度，推进法治乡村建设。深化行政执法体制改革，构建“条抓块统、县乡一体”

的执法体系。深化司法体制综合配套改革，保障司法公正。抓好“八五”普法，构建社会“大普法”格局。深入推进公共法律服务平台建设，完善法律援助制度，构建覆盖城乡的优质均衡公共法律服务体系。

（三）落实平安洞头建设

聚力防范化解重点领域风险。坚定维护国家政治安全，健全反间谍安全防范责任制，开展海上国家安全人民防线网格化建设，做好舆情引导管控工作。完善社会治安防控体系建设，常态化推进反恐防恐、扫黑除恶专项行动，深化邪教组织和迷信活动专项整治工作。防范化解经济金融风险，完善政法机关与金融机构、行业监管部门协同配合机制，做好社保基金风险、债务风险等防控工作，提高国民经济动员保障能力。

加强安全生产风险防范工作。针对渔业船舶、城市建设、消防安全、道路交通、特种设备、危化矿山等领域开展安全生产“隐患清零”专项行动。开展工程建设规范化专项治理行动，从源头上预防和杜绝重大安全事故发生。落实企业安全生产责任体系，推进企业由被动接受监管向主动强化管理转变，隐患排查治理由执法推动为主向企业日常自查自纠转变。

开展应急救援全体系建设。推进“智慧应急一张图”建设，构建高效有序有力的综合性应急指挥体系。开展“一三五”应急联动指挥中心规范化建设，做细做实灾害类型划分工作，强化责任落实，全面消除应急联动责任分歧。高质量抓好人民武装工作，建强民兵应急、对口保障和新型专业队伍。加大粮食等物资战略储备，扩大应急物资采储渠道，完善应急物资装备保障体系，全面提升自然灾害等突发事件应急物资保障能力。巩固提升省级食品安全区创建成果。加强业务培训，提升基层报灾员队伍业务能力。支持红十字会联合村社文化中心开展应急救护知识普及培训。加强突发公共卫生事件应急体系建设，完善新冠肺炎疫情等传染病常态化防控机制，强化精密智控、多方联动，定期开展医疗机构、社区企业等重点场所、重点单位、重点人群防控演练，提升全社会应对传染病防控能力。

十二、强化规划实施保障

发挥党委总揽全局、协调各方的作用，在区委、区政府的坚强领导下，更好地履行政府责任、提升政府效能，最大程度激发全社会的积极性和创造性，确保规划目标任务顺利完成。

（一）坚持党的核心领导

强化党的领导，落实政府主体责任，动员社会力量，合力抓好落实。成立由区长任组长的《纲要》实施工作领导小组，统一组织《纲要》的实施工作，区发展和改革局负责领导小组日常工作，分解《纲要》责任分工，评估《纲要》的实施情况。各牵头单位要按照任务分工，细化目标任务、工作进度和责任分工，确保早启动、早见效。

（二）推进清廉洞头建设

坚定不移全面从严治党，一体推进不敢腐、不能腐、不想腐战略目标。毫不松懈纠治“四风”，坚决防止形式主义、官僚主义滋生蔓延，锲而不舍落实中央八项规定及其实施细则精神和省市办法。深入开展“五廉共建”行动，营造干部清正、政府清廉、政治清明、社会清朗的政治生态，高标准建成清廉温州示范区。健全党统一领导、全面覆盖、权威高效的监督体系，创新完善“四责协同”机制，深化纪检监察体制改革，进一步发挥巡察利剑作用，推动“四项监督”贯通融合、协同高效，强化对公权力的制约和监督。坚持惩前毖后、治病救人，持续深化警示教育，精准实施“四种形态”，做到“三个区分开来”，营造干事创业良好氛围。

（三）发挥规划战略导向

各类专项规划等要与《纲要》充分衔接，各街道（乡镇）、各部门要细化落实《纲要》提出的目标任务，编制实施专项规划、年度计划、财政预算计划等。洞头空间规划要为本规划确定的重大战略任务落地实施提供空间保障，区级专项规划要细化落实本规划确定的特定领域重点任务，区级区域规划要贯彻实施本规划确定的重大区域战略。街道（乡镇）规划要加强与区级规划衔接，确保区级发展战略有效实施。各年度国民经济和社会发展计划要充分体现《纲要》实施重点，要将《纲要》提出的主要指标纳入年度计划指标体系，并根据区域经济社会发展实际情况做好年度间综合平衡。

（四）健全实施评估机制

健全项目推进机制，各部门应将《纲要》作为审核项目、安排资金的重要依据，对《纲要》中已经明确的重大项目，加强项目规划选址、建设方案、资金需求和社会风险等前期条件的研究论证、全面掌握项目动态，确保项目顺利推进，通过重点项目的实施，带动总体规划目标的实现。加强监测跟踪与动态调整，对《纲要》中的主要指标、重点项目做好全程跟踪，对可能受宏观形势影响而进度滞后的指标、项目，及时出台动态调整实施方案；开展规划实施的监督和评估，强化《纲要》中期评估，全面分析检查《纲要》实施效果与各项政策措施落实情况，创新评估方式，引入社会机构评估等第三方评估制度，扩大民意测评范围。

（五）完善地方财税体系

对标省市集中财力办大事财政体系，精心谋划一批含金量较高的项目，争取上级专项资金倾斜支持。深化预算制度改革，做好支出“瘦身”，全面实施预算绩效管理。发挥财政资金“四两拨千斤”的杠杆效应，综合运用市场化手段，带动工商资本、金融资本、社会资本进入相关领域。强化税源培植，认真落实减税降费政策，培育壮大重点税源企业。

（六）强化舆论宣传引导

突出“十四五”新阶段高水平开启洞头社会主义现代化新征程的使命任务，加快网络、新媒体等平台建设，巩固壮大主流思想舆论，为全区“建设五个岛、实现五倍增”营造全新氛围。全方位开展对外宣传，突出在融入长三角一体化、温州都市区建设中的角色谋划和使命担当。鼓励新闻媒体、社会公众和民间团体共同关心洞头发展，以多种形式方法参与高质量海上花园建设。

洞头打造高质量发展建设共同富裕示范区海岛样板实施方案（2021—2025年）（摘要）

一、发展目标

全面贯彻中共中央总书记习近平关于建设海上花园、发展海洋经济、弘扬海霞精神的指示精神，坚持以满足人民日益增长的美好生活需要为根本目的，以改革创新为根本动力，以解决地区差距、城乡差距、收入差距问题为主攻方向，构建推动共同富裕的体制机制，加快破解发展不平衡不充分问题，深化实施生态立区、旅游兴区、海洋强区“三区战略”，着力推进都市协同共建、海洋经济共兴、居民收入共增、公共服务共享、乡村振兴共富、文化文明共促、海洋生态共保、社会和谐共治，形成先富带后富、推进共同富裕的目标体系、工作体系、政策体系、评价体系。到2025年，打造高质量发展建设共同富裕示范区海岛样板取得较好进展，形成阶段性标志性成果，群众获得感幸福感安全感不断增强。主要目标是打造七个海岛样板。

——全力打造融入都市区发展的海岛样板。更加主动服务国家、省市重大发展布局，积极融入长三角一体化发展和海峡西岸经济区发展。抓住温州向东面海发展机遇，市区一体化、瓯洞一体化取得实质进展，新型城镇化提质推进，陆海统筹发展水平明显提高，海洋经济、城市经济发展进一步加快，温州“海上门户”比较优势彰显、温州滨海城市“海上会客厅”建设形象初显，努力建设成为浙南对外开放桥头堡、甬舟温台临港产业示范基地、温州都市区东拓主平台和国际旅游岛。到2025年，常住人口达到20万人左右，常住人口城镇化率达70%，海上花园综合发展指数评价达80分以上。

——全力打造海洋经济高质量发展的海岛样板。抢抓海洋强国发展机遇，坚持新发展理念、融入新发展格局，因地制宜开发海洋资源，海洋经济总量质量同步提升，现代海洋产业体系基本建立，营商环境更加优化，化工新材料、海上新能源、海洋新装备产业发展取得突破，努力成为民营经济参与海洋经济发展、生态海岛美丽湾区建设、陆海统筹发展、海洋新兴产业发展四个示范区。到2025年，实现五个主要经济指标倍增，地区生产总值突破220亿元，一般公共预算收入突破20亿元，规上工业增加值突破55亿元，旅游产业增加值突破20亿元，沿海港口集装箱吞吐量突破120万标箱；海洋产业增加值占地区生产总值比重达75%，社会资本投资比重超过70%。

——全力打造乡村振兴的海岛样板。探索构建海岛地区推进共同富裕体制机制，推进农业农村改革取得积极进展，区域差距、城乡差距、收入差距明显缩小。美丽经济、生态宜居、文化风貌、四治融合、幸福生活一体化建设，美丽城镇样板深入建设，努力成为城乡充分融合、群众共同富裕的乡村振兴海岛样板。到2025年，城乡居民人均可支配收入比缩小至1.6以内，成为城乡居民收入均衡区之一。村集体经济收入年均增长10%以上，所有村实现集体经济经营性收入20万元以上。建成10个新时代未来乡村，提升10条乡村振兴示范带。

——全力打造公共服务均等化的海岛样板。社会事业全面优质发展，社会保障体系更加完善，“优育洞头、学在洞头、医养洞头、青年洞头、匠心洞头、安居洞头、温暖洞头”品牌进一步形成，努力形成以中等收入群体为主体的橄榄型社会结构，努力构建人的全生命周期公共服务优质共享保障格局。到2025年，每千人口拥有3岁以下婴幼儿照护设施托位数达到4.5个，普惠性幼儿园在园幼儿占比达到100%，适龄儿童少年预期受教育年限达到15.5年，人均预期寿命达到82岁，全区年低保标准到达13000元，技能人才培育力度和青年创新创业政策激励力度持续加大，新市民、青年群体和低收入群体住房得到多途径保障。

——全力打造多元文化融合的海岛样板。继续弘扬好“海霞精神”，发扬“五岛连桥精神”“兰小草精神”，激励干部群众创业创新创富。文化洞头建设加快推进，闽南文化、瓯越文化、海洋文化、红色文化、非遗文化、海防文化等多元文化融合发展，形成一批具有洞头辨识度的文化品牌，努力成为闽瓯文化融合高地。到2025年，“15分钟品质文化生活圈”“15分钟文明实践服务圈”覆盖率达100%，县、乡、村三级文化设施覆盖达标率100%，全域文明创建覆盖率稳步提升，文明好习惯养成实现率达到90%以上，国民素质和社会文明程度达到新高度。

——全力打造海洋生态文明建设的海岛样板。坚持“绿水青山就是金山银山”理念，发挥资源优势拓展转化通道，富民产业进一步拓展，富民效益进一步显现。美丽洞头建设取得新成效，绿色产业发展、资源能源利用效率、清洁能源发展稳步提升，生态产品价值实现机制探索实践，生态环境状况持续改善，努力成为国家生态文明建设示范区。到2025年，“蓝湾指数”（一期）达95分以上，PM2.5平均浓度维持在25微克/立方米，地表水Ⅲ类以上水质比例达到100%，主要污染物减排指标完成率保持100%，近岸海域一、二类海水水质比例不断提升，公众生态环境获得感显著增强。

——全力打造基层治理现代化的海岛样板。以数字化改革为牵引，党建统领的整体智治体系基本建成，新时代“枫桥经验”持续巩固，风险闭环管控大平安机制更加完善，清廉洞头建设纵深推进，政治生态进一步优化，基本形成共建共治共享的社会治理格局，基本形成活力和秩序有机统一的现代化社会。到2025年，社会持续保持和谐稳定，生产安全事故死亡率、万人犯罪率、万人成讼率逐年下降，群众获得感幸福感安全感走在前列。

二、主要任务

（一）推进都市协同共建，强化共同富裕区域统筹

1.打造温州都市区东拓主平台。落实温州新一轮行政区划调整工作，统筹谋划和推进资源要素配置、公共设施建设和生产力布局。主动融入温州大都市区发展，推进瓯洞区域规划共绘、交通共联、产业共兴、生态共保、民生共享，提升洞头与瓯江口发展定位的融合度、产业布局的协同度、对接互动的紧密度。加快海岛城市化进程，统筹开发环海西湖城市核心区、瓯江口片区，基本建成新城二期、浅滩一期，推动大门黄岙新区和浅滩二期建设进入快车道。更加重视借力发展、借梯登高，积极争取国家和省市重大战略平台、改革试点、政策红利在洞头落地。

2.完善基础设施建设。实施新一轮扩大有效投资行动，坚持“新基建+传统基建”协同发力，提高投资质量和效益。实施基础设施百亿工程，实施交通、供水、供电、市政等三年行动，扩大公共服务、农业农村等领域多元投入。加强交通设施互联互通，增强瓯洞对外交通辐射，建成211省道洞头段，推进高速公路延伸线等建设。全面完成330国道延伸线疏港公路、大门镇环岛公路改造提升等工程，提升区域内部交通能力。深入推进港口扩能提升，统筹提升海上枢纽区位优势。加强市政设施互联互通，统筹推进瓯洞供电、给水、排水、垃圾处理一体化，提高电网供给能力，争取区域及部分水厂、供水管网建设运营纳入市级统筹，建立统一的供水网络及价格体系。谋划南北两片双水源保障工程，推进陆域引调水工程、防洪保安工程、海塘安澜工程建设，实施智慧水利工程。加强区域能源互联互通，加快与温州城区燃气一体化进程，构建以天然气为主的多气源城市燃气系统，实施综合能源站与燃气管道改造，落实大门、状元南片等地燃气站及管道工程项目。加强新型基础设施建设，普及物联网技术应用，推进城市公共基础设施物联网传感终端广泛部署，实现全区5G网络全覆盖。激发民间投资活力，引导更多民资参与重大基础设施建设。

3.推进瓯洞一体化发展。实施“规划一张图”，高质量编制国土空间规划，建立一体化的国土空间规划体系。强化陆海统筹，划定“三线三区”，加快推进瓯江口、洞头两大片区整合优化提升，构建“两核一极、一环联动、西扩东优”空间格局。强化开发开放平台建设，推进开发区（园区）整合提升，打造浙江温州海洋经济发展示范区（温州综合保税区）高能级产业平台，积极争创省级经济开发区。加快融入温州综合保税区、中国（温州）跨境电商综试区、中国（浙江）自贸区温州联动创新区建设，助力推进全球数字贸易网。统筹推进海峡两岸（温州）民营经济创新发展示范区重点平台建设，建设省对台交流基地，提升“双屏论坛”品牌影响力，协同推进对台经贸文化交流合作，推进两岸特色产业合作，促进对台贸易便利化。打造瓯江口–洞头岸段乐活生态海岸带，建设海岛公园。探索融合协调发展机制，完善实施“3+3”瓯洞一体化协调机制，落实过渡期瓯洞区域开发机制，推动区域发展问题有效解决。加强跨行政区新型协调管理，探索干部兼职等跨区域管理模式。探索整合部分行政管理资源，减少行政交叉，形成管理合力。构建整体智治体系，健全城市管理体系，理顺昆鹏街道管理体制机制，推进灵昆街道村改社进程。联袂打造“平安瓯洞”，完善监测预警、高效应急、防灾减灾等网络体系。

4.扩大对外开放。加强与“一带一路”沿线主要城市的交流合作，增强现有合作体制框架下的政府及民间交流，推动经贸、文化、旅游等多领域合作。深度融入全省港口一体化建设，拓展外贸集装箱内支线，巩固和发展台湾集装箱班轮航

线，开辟、加密近洋航线，积极谋划中东集装箱远洋干线。引进国际会议、会展、论坛、赛事，不断拓展对外合作交流的广度和深度。推进国际邮轮港建设，打造浙南邮轮中心。深化与上海崇明岛、长兴海洋装备产业园区的战略合作，推动海产品、海洋装备、油气石化、生物医药、旅游市场等向长三角核心区延伸，争取搭建“飞地”型借智发展平台，主动承接高端资源溢出。探索长三角数字经济一体化工作，积极搭建洞头（杭州、上海）数字大厦、数字经济双创园等平台。积极加入长三角产业创新城市联盟，探索“人才+项目+技术”合作模式。

（二）推动海洋经济共兴，夯实共同富裕物质基础

5. 高质量建设国家海洋经济发展示范区。强化海洋经济“一区五岛两示范”建设，紧扣国家海洋经济发展示范区主平台，统筹建设国际旅游岛、临港产业岛、生命健康岛、科技创新岛、两岸同心岛，探索民营经济参与海洋经济发展新模式、开展海洋生态文明建设示范，构建以绿色能源、装备制造、港航物流等为重点的现代海洋产业体系，促进海港、海湾、海岛“三海联动”，推动项目招大引强、改革试点先行、资源要素保障，走出一条洞头海洋经济高质量发展的新路子。大力发展滨海旅游，争创国家全域旅游示范区、国家旅游度假区，全力推进全域景区化、风貌地域化、旅游标准化、服务优质化，建设全国海上国民休闲运动中心、浙南水运中心，打造长三角海岛休闲度假旅游目的地和海上运动之都。大力发展临港产业，建设大小门、状元岙临港产业岛，培育先进制造业，推进港航物流能级提升，打造甬舟温台临港产业示范基地和浙南临港产业升级发展示范区。大力发展现代渔业，支持渔业捕捞健康发展，积极开辟域外新渔场，鼓励远洋捕捞，持续推进捕捞业数字化、现代化转型发展。推动养殖业向标准化、生态化、数字化方向发展，做强“两菜一鱼”公共品牌，形成紫菜、羊栖菜、生态大黄鱼养殖规模效益，加快建成鹿西生态大黄鱼田园综合体等一批现代海洋养殖基地。推动渔港经济全面发展，积极建设海洋牧场、鹿西渔港。培育水产品精深加工业，形成产供销一体化发展局面。大力发展生态农业，发展灵昆、大门、东屏、鹿西精品农业，打造一批集农业生产、农艺展示、观光休闲等功能于一体的特色精品园。大力发展海洋生物医药产业，建成诚意药业健康产业园和鱼油项目。

6. 吸引高端要素集聚。承接温州市“一区一廊一会一室”溢出效应，深化区域政产学研深度合作，推进海洋科技创新项目建设，建设高新技术孵化地、人才生活居住地，努力打造辐射全省的海洋科技创新策源地。积极参与环大罗山科创走廊建设，推进浙江大学温州研究院大黄鱼分院建设，争取温州海洋研究院和国科大温州海洋科学院等高能级海洋创新平台落户。搭建“青年与产业协同发展”平台、特色产业工程师协同创新中心、院士之家、博士后科研工作站等平台。优化实施“人才新40条”“510计划”等政策，积极引进培育各类领军人才、青年人才、高技能人才，大力推进“人才客厅”“人才社区”建设。打造海岛普惠金融升级版，加大对涉海民营企业信贷支持力度，探索具有海岛特色的渔农民生产经营资产授托抵押融资机制，构建金融服务共同富裕政策制度。深入实施重大外资招引工作机制，紧盯央企、国企、名企开展精准招商，提升外资吸引力和利用水平。

7. 促进消费提质扩容。顺应供给侧结构性改革要求，以政策激励引导人口流进，建成一批时尚消费地标，力争成为温州东部消费高地。实施促进消费升级三年行动，打出强商、旺客、兴市等组合拳，建设商业综合体，发展商业街、餐饮美食特色街区，以“喊你来开店”为突破口，引导游客和本地居民消费。打造“品质洞头·放心消费”品牌，开展放心消费示范单位、示范街区建设，规范经营行为，改善消费环境。建设“从浪尖到舌尖”综合基地，深化“百县千碗”工程，开发“千鱼宴”“黄鱼宴”“百岛十二鲜”等系列菜品，争创“洞头味道”地方餐饮品牌。常态化举办传统文化节庆，办好运动赛事，推出灯塔音乐季活动，提升海岛婚旅、海霞红色旅游知名度。培育游艇消费，激活海洋旅游新增长点。培育星光经济带，丰富夜游、夜赏、夜购、夜娱业态，办好韭菜岙同心夜市、海岛旅游嘉年华等活动，提升“夜间消费”水平。发展体育消费、邮轮消费、文创消费等新业态，探索首店经济、免税经济。引导发展高端家政、数字教育、医疗美容等服务行业。

（三）推动居民收入共增，优化共同富裕群体结构

8. 扩大中等收入群体规模。落实小微企业和个体工商户激励政策，加强就业创业服务，营造良好的就业创业环境。积极培育高素质渔农民和新兴职业从业人员队伍，大力引进各类人才和高校毕业生来洞头创业就业，联动瓯江口片区拓展居民就业空间。拓宽宅基地、农房、租金、股息、红利等增收渠道，通过土地使用权交易、住宅财产性收益等多种途径，持续增加城乡居民经营性和财产性收入。积极培育特色渔农产品、文化衍生品、民宿经济、康养产品等消费品牌，鼓励发展网红经济，增加经营性收入来源。鼓励在乡村兴办环境友好型企

业，培育一批家庭农场、手工作坊、乡村车间，提供更多就业岗位。强化政府在教育、医疗、养老、育幼、住房等方面的主导作用，多措并举减轻中等收入家庭支出压力。规范招考选拔聘用制度，保障不同群体发展机会公平。

9. 实现更加充分更高质量就业。优化就业服务体系，完善各类就业创业服务，强化就业政策扶持，完善就业保障机制，鼓励居民就业创业多元化。以失业人员、失海失涂人员、渔农村转移就业劳动力、残疾人和高校毕业生等人群为重点，提供就业推荐服务和基本职业培训，深化高质量就业村（社区）建设。支持劳动者通过临时性、非全日制、季节性、弹性工作等形式实现就业，支持“知识经济”“自由职业”“零工经济”等业态发展，促进多渠道灵活就业。健全双拥服务中心功能，联合区就业创业孵化园和知名企业搭建退役军人就业创业实训基地，助力退役军人就业创业。实施就业优先政策，优化现有就业补助政策体系，加大职业培训、就业见习、失业保险等政策创新力度。落实工匠培育工程和“金蓝领”工匠培育行动，加强高技能人才实训基地建设，推广校企合作共赢模式，大力开展职业技能培训。切实保护劳动者权益，全面落实劳动用工保障制度，有效提高小企业和建设领域劳动合同签订率；建立健全工资支付保障机制，巩固“无欠薪”区建设成果；推进镇村企三级劳动争议调解组织网络建设。到2025年，年度城镇新增就业人数达1300人以上，城镇登记失业率控制在3%以下。

10. 落实生产要素参与分配机制和分配再分配机制。提高城乡居民财产性收入，探索资本收益参与分配机制。完善创新要素参与分配机制，探索知识、技术、管理、数据等要素价值的实现形式。鼓励支持科技成果交易和产业化应用，推动科技成果资本化。创新知识产权保护体制机制，完善知识产权维权援助机制，落实温州创建全国版权示范城市任务。优化政府、企业、居民分配格局，支持企业通过提质增效拓展从业人员增收空间，提高劳动报酬在初次分配中的比重，增加劳动者特别是一线劳动者报酬。持续缩小城乡财政支出差距，推动财政支出重点向弱势群体、薄弱领域、渔农村倾斜。落实第三次分配机制，营造良好的社会帮扶和助弱环境，建立和完善“一部分人先富，先富带后富、帮后富”的社会再分配机制和体系。

（四）推动公共服务共享，丰富共同富裕服务供给

11. 提高教育发展质量。落实教育优先发展战略，深入实施基础教育质量提升“扬帆行动”，形成全社会尊师重教的浓厚氛围。推进义务教育优质均衡发展，提升学校硬件水平，启动新一轮校网调整，促进校际间良性竞争。加强师资队伍建设，完善激励政策，加大教师“引育留”力度，建立校长队伍培养机制，打造一批“区域高尖教育人才”。推动教育教学改革落地，完善教育领域在考绩分配、引才育才、教学教研改进、优化考核评价方面的顶层设计。推进集团化办学，鼓励推广初中学校寄宿制办学，不断培育“初中强校”“小而优”学校，扩大优质教育资源覆盖面，实现城乡孩子同标教育、一体成长。支持高中学校高质量发展，开展选课走班、分层教学、初高中衔接教学改革，加大普通高中招生双向选择力度，支持温州知临教育集团设立数学研究院，助推温州乐成寄宿中学建设优质品牌学校，争取高考质量跻身温州市中上水平。推动职业教育产教融合发展，不断改善职业教育办学条件，推进校企精准对接与精准育人。推进终身教育和学习型社会建设，健全终身教育服务体系建设，实现街道（乡镇）老年学堂全覆盖，全力提高劳动力年龄人口受教育年限。

12. 提高公共医疗卫生服务水平。深化健康洞头建设，深入实施区域医疗卫生发展一体化改革，不断提高医疗优质服务水平。推动公立医院高质量发展，建成投用区人民医院新院，持续深化与温医大附二院、市中医院、市三医院等合作办医，实施“双下沉、两提升”工程，推进全国慢病健康全程管理改革试点工作。进一步发挥中医药在治疾病、防未病、促健康中的独特作用。巩固提升“区—街道（乡镇）—村”三级联动医疗服务体系，开展全区村卫生室（站）规范化建设，探索离岛远程医疗模式。完善公共卫生服务体系、疾病预防控制体系，提升卫生应急能力。逐步强化职业卫生监管体系和精神卫生服务体系。优化全民健康体检项目和服务流程，提高体检精准性和服务质量。强化家庭医生健康“守门人”作用，重点人群家庭医生签约覆盖率80%以上。

13. 提高养老育幼服务水平。加快建设居家社区机构相协调、医养康养相结合的养老服务体系，鼓励公办医疗机构医务人员到养老服务机构开展医养合作服务。创新家庭养老支持政策，鼓励设置家庭养老照护床位。实施“养老机构跟着老人走”行动计划，加大养老服务公共配套设施建设，支持社区嵌入型养老机构发展。建成温州市社会福利养老院、区级中心敬老院，继续完善村（社区）日间照料中心建设，整合各方资源办好老年食堂，支持社会养老机构发展和专业养老服务组织培育。推进养老事业与蓝色康养产业协同发展，实现康养联

合体覆盖所有街道（乡镇）。完善养老护理员教育培训、技能认定和信用管理制度。健全长期照护综合保障体系，全面建立以空巢、留守、失能、重残、计划生育特殊家庭老年人为主要对象的居家探访关爱制度。丰富老年人精神文化活动，倡导养老孝老敬老，促进老有所乐。推进育儿和儿童友好型社会建设，大力发展普惠托育服务体系，完善3岁以下婴幼儿照护服务政策制度和标准规范，街道（乡镇）婴幼儿照护服务机构基本全覆盖，支持幼儿园发展托幼一体化服务。加强离岛乡镇一老一小资源倾斜力度。到2025年，力争每个街道（乡镇）建有1家以上公办嵌入型养老机构，每万老年人拥有持证护理员提高到25人以上，城市社区和农村养老服务设施设置比例分别达到100%和80%以上，每千人口拥有3岁以下婴幼儿照护设施托位数达到4.5个。

14.促进社保提质增效。完善全区统一的城乡居民基本养老保险、基本医疗保险、大病保险等政策，健全低收入群众和特困群体的兜底保障，筑牢共同富裕兜底防线。做好社保扩面征缴，稳定基本养老保险参保率。落实基础养老金正常调整机制，实行鼓励多缴费、长缴费的激励机制，探索提档补缴政策，稳妥提升城乡居民基本养老金水平。全面推进医保建设，完善多层次医疗保障体系，提高群众重特大疾病保障水平，积极推进商业补充医疗保险。实施医保基金“阳光工程”，加强医保基金监管，强化基金绩效管理。强化医保精准扶贫和医疗救助，全力做好高额医疗费用人员化解工作，全面落实低收入群体资助参保政策全覆盖，实施医保领域困难群众因病致贫返贫问题专项治理工作，健全防止因病致贫、因病返贫的长效机制。

15.建立新时代社会救助体系。健全以专项救助为重点、多元社会力量参与为补充的新时代社会救助体系，推进各类救助政策综合集成。建立区、街道（乡镇）两级救助服务联合体，推进由物质型向“物质+服务”转型，深化救助服务品牌建设。推进分层分类精准救助，确保老弱病残等特殊群体有基本保障。稳步提高低保标准，完善特困人员救助供养标准，实现低保对象应保尽保。建立妇女、留守儿童关爱服务体系，完善特殊群体的福利保障政策，建立适度普惠的儿童福利制度，强化孤儿、困境儿童基本生活兜底保障。健全残疾人保障和服务体系，促进残疾人全面发展和共同富裕。推行退役军人全生命周期管理保障新模式，加强困难退役军人帮扶援助。发扬现代慈善理念，发展公益慈善事业，畅通社会各方面参与公益慈善和社会救助渠道。到2025年，每年政府购买服务救助类项目资金占当年度救助资金3%以上，救助“一件事”惠民联办率100%，救助家庭关爱率100%，救助幸福清单问题联办解决率100%。

（五）推动乡村振兴共富，促进共同富裕全域协同

16.加快推进新型城镇化。加快老城有机更新和新城建设，提速城中村和老旧小区改造，推进状元南片、新城二期、大门黄岙新区、霓屿新区等重点板块开发建设，着力提升新区品质。通过政策引导，推进规划受控村庄人口向城市建成区集聚。加快市政、交通、应急等基础设施规划布局，补齐慢行系统、城镇污水处理设施短板，全面优化科教文卫、康体养老、度假酒店、商业街和商贸综合体等配套设施。深化绿化美化工作，提升绿道网建设水平，推广城市空间立体绿化。持续开展“五水共治”等工作，落实湾滩长制。推进大门、元觉、霓屿、鹿西美丽城镇建设，打造美丽城镇样板。加快实施灵昆城中村改造提升。切实改善渔农民居住条件，建立健全农村低收入人口住房安全保障机制。全面开展城乡房屋安全隐患排查整治，动态消除危房安全隐患。推进“安居洞头”建设，落实房地产市场调控长效机制，实现“居者有其屋”与“居者优其屋”并举。多渠道加大安置房建设力度，缩短建设周期，早日圆好群众“安居梦”。

17.实施强村惠民计划。实施强村计划，组织强村公司，完善飞地抱团机制，健全村级集体经济收入增长长效机制，探索村集体控股+村民入股复合模式，实现集体富裕带动群众富裕。注重把发展美丽经济、壮大村集体经济与未来乡村建设有机结合起来，让集体资源、闲置农房、留用地等得到优化开发利用，增加村集体经济和渔农民财产性收入。充分发挥市场主体的积极作用，重点培育一批市场运营主体，鼓励企业以多种方式与村集体、渔农户进行合作，发展民宿客栈、休闲康养、农事体验等业态。支持旅游经营主体与科技企业开展广泛合作。实施新型农业经营主体培育提升工程，鼓励发展适度规模的农民专业合作社、家庭农场、海洋家庭牧场。加大科技基础研究、应用研究、成果转化投入力度，提升科技服务农业农村水平。完善财政支农政策体系，加大财政扶持力度，完善农村信贷抵押担保政策，推进农业政策性保险扩面提质。到2025年，所有行政村实现集体经济年收入40万元以上且经营性收入20万元以上，年经营性收入50万元以上的行政村占比达到50%以上；年经营性收入100万元以上的行政村持续增加，争取实现年经营性收入“千万级”行政村。

18.推进渔农业渔农村综合改革。着力推进现代渔农业改革，协同推进城乡要素双向流动平等交换

机制、乡村振兴项目储备机制、渔农业全产业链建设机制、渔农村产业融合发展机制改革。深入推进渔农村改革，协同推进投融资体制改革，完善乡村新业态培育、村企结对帮扶等机制。探索渔农村集体资源性资产产权改革，实现渔农村自然资源资产化。落实渔农村土地集成改革，协同落实渔农村承包地制度、渔农村集体经营性建设用地入市制度、渔农村征地制度、村级留用地制度和产村融合、渔农村金融等改革，创新渔业产权制度，鼓励渔农民主体、工商资本共同参与乡村振兴建设。巩固村经济合作社股份合作制改革成果，进一步完善赋能活权机制，让渔农民共享改革成果。

（六）推动文化文明共促，增强共同富裕文化支撑

19. 推进全域文明实践。践行社会主义核心价值观，落实意识形态工作责任制，打好舆论斗争主动仗。巩固提升文明城市创建成果，推进新时代文明创新实践，实施“新时代文明生活”行动。完善区级新时代文明实践中心、所、站三级职能，打造集思想引领、道德教化、文化传承、便民服务等功能于一体的综合实践平台。深化公民思想道德建设，开展“文明村镇”“文明单位”“文明户”等评选活动，推广生态安葬、婚俗改革等文明新风，发挥“最美洞头人”道德典型示范作用。

20. 构建公共文化服务体系。促进城乡公共文化设施均衡化发展，完善区、街道〈乡镇〉和社区（村）三级公共文化设施网络。加大各级文化设施对外免费开放力度，提升城市书房、百姓书屋、文化驿站等文体设施水平，加快文化礼堂建设。扩大群众身边的健身场地有效供给，逐步完善户外运动公共服务设施，促进全民健身产品和服务更加丰富，形成供给丰富、布局合理、功能完善的健身设施网络，打造“15 分钟文化圈、运动圈”。创新公共文化服务方式，积极举办海洋文化节、全民运动会、全民阅读等群众性活动，充分发挥乡村艺术团、公益大联盟等文体团队服务功能，开展送书、送戏、送讲座展览、送培训辅导等文化惠民活动，让海岛群众共享文化建设成果。建立全覆盖、均等化的全民健身公共服务体系，建设现代化体育强区。

21. 弘扬优秀传统文化。挖掘闽南文化、瓯越文化等内涵价值，持续擦亮“中国七夕文化之乡”“中国渔民画之乡”“中国作家之家”等文化金名片。融入瓯江山水诗路文化带建设，打造瓯江山水诗之路海上驿站，积极传承渔民画、贝雕等民间技艺，不断挖掘打造一批代表性节点、标志性景观，擦亮沙滩、海湾、古镇、渔村等一批海上诗路“珍珠”。提炼海岛文化特色，厚植海洋文化底蕴，实施文化基因解码工程，推动经典文化活化。加快建设“中国诗歌之岛”，打响“海上仙境·诗画洞头”文化名片。加强历史文化保护传承，组织申报一批省市级非遗传承、体验基地、传承项目，做精七夕、妈祖等一批非遗民俗活动品牌，开展文化和自然遗产日等重大非遗传承活动，加快非遗传承人认定与保护。扩大文化交流传播，常态化开展全国最美海岸线摄影大赛、中国诗人“诗画洞头”行等活动。开展对台文化交流，促进妈祖文化与学术探讨、休闲观光、文化交流结合发展。

（七）推进海洋生态共保，营造共同富裕宜居环境

22. 探索碳达峰碳中和实现路径。围绕能源消费总量、碳排放总量、能耗强度和碳排放强度四个指标，科学编制实施碳达峰总体方案和能源、工业等“6+1”重点领域行动方案，统筹推动经济社会全面绿色低碳转型。加快推动能源结构调整，积极发展清洁可再生能源。深度调整产业结构，大力发展低碳高效行业，推行绿色制造，推动企业实施清洁生产、能源管理体系认证，培育一批绿色制造潜力企业，提高低碳产业增加值占比。引导发展滩涂光伏、海上风电等新能源项目，研究探索碳中和（海洋蓝碳）试点区建设。推动建筑、交通、农业领域绿色低碳发展，广泛开展绿色生产生活行动，强化绿色低碳科技创新支撑，以最小碳排放实现更高质量发展。推行大型活动碳中和制度，增加生态系统碳汇，建设碳达峰碳中和数智体系和综合应用场景。

23. 抓好污染防治攻坚战。大力实施碧水行动，完成美丽河湖和“污水零直排区”建设任务，落实河长制，建成市级美丽河湖 2 条。强化饮用水源地管理与保护，落实重点海域排污总量控制制度，加强港口作业污染防治，建设“清洁港区”。持续深化大气污染防治，推进工业废气治理改造提升，推动城市扬尘、烟尘和服务业废气治理，加强农村废气和矿山粉尘污染防治。系统推进净土清废行动，加强土壤污染的源头管控，推进农用地安全利用和治理修复，严格危险废物处置监管措施，构建危险废物全过程监管体系，加快建设“无废城市”。到 2025 年，全区市控以上断面水质保持在Ⅲ类以上，全面完成市下达的水污染物排放总量控制指标，PM2.5 平均浓度维持在 25 微克 / 立方米。

24. 统筹海洋生态文明建设。严守生态红线，落实“三线一单”管控制度，积极推进洞头国家级海洋公园和南北爿山省级保护区建设，谋划洞头渔业资源特别保护区。加大生物多样性保护力度，稳妥推进国家海洋牧场示范区、红树林湿地公园建设。健全自然生态保

护机制，创新海区使用管理。坚持基于自然的修复理念，突出保护优先、自然恢复，抓好省级山水林田湖草生态保护修复试点建设，推进海岛生态化改造，恢复海洋生态系统。做好岛屿开发与生态保护协调发展，提升无居民海岛生态利用水平。全面落实国土绿化五年行动，持续实施彩色健康森林和森林抚育项目，优化海岛森林生态系统。加强矿山生态环境整治和复垦，完成全区“四边区域”废弃矿山治理。深化蓝色海湾整治，开展沙滩修复，实施破堤通海工程，建设生态海堤，打造美丽生态示范的海岸带。实施渔场修复振兴计划，严格落实休渔期和禁渔期制度。落实浙江常态化GEP核算和考核制度，探索推行生态产品价值实现机制。

25. 推进花园细胞建设。统筹推进花园海岛、花园城镇、花园村庄等花园细胞工程建设，彰显“村村是花园、路路是风景、岛岛是乐园”的景象。推动洞头海岛公园建设，争创全省大花园“耀眼明珠”。深化“百千万”工程建设，结合当地特色风貌，实施村庄景区化和旅游风情小镇建设2.0。以“八个一”为导向，做深做优做精节点，实现点上出彩、轴带串联、全域提升，自然空间、历史人文、建筑风貌相互融合。到2025年，实现A级景区村全覆盖，其中AAA级景区村数量达到20个。

（八）推动社会和谐共治，促进共同富裕整体智治

26. 深化平安洞头建设。聚力防范化解重点领域风险，坚定维护国家政治安全，开展海上国家安全人民防线网格化建设，做好舆情引导管控工作。完善社会治安防控体系建设，常态化推进反恐防恐、扫黑除恶专项行动，深化邪教组织和迷信活动专项整治工作。防范化解经济金融风险，完善政法机关与金融机构、行业监管部门协同配合机制，做好社保基金风险、债务风险等防控工作，提高国民经济动员保障能力。加强安全生产风险防范工作，盯紧渔业船舶、消防安全、危化矿山等重点领域，开展安全生产“隐患清零”专项行动。开展工程建设规范化专项治理行动，从源头上预防和杜绝重大安全事故发生。开展应急救援体系建设，建成应急联动指挥中心。落实企业安全生产责任体系，确保责任落实到位。

27. 深化法治洞头建设。健全依法治理体系，完善依法决策机制，规范重大行政决策程序，严格落实合法性审查全覆盖制度，推进基层法治化改革。深化“大综合、一体化”行政执法改革，加快构建全覆盖的整体政府监管体系和全闭环的行政执法体系。深化司法体制综合配套改革，保障司法公正。抓好“八五”普法，构建社会“大普法”格局。推进公共法律服务平台建设，完善法律援助制度，构建覆盖城乡的优质均衡公共法律服务体系。创新“信用+”治理试点，深入实施信用建设“531X”工程，推动全方位诚信、全数据入信、全社会用信。

28. 健全党组织领导的“四治融合”城乡基层治理体系。坚持党建引领，发挥政府主导作用，创新“‘海霞红’党建+社会治理”模式，全面推进“县乡一体、条抓块统”县域整体智治改革。加强协商民主建设，搭建“线上线下互通、网上网下共商”平台，发挥人大代表、政协委员、无党派人士、专家学者参与社会治理的作用。提升群众自治能力，推进社会协同治理，完善基层民主协商制度，畅通“海霞说事”“霓有话说”等群众议事渠道，激发基层自治内生动力。鼓励社会力量参与智慧社区治理服务，提升社区安全性。加快提升区级矛调中心“全链条解决”水平，街道（乡镇）设立分中心，村（社区）建设工作服务站，实现区级矛调中心服务关口下沉，强化矛盾溯源治理。发挥基层治理“四平台”支撑作用，继续推进“雪亮工程”，建立执法部门、街道（乡镇）和“四平台”的责权匹配清单。强化网格员队伍专业化建设和规范化管理，实现“网格员+”“四诊式”组团服务模式。提升城市精细化管理水平，运用城市综合应用平台，实现给排水综合监管、建筑垃圾监管等各项业务全面精细化。

三、重大行动

实施共同富裕十大行动，发挥特色优势，补齐短板弱项。

29. 实施融入都市区发展行动。加快区域规划一体化，加强经济社会、国土空间、综合交通等各类规划衔接，推进多规合一。强化综合交通一体化，合力构建“三纵三横、三铁三港”的综合交通架构，加密两片区公交线路，建设瓯江口旅游交通集散中心，推进洞头城区与瓯江口、市区的交通联系。推进功能配套一体化，统筹建设两片区供水、供能、环卫、电力、通信“五张网”，争取纳入中心城市建设管理体系。推动社会服务一体化，统筹布局社区服务设施，加强两片区教育、医疗和文体等公共服务对接融合，支持合作办学办医，争取市区更多优质公共服务资源落户瓯洞区域。

30. 实施临港产业攻坚行动。联动“两港两镇两区”开发建设，落实专班运作、要素保障、招商地图等工作，向上争取政策资金。开发大小门岛，建设绿色新材料基地，做好小门西片等重点片区项目招大引强和配套设施建设。开发状元岙岛，推进状元北片和状元南片联动建设，持续招引依港型、依湾型产业，有序发展现代物流业、海运业、港口服务业，推动港产城旅融合发展。实施海洋空间利用规划，发展海洋能源、海洋装备，建设百万光伏基地、海上风电项目，打造绿色

能源岛、海上能源岛。加快先进制造业培育和传统制造业升级，提升总部经济发展水平。

31. 实施全域旅游提质行动。建设国家全域旅游示范区、国家旅游度假区，加快旅游融合发展，推动旅游富民增收。推动旅游社区、特色旅游村、A级景区村等品牌建设。发展海洋运动，拓展跨区域“跳岛游”，做大海霞红色旅游，培育会展会议经济。推进同心旅游小镇、海霞小镇建设，投用一批文旅综合体、休闲度假酒店。建成全国海上国民休闲运动中心，推广沙滩运动、大众海钓、游艇游轮、低空休闲等项目，发展“三杆经济”。特色化开发星光海鲜城、七夕古巷、夜间沙滩烟花秀等星光经济产业项目，打造全时段海岛旅游产品体系。依托海岛渔农业资源，建设提升灵昆生态休闲农庄、霓屿紫菜田园综合体和鹿西黄鱼综合体等，形成一批渔乡观光体验产品。发展康养旅游，建设霓屿健康养生岛，谋划海岛生态康旅精品游线，构建海洋生物膳食品、保健品、医药品等产品体系，依托院士专家团队培育生命健康学术交流平台，建立“产、学、研、养”体系，打造区域医疗康养示范区。

32. 实施市场主体倍增行动。充分激发民营企业活力，实施市场准入负面清单制度，支持民营企业在培育中等收入群体、促进共同富裕上发挥更大作用。推动中小微企业和个体工商户健康发展，鼓励商业银行为其提供更优质的金融服务，为增强我区经济、就业韧性提供重要支撑。实施民营企业梯次培育工程，做好中小微企业竞争力提升和“个转企”“小升规”“规改股”“股上市”工作，培育产业链龙头企业和“专精特新”冠军企业。深化新时代“两个健康”先行区创建，构建亲清政商关系，加快民营经济高质量发展。加快“亩均论英雄”改革，实施用能、用地、排污、奖评等资源要素差别化政策，倒逼落后产能和“僵尸企业”退出。推进社会力量办社会事业各项改革，积极向上争取放宽民营企业进入能源、电信、公用事业、交通领域市场准入。

33. 实施居民收入倍增行动。健全工资合理增长机制，完善企业薪酬调查和工资指导信息发布制度，鼓励企业通过提质增效拓展从业人员增收空间，完善最低工资标准与经济增长、社会平均工资增长联动机制，积极稳妥推行工资集体协商。创新事业单位人事管理，建立健全以岗位和绩效定薪酬的机制。全面拓宽城乡居民财产性收入渠道，规范发展财富管理行业。实施渔农民增收行动，培育农创客，激活闲置农房，推进农家旅游致富。完善企业与渔农民利益联结机制，引导渔农户自愿以土地经营权等入股企业，带动渔农民就近就地创业就业。不断提升城镇、农村居民人均可支配收入，持续缩小与全省平均水平差距。

34. 实施未来单元共建行动。一体推进未来乡村、未来社区、未来景区等未来单元建设，打造共同富裕现代化基本单元。建设未来乡村，探索未来村庄新形态，以“五化十场景”为重点，五年逐步建成北岙街道古渔村，东屏街道半屏同心等10个未来乡村。持续深化“千村示范、万村整治”工程，所有行政村实现新时代美丽乡村达标建设，开发美丽乡村示范精品线、美丽乡村夜经济精品线。建设未来社区，紧扣洞头特色，以人本化、生态化、数字化为价值导向，以和睦共治、绿色集约、智慧共享为基本内涵，打造邻里、教育、服务等九大未来场景，招引落地新城二期韵动海湾，积极争创未来社区。推动老旧社区“微更新”，打造多功能、复合型、亲民化社区精致生活场景。建设未来景区，聚焦人本化、生态化、数字化、产业化、系统化，改造提升望海楼、半屏山、仙叠岩和大门岛四大核心景区，完成马岙潭等景区改造开发，增强传统观光型景区休闲度假功能。

35. 实施海洋空间利用行动。开展海洋空间资源战略储备，做好海洋滩涂、风电、潮汐等资源调查，加快推进洞库项目，探索发展深远海风电，做好可开发海域空间分层分类精准储备。探索海洋富民发展模式，让海洋空间成为洞头“幸福不动产”。依法开展建设用海审批改革，探索“透水式”构筑物建设用海审批途径。探索海域分层确权管理，对同一海域不同层次的用海行为分别登记不同的海域使用权。开展海洋资源综合开发利用，落实海洋资源资产产权制度，探索地方差异化标准，探索建立海洋资源价值评价体系，推进海域资源市场化配置。探索建设“海洋银行”，盘活沙滩、岸线等海洋资源，发展绿色金融，推动融资渠道畅通，让“资源变资产”。

36. 实施先富带后富“三同步”行动。建立先富带后富的帮促政策制度，建设新型帮共体，开展新型帮扶结对。实施绿色发展重点区域同步基本实现现代化行动，推行“GEP论英雄”改革，促进生态质量、绿色发展、幸福宜居走在前列，促进居民收入倍差缩小在合理范围。实施乡村振兴重点帮促村同步基本实现现代化行动，建立县村户一体帮促机制，派强用好第一书记、农村工作指导员和驻村工作组，每年向全区街道（乡镇）派遣各类科技特派员，开展百个单位扶百村、百家企业结百村帮扶行动，健全社会资本、公益组织开放式共同帮促的激励机制。以全面推进全域党建联盟为牵引，推进乡村片区化、组团式、结对式、帮扶式发展，探索党建统领先富带后富实现共同富裕的机制和路径。实施低收入群体同步基本实现现代化行动，落实标准化清单化帮促制度，建立分类改善城乡低收入群体生活的精准政策体系。

37. 实施海霞精神传承行动。高站位弘扬“爱岛尚武、励志奉献”的海霞精神，全面打造新时代民兵建设重要窗口，学习宣传女子民兵连先进事迹，讲好海霞故事，传播海霞声音，让海霞精神与红船精神、浙江精神和新时代温州人精神交相辉映。高起点规划海霞小镇，整合山、海、港、礁等资源，打造宜游、宜学、宜赏、宜宿的红色小镇，争当民兵建设、国防教育、军旅文创、军民融合四个示范。高水平建设重大项目，建设投用海霞学院，推进军旅融合、休闲旅游项目落地。高质量发展红色产业，整合红色资源，开发坑道、壕沟、碉堡、营房等体验产品，发展培训教育、文化创意产业。高标准提升志愿服务，建设海霞志愿服务总队，增强志愿服务活动实效，打响海霞志愿服务品牌。

38. 实施社会治理强基行动。推进“一中心四平台一网格”迭代升级，打造全方位管控网。高效运行社会治理指挥中心、矛调中心、政务服务中心。深入推动智慧管理应用，提升数字民生服务，推进教育、就业、社保、医药卫生、交通等领域大数据普及应用。加快数字医共体建设，提升离岛地区群众急诊就医便利度。加快推进统一标准地址库建设，加大“人、房、企、事、物”等社会治理要素与网络地图和统一地址融合，以区乡一体化模式建设社会治理一张图，实现重点场所和区域管控立体化可视化。抓好信用治理工作，加快构建以信用为核心的社会治理体系。

四、保障措施

39.坚持和加强党的全面领导。弘扬伟大建党精神，把党的领导贯穿推动共同富裕的全过程、各领域、各环节。坚持把党的政治建设摆在首位，切实增强“四个意识”、坚定“四个自信”、做到“两个维护”。建立健全党总揽全局、协调各方的全面领导制度体系，加强党的组织建设，探索基层党建新机制，推进两新党建“三年创优、整体跃升”，充分发挥基层党组织战斗堡垒作用和党员先锋模范作用。打造忠诚干净担当的高素质专业化干部队伍，提升领导干部领导推进现代化建设和共同富裕的新能力，扎实推动共同富裕。

40. 推进清廉洞头建设。坚定不移全面从严治党，一体推进不敢腐、不能腐、不想腐，落实主体责任、监督责任，健全党统一领导、全面覆盖、权威高效的监督体系。推动纪律、监察、派驻、巡视“四项监督”贯通融合、协同高效，构建权责透明、权责统一的体制机制。强化正风肃纪反腐，锲而不舍落实中央八项规定及其实施细则精神，持之以恒纠治“四风”，营造风清气正的政治生态。统筹推进清廉单元建设，打造清廉机关、清廉村社、清廉医院等一批清廉标杆。坚持惩前毖后、治病救人，持续深化警示教育，精准实施“四种形态”，严格落实容错纠错机制。充分发挥街道（乡镇）纪检监察组织和村级监督委员会作用，大力整治群众身边腐败问题和不正之风，让群众在全面从严治党中感受到公平正义。

41. 全面深化数字化改革。全面落实“152”工作体系，打造更加丰富的五大综合应用场景。推动数字化改革与共同富裕双向赋能，不断拓展数字集成应用场景，着力打造标志性成果。提高数字化改革在产业发展、公共服务、社区生活、基层治理等方面应用成效。围绕需求导向，突出“大场景、小切口”，着力解决群众关切的堵点痛点难点问题。打通数字化服务群众的“最后一公里”，保障不同群体更好共享数字红利。持续推进政务服务普惠化、均等化，全面深化政务服务“一网通办”“全域通办”“一件事”集成办，全面建成“掌上办事之区”“掌上办公之区”。

42. 强化政策制度改革创新。按照共同富裕导向，推动各领域各方面政策制度系统性变革。贯彻落实上级政策文件，研究出台区级相关配套政策。积极争取承接改革试点、探索示范任务，努力在瓯洞一体化、海洋经济发展、新型城镇化、地方差异化标准等方面先行先试，率先形成创新性、突破性制度成果。争取国家、省市政策支持，争取在历史围填海处置利用等方面取得新进展。深化区属国有企业改革，加大放权赋能力度，理顺国有企业管理机制，实施管理现代化对标提升工程，引导参与城市开发建设管理和旅游资源综合开发，提高企业治理能力和经营效率。

43. 建立上下联动、高效协同的抓落实机制。区委、区政府建立打造高质量发展建设共同富裕示范区海岛样板领导小组，区委主要领导担任组长，领导小组办公室设在区发改局。建立健全清单化管理机制，制定重点任务清单、突破性抓手清单、重大改革清单，明确任务责任，实行闭环管理。搭建国内、省内和企业等多层次智库平台，聘任智库顾问，为共同富裕提供智力支持。各街道（乡镇）、各部门要坚决扛起使命担当，根据本实施方案，压实工作责任，完善工作机制，形成系统集成、精准施策、一抓到底的工作体系。

44. 建立争先创优和绩效考评机制。各街道（乡镇）、各部门要突出打造一批共同富裕场景，深入开展“六五争先·六比竞赛”，强化亮点展示和实绩比拼。将推动共同富裕有关内容要求纳入党政领导班子和领导干部综合绩效考核、干部政治素质考察和年度考核综合评价。健全激励机制和容错纠错机制，加强对敢担当善作为干部的激励保护，以正确选人用人导向引领干部干事创业、改革突破争先。建立定期督查机制，创新完善督查方式，掌握工作进度和反馈整改情况。

45. 凝聚全社会共同奋斗共同富裕的强大力量。坚持群众主体，旗帜鲜明地鼓励勤劳致富、率先致富，旗帜鲜明地鼓励先富带后富、先富帮后富，激发全民实现共同富裕的内生动力。充分发挥人大、政协以及工商联、无党派人士的积极作用，强化工会、共青团、妇联、科协等人民团体动员联系服务群众功能，充分激发全体人民促进共同富裕的积极性、主动性、创造性，让每一个人都成为共同富裕的直接参与者、积极贡献者、共同受益者，依靠全体人民的共同奋斗和团结互助，走共建共治共享的共同富裕之路。

洞头打造高质量发展建设共同富裕示范区海岛样板目标指标一览表

表1

类别	序号	指标		2022年	2025年	责任单位	指标属性
经济高质量发展	1	人均生产总值（万元）		9	13	区发改局	评价指标
	2	全员劳动生产率（万元/人）		21	22	区发改局、区经信局、区农业农村局	评价指标
	3	单位GDP能耗（吨标准煤/万元）		完成上级下达目标	完成上级下达目标	区发改局	评价指标
	4	单位GDP碳排放（吨/万元）		完成上级下达目标	完成上级下达目标	区生态环境分局	评价指标
	5	单位GDP建设用地使用面积（平方米/万元）		逐步下降	逐步下降	区自然资源和规划分局	评价指标
	6	规上工业亩均税收（万元）		完成上级下达目标	完成上级下达目标	区经信局、区税务局	评价指标
	7	高技术制造业增加值占规上工业比重（%）		17	19	区经信局	评价指标
	8	居民人均可支配收入（元）		持续缩小与省市平均水平差距		区发改局、区人力社保局、区农业农村局	评价指标
	9	R&D经费支出与GDP比重（%）		2.2	2.5	区经信局	评价指标
	10	数字经济增加值占GDP比重（%）		36	50	区经信局	评价指标
		其中：数字经济核心产业增加值占GDP比重（%）		2.5	3		
	11	居民人均消费支出（元）		32239	41179	区经信局、区发改局	评价指标
	12	恩格尔系数（%）		稳步下降		区发改局（区共富办）	观察指标
城乡区域协调发展	13	城乡居民收入倍差		1.6	≤1.6	区发改局、区农业农村局	评价指标
	14	常住人口城镇化率（%）		68	70	区住建局、区发改局	评价指标
	15	3个“1小时交通圈”人口覆盖率（%）		100	100	区交通运输局	评价指标
	16	城乡公交一体化率（%）		100	100	区交通运输局	评价指标
收入分配格局优化	17	劳动报酬占GDP比重（%）		51.7	52.0	区人力社保局、区发改局、区财政局	评价指标
	18	居民人均可支配收入与人均GDP之比		稳步提升	稳步提升	区发改局、区人力社保局、区农业农村局	评价指标
	19	家庭可支配收入（家庭人口系数按普查结果确定）	10万-50万元群体比例（%）	稳步提升	稳步提升	区人力社保局、区发改局、区农业农村局	评价指标
			20万-60万元群体比例（%）				
	20	基尼系数		维持在合理区间		区发改局（区共富办）	观察指标
	21	城镇调查失业率（%）		≤5.5	≤5.5	区人力社保局	评价指标

续表1

类别	序号	指 标	2022年	2025年	责任单位	指标属性
公共服务优质共享	22	每千人口拥有婴幼儿照护设施托位数（个）	3.7	4.5	区卫生健康局	评价指标
	23	普惠性幼儿园在园幼儿占比（%）	100	100	区教育局	评价指标
	24	儿童平均预期受教育年限（年）	15	15.5	区教育局	评价指标
	25	高等教育毛入学率（%）	68.5	≥70	区教育局	评价指标
	26	技能人才占从业人员比重（%）	完成上级下达目标	完成上级下达目标	区人力社保局	评价指标
	27	人均预期寿命（岁）	81.5	82	区卫生健康局	评价指标
	28	每千人口拥有执业（助理）医师数（人）	3.56	4.0	区卫生健康局	评价指标
	29	每万老年人口拥有执证养老护理员数（人）	20	25	区民政局	评价指标
	30	城镇住房保障受益覆盖率（%）	8.04	8.49	区住建局	评价指标
	31	最低生活保障标准（元）	11000	13000	区民政局	评价指标
	32	公共食品和药品安全满意度（%）	稳步提升		区市场监管局	观察指标
	33	个人卫生支出占卫生总费用比例（%）	逐步下降		区卫生健康局	观察指标
	34	民生支出占一般公共预算支出比例（%）	保持稳定		区财政局	观察指标
	35	房价与居民人均可支配收入之比	逐步下降		区住建局	观察指标
	36	高峰时段公共汽电车平均运营时速（公里/小时）	21	22	区交通运输局	观察指标
精神文明建设	37	每万人拥有公共文化设施面积（平方米）	4640	5090	区委宣传部、区文广旅体局	评价指标
	38	居民综合阅读率（%）	92.2	93.1	区委宣传部	评价指标
	39	文明好习惯养成实现率（%）	83	≥90	区委宣传部、区精神文明建设指导中心	评价指标
	40	社会诚信度（%）	95	96	区委宣传部、区精神文明建设指导中心、区发改局	评价指标

统计资料

2021年洞头区国民经济和社会发展统计公报

洞头区统计局

（2022年3月26日）

2021年，面对错综复杂的外部形势和新冠肺炎疫情考验，在区委区政府的坚强领导下，坚持稳中求进工作总基调，统筹推进疫情防控和经济社会发展，在各方共同努力下，经济发展稳中向好，人民生活继续改善，社会事业全面发展，实现了“十四五”良好开局。

一、综合

初步核算,2021年全区地区生产总值126.07亿元（不含瓯江口区域地区生产总值102.59亿元,下同），比上年增长8.3%(7.7%)。分产业看，第一产业增加值7.21亿元，增长4.6%；第二产业增加值51.17亿元，增长8.2%，其中工业增加值31.53亿元，增长13.7%；第三产业增加值67.69亿元，增长8.7%。按户籍人口计算，全区人均地区生产总值81730元（78401元）[按年平均汇率折算为12668美元(12152美元)]，比上年增长8.6%(8.1%)。国民经济三次产业结构为5.7 ∶ 40.6 ∶ 53.7。

二、渔农业

全年实现农林牧渔业总产值

141280万元，比上年增长7.9%；其中农业产值2574万元，增长17.8%；林业产值311万元，下降32.1%；牧业产值1885万元，增长9.2%；渔业产值136510万元，增长7.9%。农作物播种面积1241公顷，比上年增长0.6%；其中粮食作物播种面积762公顷，下降0.4%；粮食作物中谷物播种面积48公顷，下降21.7%，番薯播种面积389公顷，增长6.3%，马铃薯播种面积191公顷，增长10.8%。

全年渔业总产量18.50万吨，比上年增长6.1%，其中捕捞产量15.08万吨，增长7.6%，养殖产量3.41万吨，增长0.2%。紫菜和生态大黄鱼获得国字号名片，创成省级水产健康养殖示范场4家、市级标准化示范基地2家，3家示范基地通过“瓯越鲜风”品牌授权。

三、工业和建筑业

全年规模以上工业增加值22.44亿元，比上年增长20.8%；其中，高新技术增加值、战略性新兴增加值、数字经济核心产业制造业增加值分别比上年增长22.8%、8.0%、125.1%，占规模以上工业的比重分别达59.0%、29.1%、17.2%。实现规模以上工业总产值159.76亿元，比上年增长38.0%，其中，机械汽配、电子电器、医药化工、水产品加工、建材工业等五大行业产值分别增长10.8%、4.1%、50.0%、0.7%、19.5%。工业用电量1.73亿千瓦时，比上年增长4.6%，规上工业企业利润总额4.19亿元，比上年增长21.1%。华田特种钢、开程混凝土、诚意健康产业园等工建项目建成投产，诚意药业超级鱼油等项目加快推进。

全年实现建筑业总产值93.77亿元，比上年下降10.8%；其中，省内建筑业产值79.05亿元，下降11.4%。全区拥有三级以上资质的建筑企业53家，实现利润总额3.46亿元，增长24.5%。

四、固定资产投资和房地产业

全年限额以上固定资产投资比上年增长30.1%，其中民间投资（含房地产）增长6.3%，交通投资增长94.7%，高新技术产业投资增长45.5%，生态环保、城市更新和水利设施投资下降11.5%，制造业投资下降22.4%，工业投资下降29.9%。97个重点建设项目完成投资50.81亿元，为年度计划的101.2%。

全年房地产开发投资12.09亿元，比上年增长54.4%；房屋施工面积93.9万平米，比上年增长33.8%；受房地产市场宏观调控政策等因素影响，商品房现（期）房销售面积9.03万平米，比上年下降14.5%。

五、内外贸易和旅游

全年完成社会消费品零售总额42.83亿元，比上年增长18.6%。在能源市场恢复、大企业带动下，批零住餐实现销售总额261.87亿元，比上年增长44.3%，其中限上批零住餐销售额215.11亿元，增长48.0%。电子商务交易额6.7亿元，比上年下降2.7%。

图1 2017-2021年批零住餐总额及增速

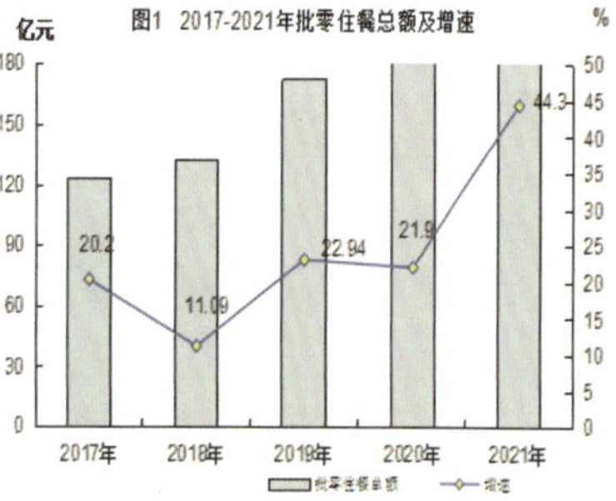

全年外贸进出口总额17.38亿元，比上年下降10.8%，其中自营出口额5.57亿元，增长41.2%。按企业类型分，外贸企业自营出口额2.96亿元，增长58.7%；生产企业自营出口额2.37亿元，增长30.2%；三资企业自营出口额0.24亿元，下降8.3%。

全年接待游客304.7万人次，比上年增长22.9%，实现旅游总收入35.7亿元，比上年增长39.9%。获批半屏山海洋省级旅游度假区，获评省级全域旅游示范区复核评估A档。旅游品质迭代升级，新增床位1652张，创成省银宿2家，金鼎级特色文化主题饭店、四星级饭店、市示范性民宿集聚村各1家。新增省AAAA级景区城、AAAA级景区镇、国家AAA级景区各1个，AAA级景区村2个。

主要行业产值

表1　　　　　　　　　　　　　　　　　　单位：万元

行业	产值	同比增长%	占总产值的%
五大行业小计	570382	39.9	85.1
其中：机械汽配	72464	20.6	10.8
电子电器	27336	0.8	4.1
医药化工	335346	31.5	50.0
水产品加工	4642	3.5	0.7
建材工业	130594	114.3	19.5
临港工业	268769	49.7	40.1

六、交通、邮电和电力

共有海运企业21家，总运力规模82万载重吨，持续11年居全市第一，拥有万吨级以上船舶25艘（其中5万吨级以上1艘）。全年完成全社会货运量3400万吨，比上年增长5.9%；货物周转量311.54亿吨公里，增长18.2%；港口货物吞吐量889万吨，比上年下降11.0%；全社会客运量865万人次，比上年下降3.9%，旅客周转量16528万人公里，下降1.3%。新增温州—菲律宾外贸直航1条，外贸航线拓展至7条，完成集装箱吞吐量49.6万标箱，是“十三五”初期的20倍。

图2 2017—2021年港口吞吐量（万吨）

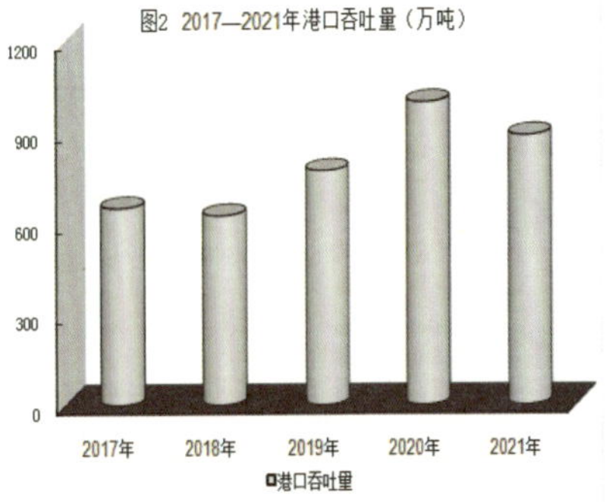

全年固定电话用户11617户，比上年减少35户；移动电话用户133991户，比上年增加3283户，其中3g4g5g移动电话用户133521户，增加26865户；互联网用户184251户，增加20217户，其中宽带用户66107户，增加12843户，移动互联网用户118144户，增加7374户。

全年全社会用电量45352万千瓦时，比上年增长9.0%，其中第一产业用电量224万千瓦时，增长22.5%；第二产业用电量19143万千瓦时，增长4.2%；第三产业用电量12681万千瓦时，增长19.9%；居民生活用电量13305万千瓦时，增长6.6%。

七、财政和金融

全年实现财政总收入26.38亿元，比上年增长16.2%，其中一般公共预算收入17.49亿元，增长37.0%。公共财政预算支出44.12亿元，增长12.6%，节能环保、科学技术、城乡社区事务等领域支出保持较快增长。

年末金融机构人民币存款余额154.74亿元，比上年末增长15.5%，其中住户存款余额78.11亿元，增长11.2%；金融机构人民币贷款余额169.48亿元，增长21.8%，其中短期贷款60.33元，增长23.7%；中长期贷款余额105.03亿元，增长21.0%。

八、教育和科学技术

年末全区共有小学9所，招生1123人，在校生6543人，小学学龄儿童入学率达100%；初中4所，招生785人，在校生2481人，初中入学率达100%；完全中学1所，招生697人，在校生2184人，毕业生305人；中等职业教育学校（含技工学校）2所，招生409人，在校生1079人，毕业生296人。义务教育中小学专任教师945人，中等职业教育学校（含技工学校）专任教师80人。全区共有幼儿园22所，其中省一级幼儿园4所，省二级幼儿园7所，省三级幼儿园11所；在园幼儿4134人，幼儿园专任教师311人。创成全市唯一的全国义务教育优质均衡发展区，投用元觉状元南片元觉幼儿园新园、元觉义校新校，创成市级“小而优”学校1所，省现代化学校2所。

2021年专利申请受理量294件，专利授权量397件，其中发明专利授权21件。鉴定科技成果10项，新增国家级高新技术企业10家，累计42家；新增省级科技型企业17家，累计134家。

九、文化、体育和卫生

年末全区共有文化馆1个，乡镇文化站7个，图书馆1个，总藏书44.2万册；艺术表演112场，艺术表演观众10.01万人次；拥有文化设施建筑面积3.23万平方米；国家级非物质文化遗产2个，省级非物质文化遗产12个，市级非物质文化遗产53个；省级文物保护单位3处，区级文物保护单位33处；拥有文化信息资源共享基层支中心1个，省文化强镇1个，市级文化强镇1个，省级文化示范村（社区）9个，市级文化示范村（社区）28个，区级文化示范村（社区）29个。

年末全区共有体育场馆1个，体育场地设施面积56.94万平方2米；现有篮球场62个，门球场14个，健身苑点150个，登山健步道5条。成功举办帆船邀请赛等体育赛事13场，高分通过省级“四提升四覆盖”全民健身工程建设评估。全年参加体育运动会1万人次，获国家级以上比赛铜牌1枚；获省级体育比赛金牌1枚、获省级体育比赛银牌3枚、获省级体育比赛铜牌2枚；获市级体育比赛金牌16.5枚。

年末全区共有医疗卫生机构99个，其中医院3家，卫生院（社区卫生服务中心）7家，社区服务站17家，村卫生室29家，个体诊所医务室34家。卫生技术人员842人，其中执业（助理）医师382人，平均每千人拥有医生2.58人；注册护士302人。医疗机构年诊疗105.04万人次；医疗卫生机构床位数406张，平均每千人拥有床位2.73张。妇幼健康管理服务不断强化，实现连续16年孕产妇零死亡，产妇住院分娩比例达100%。5岁以下儿童死亡率1.56‰，婴儿死亡率1.56‰。

十、人口、人民生活

年末户籍总户数5.21万户，户籍总人口15.40万人，其中城镇人口6.77万人，乡村人口8.63万人。按性别分，男性人口7.87万人，女性人口7.53万人，分别占总人口的51.1%和48.9%。据卫健部门统计，全年出生人口840人，出生率5.45‰；死亡人口836人，死亡率5.42‰；全年自然增长人口4人，自然增长率为0.03‰。

全年城镇常住居民人均可支配收入56775元，同比增长8.6%。农村常住居民人均可支配收入36009元，同比增长11.5%。城乡居民收入比由上年的1.62缩小为1.58。

图3　2017—2021年居民收入（元）

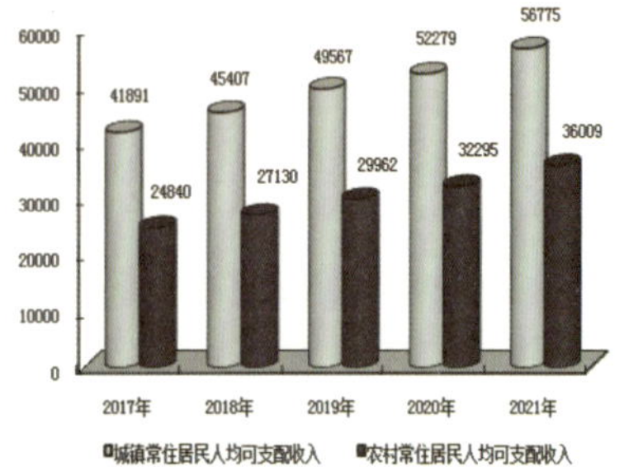

全年城镇居民人均消费支出35798元，农村居民人均消费支出26714元，比上年分别增长13.6%、18.1%。城镇居民恩格尔系数30.3%，农村居民恩格尔系数33.2%，分别比上年降低2.5和3.7个百分点。年末城镇居民人均居住面积64.3平方米，农村居民人均居住面积69.2平方米。年末每百户城镇居民家用汽车拥有量39辆，每百户农村居民家用汽车拥有量30.1辆。

2017—2021年城镇居民消费性支出情况

表2

名称	2021年（元）	2017年（元）	五年递增（%）
消费性支出	35798	25980	8.7
食品烟酒	10840	9140	5.4
衣　着	2636	1776	10.1
居　住	9243	6655	9.2
生活用　品及服务	3121	1706	14.6
交通通信	3459	2480	8.9
教育文化娱乐	3757	2398	11.8
医疗保健	1856	1268	9.7
其他用品及服务	886	557	10.9

十一、劳动就业与社会保障

全年城镇新增就业1765人，下岗失业人员实现再就业120人。年末城镇登记失业人员362人，城镇登记失业率1.71%。举办大型专场招聘会5场，其中赴外招聘3场，共提供就业岗位1126个，达成就业意向275人，开发公益性岗位22个，安置就业困难人员上岗84人。全年劳动合同签订率为98.54%，与上年持平。

年末参加城镇企业养老保险人数40733人，比上年增加1972人；参加基本医疗保险人数22084人，比上年增加611人；参加工伤保险人数41772人，比上年增加2488人；参加失业保险人数15950人，比上年增加142人；参加城乡居民社会养老保险人数38247人，比上年减少25人；参加城乡居民医疗保险人数93246人，比上年减少2997人。

年末城镇最低生活保障人数34人，发放最低生活保障金38.7万元；年末农村最低生活保障人数1403人，发放最低生活保障金1242.74万元。低保补助标准每人每月886元。农村特困人员供养人数135人，农村特困人员集中供养人数20人，农村集中供养率14.8%。城乡医疗救助1612人次，医疗救助资金支出281万元。共有居家养老服务照料中心64家；中心敬老院1家，民办养老机构7家，养老机构床位数602张。全年办理结婚登记792对，离婚登记263对。

十二、环境保护

累计建成国家级生态街道（乡镇）5个，省级生态街道（乡镇）1个，市级生态村65个，生态村覆盖率95.0%；国家级绿色学校1家，省级绿色学校12家，市级绿色学校20家；省级绿色社区3个，市级绿色社区5个。

全年空气质量有效监测天数343天，其中空气质量达优良的天数340天，环境空气质量优良率99.1%，PM2.5年均浓度为18微克/立方米。

注：

1.本公报中数据均为初步统计数，部分数据因四舍五入的原因，存在总计与分项合计不等的情况。

2.地区生产总值、三次产业及相关行业增加值和人均生产总值绝对数按现行价格计算，增长速度按不变价格计算，国民经济行业分类按2017年《国家标准 GB/T 4754—2017》标准执行。

3.受调查项目限制，以上的渔农业、建筑业、固定资产投资、房地产业、外贸、交通、电力、金融、专利、劳动就业、保险及环境保护数据不包含瓯江口区域。

4.部门数据采用市县社会经济基本情况表，为部门上报汇总数据。

索 引

说 明

一、本类目设主题索引和表格索引。

二、主题索引中文标目按汉语拼音字母（同音字按声调）顺序排列，同音同调按第二字母的音序排列，依次类推。数字开头的标目按数字 0—9 顺序排列。

三、部分标引词下面编有二级索引。

四、标目后的阿拉伯数字表示内容所在页码。

五、表格索引按序号排列，仅标注所在页码，不标注分栏。

主题索引

E

F

G

H

K

L

M

N

R

S

Y

Z

表格索引